BASTEI LÜBBE

Foto: privat

Robyn Lee Burrows
lebt mit ihrem Mann und drei Söhnen in der Stadt Gold Coast, Australien. Neben drei Sachbüchern hat sie in Australien schon mehrere historische Romane veröffentlicht.

Von Robyn Lee Burrows sind bei Bastei Lübbe Taschenbücher lieferbar:

14745 Weil die Hoffnung nie versiegt
14948 Weil nur die Liebe wirklich zählt

ROBYN LEE BURROWS

WIND ÜBER DEM FLUSS

Ins Deutsche übertragen von
Ursula Walther

Renate

BASTEI
LÜBBE

BASTEI LÜBBE TASCHENBUCH
Band 15 404

1. Auflage: November 2005

Vollständige Taschenbuchausgabe

Bastei Lübbe Taschenbücher in der
Verlagsgruppe Lübbe

Titel der englischen Originalausgabe: *Where the River Ends*

Dieses Werk wurde vermittelt durch die Literarische Agentur
Thomas Schlück GmbH, 30827 Garbsen.
Published by Arrangement with Robyn Lee Burrows

Einbandgestaltung: Gisela Kullowatz
Titelillustration: © mauritius-images/Merten, Sotheby's/akg-images
Satz: hanseatenSatz-bremen, Bremen
Druck und Verarbeitung: Nørhaven Paperback A/S
Printed in Denmark
ISBN 3-404-15404-5

Sie finden uns im Internet unter
http://www.luebbe.de

Der Preis dieses Bandes versteht sich einschließlich
der gesetzlichen Mehrwertsteuer.

Für John
mit Liebe …

INHALT

TEIL I

Roxy

1889–1890

KAPITEL 1

Theatre Royal, Adelaide
Samstag, 22. November 1889

Roxy Bellue holte tief Luft und teilte die schweren pflaumenblauen Vorhänge. Nur einen winzigen Spalt, durch den sie spähen konnte, ohne von den Leuten gesehen zu werden, die schon in dem schwach beleuchteten Zuschauerraum saßen. Das übliche Premierenvolk, dachte sie, als sie die Menge, die sich durch den Eingang drängte, und die Platzanweiser beobachtete, die hektisch hin und her liefen und die Gäste zu ihren Sitzen führten. Stattliche Matronen, deren Busen die glänzenden Brokatstoffe ihrer Kleider zu sprengen drohten, plauderten und lächelten die Herren an, die sehr distinguiert aussahen in ihren dunklen Anzügen. Junge, tollpatschige Mädchen schauten sich eifrig um und betrachteten voller Staunen die im Dämmerlicht glitzernde Relieftapete, die mit Samt bezogenen Sitze und die Plüschteppiche. Ein paar Kinder waren auch da, aber ihre besorgten Eltern hielten sie im Zaum. Aus dem Orchestergraben tönte eine Kakofonie von Violinen- und Flötenklängen – es klang wie Katzengeheul in variierenden Dissonanzen.

Roxys Blick wanderte vom Eingang zur ersten Reihe, in der ihre Eltern saßen. Ihr Anblick wärmte ihr das Herz. Major John Bellue – mit ordentlich gekämmten dunklen

Haaren und gewichstem Schnurrbart – saß aufrecht da und studierte konzentriert das Programm. Neben ihm wirkte ihre Mutter Felicite zierlich und sehr elegant in dem dunkelgrünen Taftkleid und dem passenden, mit winzigen Federn geschmückten Hütchen, das kess auf den rabenschwarzen Locken saß. Sie war fast vierzig, sah aber zehn Jahre jünger aus, zumindest in Roxys Augen. Ihre Mutter schaute lächelnd zu ihrem Vater auf und legte die Hand Besitz ergreifend auf seinen Arm – eine liebevolle Geste.

Roxy seufzte glücklich und ließ den Blick weiterschweifen, als sich ihre Mutter nach rechts wandte und sich angeregt mit einem jungen Mann unterhielt. Roxy schätzte ihn auf Anfang zwanzig; er sah gut aus und hatte dichtes sandfarbenes Haar, das ihm in die Stirn fiel. Er beugte sich vor, lächelte und reichte ihrem Vater die Hand. Offensichtlich hatte er sich gerade vorgestellt.

Hinter Roxy hasteten die Schauspieler auf ihre Positionen. Roxy spürte, dass jemand sie am Arm berührte.

»Komm«, zischte Bert, der Inspizient, »alle warten.«

Vorsichtig ließ Roxy den Vorhang fallen, als das Licht im Zuschauerraum gedämpft wurde und das Orchester die ersten Töne spielte.

Alle standen herum, schüttelten Hände und sprachen Glückwünsche aus. Felicite Bellue schlang überschwänglich die Arme um ihre Tochter und drückte sie an sich. »Es war wundervoll, Liebling. War sie nicht eine großartige Portia, John?«

»Das ist mein Mädchen«, sagte John Bellue und steckte einen Finger unter die Krawatte, um sie ein bisschen zu lockern. Es war heiß im Saal, und Roxy merkte, dass ihr Vater jetzt, da die Vorstellung vorbei war, so schnell wie möglich fortwollte. Als könnte er ihre Gedanken lesen, nahm er seine Uhr aus der Tasche und sah nach der Zeit. Wie er schon vorher kundgetan hatte, musste er wegen der Parade bei den Kasernen im Morgengrauen früh schlafen gehen. Und auch wenn er stolz auf sie war, wusste Roxy, dass er gesellschaftliche Anlässe, die vielen Menschen und die seichte Konversation verabscheute. Nur weil sich seine Tochter entschieden hatte, die weibliche Hauptrolle in William Shakespeares *Kaufmann von Venedig* zu spielen, hatte er sich gezwungen gefühlt, an der Premierenfeier teilzunehmen.

Roxys Blick fiel auf einen der großen kunstvoll gerahmten Spiegel hinter der aufrechten, würdevollen Gestalt ihres Vaters und entdeckte sich selbst. Sie war nicht groß, reichte ihrem Vater kaum bis zur Schulter, und obschon der Spiegel so weit weg war, dass sie das Grün ihrer Augen und die Sommersprossen auf der Nase nicht erkennen konnte, sah sie, dass ihre Wangen in dem blassen Gesicht vor Aufregung gerötet waren. Einige blonde Haarsträhnen hatten sich aus der hastig hochgesteckten Frisur gelöst und umrahmten ihren Kopf wie ein Heiligenschein.

Es war ein eigenartiges Gefühl, die Szene im Spiegel zu verfolgen; sie kam sich vor, als spionierte sie sich und alle anderen aus. Und für den Bruchteil einer Sekunde sah sie sich nicht als Roxy Bellue, Schauspielerin und Tochter, sondern als die Reflexion einer Fremden. Sie wandte sich ab und schüttelte den Kopf, um ihre Gedanken der Realität zuzuwenden und sich wieder mit dem Theater und der Aufregung zu beschäftigen.

Bert schlenderte strahlend auf sie zu. »Großartige Vorstellung, Roxy. Sieh zu, dass du heute Nacht gut schläfst; wir sehen uns dann morgen zur Matinee.«

Als Roxy zusammen mit ihren Eltern das Foyer durchquerte, entdeckte sie den jungen Mann, der während der Aufführung neben ihrer Mutter gesessen hatte. Er lehnte an dem geschnitzten Geländer und beobachtete sie. Jetzt sah sie, dass er nicht wie die meisten anderen Herren bei dieser Premierenvorstellung einen dunklen Abendanzug mit weißem Hemd, Krawatte und Handschuhen trug, sondern eine weiße – augenscheinlich neue – Moleskinhose und ein Tweedjackett. In der Hand hielt er einen braunen Filzhut.

Als Roxy an ihm vorbeiging, begegnete sie seinem Blick. Es schien ihm nicht im Geringsten peinlich zu sein, dass sie ihn dabei ertappt hatte, wie er sie anstarrte. Stattdessen schaute er sie leicht spöttisch und verwirrt zugleich an. Plötzlich lächelte er und zeigte seine strahlend weißen Zähne.

Am Fuß der Treppe öffnete ihnen ein Türsteher die große Glastür, die ins Freie führte. Die warme Luft schlug ihnen entgegen, und Roxy spürte sie im Gesicht. Felicite nahm ihren Arm und dirigierte sie zu der wartenden Kutsche. Roxy setzte sich ans Fenster und drückte das Gesicht gegen die Scheibe, als die Pferde antrabten.

Während die leichte Kutsche durch die fast menschenleeren Straßen fuhr, dachte sie über die Ereignisse des Abends nach, der, wie sie fand, ungeheuer erfolgreich verlaufen war. Sie hatte nicht ein einziges Mal ihren Text vergessen, war nie irgendwie unsicher geworden. Das Stück war abgelaufen wie ein Uhrwerk, und sie wusste, dass sie gut gewesen war. Roxy seufzte glücklich und dachte wieder an den Fremden im Foyer. Die Wärme seines lakonischen Lächelns hatte sie auf unerwartete Weise berührt und ein Glücksgefühl in ihr ausgelöst.

KAPITEL 2

Die große Sandstein-Residenz der Bellues stand an einer stillen, mit Bäumen gesäumten Straße. Aus den oberen Fenstern hatte man auf der einen Seite einen ungehinderten Blick auf die Stadt, auf der anderen über die Baumwipfel und die umliegende Parklandschaft.

Im Norden waren das Gefängnis und der Bahnhof, an dem mehrmals am Tag die Züge vorbeituckerten. Dahinter der Torrens River – ein dünnes Band aus glitzerndem Wasser. Im Süden befand sich in einiger Entfernung der öffentliche Friedhof, in dem die Grabsteine in ordentlichen Reihen nebeneinander standen und gelblich in der Spätnachmittagssonne schimmerten.

Felicite ging oft auf den Friedhof, um Blumen auf die winzigen Gräber ihrer beiden längst verstorbenen Söhne zu legen. Roxy erinnerte sich kaum noch an ihre Brüder. Irgendwann in der nebulösen Vergangenheit hatten sie mit ihren kleinen Fäustchen in der Luft herumgefuchtelt und sie mit einem Lächeln angesehen, aber einer nach dem anderen war aus ihrem Leben verschwunden. Kein Babygeschrei mehr, kein Duft nach der weichen, zarten Haut, keine Erklärungen. Nur endlose Stille. Ein Mal hatte sie ihre Mutter gefragt, wie das passiert war, doch Felicite hatte sie nur traurig angesehen, und Tränen waren ihr in die Augen getreten. Danach hatte Roxy dieses Thema nie wieder angeschnitten.

Jahre später ertappte sie sich einmal dabei, wie sie bei einem Spaziergang im Park durch die Tore des Friedhofs schaute. Neugierig geworden, schritt sie die langen Reihen der Grabsteine ab, bis sie fand, wonach sie suchte. Die beiden kleinen Gräber waren sorgfältig gepflegt. Das Gras war kurz geschnitten, und in der Mitte stand eine Schale mit Blumen.

Als Roxy so dastand und die eingemeißelten Inschriften betrachtete, kam ihr in den Sinn, dass genauso gut sie hier unter dem von der Sonne beschienenen Marmorgrabstein liegen könnte. Das Schicksal, nicht ein Vorsatz hatte sie zum Einzelkind gemacht. Warum war sie am Leben geblieben, während die Jungen hatten sterben müssen? Was konnten diese kleinen Babys schon verbrochen haben, dass sie es verdient hatten, von ihrer Mutter losgerissen und in der kalten Erde begraben zu werden?

Roxy schauderte bei dem Gedanken.

Das Theater war über Weihnachten und Neujahr zwei Wochen geschlossen. Roxy, die plötzlich ungewohnt viel Zeit für sich selbst hatte, lungerte gelangweilt im Haus herum. Halbherzig half sie Felicite, den kleinen Tannenbaum zu schmücken, den John voller Stolz nach Hause gebracht hatte. In Felicites geräumiger Küche mischte sie unter den wachsamen Augen der Haushälterin Mrs. Featherhaugh Zucker mit allen möglichen Gewürzen, und die ganze Zeit spürte sie eine unbestimmbare Unruhe in sich.

Der erste Weihnachtsfeiertag begann klar und sonnig. Mrs. Featherhaugh sang Weihnachtslieder aus ihrer Kindheit in England, wo zu dieser Jahreszeit Schnee lag und die Luft frisch und kalt war, und wischte sich den Schweiß von der Stirn, bevor sie den gefüllten Truthahn in den Ofen schob. Die Geschenke, die traditionsgemäß nach dem Morgengottesdienst in der Saint-Paul's-Kirche geöffnet wurden, lagen unter dem Christbaum.

Die Kirche war schon voll, als sie ankamen, und John quetschte sich und seine Familie in die letzte Bank. Zum Glück dauerte der Gottesdienst nicht lange. Die Luft in der Kirche war stickig und heiß. Endlich war das letzte Lied zu Ende. Roxy stand auf und folgte ihren Eltern zum Ende der Reihe. Die Gemeinde drängte auf den Mittelgang und bewegte sich träge auf das Portal zu. Roxy stellte sich auf die Zehenspitzen, um die Leute besser sehen zu können. Das Schönste und Verlockendste des Tages stand ihr noch bevor. Erst durfte sie die Geschenke auspacken, dann würde sie sich Mrs. Featherhaughs Truthahn schmecken lassen und einen gemütlichen Spaziergang im Park unternehmen, wenn es nicht zu heiß draußen war.

Plötzlich stand ihr Verstand still, und ihre Muskeln spannten sich an. Vor ihr stand der fremde junge Mann aus dem Theater. Seine Lippen kräuselten sich zu einem Lächeln. Als er sie unverwandt anschaute, konnte sie an nichts anderes mehr denken als daran, wie gut er aussah. Er lehnte lässig an der Bank, strich sich sorglos die Haare aus der Stirn und zog die Mundwinkel nach oben.

Die Röte stieg ihr in die Wangen. Sie ärgerte sich, als sie die Hitze spürte, die sich bis in die Haarspitzen ausbreitete. Roxy fragte sich, warum er solche Gefühle in ihr weckte, wieso sie so unbeholfen und durcheinander war. Wie durch ein Wunder entstand eine Lücke in der Menge. Roxy senkte den Blick, huschte an ihm vorbei zum Ausgang und überraschte Reverend Wood, indem sie seine ausgestreckte Hand vollkommen ignorierte.

Der Silvesterball im »Botanic Hotel« war der Höhepunkt der Saison für die oberen Zehntausend von Adelaide. Roxy freute sich auf den Abend. Felicite und sie hatten den Nachmittag in Madame Redmondes vornehmem Modesalon Fine Fashion For Ladies in der Flinders Street verbracht und sich all die Kleider angesehen. Felicite hatte sich für ein karminrotes Seidenkleid mit einem Überrock aus Brokat und weiten Puffärmeln entschieden. Die Farbe passte wunderbar zu ihrem dunklen Haar und der Porzellanhaut.

Roxy sah die Abendroben durch, aber keine entsprach ihren Vorstellungen.

»Roxy«, beschwerte sich Felicite schließlich, »da muss doch etwas dabei sein, was dir gefällt.« Sie befühlte die cremefarbene Tussahseide eines Kleides mit einem Mieder aus Spitze und kunstvoll eingewobenen Bändern. »Wie wärs mit dem hier? Ist das nicht himmlisch?«

Madame Redmonde trat näher. »Nein! Nein! Das ist nichts für Sie. Zu blass. Bei dem blonden Haar und der hellen Haut brauchen Sie kräftige Farben.« Sie überlegte einen Moment, dann blitzten ihre Augen auf. »Natürlich! Wieso ist mir das nicht gleich eingefallen?«

Sie eilte ins Hinterzimmer. Roxy zuckte mit den Schultern. Allmählich wurde ihr langweilig, und sie wünschte, die Feiertage wären endlich vorbei. Die vielen Kleider erinnerten sie an den Kostümfundus im Theater. Sie wollte wieder auf die Bühne.

Madame Redmonde kam mit einer großen Schachtel zurück. »Das hätte ich beinahe vergessen«, keuchte sie in bedauerndem Tonfall. »Dieses Kleid wurde vor Monaten bestellt, aber nie abgeholt. Erst vor ein paar Tagen erfuhr ich, dass die Lady, die es haben wollte, bereits mit dem Schiff nach England unterwegs ist. Und wenn ich mich recht erinnere, dürfte es Ihre Größe haben.«

Sie knotete die Schnur auf, hob den Deckel ab und schob die vielen Lagen Papier weg. Eine glänzende Masse smaragdgrünen Tafts kam zum Vorschein.

»O Roxy, das ist wunderschön«, flüsterte Felicite, als Madame Redmonde das Kleid herausnahm und stolz in die Höhe hob.

Es passte wie angegossen. Roxy drehte sich nach der einen, dann nach der anderen Seite und bewunderte im Spiegel den eleganten Schnitt. Das Kleid hatte einen tiefen, runden Ausschnitt, der die sanfte Rundung ihres Busens zur Geltung brachte. Die Ärmel waren an den Schultern gerüscht und wurden am Ellbogen enger; das Mieder lief unter der Taille zu einem V zusammen und betonte Roxys schlanke Figur. Der Rock – ein Traum aus Taft und Spitze – reichte bis zum Boden und raschelte bei jedem Schritt. Wenn sich Roxy bewegte, funkelten hunderte winziger Strasssteinchen im Licht, mit denen die Falten des Rocks bestickt waren. Roxy schwang herum, als stünde sie auf einer Tanzfläche. Der Stoff flog um ihre Füße, schimmerte und glitzerte, als wäre er ein lebendiges Wesen.

»Es ist wunderschön«, erklärte sie verträumt. »Einfach vollkommen.«

Felicite und Roxy nahmen ihre Neuerwerbungen mit ins »Café de Paris« in die King William Street. Mrs. Aish, die Besitzerin des Cafés, führte sie an einen Tisch. Eine Serviererin mit gestärktem Häubchen nahm ihre Bestellung auf, und Roxy lehnte sich auf ihrem Stuhl zurück, schloss die Augen und dachte daran, wie sich das Kleid auf ihrer Haut angefühlt hatte.

Die Serviererin kam mit einem Tablett zu ihnen zurück. Behutsam stellte sie die Teekanne, eine Zuckerschale und ein Sahnekännchen sowie zwei geriffelte Porzellantassen mit Untertassen und einen Teller mit kleinen Plätzchen auf den Tisch.

»Zu viele von denen, und wir passen nicht mehr in unsere neuen Kleider«, sagte Felicite lachend. Roxy fand, dass ihre Mutter noch immer die Figur eines jungen Mädchens besaß, obwohl sie drei Kinder auf die Welt gebracht hatte.

Roxy fächelte sich mit der ledergebundenen Speisekarte Luft zu und sah sich in dem Café um. Es war hell und groß mit etlichen Dutzend Tischen, viele von ihnen waren durch strategisch günstig platzierte Topfpflanzen abgeschirmt. Gedämpfte Stimmen und das Klirren von Besteck und Geschirr bildeten die Hintergrundgeräusche.

Plötzlich beugte sie sich vor. Durch die Blätter einer Palme sah sie einen Mann, der mit dem Rücken zu ihr saß. Er unterhielt sich mit einem Mädchen und gestikulierte heftig. Dann drehte er den Kopf ein wenig zur Seite. Roxy wusste, bevor sie die sandfarbene Haarsträhne in der Stirn und den entspannt lächelnden Mund sah, dass es der Fremde war, der ihr schon im Theater und in der Kirche aufgefallen war. Aus unerfindlichen Gründen klopfte ihr Herz schneller.

Augenblicklich verspürte Roxy einen leichten Ärger. Wer war dieser Mensch? Wo sie auch hinging – er schien immer da zu sein und sah ihr oft direkt in die Augen oder zeigte sein träges Lächeln. Sie war kurz versucht, Felicite nach ihm zu fragen. Er hatte doch bei der Premiere mit ihrer Mutter gesprochen, oder? Aber irgendetwas hielt sie davon ab. Wie sollte sie Felicite erklären, welch eigenartige Wirkung dieser Mann auf sie ausübte? Roxy runzelte die Stirn und schloss die Augen, um sich die Gedanken an ihn aus dem Kopf zu schlagen. Ein paar zufällige Begegnungen, der Blick eines Fremden – was bedeutete das schon?

Felicite knabberte an dem letzten Plätzchen. Die Serviererin brachte eine Kanne mit frischem Tee und räumte die benutzten Teller ab. Als Roxy wieder einen Blick wagte, waren der Fremde und seine Begleiterin nicht mehr da.

Frauen in bunt schimmernden Kleidern und Männer in formellen dunklen Anzügen wirbelten über die Tanzfläche. Roxys Tanzkarte, die an einem dünnen Samtband an ihrem Handgelenk hing, war bereits voll. Während sie von einem Partner zum anderen wechselte, sah sie sich um, lauschte auf die Musik und sog die heitere Atmosphäre förmlich in sich auf.

Der Ballsaal erstrahlte in bescheidener Eleganz. Kunstvolle Kronleuchter hingen an der Decke und tauchten die Tänzer in gedämpftes Licht. An einer Seite des Saales teilten Säulen die Tanzfläche von den Begleitpersonen, die im Wandelgang promenierten und mit Freunden und Bekannten plauderten. Vergoldete Stühle mit roten Samtpolstern standen an den Wänden. Die dazu passenden Samtvorhänge wurden von goldenen Kordeln zurückgehalten, sodass die Buntglasfenster freigelegt waren. Auf dem Podium, das eine Seite des Saales dominierte, zeigten etwa ein Dutzend Musiker ihr Können.

Das Abendessen wurde etwa eine Stunde vor Mitternacht serviert: kleine, waffeldünn geschnittene Sandwiches, exotische Früchte in großen Schalen, leckere Kuchen und Törtchen. Ein Kellner bot Roxy ein volles Glas an. Sie nippte an dem gekühlten, erfrischenden Getränk. Die Nacht war warm und die Luft stickig, obwohl die großen Fenster weit offen standen. Als die Musik wieder einsetzte, forderte sie der nächste junge Mann, der sich auf ihrer Karte eingetragen hatte, zum Tanz auf.

»Noch fünf Minuten bis Mitternacht«, rief der Kapellmeister.

Der Rhythmus der Musik wurde schneller. Die Tänzer sprangen und drehten sich zu den Klängen einer temperamentvollen Polka. Roxy lachte über das frivole Vergnügen. Sie spürte, wie der Saum ihres Kleides um ihre Knöchel schwang. Schnelle Drehung, Schritt zur Seite, nächster Partner: lächelnde, gesichtslose Männer, die die Arme geschickt um ihre Taille schlangen und sie gekonnt über die Tanzfläche führten.

»Fünf … vier … drei … zwei … eins. Prosit Neujahr!«

Roxy kam lachend zwischen zwei Partnern zum Stehen. Glockenklänge der fernen Kirche läuteten das neue Jahr ein. Atemlos wandte sich Roxy dem Podium zu, und plötzlich stand der gut aussehende Fremde vor ihr. Eine sandfarbene Locke war ihm in die Stirn gefallen, und er starrte Roxy mit seinem entwaffnenden Lächeln an.

Mit einem Mal konnte sie weder Arme noch Beine bewegen. Sie war wie erstarrt, gefangen genommen von dem Blick aus seinen blauen Augen. Ihr war, als könnte er durch sie hindurchsehen und ihre geheimsten Gedanken ergründen. Sie stand hilflos da, als er sich langsam zu ihr beugte und mit seinen Lippen über ihre Wange streifte. Roxy hatte das Gefühl, als versengte die Hitze seines Mundes ihre Haut.

»Ein glückliches neues Jahr«, sagte er. »Ein glückliches neues Jahr, Roxy Bellue.«

Die Welt schien stillzustehen. Die Stimmen und das Gelächter der anderen drangen gedämpft und wie von weither an ihr Ohr. Die Menschen, die an ihr vorbeigingen, nahm sie nur noch verschwommen wahr. Im Moment existierte nur dieser Mann, dessen Augen und Nähe sie geradezu hypnotisierten.

Die Musik begann mit einem Paukenschlag. Roxy blinzelte und trat einen Schritt vor. Sie spürte seine Hand auf ihrem Rücken, als er sie zum nächsten Partner führte. Schnelle Drehung, Schritt zur Seite – genau wie vorher. Als wäre nichts geschehen. Roxy schüttelte den Kopf, um die Verwirrung loszuwerden. Es war ja auch nichts geschehen, oder? Ein flüchtiger Kuss von einem Fremden, und plötzlich kam sie sich vor wie ein albernes Schulmädchen.

Sie warf einen Blick zurück, als sie in den Armen des nächsten Tänzers herumwirbelte. Da war er – etliche Meter von ihr entfernt. Er hatte sich von der Tanzfläche zurückgezogen, stand am Rand und sah ihr nach.

KAPITEL 3

Martin Dumas lag auf dem Bett und starrte an die Zimmerdecke. Die Laken waren wegen der Hitze zurückgeschlagen, denn obwohl die Fenster geöffnet waren, regte sich kein Lüftchen. Die leicht rosa Färbung am Horizont barg das Versprechen auf einen weiteren heißen Tag. Ein Hahn krähte und kündigte das erste Morgengrauen des neuen Jahres an. Achtzehnhundertneunzig.

Martins Gedanken beschäftigten sich hauptsächlich mit dem Ball. Er hatte Emma Dougherty, die jüngste Tochter seines Gastgebers hier in Adelaide, zu dem Fest begleitet. Er fand sie hübsch, aber auch ziemlich kokett, und seine Mutter hatte ihn gelehrt, diese Eigenschaft bei einer Frau rundweg abzulehnen.

In dem Schlafzimmer, in dem es nach und nach heller wurde, ließ Martin die Szenen des letzten Abends noch einmal Revue passieren: schöne Frauen in farbenfrohen, rauschenden Ballkleidern, die süßen, rhythmischen Klänge der Musik, die eleganten Bewegungen der Tanzenden; dies war eine Welt, die sich nicht mehr von seinem harten Leben im Busch unterscheiden könnte.

Die temperamentvolle Musik ging ihm nicht aus dem Kopf. Er streckte sich auf dem gestärkten Laken. Er versuchte zu schlafen, aber seine Gedanken kehrten immer wieder zu der jungen Frau zurück.

Ihr Name war Roxy Bellue. Das hatte er bei der Premiere im Theatre Royal im Programmheft gelesen. Getrieben von einem unerklärlichen Drang, hatte er sich das Theaterstück noch einige Male angesehen. Obwohl er sich große Mühe gegeben hatte, sich auf die Handlung zu konzentrieren, hatte Roxy Bellue seine Blicke magisch auf sich gezogen – der sanft geschwungene Mund, die gerade Nase, das helle Haar, das zu einem Chignon im Nacken zusammengefasst war, das alles faszinierte ihn. Die geschmeidige und zielstrebige Art, wie sie sich auf der Bühne bewegte, schien ihn zu beruhigen. Etwas an ihr erinnerte ihn an die anmutigen Enten, die über die Flüsse im Outback glitten.

Martin hatte noch nie eine Heirat in Erwägung gezogen. Er hatte es nicht eilig, eine Familie zu gründen, schließlich war er erst zweiundzwanzig und hatte noch sein ganzes Leben mit all den verheißungsvollen Möglichkeiten vor sich. Er dachte an zu Hause, an Wirra Downs, den Familienbesitz am Ufer des Darling River in der Nähe von Bourke, und an die vielen Pläne, die er für sich selbst und sein Land hatte. Expansion, Verbesserungen, eine neue Merino-Zucht. Bald würde er mit einer neuen Schafherde, die er zu seiner hinzufügen wollte, über Land nach Wirra Downs zurückkehren. Ihm stand also eine lange, beschwerliche Reise bevor, aber die Mühe würde sich lohnen.

Martin seufzte tief, als seine Gedanken unweigerlich zu dem Ball und zu Roxy zurückkehrten. In der letzten Woche war sie bei den unterschiedlichsten Gelegenheiten wie aus dem Nichts vor seinen Augen aufgetaucht: in der Kirche, im Café und gestern Abend bei dem Tanz. Diese zufälligen Zusammentreffen waren seltsam – so, als wollte das Schicksal sie zusammenbringen.

Er durchlebte noch einmal die letzten Sekunden des alten Jahres und war wieder ebenso durcheinander wie am Vorabend. Er hatte sich umgedreht, um die Hand seiner nächsten Partnerin zu ergreifen, und plötzlich war sie in ihrem schillernden grünen Kleid auf ihn zugewirbelt und hatte ihn überrascht angesehen. Ihm war zumute, als hätte ihm jemand einen Magenschwinger versetzt, und er musste gegen das plötzliche Bedürfnis ankämpfen, sie zu küssen. Er schmeckte schon fast ihre Lippen auf den seinen, aber dann hauchte er doch nur einen Kuss auf ihre Wange – eine blitzschnelle Geste, fast ohne wirkliche Berührung. Es war geschehen, noch ehe er selbst so recht begriff, was er sich da erlaubt hatte. Aber Roxy hatte etwas an sich, das ihm das Gefühl gab, sie schon lange zu kennen, obwohl sie niemals ein Wort miteinander gewechselt hatten.

Heirat – wieder kam ihm ungebeten dieses Wort in den Sinn. Wenn er einmal heiratete, dann musste seine Frau so wie Roxy sein – schön, würdevoll und unabhängig. Eine starke Frau, die Ziele in ihrem Leben hatte.

In der folgenden Woche besuchten John und Felicite Bellue Roxys letzte Vorstellung der Saison. Danach war das Theater zwei Monate geschlossen, in denen das Ensemble das nächste Stück probte: *Ein Mittsommernachtstraum.* Roxy war für die Rolle der Feenkönigin Titania ausersehen.

Die letzte Vorstellung! Roxy freute sich schon auf das Fest, das danach in »Grayson's Coffee Palace« stattfinden sollte. Sie spähte durch den Spalt im Vorhang und ächzte leise, als sie den jungen Mann sah, der wieder in der ersten Reihe saß und sich mit ihrer Mutter unterhielt.

»Der hat ein Auge auf dich geworfen«, behauptete Bert, als er sich neben sie stellte und die Vorhänge so weit auseinander zog, dass Roxy sicher war, vom Zuschauerraum aus gesehen zu werden.

»Sei nicht albern. Ich habe den Mann nie kennen gelernt. Wie kann er sich da für mich interessieren?«

»Ich sehe das«, erwiderte Bert beharrlich. »Er sieht nur dich an, wenn du auf der Bühne stehst. Und er ist auch nicht zum ersten oder zweiten Mal hier. Sag bloß nicht, dass er dir nicht aufgefallen ist.«

Roxy spürte, wie ihr die Röte in die Wangen stieg. Bert schien das nicht zu bemerken und neckte sie weiter: »Du solltest dich geehrt fühlen, Roxy. Es wird gemunkelt, dass ihn die anderen Mädchen aus dem Ensemble zum hübschesten Mann erkoren haben, den sie jemals zu Gesicht bekommen haben.«

»Na ja, vermutlich ist er das«, gab Roxy vorsichtig zurück.

Bert grinste sie an. »Ich könnte ihn zu dem Fest einladen.«

»Das wagst du nicht!«

»Warts ab.« Bert lachte.

Der neue »Grayson's Coffee Palace« gegenüber vom Bahnhof war sehr weitläufig mit einem großen Speisesaal, verschiedenen Rauchzimmern, etlichen kleineren Restaurants und Cafés. Als sich Roxy zum Abendessen an die Tafel setzte, fand sie heraus, dass der sandhaarige Fremde ihr gegenüber seinen Platz hatte. Wie sich herausstellte, hatte ihre Mutter ihn eingeladen, und wie Felicite ihrer Tochter auf der Fahrt mit der Kutsche erzählt hatte, hatte er die Offerte ohne Zögern angenommen.

Einige Male schaute Roxy auf und sah, dass er sie lächelnd beobachtete. Sein Blick bereitete ihr Unbehagen, auch wenn sie nicht hätte erklären können, weshalb das so war. Seine Anwesenheit machte sie unnatürlich schweigsam.

»Du bist heute Abend so still, Liebes«, bemerkte Felicite. »Was ist mit dir? Fühlst du dich nicht gut?«

»Doch, Mutter«, entgegnete sie. »Mir geht es gut. Ein bisschen müde bin ich vielleicht.«

Felicite neigte sich über den Tisch und berührte die Hand des jungen Mannes. »Martin Dumas«, begann sie, »ich möchte Ihnen meine Tochter Roxy vorstellen.« Sie wandte sich an Roxy. »Martin hat mir vor der Vorstellung erzählt, dass er aus Bourke kommt.«

»Bourke?«, wiederholte Roxy fragend. »Ich habe noch nie von dieser Stadt gehört.«

»Sie liegt im westlichen New South Wales«, erklärte Martin. »Wir haben dort eine Schaffarm. Wirra Downs.«

»Oh, wie aufregend!«, rief Felicite mit einem strahlenden Lächeln aus.

»Wir?«, hakte Roxy nach und funkelte ihre Mutter an. Sie konnte Schafe nicht leiden; sie hielt sie für ausgesprochen dumme Tiere.

»Mein Vater ist vor einem knappen Jahr gestorben. Seither leiten meine Mutter und ich die Farm.« Für einen kurzen Moment verfinsterte sich sein Gesicht.

»Oh.« Hatte sie mit ihrer Frage einen wunden Punkt berührt? Sie sah zu ihrem eigenen vor Gesundheit strotzenden Vater, der sich angeregt mit ihrem Inspizienten unterhielt, und versuchte, sich ein Leben ohne ihn vorzustellen. »Das tut mir Leid.«

Martin zuckte mit den Schultern. »Das muss es nicht.

Er hatte ein …«, er hielt inne, als müsste er seine Worte sorgfältig wählen, »… ein interessantes Leben.«

»Und was führt Sie nach Adelaide?«, erkundigte sich Felicite, um das Thema zu wechseln. »Es ist ein weiter Weg von Ihrem Zuhause bis hierher.«

»Ich bin hier, um eine kleine Schafherde zu erwerben. Ungefähr zweitausend Mutterschafe und einige Widder. Sie sollen die Basis für ein neues Zuchtprogramm auf Wirra Downs bilden.«

»Eine kleine Schafherde?«, hakte Felicite nach. »Mir scheint, es ist eine ziemlich große.«

»Dort, wo ich herkomme, sind zweitausend Schafe nicht gerade viel«, erklärte Martin lächelnd. »In der Dunlop-Farm, die in unserer Nachbarschaft liegt, wurden im letzten Jahr hundertachtzigtausend Schafe geschoren – sie sind übrigens die ersten, die mit diesen neuen mechanischen Schergeräten geschoren wurden. Dagegen sind meine zweitausend ein armseliger Haufen.«

»Erzählen Sie uns von Ihrem Wirra Downs«, forderte Felicite ihn auf.

»Die Farm war ziemlich heruntergekommen, als mein Vater starb. Ich möchte sie nach und nach wieder aufbauen und expandieren. Wirra Downs ist derzeit noch klein im Vergleich zu den anderen nahe gelegenen Stationen, aber eines Tages wird es die größte Farm in der Gegend sein. Ich habe sehr viel vor.« Er wandte sich an Roxy. »Waren Sie jemals im Busch?«

»Nein. Und ich bin überzeugt, ich würde es verabscheuen. Großer Gott, dort gibt es sicher nichts – kein Theater zum Beispiel.«

Martin lachte leise. »Für derlei Dinge hat man im Busch keine Zeit. Aber in Bourke gibt es ein Theater. Wir sind nicht gänzlich ohne Kultur, müssen Sie wissen.« Sein Blick schien sie zu verspotten.

Roxy täuschte Gleichgültigkeit vor und fasste nach ihrem Champagnerglas. Doch Felicite konnte sich offenbar für das Outback begeistern. »Möchten Sie nicht morgen zum Abendtee zu uns kommen?«, fragte sie und deutete zum Tischende auf ihren Mann. »John würde sicher sehr gern etwas über Ihr Wirra Downs hören. Und Roxy natürlich auch, davon bin ich überzeugt.«

Vor allen Dingen!, dachte Roxy. Ihre Mutter war so leicht zu durchschauen.

Martin erschien um Punkt fünf Uhr makellos gekleidet in einem grauen Anzug. Roxy öffnete ihm die Tür.

»Hier, für Sie«, sagte er und hielt ihr ein kleines Blumenbukett zum Anstecken hin. »Für die neue Feenkönigin Titania.«

Roxy merkte, dass sie errötete, als sie den mit einem weißen Band zusammengebundenen Strauß betrachtete. Unwillkürlich entfuhr ihr ein kleiner Freudenschrei. »Oh, sind die schön! Was sind das für Blumen?«

Er sagte es ihr: gefüllte gelbe Akazienblüten, winzige weiße Teebaumblüten und in der Mitte eine wilde Orchidee, eingefasst war der Strauß mit silbergrauen Blättern.

»Darf ich?«, fragte er.

Roxy nickte und erlaubte ihm, den Strauß an ihrem breiten Kragen zu befestigen. Seine Finger strichen dabei über ihren Hals. Martin hatte kräftige Hände, aber die Berührungen waren erstaunlich zart. Er sah sie mit seinem entwaffnenden Lächeln an.

Die Akazienblüten verbreiteten einen feinen Duft.

Felicite fand, dass der Abend erfolgreich verlaufen war. »Martin ist sehr nett«, erklärte sie und lobte seine korrekte Kleidung, seine Tischmanieren und sein Geschick, eine angenehme Konversation zu treiben.

»Mmm«, murmelte Roxy und nahm sich Tee und einen Toast.

Den ganzen Tag über erinnerte sie sich immer wieder an sein Lächeln, an seine flüchtige Berührung, als er ihr den Strauß an den Kragen geheftet hatte, und an den Duft der Akazienblüten.

Am folgenden Nachmittag klopfte Martin wieder an die massive Haustür der Bellues. Roxy öffnete ihm.

»Oh, Sie sinds ...«, stammelte sie erstaunt.

Er sah sie erwartungsvoll an, als erwartete er, ins Haus gebeten zu werden. Felicite tauchte hinter ihrer Tochter auf und beendete die peinliche Situation. »Martin!«, rief sie erfreut. »Reizend, dass Sie vorbeischauen. Möchten Sie nicht hereinkommen und einen Tee mit uns trinken?«

Felicite plauderte munter drauflos, während sie Biskuits anbot. »Und, Martin, gefällt Ihnen unsere hübsche Stadt?«

»Sie ist ganz anders als die Städte, die ich kenne«, antwortete er. »Die Parks und Gärten – alles ist so grün. Und die Geschäfte! Bei uns in Bourke gibt es natürlich auch Läden«, fügte er hastig hinzu, »doch die Waren hier sind sehr viel teurer.«

»Und haben Sie auch etwas vom Umland gesehen?«, wollte Felicite wissen.

»Ein wenig. Ich habe mir sogar vorgenommen, morgen Nachmittag eine Kutschfahrt zum Brownhill Creek zu unternehmen, allerdings muss ich zugeben, dass ein solcher Ausflug an Reiz verliert, wenn man allein ist.«

»Brownhill Creek. Das ist einer von Roxys Lieblingsplätzen. Sie würde Sie sicher gern begleiten, stimmts nicht, Liebes?«

Was hat Mutter vor?, fragte sich Roxy und blitzte Felicite an. »Vermutlich, ja«, antwortete sie.

Da Felicite selbst verhindert war, schickte sie Mrs. Featherhaugh als Anstandsdame mit auf Martins und Roxys ersten Ausflug. Roxy saß eingequetscht zwischen Martin und der üppigen Köchin auf dem Bock der leichten Kutsche. Martin trieb die Pferde über die von Bäumen gesäumte Straße, und sein treuer Hund saß hinten, streckte die Nase in die Luft und schnupperte eifrig nach fremden Gerüchen. Brownie war ein Kelpie mit rötlichem Fell und bernsteinfarbenen Augen. Roxy hatte ihn zuvor getätschelt, und Brownie hatte an ihrer Hand geschnüffelt und dann seinen Kopf an ihrem Arm gerieben.

»Sehen Sie, er hat Sie gern.« Martin lachte. »Er ist ein sehr wählerischer Hund. Sie können sich geschmeichelt fühlen.«

»Ich hatte noch nie einen Hund«, erzählte Roxy, während sie Brownies seidige Ohren kraulte.

Martin sah sie erstaunt an. »Wirklich? Wir im Busch sind von Hunden abhängig. Sie sind Gold wert. Sie helfen mit der Herde und spüren Schlangen schon von weitem auf. Und nachts im stillen, dunklen Busch wird der Hund zum besten Freund.« Er drehte sich um und streichelte Brownie liebevoll den Kopf. »Wenn wir uns nicht hätten, dann wären wir verloren, was, Brownie?«

Von Zeit zu Zeit deutete Roxy auf eine der Sehenswürdigkeiten am Wegrand. Sie war dankbar für diese Ablenkungen, weil sie sonst nicht gewusst hätte, was sie mit Martin Dumas reden sollte. Es war nicht zu übersehen, dass er gut mit Pferden umgehen konnte. Die leichte Kutsche schwankte von einer Seite zur anderen, aber Roxy sah, dass er die Zügel locker in den sonnengebräunten Händen hielt.

Mrs. Featherhaugh hatte einen Picknickkorb zusammengepackt. Sie hielten in der Nähe des Creeks, und Martin breitete eine Decke auf dem Boden aus, während Roxy das Picknick auspackte. Es gab kaltes Huhn, kleine Kartoffelbällchen, frisches Brot, Tomaten und verschiedene Käsesorten.

Nachdem sie sich gestärkt hatten, erhob sich Mrs. Featherhaugh und wischte die Krümel von ihrem Kleid. »Ich weiß nicht, was Sie beide vorhaben«, sagte sie, »aber ich unternehme einen kleinen Spaziergang.« Sie deutete auf den Creek. »Ich bin da unten, falls Sie mich brauchen.« Sie bückte sich unbeholfen, hob einen Stock auf und schwang ihn über dem Kopf, ehe sie ihn in Richtung Wasser warf. »Los, Brownie, hol das Stöckchen.«

Martin und Roxy blieben im von Sonnenflecken getüpfelten Schatten des Baumes sitzen, während Mrs. Featherhaugh durch das Gras ging und schließlich aus dem Blickfeld verschwand. Der Hund tobte neben ihr her und bellte aufgeregt. Roxy lehnte sich an den Baumstamm und schloss die Augen. Die Vögel trällerten. Man hörte das Plätschern des Wassers, das über die Felsen floss, und das leise Rauschen der Blätter. Eine warme Brise liebkoste Roxys Gesicht und zupfte an ihrem Haar.

»Danke, dass Sie heute mitgekommen sind«, sagte Martin. Seine Stimme war nahe, und sein Atem streifte ihre Wange. »Ich würde mich doch sehr einsam fühlen, wenn ich allein wäre.«

»Oh, ich weiß nicht«, erwiderte Roxy und dachte an das Café und Martins junge Begleiterin, die sie aus ihren Schultagen kannte. »Ich bin sicher, Emma Dougherty wäre auch eine gute Gesellschafterin.«

»Emma Dougherty?«

»Ja. Sie waren mit ihr im Café und auf dem Ball.« Sie hätte sich auf die Zunge beißen können. Warum hatte sie das gesagt? Das musste ja den Eindruck erwecken, dass sie ihn ausspioniert hätte, aber das hatte sie gar nicht … na ja … nicht wirklich.

Martin lachte schallend. »O Roxy, Sie sind doch nicht eifersüchtig wegen Emma Dougherty, oder?«

»Eifersüchtig? Weshalb sollte ich eifersüchtig sein?« Roxy öffnete die Augen und sah, dass er sich nah zu ihr neigte. Sie nahm das schrille Zirpen der Zikaden in den Bäumen wahr und starrte auf die wirre Locke, die Martin in die Stirn gefallen war. Am liebsten hätte sie die Hand ausgestreckt und die Strähne sanft zurückgestrichen. Sie schloss die Augen wieder und schluckte schwer.

»Emmas Eltern waren mit meinem Vater befreundet; sie haben sich vor vielen Jahren in Sydney kennen gelernt. Ich wohne zurzeit bei ihnen.« Er kicherte wieder. »Emma ist ein süßes junges Ding, aber für meinen Geschmack ein bisschen zu frühreif und kess.«

Roxy spürte, wie seine Finger zart ihr Kinn berührten, und riss überrascht die Augen auf. Hatte er vor, sie wieder zu küssen? Er sah sie eindringlich und mit einem verwirrten Ausdruck an. »Ich wollte heute mit Ihnen zusammen sein, nicht mit Emma.«

Sie erschrak, als sich sein Mund auf ihren senkte. Er nahm sie in die Arme, und ein Gefühl der Geborgenheit überkam sie. In ihr regte sich etwas, was sie nicht benennen konnte, etwas Formloses, Unbestimmbares.

Plötzlich zog er sich zurück und sprang auf. Roxy starrte benommen ins Leere, als er sich von ihr entfernte und ohne einen Blick zurück in Richtung Creek stolperte. Als Brownie sein Herrchen entdeckte, bellte er freudig und rannte auf ihn zu.

Roxy lehnte, wie ihr schien, unendlich lange an dem Baum und beobachtete, wie die Schatten langsam über den Boden krochen.

KAPITEL 4

Während der folgenden Wochen war Martin ein regelmäßiger Gast im Hause Bellue. Roxy staunte selbst, als ihr klar wurde, dass sie sich auf seine Besuche freute. An den Vormittagen war sie mit den Proben für das neue Stück beschäftigt, aber ihr war bewusst, dass sich die Nachmittage ohne Martins Gesellschaft endlos lange hinziehen würden. Er wartete auf die Schafherde, die bald in Adelaide eintreffen sollte, dann musste er nach Norden aufbrechen. Es dauerte also nicht mehr lange, bis sich ihre Wege trennten. In ein paar Wochen war Premiere des neuen Stückes, danach gab es unzählige Matineen und Abendvorstellungen. Roxy sehnte ungeduldig diesen aufregenden Tag herbei und wünschte, die Zeit würde schneller vergehen.

Martin fügte sich reibungslos in ihre Familie ein, als wäre er schon jahrelang ein Freund des Hauses. An den meisten Abenden aß er mit ihnen, und nach der Mahlzeit zog sich John mit ihm in sein Arbeitszimmer zurück, und sie tranken ein, zwei Gläser Portwein, bevor sie sich wieder zu den Frauen gesellten, um Karten zu spielen oder am Piano etwas zu singen. Roxy spielte ganz passabel Klavier, aber Felicite war eine Virtuosin, die liebevoll die Elfenbeintasten anschlug und dem Instrument wundervolle Melodien entlockte. Wenn sich Roxy an diesen behaglichen Abenden umsah, verspürte sie eine vage Zufriedenheit.

Martin und Roxy verbrachten viele Nachmittage damit, gemeinsam die umliegende Landschaft zu erkunden. Gelegentlich wurden sie von Mrs. Featherhaugh begleitet, hin und wieder auch von Felicite oder einer von Roxys Freundinnen, damit der Anstand gewahrt blieb. Und Brownie war immer dabei, beobachtete gespannt jede Bewegung und konnte es kaum erwarten, dass er ein Stöckchen apportieren oder am Flussufer herumtollen durfte.

Martin war selten mit Roxy allein, doch er sehnte sich danach, sie ganz für sich zu haben. An den Abenden, wenn sich ihre Eltern für die Nacht zurückzogen, blieben sie manchmal noch eine kleine Weile zusammen im Salon. Er genoss diese gestohlenen Minuten und ließ Roxy nicht aus den Augen; meist saß sie bei diesen Gelegenheiten mit einem aufgeschlagenen Buch auf dem Schoß auf einem hochlehnigen Stuhl. Wenn er glaubte, dass sie nichts merkte, betrachtete er ihr Profil: hohe Wangenknochen, eine schmale, gerade Nase, die kleinen Sommersprossen. Es drängte ihn dazu, die Hand auszustrecken und ihr durch das helle Haar zu streichen. Die Art, wie sie den Kopf drehte, das Kinn nach vorn reckte oder ihre Hände bewegte, weckte in ihm den nahezu überwältigenden Wunsch, sie an seine Brust zu drücken und ihren weichen Mund zu küssen.

Das Gespräch kam oft auf Wirra Downs und die Pläne, die Martin für seine Farm hatte.

»Und was ist mit Ihnen, Roxy?«, fragte er eines Abends. »Wie sehen Ihre Zukunftspläne aus? Das Theater ist eine ungewöhnliche Wahl, insbesondere für eine Frau.«

»Gefällt Ihnen meine Schauspielkunst nicht?« Sie sah ihn erstaunt an.

Martin lachte. »Ich liebe die Art, wie Sie sich auf der Bühne bewegen und mit ernstem Gesicht Ihre Rolle einnehmen. Aber wie denken Ihre Eltern darüber?«

»Oh, Vater hat eine ziemlich moderne Einstellung«, versicherte Roxy eilends. »Er findet, dass eine Frau einen eigenen Beruf haben sollte, wenn sie das möchte.«

Martin schaute ihr direkt in die Augen. Sie waren grün – grün wie das tiefe Meer. Er hatte fast das Gefühl, in diesen Tiefen zu ertrinken. Ich will dich ganz für mich allein, hätte er ihr am liebsten erwidert. Ich möchte nicht, dass du auf der Bühne stehst und den Blicken der vielen Zuschauer ausgesetzt bist.

»Und möchten Sie das?«, hakte er nach und schloss für einen Moment die Augen, um sich von ihrem bezaubernden Anblick zu erholen.

Roxy seufzte und wandte sich ab. »Seit zwei Jahren träume ich von nichts anderem als davon, mir als Schauspielerin einen Namen zu machen.« Sie drehte den Kopf und sah ihn wieder an. »Ich weiß, dass Sie verstehen können, wie es ist, wenn man sich etwas so schmerzlich wünscht. Die Schauspielerei ist für mich das, was Wirra Downs für Sie ist. Ein Ziel, die Zukunft.«

Martin kannte den Schmerz, der aus der Sehnsucht geboren wurde, nur zu gut. Gerade jetzt fühlte er, wie er von seinem Bauch aus in den gesamten Körper ausstrahlte, bis er fast aufgeschrien hätte vor Qual. Er schluckte schwer und zwang sich zu einem Lächeln. »Ja, das verstehe ich«, murmelte er.

»Wahrscheinlich finden Sie es nicht richtig, wenn eine Frau einem Beruf nachgehen möchte, statt zu heiraten und Kinder zu bekommen.« Ihr Blick senkte sich auf ihre Hände, die sie auf dem Schoß liegen hatte. Ihre Fingerspitzen berührten sich – dies waren zarte, feingliedrige Hände, die niemals harte Arbeit kennen gelernt hatten.

»Wollen Sie keine Familie haben?«

Sie zuckte mit den Schultern. »Eines Tages vielleicht. Wenn ich den richtigen Mann finde, mit dem ich den Rest meines Lebens verbringen möchte. Aber erst muss ich mir selbst etwas beweisen.«

Martin erhob sich langsam und durchquerte den Salon. Dann ging er vor Roxy in die Knie, nahm eine ihrer Hände in seine und hielt sie fest. Er spürte die Wärme ihrer Finger. »Und woher werden Sie wissen, dass der richtige Mann da ist?«

Sie schaute ihm in die Augen. »Das wird mir mein Herz sagen«, antwortete sie entschieden.

An den Nachmittagen schlenderten sie durch den botanischen Garten oder über die Kais von Port Adelaide und beobachteten, wie die kleinen Schoner anlegten. Sie wanderten durch die Kunstgalerie, das Museum und über den Campus der Universität, um zuzusehen, wie die Studenten von einer Vorlesung zur anderen eilten. Wenn sie Ausflüge in die Adelaide Hills machten, saß Brownie hinten auf der leichten Kutsche und kläffte die Rinder auf den Weiden an.

Sie besuchten Orte mit eigenartigen Namen wie Balhannah, wo hohe Buchen die Hauptstraße säumten, und Hahndorf – ein idyllisches altes Städtchen, in dem sich Deutsche angesiedelt und Häuser mit steilen Dächern erbaut hatten. Sie sahen den Traubenpflückern zu, wie sie die prallen Trauben von den Reben drehten und in große Holzbottiche warfen. Die Luft roch nach Sommer und reifen Früchten.

Martin zog Roxy mühelos die Hänge des Mount Lofty hinauf. Als sie atemlos auf dem Gipfel ankam, küsste er sie. Seine Liebkosung war berauschend wie Wein. Die Stadt breitete sich unter ihnen aus wie eine winzige Landkarte. Ein Stück dahinter sahen sie die weiße Küste und das endlose blaue Meer. Nairne, Uraidla, Lobethal: malerische Ortschaften, die ineinander verschwammen und zu einer verschmolzen. Bewusst konnte sich Roxy nur noch an den Geschmack von Martins Lippen erinnern.

An einem Wochenende begleiteten John und Felicite sie bei einem etwas weiteren Ausflug. Sie übernachteten in Gumeracha in einem kleinen Gasthof, in dem ihnen die Wirtin eine köstliche Mahlzeit servierte. Sie waren die einzigen Gäste. Eine Kerze auf dem Tisch verbreitete einen behaglichen gelben Schein, und an den Wänden tanzten Schatten. Während des Essens sprach Martin von seiner Liebe zum Busch und den Dingen, die er sich für die Zukunft vorgenommen hatte. Seine Augen leuchteten vor Begeisterung und Vorfreude. Roxy musterte Martins Gesicht und sah, dass er trotz seiner Sanftmut fest entschlossen war, sein Leben in die Hand zu nehmen.

Das Ensemble war aufgeregt und hektisch bei der ersten Kostümprobe, die zwei Wochen vor der Premiere abgehalten wurde. Nach der Probe lobte der Regisseur ihre Leistungen.

»Eine gute Vorstellung. Wir sehen uns morgen.« Er drehte sich schon um, um zu gehen, aber dann fiel ihm noch etwas ein. »Übrigens, wie einige von Ihnen inzwischen sicher wissen, saß heute Harold Rasmussen im Zuschauerraum. Er möchte morgen vor der Probe mit einigen von Ihnen sprechen. Also, bis dann.«

Roxy hätte am liebsten Freudensprünge vollführt, Harold Rasmussen! Der berühmte Shakespeare-Regisseur aus Sydney war in ihrem Theater gewesen, hatte miterlebt, wie sie, Roxy Bellue, ihren Text fehlerlos vorgetragen und sich mit einstudierter Leichtigkeit und Anmut auf der Bühne bewegt hatte. Harold Rasmussen! Sie war ihm bestimmt aufgefallen, sicher hatte er sie auserwählt, oder? Ihr Herz klopfte unbändig.

»Ich kann die morgige Probe kaum erwarten«, flüsterte sie vor sich hin. Sie wünschte, die Stunden würden verfliegen, und fragte sich, wie sie ihre Vorfreude im Zaum halten sollte.

Bei der Probe am folgenden Tag spielte Roxy ihre Rolle wie in Trance. Harold Rasmussen hatte eine Ansprache vor dem Ensemble gehalten und erklärt, dass er einige von ihnen gern zum Vorsprechen für eine Inszenierung des *Wintermärchen* einladen würde, das in der kommenden Saison in Sydney aufgeführt wurde. Roxys Name wurde auch genannt.

Schon am nächsten Tag sollte sie vorsprechen. Roxy malte sich während der schlaflosen Nacht aus, wie sie die Hermione oder die Perdita in Sydney spielte, deshalb war sie ein wenig enttäuscht, als man sie aufforderte, den Text der Dorcas, einer der Schäferinnen, zu lesen. Aber alles verlief gut, und Harold tätschelte ihr den Rücken. »Gut gemacht«, sagte er in einem Ton, der Roxy davon überzeugte, dass niemand außer ihr dieses Lob hören sollte. Sie saß wie auf glühenden Kohlen, während sie auf eine weitere Reaktion wartete.

Die Neuigkeit erreichte sie eine Woche später. Rasmussen bot Roxy die Rolle an, für die sie vorgesprochen hatte. »Es ist nur eine kleine Rolle«, warnte er sie und strahlte sie dabei an, »aber es ist ein Schritt vorwärts. Die Proben beginnen im Juni in Sydney.«

»Das sind ja wundervolle Neuigkeiten, Liebling«, rief John Bellue nach einem Moment des Schweigens aus. Sein übliches Lächeln fehlte jedoch, und Roxy sah seine tief gerunzelte Stirn.

Felicite schaute ihre Tochter besorgt an. »Das würde bedeuten, dass du weg von zu Hause bist«, begann sie. »Ich weiß nicht …«

»O bitte, Mutter! Es ist die Chance meines Lebens.«

»Es kann vielleicht nichts schaden, meine Liebe«, sagte John vorsichtig, »wenn Roxy es wirklich will.«

»Und das ist noch nicht alles«, erzählte Roxy weiter und holte tief Luft. Es hatte keinen Sinn, die Sache aufzuschieben. »Die Rede war von London, wenn die Saison in Sydney ein Erfolg wird. Aber bisher war das nur eine Andeutung …«

»London«, flüsterte Felicite matt. »O Roxy, das ist so weit weg. Und diese beschwerliche Reise! Ich war so seekrank.«

»Zum Teil deshalb, weil du schwanger warst, meine Liebe«, wiegelte John ab und nahm die Hand seiner Frau.

»Unsinn«, protestierte Felicite, entzog John ihre Finger und fächelte sich mit schnellen Bewegungen Luft zu. »London! Das ist auf der anderen Seite der Welt. Und der Gedanke, Roxy so weit von uns weg zu wissen, würde mir keine Minute Ruhe mehr lassen. Es könnte alles passieren. Alles!«

John Bellue nickte seiner Tochter knapp zu. »Roxy, lass uns abwarten und sehen, wie sich alles entwickelt, ja?«

Roxy lächelte, als sie ihren Eltern einen Gutenachtkuss gab und sich in ihr Zimmer zurückzog. Alles würde gut verlaufen. Sie konnte ihren Vater um den kleinen Finger wickeln. Felicite war allerdings schwerer zu überzeugen. Aber irgendwie würde es ihr schon gelingen, ihrer Mutter klar zu machen, dass sie mit fast achtzehn kein Kind mehr war und dass ein aufregendes Leben auf sie wartete. Zumindest in Sydney, wenn nicht sogar in England.

Sie seufzte glücklich, als sie zwischen die kühlen Laken schlüpfte. London. Das war so weit weg, doch schon ein Stückchen näher, als es gestern gewesen war.

John und Felicite kamen an einem heißen, stürmischen Vormittag vor der Matinee-Vorstellung ins Theater, um Harold Rasmussen zu treffen. Die Begegnung verlief nicht gut. John hörte sich Harolds Pläne an und nickte höflich. Felicite schwieg die ganze Zeit. Ihr Mund war uncharakteristisch verkniffen, was ihre ansonsten so sanften Gesichtszüge fast entstellte.

Roxy wollte sie trösten. Ich gehe doch nur nach Sydney, hätte sie ihr gern zugerufen. Du hast diese Reise nach London mit Vater unternommen, als du kaum älter warst als ich. Mit dem Schiff bis nach England. Aber sie wusste, dass das nicht dasselbe war. Als einziges Kind war sie der Mittelpunkt im Leben ihrer Mutter, und dadurch war der Druck, bei der Familie zu bleiben, wesentlich stärker.

Roxy hatte Harold Rasmussen vorgewarnt und ihm von den Bedenken ihrer Eltern erzählt, daher versuchte er, die Wogen zu glätten und die angekündigte London-Reise herunterzuspielen. »Das steht im Moment natürlich noch in den Sternen«, sagte er. »Bis dahin kann noch alles Mögliche geschehen. Habe ich vorerst Ihre Erlaubnis, Roxy für die nächste Saison mit nach Sydney zu nehmen? Es ist eine große Chance für sie.«

John Bellue nickte, beugte sich vor und schüttelte Rasmussen die Hand. »Roxy hat unseren Segen. Aber sie ist alles, was wir haben, und ich erwarte von Ihnen, dass Sie gut auf sie Acht geben«, erklärte er ernst.

Roxy seufzte leise. Ihre Gebete waren erhört worden. Sie hatte gewonnen. Und ihr Vater sollte diese Entscheidung nie bereuen, dafür würde sie sorgen.

»Felicite! Meinst du nicht, dass du ein wenig unaufrichtig bist? Das passt so gar nicht zu dir, meine Liebe, wenn ich das so sagen darf.«

Roxy, die lautlos durch den Flur in Richtung Küche

tapste, um sich ein Glas Wasser zu holen, hörte die erhobene Stimme ihres Vaters im Salon und blieb vor der nur angelehnten Tür stehen. Sie sah durch den Spalt, dass ihre Eltern einander gegenübersaßen – John mit einem fast leeren Portweinglas in seinem Lieblingssessel, Felicite auf dem roten Samtsofa.

»Na ja«, rechtfertigte sich Felicite, »du wirst der Erste sein, der sich beschwert, wenn sie nach England fährt. Ist dir jemals in den Sinn gekommen, dass sie dort drüben heiraten könnte? Vielleicht wird sie nie wieder nach Hause kommen.«

Roxy wich einen Schritt zurück. Sie sprachen über sie und ihre Zukunft. Sie sollte nicht hier stehen und ihre Eltern belauschen wie ein unartiges Kind.

»Deshalb versuchst du, sie mit Martin Dumas zu verkuppeln? Du würdest sie lieber in dieses gottverlassene Nest mitten im Busch schicken – weg von all den Dingen, die sie liebt … auch vom Theater?«

Roxy drehte sich lächelnd um. Darum ging es also: um Martin Dumas.

»Martin hat mir erzählt, dass es in Bourke ein Theater gibt. Außerdem will ich nur das Beste für meine Tochter, wie du sehr wohl weißt. All dieses Gerede von England – es ist nicht richtig für eine Frau, einen Beruf zu haben. Was ist mit einer Ehe und Kindern?«

»Dafür hat sie noch jede Menge Zeit«, gab John mürrisch zurück. »Wenn Roxy etwas tun möchte, bevor sie sich den Anforderungen einer Ehe und der Mutterschaft unterwirft, dann sollten wir sie unterstützen.«

Roxy hörte ihre Mutter seufzen. »Guter Gott, ich habe nie damit gerechnet, dass die Schauspielerei so wichtig für sie wird.«

»Was hast du gedacht, was es ist? Eine vorübergehende Phase? Wenn mich mein Gedächtnis nicht trügt, dann hattest du bisher nichts dagegen.«

Felicites Stimme klang steif und formell. »Ich dachte, dass sie eines Tages einen netten Mann wie Martin kennen lernt und eine Familie gründet. Ich habe die Schauspielerei immer nur für ein Zwischenspiel gehalten, für etwas, was sie vorübergehend amüsiert, bis sie heiratet.«

»Meine Liebe, sie ist erst siebzehn. Sie hat noch viel Zeit, um sich einen Mann zu suchen. Wir sollten versuchen, diese Sache von Roxys Standpunkt aus zu betrachten.«

»Oh! Ich war in ihrem Alter bereits verheiratet ...«

»Und es wurde eine wunderbare Ehe«, besänftigte John seine Frau.

Roxy schlich auf Zehenspitzen weiter und lachte in sich hinein. Felicite versuchte, sie zu verkuppeln, ihr Vater hingegen wollte, dass sie ihre Ziele erreichte: Was für ein Witz! Martin Dumas war ein angenehmer Mann. Zugegeben, er war charmant und witzig und schien sich in ihrer Gegenwart wohl zu fühlen. Aber es war nichts zwischen ihnen. Zwei flüchtige Küsse waren keine Basis für eine Romanze. Außerdem würde er bald mit seiner Schafherde nach Bourke zurückkehren. Und Felicite redete von Ehe und Kindern! Ha! Auf keinen Fall würde sich Roxy lebendig im Busch begraben lassen. London – *das* war ihr Ziel. Eines Tages würde sie es ihnen allen beweisen. Die Schauspielerei ein vorübergehendes Amüsement? Ihre Mutter hatte vollkommen falsche Vorstellungen.

Martin zwang sich zu einem Lächeln. »Das ist großartig, Roxy. Sydney! Auf so eine Gelegenheit haben Sie doch gewartet, oder?«

»Ja.«

Seine Miene war wie versteinert. Sicherlich spürte sie seine Anspannung. Sydney war näher bei Bourke als Adelaide, aber London ...? Das war am anderen Ende der Welt! Er bemühte sich, seine Enttäuschung nicht zu zeigen. »Sie sind wirklich fest entschlossen, diese Sache durchzufechten, stimmts?«

Sie schrak zurück. Mit sinkendem Mut sah er ihr nach, als sie zum Fenster ging und ihm den Rücken zukehrte. Als sie wieder das Wort ergriff, klang sie unpersönlich, fast ärgerlich. »Ich dachte, dass gerade Sie mich verstehen könnten. Erinnern Sie sich, wie wir uns über Wirra Downs und Ihre Pläne unterhalten haben? Nun, dies ist *mein* Ziel, *meine* Ambition.« Sie drehte sich zu ihm um. Ihre Augen funkelten, als wollte sie ihn zu einem Widerspruch herausfordern. »Ich dachte, Sie würden mich verstehen«, wiederholte sie. »Sie müssten doch wissen, wie ich fühle, und ich habe geglaubt, ich könnte ein wenig Unterstützung von Ihnen erwarten ...« Sie brach ab und sah Martin verwirrt an. Einen Moment wirkte sie verloren und durcheinander, als wäre sie unsicher geworden. Doch schon im nächsten Augenblick verhärteten sich ihre Züge. Es war, als hätte sie einen Schutzschild um sich errichtet. Sie streckte die Hand aus. »Wünschen Sie mir Glück, Martin«, bat sie leise.

Er konnte sich nicht länger zurückhalten; er zog sie einfach in die Arme und drückte sie an seine Brust. Seufzend vergrub er das Gesicht in ihrem süß duftenden Haar, schloss die Augen und fühlte ihre Wärme und Nähe. Er nahm von ihren willigen, weichen Lippen Besitz und glaubte, laut aufschreien zu müssen, weil sie solche Gefühle in ihm weckte.

Nach einer Weile schob er sie sanft von sich. »Gratulation, Roxy … und viel Glück«, erwiderte er, ohne auf den Schmerz in seinem Herzen zu achten.

KAPITEL 5

Was ist?«, fragte Felicite und musterte ihre Tochter eingehend. Sie waren in Roxys Zimmer und sortierten die Kleider aus, die sie für die Reise mitnehmen sollte.

Roxy machte ein finsteres Gesicht. Sie hatte keine Lust, Erklärungen abzugeben. »Nichts«, behauptete sie und ging zum Fenster, um den großen Park zu überblicken. Einige Menschen schlenderten über die Pfade. Mütter schoben Kinderwagen vor sich her, kleine Kinder tobten herum und versteckten sich in den Büschen. Ein Paar ging untergehakt spazieren, ein großer Sonnenschirm schützte ihre Gesichter vor den brennenden Sonnenstrahlen. Roxy fragte sich, ob die beiden ein Liebespaar waren.

In den letzten Wochen war sie unsicher geworden. In wenigen Monaten würde sich ihr Leben komplett ändern. Die Auserwählten des Ensembles sollten schon bald nach Sydney aufbrechen und mit den Proben für das neue Stück beginnen. Felicite, die sich um Roxys Garderobe sorgte, hatte bereits einige neue Kleider bestellt, und John schrieb Briefe, um seiner Tochter eine passende Unterkunft zu verschaffen.

Felicite stellte sich zu Roxy ans Fenster und legte einen Arm um ihre Taille. »Roxy, wir waren immer gute Freundinnen, nicht nur Mutter und Tochter, und ich merke, wenn du betrübt oder nachdenklich bist. Was beschäftigt dich? Die bevorstehende Reise?«

»Ich weiß es nicht.«

Die Aussicht, in der großen Stadt Theater zu spielen, war wunderbar, aber auch beängstigend. Obwohl sie unbedingt nach Sydney wollte, meldete eine innere Stimme Bedenken an und hielt ihre Vorfreude in Schach. Sydney war weit entfernt, und sie kannte dort keine Menschenseele. Was, wenn es ihr nicht gefiel?

»Du hast deine Meinung doch nicht geändert, oder?«, hakte Felicite beharrlich nach.

Roxy schüttelte den Kopf. Wie konnte sie erklären, was in ihr vorging? Die vergangenen Wochen erschienen ihr unwirklich. Es war, als harrte sie nur aus und vertriebe sich die Zeit. Sie wünschte verzweifelt das Ende der Wartezeit herbei, damit sie ihr neues Leben anfangen konnte. Trotzdem hatte sie eine ungeheuerliche Traurigkeit erfasst. Es schien, als fehlten ihr John und Felicite schon jetzt, als betrauerte sie bereits ihren Verlust.

»Geht es vielleicht um Martin?«, beharrte ihre Mutter.

Martin. Der Gedanke, ihn nie wiederzusehen, bekümmerte Roxy auf unerklärliche Weise. Sie wandte sich Felicite mit einem erzwungenen Lächeln zu. »Martin? Unsinn, er hat nichts damit zu tun. Natürlich möchte ich nach Sydney. Ich weiß nicht, was mit mir los ist«, antwortete sie gespielt fröhlich.

Dann brach sie in Tränen aus.

Die letzten Proben für den *Mittsommernachtstraum* verliefen reibungslos. Der Regisseur gab dem Ensemble einen Tag frei, und ein paar von ihnen fuhren mit der Kutsche nach Glenelg ans Meer. Martin schloss sich ihnen an.

Sie kamen am Dienstagmorgen an und erlebten den Ort ohne die üblichen Sonntagsausflügler. Martin nahm Roxys Arm, als er sie über die Strandpromenade führte. Kreischende Möwen zogen ihre Kreise und tauchten gelegentlich ins Wasser. Einige kleine Boote mit weißen Segeln tanzten auf den Wellen.

»Oh, sehen Sie!« Roxy deutete auf die Delfine, die im Wasser herumtollten. Plötzlich war Martins Gesicht nur noch wenige Zentimeter von ihrem entfernt. Sie blieb stehen, ihr Herz hämmerte wie wild.

Er legte die Hände an ihre Wangen und zwang sie, ihm in die Augen zu sehen. »Ich habe heute Morgen Nachricht von Elder, Smith und Co. bekommen«, berichtete er. »Die Schafe sind bald bereit, nach Bourke gebracht zu werden. Ich muss allmählich meine Zelte hier abbrechen.«

Roxy spürte, wie sich ein harter Knoten in ihrem Magen bildete. Sie hatte schon seit einigen Tagen befürchtet, dass Martin vor ihrer eigenen Abreise nach Wirra Downs aufbrechen würde. Sie schaute aufs Meer hinaus und fühlte eine unendliche Traurigkeit. Adelaide ohne Martin erschien ihr trübe und freudlos.

»Und«, entgegnete sie betont vergnügt, »wann werden Sie uns verlassen?«

»Ungefähr in drei Wochen.«

»Oh.« Roxy drehte sich zu ihm und legte eine Hand auf seinen Arm. Sie war überrascht, dass Tränen in ihren Augen brannten. »Ich habe die Zeit mit Ihnen sehr genossen,

Martin. Ich werde Sie vermissen. Vielleicht kommen Sie irgendwann wieder nach Adelaide und besuchen uns.«

»Aber dann sind Sie nicht da«, entgegnete er verwundert. »Sie werden in Sydney, vielleicht sogar in London sein. So weit weg.«

Ohne ein weiteres Wort nahm er ihre Hand und führte Roxy am Pier entlang, der ins Wasser ragte und am Ende ein T bildete. Auf der Nordseite befanden sich die öffentlichen Bäder. Sie kamen an einer Imbissbude und Umkleidekabinen vorbei; die Planken wackelten, waren uneben und von der Sonne und der salzigen Luft zu einem silbrigen Grau gebleicht. Der Wind drohte, Roxy den Hut vom Kopf zu reißen. Sie hielt ihn mit einer Hand fest, den anderen Arm hatte Martin mit Beschlag belegt. Sie kamen zum Ende des Piers. Das wellige, wirbelnde Wasser reichte bis zum Horizont und verschmolz im salzigen Dunst mit dem Himmel.

»Roxy«, flüsterte Martin so leise, dass sie sich für einen Moment fragte, ob sie es sich nur eingebildet hatte. War ihr vielleicht ein Wort über die eigenen Lippen gekommen, und hatte es sich im Wind zerstreut? Martin schlang die Arme um sie, und sie ließ unwillkürlich ihren Hut los. Ein Windstoß verfing sich in den Bändern, und plötzlich sah Roxy, wie ihr Hut über die Wellen segelte und auf dem Wasser liegen blieb.

»Oh!« Der Hut sah lächerlich aus, und mit einem Mal war Roxy zum Kichern zumute. Aber sie spürte, dass ihr Lachen rasch in Tränen umschlagen würde. Weswegen würde sie weinen?, fragte sie sich. Um den Hut? Wegen Martins Abreise? Trostlosigkeit erfüllte ihr Herz.

Martin legte eine Hand unter ihr Kinn und drehte zärtlich ihr Gesicht zu sich. »Ich glaube, ich kann es nicht ertragen, dich zu verlassen. Ich denke Tag und Nacht an nichts anderes mehr. Ich liege wach in meinem Bett und versuche, mir ein Leben ohne dich vorzustellen ... Es gelingt mir nicht. Ich liebe dich, Roxy.«

Ich liebe dich, Roxy. Ich liebe dich, Roxy. Die Worte tanzten in ihrem Kopf und überschlugen sich, um in ihr Bewusstsein einzudringen. Sie sah erstaunt in seine tiefblauen Augen. Die Welt schien stillzustehen, und der Moment schwebte wie die Möwen in der Luft und ließ sich vom Wind treiben.

»Ich liebe dich, seit ich dich zum ersten Mal im Theater gesehen habe«, fuhr Martin fort. »Sag mir, dass du mich heiratest, und ich kaufe dir so viele Hüte, dass du ein ganzes Jahr lang jeden Tag einen anderen aufsetzen kannst.« Sie schmiegte sich an ihn und wandte den Blick nicht von seinem fein geschwungenen Mund, während er sprach und sein entwaffnendes Lächeln zeigte. Und endlich wurde ihr erschreckend klar, dass sie ihn liebte. Ihr schneller Herzschlag hatte es ihr jedes Mal verraten, wenn sie an ihn gedacht hatte, wenn sie ihn gesehen oder sein Mund den ihren gesucht hatte. Allein seine Berührung entfachte eine Hitze und eine verzweifelte Sehnsucht in ihr, dass sie Angst davor hatte, mit ihm allein zu sein.

»Dich heiraten?«, stammelte sie.

»Es tut mir Leid, Roxy, aber ich kann Wirra Downs nicht aufgeben. Es ist ein Teil von mir. Mein Herz. Meine Seele. Ich gehöre dorthin. Deshalb bitte ich dich, deine Träume aufzugeben und an meinen teilzuhaben. Es wäre ein großes Opfer, und ich würde verstehen, wenn du Nein sagst.«

Ein stechender Schmerz durchzuckte sie so heftig, dass

sie schon fürchtete, in zwei Stücke gerissen zu werden. Sie dachte an Sydney, an das Theater und an Harold Rasmussen. Das alles schwebte ihr verlockend und zum Greifen nahe vor Augen. Sie wusste, dass sie das alles haben könnte, wenn sie nur wollte.

Plötzlich sah sie Martins Lächeln, und die Entscheidung war gefallen.

»Ja«, antwortete sie und lachte vor Glück. Sie hatte sich richtig entschieden, das wusste sie mit einem Mal. »Ich würde Ihren Heiratsantrag gern annehmen, Martin Dumas.«

Er besiegelte ihre Verlobung mit einem Kuss.

Sydney war jetzt so weit weg wie London oder Istanbul.

Felicite klatschte vor Freude in die Hände. »Oh, wie wundervoll«, rief sie und nahm Roxy in die Arme, nachdem Martin offiziell bei John um die Hand seiner Tochter angehalten hatte. »Ich wusste, dass ihr beide füreinander bestimmt seid.«

Roxy ergriff die Hand ihrer Mutter. »Dürfen wir euch um etwas bitten?«

»Um alles, Liebes. Oh, ich freue mich ja so für dich!«

»Roxy ...«, warf Martin ein, »das heißt, Roxy und ich würden gern hier in Adelaide heiraten, bevor ich in drei Wochen abreise.«

»In drei Wochen«, wiederholte Felicite fassungslos. »Wie können wir in drei Wochen eine Hochzeit organisieren? Wir müssen uns um die Kleider kümmern, die Kirche, den Empfang ...«

Roxy lachte. »Wir haben über alles nachgedacht, Mutter. Wir werden Madame Redmonde einen Besuch abstatten, und ich bin überzeugt, wir werden ein Modell finden, das jedes andere Hochzeitskleid, das jemals getragen wurde, in den Schatten stellt. Vater, du kümmerst dich um die Kirche, und wir bitten Mrs. Featherhaugh, ein denkwürdiges Festmahl zuzubereiten. Martin und ich würden den Empfang gern hier im Haus abhalten. Es wird nur eine kleine Angelegenheit.«

Felicite wandte sich an Martin. »Was ist mit Ihrer Familie?«, erkundigte sie sich. »Werden Ihre Verwandten kommen?«

»Meine Mutter kann Wirra Downs nicht so kurzfristig verlassen, aber mein Bruder könnte es vielleicht schaffen.«

»Dein Bruder?«, wunderte sich Roxy. Martin hatte nie einen Bruder erwähnt. Um genau zu sein, er hatte überhaupt nicht viel von seiner Familie erzählt. Sie wusste eigentlich nur, dass sein Vater Gerald im letzten Jahr verstorben war. Und sie hatte angenommen, Martin sei wie sie selbst ein Einzelkind.

»Guy ist adoptiert«, erklärte er beiläufig. »Er ist fünfundzwanzig, also drei Jahre älter als ich, und seit ein paar Jahren mit Louisa verheiratet. Sie ist sehr nett, du wirst sie mögen, das weiß ich, Rox. Sie haben einen Sohn, Davie. Er dürfte jetzt etwa zwei Jahre alt sein.«

»Leben sie auch in Wirra Downs?«

Martin schüttelte den Kopf. »Nein. Guy ist Besitzer eines Schaufelraddampfers, und die Familie lebt mit ihm auf dem Schiff. Guy ist zurzeit auf dem Weg hier herunter und macht ein paar Fahrten zwischen Goolwa und Echuca, ehe er die Vorräte an Bord nimmt, die er nach Wirra Downs bringt. Louisa und Davie haben sich entschieden, so lange in Wirra Downs zu bleiben und Maggie ein wenig Gesellschaft zu leisten.«

Roxy dachte über Martins Enthüllungen nach. Es gab also nicht nur einen Bruder, sondern auch noch eine Frau und ein Kind. Sie stieß spielerisch mit einem Finger in seine Rippe. »Erzähl mir besser gleich, was ich sonst noch über dich wissen sollte. Du hast nicht zufällig auch irgendwo eine Frau und sechs Kinder im Busch versteckt?«

»Nein«, lachte Martin. »Keine Frau.« Er küsste sie geräuschvoll auf den Mund, ohne sich darum zu scheren, dass ihre Eltern dabei waren. »Nur dich, mein Juwel.«

Als sie später allein waren, stellte Roxy Fragen über Guy. »Wieso hast du nie von ihm gesprochen?«, wollte sie wissen, auch weil sie spürte, dass Martin ihn nur widerwillig in seine Hochzeitspläne mit einbezog.

»Ich weiß nicht. Guy kam in unsere Familie, als ich ungefähr zwei Jahre alt war. Ich erinnere mich nicht mehr daran; mir kommt es so vor, als wäre er immer schon da gewesen.«

»Was ist geschehen?«

Martin zuckte mit den Schultern. »Guy hat sich nach und nach von uns entfernt. Ich kann nicht sagen, wann das angefangen hat, es ist einfach passiert. Maggie hat uns immer gleich behandelt, als wären wir beide ihre leiblichen Kinder. Sie hat keinen von uns bevorzugt. Aber Guy und Gerald ... das war etwas anderes. Irgendwie schien Gerald ein fremdes Kind in seinem Haus nicht so recht akzeptieren zu können. Es war nicht offensichtlich, eher unterschwellig, doch ich denke, Guy hat es gespürt. Jedenfalls machte er sich auf und davon, sobald er alt genug war. Er wollte nichts mit Wirra Downs zu tun haben – zumindest behauptete er das. Gerald versuchte nicht, ihn zurückzuhalten, aber Maggie hat wochenlang geweint. Dann hörten wir, dass er unten in Murray auf einem Dampfer arbeitete. Nach einiger Zeit hatte er genug Geld zusammengespart, um sich ein eigenes Schiff zu kaufen. Nach Geralds Tod kam er einige Male nach Wirra Downs und brachte Louisa und den Jungen mit. Es ist fast wieder wie in alten Zeiten …«

Martin wurde nachdenklich und starrte ins Leere.

Am Kai von Goolwa herrschte reges, lärmendes Treiben. Einige Schiffe lagen längsseits an den Anlegestellen, und mithilfe einer großen Seilwinde wurden Wollballen – immer zwei auf einmal – von einem der Dampfer an Land gebracht. Hafenarbeiter entluden einen Frachtkahn. Männer liefen hin und her.

Martin nahm Roxys Hand und führte sie durch die Menschenmenge zu einem hübsch bemalten Schaufelraddampfer, der hoch und stolz im Wasser lag. Auf einem großen Schild vor dem Ruderhaus stand der Name des Schiffes: *Curlew*. Ein paar Männer hievten schwere Leinensäcke in den Laderaum. Roxy sah einem nach dem anderen ins Gesicht und überlegte, wer von ihnen Martins mysteriöser Bruder sein könnte.

»Holla«, rief Martin, als er mit Roxy über die wackligen Schiffsplanken ging. »Ist Guy da?«

Ein Mann erschien in der Tür zum Ruderhaus. »Martin! Was machst du hier? Ich dachte, du bist längst mit all diesen glücklichen Schafen auf dem Weg nach Wirra Downs.«

Guy lief leichtfüßig die Treppe herunter, die vom Ruderhaus zum Deck führte. Er war behände und drahtig, nicht groß, hatte jedoch eine breite Brust und breite Schultern. »Also, kleiner Bruder«, fügte er hinzu, »was führt dich an einem Werktagmorgen nach Goolwa? Hast du das Stadtleben schon satt? Möchtest du sehen, wie sich echte Arbeiter ihr Geld verdienen?«

Roxy folgte Martin über das Deck der *Curlew.* Sie erahnte trotz des neckenden Tonfalls eine unterschwellige Spannung zwischen den beiden Männern. Instinktiv straffte sie die Schultern und wartete auf Martins Antwort. Aber der lachte nur. »Nein«, entgegnete er und zog Roxy an seine Seite. »Ich möchte dir Roxy vorstellen. Wir sind verlobt und wollen heiraten, und wir sind hergekommen, um dich zu unserer Hochzeit einzuladen.«

Guy zog zum Zeichen des Respekts seine Kappe vom Kopf, und zum Vorschein kam eine ganz ähnliche sandfarbene Haarmähne wie die von Martin. Er musterte seinen Bruder und dessen Verlobte ungläubig. »Ihr wollt heiraten?« Sein Blick durchbohrte Roxy geradezu, und sie kam sich vor wie ein Insekt unter einem Vergrößerungsglas. »Das kommt ein wenig plötzlich, nicht?«, schloss er.

»Ich dachte, dass du gern dabei wärst, wenn du in der Nähe bist«, sagte Martin, ohne den Kommentar seines Bruders zu beachten. In Roxy keimte langsam Wut auf.

»Möglich«, antwortete Guy und taxierte Roxy spöttisch. Langsam streckte er die Hand aus. »Willkommen in der Familie Dumas.«

Im Salon servierte Guy starken schwarzen Tee und Kuchen aus der Kombüse. Sie unterhielten sich, aber immer wieder entstanden längere Schweigephasen. Roxy sah sich um, während sie ihren Tee trank. Der Raum war frisch gestrichen und sauber. Helle Vorhänge hingen an den winzigen Fenstern; in einer Ecke stand ein altes, sorgfältig poliertes Klavier.

»Das gehört Louisa«, erklärte Guy, als er Roxys Blick folgte. »Louisa ist meine Frau. Sie spielt sehr gern Klavier. Spielen Sie auch?«

Roxy nickte. »So leidlich.«

»Roxy ist Schauspielerin«, warf Martin stolz ein.

»Schauspielerin?« Guy zog überrascht die Augenbrauen hoch. »Maggie wird beeindruckt sein.«

»Shakespeare-Darstellerin, um genau zu sein«, führte Roxy aus; sie ignorierte seinen sarkastischen Unterton. »Wir proben gerade für den *Mittsommernachtstraum* im Royal.«

»Faszinierend«, gab Guy zurück, aber sein Verhalten verriet, dass ihn das nicht die Bohne interessierte.

Nach dem Besuch bei Guy spazierten Roxy und Martin durch Goolwa. Martin zeigte ihr die Sehenswürdigkeiten: ein paar Hotels, die Polizeistation, das Gerichtsgebäude, die Kirche und die Dampfeisenbahn, mit der die Wolle und andere Waren über die Sandsteinberge nach Port Elliot am Ozean transportiert wurden. In der Nähe des Kais befanden sich ein riesiges Lagerhaus, eine Eisenhütte und eine Schiffswerft. Auf der anderen Seite des Kanals lag die flache Insel Hindmarsh mit den Salzpfannen im rötlichen Wasser. Kormorane und Möwen kreisten am tiefblauen Himmel.

»Das Ende des Flusses«, sinnierte Martin und deutete zur Insel, hinter der sich der Murray ins Meer ergoss. »Ein unwürdiges Ende für einen so noblen Fluss.«

Etwas – war es der Wind, der die Wolken über den Horizont trieb, oder das Kreischen und Zwitschern der Vögel?

– ließ Roxy das eigenartige Treffen mit Guy Dumas vergessen. Sie musterte Martin nachdenklich. »So ernst an einem derart strahlenden Tag?«

Er zog sie stürmisch an sich. Sie spürte seinen Herzschlag. »Zweifle nie an meiner Liebe zu dir«, sagte er leidenschaftlich, und seine Augen blitzten dabei. »Sie ist wie dieser Fluss – sie fließt bis in alle Ewigkeiten und ergießt sich ins Meer.«

KAPITEL 6

Eine Menschenmenge versammelte sich vor der Kirche, als die Hochzeitsgesellschaft eintraf. Eine von zwei blitzblank gestriegelten schwarzen Pferden gezogene Kutsche fuhr vor. Martin stand am kleinen Fenster in der Sakristei und beobachtete, wie John seiner Tochter aus der Kutsche half und Felicite den Schleier zurechtzupfte. Er überlegte flüchtig, wie sich Roxys Eltern fühlten, wenn ihr einziges Kind einen Mann heiratete, der hunderte von Meilen entfernt und in einer ganz anderen Welt lebte als sie selbst.

Als die Brautfamilie die Stufen zur Kirche hinaufging, eilte Martin an seinen Platz vor dem Altar. Einen Moment war alles still, dann setzte laute Orgelmusik ein, und sein Herz machte einen Satz, als er sah, wie Roxy am Arm ihres Vaters auf ihn zukam. Sie trug ein naturweißes Kleid aus Tussahseide, dessen schlichter Schnitt ihre schlanke Figur betonte. Der lange Schleier verdeckte ihr Gesicht. Martin wurde ungeduldig, als sie gemessenen Schrittes durch den Mittelgang ging. Ihm war zum Lachen und gleichzeitig zum Weinen zumute. Er wollte sie in seine Arme schließen und sie den weiten Weg bis nach Wirra Downs tragen. Komm, lauf zu mir, mein Liebling!, hätte er am liebsten gerufen. Aber er schwieg und war wie betäubt vom Wunder dieses Tages.

Endlich stand sie neben ihm. Er ergriff ihre Hand und staunte, weil sie zitterte. Martin drückte sanft ihre Finger und sah sie mit einem Grinsen an. Seine Lippen formten die Worte: Ich liebe dich, Roxy Bellue.

Martin erinnerte sich später kaum noch an die Zeremonie und den Gottesdienst. Er nahm nur noch Roxy an seiner Seite wahr. *Ich, Martin Gerald Dumas, nehme dich, Roxy Ann Felicite Bellue, zur Ehefrau* … Die Worte kamen ihm automatisch über die Lippen.

Er steckte Roxy den schlichten Goldring an den Finger und lüftete ihren Schleier. Roxy stand ganz still und lächelte. In ihren Augen glitzerten Tränen.

»O Roxy …«

Der Organist schlug einen kraftvollen Akkord an, und der Rest von Martins Worten ging in den Klängen unter. Jemand drückte ihm ein Gesangbuch in die Hand, und es gelang ihm irgendwie, dem Text zu folgen. Im Inneren sang er allerdings ein ganz anderes Lied.

Lachend rannten sie Hand in Hand von der Kirche zur wartenden Kutsche. Viele Mitglieder des Theaterensembles standen auf den Stufen und am Weg und bewarfen sie mit Rosenblättern, als sie vorbeikamen. Roxy winkte und lächelte glücklich.

In der Kutsche waren sie endlich allein, und Martin küsste sie leidenschaftlich. »O Gott«, ächzte er. »Noch steht uns der Empfang bevor. Ich möchte dich heute mit niemandem mehr teilen. Ich wünschte, wir könnten endlich allein sein.« Er sah ihr ins Gesicht; der Blick aus ihren grünen Augen, der sinnliche Mund verstärkten das Verlangen, gegen das er so lange angekämpft hatte. »Ich könnte dich entführen und von all dem wegbringen. Glaubst du, sie würden uns vermissen?«

»Sei nicht albern«, lachte Roxy. Sie bemühte sich, streng zu sein, versagte jedoch kläglich. Dann drückte sie zwei Finger auf seine Lippen, um ihn zum Schweigen zu bringen. »Mrs. Featherhaugh hat zwei Wochen damit verbracht, für dieses Ereignis zu backen und zu kochen Sie hat einen Queen's Pudding gemacht – deine Lieblingsspeise.«

»Wenn ich mich zwischen Queen's Pudding und dir entscheiden müsste, weiß ich, was ich wählen würde«, brummte Martin, als das Haus der Bellues in Sicht kam.

Einige Male während des Abends machte sich Martin auf die Suche nach Roxy und hoffte, sie dazu überreden zu können, die Gesellschaft bald zu verlassen und sich mit ihm ins Hotel zurückzuziehen, aber immer war sie von Freunden und Gratulanten umringt. Müde von all dem Trubel und mit einem mürrischen Seufzer nahm er sich noch einen Whisky.

Nach einer Weile tippte ihm jemand auf die Schulter. Er drehte sich um. »Guy! Hast du es doch noch geschafft!«

»Tut mir Leid, dass ich so spät dran bin, alter Junge. Ich musste eine Ladung von Renmark herunterbringen, und wir konnten den Zeitplan nicht ganz einhalten.«

»Egal, jetzt bist du ja hier.«

Guy bediente sich großzügig mit Whisky. »Prost«, sagte er, hob spöttisch grinsend sein Glas und leerte es in einem Zug.

Martin trank auch einen Schluck. »Prost«, echote er.

Guy fasste erneut nach der Whiskyflasche und füllte sein Glas. Er ließ den Whisky über seine Zunge rollen, als würdigte er die Qualität. »Mmm. Kein schlechter Tropfen«, urteilte er schließlich. »Dein frisch gebackener Schwiegervater hat zumindest einen bewundernswerten Geschmack, was Schnaps angeht.«

»Ja«, stimmte Martin zu. »Burke's Irish.«

Martin nahm wieder einen Schluck und spürte, wie sich etwas in ihm regte – er fühlte sich ein klein wenig provoziert. Warum musste es immer so weit kommen zwischen ihnen? Wieso kam es jedes Mal zu diesem kaum verhohlenen Groll, der von seinem Bruder auszugehen schien? Dazu bestand gar kein Grund. Was machte es schon aus, dass Guy adoptiert war und deshalb Wirra Downs nie erben würde? Er hatte sich ein eigenes Leben aufgebaut. Louisa war eine schöne, liebenswerte Frau, und Davie ... Er dachte an seinen kleinen Neffen mit dem immer zerzausten Haar. Davie war ein so reizendes Kind, schlau und scharfsinnig und strahlte eigentlich immer. Ja, sein Bruder hatte eine Menge, wofür er dankbar sein konnte, fand Martin. Weshalb konnte sich Guy nicht freuen, jemanden gefunden zu haben, mit dem er sein Leben teilen konnte? Was machte ihn so bitter und feindselig?

»Also«, fuhr Guy fort und nippte nachdenklich an seinem Drink, »ich nehme an, dass ein Glückwunsch fällig ist. Jetzt hast du eine Frau, und noch dazu eine sehr hübsche. Ich frage mich, wie die alte Maggie es aufnehmen wird.« Er warf einen Blick auf seinen Bruder.

Martin biss die Zähne zusammen. Verdammt! Er war

ein erwachsener Mann und brauchte sich nicht für jede Kleinigkeit vor seinem Bruder zu rechtfertigen, oder?

»Du hast ihr doch Bescheid gegeben, wie?«, bohrte Guy weiter.

Martin holte tief Luft. »Noch nicht.«

Guy stellte sein leeres Glas auf die Anrichte. »Du hast Mutter nichts davon gesagt? Der Sohn und Erbe heiratet ohne ihren Segen? Sie wird dir die Hölle heiß machen, wenn sie es erfährt. Du hast wirklich Mut, mein lieber Bruder.«

Martin hatte Abstand davon genommen, Maggie von seiner bevorstehenden Heirat in Kenntnis zu setzen. Dafür gibt es ein Dutzend Gründe, hatte er sich eingeredet. Die Zeit war so knapp, dass Maggie gar nicht nach Adelaide hätte kommen können. Zudem konnte sie Wirra Downs nicht unbeaufsichtigt lassen und hasste Städte so sehr, dass ihr die Einsamkeit im Busch lieber war. Es hatte auch noch eine andere Überlegung gegeben, doch es hatte Martin widerstrebt, sie zu vertiefen. Der letzte Wille seines Vaters war eindeutig. Bei Martins Heirat wurde er zum alleinigen Besitzer von Wirra Downs. Maggie, die auch vor dem Tod ihres Mannes jahrelang mitgeholfen hatte, die Farm zu leiten, war nicht mehr die Hausherrin. Nein, Martin freute sich keineswegs darauf, seiner Mutter zu eröffnen, dass er sich eine Frau genommen hatte.

»Ich breche in ein paar Tagen mit den Schafen nach Wirra Downs auf. Roxy bleibt noch ein paar Wochen hier. Sie kann per Schiff nachkommen, das ist eine bequeme Art zu reisen. Es wäre sinnlos, wenn sie vor mir in Bourke ankäme. Ich werde mit Maggie sprechen, sobald ich zu Hause bin. Es wird einfacher für sie sein, als die Neuigkeit durch die Post zu erfahren.«

Insgeheim wusste Martin, dass seine Mutter die Neuigkeit, gleichgültig, wie sie übermittelt wurde, nicht gut aufnehmen würde. Sie würde in eisiges Schweigen verfallen und nur noch das Nötigste mit ihm sprechen. Der Verlust der Herrschaft über Wirra Downs musste ein schwerer Schlag für eine Frau sein, der sonst kaum etwas im Leben wichtig war.

»Nun, ich bin froh, dass dir das bevorsteht und nicht mir«, gab Guy zurück, während er Martins Glas wieder auffüllte: die doppelte Menge. Ein bisschen Whisky schwappte über den Glasrand. Guys Hand war bereits ein wenig unsicher. »Hoppla.« Er lachte. »Was für eine Verschwendung.«

Martin entdeckte Roxy auf der anderen Seite des Raumes. Sie stand mit dem Rücken zu ihm und plauderte angeregt mit ihren Gästen. Auch wenn sie ihn alle willkommen geheißen hatten – sie waren ihre Freunde, nicht seine. Er dachte voller Unbehagen an Maggie, die in Wirra Downs auf seine Rückkehr wartete, und merkte, dass er allmählich Angst vor der Begegnung mit ihr bekam. Er setzte das Glas an die Lippen und trank es hastig aus.

»Wir sollten gleich noch mal nachschenken«, schlug Guy vor. »Sieht so aus, als könnte es eine ziemlich lange Nacht werden.«

»Schsch!«

Martin hantierte mit dem Schlüssel herum und versuchte, ihn ins Schloss zu stecken.

Roxy schritt energisch ein und nahm ihm den Schlüssel weg, um selbst die Tür zu öffnen. Martin, gestützt von

Guy, taumelte durch den kleinen Salon ins Schlafzimmer. Dann setzte er sich aufs Bett und grinste ein wenig einfältig.

Roxy begleitete Guy zurück in den Flur der Hotelsuite. Er lehnte sich lässig an den Türrahmen, als hätte er nicht die geringste Lust, jetzt schon zu gehen. Ein Lächeln breitete sich auf seinem Gesicht aus. »Das ist also die neue Mrs. Dumas …«, begann er.

»Wie kannst du es wagen, mir so etwas in meiner Hochzeitsnacht anzutun?«, zischte Roxy wütend.

Guy zog fragend eine Augenbraue hoch. »Wie bitte?«

»Glaub nicht, dass ich es nicht gesehen habe. Du hast ständig sein Glas aufgefüllt, wenn er nicht hinsah. Ich wette, es war nie nur ein kleiner Schluck. Du hast ihn absichtlich betrunken gemacht!«

»Ich«, erwiderte Guy mit Betonung, »habe meinen Bruder betrunken gemacht? Das ist eine schwere Anschuldigung.«

»Du weißt, dass es stimmt. Außerdem bist du selbst auch nicht mehr nüchtern.«

Guy gab ein gezwungenes Lachen von sich und richtete sich zu seiner vollen Größe auf; dabei schwankte er ein wenig. »Ich bin nicht betrunken«, behauptete er leicht lallend und bedachte Roxy mit einem verletzten Blick.

»Ha!«, konterte sie. »Und Martin?«

Guy zuckte gleichgültig mit den Schultern. »Ich nehme an, du wirfst mir als Nächstes vor, dass ich ihn festgehalten, ihm den Mund aufgerissen und den Whisky in seine Kehle geschüttet habe.«

»Natürlich nicht.« Roxy beugte sich ein wenig vor und fügte mit gedämpfter Stimme hinzu: »Du bist viel raffinierter.«

Sein Gesicht drückte Amüsement und Nachsicht aus, als hätte er es mit einem Kind zu tun, das er ein wenig aufstacheln wollte. Sie hätte ihm am liebsten eine Ohrfeige versetzt und das arrogante, gönnerhafte Lächeln aus seinem Gesicht gewischt. Er betrachtete sie eine Weile schweigend. Schließlich zog er eine Uhr aus der Tasche und sah nach der Zeit.

»Es ist schon spät, ich mache mich besser auf die Socken. Dieses Gespräch scheint ohnehin zu nichts zu führen, soweit ich es beurteilen kann. Wir könnten die ganze Nacht hier stehen und über den Rausch meines Bruders diskutieren.«

Roxy öffnete ihm die Tür. »Gute Nacht, Guy«, sagte sie knapp.

Er lachte leise und ging den Korridor hinunter. Erst als er die Treppe erreicht hatte, warf er einen Blick zurück. »Bis jetzt wusste ich noch gar nicht, was für ein zänkisches kleines Weib sich mein Bruder ausgesucht hat«, rief er laut.

Martin lag ausgestreckt auf dem Bett und schlief tief und fest. Roxy stellte sich neben ihn und beobachtete, wie sich seine Brust gleichmäßig hob und senkte. Langsam zog sie sich aus und schlüpfte zwischen die Laken. Martin schlief weiter und rührte sich nicht einmal, als sie ihren Arm über seine Brust legte.

Sie lag lange wach und starrte ins Leere. Die Lichter von den Straßenlaternen warfen flackernde Muster an die Wände. Roxy dachte an John und Felicite und fühlte sich gedemütigt. Was wohl die Hochzeitsgäste gedacht hatten, als Guy mit Martin – beide ziemlich betrunken –

das Haus ihrer Eltern verlassen hatte? Und Martin? Sie hatte ihn noch nie in einem solchen Zustand erlebt.

Ihre Hochzeitsnacht – wie konnte er es wagen, ihr diese besondere Nacht so zu verderben? Sie dachte an ihr neues apricotfarbenes Seidennegligee, das ordentlich zusammengefaltet in ihrem Koffer lag. Die Ereignisse des Abends gingen ihr durch den Kopf, bis die Gedanken ineinander verschwammen. Sie verspürte nur noch Wut.

Schließlich fiel sie in einen unruhigen Schlaf. Guys Worte ließen sie nicht mehr los. *Bis jetzt wusste ich noch gar nicht, was für ein zänkisches kleines Weib sich mein Bruder ausgesucht hat.*

Zänkisches Weib! Das nagte schmerzhaft an ihr.

Ein lautes Klopfen riss Martin aus der Bewusstlosigkeit. Benommen schwang er die Beine aus dem Bett und starrte in den Salon. Ganz langsam kam sein Gehirn wieder in Gang. Er drehte den Kopf. Roxy lag zusammengerollt unter den verknitterten Laken, ihr helles Haar war wie ein Fächer auf dem Kissen ausgebreitet. Martin streckte vorsichtig die Hand nach ihr aus.

Bumm, bumm.

Roxy bewegte sich, rollte auf den Rücken und öffnete verschlafen ein Auge. Martin sah in Richtung Tür und fluchte innerlich. Die Zeiger der Wanduhr standen auf sechs. Wer, um alles in der Welt, hämmerte um diese nachtschlafende Zeit an ihre Tür? Er erhob sich langsam, tapste barfuß durch den Salon und riss die Tür auf.

»Guy!« Sein Kopf pochte heftig bei jeder Bewegung. Behutsam legte er eine Hand an seine Schläfe und zuckte vor Schmerz zusammen, als sein Bruder zielstrebig ins Zimmer marschierte.

Etwas rührte sich hinter ihm. Roxy wickelte sich in ein Laken und sah ihren unerwarteten Besucher entgeistert an. »Was ist?«, fragte sie und fuhr sich mit einer Hand durch das zerzauste Haar. »Wie spät ist es?«

»Auf jeden Fall Zeit für meinen kleinen Bruder, den Weg nach Norden anzutreten«, antwortete Guy und hob Martins Hemd vom Boden auf.

»Nach Norden?«, wiederholte Martin. Er ließ sich aufs Sofa fallen und starrte verwirrt auf das Hemd, das Guy ihm in die Hand gedrückt hatte. Er konnte sich nicht entsinnen, es in der Nacht ausgezogen zu haben, und wusste erst recht nicht, wie er in dieses Hotelbett gekommen war. Das Letzte, woran er sich noch erinnerte, war, dass Guy ihm ein großes Glas Whisky gereicht hatte. War es sein sechstes gewesen … oder sein siebtes? Er schüttelte benommen den Kopf.

»Es heißt, dass es im Norden kräftig geregnet hat, und es werden weitere Niederschläge erwartet.«

Martin warf wieder einen Blick auf Roxy. Was war letzte Nacht geschehen? Wenn er nicht mehr wusste, wie er ins Bett gekommen war, dann war er bestimmt auch nicht in der richtigen Verfassung gewesen für … O Himmel! Was für ein lausiger Start in eine Ehe! Roxy musste ihn für einen Säufer halten.

Er schloss die Augen und schluckte schwer. »Ja, gut, aber es bleibt noch genügend Zeit. Ein Tag mehr oder weniger wird nichts ausmachen.« Ein paar Tage, in denen er sein verachtenswertes Verhalten seiner Frau gegenüber wieder gutmachen konnte.

»Ich denke schon, alter Junge.« Guy reichte ihm einen

Umschlag. »Diese Nachricht lag gestern, als ich gegangen bin, unten für dich bereit. Ich habe mir die Freiheit erlaubt, den Brief zu lesen.«

Martin faltete den Papierbogen auseinander und glättete ihn sorgsam mit der flachen Hand. *»Sehr geehrter Mr. Dumas«*, las er laut. *»Die Schafe stehen zur Abholung bereit – dreißig Peppin-Merino-Zuchtwidder und zweitausend Mutterschafe, wie bestellt. Ich habe zudem einen Viehhüter, einen Halb-Aborigine, angeheuert, der Ihnen behilflich sein wird, die Herde wohlbehalten nach Bourke zu bringen. Ich wäre Ihnen sehr verbunden, wenn Sie die Herde morgen abholen könnten. Meine Futter- und Wasservorräte gehen zur Neige. Der Zuchtinspektor erwartet Sie um Punkt sieben Uhr morgens. Ihr ergebener Diener, etc.«*

Erst jetzt wurde Martin die volle Bedeutung dieses Schreibens bewusst. Er würde keine Zeit mehr mit Roxy verbringen können. Der Brief trug das gestrige Datum. Demnach erwartete ihn der Inspektor in einer Stunde, um ihm die Herde zu übergeben. Dann musste er sich sofort auf den Weg machen. Zudem hatte Guy von Regen gesprochen.

»Wie viel hat es geregnet?«, erkundigte er sich mit heiserer Stimme.

»Sagen wir mal so: Wenn du ein Stück flussaufwärts gehst, wirst du genügend Futter für deine Schafe finden. Nach allem, was mir zu Ohren gekommen ist, hat es wie aus Kübeln geschüttet.«

»Aber was ist mit Roxy?« Martin zögerte und sah seine Frau an. »Wir haben noch gar nicht besprochen, wie und wann sie nach Bourke kommt.«

Guy zog Martin auf die Füße. »Zieh dich an und sieh

zu, dass du deine Angelegenheiten regelst. Wenn Roxy bereit ist, zwei, drei Wochen zu warten, dann fahre ich selbst nach Norden. Maggies Vorräte sind fast alle im Lager eingetroffen.« Er deutete mit dem Kinn auf Roxy. »Ich nehme dich mit, falls du gegen eine Fahrt mit der *Curlew* nichts einzuwenden hast.«

Martin atmete erleichtert auf. »Das ist ein wunderbarer Vorschlag, Guy. Wir wären dir wirklich zu großem Dank verpflichtet.«

Guy belohnte Martin mit einem sorglosen Lächeln. »Es ist mir ein Vergnügen. Bedanken solltest du dich viel eher, dass ich dich gestern ins Bett gesteckt habe. Du musst wirklich lernen, wann du die Finger vom Schnaps lassen musst.«

Martin errötete vor Verlegenheit. Er drehte sich zu seiner Frau um, aber Guy war schon bei ihr und drückte ihr einige Pfund-Noten in die Hand.

»Kümmere dich nicht um die Hotelrechnung«, sagte er. »Das wird geregelt. Betrachtet das als mein Hochzeitsgeschenk.«

Martin nickte. »Und jetzt würde ich mich gern anziehen, wenn du nichts dagegen hast, und mich von meiner Frau verabschieden – allein.«

Guy ging zur Tür. »Ich warte unten auf dich, Martin. Ich habe eine Kutsche gemietet und begleite dich zu dem Schafhändler.« Er öffnete die Tür und rief noch über die Schulter: »Roxy, wir legen am achtundzwanzigsten um Punkt sechs Uhr morgens in Goolwa ab. Komm nicht zu spät.«

Nachdem sein Bruder die Tür hinter sich zugezogen hatte, stolperte er ins Schlafzimmer und sank auf die Bettkante. »Großer Gott, Roxy«, flüsterte er und fuhr sich mit den Fingern durch die Haare. »Ich weiß nicht, was letzte Nacht passiert ist, aber es war alles ganz anders als geplant. Ich wollte nichts anderes als dich hierher bringen und in die Arme nehmen – so wie jetzt.« Er erhob sich, ging zu ihr und schloss sie fest in die Arme. »Aber es wurde immer später, und da war Guy mit der Whiskyflasche, und plötzlich war alles wie im Nebel …«

Roxy befreite sich entschlossen aus seiner Umarmung und wich zurück. »Ich habe dich nie zuvor so gesehen, Martin«, entgegnete sie kühl und unbeteiligt.

Martin hörte die Verbitterung in ihrer Stimme. »Ich bin kein Trinker, falls du das denkst«, versicherte er verärgert.

»Ich mache nicht dir die Vorwürfe, sondern Guy.«

»Guy? Was hat er damit zu schaffen?«

»Er hat es mit Absicht getan.«

Er sah sie erstaunt an. »Wovon sprichst du überhaupt?«

»Ich weiß selbst nicht … es ist nur …« Sie brach ab, als müsste sie die richtigen Worte finden, um die Vorfälle zu beschreiben, doch es gelang ihr nicht. »Es ist nichts Konkretes – mir sind nur gewisse Kleinigkeiten aufgefallen.«

»Das ist lächerlich, Roxy. Guy mag nur mein Adoptivbruder sein, aber ich liebe ihn wie mein eigenes Fleisch und Blut.«

Während er redete, zerrte Martin wütend ein Flanellhemd, eine Reithose und schwere Stiefel aus seinem Koffer und zog sich an. Aber er bedauerte sofort, dass er so kurz vor dem Abschied zornig geworden war. So sollten frisch Verheiratete nicht miteinander umgehen. Er warf einen Blick auf die Wanduhr. Lieber Himmel! Es war höchste Zeit, sich auf den Weg zu machen, und Guy wartete unten. Er sah dem unmutigen Gesicht seiner Frau an, dass dies nicht der richtige Zeitpunkt war, eine Meinungsverschiedenheit auszutragen. Er würde alles wieder gutmachen, sobald sie beide in Wirra Downs waren.

Schließlich ging er zu ihr. Sie stand am Fenster und tat so, als schaute sie in den Park, aber Martin sah von der Seite, dass sie die Augen geschlossen hatte. Er stellte sich hinter sie, schlang die Arme um sie und bedeckte ihre Brüste mit den Händen. Augenblicklich verspürte er Verlangen. »Lass uns nicht streiten, Liebling«, flüsterte er und legte den Kopf an ihre helle Haarmähne. »Ich hasse es, dich so zurückzulassen.«

Langsam drehte er sie zu sich um und sah sie an. Ihr Blick kam ihm kalt und abweisend vor, obwohl Tränen in ihren Augen glitzerten.

»Los, Martin!« Guys Stimme drang durch das offene Fenster. »Beeil dich, sonst kommen wir noch zu spät!«

»Leb wohl, Roxy. Wir sehen uns in ein paar Wochen wieder.« Er wollte sie küssen, doch im letzten Moment wandte sie ihr Gesicht ab, sodass sein Mund nur ihre Wange streifte.

Erschrocken trat er einen Schritt zurück und schaute verlegen auf seine Hände. »Du wirst mir fehlen«, raunte er, als er die Suite verließ.

Er war fort, und die Stille im Zimmer klang hohl. Roxy hörte noch Martins schwere, zielstrebige Schritte auf dem Flur. Vom Fenster aus beobachtete sie, wie sich die Kutsche in dem kleinen offenen Hof langsam in Bewegung setzte. Martin saß aufrecht neben Guy, der die Zügel in den Händen hielt. Sie hoffte bis zur letzten Sekunde, dass sich Martin noch einmal umdrehte und ihr winkte. Aber nicht er, sondern Guy warf einen Blick zurück, als er die Kutsche auf die schmale Straße lenkte, und lächelte ihr unbekümmert zu.

Sie blieb noch lange am Fenster stehen und stellte sich vor, wie Martin und Guy durch die stillen, menschenleeren Straßen der Stadt fuhren. Sie sah die Bäume im Park an, deren Blätter nicht einmal von einem leisen Lüftchen bewegt wurden, das saftige Grün des Grases, das in der Morgensonne leuchtete, und den glitzernden Fluss in der Ferne. Sie fühlte sich allein. Und Guys Pfund-Scheine, die sie immer noch fest in der Hand hielt, schienen ein Loch in ihre Haut zu brennen.

KAPITEL 7

Es war noch dunkel, als John Bellue die Pferde auf Trab brachte. Die Kutsche, auf der sich Koffer und Truhen türmten, raste durch die verlassenen Straßen. Roxy saß neben ihrem Vater und schaute sich eifrig um. Ihre Augen leuchteten vor Aufregung, und im schwachen Schein der Laternen sah John, dass ihre Wangen gerötet waren.

Sie rollten über Land an Farmhäusern vorbei, die sich an die Hänge der dunklen Hügel schmiegten. Die Kutschenlampen warfen trübes Licht auf die Straße. Als die Dämmerung nahte, bekam der Himmel einen blassblauen, mit rosa Streifen durchsetzten Schimmer.

John nahm seine Taschenuhr heraus und sah nach der Zeit. Laut Roxy legte Guys Dampfer um Punkt sechs Uhr ab, also in einer halben Stunde. Seiner Einschätzung nach brauchten sie noch fast eine Stunde bis Goolwa. Eigentlich hatte er sich vorgenommen, viel früher aufzubrechen, aber Felicite war nervös und hektisch um sie herumgeschwirrt, fast als versuchte sie, die Abreise ihrer einzigen Tochter hinauszuzögern. Sie hatte ihnen Tee aufgebrüht und beim Abschied bittere Tränen vergossen. John dachte an seine Frau und sah sie noch vor sich, wie sie mutterseelenallein vor dem Haus gestanden, ihnen nachgewinkt und ein Taschentuch auf den Mund gedrückt hatte. Und jetzt kamen sie zu spät zu der Verabredung. Ungeduldig zerrte er an den Zügeln und trieb die Pferde zu größerer Eile an.

Als sie am Kai ankamen, sahen sie gerade noch, wie die *Curlew* mit einem Lastkahn im Schlepptau um die Flussbiegung verschwand und einen feinen Nebel aus Wassertröpfchen aufwirbelte.

John brachte die Kutsche zum Stehen und starrte dem Raddampfer nach.

»Wirklich reizend«, schnaubte Roxy wütend, »dass er auf mich gewartet hat.« Sie wandte sich an ihren Vater und deutete auf die dicht stehenden Bäume zur Linken. »Da ist ein Weg, der dem Flusslauf folgt. Wenn wir uns beeilen, können wir sie vielleicht einholen.«

John trieb die Pferde an. Während sie über die Straße rasten, konnten sie hin und wieder durch die Bäume einen Blick auf die *Curlew* erhaschen. Langsam verringerte sich der Vorsprung, und schließlich waren sie auf gleicher Höhe mit dem Schiff. John schwenkte heftig den Hut hin und her. Ein schriller Pfiff scheuchte die Enten auf, und das Rad des Dampfers drehte sich langsamer und wühlte geräuschvoll im Wasser, als die *Curlew* auf das Ufer zusteuerte. Ein Mitglied der Mannschaft schob eine Planke ans Ufer und half Roxy an Bord.

Guy polterte mit mordlustiger Miene die Treppe vom Ruderhaus herunter. Seine Augen blitzten wütend. »Ich habe dir gesagt, dass du rechtzeitig am Kai sein sollst«, erklärte er mit drohend leiser Stimme und bewegte dabei kaum die Lippen. »Wir haben fast eine halbe Stunde gewartet, und jetzt bin ich nicht mehr im Zeitplan.«

John Bellue hielt Guy die Hand hin. »Tut mir Leid, Mr. Dumas, es ist mein Fehler. Ich fürchte …«

Guy ignorierte die ausgestreckte Hand und trat beiseite. »Kommt, Jungs, helft mit, das Gepäck zu verstauen«, rief er den Männern zu, die sich an Deck versammelt hatten, um die Vorgänge zu beobachten. »Wir haben nicht den ganzen Tag Zeit«, fügte er noch mit einem finsteren Blick auf Roxy hinzu.

Die Koffer wurden hinunter zu den Kabinen gebracht, die Truhen mit den sorgfältig eingepackten Hochzeitsgeschenken und Roxys Aussteuer standen noch auf dem Deck. Guy beäugte missmutig die Kisten. »Keine Ahnung, wo wir das ganze Zeug verstauen sollen«, knurrte er. »Hier kann es nicht bleiben, und in der Kabine ist nicht genug Platz. Wir bringen den Rest auf den Frachtkahn.«

»Aber das sind meine Sachen«, protestierte Roxy und schob trotzig das Kinn vor.

»Ich denke, du solltest dich Mr. Dumas' Anordnungen fügen«, beschwichtigte John sie und sah von seiner aufgebrachten Tochter zu Guys finsterem Gesicht. Er spürte, dass die Kampffronten zwischen den beiden schon abgesteckt waren. Martins Bruder war offensichtlich nicht zu irgendwelchen Zugeständnissen bereit. John beugte sich zu Roxy und küsste sie auf die Wange. »Du wirst bald in deinem neuen Zuhause sein. Dann hast du genügend Zeit, deine Sachen auszupacken.«

Guy tippte an seine Kappe. »Guten Tag, Mr. Bellue«, sagte er und machte damit klar, dass die Konversation beendet war und er sich endlich wieder auf den Weg machen wollte. »Ich werde dafür sorgen, dass Ihre Tochter heil und gesund in Wirra Downs ankommt.«

John Bellue wartete am Ufer, bis sich die riesigen Schaufelräder der *Curlew* wieder drehten – erst langsam, dann immer schneller – und das schlammige Wasser zum Schäumen brachten. Der Dampfer drehte ab und zog den Kahn hinter sich her. Roxy stand an der Reling und winkte verzagt. Rauch quoll aus dem Schornstein. Das stete Stampfen der Maschinen hallte über das Wasser. Ein Abschiedspfiff schreckte die Vögel auf.

John blieb stehen, bis die *Curlew* um die nächste Biegung steuerte und außer Sicht war. Dann starrte er blicklos auf den Fluss und dachte an die frühen Morgenstunden vor Tagesanbruch, die jetzt ein ganzes Leben zurückzuliegen schienen, an die Abreise und die Fahrt ... Bittersüße Gefühle überkamen ihn, eine Mischung aus Trauer über den Abschied und Hoffnungen für den Neuanfang. Roxy zog in ein anderes, aufregendes Leben als Frau von Martin Dumas und Herrin von Wirra Downs. Er müsste sich für sie freuen, aber das gelang ihm nicht.

Als er sich seufzend zu der Kutsche umdrehte, schlug eine Woge der Melancholie über ihm zusammen. Am liebsten hätte er laut Roxys Namen gerufen, doch sie hätte ihn nicht mehr gehört. Der Dampfer war längst fort.

Bis auf das immer leiser werdende Stampfen der Motoren und das noch aufgewühlte Wasser, das gegen das Ufer schlug, deutete nichts mehr darauf hin, dass die *Curlew* vor kurzem noch am Ufer gelegen hatte.

Die *Curlew* war kein luxuriöser Passagierdampfer, wie Roxy sehr bald entdeckte. Die Werktage begannen um vier Uhr morgens. Der Koch, den der Rest der Mannschaft nur »Giftmischer« nannte, brühte eine riesige Kanne Tee auf, während die Dampfkessel angeheizt und die Maschinen in Gang gebracht wurden, die sich direkt unter den Kabinen befanden. Um halb fünf setzten sich Schaufelräder in Bewegung und schoben die *Curlew* durchs Wasser. Jedes Mal stoben die aufgescheuchten Vögel – Kakadus, Enten, Schwäne, Pelikane – kreischend in die Luft. Noch blinkten Sterne am allmählich heller werdenden Himmel.

Roxy mochte die frühen Morgenstunden am liebsten. Der Fluss war ganz still und ruhig, und das Wasser unter dem feinen Dunst glitzerte wie Glas. Oft schlang sie sich eine Stola um die Schultern und setzte sich ans Fenster in ihrer Kabine, wenn der Dampfer vom Ufer abdrehte. Das Wasser schäumte wild auf. Und jedes Stampfen der Maschinen brachte Roxy ihrem Ziel näher: Bourke, Wirra Downs und Maggie Dumas.

Roxy vermisste Martin trotz des von Unmut überschatteten Abschieds in Adelaide schmerzlich. Während des langen Sommers hatten sie jeden verfügbaren Augenblick gemeinsam verbracht, und mittlerweile kannte sie jede seiner Gesten und Bewegungen.

Wenn sie an den letzten Morgen in der Hotelsuite dachte, dann erinnerte sie sich an seine hilflose Umarmung, daran, dass er sich wie ein Ertrinkender an sie geklammert und sich für sein Benehmen entschuldigt hatte. Und sie hatte ihren Kopf weggedreht und ihn zurückgewiesen. Sie sah noch jetzt seinen verletzten Gesichtsausdruck vor sich und bereute bitter, dass sie so wütend gewesen war. Ihr Zorn hatte nur auf Enttäuschung und Entrüstung, nicht auf Feindseligkeit beruht, das wusste sie nun. Aber es war geschehen, die Worte waren gefallen, und sie hatten den Groll vor Martins Abreise nicht begraben.

Jetzt wünschte sie, sie hätte ihn in die Arme genommen, getröstet und ihm versichert, dass alles nicht so tragisch war. Sie sehnte sich verzweifelt nach ihm und danach, sich in seinen Armen zu verlieren, bis ihre Seelen für immer verbunden waren. Was würde sie darum geben, wenn sie ihm nun mit den Händen durchs Haar streichen und sich an seinen muskelgestählten Körper schmiegen könnte, aber er war so weit weg. Ihr war, als wären sie zwei Hälften eines Ganzen, die durch Zeit und Raum getrennt waren.

In ihrem Bewusstsein war diese eine Nacht im Hotel zu einem banalen Ereignis geworden, und Martins Verhalten kam ihr nicht schlimmer vor als ein Jungenstreich. Guy war dafür verantwortlich. Er hatte mit voller Absicht dafür gesorgt, dass sie sich entzweiten; das erkannte Roxy jetzt ganz deutlich.

Roxy stellte überrascht fest, dass sie die Kabine zugewiesen bekommen hatte, die normalerweise Guy und Louisa bewohnten. Guy teilte sich nun mit einem anderen

Mannschaftsmitglied die Kajüte. Der bescheidene Raum war mit weiß gestrichenem Holz getäfelt. Ausgestattet war er mit einem kleinen Schiebefenster, einem Regal, auf dem ein Wasserkrug und eine Schüssel zum Waschen standen, zwei schmalen Kojen, einem Toilettentisch und einem Schrank. Am Fenster hing ein rot-weiß karierter Vorhang, der zu den Bettüberwurfdecken passte. Die Kabine war zwar klein, aber doch behaglich.

Auf dem Toilettentisch entdeckte Roxy eine gerahmte Fotografie von Guy mit einem kleinen Jungen auf dem Schoß, hinter ihm stand eine hübsche, lächelnde Frau mit dunklem Haar. Roxy nahm an, dass das Louisa und Davie waren. Gelegentlich nahm sie das Foto in die Hand und musterte es genauer; sie suchte nach etwas, was ihr bisher nicht aufgefallen war. Roxy versuchte, sich vorzustellen, wie Louisa diesen Raum mit Guy teilte, aber es gelang ihr nicht; es fiel ihr schwer, in dem unfreundlichen Kerl, den sie kannte, den sanftmütigen Familienvater zu sehen, der auf dieser Fotografie abgebildet war. Roxy kannte ihn zwar kaum, doch ihr kam er ziemlich reserviert und kühl vor. Unfähig, jemanden wirklich zu lieben.

Die Mannschaft war Guy treu ergeben. Die meisten arbeiteten für ihn, seit er die *Curlew* vor einigen Jahren gekauft hatte. Der Maschinist Scandy war ein stämmiger Finne und ehemaliger Seekapitän. Sein Gesicht war halb von einem grauen Vollbart verdeckt, aber seine Augen blitzten schalkhaft, besonders wenn er abends sein Akkordeon hervorholte und, gestärkt durch etliche Schlucke Whisky, fröhliche Musik spielte. Bert, der Heizer, war ein großer, dünner Neuseeländer mit rauen, schwieligen Händen von der harten Arbeit mit den langen Holzscheiten. Sein Gesicht war von der Hitze des Feuers ständig gerötet.

Der Frachtkahn der *Curlew* trug den Namen *Neptune.* Der Kahnführer Toby, ein wortkarger Individualist, hatte Roxys Ansicht nach den schwersten Job und bestimmt den einsamsten. Manchmal, wenn der Fluss in vielen Windungen verlief, sah man den Kahn stundenlang nicht, und nur das lange gespannte Stahlseil, mit dem er an der *Curlew* vertäut war, verriet, dass die Fracht nicht verloren war. Tobys Aufgabe war, die Manöver des Skippers vorauszusehen und den Kahn im Falle einer Katastrophe an dem Dampfer vorbeizusteuern und zum Stillstand zu bringen.

Der Freundlichste war der fünfzehn Jahre alte Matrose Jem, ein dünner, drahtiger Junge mit dunkel gebräunter Haut. Er unternahm mit Roxy einen Rundgang auf der *Curlew* und erklärte ihr alles ganz genau. Gemeinsam erkundeten sie den Maschinen- und den Kesselraum unter den Kabinen. Die Ladung war in einem riesigen Frachtraum unter Deck untergebracht: Holzkisten mit Kerosinfässern, Säcke mit Mehl, Salz und Zucker, getrocknete Früchte und Tee.

»Alles, was hier unten liegt, ist für Wirra Downs bestimmt«, erklärte Jem. »Guy fährt zwei Mal im Jahr nach Süden und bringt die Vorräte für Mrs. Dumas mit. Die Sachen auf dem Frachtkahn werden bei den Stationen auf dem Weg abgeladen. In Wilcannia ist der Kahn leer, und wir nehmen eine Ladung Wolle an Bord, die zum Bahnhof nach Bourke gebracht werden muss.«

Die Fracht auf dem Kahn war pyramidenförmig angeordnet. Jede einzelne Lage war horizontal mit Drahtseilen gesichert, und die gesamte Fracht an schweren Eisenhaken auf dem Deck vertäut. Wenn Regen drohte, kletterte Toby die Stufen der Pyramide hinauf und zog eine Plane über die Kisten.

»Es ist eine echte Kunst, diese Kähne zu beladen und zu entladen«, erläuterte Jem. »Wenn das Gewicht nicht gleichmäßig verteilt ist, könnte der Kahn leicht kentern. Guy sagt, dass kaum eine Versicherung zahlt, wenn der Skipper die Fracht verliert. Es zahlt sich also aus, sehr genau aufzupassen.«

Jem war erst seit sechs Monaten auf dem Schiff, aber man merkte ihm an, wie sehr er das Leben auf dem Fluss liebte. »Die *Curlew* ist vielleicht nur ein kleiner Dampfer«, sagte er voller Stolz, »doch sie ist ganz bestimmt das schnellste Schiff weit und breit. Sie hat eine alte Eisenbahnmaschine und macht sechzehn Knoten, wenn der Skipper sie antreibt und Bert ein bisschen Kerosin auf die Scheite gibt. Und die *Neptune* kann fast tausend Ballen Wolle transportieren.« Seine Augen leuchteten vor Begeisterung. »Ich spare das ganze Geld, das ich hier verdiene«, fügte er hinzu, »und eines Tages kaufe ich mir ein Schiff – genauso eines wie dieses hier.«

Er erzählte, dass die Dampfer, die zwischen Goolwa und Wentworth über die Häfen von Murray Bridge, Mannum, Blanchetown und Morgan hin und her fuhren »Bottom-enders« genannt wurden, die »Top-enders« verkehrten zwischen Wentworth und Echuca.

»Und wie werden wir genannt?«, fragte Roxy, als sie sich später mit Scandy unterhielt. »Ich meine die Schiffe, die den Darling hinauffahren.«

»Verdammte Verrückte«, erwiderte Scandy schroff.

Laut Jems Aussage war der Wasserstand relativ hoch. »Bei dieser Fahrt brauchen wir keine Angst zu haben, dass wir auflaufen«, grinste er.

Roxy bekam Guy nur selten zu Gesicht; er hielt sich hauptsächlich im Ruderhaus auf und nahm auch die Mahlzeiten dort ein. Selbst wenn die *Curlew* irgendwo festmachte, blieb er meistens in dem kleinen Kabuff und studierte die Karten. Zu Beginn der Fahrt hatte er Roxy einmal dorthin eingeladen, und sie hatte schweigend zugesehen, wie er behände das große hölzerne Steuerrad gedreht und den Schaufelraddampfer um die Flussbiegungen gelenkt hatte. Besonders seine Hände hatten ihre Aufmerksamkeit auf sich gezogen. Sie berührten das glänzende Holzrad geradezu liebevoll, und Roxy hatte fast den Eindruck, als wäre das Ruder eine Verlängerung seiner selbst – seiner Gedanken. Zur Abwechslung schien Guy richtig gut gelaunt zu sein, er pfiff sogar bei der Arbeit leise vor sich hin. Etwas an ihm – vielleicht seine Bewegungen oder das konzentrierte Gesicht und die gerunzelte Stirn – erinnerte sie an Martin, obwohl das, wie sie sich sagte, nicht möglich sein konnte. Immerhin war Guy nicht Martins leiblicher Bruder.

Er zeigte Roxy die Karten – Zeichnungen auf langen Leinenbahnen, die auf Holzrollen aufgewickelt waren. Die Zeichnungen waren mit Punkten, Schnörkeln und Schraffierungen in Tinte markiert.

»Siehst du diese Symbole?«, fragte er. »Sie kennzeichnen die Felsen und Untiefen im Flusslauf, und die gestrichelte Linie ist der Kurs, den wir nehmen müssen. Eine Sandbank würde uns Stunden aufhalten, ein Felsen könnte den Rumpf aufreißen.«

Andere Symbole wie seltsam geformte Hügel, Eukalyptusbäume oder Bahnhofsgebäude, die ein Kind gemalt haben könnte, säumten den gewundenen Flusslauf.

Roxy sah sich die Karte genauer an und verfolgte den

Lauf des Flusses, aber Guy schien plötzlich genug von ihrer Gesellschaft zu haben. »Nun, ich denke, das reicht fürs Erste«, erklärte er barsch und rollte die Karte auf. Dann wandte er sich ab und schaute aus dem Seitenfenster. Sein Gesicht war verkniffen, als hätte er sich über etwas geärgert.

»Danke, dass du mir alles gezeigt hast«, erwiderte Roxy fröhlich. Sie hatte nicht die Absicht, sich von ihm einschüchtern zu lassen.

Seither hatte sie das Ruderhaus nicht mehr betreten und überließ Guy gern seiner Arbeit. Er schien unberechenbar zu sein.

Die *Curlew* legte an Orten mit seltsamen Namen an. Mannum, Swan Reach, Blanchetown, Waikerie, Barmera. Manchmal gab es einen stabilen Kai, an dem sie die Fracht ausladen und neue Waren aufnehmen konnten; an anderen Stellen wurden nur ein paar Planken vom Ufer zum Deck geschoben. Die Männer ächzten, wenn sie die schweren Säcke an Land schleppten. Schweiß lief ihnen über die Gesichter und bildete Flecken auf ihren Hemden.

Roxy saß auf dem Deck und vertrieb sich die Zeit mit Lesen oder Sticken. Oft weidete sie sich aber auch nur an der Schönheit der Landschaft. Coolibah, Roter Flusseukalyptus und grauer Buchs säumten die Ufer, die Farben der Baumstämme variierten von Terrakotta und Olivgrün zu Blassblau und gräulich Weiß. Der Fluss bildete gelegentlich Lagunen, in deren tiefblauem Wasser sich der Himmel und die tief herabhängenden Weiden widerspiegelten.

Die Fauna war vielfältig. Kängurus und Emus beobachteten vom Ufer aus das Fortkommen des Schiffes. Rosafarbene Kakadus und Papageien saßen in den Ästen und kreischten ohrenbetäubend. Hin und wieder scheuchten sie einen Schwarm Waldenten auf, die so dicht über den Dampfer hinwegflogen, dass Roxy das Gefühl hatte, sie müsse nur eine Hand ausstrecken, um sie zu berühren.

Bei Einbruch der Nacht wurde die *Curlew* ans Ufer gesteuert und dort vertäut. Sobald das Dröhnen der Maschinen verstummte, wurden andere Geräusche hörbar: das Plätschern des Wassers, das gegen den Schiffsbug schlug, das Quaken der Frösche, die Stimmen der Vögel, die den letzten Flug des Tages absolvierten und nur noch vage am dunklen Himmel wahrzunehmen waren.

An manchen Abenden zündeten die Männer ein Feuer am Ufer an. Der Schein der Flammen schimmerte auf dem Wasser und tanzte mit den Wellen. Roxy, die am Abend gern in ihrer Kabine blieb, beobachtete dann von ihrem winzigen Fenster aus, wie sich die Gestalten vor dem Feuer bewegten. Das Gelächter, die Kochgerüche, die blechernen Töne von Scandys Akkordeon bildeten einen behaglichen Hintergrund für ihre Gedanken.

Roxy kam die Zeit auf dem Schiff unwirklich vor; sie fühlte sich, als schwebte sie zwischen zwei Welten. An die Stadt dachte sie nur noch selten. Ihre Eltern waren in ihrem Bewusstsein zu schemenhaften Gestalten geworden, die in ihre Vergangenheit gehörten. Vor ihr erstreckte sich eine ungewisse Zukunft. Oft lag sie schlaflos in ihrer Koje und dachte an Martin. Sie versuchte, sich vorzustellen, wie er im Freien campierte und sich an einem Feuer wärmte, wie sich die Schafe zusammendrängten und Brownie über sie wachte.

KAPITEL 8

Wentworth, die Stadt in New South Wales, allgemein bekannt als »The Junction«, war eine belebte Hafenstadt. Über etwa eine halbe Meile waren Dampfer an den Piers festgemacht, und noch mehr lagen am Flussufer. Guy kündigte die Ankunft der *Curlew* mit einem schrillen Tuten an und drosselte die Geschwindigkeit, als sich das Schiff der Brücke näherte. Der Brückenwächter beeilte sich, den mittleren Brückenbogen hochzuziehen. Hier mündete das schlammige Wasser des majestätischen Darling River in den wirbelnden Murray.

An den Kais stand Schiff an Schiff. Jem erklärte Roxy, dass es über achtzig Dampfer gab, die den Darling befuhren; der größte war die *Ethel Jackson,* der kleinste die *Platypus.* Roxy wusste nicht, warum sie gerade dieses Detail im Gedächtnis behalten hatte. Die Schiffe interessierten sie eigentlich nicht besonders, und sie ärgerte sich über Guy, der ihr immer noch das Gefühl gab, ein unwillkommener Gast auf der *Curlew* zu sein.

Die Gesetze in New South Wales verboten das Be- und Entladen von Schiffen an den Sonntagen, deshalb hatte Guy der Mannschaft ein paar Stunden frei gegeben. Mit Jem als Führer schlenderte Roxy durch die Stadt und sah sich die Auslagen in den Schaufenstern an. Es war ein träger Tag mit greller Sonne und kaum einer Brise. Eine behagliche, herbstliche Milde schien sich über das Land gesenkt zu haben: Das Laub war gelblich verfärbt, und der Geruch nach reifen Früchten lag in der Luft. Roxy und Jem setzten sich auf eine Bank im Park und beobachteten den gemächlichen Fluss.

»Das Wasser zieht einen irgendwie magisch an«, bemerkte Roxy, als sie sich zurücklehnte und die Augen schloss. »Wie eine mächtige, gewaltige Kraft.«

Jem lachte. »Warten Sie, bis Sie den Fluss einmal bei Hochwasser sehen. Das ist wirklich Furcht einflößend. Dann breitet sich das Wasser über hunderte von Meilen über die Ebene aus. Das Land hier ist so flach, dass es nirgendwo abfließen kann. Der Darling ist normalerweise ein gemütlicher Fluss. Er hat hier ein Gefälle von nicht einmal zehn Zentimetern auf eine Meile.« Er zeigte ihr mit den Fingern, wie wenig das war.

»Und was geschieht dann, wenn er über die Ufer tritt?« Roxy konnte sich gar nicht vorstellen, dass der Fluss so groß werden konnte.

»Irgendwann sickert es doch ab, und es dauert manchmal Monate, bis alles richtig trocken ist.«

Auf dem Weg zurück zum Schiff entdeckten sie Guy vor dem Postamt inmitten von anderen Männern.

»Was machen sie da?«, wollte Roxy wissen. Mit einem Mal war sie neugierig.

»Sie studieren die Wasserstände des Flusses, nehme ich an«, erwiderte Jem leichthin. »Normalerweise findet man in den Orten jeden Tag einen Aushang, auf dem die Höhe des Wassers in den verschiedenen Städten am Fluss angegeben ist.«

Als sie näher kamen, schnappte Roxy ein paar Wortfetzen auf.

»… er zieht schnell her.«

»Glaubst du, es wird viel regnen?«

»Ein bisschen könnten wir schon brauchen. Mann, es war verdammt trocken …«

Guy wandte sich von der Gruppe ab und marschierte

mit grimmigem Gesicht den Fußweg entlang in Richtung Kai.

Jem lief ihm nach. »Was ist los, Boss?« Er legte die Hand auf Guys Arm, um ihn zurückzuhalten.

»Eine Flut kommt von Norden«, brummte Guy. »Lauf durch die Stadt, geh in die Pubs und sieh zu, dass du den Rest der Mannschaft zusammentrommelst. Wir pfeifen auf die Gesetze. Wie müssen die restlichen Vorräte vor Einbruch der Nacht an Bord bringen und so schnell wie möglich von hier aufbrechen.«

Jem sprintete los. Roxy beeilte sich, um Guy einzuholen. Ihre Unterröcke wickelten sich beim Laufen um die Knöchel. »Guy, was hat das alles zu bedeuten?« Plötzlich bekam sie Angst.

»Das bedeutet«, gab er zurück, »dass wir uns mit dem Ent- und Beladen sputen müssen. Bei Hochwasser lauern jede Menge Gefahren auf dem Fluss.«

Er blieb stehen und sah sie an. Mit einem Mal wirkte er müde und erschöpft. Die kleinen Fältchen in den Augenwinkeln schienen tiefer als sonst zu sein, und er hatte die Hände zu Fäusten geballt. Roxy fasste vorsichtig nach seiner Hand und spürte die Anspannung seiner Finger.

»Guy, was ist mit Martin? Er könnte mit seiner Schafherde da draußen sein. Was, wenn er noch nicht in Wirra Downs angekommen ist?«

Er schloss kurz die Augen, und als er sie wieder öffnete, war sein Blick hart. »Du solltest hoffen, dass er in der Nähe eines Hügels campiert«, entgegnete er barsch. »Eines hohen Hügels.«

Die Tage bekamen eine neue Zielstrebigkeit; die Männer auf der *Curlew* arbeiteten konzentriert und geordnet. Der Dampfer legte abends nicht mehr am Ufer an, sondern fuhr bis spät in die Nacht den rapide steigenden Fluss entlang. Die Männer machten nur Halt, um ein paar Stunden zu schlafen. Der Fluss sah im Dunkeln richtig unheimlich aus. Funken sprühten aus dem Schornstein der *Curlew,* regneten auf die Ufer oder fielen zischend ins Wasser. Die Acetylenlampen am Bug beleuchteten gelegentlich die Ufer.

Die Crew arbeitete in Sechs-Stunden-Schichten, Scandy löste Guy am Ruder ab. Tagsüber blieben sie nur stehen, um Holz an Bord zu nehmen, das in regelmäßigen Abständen am Ufer aufgestapelt war. Die *Curlew* brauchte fast zwei Tonnen Brennstoff pro Stunde, deshalb benötigten sie beinahe jeden Tag Nachschub.

Sie legten in einsamen Gegenden an, um Brennstoff zu laden, und die Holzfäller waren die eigenartigsten Männer, denen Roxy jemals begegnet war. Da war ein Franzose, den alle nur »Count« nannten, und Danzig, ein braun gebrannter Däne, der ein Banjo spielte, das er sich selbst aus einem alten Ölfass gebastelt und mit Känguruhaut bespannt hatte. Roxy war schockiert, als ein anderer Holzhändler ihnen vom Ufer aus wilde Flüche nachrief, weil Guy nicht angehalten hatte, um ihm Holz abzukaufen.

Die Stämme waren an Stellen gestapelt, wo die Dampfer ohne große Probleme anlegen konnten. Planken wurden an Land geschoben, und die Männer schleppten ächzend die schwere Last an Bord. Manchmal waren die Holzstöße unbewacht, und Guy ließ das Horn der *Curlew* tuten, wenn er mit der Ladung wieder losfuhr.

»Woher wissen die Holzfäller, wer die Stämme mitgenommen hat?«, fragte Roxy den jungen Jem.

»Oh, das können sie genau sagen.« Jem lachte. »Sie erkennen es an der Menge der Ladung und dem Ton des Pfiffes. Busch-Telegrafie. Hier draußen gibt es keine Geheimnisse. Jeder weiß, was der andere macht. Der Fäller setzt das Holz auf die Rechnung, und Guy bezahlt auf dem Rückweg. Das ist Vertrauenssache.«

Seit sie wussten, dass eine Flut auf sie zukam, ließen sich die Männer nicht wie vorher viel Zeit beim Aufladen des Brennholzes. Guy erlaubte ihnen nicht mehr, im Fluss zu baden oder im Schatten der riesigen Eukalyptusbäume ihre Mahlzeit einzunehmen. Das Schiff stand nur so lange still, wie es unbedingt nötig war, das Holz wurde eilends aufs Deck gebracht und erst nach dem Ablegen im Kesselraum verstaut.

Eines Nachmittags zogen graue Wolken auf, und Guy steuerte das Schiff ans Ufer. »Sieht nach Regen aus«, stellte er fest und zog eine Grimasse. »Wir laden lieber heute Holz, solange es noch trocken ist.«

»Es ist furchtbar, Holz an Bord zu bringen, wenn es regnet«, flüsterte Jem Roxy zu. »Die Ufer sind gefährlich glitschig, wenn es nass ist.«

»Alle helfen mit, damit wir fertig sind, bevor es dunkel wird«, fuhr Guy fort und schaute seine Männer an.

Als Roxy Anstalten machte, in ihre Kabine zurückzugehen, legte sich eine starke Hand auf ihre Schulter. »Damit meine ich auch dich, Roxy. Von jetzt an bildest du keine Ausnahme mehr.«

Erstaunt drehte sie sich zu Guy um. »Sei nicht albern. Diese Scheite sind fast zwei Meter lang. Du weißt genau, dass ich sie nicht tragen kann.«

»Da du die frisch Angetraute meines Bruders bist, mache ich dir ein Zugeständnis. Du brauchst die Scheite nicht zu schleppen, Miss Hochnäsig. Ich kann ja nicht zulassen, dass sich Splitter in deine zarten Hände bohren.«

Guy nahm ihre Hand in seine und betrachtete die Handfläche und die feinen blauen Adern an ihrem Handgelenk. Er strich mit der Fingerspitze ganz leicht über ihre Haut. Verlegen zog sie ihre Hand weg; das Blut schoss ihr ins Gesicht. »Hör auf damit!«

»Ah, meine süße, unschuldige Roxy«, fuhr er fort und sah ihr ins Gesicht, seine Augen blitzten belustigt. »Ich habe entschieden, dass du die kleine Schubkarre schieben kannst.«

Guy belud die Schubkarre mit kurzen Scheiten. Roxy presste missmutig die Lippen zusammen und fasste nach den Griffen. Das ist gar nicht so schlimm, dachte sie. Sie hätte angenommen, dass die Last schwerer wäre. Die Schubkarre schwankte, weil die Scheite hin und her rollten, ehe sie liegen blieben. Als sie hinunter zum Ufer ging, musste sie die Griffe festhalten, damit sich die Ladung nicht verselbstständigte. Sie steuerte die ausgebleichte Planke an und vermied dabei den Blick in das schlammige Wasser, das unter ihren Füßen wirbelte. Schließlich war sie an Deck und kippte die Scheite zu den anderen.

Bei der dritten Fuhre platschten dicke, warme Regentropfen auf den Boden. Die schwüle Luft roch nach feuchter Erde. Donner grollte in der Ferne über das flache Land.

»Wir habens gleich geschafft«, munterte Jem sie auf, als er mit seiner Bürde an ihr vorbeiwankte.

Roxy taten die Arme weh. Die Schubkarre, die mit jeder Ladung schwerer zu werden schien, hatte offenbar einen eigenen Willen. Und der Regen verwandelte den Boden, genau wie Jem es vorausgesagt hatte, rasch in zähen, glibberigen Schlamm.

Aber Guys Worte waren ihr noch im Ohr, deshalb beklagte sie sich nicht. *Miss Hochnäsig!* Hielt er sie wirklich für arrogant? Dachte er allen Ernstes, sie würde sich für etwas Besseres halten? Es stimmte, dass sie während dieser Reise seine Gesellschaft gemieden hatte und meistens für sich geblieben war, um sich seiner Feindseligkeit nicht unnötig auszusetzen.

Die Männer mit den langen Holzstämmen drängten an ihr vorbei – alle rutschten und stolperten in dem Morast. Mittlerweile regnete es in Strömen; das Wasser kam vom Himmel wie eine Wand und brannte in den Augen. Entschlossen schob Roxy die Karre auf die Planke, die von den schmutzigen Stiefeln gefährlich rutschig geworden war.

Diesmal wählte die Schubkarre selbst die Richtung. Roxy spürte, wie sie an ihr zerrte, und sie war nicht mehr im Stande, die Richtung zu bestimmen. Sie strengte sich mächtig an, die Griffe festzuhalten, aber ihre Arme schmerzten zu sehr. Das Gewicht und die zunehmende Geschwindigkeit waren zu viel für ihre zarte Statur – die Schubkarre rollte über den Rand der Planke und fiel ins Wasser. Roxy versuchte noch, sie aufzuhalten, trat einen Schritt vor und ins Leere. Sie stürzte.

Ihre Hand traf auf etwas Hartes. Auf ein Holzscheit? Auf die Karre? Sie konnte es nicht sagen. Schmerz schoss durch ihren Arm und raubte ihr für einen Moment den Atem. Ihre Kleider saugten sich rasch mit Wasser voll. Der lange Rock, der Unterrock und die festen Stiefel wurden zu einem bleischweren Gewicht, das sie immer wieder in die erstaunlich warme Tiefe zerrte, während sie versuchte, sich an die Oberfläche zu kämpfen.

Sie bekam keine Luft mehr. Um sie herum war nur brodelndes, schäumendes Wasser. Roxy riss entsetzt die Augen auf und sah etwas Dunkles. War das der Schiffsbug? Die Wasserstrudel trieben sie zur Seite.

Luft. Sie brauchte Luft! Ein lautes Dröhnen hallte in ihrem Kopf. Fühlte es sich so an, wenn man ertrank? Sollte sie ihren Mann und ihre Eltern nie wiedersehen? O Gott! Martin, wo bist du?

Eine Ewigkeit schien zu vergehen, bis Roxy spürte, dass sie aus dem Wasser gezogen wurde. Ihre Lunge brannte, als würde sie im nächsten Moment zerbersten, und sie schnappte keuchend nach Luft. Starke Arme hielten sie fest. Sie hörte schwere Schritte und das Knarren der Planken, als sie über das Deck getragen wurde. Der modrige, stickige Geruch der Kabine stieg ihr in die Nase. Eine Decke wurde ihr um die Schultern gelegt.

Sie öffnete die Augen und sah direkt in Guys Gesicht. Er musterte sie besorgt. In seinem Haar und in den Stoppeln auf Wangen und Kinn hingen Wassertropfen.

»Hast du dich verletzt?«, fragte er, als er neben sie auf die Koje sank. Seine Stimme klang heiser und atemlos. »Lass mich sehen.«

Er ergriff ihre Hand, die sich in die Decke krallte, und streckte einen Finger nach dem anderen. Die Handfläche war aufgeschlagen und blutig. Die Haut um die Wunde verfärbte sich bereits blau. Guy nahm ein nasses weißes Taschentuch aus der Tasche, drückte es auf die Wunde.

»Mir fehlt nichts«, stieß Roxy schließlich hervor und versuchte, ihm die Hand zu entziehen. »Es ist nicht viel passiert. Wenn du gestattest, würde ich mir jetzt gern die nassen Kleider ausziehen.«

Sie kämpfte sich auf die Füße, und er stand ebenfalls auf. »Roxy …«, begann er.

Sie wollte ihm ausweichen, aber Guy drängte sie in eine Ecke.

»Es tut mir Leid, ich wollte nicht …«, stammelte er. Er ergriff erneut ihre Hand und legte sie an seine Wange, ohne den Blick von ihr zu wenden. Sein Gesicht war ausdruckslos, doch die Augen …

Roxy straffte die Schultern; mit einem Mal war sie vollkommen durcheinander und fühlte sich derart schwach, dass sie fürchtete, ihre Beine könnten sie nicht mehr tragen. Ihr Herz klopfte heftig und so laut, dass Guy es hören musste.

Plötzlich ließ er ihre Hand fallen, trat zurück und blinzelte verwirrt. »Ich bin froh, dass alles in Ordnung ist«, erklärte er schroff, drehte sich zur offenen Tür um und ging hinaus.

Roxy ließ sich auf ihre Koje sinken und lauschte seinen immer leiser werdenden Schritten. Guys Verhalten gab ihr Rätsel auf. Bisher war er ihr eiskalt und gefühllos begegnet, aber gerade eben hatte er eine Sanftheit und Umsicht bewiesen, die sie in Erstaunen versetzte.

Sie schloss die Augen. Sie war empört und hatte Mühe, die Fassung wiederzuerlangen. Ihre Hand tat weh; es war, als strahlten tausend Nadelstiche bis ins Handgelenk und in den Arm aus. Ihre Kleider trieften so sehr, dass sich schon eine Pfütze um ihre Füße gebildet hatte und die Koje ziemlich feucht geworden war.

Mit zitternden Händen riss Roxy ein Streichholz an, hielt es an den Lampendocht und sah zu, wie das Flämmchen aufzüngelte. Ärgerlich zog sie den Vorhang zu, durchquerte den kleinen Raum und schlug die Tür zu. Dann schälte sie sich entschlossen aus den nassen Kleidern. Was bildet sich dieser Guy Dumas eigentlich ein?, schimpfte sie innerlich, als sie ein Kleidungsstück nach dem anderen auf den Boden fallen ließ. Was denkt er sich dabei, wenn er mich die schwere Schubkarre schieben lässt? Und wenn er mich auf diese Weise berührt? Will er mich quälen? Sie schüttelte ratlos den Kopf.

Schließlich stand sie nackt in ihrer Kabine. Als sie sich zum Schrank umdrehte, um trockene Kleider herauszunehmen, fiel Licht auf ihre Haut, und sie sah sich im Spiegel über dem Toilettentisch. Das nasse Haar hing ihr schlaff über die Schultern, einige Strähnen klebten an ihren Wangen. Ihre Augen wirkten wie dunkle Höhlen in dem blassen Gesicht. Sie strich sorgfältig ihr Haar zurück, dabei beobachtete sie im Spiegel, wie sich ihr Busen bei der Bewegung hob. Sie strich leicht mit der Hand über ihren Hals und die Brust. Die Berührung erinnerte sie an Guy und daran, wie er sie in den Armen gehalten hatte – beinahe so intim wie ein Liebhaber.

Unwillkürlich durchlief sie ein Schauer, und sie wandte sich vom Spiegel ab. Sie fühlte sich wie eine Gefangene auf diesem Schiff. Wo war Martin? Sie brauchte ihn! Jetzt! Eisige Wut baute sich in ihr auf und beschleunigte wieder ihren Herzschlag.

Bourke erschien ihr so weit weg.

Adelaide sogar noch weiter.

Der Regen ließ nicht nach und prasselte auf den Schaufelraddampfer und die Landschaft. Die *Curlew* passierte

Menindee und Wilcannia, das, wie Jem sagte, etwas mehr als fünfhundert Meilen von Wentworth entfernt war. Dort wartete, geschützt mit Planen, eine Ladung Wolle, die zum Bahnhof nach Bourke gebracht werden sollte, damit sie per Eisenbahn nach Sydney transportiert werden konnte. Guy bekam zwei Pfund pro Tonne, und Roxy rechnete aus, dass die Arbeit nicht gut bezahlt war, insbesondere, wenn die Fracht im strömenden Regen und bei morastigem Boden an Bord geschleppt werden musste. Mittlerweile waren die Wasserstände beträchtlich gestiegen und die Ufer überschwemmt.

Die *Florence Annie* lag in Tilpa vertäut. An Bord dieses Dampfers befanden sich ein Textilgeschäft, ein Obststand und ein Lebensmittelladen. Als Guy anlegte, um noch ein paar Ballen Wolle aufzunehmen, sah sich Roxy die Waren an und kaufte kleine, pelzige Pfirsiche und eine Schale mit dunklen Trauben.

Curranyalpa und Winbar. Stationen auf ihrem Weg, die durch ein Tuch oder einen ausgebleichten Tierschädel an einem fast im Wasser hängenden Ast gekennzeichnet waren. Gestalten bewegten sich an den Ufern und schwenkten Lampen. Stimmen, die fast vom Trommeln des Regens übertönt wurden. Laute Geräusche: Die Planken wurden an Bord geschoben, schlammige Stiefel polterten über das Deck, das stete Stampfen der Schaufelräder.

Louth, eine kleine Ansammlung von Häusern und ein einsames Hotel.

Toorale. Gundabooka. Yanda.

Minuten, Stunden, Tage verstrichen – ein Tag war wie der andere, und es regnete unaufhörlich. Roxy hielt sich fast nur in ihrer Kabine auf, um Guy nicht über den Weg zu laufen, obwohl Jem ihr erzählt hatte, dass er die meiste Zeit im Ruderhaus verbrachte und durch die beschlagenen Fenster starrte, die er ab und zu mit der Handfläche abwischte.

»Man muss höllisch aufpassen und den Dampfer in der Fahrrinne halten. Das ist schwer, wenn man um sich herum nichts anderes sieht als Wasser und die Baumwipfel«, erklärte der Junge.

Guy!

Kalte Wut stieg in ihr auf, wann immer sie sich an die Berührung seiner Hände erinnerte. Wie konnte er es wagen, sie so zu behandeln? In einer Minute kommandierte er sie herum wie einen Matrosen, in der anderen nahm er sich solche Freiheiten heraus.

Martins Bruder oder nicht, er war ein unangenehmer Zeitgenosse. Roxy konnte es kaum erwarten, endlich nach Wirra Downs zu kommen.

KAPITEL 9

Roxy stieg der Duft von frisch gebrühtem Tee in die Nase, dann hörte sie, wie der Heizer Holz in den bockigen, alten Kessel warf, und kuschelte sich noch tiefer unter die Decken in ihrer Koje. Heute war ein besonderer Tag. Ihr achtzehnter Geburtstag. Der dreizehnte April achtzehnhundertneunzig.

Sie wünschte, sie könnte den Tag mit Martin verbringen, aber er war mit seiner Schafherde meilenweit weg, schon zu Hause, wie sie hoffte. Wenigstens hatte Guy ihr versichert, dass sie heute in Bourke ankommen würden, und von dort aus war es nicht mehr weit bis Wirra Downs.

Guy hatte am Abend zuvor früh angelegt. Nach dem Abendessen hatte Roxy ein leises Klopfen an ihrer Tür gehört, und als sie aufgeschaut hatte, war sie überrascht gewesen, ihn zu sehen. Er lehnte lässig am Türrahmen, und Roxy fand, dass sein Gesicht ungewöhnlich blass war, aber das konnte auch an der Beleuchtung liegen.

»Ich dachte, du solltest wissen, dass wir morgen in Bourke sein werden«, erklärte er, und sie dachte, er würde gleich wieder verschwinden. Doch er schien zu einem Schwätzchen aufgelegt zu sein. »Bis dahin sind es nur noch ein paar Stunden Fahrt; wir kommen gegen Mittag an. Wirra Downs erreicht man von Bourke aus in einer Stunde. Normalerweise würde ich weiterfahren, wenn ich schon in der Nähe bin, aber bei dem Hochwasser gerät man nachts zu leicht aus der Fahrrinne, und ehe man sich's versieht, dampft man über die Weiden einer überfluteten Farm.«

»Danke, dass du mir Bescheid gesagt hast«, erwiderte sie und nickte. »Ich packe meine Sachen zusammen.«

In dieser Nacht schlief sie kaum, da sie voller Angst und dann wieder mit Vorfreude an ihre Ankunft denken musste. Martin war bestimmt vor dem Hochwasser durchgekommen und würde sie morgen in Wirra Downs willkommen heißen. Bei diesem Gedanken setzte ihr Herz einen Schlag aus. Außerdem freute sie sich darauf, ihr neues Zuhause kennen zu lernen, und sie würde zum ersten Mal Maggie Dumas begegnen.

Als Roxy aufstand und sah, dass das ganze Umland überschwemmt war, erfasste sie eine unerklärliche Traurigkeit. Alles war grau: das Wasser, der Himmel, die Gesichter der Männer, die beim Frühstück saßen, während das Schiff mit steter Geschwindigkeit durch die Fluten stampfte. Hin und wieder trieb ein aufgeblähter, stinkender Tierkadaver vorbei. Schlangen und große Eidechsen huschten durch die Äste der fast ganz überfluteten Bäume. Vögel kreisten am Himmel und stießen Schreie aus. Die Schaufelräder sangen ein eigenes Lied, während sie das Wasser aufwühlten. *Bald daheim, bald daheim,* schienen sie zu rufen.

Trotz des trüben Wetters spürte Roxy eine unterschwellige Aufregung bei den Männern. Sie hatten das Gefühl, etwas geleistet, das Ende der Reise erreicht zu haben. Roxy wusste, dass sich die Männer auf ein paar wohlverdiente Tage der Erholung freuten, ehe sie weiterfuhren. Guy überließ Scandy das Steuerrad, während er einen Rundgang unternahm und die Taue und Seile überprüfte. Roxy beobachtete von einem geschützten Winkel an Deck aus, wie seine Kleider nass wurden. Das Hemd klebte an seinem Oberkörper, und Roxy fiel auf, wie müde er aussah.

»Wir sind bald da«, sagte er nach einer Weile. »Wir haben gerade die Jandra Rocks passiert.«

»Wo ist das?«, fragte Roxy neugierig. »Ich habe keine Felsen gesehen.«

»Sie sind ungefähr elf Meter unter dem Bug«, erwiderte er mürrisch.

Endlich entdeckte Roxy am Rand des Wassers Dächer hinter einem Erdwall, der das Township zu umgeben schien. Guy steuerte sein Schiff vorsichtig, um keine hohe Welle zu verursachen, an den Wall. Männer arbeiteten in geordneter Eile und stapelten pralle Säcke auf dem Deich, um ihn zu erhöhen. Wellen schlugen unheilvoll gegen die Erde und die Säcke.

»Was gibts Neues?«, rief Guy, als er die *Curlew* längsseits brachte.

»Das Wasser steigt weiter«, schrie einer der Männer. »Elf Meter. Über Nacht ist es fünfzehn Zentimeter gestiegen, und sie sagen, dass noch mehr kommt.«

Guy wischte sich eine feuchte Locke aus den Augen und ließ den Blick über den Deich schweifen. Roxy sah, dass noch einige andere Raddampfer angelegt hatten; die *Maude* und die *Moira* und weiter hinten die *Brewarrina,* deren Namenstafel gerade noch zu sehen war. Männer hasteten hin und her und brachten Vorräte an Bord.

»Und wie ist es da draußen?«, wollte Guy wissen.

»Die *Cato* hat vor einer Stunde abgelegt, um zwei Rettungsbote und Vorräte nach Culgoa zu bringen. Da oben dürfte es einige Gestrandete geben.« Der Mann unterstrich seine Worte mit einem Grunzen, als er einen der schweren Säcke auf den Wall hievte. »Die *Excelsior* kam gestern mit hundert Pferden an und ist bei Tagesanbruch wieder losgefahren.«

»Braucht ihr Hilfe?«

»Jede, die wir kriegen können. Wir erwarten in den nächsten Tagen ein Kontingent Soldaten aus Sydney. Die Eisenbahnlinie ist ein paar Meilen von hier entfernt unterbrochen, deshalb müssen sie per Schiff hergebracht werden. Sie können gar nicht früh genug eintreffen, wenn du mich fragst. Wir kommen mit den Sandsäcken nicht mehr nach, weil das Wasser so schnell steigt.«

Guy verschwand für ein paar Minuten im Ruderhaus. Als er wieder zum Vorschein kam, nahm er Roxys Arm. »Komm«, befahl er und manövrierte sie in Richtung Kabine. »Pack ein paar Sachen – genug für mindestens eine Woche.«

»Wozu? Wohin gehen wir?«

»*Du* gehst ins nächste Hotel.«

Sie sah ihn erstaunt an. »Wir fahren nicht nach Hause?«

»Nein!«, knurrte er, als sie vor ihrer Kabine ankamen. »Ich habe zu tun.«

»O Guy! Ich kann nicht in Bourke bleiben. Ich kenne hier keine Menschenseele. Darf ich nicht mit dir kommen?«

»Das geht nicht.«

Er wandte sich ab und beugte sich über die Reling. Silbergraues Wasser, so weit das Auge reichte. Der Regen legte einen weißen Schleier über das Land und verwandelte die ohnehin schon gedämpften Farben in Monotonie.

Roxy starrte ihn hilflos an; Regen lief ihr unter den Kragen. »Das ist nicht dein Ernst. Was ist mit Wirra Downs?«

»Dort kann nicht viel passieren. Die Gebäude stehen auf einer Anhöhe. Ich kenne Maggie. Sie hat sicher genügend Essensvorräte, und den Leuten auf der Farm droht keine Gefahr.«

»Also bringst du mich nicht hin?«

»Nicht heute«, antwortete er knapp.

Sie war sprachlos – er konnte, nein, er *wollte* sie nicht nach Hause bringen. Stattdessen ließ er sie allein in einer Stadt, in der sie niemanden kannte. Na, dachte sie wütend, sie würde es ihm schon zeigen.

Aufgebracht packte sie seinen Arm und zerrte ihn in ihre Kabine – weg von den neugierigen Blicken der Crew. »Bitte, Guy, lass mich an Bord bleiben«, sagte sie und lehnte sich an die geschlossene Tür. »Ich bin dir nicht im Weg.«

»Hör auf damit, Roxy«, erwiderte er matt. »Ich habe keine Zeit für Diskussionen.«

»Ich kann helfen, ich weiß, dass ich das kann.«

Guy presste die Lippen zusammen. Als er das Wort ergriff, sprach er schnell und zornig. »Dies hier ist kein Sonntagspicknick. Es ist gefährlich da draußen. Die Leute stehen im Wasser, haben wahrscheinlich nichts zu essen oder ertrinken«, schimpfte er. »Du bist in Sicherheit. Im Trockenen. Es kommt gar nicht infrage, dass du an Bord bleibst. Das ist nichts für eine Frau.«

»Wenn ich ein Mann wäre, würdest du mich mitnehmen?«, wollte sie wissen und stemmte die Hände in die Hüften. »Geht es nur darum? Weil ich eine Frau bin, bin ich nutzlos? Vielleicht hältst du mich ja auch für ein verweichlichtes Stadtmädchen?«

Er nahm ihre Hand. Sein Gesicht war starr wie eine Maske. »Um Gottes willen, Roxy, dies ist nicht der richtige Zeitpunkt für solche Streitereien. Ich habe zu tun und muss dich vom Schiff schaffen. Und zwar sofort!«

Sie zog ihre Hand weg und verschränkte die Arme vor der Brust. Er konnte sie nicht zwingen, an Land zu gehen. »Ich bleibe. Ich werde mich nicht von der Stelle rühren.«

Guy machte einen Satz auf sie zu. »Komm mir nicht so, kleine Miss. Und versuchs gar nicht erst mit Tränen oder Wutausbrüchen. Ich bringe dich von Bord, und wenn ich dich höchstpersönlich tragen muss.«

Sie wich zurück, aber es war zu spät. Guy zog sie mühelos in seine Arme und drückte sie an seine Brust. Seine Nähe überraschte sie, und im ersten Moment blieb sie wie angewurzelt stehen, dann machte sie instinktiv Anstalten, ihn von sich zu schieben, doch er legte zärtlich die Hand unter ihr Kinn und neigte ihren Kopf nach hinten. Er beugte sich so nahe zu ihr, dass sie seine kornblumenblauen Augen sah. Sie fühlte die Wärme seiner Finger, die über ihre Haut strichen. Sein Blick schien bis in ihr Innerstes vorzudringen. Der Moment dehnte sich bis ins Unendliche aus. Ich sollte blinzeln oder mich zurückziehen, dachte sie. Aber aus unerfindlichen Gründen wollte sie das nicht.

Und plötzlich drückten sich seine Lippen auf ihre. Erschrocken sank sie gegen die Tür. Sie merkte, dass sich ihre Hand gegen ihren Willen hob und sich auf seinen Nacken zubewegte. Für den Bruchteil einer Sekunde hätte er Martin sein können, so vertraut kam er ihr vor.

Aber er war Guy, nicht Martin.

Guy, der Martin am Abend ihrer Hochzeit betrunken gemacht hatte. Guy, der darauf bestanden hatte, dass Martin am Tag danach in aller Herrgottsfrühe mit den Schafen aufbrach, der sie förmlich gezwungen hatte, die Schubkarre mit Holz zu schieben. Guy, der sie in einer wildfremden Stadt absetzen wollte, der sie küsste, als wäre sie seine Frau und nicht die seines Bruders.

Plötzlich stieg Wut in ihr auf und verlieh ihr eine nie gekannte Kraft. Sie stieß unvermittelt gegen seine Brust, er taumelte zurück und fiel auf ihre Koje. »Tu das nie, nie wieder«, warnte sie ihn eindringlich. »Ich bin die Frau deines Bruders, nicht deine. Das solltest du besser nicht vergessen.«

Guy, der in ihrer Koje lümmelte, stützte sich auf einen Ellbogen, ohne sie aus den Augen zu lassen. Sein Gesicht war unergründlich. Roxy spürte, wie ihr das Blut in die Wangen stieg, und sie wandte sich ab. Bilder, Erinnerungen wirbelten ihr durch den Kopf: Guys durchdringende, blaue Augen, die sich in sie bohrten, die Art, wie sein Mund den ihren streifte, die sanfte, zärtliche Berührung. O Gott! Verwirrt legte sie die Finger an ihre Lippen. Guy hatte sie geküsst. Und einen kurzen Moment …

Roxy runzelte die Stirn und verbannte den Gedanken. Sie fragte sich, ob sie ihn mit irgendetwas provoziert hatte, und ließ die Ereignisse noch einmal Revue passieren. Nein, sie war sicher, dies nicht getan zu haben. Trotz all der Konfusion war ihr eines klar. Nach allem, was durch Zufall oder mit Absicht geschehen war, konnte sie nicht mehr auf der *Curlew* bleiben. Guy ließ ihr keine andere Wahl. Sie musste von Bord.

Jem trug Roxys hastig gepackten Koffer aufs Vorderdeck. Sie wartete darauf, dass sich Guy aus seinem Ruderhaus bequemte, und tippte ungeduldig mit dem Fuß auf den Boden. Sie mied seinen Blick, als er endlich die Stufen herunterpolterte, wandte den Kopf ab und versuchte vergeblich, ihre zornigen Gedanken zu unterdrücken. Mit einer kleinen Tat hatte er sie kompromittiert und es ihr unmöglich gemacht zu bleiben. Hatte er das geplant?, fragte sie sich immer wieder. Eine solche hinterhältige Finte schürte ihren Zorn, und gleichzeitig fühlte sie sich gedemütigt.

Guy umfasste ihren Ellbogen und führte sie zur Planke, die vom Deck in den Morast führte. Verärgert über die Besitz ergreifende Geste versuchte Roxy, sich von ihm loszureißen, aber er hielt sie fest. Sie stapften durch den Schlamm an mit Sand beladenen Wagen vorbei. Männer, Frauen und Kinder füllten eifrig den Sand in Leinensäcke. Roxy wäre gern stehen geblieben, um sich umzusehen, aber Guy lockerte seinen eisernen Griff kein bisschen und zerrte sie weiter.

Schließlich kamen sie zu einem Gebäude mit einem Schild über der Tür, das es als »Central Australian Hotel« auswies. Es war zweistöckig mit einem kunstvollen Gitter an der oberen Veranda. Guy ließ sie im Foyer warten. Aufgebracht schaute sie sich um. Es war düster und roch nach Bienenwachs und Essen. Roxy rümpfte angewidert die Nase.

Guy kam eilends zurück. »Komm«, knurrte er und scheuchte sie die Treppe hinauf in eine winzige, fensterlose Kammer. »Ich hab nicht den ganzen Tag Zeit.«

Ihr sank das Herz, als sie das Zimmer sah. Es war trostlos und muffig, der Platz reichte kaum für das schmale Bett und den Schrank. Guy hob ihren Koffer aufs Bett. »Hier wird man sich um dich kümmern, bis ich zurückkomme«, sagte er und streckte ihr die Hand hin, als wollte er sich bei ihr entschuldigen.

Roxy reckte trotzig das Kinn nach vorn und ließ sich auf keine weitere Unterhaltung ein. Er strich ihr mit einem Finger über die Wange. Sie überlegte, ob er wieder vorhatte, sie zu küssen. Wenn ja, nahm sie sich zornig vor, dann schlage ich ihm ins Gesicht. Aber er sah sie nur mit einem kleinen Lächeln an.

»Gott, bist du schön, wenn du wütend bist«, flüsterte er. Dann wandte er sich abrupt ab und verließ den Raum. Von ihm blieb nichts mehr als der Widerhall seiner Schritte auf dem Flur.

Ihr war, als streichelte kühle Luft die Wange, die er noch kurz zuvor berührt hatte. Plötzlich kam ihr die Kammer leer vor; Verzweiflung hüllte sie ein. Voller Zorn lief sie hinaus in den Flur und auf die Veranda, die über die ganze

Länge des Hauses reichte. Sie dachte, dass sich Guy vielleicht noch einmal zu ihr umdrehte und zum Abschied winkte, bevor er durch den Morast zu seinem Schiff stapfte, aber nein, er marschierte entschlossen durch den Regen, bog um eine Ecke und war verschwunden.

Die Menschen auf den Straßen liefen immer noch hastig umher. Hinter den Hausdächern konnte Roxy die Schornsteine der Dampfer sehen, die am Erdwall lagen. Das Leben aller ging weiter, nur ihres hing in der Luft.

Sie kehrte in ihr Kämmerchen zurück und sank aufs Bett. Tausend Gedanken wirbelten ihr durch den Kopf. Es war ungerecht! Sie saß an ihrem Geburtstag mutterseelenallein hier, in einer wildfremden Stadt. Sie war so aufgebracht, dass ihre Hände zitterten. Wie konnte Guy es wagen, ihr so etwas anzutun? In diesem Augenblick hasste sie ihn beinahe.

Sie sehnte sich schmerzlich nach Martin und Wirra Downs. Tränen der Wut liefen ihr über die Wangen.

TEIL II

Maggie

1890–1891

KAPITEL 10

Maggie Dumas stand, wie üblich in Schwarz gekleidet, auf der Veranda und schaute zum Fluss. Das Wasser, das sonst so träge durch das tiefe, gewundene Flussbett floss, war über die Ufer getreten und breitete sich über das Land aus. Erst hatte es sich nur in den Senken und Gräben gesammelt, dann war es höher und höher gestiegen, bis nur noch die Erhebungen wie Inseln aus einem großen See ragten.

Das Farmhaus und die Nebengebäude standen auf einem Hügel aus roter Erde und waren ungefährdet, aber die Schwarzen hatten aus ihren Hütten am Ufer zu der Koppel vor der Schurhalle flüchten müssen. Maggie hörte ihr Geplapper und roch den Rauch ihrer Feuer. Sie seufzte. Sie hatte kein Wort von Martin gehört. Er könnte irgendwo zwischen Adelaide und Bourke mit seiner Schafherde vom Hochwasser überrascht worden sein. Sie sorgte sich um ihn. Und Guy? Er müsste auf dem Weg nach Bourke sein. Die Flut verminderte die Probleme, die die Dampfer bei niedrigen Wasserständen hatten, dafür barg sie andere Gefahren. Es konnte nur zu leicht passieren, dass man vom Kurs abkam, wenn das Flussbett nicht mehr zu sehen war, und der Rumpf konnte von Ästen beschädigt werden. Aber Guy war ein erfahrener Skipper, sagte sie sich, und er würde nichts tun, was sein geliebtes Schiff in Gefahr brachte.

»Fertig, Mutter?«

Maggie drehte sich um. »Ah, Louisa, da bist du ja. Ich habe gerade das Wasser betrachtet. Vielleicht ist es ja der wahre Herrscher über dieses Land.« Sie strich sich geistesabwesend mit der Hand durch das graue Haar. Die Geste wirkte hilflos.

Louisa legte den Arm um Maggies Schultern. »In einer oder zwei Wochen ist es wieder verschwunden, und es bleibt nur noch die Erinnerung.«

»Bis zum nächsten Mal«, brummte Maggie und verließ mit ihrer Schwiegertochter die Veranda. »Wie Vater zu sagen pflegte, herrscht in diesem Land entweder Dürre oder Hochwasser.«

»Jetzt komm, es besteht kein Grund für so düstere Gedanken. Es ist zehn Uhr und Zeit für den Gottesdienst.«

Vor Jahren hatte Maggies wohlmeinender Vater den Gottesdienst am Sonntagmorgen eingeführt. Nach seinem Tod hatte Gerald diese Tradition aufrechterhalten, wenn auch nur halbherzig. Jetzt war Maggie diese Aufgabe zugefallen.

Sie war versucht, die Andachtsstunden nicht mehr fortzuführen; ihre Ansichten hatten sich verändert. Sie hatte erlebt, wie sich die Aborigines, die einst ein stolzes, unabhängiges Volk gewesen waren, beinahe vollkommen abhängig von den weißen Siedlern gemacht hatten. Sie waren träge geworden und ließen nur allzu gern von ihren alten Methoden ab, sich Nahrung zu verschaffen. Maggie stellte ihnen wöchentlich eine Ration Mehl, Tee und Tabak zur Verfügung, aber sie bestand auch darauf, dass die Männer dafür auf der Farm mitarbeiteten. Auf Wirra Downs würde es keine Faulenzer geben, solange sie etwas zu sagen hatte.

Die Männer erhielten zudem einen geringen Lohn – den bekamen sie von den anderen Grundbesitzern und Viehzüchtern nicht. Zwar konnten sie hier draußen im Busch ihr hart verdientes Geld nicht ausgeben, doch die Gewissheit, dass sie ihre Helfer gerecht behandelte, stimmte Maggie ein wenig zufriedener.

Als sie auf die Schurhalle zugingen, warf Maggie einen Blick auf die Frau an ihrer Seite. Louisa trug ein hellgelbes Organdykleid mit einer Schärpe in der Taille und strahlte Gelassenheit und Selbstvertrauen aus. Ihr dunkles Haar war zu einem makellosen Knoten geschlungen, und sie hielt ein abgenutztes Gebetbuch in den behandschuhten Händen. Maggie fühlte sich im Vergleich zu ihrer Schwiegertochter schäbig in den schwarzen Gewändern. Gott sei Dank waren seit Geralds Tod schon fast zwölf Monate vergangen. Bald konnte sie die Trauerkleider ablegen.

Ihr kleiner Enkel Davie hüpfte vor ihnen her. Louisa hatte ihm eine knielange Hose, lange Socken und Stiefel angezogen. Schon jetzt waren Schlammspritzer an den Waden zu sehen. Als Maggie beobachtete, wie sich seine stämmigen Beinchen bewegten, war sie beinahe neidisch auf seine Jugend und die Schlichtheit seiner Bedürfnisse.

Es war Louisas Vorschlag gewesen, mit dem zwei Jahre alten Davie auf Wirra Downs zu bleiben, solange die Männer fort waren. Maggie hatte die Frau, mit der Guy seit drei Jahren verheiratet war, lieb gewonnen wie die Tochter, die sie vor vielen Jahren geboren und begraben hatte. Louisa war umsichtig und sanftmütig, wartete geduldig auf die Heimkehr ihres Mannes und beklagte sich nie. Ganz anders als Maggie.

Maggie hatte das Gefühl, als müsste sie ständig gegen die ganze Welt kämpfen. Es war kein einfaches Leben. Ihre Eltern waren nach Wirra gekommen, als die Gegend besiedelt wurde. Sie hatten das Land bestellt und eine einträgliche Farm aufgebaut. Als Maggie an sie dachte, hätte sie beinahe einen lauten Seufzer ausgestoßen. Sie waren gestorben, als Martin noch ein Baby gewesen war. Und Gerald hatte … Sie verdrängte den Gedanken an ihren verstorbenen Mann, weil sie sich den Tag nicht verderben wollte. Zumindest konnte sie sich eingestehen, dass die Witwenschaft nicht so traumatisch war, wie sie es sich vorgestellt hatte. Manche würden vielleicht sogar sagen, dass Maggie Dumas, Herrin von Wirra Downs, endlich eine selbstständige Frau geworden war.

Natürlich würde das Land einmal an Martin übergehen, wenn er sich eine Frau nahm. So hatte es ihr Mann in seinem Testament bestimmt. Typisch für Gerald, dass er alle Eventualitäten bedacht und nichts dem Zufall überlassen hatte.

Die Schwarzen erwarteten sie wie jeden Sonntag. Eine ernste Gruppe: Dinnie, die Haushälterin, in einem abgelegten Kleid von Maggie und ihre junge Tochter Narairee, die später helfen würde, die Nahrungsmittel aus der Lagerhalle zu verteilen. Von jetzt an mussten die Lebensmittel genau rationiert werden. Die Vorräte waren zwar derzeit noch nicht knapp, aber bei dem Hochwasser war es nicht angeraten, allzu großzügig damit umzugehen. Maggie war froh, dass sie die schottische Sparsamkeit von ihrem Vater geerbt hatte.

Auf der einen Seite standen einige weiße Helfer, die ihre Schafherden bereits in höhere Regionen getrieben hatten und hier auf den wöchentlichen Gottesdienst und die Lebensmittel warteten. Maggie verkniff sich ein Lächeln, als ihr einfiel, wie widerwillig sie an der Andacht teilnahmen und ihre Seelen von einer Frau erforschen ließen. Sie konnte sich gut vorstellen, wie sie über sie dachten. Wahrscheinlich nannten die Männer sie »die alte Tatarin« oder so ähnlich. Dennoch war sie ihnen zugeneigt und betrachtete sie fast als Familienangehörige.

Ihre Gedanken kehrten zu den Schwarzen zurück, zu Dinnie und ihrem Stamm und dem Gottesdienst, mit dem sie jetzt beginnen würde. Wie konnte sie von ihnen verlangen, weiterhin auf den christlichen Gott zu vertrauen, wenn gerade ihre Hütten am Ufer der Flut zum Opfer gefallen waren? Maggie wusste, dass sie ihre Worte mit Skepsis aufnahmen. Sie hatten für alles einfache Erklärungen, die ihren eigenen Lebensstil reflektierten. Erst vorhin beim Frühstück hatte Dinnie gesagt, jemand habe ihren Gott Kurlawirra verärgert, und das Hochwasser sei seine Rache. Maggie seufzte leise, dann erklärte sie: »Lasset uns beten.«

Die Worte – Laute, die vom Rauschen des Wassers fortgespült wurden – klangen sogar in ihren eigenen Ohren hohl.

Roxy hörte das leise Klopfen und sah auf. Eine Frau stand in ihrem kleinen Hotelzimmer. Sie bereute sofort, die Tür offen gelassen zu haben. Sie wischte hastig die Tränen von den Wangen.

Die Frau ließ sich neben Roxy auf dem Bett nieder und legte tröstend den Arm um ihre Schultern. »Ich weiß, dass das Zimmer nicht gerade luxuriös ist, Kleines, aber so schlecht ist es auch wieder nicht, oder?«, fragte sie mit einem Lächeln.

Roxy versuchte, das Lächeln zu erwidern, doch es gelang ihr lediglich, den Mund ein wenig zu verziehen. »Es ist nicht das Zimmer«, erwiderte sie vorsichtig.

»Nun, was immer es auch sein mag, es ist bestimmt keine Tränen wert.«

Roxy zuckte mit den Schultern. Woher sollte diese Frau ahnen, was heute geschehen war? Sie war gewiss nicht in der Stimmung, ausführliche Erklärungen abzugeben, und schon gar nicht, sich einer Fremden anzuvertrauen.

Die Frau reichte ihr ein Taschentuch mit einer kleinen Spitzenbordüre. »Jetzt mal eins nach dem anderen. Wie heißen Sie?«

»Roxy.«

»Also, Roxy, warum erzählen Sie mir nicht einfach alles? Nichts hilft so gut, wie sich einmal richtig auszuweinen und sich dann den Kummer von der Seele zu reden, finde ich immer.«

Roxy tupfte sich das Gesicht mit dem Taschentuch ab. Mit einem Mal kam sie sich vor wie eine Närrin. »Es ist nichts, ehrlich«, stammelte sie und verfluchte Guy im Stillen. Gleichzeitig war sie wütend auf sich selbst, weil sie zugelassen hatte, dass er sie zu einem Häuflein Elend gemacht hatte.

Die Frau legte die Hand unter Roxys Kinn und hob ihr Gesicht an. »Unsinn! Ein so hübsches Mädchen sitzt nicht wegen nichts in meiner Abstellkammer und weint sich die Augen aus dem Kopf. Mir scheint viel eher, dass Sie etwas sehr Wichtiges beschäftigt.«

»Na ja«, begann Roxy, ohne so recht zu wissen, wo sie

anfangen sollte. Dann entschied sie sich, auf sicherem Terrain zu bleiben. »Zum einen habe ich heute Geburtstag, und kein Mensch weiß etwas davon.«

»Oh, Sie armes Schätzchen! Herzlichen Glückwunsch. Wie alt sind Sie geworden?«

»Achtzehn.« Roxy stand auf und ging zum Bettende. Wieder loderte der Zorn in ihr auf. »Und das ist erst der Anfang«, fügte sie hinzu. Mittlerweile fühlte sie sich etwas sicherer in der Gegenwart dieser Frau. »Ich hatte gehofft, heute zu der Farm meines Mannes zu kommen. Er erwartet mich dort, und ich habe ihn seit dem Tag nach unserer Hochzeit nicht gesehen – das liegt Wochen zurück. Und jetzt bin ich mutterseelenallein in einer fremden Stadt gestrandet und von Hochwasser umgeben. Das Schiff, das mich heimbringen sollte, ist weitergefahren, um die von der Flut betroffenen Menschen zu retten. Ich werde verrückt, wenn ich hier sitze und warte, das weiß ich.«

»Na, dann müssen wir eben etwas finden, womit Sie sich beschäftigen können. Gott sei Dank gibt es derzeit genug, womit wir uns die Zeit vertreiben können. Sandsäcke müssen gefüllt werden; die Leute tun seit Tagen kaum etwas anderes – alle Männer, Frauen und Kinder packen mit an. Man hat mir gesagt, dass man nicht auf dem Land geboren sein muss, um zu lernen, wie das geht.«

Die Frau milderte ihre Worte mit einem schiefen Grinsen. Roxy fragte sich flüchtig, ob sie den Eindruck erweckte, ein verhätscheltes, nutzloses Stadtmädchen zu sein. Trotzig hob sie den Kopf. »Ich bin sicher, dass ich im Stande bin mitzuhelfen«, entgegnete sie steif.

Die Frau erhob sich ebenfalls. Roxy sah, dass sie ziemlich groß war. Sie hatte flammend rotes Haar, das trotz des Bandes am Hinterkopf ihr Gesicht umrahmte. Sie war kräftig, aber nicht dick, hatte ein hübsches Gesicht und großzügig mit Rouge geschminkte Wangen.

»So ein zartes Persönchen und schon verheiratet. Und wo ist Ihr neues Zuhause?«

»Es ist Wirra Downs.«

Das Lächeln verblasste. »Wirra Downs?«, wiederholte sie langsam. »Die alte Dumas-Farm?«

»Kennen Sie die Familie?«

Die Frau nickte. »Dann haben Sie also Martin Dumas geheiratet?«

»Martin und ich wurden in Adelaide getraut. Er ist über Land mit einer Schafherde hierher gekommen. Ich musste noch zurückbleiben und bin mit seinem Bruder Guy auf der *Curlew* gefahren.«

Die Frau wirkte nachdenklich. »Da wird die alte Maggie aber staunen«, entgegnete sie schließlich. »Guy hat kein Wort über Martins Hochzeit verloren. Ich schätze, morgen Früh hat die Neuigkeit in der ganzen Stadt die Runde gemacht.«

Roxy fühlte sich unbehaglich. Es war ihr gar nicht recht, dass ihre Hochzeit zum Thema Nummer eins werden sollte. Und dann der Ausdruck auf dem Gesicht der Frau, als sie die Familie Dumas erwähnt hatte – dieses leichte Stirnrunzeln, der ungläubige, verwunderte Blick, den Roxy nicht richtig deuten konnte …

»Übrigens, ich bin Angel McPhee«, stellte sich die Frau vor und hielt Roxy die Hand hin. »Mir und meinem alten Herrn Angus gehört dieses Etablissement.«

»Angel?« Roxy wechselte das Thema, um nicht mehr über ihre eigene Hochzeit und die eigenartige Reaktion auf die Nachricht sprechen zu müssen. »Das ist ein ungewöhnlicher Name. Ihre Mutter muss eine wundervolle Vorstellungskraft gehabt haben.«

»Gott, nein, Kindchen!«, rief Angel kichernd und beugte sich verschwörerisch zu Roxy. »Ich bin auf den Namen Evangeline getauft. Aber Angel klingt so viel …«, sie suchte nach dem richtigen Wort, »… lebendiger, finden Sie nicht auch?«

»Ja«, lachte Roxy, die ihren Zorn für einen Moment vergaß. »Wenn Sie es so ausdrücken, dann muss ich Ihnen zustimmen.«

Angel neigte sich wieder zu ihr. »Ich habe auch nicht viel von einem Engel, wenn Sie verstehen.« Sie legte die Hand an Roxys Wange. »So ist es schon besser. Sie haben ein so entzückendes Lächeln. Kopf hoch. Es tut mir wirklich Leid, dass ich Ihnen kein schöneres Zimmer geben konnte, aber dies ist das einzige, das ich noch frei hatte. Das Haus ist wegen der Flut vollkommen belegt. So, jetzt richte ich Ihnen ein schönes, heißes Bad her. Lassen Sie sich Zeit und entspannen Sie sich. Vielleicht möchten Sie sich auch die Haare waschen.«

»Danke«, antwortete Roxy und dachte an die kleine Wanne in ihrer Kabine, die ihr nur eine Katzenwäsche ermöglicht hatte. »Es ist Wochen her, seit ich zum letzten Mal ein richtiges Bad genommen habe.«

»Und wenn Sie fertig sind, kommen Sie runter in die Bar. Ich werde Ihnen einen ordentlichen Drink einschenken. Wir Mädels haben was zu feiern.«

»Feiern?« Was wollte sie feiern?, fragte sich Roxy. Guys fragwürdige Methode, sie loszuwerden? Die Tatsache, dass sie nicht nach Wirra Downs kam? Im Augenblick gab es in ihrem Leben nichts zu feiern.

Aber Angels Gedanken gingen in eine andere Richtung. »Guter Gott, Kindchen. Es kommt nicht jeden Tag vor, dass sich Martin Dumas ein Mädchen zur Frau nimmt.« Sie legte eine Hand auf Roxys Schulter. Es war eine warmherzige Geste, die eine zukünftige Freundschaft und Fürsorge versprach. »Und Sie werden nur ein Mal achtzehn, Liebes«, fügte sie lachend hinzu.

Roxy lag in der Badewanne, das warme Wasser reichte ihr bis zum Kinn. Es war eigenartig, dass der Boden nicht mehr unter ihr schwankte und kein stetes Stampfen der Maschinen mehr zu hören war. Die Geräusche, Vibrationen und Wellenbewegungen schienen in den vergangenen Wochen zu einem Teil von ihr geworden zu sein.

Allmählich erholte sie sich ein wenig, verdrängte jeden Gedanken an Guy aus ihrem Bewusstsein und konzentrierte sich ganz auf das Baden. Sie wusch sich die Haare, packte die Vinolia-Heliotrope-Seife aus, die Angel auf den Rand der Wanne gelegt hatte, und seifte sich ein.

Arme, Beine, Gesicht. Ihre Hand berührte die Lippen, und trotz aller guten Vorsätze erinnerte sie sich an die Szene in der Kabine auf der *Curlew.* Warum hatte Guy das getan? Sie dachte aufgebracht an seinen Kuss. Hatte ihm dieser Kuss etwas bedeutet, oder wollte er sie nur reizen und ihre Treue zu seinem Bruder auf die Probe stellen? Er hatte sie unschuldig genannt, und das war sie vermutlich auch. Bis sie Martin kennen gelernt hatte, war sie überhaupt nicht an Männern interessiert gewesen – ihre ganze Liebe hatte dem Theater gegolten. Wenn sie mehr Erfahrungen im Umgang mit Männern hätte, dann hätte sie die Situation vielleicht entschärfen oder ihn in seine Schranken verweisen können. Stattdessen hatte er sie mit seinen Worten und Taten vollkommen überrumpelt.

Erfrischt machte sich Roxy auf den Weg nach unten. Die Bar war fast leer. Angel hatte hinter der Theke zu tun, spülte Gläser und trocknete sie gewissenhaft ab. Sie lächelte, als sie Roxy zögerlich in der Tür stehen sah.

»Komm rein, Liebes. Sie erlauben doch, dass ich Sie duze, oder?«, rief sie und winkte. »Wir sind hier im Busch und legen keinen großen Wert auf Förmlichkeiten.«

Roxy zuckte instinktiv zusammen. War das wieder eine Anspielung auf ihre städtische Herkunft? Sie musterte ihre Gastgeberin forschend, doch Angel war damit beschäftigt, eine kleine Menge bernsteinfarbener Flüssigkeit in ein Glas zu gießen. Dann schob sie das Glas über die Theke.

Roxy nippte vorsichtig daran und rümpfte die Nase. Das Zeug schmeckte süß. »Was ist das?«, wollte sie wissen.

»Sherry«, antwortete Angel. »Trink aus. Es wird dir gut tun. Meine Gäste behaupten, der Sherry wäre wie Medizin«, fügte sie zwinkernd hinzu. Inzwischen hatte sie ein weiches Tuch in der Hand und polierte den Tresen, bis er glänzte. »Angus wird auch bald herunterkommen. Er übernimmt den Ansturm am späten Nachmittag, und ich habe für den Rest des Tages frei. Wie wärs, wenn wir beide zusammen zu Abend essen würden? Wir lassen es uns nach oben bringen.«

Die Aussicht auf eine einsame Mahlzeit in ihrem Kämmerchen hatte Roxy schon den ganzen Nachmittag bedrückt. Noch schlimmer allerdings wäre es, mitten unter

Fremden im Speisesaal essen zu müssen. »Das wäre großartig«, stimmte sie dankbar zu.

Das Knarren der Tür kündigte einen Gast an. »Guten Tag«, sagte jemand hinter Roxy.

Sie drehte sich um und sah, wie ein großer Mann im Mantel auf die Bar zuging. Er nahm den Hut vom Kopf und hielt ihn unbeholfen in der Hand.

»Doktor Sides! Was führt Sie hierher? Etwas zu trinken?«

»Ich habe gerade meinen Arbeitstag beendet. Danke, ein Bier wäre wunderbar.« Er war ein Bär von einem Mann mit grauen Schläfen und einem kurz gestutzten grauen Schnauzbart. Er sank erschöpft auf einen Stuhl, legte den Hut auf die Theke und nickte Roxy zu.

»Genau das, was der Arzt verordnet hat«, scherzte Angel, als sie ein großes Glas Ale einschenkte. »Sie sehen müde aus«, setzte sie hinzu.

Der Doktor nickte. »Ich bin vollkommen erledigt. Bei dem Hochwasser und den zusätzlichen Leuten, die sich in der Stadt aufhalten, habe ich in den letzten Tagen alle erdenklichen Gebrechen und Krankheiten gesehen.«

»Hatten Sie viel zu tun?«

»Mmm.« Er nahm einen großen Schluck und wischte sich den Schaum von der Oberlippe. »Es war mörderisch.«

»Sie brauchen eine Assistentin. Jemanden, der Ihnen hilft. Ich weiß wirklich nicht, wie Sie das alles ganz allein schaffen. Und sehen Sie sich nur an – Sie richten sich noch zu Grunde«, mahnte sie in strengem Ton wie eine Mutter, die ihr unartiges Kind ausschalt. Sie kam hinter der Bar hervor und sammelte die benutzten Gläser ein, die auf den Tischen standen.

»Klingt wundervoll, Mrs. McPhee. Und wo soll ich eine solche Helferin Ihrer Meinung nach finden?« Der Doktor schob Angel sein leeres Glas hin und stand auf, um zu gehen. »Alle haben damit zu tun, Sandsäcke zu füllen. Im Moment ist nichts wichtiger, als das Wasser von der Stadt fern zu halten. Haben Sie jemals erlebt, dass hier eine solche Hektik herrscht?«

»Roxy könnte helfen.«

Roxy hatte bis jetzt die Holzmaserung der Theke studiert und mit dem Finger die Muster nachgezeichnet. Als sie ihren Namen hörte, hob sie den Kopf.

Angel sah sie mit hochgezogenen Augenbrauen an. »Du hast doch überlegt, was du tun könntest, solange du hier bist. Schließlich kennst du niemanden. Ich finde, das wäre eine großartige Gelegenheit, Liebes. Du hättest eine Beschäftigung und würdest nicht ins Grübeln kommen.«

Roxy schüttelte den Kopf. »Ich ... ich glaube, das wäre nichts für mich«, widersprach sie zweifelnd. »Ich denke, ich wäre keine gute Krankenschwester.«

»Eigentlich brauche ich nicht so sehr eine Krankenschwester«, erklärte der Doktor bedächtig. »Nur jemanden, der meine Instrumente auskocht und in der Praxis die Stellung hält, während ich zu Hausbesuchen unterwegs bin. Es wäre auch nur für ein paar Tage, bis sich der ganze Tumult gelegt hat.«

Angel und der Doktor sahen Roxy erwartungsvoll an. Die Aufgabe schien nicht allzu schwer zu sein, und Angel hatte ganz Recht. Sie würde die Zeit füllen, bis Guy zurückkam und sie nach Wirra Downs brachte.

»Ich nehme an, ich könnte Ihnen helfen«, sagte sie zurückhaltend, »allerdings weiß ich nicht, ob ich Ihnen wirklich von Nutzen wäre. Vielleicht kann ich kein Blut sehen und falle in Ohnmacht.«

»Unsinn«, widersprach Doktor Sides. »Ich glaube, Sie sind viel stärker, als Sie aussehen. Ich brauche nur jemanden, der ein wenig mitdenkt und guten Willen hat. Ich habe das Gefühl, dass wir fabelhaft miteinander auskommen. Also, meine Liebe, wann können Sie anfangen?«

»Morgen Früh. Wäre Ihnen das recht?«

»Großartig, Miss ... äh ...«

»Roxy«, erwiderte sie mit fester Stimme und reichte ihm die Hand. »Mrs. Roxy Dumas von Wirra Downs.«

Angus war ein redegewandter, kleiner Mann – sehr viel kleiner und einige Jahre älter als Angel. Als Angel sie miteinander bekannt machte, ergriff er Roxys Hand und schüttelte sie kräftig – das schien hier so Sitte zu sein, doch ihr fiel es nicht leicht, den Händedruck von einem Mann in Empfang zu nehmen.

Angel bestellte zwei Abendessen und ließ es in das Zimmer bringen, das sie mit ihrem Mann teilte. Sie setzte sich mit Roxy zum Essen an den Tisch auf der Veranda. Auf der Straße ging es genauso geschäftig zu wie am Tag, nur brannten jetzt die Laternen. Die Sonne war untergegangen; lediglich ein heller Streifen war am Horizont zu sehen, und der noch nicht ganz dunkle Himmel hatte eine leicht rötliche Färbung. Der Regen hatte nachgelassen und war zu feinem Dunst geworden.

»Wie hoch wird das Wasser noch steigen?«, fragte Roxy, als sie sich zurücklehnte. Es hatte Steak mit frischem Salat und gekühltem Wein gegeben.

Angel zuckte mit den Schultern. »Das hängt davon ab,

wie viele Niederschläge es in Queensland gegeben hat und ob hier noch einmal starker Regen einsetzt. Kein Mensch kann eine sichere Prognose abgeben.«

»Aber sie bauen doch den Deich immer höher, wenn es nötig ist, oder?«

»Wir sind hier sicher«, behauptete Angel.

Roxy sah den Männern und Frauen zu, die schwer arbeiteten, um ihre Häuser und die Geschäfte zu schützen. Morgen würde sie ihnen ihre Hilfe anbieten, nachdem sie ihre Arbeit bei Doktor Sides erledigt hatte. Auf diese Weise konnte sie sich wenigstens nützlich machen. Bourke war jetzt auch ihre Heimat.

Nach zwei Tagen begleitete Roxy Doktor Sides bei seinen Hausbesuchen und bei der Visite im Krankenhaus. Sie hielt seine Instrumente bereit, während er großzügig Jod auf Wunden tupfte und Verbände anlegte. Erstaunt stellte sie fest, dass ihr der Anblick von Blut nichts ausmachte und dass sie kein einziges Mal schwach wurde. Der Doktor schien sehr zufrieden mit ihr zu sein und lobte sie überschwänglich. Er machte keinen Hehl daraus, wie sehr er sich über ihre tatkräftige Hilfe freute.

»Sie sind die verdammt beste kleine Krankenschwester, mit der ich jemals zusammengearbeitet habe«, erklärte er an ihrem zweiten Tag. »Ich weiß nicht, warum ich nicht früher an so was gedacht habe.«

Zu Mittag, wenn sie in die Praxis zurückkamen, war der Warteraum voll: weinende Kinder mit Müttern, die sie ermahnten, von der Arbeit auf dem Deich erschöpfte Männer, die vor sich hin dösten und geduldig warteten, bis ihr Name aufgerufen wurde.

Roxy sah einiges von Bourke, wenn sie mit dem Doktor die bettlägerigen Patienten besuchte. Durch das Township führten breite Straßen, von denen die Seitenstraßen im rechten Winkel abzweigten. Rich & Co. und McKenzie's waren die beiden größten Gemischtwarenhandlungen. Außerdem gab es einen Friseur, einen Juwelier, einen Bäcker und eine Konditorei, einen Tabak- und Zeitungsladen, ein Auktionshaus, einen Kommissionär, einen Sattler, einen Billardsalon, einen Tuchhändler, einen Fleischer und Clark's Fisch- und Austerngeschäft sowie das Rathaus und eine Bank, die in einem eindrucksvollen Sandsteingebäude mit Arkaden untergebracht war. Auf der Rückseite der Geschäftszeile befand sich ein großer Viehhof von Cobb & Co. Dort standen Kutschen und Pferde, die mit dem Schweif die Fliegen vertrieben und mit den Hufen stampften. Die Seifenfabrik, eine Sägemühle und Bennett's Kutschhof hatten sich etwas außerhalb angesiedelt.

Am Stadtrand betrieben fleißige Chinesen in bunten Kleidern und mit pechschwarzen Haaren, die sie zu einem Zopf geflochten hatten, Gemüsegärtnereien. Roxy sah, wie sie zwischen Kohlköpfen und Tomatenstauden arbeiteten und Gemüse kultivierten, das in der lokalen Küche Verwendung fand. Roxy hatte den Eindruck, dass es an nahezu jeder Straßenecke einen Pub mit Bier von Lindsay's Red Lion Brewery gab. Außer dem »Central Australian Hotel«, das Angel und Angus gehörte, gab es noch »Fitzgerald's Post Office Hotel«, das »Gladstone« und das »Carriers' Arms«, um nur ein paar zu nennen. Letzteres war auch Zwischenstation für Cobb & Co., und auf einem Schild neben der Tür stand:

Fragen Sie nach Robertson's Very Old Special Whisky.

Ein Gebäude faszinierte sie besonders: das *Bijou Theatre* – ein kleines, aber hübsch gestrichenes und bestens gepflegtes Haus. Sie stand davor, betrachtete das Anschlagbrett mit den alten Aushängen, die von früheren Vorstellungen kündeten, und versuchte, sich den schalen Geruch vorzustellen.

Sie war erstaunt darüber, dass es ihr so viel Spaß machte, dem Doktor zu helfen. Er war ein gutmütiger Mann, der immer lächelte und seinen Patienten die Ängste nahm. Angel hat Recht gehabt, gestand sich Roxy nach ein paar Tagen ein. Die Aufgabe lenkte sie von ihren eigenen Kümmernissen ab und half ihr, die Wartezeit sinnvoll zu überbrücken. Arbeiten, essen, schlafen. Da blieb keine Zeit, sich um Martin zu sorgen und zu bedauern, dass sie noch nicht in Wirra Downs angekommen war. Wenn Roxy abends in ihr Bett fiel, war sie sogar zum Träumen zu erschöpft.

Während sie von kranken Menschen und der überwältigenden Müdigkeit vereinnahmt wurde, stieg das Wasser stetig, schlug in reißenden Strudeln gegen den Deich und nagte an der Erdwand und den Sandsäcken. Nach der Arbeit gesellten sich Roxy und Angel zu der Stadtbevölkerung und füllten den nie enden wollenden Vorrat an Leinensäcken mit Sand. Ihre Augen brannten, weil ihr der Schlaf fehlte.

Eines Abends erschien Angel in der Praxis. »Bist du bald hier fertig?«, fragte sie.

Roxy schlug das Buch zu, in dem die Anmeldungen der Patienten und Hausbesuche eingetragen waren. »Ja. Der Doktor hat gerade den letzten Patienten für heute im Sprechzimmer; wenn der fort ist, kann ich gehen.«

»Müde?«

Roxy wischte sich mit der Hand über die Augen. »Ich habe das Gefühl, dass ich eine ganze Woche durchschlafen könnte, wenn man mich ließe.«

Angel hakte sich bei Roxy unter. »Der Lyric Club gibt heute eine Vorstellung von *HMAS Pinafore* im Bijou. Ich dachte, du würdest vielleicht gern hingehen.«

»Oh, das wäre wunderbar«, rief Roxy.

Es schien, als hätten alle Helfer ihre Arbeit niedergelegt, um sich die Vorstellung anzusehen. Das Theater war proppenvoll. Die Leute drängten sich in den Sitzreihen, und diejenigen, die zu spät kamen, mussten ganz hinten stehen. Ein paar ältere Jungs hatten sich an den geöffneten Fenstern positioniert. Programme für den Abend wurden verteilt; es war auf glänzenden Satin gedruckt. »Das ist sehr ausgefallen«, rief Roxy überrascht aus. »Das hatte ich wirklich nicht erwartet.«

Angel lachte schallend. »Das haben wir der Flut zu verdanken. Die Eisenbahnlinie ist unterbrochen, deshalb ist die Papierlieferung nicht in der Druckerei angekommen. Ich glaube, der Satin war das Einzige, was zur Verfügung stand.«

Unzählige Motten schwirrten herum. Und Roxy saß bewegungslos da, verfolgte die Szenen und lauschte den Stimmen.

»Das war großartig«, sagte sie, als das letzte Wort verhallt war. Die Fundamente des Theaters schienen zu beben, als der tosende Applaus aufbrandete. Plötzlich musste Roxy an ihre Eltern und an das Theater in Adelaide denken, und ihr Herz wurde schwer. Das alles war unendlich weit von dieser Stadt im Busch entfernt.

KAPITEL 11

Nach der Vorstellung im Bijou Theater gingen Roxy und Angel im Mondschein nach Hause. Obwohl es aufgehört hatte zu regnen, stieg die Flut mit ihrer bedrohlichen Gewalt immer noch und kroch allmählich dem Kamm des Deiches entgegen. Die kleinen Risse in den Deichwänden, durch die Wasser sickerte, wurden sofort mit etlichen Schichten Sandsäcken abgedichtet. Männer bewachten rund um die Uhr den Wall, nachts leuchteten sie ihn mit Lampen ab und suchten nach möglichen Schäden.

»He, hierher«, rief ein Mann, als die beiden Frauen vorbeikamen, und forderte mehr Sandsäcke. Roxy wusste, dass die Schwachstelle unverzüglich repariert werden musste, sonst wurde der gesamte Wall so sehr geschwächt, dass er einstürzte.

Stimmengewirr wurde laut, während sie sich dem Hotel näherten. Als sie um die Ecke kamen, erkannte Roxy die Ursache für den Aufruhr. Eine Gruppe von Frauen mit Bannern und Plakaten marschierte schreiend und kreischend vor dem Pub auf und ab. Eine klar singende Stimme übertönte den Radau.

Angel beschleunigte ihre Schritte. »O Gott, da sind sie schon wieder«, brummte sie.

»Wer sind diese Leute?«, wollte Roxy wissen. »Was wollen sie?«

»Sie sind bei der Abstinenzlerbewegung«, antwortete Angel mit einem Grinsen. »Am liebsten wäre es ihnen, wenn jeder Pub in dieser Stadt zu Schutt und Asche abbrennen würde.«

Als sie näher kamen, löste sich eine Frau aus der Gruppe und ging auf sie zu. Sie war groß und dünn und hatte ein kleines Kind auf dem Arm. Die Haare hingen ihr wirr ums Gesicht, das Kind war schmutzig und ungekämmt. Die Frau blieb ein paar Meter von ihnen breitbeinig stehen und funkelte sie böse an. »Du«, fauchte sie und zeigte drohend mit dem Finger auf Angel. »Du solltest dich schämen!«

»Ja«, mischte sich eine Frau aus der Gruppe ein. »Alkohol ist Teufelswerk.«

»Schick die Männer nach Hause zu ihren Frauen und Familien«, forderte eine andere.

Roxy wich zurück. Die Frauen sahen so wütend aus.

Angel trat selbstbewusst vor. »Oh, geht heim, ihr dummen alten Weiber«, rief sie und lachte. »Macht das, was ihr predigt, und geht nach Hause zu euren Familien.« Sie sprach die Frau, die vor ihr stand, direkt an. »Und dieses Kind sollte längst im Bett liegen, Molly.«

Das Hotel schloss für die Nacht, und Angel scheuchte die letzten Nachzügler hinaus, dann verriegelte sie die Tür von innen. »Geh du hinauf, Angus«, sagte sie. »Ich räume hier unten auf.«

Angel wischte den Tresen ab und spülte die Gläser. Roxy nahm ein Küchentuch vom Haken über dem Spülbecken, trocknete die Gläser ab und stellte sie in das Regal hinter der Bar. Als sie fertig waren, schenkte Angel zwei Drinks ein. »Danke für die Hilfe«, sagte sie. »Und Entschuldigung für den Aufruhr vor der Tür. Sie tauchen jede Woche hier auf, und manchmal übertreiben sie ein bisschen. Aber ich nehme es ihnen nicht übel. Ihre Männer vertrinken ihr ganzes Geld, und es bleibt kaum etwas, um die Kinder zu füttern. Insbesondere bei den

Schafscherern. Sie sind wochenlang unterwegs und arbeiten auf den verschiedenen Farmen, dann versaufen sie ihren ganzen Lohn im nächsten Lokal. Doch was kann ich dagegen tun? Ich bin eine Geschäftsfrau. Wenn sie nicht in meinen Pub kommen, dann gehen sie in einen anderen.«

Roxy dachte an das schmuddelige Kind, das die Frau auf dem Arm gehabt hatte. »Hast du Kinder?«, fragte sie Angel, und dabei fiel ihr auf, wie wenig sie über ihre Gastgeberin wusste.

Angel schüttelte den Kopf. »Nein«, erwiderte sie gedehnt. »Angus hatte mit seiner ersten Frau, die gestorben ist, einige Kinder. Er hat sie allein großgezogen«, erzählte sie mit einem Hauch von Stolz. »Natürlich sind sie mittlerweile alle erwachsen und im ganzen Land verstreut.«

»Aber hast du nie eigene Kinder gewollt?«, bohrte Roxy weiter. Sie war überzeugt, dass sich Martin eine ganze Horde wünschte – Söhne, die Wirra Downs eines Tages weiterführen konnten.

Angel sah Roxy an und trank einen Schluck von ihrem Wein. »Es hat nie geklappt«, bekannte sie. »Selbstverständlich hätte ich nichts gegen ein Kind gehabt, wenn es so gekommen wäre, aber …« Sie brach ab und zuckte mit den Schultern. »Wahrscheinlich ist es so am besten. Ein Pub ist kein geeigneter Ort, ein Kind aufzuziehen.«

Angel füllte ihre Gläser nach. Für eine Weile war es ganz still, nur das Ticken der Wanduhr war zu hören.

»Was kannst du mir über Wirra Downs erzählen?«, erkundigte sich Roxy wehmütig, weil sie wieder an Martin denken musste. »Und über Maggie Dumas? Wie ist sie?«

Angel stützte das Kinn auf die Hände und schien nachzudenken. »Wirra Downs? Maggie Dumas?«, wiederholte sie schließlich. »Mann, ich weiß nicht. Wo soll ich anfangen?«

»Am Anfang«, schlug Roxy vor, und Angel lachte.

»Also, Wirra Downs gehörte Maggies Eltern. Sie kamen gleich zu Beginn hierher – ich glaube, so in den Sechzigerjahren, doch das war natürlich vor meiner Zeit. Sie haben das Land abgesteckt, das erste Farmhaus gebaut und ihr Geld mit Rindern verdient. Maggie war die einzige Tochter, ihr Augapfel, was man so hört. Aber sie ging von zu Hause weg, als sie noch blutjung war – ich vermute, dass es Streit gegeben hat. Sie ging in die Stadt und hat ihren armen Eltern damit beinahe das Herz gebrochen. Und als sie zurückkam, war sie mit Gerald verheiratet.

Die alten Herrschaften hießen sie willkommen, als wäre nichts geschehen. Innerhalb eines Jahres starben Vater und Mutter, und Martin kam auf die Welt. Zwei Jahre später adoptierten sie Guy. Gerald war in meinen Augen ein fauler Strick, doch die Leute hier sahen das natürlich anders. Sie hielten ihn für einen guten Kerl, weil er ihnen ständig Drinks in meiner Bar spendiert hat. Aber er bezahlte im Grunde mit Maggies Geld, nicht mit seinem. Es ist immer leicht, großzügig zu sein, wenn man nicht in die eigene Tasche greifen muss. Er hatte bei seinem Tod ziemlich hohe Schulden bei den Buchmachern und Geschäftsleuten. Maggie verlor kein Wort darüber. Sie beglich die Schulden und kümmerte sich um ihre Angelegenheiten.«

»Demnach gehört Wirra Downs Maggie Dumas?«

»So sollte es eigentlich sein«, erwiderte Angel mit bitterem Unterton. »Doch Maggies Vater hat in seinem letzten Willen verfügt, dass die Farm an Gerald übergeht. Du kennst ja den Unsinn – eine Frau sollte sich lieber um die Kinder und den Haushalt kümmern, weil sie ohnehin keinen Geschäftssinn hat und sich nicht für das Land interessiert. Doch bei Maggie ist das anders. Sie liebt die Farm.«

»Also hat Maggie das Land verloren«, stellte Roxy nachdenklich fest. »Wie hat sie das aufgenommen?«

Angel zuckte mit den Schultern. »Vielleicht war sie wütend, vielleicht am Boden zerstört. Bei Maggie weiß man das nie so genau. Sie behält ihre Gefühle für sich. Ich an ihrer Stelle wäre fuchsteufelswild geworden und hätte mich betrogen gefühlt. Sie nahm jedoch tapfer hin, dass Gerald der Boss war. Er traf alle Entscheidungen, verkaufte die Rinder und wandelte Wirra Downs in eine Schaffarm um, bevor er starb. Er dachte, dass er mit Wolle mehr verdient.«

»Und traf das zu?«

Angel füllte die Gläser wieder auf und hob die Schultern. »Keine Ahnung. Mir ist es gleichgültig, womit sie ihr Geld verdienen. Das meiste davon landet sowieso hier drin.« Sie deutete auf ihre verzierte Kasse. »Aber das Land und das Wetter machen keine Unterschiede. Dürre, Flut – das trifft sie alle. Ob sie nun Rinder züchten oder Schafe, das spielt letzten Endes keine Rolle. Das Einzige, was zählt, ist, dass man seinen Lebensunterhalt bestreiten kann.«

»Und Maggie?«

Angel musterte sie eine Weile nachdenklich, ehe sie auf die Frage einging. »Maggie Dumas ist eine harte Frau, aber auch gerecht. Sie hatte kein leichtes Leben, insbesondere nach Geralds Tod war es sehr schwer für sie. Die

Farm war ziemlich heruntergewirtschaftet, als er starb, doch anscheinend läuft jetzt alles ganz gut. Und Martin ist ungeheuer fleißig, genau wie seine Mutter. Ich denke oft, dass Geralds Tod ein Segen für Maggie war, nach all dem Kummer …«

»War er krank?«

»Nein!« Angel presste die Lippen zusammen und sah Roxy mit einem eigenartigen Blick an. »Doch jetzt haben wir genug von der Familie Dumas geredet. Ich möchte mehr über dich erfahren, Roxy.«

Mit wenigen Worten hatte sie das Gespräch in eine ganz andere Richtung gelenkt, und Roxy fragte sich flüchtig, womit Gerald Maggie Dumas Kummer bereitet haben könnte.

Zögerlich erzählte sie Angel von ihrem Leben. Sie sprach vom Theater, von ihren Plänen, nach Sydney und London zu gehen, und davon, wie sie sich – im Grunde wider Willen – in Martin verliebt hatte. Außerdem erzählte sie von Guys rüdem Verhalten, von der Schiffsreise und ihrer Ankunft in Bourke, ließ jedoch den unliebsamen Zwischenfall in ihrer Kabine unerwähnt.

»Das ist das Ende meiner Geschichte«, schloss sie.

Angel stand auf und legte die Arme um Roxy. »O nein, meine Liebe«, widersprach sie sanft. »Das ist nicht das Ende, sondern ein ganz neuer Anfang. Du und Martin, ihr werdet ein wunderbares Leben führen, das fühle ich. Die Liebe zwischen euch beiden ist etwas Besonderes, vergiss das nie.«

»Glaubst du das wirklich?«

Angel nickte. »Ja, das glaube ich«, bestätigte sie entschieden.

»Und Guy? Er ist so ungehobelt. Wie können zwei Männer, die im selben Haus aufgewachsen sind, so verschieden sein?«

Angel führte Roxy zur Treppe. »Beurteile Guy Dumas nicht zu schlecht. Wenn du ihn besser kennst, wirst du sehen, dass unter der harten Schale ein weicher Kern steckt. Er ist in Wirklichkeit ein sehr netter Mensch.«

»Zwölf Meter und siebzehn Zentimeter«, rief jemand.

»Menschenskind! Wie hoch kann es noch steigen?«

»Mann. Das muss ein Rekord sein.«

Roxy, die mit einer kleinen Schaufel Sand in einen Leinensack füllte, hielt inne und lauschte den müden Stimmen der Männer: Schon seit über einer Woche unternahmen sie alle Anstrengungen, das Wasser aus der Stadt fern zu halten. Die Stimmung war auf dem Tiefpunkt, und man sah den bleichen Gesichtern die Erschöpfung an. Aber die Flut konnte doch nicht noch höher steigen, oder? Roxy rieb sich das Gesicht und schloss kurz die Augen.

»Müde?«, fragte Angel, die neben ihr arbeitete.

Roxy nickte matt. Es war fast Mitternacht, und sie schuftete hier schon seit einigen Stunden – seit Doktor Sides seine Praxis gegen Abend geschlossen hatte. Eine besorgte Stimme klang vom Deichkamm zu ihnen herüber: »Mehr Säcke hierher! Schnell! Hier bricht es durch.«

Zwölf Männer liefen los, während andere den Gaul antrieben, der vor einen Karren mit Sandsäcken gespannt war.

»Hierher! Hierher!«, erklangen Stimmen aus verschiedenen Richtungen.

Hufschläge ertönten – ein Pferd galoppierte durch die Straßen. »Sie kommt! Sie kommt!«, schrie der Reiter.

Ein Junge lief hinter ihm her. »Der Deich ist weg! Der Deich ist eingebrochen. In der Nähe des Krankenhauses! Alle weg von hier! Sie kommt!«

In Panik flüchteten die Menschen vom Deich und rannten in ihre Häuser. Roxy beobachtete die Szene und begriff im ersten Moment nicht, was das alles zu bedeuten hatte. Angel lief mit gerafften Röcken vorbei, blieb abrupt stehen und packte Roxys Hand. »Guter Gott, Kind! Komm. Schnell! Wir müssen ins Hotel.«

Roxy schnappte sich die Lampe und rannte los.

Das Wasser schoss durch die Stadt und machte keinen Unterschied zwischen Arm und Reich. Ein großer Teil der Stadtbevölkerung wurde evakuiert und campierte jetzt in einem Zeltlager, dass in North Bourke, einem etwa vier Meilen entfernten Dorf, errichtet worden war. Erstaunliche Geschichten kursierten in der Stadt, deren Ursprung niemand kannte und die wahrscheinlich auch nicht stimmten. Man erzählte sich von Booten, die durch die Hauptstraße fuhren, und von Männern, die mit waghalsigen Manövern die Flutopfer retteten, die sich an die Hausdächer klammerten.

Roxy stand auf der oberen Veranda des Hotels und betrachtete niedergeschlagen die Verwüstung, die die Wassermassen anrichteten. Sie hatten alle so schwer gearbeitet. Und es hatte fast so ausgesehen, als könnten sie das Wasser besiegen, das jetzt die Bar überschwemmte.

Ein kleines Boot kam in ihre Richtung durch die Straße, die jetzt eher einem Kanal zwischen den halb verschwundenen Häusern glich. Als das Boot näher kam, erkannte sie, dass Doktor Sides an den Rudern saß.

»Roxy!« Er winkte. »Ich habe hier eine Patientin, die behandelt werden muss. Bitten Sie ein paar Männer, herunterzukommen und mir zu helfen, sie ins Haus zu schaffen.«

Angus und der Kellermeister brachten die in eine große Decke gewickelte Frau in den oberen Flur. »Legt sie in mein Schlafzimmer«, ordnete Angel an, ehe sie loslief, um Leintücher und mehr Decken zu holen. Roxy folgte Doktor Sides in das Zimmer.

Die Frau krümmte sich und stöhnte.

»Was ist mit ihr?«, fragte Roxy. Sie schätzte, dass die Frau etwa in ihrem Alter war.

Doktor Sides half ihr, sich halb aufzusetzen. Als die Decke zur Seite fiel, sah Roxy, dass die Frau hochschwanger war. »Wenn ich mich nicht irre«, erwiderte er mit einem herzhaften Lachen, »ist sie dabei, ihr Kind zu bekommen.«

Roxy fühlte sich plötzlich ganz schwach. Warum hatte er sie hierher gebracht? Er erwartete doch sicher nicht, dass sie bei der Entbindung half? Blut aufzuwischen war eine Sache, aber sie hatte keinerlei Erfahrung mit Geburten. Die Frau stöhnte, presste die Hände auf den Bauch und zog die Beine an. Ihr Gesicht war schmerzverzerrt.

»Schsch.« Doktor Sides beugte sich zu ihr und strich ihr übers Gesicht, als könnte er so den Schmerz lindern. »Sarah bringt ihr erstes Kind zur Welt«, erklärte er mit einem Blick auf Roxy. »Sie ist noch nicht ganz achtzehn, und die Geburt wird einige Zeit dauern – das ist beim ersten Baby meistens so. Ihr Mann hilft bei den Rettungsarbeiten außerhalb der Stadt. Macht es Ihnen etwas aus, ein paar Minuten bei ihr zu bleiben? Meine Tasche ist in der Praxis.«

Roxy nickte, und der Doktor eilte davon.

Angel kam mit einem Arm voll sauberer Tücher herein. »Hier«, sagte sie und drückte Roxy ein Nachthemd in die Hand. »Vielleicht gehst du Sarah ein wenig zur Hand, wenn sie dies hier anzieht.«

Vorsichtig half Roxy der jungen Frau zwischen den Wehen, ihre Sachen auszuziehen. Das Nachthemd gehörte Angel und war viel zu groß, doch Roxy schätzte, dass dies Sarahs geringste Sorge war. Die Ärmste sank erschöpft zurück in die Kissen. Es war, als hätte das Umziehen all ihre Energien aufgebraucht. Ein Schweißfilm überzog ihr blasses Gesicht, und Roxy erkannte Furcht in ihren Augen. Plötzlich schnitt sie wieder eine Grimasse, keuchte heftig und spannte sich an. Ein leises Ächzen kam über ihre Lippen.

Die Frau stand Todesängste aus, und ihr Gesichtsausdruck verriet, dass eine Geburt höllische Schmerzen verursachte. Roxy nahm vorsichtig Sarahs Hand.

»Tut es weh?«, fragte sie, als die Frau ihre Finger fest umklammerte, und starrte dabei fassungslos ihr Gesicht an.

Sarah nickte und biss sich auf die Lippe. »Sehr. Es ist wirklich schlimm«, keuchte sie. Mit einem Mal schien der Schmerz nachzulassen, und ihr Gesicht entspannte sich. »Oh, das ist besser«, murmelte sie und rieb sich mit der freien Hand den Bauch.

»Doktor Sides sagt, dass dies Ihr erstes Baby ist. Sie freuen sich bestimmt sehr darauf.«

»Freuen? Ja, vermutlich habe ich mich gefreut – bis jetzt.« Sie lächelte kläglich. »Kein Mensch hat mir erzählt, dass es so ist. Das ist bestimmt das meistgehütete Geheimnis der Welt. Ich dachte immer, ich würde einmal viele Kinder bekommen, doch nach dem hier … ich weiß nicht …«

Sarahs Augen wurden wieder trüb, und Roxy spürte, wie sich die Hand fester um ihre Finger schloss. »Dieser Schmerz – das kann nicht normal sein«, ächzte Sarah, als die Wehe wieder nachließ. »Was ist, wenn etwas nicht stimmt?«

»Ich bin sicher, dass alles in Ordnung ist«, beschwichtigte Roxy.

»Nein«, wimmerte Sarah und setzte sich mühsam auf. »Es ist nicht in Ordnung, das weiß ich! Meine Mutter *starb* bei einer Geburt. O Gott! Was habe ich getan?« Sarah sah sich aufgeregt um; ihr Blick war wild und unstet. Im nächsten Moment übernahm der Schmerz erneut die Herrschaft über sie, und sie schien sich zu ergeben. Sie sank zurück und verzog gequält das Gesicht. »Ich habe solche Angst«, stöhnte sie.

Roxy nahm ein Tuch vom Tisch und wischte ihr den Schweiß vom Gesicht. »Alles wird gut. Denken Sie an das Baby und daran, wie stolz Sie sein werden«, entgegnete sie gefasst und staunte selbst über ihre Ruhe.

»Bitte bleiben Sie bei mir«, flüsterte Sarah und fasste nach Roxys Hand. »Lassen Sie mich nicht allein.«

Roxy nickte.

Auf einmal richtete Sarah mühsam den Oberkörper auf und zog die Beine an. »Oh!«, schrie sie und tastete blind um sich. »Es kommt. Ich glaube, das Baby kommt.«

»Es ist alles gut«, versicherte Roxy und versuchte, ihre eigene Panik zu verbergen. Wo war Doktor Sides? Warum war er nicht zurückgekommen?

Sarah schnappte nach Luft, dann beugte sie sich vor und drückte das Kinn auf die Brust. Sie schien sich mächtig anzustrengen; ihr Gesicht wirkte äußerst konzentriert. Roxys Angst wuchs ins Unermessliche. »Doktor Sides?«, rief sie zaghaft.

Sarah atmete wieder ein paar Mal tief durch und presste erneut. Ihr Gesicht war hochrot angelaufen, und die Adern an ihrem Hals traten hervor.

Roxy lief auf den Flur. »Doktor Sides!«, schrie sie verzweifelt.

Angel eilte herbei und trug einen Zuber mit heißem Wasser ins Zimmer. »Er ist noch nicht zurückgekommen. Stimmt etwas nicht?«

Roxy zog Angel zur Seite. »Sarahs Baby. Ich glaube, es kommt. Was sollen wir tun?«, flüsterte sie aufgeregt.

Angel stemmte die Hände in die Hüften und lachte herzhaft. »Nun, wenn Sarahs Baby nicht auf den Doktor warten will, dann müssen wohl wir beide ran und richtig zupacken, Liebes.«

Roxy holte tief Luft. Ruhig bleiben!, befahl sie sich. Kinder werden jeden Tag geboren. »Also, gut. Was muss ich tun?«

Sie wusch sich rasch die Hände in dem warmen Wasser, wie Angel sie angewiesen hatte, dann eilte sie wieder zu Sarah. Angel hatte der werdenden Mutter das Nachthemd bis zur Hüfte hochgezogen. »Jetzt, pressen«, kommandierte sie und drückte Sarahs Oberkörper nach vorn. Sarah schloss die Augen und presste ächzend.

»Noch einmal!«

Angel drückte wieder auf Sarahs Rücken. Roxy stand am Fußende des Bettes und beobachtete voller Staunen, wie das Köpfchen des Babys zum Vorschein kam. »Es kommt«, verkündete sie aufgeregt. »O Sarah! Weiter so!«

Einige Wehen später glitt das Baby in Roxys Hände, und Sarah legte sich ermattet zurück.

»Es ist ein Mädchen«, flüsterte Roxy. »Ein wunderschönes kleines Mädchen.« Tränen der Erleichterung brannten in ihren Augen.

Doktor Sides kam schnaubend durch den Flur. »Ich bin wieder da, meine Liebe.«

»Es ist Sarah ... das Baby ...«

Der Doktor warf einen Blick auf seine Patientin, dann lief er zu Roxy und nahm ihr das Kind ab. Er untersuchte das Kind, während Angel und Roxy die frisch gebackene Mutter mit einem Schwamm wuschen und ihr ein frisches Nachthemd anzogen. Als sie fertig waren, legte Doktor Sides das Baby behutsam aufs Bett.

Roxy betrachtete den Säugling voller Ehrfurcht. Das war also das Wunder einer Geburt: eine Tortur mit grauenvollen Schmerzen und Angst, und danach unbeschreibliche Freude über das neugeborene Leben. Mit einem Mal sehnte sie sich so schmerzlich nach Martin, dass sie beinahe zu weinen angefangen hätte.

Sarah sah in das rote, schrumpelige Gesichtchen ihrer Tochter und strich ihr zärtlich mit dem Finger über die Wange. Die Augenlider des Kindes flatterten, und das kleine Gesicht zog sich zusammen. Es wimmerte leise mit gespitzten Lippen, dann schlief es wieder friedlich.

Sarah legte eine Hand auf Roxys Arm. »Mir hat vorher auch kein Mensch erzählt, dass ich danach so fühlen würde«, raunte sie. »Sie ist gerade erst da, aber ich liebe sie schon jetzt so sehr ...« Ihre Stimme wurde schwach.

Roxy sah, wie müde und erschöpft Sarah trotz der Freude über die Geburt des Babys war. »Jetzt sollten Sie aber ein wenig schlafen«, ordnete sie an, als sie auf die Tür zuging. »Sie möchten doch sicher so ausgeruht sein, dass Sie sich um Ihre süße kleine Tochter kümmern können, wenn sie aufwacht.«

Auf der Schwelle drehte sich Roxy noch einmal um. Sarah lag da und lächelte. »Danke, dass Sie bei mir geblieben sind«, flüsterte sie.

»Ich hätte das um nichts in der Welt verpassen wollen«, erwiderte Roxy tief berührt.

Vier Tage später erreichte die Flut ihren Höhepunkt. Danach blieb der Wasserstand gleich. Die Menschen mussten sich den Umständen anpassen, schliefen in Fluren auf dem Boden oder suchten sich einen anderen trockenen Platz. Das Wasser stand ein, zwei Meter hoch in den niedrigeren Teilen der Stadt. Die Leichen zweier Viehzüchter wurden aus dem Wasser gezogen, und da der Friedhof überschwemmt war, wurden sie auf einem kleinen Sandhügel hinter dem Krankenhaus begraben. Doktor Sides ging seinem Beruf nach wie immer und ruderte mit seinem kleinen Boot zu seinen Patienten. Roxy saß still auf dem Sitz hinter ihm und hielt seine Arzttasche mit den sterilen Instrumenten auf dem Schoß. Der aktuelle Wasserstand, der immer noch Hauptthema in der Stadt war, wurde täglich mit einem Aushang am Postamt bekannt gegeben.

Die Wochen vergingen, und Roxy beobachtete, wie das Hochwasser langsam abfloss und Schlamm und Morast zurückließ. Außerhalb der Stadtgrenzen wurden Tierkadaver angeschwemmt und verrotteten in der Sonne. Der säuerliche Geruch nach trocknendem Schlamm vermischte sich mit dem Gestank nach fauligem Aas. Schmeißfliegenschwärme kamen wie aus dem Nichts, krochen in die Augen und Nasenflügel der Kadaver. Doktor Sides berief eine öffentliche Versammlung ein und warnte die Bevölkerung, dass der Gebrauch von kontaminiertem Trinkwasser alle möglichen Krankheiten, darunter auch Typhus, hervorrufen könnte. Er empfahl dringend Desinfektionsmittel und sagte, dass Chlorcalcium das preisgünstigste und beste sei.

Eines Morgens, als Roxy einen Patienten aus Doktor Sides Praxis führte, hörte sie ein durchdringendes Tuten vom Fluss. Ein paar Minuten später stürmte Angel aufgeregt durch die Tür.

»Schnell, Liebes«, keuchte sie. »Die Nachricht ist gerade bis zu uns durchgesickert. Guy wartet auf dich, um dich nach Wirra Downs zu bringen. Komm gleich mit; ich helfe dir packen.«

Roxy blieb wie angewurzelt stehen, weil sie einen Moment brauchte, um die Neuigkeit zu verdauen. Endlich kam sie nach Hause, zu Martin und dem Land, das er liebte!

»Ja!«, rief sie lachend und umfasste Angels Hände, als eine Woge der Vorfreude über sie hinwegspülte. Am liebsten hätte sie einen Freudentanz aufgeführt.

Roxy verabschiedete sich von Doktor Sides. Er schien traurig zu sein, weil er sie gehen lassen musste.

Jem wartete im Hotel auf sie, um ihr Gepäck zum Dampfer zu tragen. Er erzählte aufgeregt von dem Hochwasser und den wagemutigen Rettungsaktionen, die sie mit der *Curlew* durchgeführt hatten. »Wir hatten einmal fünfzig Pferde auf dem Deck, Roxy«, berichtete er mit leuchtenden Augen.

Roxy lächelte, als sie ihren Koffer schloss, und dachte an ihre eigenen Erlebnisse hier in Bourke. An die Kameradschaft unter der Stadtbevölkerung, als sie gemeinsam gegen die Wassermassen angekämpft hatten, an ihre Freundschaft zu Angel und Doktor Sides, an die Geburt von Sarahs Baby. Sie hatte das Gefühl, dass die Ereignisse sie in gewisser Weise verändert hatten.

Impulsiv drehte sie sich zu Angel um und umarmte sie fest. »Danke für alles«, flüsterte sie. »Ich werde dich vermissen.«

»Unsinn, Roxy. Du kommst sicher oft in die Stadt, und wir bleiben sowieso in Verbindung.« Sie gab ihr einen leichten Schubs. »Jetzt aber los mit dir, sonst fangen wir beide noch zu heulen an. Du hast einen Mann, der auf dich wartet, und ein ganz neues Leben steht dir bevor. Viel Glück, Roxy.«

Sie hatte Angels beruhigende Worte noch im Ohr, als die *Curlew* langsam flussaufwärts fuhr. *Ein ganz neues Leben …* Das stimmte. Die Vergangenheit lag hinter ihr, und die Zukunft erschien ihr verlockend.

Martin, Wirra Downs und Maggie Dumas.

KAPITEL 12

Maggie Dumas saß an ihrem Schreibtisch und schaute aus dem Fenster. Hinter den Obst- und Gemüsegärten sah sie die morastigen Überreste der Salzpfannen und das im frühen Morgenlicht silbrig schimmernde Laub der niedrigen Mulga. Auf den endlosen Ebenen dahinter keimten bereits die winzigen, vom Wasser genährten Samen. In wenigen Wochen würde das Land mit kargem Gras und wildem Indigo übersät sein.

Ein Schwarm Kakadus flog von einem Baum in der Nähe des Creeks auf – ein Wirbel aus grauem und rosafarbenem Gefieder – und flog kreischend nach Osten. Nachdenklich tippte sich Maggie mit dem Stift an die Lippen. Seit Wochen war sie nicht mehr über das Land geritten. Die Flut hatte das verhindert. Frustriert, weil sie auf Haus und Hof beschränkt war, sah sie zu, wie das Wasser ihre eigene kleine Welt einengte. Jetzt konnte sie es kaum noch erwarten, ihr Land zu inspizieren und nachzusehen, welche Schäden entstanden waren.

Die meisten Schafe waren ertrunken. Die Hirten hatten nur ein paar Hundert retten können, die jetzt hinter der Schurhalle in Pferchen standen. Wenn sie die Ohren spitzte, konnte sie das leise Blöken hören. Gott sei Dank war Martin mit einer neuen Herde unterwegs nach Wirra Downs. Andererseits wusste sie, dass etliche Jahre sorgfältigen Züchtens nötig sein würden, bis sie wieder so viele Schafe hatten wie vor der Flut.

Eine Brise blies den sauren Gestank des trocknenden Schlammes durch das offene Fenster. Maggie rümpfte angewidert die Nase. Der alte Zorn brodelte schon den ganzen Morgen in ihr. Sie empfand Groll und Entrüstung über die Richtung, die ihr Leben genommen hatte. All die harte Arbeit der vergangenen Jahre, die unendlichen Stunden, die sie bei den Schafen auf den Weiden verbracht hatte, die kalten Nächte, in denen sie während der Lammzeit im Freien ausgeharrt hatte – das alles war zunichte gemacht.

Und Gerald? Sie dachte mit kalter Wut an ihren verstorbenen Mann.

Sie hatte nach seinem Tod die komplette Skala der Gefühle durchlebt: Verwirrung, Ungläubigkeit, Trauer und schließlich glühenden Zorn. Der Schock hatte schlagartig nachgelassen, als sie entdeckt hatte, dass Gerald sie praktisch mittellos zurückgelassen hatte. Die ganze Zeit hatte sie geahnt, dass er eine Schwäche für Glücksspiele hatte und dass ihm das Geld nur allzu leicht durch die Finger rann, aber sie hätte im Leben nicht damit gerechnet, dass er so hohe Schulden hinterlassen würde. Er hatte in fast jedem Geschäft in Bourke in der Kreide gestanden. In den letzten zwölf Monaten hatten Martin und sie jeden Penny zusammengekratzt und gespart, bis alle Verbindlichkeiten beglichen waren. Niemand sollte Maggie Dumas nachsagen, dass sie sich davor drückte, Schulden zu bezahlen.

Wenn sie an Gerald dachte, stieg der ganze Hass wieder in ihr auf. Die Lügen, die Täuschungen: Er hatte sie hinters Licht geführt, jedoch nur bis zu einem gewissen Grad. Sie hatte ihn aus Liebe geheiratet, und er hatte sie, wie sich später herausgestellt hatte, nur wegen des Landbesitzes ihrer Eltern zur Frau genommen. Doch als ihm dieser Besitz schließlich in die Hände fiel, tat er alles, um ihn herunterzuwirtschaften.

Nach Geralds Tod hatte Maggie endlich das Sagen auf Wirra Downs, wenn auch nur für kurze Zeit. Wirra Downs würde in drei Jahren in Martins Besitz übergehen – an seinem fünfundzwanzigsten Geburtstag oder früher, wenn er heiratete –, so hatte es Gerald in seinem Testament verfügt. Maggie entspannte sich, als sie über diese Option nachdachte. Martin liebte das Land ebenso sehr wie sie. Ihm blieb gar keine Zeit für eine Romanze. Er fuhr nur selten nach Bourke und schien kaum Interesse an Bällen oder anderen gesellschaftlichen Anlässen zu haben. Wirra Downs, das war für ihn das Wichtigste im Leben.

Maggie hatte bereits die Töchter der anderen Farmbesitzer in Augenschein genommen, und einige von ihnen waren anständige, fleißige Mädchen, die irgendwann einem Viehzüchter gute Frauen sein würden. Aber vorerst hatte Maggie drei Jahre Zeit zu zeigen, was sie konnte, bevor sie das Land, auf das sie so lange gewartet hatte, in Martins Hände übergab.

Gerald, dachte sie verbittert und fragte sich, ob sie jemals über das, was er ihr angetan hatte, hinwegkommen könnte.

Jemand klopfte an ihre Tür.

»Herein«, murmelte Maggie argwöhnisch. Sie wurde nur ungern bei der Arbeit gestört.

Ein dunkles Gesicht schaute durch den Türspalt. Es war Dinnie, die Haushälterin. »Wir haben nur noch einen Sack Mehl«, verkündete sie. »Kein Mehl – kein Brot. Ich kann keine Wunder vollbringen, Missus.«

»Ich kenne unsere Situation sehr genau, Dinnie, du brauchst mich nicht daran zu erinnern«, fauchte Maggie.

»Und Narairee hat heute Morgen wieder zwei Teller zerbrochen. Sie sagt, dass es ihr schrecklich Leid tut, aber sie sind ihr einfach aus den Händen gerutscht.«

»Dinnie«, entgegnete Maggie und bemühte sich, ganz ruhig zu bleiben. »Ich habe dir schon so oft gesagt, dass Narairee das gute Geschirr nicht anfassen soll. Sie ist noch zu klein.«

Dinnies Tochter war sechs, klug und intelligent, jedoch eindeutig zu ungeschickt, um mit Maggies bestem Doulton-und-Co.-Service umzugehen.

»Ja, Missus«, erwiderte Dinnie. Ihre Augen blitzten wütend. »Aber ich kann nicht alles allein im Haus erledigen und gleichzeitig auf sie aufpassen. Dafür hat der Tag zu wenig Stunden.« Damit stapfte sie hinaus.

Zu wenig Stunden! Das kannte Maggie gut. Sie versuchte, die Farm zu leiten, dafür zu sorgen, dass im Haushalt alles reibungslos lief, und für nichts blieb ihr genügend Zeit. Und dann musste sie auch noch Dinnie und ihre freche Art ertragen. Maggie wäre sie liebend gern losgeworden und hätte sie auch fortgeschickt, wenn Gerald nicht testamentarisch bestimmt hätte, dass Dinnie und ihre Tochter so lange auf Wirra Downs bleiben durften, wie sie wollten. Auch in diesem Punkt hatte ihr Gerald die Hände gebunden. Er hatte ihr Leben in kleine Teile zerstückelt und ihr die Macht über ihre eigene Existenz genommen. Täglich gezwungen zu sein zuzusehen ...

Maggie seufzte und legte die Geschäftsbücher zur Seite. Das Wichtigste war jetzt, dass Guy bald zurückkam. Obwohl sie die Vorräte penibel eingeteilt und, so gut es ging, gestreckt hatte, gingen sie zur Neige. Wenn sie die Rationen am Sonntag verteilt hatte, dann würden sie vielleicht gerade noch genug Lebensmittel für eine, höchstens zwei Wochen haben. In ein paar Tagen wäre der Boden fast trocken genug, um jemanden mit der Kutsche nach Bourke schicken zu können. Maggie runzelte die Stirn bei dieser Idee. Schiere Extravaganz, dachte sie. Die Preise in der Stadt waren sicher exorbitant nach dem Hochwasser. Nein, entschied sie. Sie würde auf Guy warten, und nur der drohende Hungertod konnte sie davon abbringen.

Ein schriller Pfiff unterbrach ihre Gedanken. Im ersten Moment konnte sie mit dem Geräusch gar nichts anfangen. Schnelle Schritte auf dem Flur. Kurze, zielstrebige Schritte. Das musste Davie, ihr Enkel, sein.

Die Tür flog auf, und der Junge stürmte wie ein Wirbelwind herein. »Papa ist da! Papa ist da!«, rief er aufgeregt mit seiner hellen, piepsigen Stimme.

Hinter ihm stand Louisa und strahlte. »Es ist Guy«, berichtete sie. »Er ist endlich wieder zu Hause.«

Das erste Farmhaus auf Wirra Downs war ziemlich klein und beengt gewesen mit einem Schlaf- und einem Wohnzimmer sowie der Küche auf der Rückseite. Maggie hatte nur noch vage Erinnerungen an das Haus, das die Flut zerstört hatte, als sie noch ein kleines Kind gewesen war. Ihr Vater hatte es unbesonnenerweise ganz in der Nähe des Flusses erbaut, an einer Stelle, die er nur nach ihrer Schönheit ausgesucht hatte.

Das neue Haus stand auf einem roten Hügel zwischen dem Fluss und den Salzpfannen. Es war groß und von einer breiten Veranda umgeben, die die Sommerbrise einzufangen schien, die vom Creek heraufwehte. Die Rückseite wurde an der Böschung mit Pfählen abgestützt, und unter der Veranda rankten an soliden Gittern Wein, Passionsfrüchte und Glyzinien, die das Licht ausschlossen. In die kühle Höhle, in der die Erde immer feucht roch, verkroch sich hin und wieder eine Schlange. Die zwölf großen Tanks, die das Regenwasser auffingen – der Lebensnerv der Farm –, waren mit Bougainvillea bewachsen.

Das Haus und die Höfe wurden von Pfefferbäumen und Dattelpalmen überschattet. Hinter dem Hof erstreckte sich der riesige, eingezäunte Gemüsegarten, in dem der chinesische Gärtner Horrie Ling mit fester Hand über die ordentlichen Beetreihen, rankenden Kürbispflanzen und Melonen sowie die Obstbäume regierte. In den Blumenbeeten wuchsen Reseda, Rittersporn und Malven, die geschnitten und im Haus in Vasen arrangiert wurden.

Jenseits des Gartens standen das Lagerhaus, die Ställe und viele andere Nebengebäude für die Kutschen, Wagen, Geräte und Futter. Maggie, die sehr auf Sauberkeit bedacht war, bestand darauf, dass die Gebäude regelmäßig weiß getüncht, die Ställe und Höfe täglich geharkt wurden. Etwas abseits und in der Nähe der Schurhalle befanden sich, umgeben von alten Pfefferbäumen und Coolibahs, die Hütten der Arbeiter.

Maggie nahm nichts von all dem wahr, als sie über die grasbewachsene Böschung lief. Der Fluss war immer noch schlammig braun. Die *Curlew* lag am Steg, und Guy sprang leichtfüßig die Planke herunter, am Bootshaus und der Umkleidekabine vorbei. Louisa und Davie rannten ihm entgegen und warfen sich in seine ausgebreiteten Arme.

Maggie blieb lachend stehen, und Guy zog sie zu einer Umarmung in den Kreis. »Willkommen zu Hause, Sohn«, sagte sie. »Louisa und ich haben für deine sichere Rückkehr gebetet.«

Roxy stand auf dem Steg und beobachtete, wie Guy seine Familie begrüßte. Louisa und Davie erkannte sie sofort, weil sie die Fotografie von ihnen gesehen hatte. Die ältere, stämmige Frau mit den grauen Haaren musste Maggie Dumas sein.

So hatte sie sich ihre Ankunft nicht vorgestellt. Wo war Martin? Sie hatte damit gerechnet, dass er hier sein würde, und sich vorgestellt, wie er voller Begeisterung auf sie zueilte – genau wie Louisa auf Guy. Aber jetzt stand sie auf dem Steg und fühlte sich wie ein Eindringling.

Plötzlich drehte sich Guy zu ihr um und hielt ihr die Hand hin. »Mutter, Louisa«, begann er, »ich möchte euch Roxy vorstellen.«

Die Blicke aller richteten sich auf sie, und sie spürte, dass sie errötete. Für einen Moment waren alle wie erstarrt. Ganz langsam ging Roxy auf die Familie zu.

»Roxy«, fügte Guy hinzu, als sie unsicher vor der kleinen Gruppe stehen blieb, »ist Martins Frau.«

»Frau?« Maggie wandte sich abrupt an Guy und sah ihn verwirrt an. »Hast du gesagt, sie ist Martins Frau?«

Roxys Magen krampfte sich zusammen. »Ist er nicht hier? Ich dachte, er wäre schon angekommen.«

Maggie ignorierte sie. »Martin ist verheiratet?«, hakte sie mit schriller Stimme nach.

Roxy sah sich nervös um. »›Ich werde vor dir zu Hause sein‹, hat er gesagt. Ich nahm an …« Ihre Hoffnungen schwanden.

Maggie umklammerte Guys Arm. »Wie kann das sein? Er hat mir keine Nachricht geschickt. Niemand hat mir etwas davon erzählt.«

Louisa trat vor und legte den Arm um Roxy. »Wir haben nichts von Martin gehört und wissen nicht, wo er ist. Oh, du Ärmste! Was für ein Empfang! Aber wir wussten nichts von eurer Hochzeit, stimmts, Mutter?« Louisa bedachte Maggie mit einem bedeutungsvollen Blick.

Roxy bildete sich ein, dass das Gesicht ihrer Schwiegermutter eine Spur blasser geworden war. Eine ganze Weile sprach niemand ein Wort. Schließlich schien Maggie die Fassung zurückzugewinnen. Sie nahm die Hand von Guys Arm und straffte die Schultern. Ihr Mund verzog sich zu einer Art Lächeln, doch die Augen blieben eiskalt.

»Tut mir Leid, bitte verzeih mir meine Unhöflichkeit. Es war ein Schock, das ist alles. Willkommen auf Wirra Downs«, erklärte sie steif.

»Also, wie wärs mit einer guten Tasse Tee für alle?«, sagte Louisa munter, als Guy Davie auf seine Schultern setzte.

»Ja, kommt ins Haus«, bat Maggie in einem Ton, der deutlich verriet, dass es ihr lieber wäre, wenn Roxy draußen bliebe.

Beim Tee herrschte eine angespannte Atmosphäre, obwohl Louisa und Guy vergnügt plauderten und Davie sich mit dem neuen Spielzeug beschäftigte, das ihm sein Vater mitgebracht hatte. Maggie trank schweigend ihren Tee; ihr Mund war zu einer schmalen Linie zusammengepresst.

Guys Männer brachten Roxys Habseligkeiten von Bord und stellten sie auf der Veranda ab. Maggie betrachtete die Truhen und Koffer mit gerunzelter Stirn und ging wieder ins Haus. Roxy hörte, wie sie zu Guy sagte: »Es ist also definitiv. Sie hat vor zu bleiben?«

Maggie kam wieder auf die Veranda. »Meine Haushälterin wird meine Sachen aus der großen Schlafzimmersuite schaffen. Das dauert sicher nicht lange.«

»Ich … es tut mir Leid«, stammelte Roxy. »Ich verstehe nicht.«

»Das sind die Räume, die mein Mann und ich bewohnt haben. Sie sind ziemlich groß. Ich bin überzeugt, dass du es dort bequem hast.«

Maggie wollte ihre Zimmer für sie räumen? Roxy war

entsetzt. »Bitte«, protestierte sie schwach, »das ist doch nicht nötig. Und Martin würde das auch nicht erwarten. Ein anderes Zimmer würde uns genügen.«

»Nein.« Maggie schien großen Wert auf diesen Verzicht zu legen. »Ich bestehe darauf. Diese Räume sind für das Oberhaupt der Familie bestimmt. Und jetzt, da Martin verheiratet ist, muss ich Platz für die neue Herrin von Wirra Downs machen.«

Roxy war zu verdutzt, um zu widersprechen. Und Maggie Dumas setzte offenbar immer ihren Willen durch. Roxy fügte sich schweigend und beobachtete, wie ihre Truhen und Koffer nach Maggies Anweisungen durch den langen Flur getragen wurden.

Louisa, die spürte, wie verstört ihre junge Schwägerin war, hakte sich bei Roxy unter und ging mit ihr die Verandastufen hinunter und über den Rasen. Schließlich blieben sie stehen, und Louisa nahm Roxy in die Arme. »Ich freue mich so für dich und Martin«, versicherte sie und hielt Roxy auf Armeslänge von sich. »Und ich weiß, dass wir beide wie Schwestern werden. Ich hatte nie eine Schwester, du?«

Roxy schüttelte den Kopf; sie brachte immer noch kein Wort heraus.

»Achte nicht auf Maggie«, fuhr Louisa fort. »Sie ist nur ein wenig durcheinander. Es war aber auch nicht richtig von Martin, sie nicht zu benachrichtigen. Deine Ankunft hat uns alle überrascht. Sie und Martin stehen sich sehr nahe. Du musst Maggie einfach so nehmen, wie sie ist, und mit der Zeit wird sie sich bestimmt mit Martins Ehe abfinden.«

Plötzlich plagte Roxy entsetzliches Heimweh, und sie musste an ihre Eltern denken. Sie hätten ein neues Familienmitglied mit offenen Armen empfangen und es nicht – wie Martins Mutter – mit kaum verhohlener Feindseligkeit begrüßt.

»Was immer du auch sagst«, erwiderte Roxy. »Ich finde, sie ist eine schreckliche alte Kröte.«

Maggie entschuldigte sich gleich nach dem Abendessen und zog sich in ihr neues Schlafzimmer zurück, in das Dinnie am Nachmittag in aller Eile ihre Sachen gebracht hatte. Es war bisher ein selten genutztes Gästezimmer gewesen und befand sich auf der anderen Seite des Hauses, aber es bot zusammen mit dem angrenzenden Ankleidezimmer und dem begehbaren Schrank durchaus genügend Platz. Vielleicht war diese Suite nicht ganz so großzügig wie die Räume, die sie mit Gerald geteilt hatte, doch für eine Person reichte sie aus, fand Maggie.

Es roch leicht muffig, weil das Zimmer lange unbewohnt gewesen war. Maggie öffnete die großen Verandatüren, um frische Luft hereinzulassen. Sie stand da und schaute auf den Fluss. Die Lichter von der *Curlew* funkelten über das Wasser, und sie hörte leise Akkordeonklänge und das Gelächter der Männer. Im Haus war alles still.

Maggie schloss die Fliegengittertür, um die Motten und anderen nachtaktiven Insekten fern zu halten, dann lehnte sie sich an den Türrahmen und sah sich verärgert um. Dinnie hatte sich nicht die Mühe gemacht, ihre Sachen aufzuräumen. Kleiderhaufen lagen auf Stühlen und auf dem Bett. Ihre wertvollen silbernen Spiegel und Bürsten, die Tiegel mit den Cremes und Wässerchen und ihr Schmuck waren überall auf dem Frisiertisch verstreut, genau wie das Maniküreset mit den Horngriffen, die Parfümflakons aus Kristall und das Etui mit Geralds Manschettenknöpfen.

Das Etui! Maggie ging zum Frisiertisch und nahm es in die Hand. Nach Geralds Tod hatte sie bei einer nahezu rasenden Putzaktion das ganze Haus auf den Kopf gestellt und alle Spuren von ihm aus ihrem Heim, ihrem Leben verbannt. Sie hielt das Etui nachdenklich in der Hand, als wollte sie sein Gewicht abwägen, und wunderte sich, dass es ihr das ganze vergangene Jahr nicht in die Hände gefallen war. Achtlos ließ sie es auf den gewienerten Holzboden fallen und genoss geradezu das metallene Geräusch, als der Deckel aufsprang, und den Anblick der Knöpfe, die über die Dielen rollten.

Maggie ließ den Blick über die Hutschachteln, die Truhe aus Kampferholz, ihre Schuhe, die Dinnie achtlos in eine Ecke geworfen hatte, und den Schrankkoffer schweifen. Was für ein Durcheinander! Sie rieb sich das Gesicht. Morgen war auch noch ein Tag. Dann würde sie sich um all das kümmern.

Automatisch durchlief sie ihr übliches Ritual vor dem Zubettgehen, dann setzte sie sich in ihrem Nachthemd auf das fremde Bett, in dem sie ab heute für den Rest ihres Lebens schlafen würde. Die Ereignisse des Tages schwirrten ihr im Kopf herum. Martin verheiratet! Sie konnte es immer noch nicht fassen. Es erschien ihr unsinnig, dass er nur für eine so kurze Zeitspanne von zu Hause weg gewesen war und dann mit einer Frau heimkam. Er hatte sich nicht einmal die Mühe gemacht, sie von seinem Vorhaben in Kenntnis zu setzen! Dann wäre ich wenigstens vorbereitet gewesen, dachte sie bitter.

Maggie nahm die Fotografie von ihrem Nachttisch und

sah sie sich genau an. *Martin & Roxy Dumas* stand auf der Rückseite. Roxy hatte ihr das Foto am Nachmittag gegeben – ein unwiderlegbarer Beweis für die Heirat ihres Sohnes. Zu der Zeit hatte sie nur einen flüchtigen Blick darauf geworfen, da sie in Roxys Gegenwart kein allzu großes Interesse bekunden wollte. Jetzt, in der Einsamkeit ihres neuen Zimmers, musterte sie eingehend die Sepia-Aufnahme.

Ihr war immer klar gewesen, dass Martin irgendwann heiraten würde. Er war ein großer, hübscher und auch intelligenter Mann, der denselben Drang zum Erfolg in sich hatte wie sie selbst. Auch wenn Wirra Downs nicht gerade die einträglichste Farm in der Gegend war, so war es doch der größte Grundbesitz.

Ja, dachte sie, Martin Dumas ist ein guter Fang für eine Frau. Aber eine Schauspielerin? Guy hatte ihr vor dem Dinner bei einem Sherry in ihrem Arbeitszimmer ein wenig von Roxys Vergangenheit erzählt. Ein anständiges, solides Mädchen vom Land, das wäre die geeignete Frau für Martin gewesen. Jemand, der auf einer Farm geboren war und mit den Unbilden des Lebens im Busch zurechtkam. Was wusste eine Schauspielerin schon vom Schafscheren und von der Leitung einer Farm?

Maggie legte das Foto, das auf dicken Karton aufgezogen war, auf den Frisiertisch und nahm ein kleines Messer mit Horngriff in die Hand. Sie ritzte mit der Messerspitze die Fotografie in der Mitte auf. Der Schnitt war kaum zu sehen.

»Eine Schauspielerin! Ha!«, murmelte sie vor sich hin. Sie drückte etwas fester auf das Messer und sah mit Genugtuung, wie es tief in das Papier schnitt. »Ein Stadtmädchen. Vollkommen nutzlos im Busch. Ich gebe dieser

Roxy ein paar Monate, dann läuft sie bestimmt weinend wieder nach Hause zu ihren Eltern.«

Mittlerweile rückte sie dem Foto noch entschlossener zu Leibe und schnitt es in der Mitte entzwei; jetzt hatte sie Martin von Roxy getrennt.

Schließlich hielt sie in einer Hand die Aufnahme von ihrem Sohn, in der anderen die von seiner Frau. Sie zog die Schublade des Frisiertisches auf und legte Martins Foto sorgfältig mit der Vorderseite nach oben hinein. Die andere Hälfte warf sie wieder auf den Tisch. Dann nahm sie erneut das Messer in die Hand. Tränen liefen ihr über die Wangen und nahmen ihr die Sicht. Schluchzer erschütterten ihren Körper. Sie schnitt blindlings durch das Foto – schlitzte Roxys Gesicht, ihre Gestalt und Madame Reymondes wunderschönes Brautkleid kreuz und quer auf. Sie hörte nicht auf, bevor die Fotografie vollkommen zerstört war.

Die Tränen verhinderten, dass Maggie die tiefen Furchen in dem wertvollen antiken Frisiertisch entdeckte. Sie sahen aus wie rohe Wunden.

KAPITEL 13

Roxy wurde vom Krächzen der Krähen geweckt. Sie lag im Bett und sah zu, wie die sanften Schatten von der Zimmerdecke allmählich verblassten. Sie stellte sich vor, wie die Vögel auf der Suche nach einem Schafkadaver über den schlammigen Salzpfannen kreisten. Der Gedanke an die Krähen rief ihr Maggie Dumas und die unerfreulichen Ereignisse des vergangenen Tages ins Gedächtnis – den unfreundlichen Empfang und Maggies Verhalten, das ihr das Gefühl gab, ein unerwünschter Gast in diesem Haus zu sein. Maggie, die sie umkreiste und darauf wartete, dass sie einen Schwachpunkt offenbarte.

Sie hatte sehr unruhig in dem fremden Bett geschlafen. Jetzt, im frühen Morgenlicht, schien es, als wären Gerald und Maggie noch in allen Winkeln präsent. Roxy sah sich verzweifelt um. Die Einrichtung war schlicht, wirkte beinahe maskulin, und sie rümpfte die Nase. Wenn Martin wieder da war, nahm er sie vielleicht einmal mit nach Bourke, damit sie Stoff für neue Vorhänge und passende Kissen kaufen konnte.

Sie schlüpfte aus dem Bett und zog einen Morgenrock über. Leise öffnete sie die Verandatür und ging ins Freie. Dunst lag über dem Fluss. Aus dem Schornstein der *Curlew* kräuselte Rauch, und Roxy vermutete, dass der Giftmischer den Morgentee aufbrühte. Heute sollte die Crew die Vorräte für Wirra Downs ausladen.

Roxy wanderte barfuß durch das taubenetzte Gras, spähte in die Scheunen, in denen Gerätschaften und alte Sachen aufbewahrt wurden. Vorsichtig öffnete sie eine Stalltür, und der Geruch nach Stroh und Melasse schlug ihr entgegen. Etliche riesengroße Pferde mit glänzendem Fell standen in den Boxen. Sie schnaubten und wieherten leise, als sie sich näherte, und Roxy fühlte sich neben ihnen ganz klein.

Danach besuchte sie den Garten. Das Tor war geschlossen, aber nicht verriegelt, und die Angeln quietschten, als Roxy hineinging. In ordentlichen Reihen wuchsen Kohlköpfe und Tomaten, Bohnen und Kartoffeln. Ranken schlängelten sich über die feuchte Erde. Sechs Kürbisse lagen auf einem alten Tisch. Geistesabwesend streckte Roxy die Hand aus und pflückte ein paar Erbsenschoten ab. Sie kauerte sich auf den Boden, öffnete die Schoten ganz vorsichtig, damit keine Erbse verloren ging, und steckte eine nach der anderen in den Mund. Sie waren saftig und süß: Plötzlich war sie im Geiste wieder in Adelaide und sah ihrer Mutter zu, wie sie am Küchentisch Erbsen pulte. Für einen Moment wünschte sie, sie wäre wirklich dort und Mrs. Featherhaugh würde in der Küche herumhantieren und Brot backen.

Die Erinnerung überwältigte sie und brachte Traurigkeit mit sich. Ihre Hand öffnete sich, die restlichen Erbsen fielen auf den Boden und rollten davon. Sie schlang die Arme um die angezogenen Knie und schluchzte haltlos.

»Warum weinen Sie, Missy?«

Roxy spürte eine Hand auf ihrer Schulter. Sie hob den Kopf, und durch die Tränen sah sie das verhutzelte Gesicht eines alten Chinesen, der seine Augen besorgt zusammenkniff. Wortlos schüttelte sie den Kopf.

Der alte Mann bückte sich und hockte sich auf seine knochigen Fersen. Sein graues Haar war zu einem kleinen Zopf geflochten. Sein Gesicht war ihrem sehr nahe. Langsam hob er die Hand und strich mit einem Finger über ihre Wange, als wollte er die Spur einer Träne nachzeichnen.

»Diese Tränen«, sagte er mit leiser, melodiöser Stimme, »nehmen Ihnen nicht die Traurigkeit. Aber vielleicht bereiten sie jemand anderem Freude?«

Roxy dachte darüber nach. Was wäre, wenn Maggie sie hier weinend vorgefunden hätte? Hätte sie sich gefreut? Das konnte sich Roxy gut vorstellen und sah ihre Schwiegermutter mit einem hämischen, bösartigen Grinsen vor sich. Hastig wischte sie mit dem Handrücken über ihre Wangen. Der alte Mann hatte Recht. Es wäre falsch, Maggie zu zeigen, dass sie so leicht unterzukriegen war.

Der Chinese kramte in seiner Tasche und beförderte schließlich ein kleines Päckchen zu Tage. »Hier, das ist für Sie«, erklärte er und legte es auf ihre Handfläche. »Man hat mir erzählt, dass Mister Martin seine Braut heimgebracht hat.«

Roxy richtete sich auf und starrte auf das Päckchen.

»Nur zu«, drängte der alte Mann und stupste sie an. »Packen Sie es aus.«

Langsam wickelte sie das Seidenpapier ab, bis ein kleiner, in Jade gerahmter Spiegel zum Vorschein kam. »Oh«, hauchte sie. »Er ist wunderschön.«

»Und jetzt schauen Sie in den Spiegel«, forderte er sie auf.

Roxy hielt sich den Spiegel vors Gesicht und sah sich selbst. Blondes, wirres Haar, blasse Wangen, grüne, vom Weinen rot geränderte Augen.

»Sehen Sie«, fuhr der Chinese grinsend fort. »Das ist das Gesicht Ihres Kindes. Sie dürfen nicht mehr weinen. Wenn eine Frau Tränen vergießt, wird sie den Kummer an ihre Söhne weitergeben. Lächeln Sie – das ist ein schöneres Geschenk an Ihre Sprösslinge, nicht?«

Roxy lächelte. »Danke, Mister ...«

»Horace Ling«, antwortete er stolz. »Aber Sie können mich Horrie nennen.«

»Roxy ... Roxy ...« Maggies Stimme tönte schwach über die Wiese. Roxy drehte sich um, und wieder spürte sie diese verheerende Niedergeschlagenheit.

Horrie legte seine Hand auf ihre. »Lassen Sie nicht zu,

dass sie Sie traurig macht. Sie hat große Macht. Sie kann mit der einen Hand die Sonne scheinen lassen, und mit der anderen lässt sie es regnen.« Er schloss einen ihrer Finger nach dem anderen um den kleinen Spiegel. »Wenn sie in den Spiegel schaut, sieht sie womöglich jemand anderen. Einen alten, verängstigten Menschen.«

Roxy schaute noch einmal in den Spiegel. War das wirklich sie? Vielleicht sah sie nur das Abbild dessen, was sie zu sein glaubte, und nicht ihr wahres Ich.

»Wer ist Horace Ling?«, fragte Roxy, als sie Guy begegnete, der sich auf der Veranda die Stiefel anzog.

»Der alte Horrie? Du hast ihn schon kennen gelernt?«

Roxy nickte.

»Horrie ist schon viele Jahre hier. Ich muss so sieben oder acht gewesen sein, als er auf die Farm kam. Er spazierte einfach eines Tages halb verhungert aus dem Busch und blieb. Horrie fing an, im Garten zu arbeiten, und ich glaube, Maggie kam es nie in den Sinn, ihn von hier wegzuschicken. Nach ein paar Wochen wurde Gerald ein bisschen nervös wegen der Sache. Er wollte, dass Horrie von der Farm verschwand, und meinte, ein Chinese hätte auf Wirra Downs keinen Platz. ›Dies ist ein Platz für Kolonisten, für aufrechte Männer, nicht für Schlitzaugen‹, erklärte er von oben herab. Natürlich war Gerald das Musterbeispiel eines aufrechten Mannes.«

Roxy entging der sarkastische Unterton keineswegs, und sie sah das sardonische Grinsen, als risse die Erwähnung von Gerald Dumas' Namen eine sorgsam verdeckte Wunde wieder auf.

»Und?«

»Maggie machte sich stark für Horrie und bestand darauf, dass er blieb. Damals war es schwer, Helfer zu finden. Maggie hatte mit dem Haus und zwei Kindern alle Hände voll zu tun, und Gerald versuchte, die Farm zu vergrößern. Sie war heilfroh, dass ihr jemand die Gartenarbeit abnahm.«

»Und Horrie blieb?«

»Ja«, bestätigte Guy. »Horrie blieb.«

»Aber dieser Name … Horace. Das klingt nicht sehr chinesisch.«

Guy lachte schallend. »Das ist der lustige Teil der Geschichte. Anfangs verstanden wir kaum ein Wort, das er in seinem Singsang von sich gab. Der alte Gerald meinte, er würde ihm Horror bereiten. Und so nannten wir ihn dann auch. Horror. Horace. Kapiert?«

»Und ihr habt nie herausgefunden, woher er kam?«

»Nein. Wir dachten, dass er an Bord eines Schaufelraddampfers war …« Guy zuckte mit den Schultern. »Wer weiß?«, schloss er.

Roxy holte tief Luft. »Du mochtest Martins Vater nicht, oder?«

Guys Miene versteinerte. Für einen kurzen Moment sah sie Martins Gesicht vor sich, dann war es verschwunden. Guy dachte eine ganze Weile nach, als müsste er die richtigen Worte finden. »Nicht sehr«, gab er schließlich zu.

»Und warum? Oder ist das ein Geheimnis?«

»Nein, es ist kein Geheimnis.«

»Und …«

»Er war ein Bastard, das ist alles«, zischte er. »Ein stinkender, verfluchter Bastard.«

Erschrocken über seine Heftigkeit, wich Roxy zurück.

Es schien, als hätte sich ein lange unter Verschluss gehaltener Hass Bahn gebrochen, und Roxy starrte Guy staunend und mit offenem Mund an.

»Tut mir Leid, Roxy. Doch du hast mich gefragt. Wenn du mich jetzt bitte entschuldigst, wir müssen die Vorräte abladen.« Er ging mit langen Schritten davon. Aber er blieb noch einmal stehen und sah zurück. »Ich würde es vorziehen, wenn Gerald Dumas' Namen in diesem Haus nicht mehr erwähnt würde. Insbesondere nicht im Beisein Maggies.«

Louisa und Davie erschienen nicht zum Frühstück. Maggie wünschte Roxy knapp einen guten Morgen und ging zu den Ställen. Entmutigt setzte sich Roxy ganz allein im Speisezimmer an den Tisch.

»Also«, begann Dinnie und beäugte Roxy argwöhnisch, als sie einen Teller mit Toast und Rührei vor sie auf den Tisch stellte. »Sie haben Miss Maggies Sohn geheiratet. Sie ist nicht sehr erfreut, dass ihr niemand was davon erzählt hat.« Narairee, Dinnies Tochter, lungerte in einer Ecke herum und hüpfte aufgeregt von einem Bein aufs andere.

»Nein«, bestätigte Roxy, »das ist sie wahrscheinlich nicht.«

Dinnie drehte sich zu ihrer Tochter um und wedelte ungeduldig mit der Hand. »Ach, hör auf damit, Mädchen. Du machst damit alle nervös.« Narairee verzog das Gesicht und rannte in die Küche.

Roxy kostete etwas von dem Rührei. Es war locker und leicht. Dinnie brachte eine Kanne Tee herein und ließ sich auf dem Stuhl neben Roxy nieder. Sie war eine ziemlich große Frau und neigte, obwohl sie noch jung war, zur Rundlichkeit. Sie trug eine saubere weiße Latzschürze über einem ausgewaschenen geblümten Kleid. Dinnie hielt ein großes, schwarz eingebundenes Buch in der Hand und reichte es Roxy, damit sie es sich ansah.

»Dies gehört der Missus. Sie bewahrt alle Rezepte hier drin auf. Zum Kochen und zum Herstellen von Seife.« Sie lächelte unvermittelt. Ihr ganzes Gesicht strahlte, und die Zähne blitzten weiß in dem dunklen Gesicht. »Meine Narairee macht feine Seife.«

»Das glaube ich gern.« Roxy trank einen Schluck Tee.

»Sie ist ein gutes Mädchen, meine Narairee. Sie werden sie doch nicht wegschicken?«

»Nein«, erwiderte Roxy verwirrt. »Wieso sollte ich sie wegschicken?«

»Na ja, Sie sind jetzt die Missus. Vielleicht wollen Sie mein Mädchen in das Lager der Schwarzen am Fluss stecken. Narairee verspricht Ihnen, nie wieder einen Teller zu zerbrechen, wenn sie hier bleiben darf.«

Roxy lächelte insgeheim. Das wars also. Narairee war offensichtlich nicht besonders geschickt beim Spülen. Wahrscheinlich hatte Maggie damit gedroht, das Kind aus dem Haus zu jagen. »Wie lange bist du schon hier?«

»Oh, seit ich auf die Welt kam. Zwanzig Jahre oder mehr, schätze ich.« Dinnie dachte nach. »Das sagt man zumindest«, fügte sie hinzu.

Roxy war verwundert. »Du weißt nicht, wie alt du bist?«

»Nicht genau. Aber Narairee ist jetzt sechs. Das weiß ich. Ich habe eine Urkunde, da steht das drauf.«

»Du bist erst zwanzig und hast schon eine sechsjährige Tochter?«

»Ja.« Dinnie war offenbar ausgesprochen zufrieden mit sich. Sie grinste und schien sich über einen großen Witz zu amüsieren. »Dinnie ist ziemlich schlau, was?«

»Und wo ist Narairees Vater?« Niemand hatte erwähnt, dass Dinnie verheiratet war. Und nach Narairees Hautfarbe zu schließen, war sie keine Vollblut-Aborigine wie ihre Mutter.

»Ahhh.« Das klang wie ein Seufzer. »Er ist gegangen.«

»Gegangen? Weggegangen, meinst du?«

»Nein. Einfach gegangen.« Ihr Gesichtsausdruck verriet, dass sie nicht weiter darüber sprechen wollte.

Roxy wollte gern mehr über die dunkelhäutige Frau erfahren. »Du bist also schon zwanzig Jahre hier? Wenn du so lange geblieben bist, dann gefällt es dir sicher auf Wirra Downs.«

Dinnie sah sie an und runzelte verwundert die Stirn. »Wir haben keine Wahl, Missy. Wo sollen wir hin? Dinnie lebt jetzt nach der Art der Weißen und ist nicht mehr wie die im Busch.«

»Wahrscheinlich nicht«, räumte Roxy ein.

»Außerdem gehört dieses Land meiner Tochter. Dies ist ihr Traumland. Es würde Unglück bringen, wenn sie es verlässt.« Ein lautes Poltern auf der Veranda unterbrach Dinnie. »Das wird die Missus sein. Sie will sicher wissen, ob alle Frühstück hatten«, erklärte sie und stand auf.

Die Verandatür wurde aufgerissen, und Maggie stand da und ließ den Blick schweifen. »Komm, Dinnie«, befahl sie schroff. »Keine Zeit für ein gemütliches Plauderstündchen. Die Hausarbeit erledigt sich nicht von allein.«

Dinnie zuckte mit den Schultern und schlenderte zu der Tür, die in die Küche führte. »Immer schnell, schnell,

schnell«, murrte sie. »Gestern, heute, morgen ... es ist immer dasselbe.«

Maggies Gesicht verfinsterte sich. Sie machte auf dem Absatz kehrt und schloss die Tür hinter sich. Roxy hörte, wie sie über die Veranda stapfte.

Als Roxy mit dem Frühstück fertig war, schlug sie das große, schwarze Buch auf, das Dinnie auf dem Tisch liegen gelassen hatte, und überflog die Eintragungen. Wie Dinnie gesagt hatte, enthielt es Rezepte und jede Menge Listen und Zahlen.

»Vielleicht wollen Sie die Dinge hier ändern, wo Sie doch mit dem Boss verheiratet sind?«, fragte Dinnie, als sie mit frischem Tee zurückkam.

Roxy schlug das Buch zu und schüttelte den Kopf. »Nein, ich glaube nicht«, antwortete sie. »Mach alles so wie immer, Dinnie, und befolge Mrs. Dumas' Anweisungen.«

Sie wusste, dass das die richtige Entscheidung war. Maggie hatte ohnehin schon Schwierigkeiten, ihre Anwesenheit in diesem Haus zu akzeptieren, und sie würde nur noch größere Probleme verursachen, wenn sie gleich zu Beginn versuchte, Veränderungen herbeizuführen. Außerdem wusste sie nicht viel über Haushaltsführung. Zumindest noch nicht. Die Zeit würde ihr bester Lehrer sein. Nach und nach würde sie alles lernen, und jede Änderung musste allmählich eingeführt werden, damit nicht zu viel Durcheinander entstand.

Sie dachte an Horace Lings Worte. Sie hatten einen wahren Kern. Möglicherweise sah Maggie sie wirklich als Bedrohung an.

Roxy und Louisa gingen nach dem Mittagessen mit Davie zum Fluss. Als sie am Bootshaus und dem Steg vorbeikamen, winkte Guy ihnen vom Deck der *Curlew* aus zu. »Wir sind fast fertig«, rief er. »Wir fahren morgen Früh los, Louisa.« Seine Stimme schien übers Wasser zu treiben.

Louisa nickte. Davie rannte voraus, hüpfte durch das hohe Gras, das sich in der Brise wiegte. Insekten summten, und das Sonnenlicht fing sich in ihren Flügeln. Die Atmosphäre des Spätherbstes lag in der Luft.

Sie gingen, bis das Farmhaus nicht mehr zu sehen war. Schließlich setzte sich Louisa ans grasbewachsene Ufer und bedeutete Roxy, es sich neben ihr bequem zu machen. Davie zog seine Schuhe aus und spielte im Schlamm am Rand des Flusses.

Sie unterhielten sich, und Louisa erzählte Roxy vom Leben auf Wirra Downs. Irgendwann kamen sie auf die Aborigines zu sprechen.

»Sie sind Paakantyi«, erklärte Louisa. »Das heißt so viel wie ›Die, die zum Fluss gehören‹. Und ihr Dialekt ist Baranbinya. Männer und Frauen aus ein und demselben Clan dürfen nicht heiraten. Das verstößt gegen die Stammesgesetze.«

»Wenn sich Dinnie einen Mann nehmen will, muss er also von einem anderen Stamm sein?«

»Ganz recht. Und jeder Clan fühlt sich einem Aspekt der Natur besonders verbunden – einem Tier, einem Vogel oder vielleicht einem speziellen Landstrich –, den sie Traum-Ahne nennen.«

»Traum-Ahne?« Roxy war fasziniert.

»Traum ist ihre Bezeichnung für den Beginn der Zeit, als ihr Gott Kurlawirra die Welt erschuf. Er schuf die Berge und Flüsse und die Bäume, hauchte den Tieren und

Menschen Leben ein und legte die Gesetze der Aborigines fest. Als er mit der Schöpfung fertig war, zog er sich in den Himmel zurück, um über sein Volk zu wachen und sich zu vergewissern, dass es seine Gesetze befolgt.

Die erste Mutter aller Aborigines ist die Erde Ngalyod, und wenn ein Aborigine tanzt, dann berühren seine Füße Ngalyods Fleisch. Ihre Gesänge sind keine Lieder, sondern Aufforderungen an die Natur. Sie glauben, dass Kurlawirra Regen bringt und das Gras wachsen lässt. Es ist eine faszinierende Kultur.«

»Und Dinnie und Narairee? Ich frage mich …«

»Du fragst dich, warum sie im Haus wohnen und wer Naraires Vater war, hab ich Recht?«

Roxy lachte. »Ja. Bin ich so leicht zu durchschauen?«

»Nein, nur neugierig, denke ich. Maggie hat mir einmal erzählt, dass Dinnie schon als Kind im Haus gearbeitet hat. Vermutlich war sie damals nicht älter als Narairee jetzt.«

»Aber sie scheint sich überhaupt nicht vor Maggie zu fürchten. Sie verhält sich ihr gegenüber ganz anders, als ich es erwartet hätte. Es scheint, als …«

»Du kannst nicht verstehen, warum Maggie sie im Haus behält?«

»Ja. Genau genommen war Dinnie heute Morgen ziemlich frech zu ihr, und obwohl ich Maggie ansah, dass sie wütend war, ließ sie es ihr durchgehen.«

Louisa zuckte mit den Schultern. »Dinnie hat es irgendwie geschafft, unsere geschätzte Schwiegermutter zu zähmen. Außerdem ist Maggie wirklich auf sie angewiesen – Dinnie sorgt dafür, dass in der Küche alles reibungslos läuft. Ich vermute, Dinnie hat sich unentbehrlich gemacht.«

»Und Narairee?«

»Kein Mensch weiß mit Gewissheit, wer ihr Vater ist – niemand außer Dinnie selbst, und die spricht nicht darüber. Offensichtlich ist es ein Weißer, denn Narairee hat eine hellere Hautfarbe als die anderen Aborigines. Möglicherweise ist es einer der Schafhirten oder ein Farmarbeiter. Die Aborigine-Frauen sind für manche von ihnen leichte Beute. Diese Männer sind zum Teil ziemlich skrupellos. In den Hütten am Fluss leben eine Menge Mischlingskinder. Es gibt Probleme, wenn sie erwachsen werden. Sie wissen nicht, wofür sie sich mehr schämen sollen: für ihre Aboriginal-Vorfahren oder dafür, dass sie weiße Bastarde sind.«

»Louisa!« Roxy war schockiert über ihre Direktheit.

»Na ja, so ist es doch«, verteidigte sich Louisa. »Hier in der Gegend gibt es einige Siedler, die liebend gern jedem Aborigine einen Gewehrlauf an den Kopf halten würden. In der Vergangenheit haben sie mit allen Mitteln versucht, jede Spur von ihnen zu löschen. Die Ureinwohner wurden kaltblütig abgeschossen, man versetzte das Mehl oder den Zucker, den man ihnen gab, mit Strychnin und vergiftete ihre Wasserlöcher. Hast du jemals ein Tier gesehen, das an einer Strychninvergiftung verendet?«

Roxy schüttelte den Kopf. »Nein.«

»Es ist ein schrecklicher und schmerzhafter Tod. Brutal. Barbarisch. Ein Tier so leiden zu sehen ist schon schlimm genug, aber einen Menschen ...«

»So was kommt doch hier nicht mehr vor, oder?«

»Nein, Gott sei Dank nicht. Aber es ist uns trotzdem gelungen, die Ureinwohner zu degradieren und zu demütigen. Sieh dir zum Beispiel die Hütten am Fluss an.

Die Leute stehen alle unter der Kontrolle der Regierung. Aber was geben sie ihnen? Nichts! Oh – das stimmt nicht ganz: Die Behörden wählen einen Mann in jedem Stamm aus und ernennen ihn zum Stammesführer. Und damit die anderen wissen, dass sie ihm gehorchen und Respekt entgegenbringen müssen, hängen sie ihm eine halbkreisförmige Metallplakette, die Königsscheibe, um den Hals. Diese Idioten aus der Stadt wissen nicht, dass es in der Gesellschaft der Aborigines keine Stammesführer gibt. Und einmal im Jahr werden Decken verteilt. Am so genannten ›Blanket Day‹. Jeder im Lager bekommt eine Decke, und die Regierung bildet sich offenbar ein, dass die Schwarzen an ihre Herkunft erinnert werden müssen, und stempelt ›New South Wales Aborigines‹ in großen Buchstaben auf die Decken … Oh, entschuldige. Guy sagt, dass ich mich manchmal zu sehr ereifere, doch solche Dinge regen mich einfach auf. Wir leben in einer sehr ungerechten Gesellschaft, Roxy.«

Davie lief zu ihnen, der Schlamm quoll zwischen seine Zehen. Louisa stand auf, hob ihn auf die Arme und übersäte seine runden Wangen mit Küssen. »Komm, junger Mann, es wird Zeit für dein Mittagsschläfchen, sonst bist du beim Abendessen ganz schlecht gelaunt.«

Als sie in die Nähe des Hauses kamen, rannte Davie wieder voraus. »Grandma! Grandma!«, rief er.

»Morgen legen wir ab«, sagte Louisa nachdenklich, als sie vor dem Haus stehen blieben.

»Wann kommt ihr zurück?«, wollte Roxy wissen. Der einzige Mensch von Wirra Downs, der – abgesehen von Horrie – wirklich freundlich zu ihr war, verließ sie. Roxy spürte schon jetzt die Einsamkeit.

»In einem Monat ist Hochwasser, im nächsten herrscht

Dürre. Wer weiß? Denk einfach dran, was ich über Maggie gesagt habe. Lass nicht zu, dass sie dir wehtut. Du bist jung und hübsch. Maggie war das auch einmal, aber jetzt ist sie es nicht mehr. Sie sieht dich als Rivalin an, die ihr Martins Liebe nimmt. Behaupte dich gegen sie, beweise ihr, dass du was wert bist.«

Wenn sie in den Spiegel schaut, sieht sie vielleicht jemand anderen. Einen alten, verängstigten Menschen.

Louisa bestätigte Horries Worte.

Wie konnte sie nur so blind gewesen sein?

Louisa streckte den Arm aus und zog Roxy fest an sich. Als sie sie wieder losließ, sah Roxy, dass ihr Tränen in den Augen standen. »Ich kenne dich kaum«, flüsterte Louisa, »aber du fehlst mir schon jetzt.«

Die *Curlew* legte im Morgengrauen ab, und Louisa, Davie und Guy verschwanden mit ihr aus Roxys Leben. Roxy vermisste die Frau, der sie sich anvertrauen konnte, und das fröhliche Kind schmerzlich. Das Haus wirkte leer und verlassen ohne sie.

Und Guy? Welche Gefühle weckte seine Abreise in ihr? Sie hatte ihren ersten Eindruck von ihm im Laufe der Zeit revidiert, nachdem sie ihn als Familienvater und Ehemann erlebt hatte, der seine Frau vergötterte. Aber warum hatte er sie dann auf dem Schiff geküsst? Hatte er sie auf die Probe stellen wollen? Das alles machte keinen Sinn.

In der folgenden Woche traf eine Nachricht von Martin ein. Die Flut hatte ihn aufgehalten, und er war immer noch hunderte von Meilen von Wirra Downs entfernt, kam aber inzwischen gut voran. Es war ihm gelungen, die ganze Schafherde zusammenzuhalten. Roxy bemerkte Maggies Erleichterung.

Gelegentlich kamen Briefe von Louisa an. Sie schrieb, dass es allen gut ging und dass der Handel auf dem Fluss nach dem Hochwasser sehr rege sei. Die Briefe waren an Maggie adressiert, die sie herablassend an Roxy weiterreichte, wenn sie selbst sie gelesen hatte.

Maggie war unverändert kalt, distanziert und mürrisch, und Roxy schien keine Fortschritte mit ihr zu machen. Maggie stand bei Tagesanbruch auf, ritt mit den Hirten auf die Weiden und inspizierte die Schäden, die die Flut – mittlerweile nur noch eine Erinnerung – angerichtet hatte. Das Land war mit frischem Grün überzogen; die Luft war kühl und kündigte den nahenden Winter an.

Roxy fühlte sich seltsam auf Wirra Downs ohne Martin, den Ehemann, den sie seit mehr als zwei Monaten nicht gesehen hatte. Die kurze Verlobungszeit, die hastige Heirat, die wunderbare Liebe, die sie verband – waren ihre Gefühle unverändert nach der erzwungenen Trennung? Oder gehörte die Magie ihrer Liebe in das andere Leben, das sie in der Stadt miteinander geteilt hatten?

KAPITEL 14

Der Winter kam, und es herrschte hektische Aktivität. Bei Tageslicht war Maggie mit den Männern unterwegs, und Roxy war froh, dass sie sich nicht im Haus aufhielt. Das gab ihr die Zeit, sich an ihre neue Umgebung zu gewöhnen. Widerwillig hatte ihr Maggie die Aufsicht über die täglichen Arbeiten im Haus überlassen. Aber sie vertraute ihr kein bisschen. Nach wie vor führte Maggie die Bücher, und Dinnie besprach den Speiseplan mit ihr, nicht mit Roxy.

»Sei streng mit Dinnie«, wies Maggie ihre Schwiegertochter an. »Sie würde versuchen, mit einem Mord davonzukommen, wenn du es zulässt.« Dann fügte sie noch hinzu: »Und halte Narairee von dem guten Porzellan fern. Es ist kaum noch ein Teller übrig.«

Roxy, die sich mittlerweile an Dinnies Art und Naraírees Tollpatschigkeit gewöhnt hatte, verkniff sich ein Lächeln.

Das Haus war groß, und es gab ständig etwas zu putzen. Der rote Staub schien allgegenwärtig zu sein und sich überall abzusetzen. Während Roxy die Möbel polierte und Böden aufwischte, entdeckte sie, dass ihr Eindruck von dem Haus falsch gewesen war. Die düstere, strenge Einrichtung verfälschte die Schönheiten der architektonischen Details. Die Innenwände waren ordentlich verputzt und gestrichen, die Decken mit Stuck in einem Rosen- und Laubmuster verziert. Die großen Wohnräume hatten alle Zugang zu der breiten Veranda. Von der Haustür aus kam man in eine große Halle mit drei Türen. Die zur Linken führte zu sechs Schlafzimmern, einem Bad und dem Arbeitszimmer, in dem Maggie die Buchführung der Farm erledigte. Geradeaus gelangte man in Wohn- und Esszimmer sowie in die Küche. An das Esszimmer grenzte ein langes, schmales Sonnenzimmer, das Maggie mit hübschen, farbenfrohen Kissen und schönen Pflanzen eingerichtet hatte. Seine Fröhlichkeit stand in krassem Gegensatz zu der finsteren Atmosphäre im Rest des Hauses.

Rechts von der Eingangshalle befand sich die Suite, die Maggie so missmutig für Roxy geräumt hatte. Diese Suite bestand aus einem großen Schlafzimmer mit geräumiger Ankleidekammer und einem angrenzenden kleineren Schlafzimmer, einem Bad und einem separaten Wohnzimmer. Die Suite war großzügig und luftig. Mit Dinnies Hilfe nahm Roxy die dunklen, schweren Vorhänge von den Fenstern im Wohn- und Schlafzimmer. Jetzt flutete Licht in die einst so finsteren Räume.

Roxy pulte Erbsen am Küchentisch, und Dinnie stand hinter ihr am Herd und rührte in einem Topf mit Suppe. Es war Juni: Winter. Schon um vier Uhr nachmittags neigte sich die Sonne dem westlichen Horizont entgegen, und die Tage waren kurz. Kalte Winde fegten über die Ebenen und peitschten die Bäume hin und her.

Plötzlich hörte Roxy ein fernes Grollen. »Hörst du dieses Geräusch?«, fragte sie Dinnie, als sie zum Fenster ging. »Was treibt Maggie da draußen?«

Dinnie nahm mit einem Ächzen den Topf vom Herd. »Ich glaub nicht, dass das die Missus ist.«

Roxy nahm sich hastig die Schürze ab und warf sie auf die Bank. Sie ging zur offenen Tür und trat ins Freie. Der Wind brachte das Tosen, das jetzt lauter, näher war, von allen Seiten. Die Luft pulsierte und bebte. Eine Staubwolke hing über den Bäumen in der Ferne.

»Was, um alles in der Welt …?«

Dinnie stellte sich zu ihr. Ein Lächeln breitete sich langsam auf ihrem Gesicht aus. »Das ist Mister Martin, er kommt endlich nach Hause«, erklärte sie.

Roxy raffte ihre Röcke und rannte an den Ställen und

Horrie Lings Garten, den Nebengebäuden und der Schurhalle vorbei auf die Staubwolke zu. Sie kam zum äußeren Tor, das auf eine Weide führte. Um sie herum wimmelte es von Schafen, sie streiften ihre Beine und blökten aufgebracht.

Endlich erkannte sie Martin auf seinem Pferd in dem umherwirbelnden Staub; er hatte den Hut tief ins Gesicht gezogen. Ein Grinsen erhellte sein Gesicht, als er sie sah. Er streckte die Arme nach ihr aus, beugte sich nach unten und hob sie zu sich aufs Pferd; er küsste sie geräuschvoll, während Brownie, der Kelpie, aufgeregt bellend im Kreis herumlief. Nach der ausgiebigen Begrüßung stellte er sie wieder auf den Boden, stieg ab und legte den Arm um ihre Schultern. Alles um sie herum war in Aufruhr. Die Schafe rannten kreuz und quer durcheinander. Roxy hörte von irgendwo einen Pfiff, und Brownie stürmte davon.

Roxy sah in Martins Augen und betrachtete sein Gesicht, als müsste sie sich jede Einzelheit einprägen. Zaghaft streckte sie die Hand aus und legte sie auf seine Wange. »Ich habe dich vermisst, Martin«, flüsterte sie und fragte sich, ob er sie bei dem Radau überhaupt gehört hatte.

»Mutter ist irgendwo da draußen in dem Gewühle«, sagte er. »Sie hat auf den Weiden gearbeitet, als wir ankamen, deshalb hat sie mich auf dem letzten Stück begleitet.«

»Martin, wegen deiner Mutter …«

Er zog Roxy an seine Brust, sodass sie nicht weitersprechen konnte, und vergrub sein Gesicht in ihrem Haar. »O Gott, du hast mir so sehr gefehlt. Es ist wunderbar, wieder auf Wirra Downs zu sein.«

Die Schafe mussten noch vor Einbruch der Dunkelheit auf die Koppeln getrieben werden. Beim Abendessen erzählte Martin von seiner Reise, und nachdem die letzten Teller abgeräumt waren, hörte Roxy, wie Dinnie und Narairee in der Küche das Geschirr spülten.

Martins Gesicht zog ihren Blick immer wieder magisch an. Es war fast, als sähe sie ihn zum ersten Mal: das kantige Kinn, den breiten, lächelnden Mund, die von den Wochen im Freien gebräunte Haut.

»Warum gehst du nicht zu Bett, Mum«, schlug er schließlich vor. »Du siehst müde aus.«

Maggie rieb sich die Augen. »Ja«, entgegnete sie, »es war ein langer Tag.« Sie legte die Hand auf Martins Arm. »Es ist schön, dich wieder hier zu haben, Sohn.«

Maggie nahm eine Lampe und zog sich in ihr Zimmer zurück. Martin und Roxy waren endlich allein.

Martin schob seinen Stuhl zurück, stand auf und streckte sich gähnend. »Ich sehe nur schnell noch mal nach den Schafen, weil ich sichergehen möchte, dass sie zur Ruhe gekommen sind. Warum gehst du nicht schon vor ins Schlafzimmer, Liebes? Ich komme in ein paar Minuten nach.«

Sie sah ihm von der Verandatür aus nach; er ging zielstrebig in die Dunkelheit, und im Schein der Laterne sah sie seinen langen Schatten, der über den Boden huschte. Impulsiv entriegelte sie die Verandatür und trat hinaus in die kühle Nacht.

Martin ging zu den Pferden in den Stall und redete ihnen gut zu, als Roxy durch den langen Gang kam, von dem rechts und links die Boxen abgingen.

»Martin«, rief sie leise. Er warf einen großen Schatten an die Wand. Sie ging auf ihn zu und schlang die Arme um seinen kräftigen Oberkörper. Mühelos hob er sie hoch und trug sie hinaus.

»Wohin gehen wir?«, wisperte sie.

»Schsch.«

Roxy schmiegte ihr Gesicht an seinen Hals und atmete tief seinen Duft ein; sie konnte es kaum fassen, dass er endlich zu Hause war. Er ging den Hügel hinunter und neigte sich leicht nach hinten, um ihr Gewicht auszugleichen. Irgendwann blieb er stehen. Sie öffnete die Augen, schaute sich um und hielt den Atem an.

Vor ihnen war der Fluss – breit und nahezu unbeweglich. Die Äste der Sträucher und Bäume hingen weit über das Wasser, auf dem das silbrige Mondlicht glitzerte.

»Oh, ist das schön«, murmelte sie, als er sie auf die Füße stellte.

»Warst du noch nie in der Nacht hier unten?«

»Nein.« Es war ihr niemals in den Sinn gekommen, hierher zu gehen, insbesondere nicht ganz allein und bei Dunkelheit.

»Oh, aber nachts ist es am schönsten.«

»Es ist so still.«

Er schüttelte heftig den Kopf, und Roxy sah, wie ihm das Haar, das im Mondlicht auch silbern schimmerte, in die Stirn fiel. Sie strich ihm die Strähne aus den Augen.

»Nein«, widersprach er. »Es ist nicht still. Hör genau hin.«

Sie spitzte die Ohren. Gelegentlich hörte man ein Schaf blöken oder das Knurren eines Hundes. Der Wind raschelte im Laub der Bäume, und das Wasser plätscherte leise. Ein Brachvogel stieß einen wehmütigen Schrei aus – der Laut war lang gezogen, dann brach er ab.

»Ich habe mich geirrt. Die Nacht ist wirklich nicht still, sondern voller Leben«, stimmte sie Martin zu.

Er bückte sich und zog seine Stiefel aus.

»Was machst du?«, flüsterte Roxy. Sie hatte so lange darauf gewartet, mit ihm zusammen zu sein, und jetzt bekam sie plötzlich Angst. Es schien, als wäre in der Zeit, in der sie getrennt gewesen waren, eine unsichtbare Barriere zwischen ihnen entstanden, und Roxy war mit einem Mal scheu und verlegen.

»Komm, lass uns schwimmen.«

»Jetzt? Ist es nicht zu kalt?«

Martin war bereits ausgezogen und lief nackt zum Fluss. Sie hörte ein Plätschern, und dann tauchte sein Kopf ein paar Meter vom Ufer entfernt auf. »Komm, Roxy. Es ist gar nicht so kalt, wenn du erst einmal drin bist.«

Langsam schlüpfte sie aus ihren Kleidern, bis sie nackt und unsicher am Ufer stand. Er kam auf sie zu und streckte die Arme nach ihr aus. Wasser tropfte von seinem Körper und lief ihm in silbernen Rinnsalen über die Schenkel.

Roxy spürte ein eigenartiges Brennen im Bauch, ein nahezu übermächtiges Verlangen. Sie hatte das Gefühl, sie würde dahinschmelzen, wenn Martin sie nur anrührte, und meinte, von ihm aufgesogen zu werden, als wären sie ein Wesen. Die Nacht erstreckte sich dunkel und endlos vor ihr. Es war, als wären sie die einzigen Menschen in dieser unwirklichen Szenerie und würden von der Dunkelheit in einen tiefen Abgrund gezogen. Schritt für Schritt ging sie auf Martin zu, bis sie sich im Wasser trafen. Er nahm sie in die Arme, küsste sie und suchte drängend nach der Liebe, die er so lange entbehrt hatte.

»O Gott«, stöhnte er. »Ich habe mich so sehr nach dir gesehnt.«

Langsam und voller Zärtlichkeit legte er ihre Seele bloß.

Im Laufe der Zeit durchschaute Roxy, wie raffiniert ihre Schwiegermutter vorging. Maggie war niemals offen unfreundlich zu ihr, sondern weigerte sich schlicht, sie in die Angelegenheiten, die die Farm betrafen, mit einzubeziehen. Maggie vereinnahmte Martins Aufmerksamkeit bei Tisch voll und ganz; sie schloss Roxy in keines der Gespräche ein, nahm ihren Sohn abends oft mit ins Arbeitszimmer und schloss die Tür. Wenn Roxy dann allein war, versuchte sie, sich einzureden, dass sie bei den Entscheidungen nicht mitsprechen durfte, weil sie keine Ahnung von der Leitung einer Farm hatte. Trotzdem empfand sie die geschlossene Tür als Zurückweisung und fühlte sich wie eine Ausgestoßene.

Sie konnte Martin nicht gut darauf ansprechen. Was sollte sie sagen? »Deine Mutter bezieht mich nicht mit ein« – das würde kleinlich und banal klingen. So, als störte es sie, wenn jemand die Zeit ihres Mannes beanspruchte. Es war nicht zu übersehen, dass Martin seine Mutter vergötterte. Eine tiefe Zuneigung verband die beiden. Roxy wartete ab, weil sie unsicher war, wie sie mit dieser Situation umgehen sollte.

Dafür war die Zeit, die sie allein mit Martin in ihrer Suite verbrachte, umso kostbarer. Roxy genoss die nächtlichen Stunden in Martins Armen. Er gab ihr das Gefühl, geliebt und begehrt zu werden. In ihrem Allerheiligsten schien die Zeit stillzustehen – die Minuten und Stunden bis zum Morgengrauen vergingen langsam und voller Wonne. Oft wachte sie früh auf, lag da und betrachtete ihren schlafenden Mann – seine Brust, die sich regelmäßig hob und senkte, das Haar, das ihm in das gebräunte Gesicht fiel, seine Hände und den großzügigen Mund.

Wirra Downs' Verluste nach der Flut waren beträchtlich; nur einige hundert Schafe vom ursprünglichen Bestand hatten überlebt, doch zum Glück war Martin mit seiner Herde unbeschadet durchgekommen.

»Egal«, sagte er eines Abends bei Tisch, als die Zählung der Schafe beendet war. »Es ist überall dasselbe. In Goondiwindi haben sie über fünfzigtausend Schafe verloren, in St. George sechzigtausend. Ich habe noch nicht gehört, wie groß der Schaden in Bourke ist.«

Er verbrachte die sonnigen Tage in Maggies Begleitung auf den Weiden. Die Hochwasserschäden schienen ihn nicht zu entmutigen – im Gegenteil, das Unglück spornte ihn nur noch mehr an.

»So ist dieses Land«, erklärte er Roxy, als sie im Bett lagen. Er strich mit der Fingerspitze über ihre Brust. »Seit Menschengedenken war es so. Dürre, Flut, gute Zeiten und schlechte. Wir müssen einfach durchhalten, Pläne schmieden und auf bessere Zeiten hoffen.«

Er beugte sich zu ihr und küsste ihren Hals, ihre Brüste, ihren Bauch.

Roxy zählte, während sie methodisch ihren Pflichten nachging, die monotonen Stunden am Tage bis zu Martins Rückkehr gegen Abend. Sie putzte, backte und weckte die Ernte ein, die Horrie jeden Tag aus dem Garten brachte. Zwei Tiere wurden jede Woche geschlachtet, und Schinken und Speck hingen in dem kleinen Räucherhaus hinter der Küche. Die Hirten und Farmarbeiter, die in den Hütten in der Nähe der Schurhalle wohnten, kochten zum größten Teil selbst, aber das Fleisch holten sie sich in der Küche, und Dinnie schickte ihnen regelmäßig Kuchen und Körbe mit runden, warmen Brötchen.

Manchmal campierte Martin einige Tage im Freien, und Roxy vermisste ihn schmerzlich, wenn sie endlose Abende in Gesellschaft der sauertöpfischen Maggie verbringen musste. Ihr Bett war kalt und leer ohne Martin.

Gelegentlich wurde der Alltagstrott durch die Ankunft der afghanischen Hausierer unterbrochen, die mit geschlossenen Wagen von Farm zu Farm zogen. In gebrochenem Englisch priesen sie ihre Waren an und lobten lautstark die Qualität und niedrigen Preise der Produkte. Roxy war fasziniert von ihren großen Kamelen, deren Geruch die Pferde unruhig machte.

Sie konnte nicht behaupten, dass sie unglücklich war, aber sie fühlte sich rastlos und unausgefüllt. So, als wäre ihr Leben in der Schwebe, als wartete sie auf etwas. Manchmal, wenn sie ein schrilles Tuten hörte, wanderte sie hinunter zum Fluss und sah zu, wie ein Schaufelraddampfer vorbeifuhr. Da war die *Rob Roy,* die *Saddler* und die *Sturt,* um nur einige zu nennen – riesige Schiffe, die große Wellen ans Ufer spülten. Von der *Curlew* war keine Spur zu sehen.

Der Winterregen, der wochenlang niederging, drückte ihre Stimmung noch mehr nieder. Sie nahm einen eigenartigen, unangenehm süßlichen Geruch in der Luft wahr.

»Das ist Gidgee«, erklärte Martin, als er am Abend schlammbespritzt nach Hause kam. Er gab ihr einen raschen Kuss, bevor er ins Bad ging. »Der Regen bringt diesen Geruch mit. Ziemlich stark, wie?«

Martin war zärtlich und rücksichtsvoll, und ihre Liebe zu ihm wuchs mit jedem Tag, bis sie glaubte, ihr Herz müsse zerspringen.

Der Regen füllte die Stauseen und die unterirdischen Tanks, die nach der Flut ohnehin ziemlich voll waren, noch mehr. Martin hatte einige neue Staudämme auf den Weiden gebaut.

Der Viehhüter, der Martin und die Herde von Adelaide bis hierher begleitet hatte, blieb auf Wirra Downs. Er hieß Porridge und war ein Aborigine, und Roxy schätzte den groß gewachsenen, drahtigen Mann auf Anfang zwanzig. Martin hatte ihm die Aufgabe übertragen, die Pferde zu versorgen, und wenn er nicht im Stall war und die kräftigen Tiere liebevoll striegelte, saß er manchmal in der Küche und trank Tee. Dinnie beäugte ihn verstohlen, wann immer sie sich unbeobachtet wähnte.

Roxy amüsierte sich köstlich über das, was sie für eine junge Liebe hielt. »Porridge scheint dich sehr zu mögen. Er ist ständig hier«, neckte sie Dinnie. Sie musste an Martin denken, der in Adelaide so oft ins Theater gekommen war.

Dinnie wurde verlegen. »O nein«, wehrte sie ab und drehte sich kopfschüttelnd weg. »Sie denken falsch, Miss Roxy. Dinnie will nichts mehr mit Männern zu tun haben.«

Dinnie wird ihre Gründe haben, dachte Roxy, sie hat schließlich Narairee, ein vaterloses Halbblut, das zwischen zwei Welten gefangen und das Resultat der Lust eines weißen Mannes und eines unschuldigen Mädchens war.

Im August begann die Lammzeit. Martin trieb die trächtigen Tiere auf große Koppeln in der Nähe der Schurhalle, um sie im Auge behalten zu können.

»Normalerweise bekommen sie ihre Lämmer auf den Weiden«, erklärte er. »Keine Spezialbehandlung. Aber im Moment brauchen wir jedes Schaf, jedes Lamm, deshalb bringen wir sie her, damit wir auf sie aufpassen können.«

Er war wochenlang unterwegs, sonderte die trächtigen Tiere aus und trieb sie in kleinen Herden auf die Koppeln.

Roxy liebte die kleinen Lämmchen. Sie hörte sie blöken und ging oft hinunter, um sich an den Zaun zu lehnen und zuzusehen, wie sie herumtollten. Die meisten standen schon kurz nach der Geburt auf den Beinen und konnten ohne Hilfe trinken.

Roxy fühlte sich in gewisser Weise einsam. Natürlich war sie während des Tages mit Dinnie, Narairee und dem alten Horrie zusammen, aber sie hatten immer zu tun und kaum Zeit, sich mit ihr abzugeben. Maggie war eine strenge Herrin und duldete keine Faulheit auf der Farm.

Deshalb ging Roxy oft auf die kleine Anhöhe hinter dem Haus. Dort befand sich der Friedhof von Wirra Downs. Innerhalb der schmiedeeisernen Umzäunung standen ein paar Grabsteine, einige waren schief, als hätte sie eine riesige Hand gestreift. Gerald Dumas und Maggies Eltern waren hier begraben.

Einige kleine weiße Kreuze markierten die Gräber von Farmarbeitern, die durch einen Unfall oder unerwartet zu Tode gekommen waren. Geralds letzte Ruhestätte war ungepflegt. Roter Staub hatte sich auf den einst weißen Stein gelegt, und nicht ein einziges Pflänzchen – nicht einmal Gras – wuchs auf dem Grab.

Vor zwei weißen Kreuzen standen kleine Vasen mit frisch gepflückten Blumen. Der Anblick erinnerte sie an den Friedhof in Adelaide und brachte Erinnerungen zurück. An ihre Eltern, an das Theater und an die Stadt.

Sie lehnte sich an den Zaun und starrte in die Ferne. Meilen um Meilen roter Erde, so weit das Auge reichte. Nur hin und wieder sah sie einen Eukalyptus- oder einen verkümmerten Mulgabaum. Dürres Gras wiegte sich im Wind, und etliche hundert Meter weit weg entdeckte sie einige erwachsene Emus, die beschützerisch um ein halbes Dutzend Küken herumstanden. Etwas muss sie erschreckt haben, dachte Roxy, als sie sich umdrehten und mit weit ausgreifenden Schritten wegliefen.

Plötzlich stand Martin hinter ihr und legte die Arme um sie. »Was, um alles in der Welt, machst du hier?«, fragte er lachend. »Ich habe überall nach dir gesucht. Der alte Horrie meinte, er hätte vor einer Stunde gesehen, dass du hier heraufgegangen bist.«

Roxy blinzelte in den Himmel. Die Sonne neigte sich bereits den Bäumen zu, die den westlichen Horizont säumten. Eine Stunde! Stand sie wirklich schon so lange hier?

Sie sah auf die Gräber. »Ich habe mich gefragt«, sagte sie und deutete auf die Blumen, »wer hier begraben ist. Da stehen keine Grabsteine, aber jemand muss vor kurzem die Blumen hergebracht haben.«

Martin kauerte sich neben ein Grab und entfernte ein paar Blätter, die der Wind hergeweht hatte. »Maggie hatte nach mir noch ein Baby. Ein Mädchen, das bei der Geburt gestorben ist.«

»Oh.« Also hatte Maggie einen ähnlichen Verlust zu beklagen wie ihre eigene Mutter. »Und das andere Grab?«

Martin zuckte mit den Schultern. »Das weiß ich ehrlich

nicht, und Maggie spricht nicht darüber. Aber jetzt genug von diesem morbiden Ort. Ich bin bereit für ein Bad. Wir haben noch eine ganze Stunde Zeit bis zum Abendessen, und ich dachte an dieses große Doppelbett und …«

Roxy lachte, als er sie in die Arme schloss und küsste.

KAPITEL 15

Die Schafe wurden gewöhnlich nach dem Lammen geschoren, wenn das kalte Wetter vorbei war. Obwohl die meisten Muttertiere gelammt hatten und jetzt über dreitausend Schafe zu der Herde gehörten, entschied Martin, dass es sich nicht lohnte, die Scherer nach Wirra Downs zu bestellen. Stattdessen wollte er die Herde zur Schur zu einer Nachbarstation treiben.

»Wenn wir im nächsten Jahr eine gute Lammsaison haben«, erklärte er, »können wir wieder auf Wirra Downs scheren.«

Die Witterung wurde wärmer. Die Männer trieben die Schafe zusammen, brachten sie in die Pferche, untersuchten sie und sortierten die, die zur Schur mussten, aus. Martin war oft tagelang unterwegs, und in der Zwischenzeit verlief auf der Farm alles wie sonst: Kamelkarawanen, Viehtreiber und Ochsenkarren zogen vorbei. Im September kamen die Scherer. Sie wanderten zu Fuß – meistens allein, manchmal zu zweit – übers Land und klopften voller Hoffnung an die Küchentür. Sie suchten Arbeit und ein gutes Essen.

»Tut mir Leid – auf Wirra Downs gibt es dieses Jahr

keine Arbeit«, antwortete Roxy auf ihre Anfrage. Und wenn sie die Enttäuschung auf ihren Gesichtern sah, setzte sie so zuversichtlich, wie sie konnte, hinzu: »Vielleicht nächstes Jahr wieder.« Die Männer taten ihr Leid; sie waren meilenweit von zu Hause und ihren Familien entfernt und suchten verzweifelt nach einer Möglichkeit, ein bisschen Geld zu verdienen. Sie gab ihnen Trockenfleisch, Mehl und Tee mit.

Roxy zeigte wenig Interesse an der Schur, obwohl Martin sie laufend über die Vorgänge informierte. Sie war ständig müde und schleppte sich lethargisch durch die Tage. Das Frühstück auf Wirra Downs war ziemlich üppig und nahrhaft. Maggie bestand auf einer kräftigen Mahlzeit, weil Martin, wie sie behauptete, eine ordentliche Grundlage brauchte, um die strapaziöse Arbeit verrichten zu können. Es gab gewöhnlich dickes Porridge, Eier, Hammelkoteletts und Tomaten. Roxy bevorzugte jedoch Toast mit Marmelade und Tee.

In den letzten Wochen verspürte sie morgens eine leichte Übelkeit, deshalb verzichtete sie auf den Toast. Gegen Mittag ging es ihr meist etwas besser, selbst wenn ihr Appetit auch dann nicht sehr groß war und sie nur ein paar Bissen zu sich nahm.

»Wenn du dich nicht gut fühlst, sollte dich Martin zu Doktor Sides bringen«, schlug Maggie eines Morgens gereizt vor.

»Es wird schon wieder«, erwiderte Roxy; sie wollte sich von ihrer Schwiegermutter nicht aus der Ruhe bringen lassen.

»Ich habe heute etwas ganz Besonderes für Sie gekocht, Miss Roxy«, verkündete Dinnie, als sie einen Teller mit dampfenden Speisen ins Esszimmer brachte. »Hab gehört, wie Miss Maggie sagte, dass Sie in letzter Zeit ein bisschen abgemagert aussehen.«

Dinnie stellte den Teller – einen von Maggies bestem Doulton und Co. – vor Roxy auf den Tisch. Darauf lagen ein Hammelkotelett und zwei Spiegeleier, die in Fett schwammen.

Roxy schob den Teller weg. »Danke, Dinnie. Das ist lieb von dir, aber ich kann das nicht essen.«

Dinnie stellte den Teller entschieden zurück. »Kommen Sie, Miss Roxy. Dinnie hat das extra für Sie gekocht. Sie müssen richtig essen, damit Sie Fleisch auf die Rippen bekommen.«

Bei dem Geruch nach Hammelfleisch und dem Anblick der Eier in der fettigen Sauce drehte sich Roxy der Magen um. Plötzlich stieg ihr bittere Galle in die Kehle und würgte sie, und sie sprang auf, riss die Verandatür auf und rannte hinaus.

Später beugte sie sich keuchend über das Geländer, und Dinnie hastete herbei. »Ist alles in Ordnung, Miss Roxy? Kommen Sie, setzen Sie sich. Dinnie gibt Ihnen eine schöne Tasse Tee.«

Als Roxy am Küchentisch saß und an ihrem Tee nippte, spürte sie, wie die Übelkeit nachließ. Dinnie nahm ihr gegenüber Platz und grinste. »Was ist?«, fauchte Roxy unfreundlich. Schon im nächsten Augenblick schämte sie sich für ihre Schroffheit. »Oh, entschuldige, Dinnie. Ich weiß auch nicht, was in letzter Zeit mit mir los ist.«

Sie merkte, dass Dinnie sie abschätzend musterte. »Macht nichts, Miss Roxy. Manche Ladys werden so, wenn sie guter Hoffnung sind. Sie und Mister Martin bekommen bald ein Baby. Das weiß ich.«

Als Roxy später darüber nachdachte, musste sie sich eingestehen, dass Dinnie Recht haben könnte. Martin war seit drei Monaten auf Wirra Downs, und in diesen drei Monaten hatte sie nicht ein einziges Mal ihre monatliche Regel gehabt. Sie wusste nichts über Schwangerschaften und sehnte sich danach, mit einer anderen Frau darüber sprechen zu können. Aber Louisa, mit der sie offen hätte reden können, war nicht da. Hin und wieder zog Roxy in Erwägung, sich Maggie Dumas anzuvertrauen, doch die missbilligenden Blicke ihrer Schwiegermutter hielten sie davon ab. Stattdessen beschwor sie Dinnie, Stillschweigen zu bewahren, und behielt die Neuigkeit für sich, bis Doktor Sides den Verdacht bestätigte. Erst dann wollte sie Martin davon erzählen.

Die Gelegenheit ergab sich eine Woche später, als Martin verkündete, mit Roxy nach Bourke fahren zu wollen. »Jetzt, da wir die Schur hinter uns haben, können wir uns ein paar freie Tage gönnen«, erklärte er beim Abendessen. »Um diese Jahreszeit sind die Preise in der Stadt günstig, und die Rennen sowie der anschließende Ball finden statt.« Er zwinkerte Roxy verschwörerisch zu. »Vielleicht ein neues Kleid – oder zwei?«

Maggie runzelte unmutig die Stirn. Roxy wusste, dass es nach der Verheerung, die das Hochwasser angerichtet hatte, mit den Finanzen auf Wirra Downs nicht zum Besten stand, und Martins Mutter trug nach wie vor die alte schwarze Kleidung, obwohl das Trauerjahr nach Gerald Dumas' Tod längst vorbei war.

»Oh, das ist gar nicht nötig«, beteuerte Roxy hastig und sah Martin dabei an, obwohl die Worte eigentlich für Maggie gedacht waren. »Ich freue mich so sehr, Angel wiederzusehen. Und auch Doktor Sides«, fügte sie unschuldig hinzu.

Maggie schnaubte verächtlich. »Angel McPhee! Halt dich besser von ihr fern. In einem Pub wird ohnehin nur getrunken und Geld verschleudert!«

In den Monaten nach der Flut hatte sich das Leben in Bourke wieder normalisiert. Der Fluss hatte sich in sein Bett zurückgezogen, und die Hektik und die Angst waren verschwunden.

Roxy und Martin trafen am Nachmittag ein, und Angel, die sie schon von einem Fenster im oberen Stockwerk aus entdeckt hatte, lief die Treppe herunter, um sie zu begrüßen. »O Roxy«, jubelte sie und schlang die Arme um beide, »es ist wundervoll, dich wiederzusehen.« Sie hielt sie auf Armlänge von sich weg und betrachtete sie eingehend. »Mmm. Du bist dünn geworden. Du musst ein wenig aufgepäppelt werden, Mädchen.«

Angus begrüßte sie warmherzig, während Angel anordnete, ihr Gepäck noch oben zu bringen. »Und jetzt«, bestimmte sie und hakte sich bei Roxy unter, während sie in den Schankraum gingen, »musst du mir alles über Wirra Downs erzählen. Wie geht es Maggie? Und was machen diese entsetzlichen Schafe?«

Im Pub hatte sich nichts verändert. Roxy kam es vor, als wäre sie nie fort gewesen. Lachend erinnerten sie sich an die Zeit während des Hochwassers.

»Du hättest sie sehen sollen«, wandte sich Angel an Martin. »Sie saß aufrecht und adrett mit Doktor Sides in dem kleinen Boot. Und sie hat ihre Sache großartig gemacht, das muss ich schon sagen.« Sie neigte sich zu

Roxy. »Ich bin sicher, dass Sarah dich gern sehen würde, wenn du schon in der Stadt bist. Das Baby ist so groß geworden und kann fast schon krabbeln.«

Sarahs Baby! Der Gedanke erinnerte sie an ihr Vorhaben, sich von Doktor Sides untersuchen zu lassen. Am Spätnachmittag gelang es Roxy, sich davonzustehlen, unter dem Vorwand, dem Arzt Guten Tag sagen zu wollen, ehe er seine Praxis für den Tag schloss.

Doktor Sides freute sich, sie zu sehen, und schloss sie in eine bärenstarke Umarmung, ehe er sie mit seiner neuen Assistentin bekannt machte – einem stillen, schüchternen Mädchen, das kaum hörbar ein »Hallo« hauchte und verschwand.

»Sie kann Ihnen nicht das Wasser reichen«, gestand Doktor Sides, als er die Tür schloss und Roxy bedeutete, sich auf einen Stuhl zu setzen. »Sie waren die beste Krankenschwester, mit der ich jemals gearbeitet habe. Als Sie weg waren, habe ich erst so richtig begriffen, wie viel es ausmacht, wenn ich Hilfe habe. Möchten Sie nicht wieder bei mir arbeiten?«, fügte er augenzwinkernd hinzu. Er zog einen Stuhl heran und nahm ihr gegenüber Platz.

»Nein«, antwortete Roxy lachend. »Aber es ist schön, wieder einmal in der Stadt zu sein. Ich habe die Gesellschaft der lieben Menschen vermisst.«

Der Doktor lehnte sich zurück, verschränkte die Arme vor der Brust und nickte, als müsste er über ihre Bemerkung nachdenken. »Nun, es ist nett, mal wieder ein lächelndes Gesicht zu sehen. Sie sehen glücklich aus, Roxy. Die frische Luft auf Wirra Downs bekommt Ihnen. Und die Ehe auch, nehme ich an.« Er lächelte. »Wie geht es Martin und Maggie?«

»Martin geht es gut. Und Maggie ...« Für einen Moment fehlten ihr die passenden Worte. Martins Mutter hatte ihr von Anfang an das Gefühl gegeben, auf Wirra Downs nicht willkommen zu sein, und keinerlei Konzessionen an die Frau ihres Sohnes gemacht. Sie hatte ihr nur die langweiligsten Arbeiten übertragen und schloss Roxy mit voller Absicht aus, wenn es um die wichtigeren Belange der Farm ging. Auch wenn Roxy vorgab, dass ihr das nichts ausmachte, verletzte Maggies abweisende Art sie sehr. »Na ja, Sie wissen ja, wie Maggie ist. Ich glaube, sie hasst mich.«

»Unsinn. So ist Maggie Dumas nun mal – die alte Tatarin. Sie war immer schon ziemlich barsch. Wenn Sie sie besser kennen lernen, dann werden Sie wahrscheinlich feststellen, dass sie einen weichen Kern hat. Ich vermute, es ist schwer für sie, eine andere Frau im Haus zu haben, und noch dazu eine so junge und hübsche. Wahrscheinlich erinnern Sie sie daran, dass sie älter wird.«

Wenn sie in den Spiegel schaut, sieht sie womöglich jemand anderen. Einen alten, verängstigten Menschen. Horries Feststellung, die Louisa mit anderen Worten bestätigt hatte.

Der Doktor stand auf, setzte sich hinter seinen Schreibtisch und nahm seine Rolle als Arzt ein. »Aber ich bin sicher, dass Sie nicht zu mir gekommen sind, um über Maggie Dumas zu sprechen.«

»Das stimmt«, gab Roxy zu und versuchte, ein Lächeln zu unterdrücken. »Der Grund meines Besuches ist ... Ich glaube, ich bekomme ein Baby.«

»Sie können Martin sagen, dass er etwa im März Vater wird«, sagte Doktor Sides, nachdem er Roxy untersucht hatte. »Das dürften gute Neuigkeiten für Maggie sein«, fügte er hinzu. »Vielleicht ändert sich ihre Einstellung, wenn sie von dem Kind erfährt.«

Doktor Sides begleitete Roxy zurück ins Hotel. Es war schon dunkel, und die Sterne funkelten am klaren Himmel. Roxy hörte schon von Ferne die Kapelle der Heilsarmee, die in der Nähe des »Carriers' Arms Hotels« stand und von disharmonischen Singstimmen begleitet wurde.

Roxy konnte an nichts anderes denken als an ihr Kind. Ein Baby! Martin würde sich so freuen! Sie hatten oft über Kinder gesprochen, und Martin wünschte sich sehr, fröhliche Kinderstimmen im Farmhaus zu hören. Sie versuchte, sich das Baby, das in ihr heranwuchs, vorzustellen. Wurde es ein Mädchen oder ein Junge? Sie hätte gern eine Tochter, aber Martin brauchte Söhne, die den Familiennamen trugen. Doch im Grunde spielte es keine Rolle. Junge oder Mädchen – sie wusste, dass ihr Kind in jedem Fall geliebt wurde. Sie seufzte glücklich, und alle Gedanken an Maggie Dumas waren wie weggeblasen.

Als sie zu Angels Hotel kamen, schloss Doktor Sides sie in die Arme. »Auf Wiedersehen, meine Liebe, und passen Sie auf sich auf. Keine allzu anstrengende Arbeit! Wir wollen doch, dass im März ein gesundes Baby auf die Welt kommt. Und richten Sie Ihrem Mann meine herzlichen Glückwünsche aus«, rief er noch über die Schulter, bevor er um die Ecke bog.

»Glückwünsche wozu?«, wollte Martin wissen, während er die Treppe herunterpolterte.

»Zu unserem Baby. Es kommt im März.« Sie strahlte ihren Mann an.

Martins Gesicht spiegelte ihr eigenes Glück wider. Er hob sie hoch, wirbelte sie durch die Luft und ließ Küsse auf ihr Gesicht, ihren Hals und ihre Arme regnen. »Ein Baby? Wir bekommen ein Baby? Warum hast du mir das nicht schon früher erzählt?«

»Was ist hier los?«, erkundigte sich Angel gespielt streng, als sie sich zu ihnen gesellte. »Ihr vergrault mir mit diesem Radau ja noch die anderen Gäste.«

Martin vollführte einen Freudentanz auf dem Bürgersteig. »Lass doch die anderen Gäste, Angel. Es gibt bedeutende Neuigkeiten. Meine Frau erwartet ein Baby!«

Angel drückte Roxy freudestrahlend an sich. »Oh, das ist wundervoll, Roxy. Ein Baby! Stell dir das nur mal vor!«

Und sie schenkte Martin zur Feier des Tages einen großen Whisky ein.

Sie verbrachten zwei herrliche Wochen in Bourke. Abseits der Beschränkungen des Landlebens und der harten Arbeit ging Martin noch zärtlicher und behutsamer mit Roxy um, auch aus Sorge um ihre Gesundheit und die ihres Kindes. Er bemutterte sie regelrecht und hatte ständig Bedenken, bestellte Austern in Clark's Fischladen und englische Pralinen in der Konditorei. Eines Morgens stand er ganz früh auf, schlich sich aus dem Zimmer und kam zurück, als sie noch schlief. Er brachte einen wunderbar duftenden Blumenstrauß nach dem anderen in ihr Zimmer.

»Martin, das darfst du nicht«, tadelte sie ihn streng. »Das können wir uns nicht leisten.«

Er brachte sie mit einem Kuss zum Schweigen. »Überlass es mir, mich um unsere Finanzen zu sorgen«, entgegnete er. »Du passt auf meinen Sohn auf.«

So sollte unser Leben immer sein, dachte Roxy, als sie und Martin an verschiedenen Veranstaltungen teilnahmen. Er hielt Wort, und sie gingen zu den Rennen, und er kaufte ihr ein mitternachtsblaues Kleid für den Ball. Aber er erlaubte ihr nur einen Tanz, dann führte er sie trotz ihrer Proteste zu einem Stuhl und bestand darauf, dass sie sich ausruhte.

An den Samstagabenden hatten die Geschäfte länger geöffnet. Menschen schlenderten durch die Straßen und unterhielten sich bei den Klängen zweier Blechkapellen, die an den Straßenecken standen. Martin führte Roxy zu Permewan Wright's, wo sie etliche Meter feinen Batist, Linon und Wollstoffe kauften, aus denen Kleidung für das Baby genäht werden sollte. Roxys Blick fiel auf einen großen Ballen mit blau und weiß gestreiftem Baumwollstoff. Der wäre genau das Richtige für die Vorhänge und Kissen in ihrem Schlafzimmer.

Sie besuchten Sarah gemeinsam. Sarahs Mann Michael war groß und schlank, mit schalkhaft blitzenden Augen. Roxy erfuhr, dass er Buchhalter bei Rich & Co. war, einem gut gehenden Gemischtwarenladen. Die kleine Annie krähte munter, als sie Roxy sah.

»Als wüsste sie alles noch«, bemerkte Sarah lachend und umarmte Roxy. »Roxy hat sie beinahe ganz allein auf die Welt geholt«, berichtete sie Michael stolz.

»Unsinn«, widersprach Roxy und errötete wegen des intimen Themas. »Sie haben das ganz allein geschafft. Ich war nur zufällig zur rechten Zeit da.«

An den Sonntagen fanden Kricket- oder Tennisspiele statt, und abends konnte man für zwei Shilling eine Schifffahrt auf dem Darling unternehmen. Musik – Klavier- und Akkordeonklänge – schallte über das Wasser und vermischte sich mit Gelächter und Gesängen. Roxy musste unwillkürlich an die *Curlew* und an Guy denken.

Roxy und Martin schlenderten am Ufer entlang, vorbei an der Werft, in der die Maschinen und Pumpen der Schiffe repariert wurden. Am Kai waren einige Raddampfer vertäut, und die Fracht wurde über Rutschen und mit Seilwinden entladen. Wie Wirra Downs schickten auch Schaffarmen von Wilcannia und die Stationen im Umkreis von sechzig Meilen ihre Wolle per Schiff nach Bourke, wo sie auf Güterwagons umgeladen und dann nach Sydney transportiert wurde.

Roxy erinnerte sich an die Verwüstung, die von der Flut angerichtet worden war. Waren wirklich nur wenige Monate vergangen, seit das Wasser das Land überschwemmt hatte? »In so kurzer Zeit hat sich sehr viel verändert«, stellte sie fest, als sie über das Land jenseits der Stadt blickte. Rispengras und wilder Indigo erstreckte sich bis in die Ferne, nur hin und wieder unterbrach ein verkümmerter Mulga die Eintönigkeit. Roxy entdeckte eine Kamelkarawane – ungefähr dreißig oder vierzig Tiere zogen dicht hintereinander über Land.

Sie stellte sich auf die Zehenspitzen und drückte einen Kuss auf Martins Mund. »Ich liebe es, mit dir allein zu sein wie jetzt. Niemand stört uns.« Und hier gibt es keine Maggie, hätte sie beinahe noch hinzugesetzt, besann sich aber gerade noch rechtzeitig. »Diese gemeinsamen Tage sind … ja, sie sind fast wie die Flitterwochen, die wir nie hatten.«

Sie seufzte und wandte sich zur Stadt und den im hellen Sonnenschein blitzenden Wellblechdächern um. Bald würden sie nach Wirra Downs – zum Alltagstrott, zu Maggies vernichtenden Blicken und Unfreundlichkeiten – zurückkehren.

»Wir haben so viel, worauf wir uns freuen können«, rief ihr Martin ins Gedächtnis und drückte ihre Schulter. »Ein Baby. In gewisser Weise fängt unser Leben gerade erst an.«

Langsam drehte er sie wieder zu sich um, und sie sah ihm in die Augen. »Ich liebe dich, Roxy«, flüsterte er, und der Wind trug seine Worte fort.

Der Sommer kam mit brütender Hitze. Die Nächte waren am schlimmsten, denn die Hitze legte sich wie eine Decke über das Land – erstickend und drückend. Roxy lag auf dem Bett – das Bettzeug hatte sie ans Fußende geschoben – und lauschte dem Summen der Moskitos. Sie war dankbar für das weiße Netz, das sie nachts schützte, aber sie war auch sicher, dass es jede erfrischende Brise abhielt.

Martin hatte tagsüber auf den Weiden zu tun. Roxy saß Stunden auf der Veranda und wartete auf seine Heimkehr. Am Horizont flimmerte die Hitze. Selbst die Krähen klangen müde und erschöpft.

Sie wusste, dass Martin sie gar nicht gern allein ließ, insbesondere jetzt nicht. Einmal, als er die Vorbereitungen getroffen hatte, um für etliche Tage zur Schafzählung auf die Weiden zu reiten, hatte Roxy gehört, wie er zu Dinnie gesagt hatte: »Du kümmerst dich um die Missus.« Sie hatte gelächelt, weil sie wusste, wie sehr er um ihr Wohlergehen besorgt war, aber seine Fürsorge engte sie allmählich ein, und ein paar Tage später hatte sie ihn darauf angesprochen.

»Das muss aufhören, Martin.«

Er sah sie erstaunt an. »Wovon redest du?«

»Von dem Wirbel, den du um mich veranstaltest. Das treibt mich in den Wahnsinn. Ich bin nicht krank, um Gottes willen, ich bekomme nur ein Baby. Das ist die normalste Sache der Welt.«

Er wirkte so niedergeschlagen, dass sie ihm einen Kuss auf die Wange drückte. »Ich liebe dich«, flüsterte sie.

Dinnie folgte ihr fast auf Schritt und Tritt, bereitete ihre Lieblingsspeisen zu und brachte ihr gekühlte Getränke. Maggie hatte sich kaum zu dem Baby geäußert und Roxy lediglich mit knappen Worten Glück gewünscht; ansonsten nahm sie die bevorstehende Geburt ihres zweiten Enkels mit keinem Wort zur Kenntnis. Bisher hatte sich Doktor Sides Prophezeiung, dass das Baby Maggie gnädig stimmen würde, nicht bewahrheitet.

KAPITEL 16

Die Wochen vergingen, und Roxy fühlte, dass das Baby in ihrem Bauch stetig wuchs: ein winziges Wesen, das schon jetzt ein Teil ihres Lebens und der Beweis ihrer Liebe zu Martin war. Als sich ihr Bauch rundete, spürte sie voller Freude die ersten Bewegungen. Erst waren es nur federleichte Vibrationen, aber allmählich wurden sie kräftiger, realer.

Auf der Veranda war es am kühlsten, und Roxy hielt sich oft dort auf. Die Hitze und die Schwangerschaft strengten sie sehr an. Normalerweise hatte sie ein aufgeschlagenes Buch auf dem Schoß und eine Hand auf den Bauch gelegt, um zu fühlen, wie sich das Kind zusammenrollte und streckte. Sie schaute über das Land und dachte viel nach: über die Zukunft, über Martin und Maggie Dumas.

Vor ein paar Tagen war Maggie in ihr Zimmer gekommen. Dinnie und Porridge waren ihr mit einer großen Truhe gefolgt. »Hier«, keuchte Maggie und fächelte sich mit der Hand Luft zu, während sie den Deckel der Truhe öffnete. Roxy beugte sich neugierig vor. In der Truhe lagen wunderschöne, feine Babykleider.

»Das sind Martins Sachen«, erklärte Maggie mürrisch. »Meine Mutter hat sie genäht. Ich möchte, dass du sie für dein Kind bekommst.«

Typisch Maggie. Barsch, kein Wort zu viel. Aber immerhin war diese Geste ein vages Entgegenkommen. Roxy drehte sich um, um sich bei ihr zu bedanken, doch Maggie war bereits wieder verschwunden.

In der Nacht schmiegte sich Martin an ihren Rücken und legte beschützerisch eine Hand auf ihren Bauch und streichelte sanft ihre Haut. Das beruhigte sie, sodass sie wenigstens zeitweise in tiefen Schlaf fiel.

Weihnachten kam und verstrich. Die Ankunft Guys, Louisas und Davies wurde am ersten Feiertag von einem lauten Tuten angekündigt. Roxy, deren Körper mittlerweile ziemlich schwerfällig geworden war, beobachtete vom Haus aus, wie Maggie ihnen entgegenging.

Louisa lief mit wehenden Röcken über die Veranda und begrüßte Roxy überschwänglich. Sie konnte ihre Freude über die Schwangerschaft nicht verhehlen und machte liebevoll scherzhafte Bemerkungen über Roxys Figur und ihre Unbeholfenheit.

Am späten Nachmittag, als die Hitze etwas nachgelassen hatte, schwammen die Männer im Fluss. Roxy und Louisa saßen am Ufer, während Guy und Martin versuchten, Davie dazu zu bringen, sich an einem dicken Seil zu ihnen zu schwingen. »Spring, Davie, spring«, riefen sie. »Wir fangen dich auf.«

Davie wandte sich seiner Mutter zu, als wartete er auf ihre Erlaubnis. »Nur zu, Liebling«, sagte sie. »Daddy steht bereit.«

Louisa nahm Roxys Hand. Ihre Augen leuchteten. »Ich freue mich so für dich, Roxy. Ein Kind macht eure Ehe komplett. Du musst überglücklich sein.«

»Ja.« Das stimmte. Sie konnte es kaum noch erwarten, ihr Kind in den Armen zu halten, und die Zeit konnte gar nicht schnell genug vergehen. »Und Martin! Er ist wie eine alte Glucke.«

»Er liebt dich«, erwiderte Louisa schlicht. »Das sieht jeder.«

Roxy nickte. Eine leichte Brise wehte über den Fluss und streichelte ihre Wangen. »Und was ist mit dir, Louisa? Davie ist fast drei Jahre alt. Wäre es nicht an der Zeit für ein Brüderchen oder eine kleine Schwester?«

Die Abenddämmerung brach herein, und die Bäume warfen lange Schatten aufs Wasser, das mit schmatzenden Geräuschen gegen das Ufer plätscherte. Louisa schüttelte den Kopf. »Manchmal denke ich, es wird niemals passieren«, flüsterte sie. »Ich liege nachts wach und flehe Gott um ein zweites Kind an. Vielleicht soll es nicht sein.« Sie sah Roxy an und lächelte. »Aber ich habe Davie – und Guy. Ich darf mich nicht beklagen.«

Der folgende Tag war ein fauler, erstickend schwüler Sonntag. Martin bestand darauf, dass sich Roxy am Nachmittag ein paar Stunden hinlegte. Vom Bett aus hörte sie gedämpfte Geräusche von draußen: die Sprenganlage, die von der Rushton-Proctor-Dampfpumpe gespeist wurde, wässerte den Rasen und Horries Gemüsegarten. Vom Tennisplatz klangen das Aufprallen des Balles und das Lachen einer Frau in ihr Zimmer. Louisa? Ganz bestimmt nicht Maggie. Außerdem Davies piepsige Stimme.

Roxy lag reglos da, hatte die Hände auf dem Bauch, während sich das Baby drehte und streckte, und dachte an Louisas drängenden Kinderwunsch.

Sie schaute unwillkürlich zu der angelehnten Tür, die in das kleine Schlafzimmer führte. Sie sah die frisch gestrichene hellgelbe Wand mit der bunten Bordüre auf halber Höhe. In einer Ecke stand eine Wiege aus Korb. Maggie hatte sie zusammen mit einer kleinen Kommode, einer bunt lackierten Spielzeugkiste und einem alten Schaukelpferd vom Dachboden geholt. Die Sachen hatten wie die Babykleider einmal Martin gehört.

Sie nahm eine Bewegung an der Verandatür wahr und hob schläfrig den Kopf. »Bist du das, Liebling?«, rief sie. »Ich bin hier und ruhe mich aus.«

Die Tür wurde geöffnet, und Guy kam ins Zimmer.

»Hallo, Roxy«, begann er und setzte sich auf den Stuhl neben dem Bett. »Fühlst du dich gut? Du liegst schon eine ganze Weile hier. Louisa macht sich Sorgen.«

Er hatte seit seiner Ankunft kaum ein Wort mit ihr gewechselt und sie nahezu ignoriert. Weshalb saß er dann jetzt hier, in ihrem Schlafzimmer, und erkundigte sich nach ihrem Gesundheitszustand?

Roxy nickte. »Ja, mir gehts gut. Ich bin nur ein bisschen müde. Die Hitze, weißt du.«

»Ich wollte mit dir reden – allein.«

Vielleicht hatte er vor, sich wegen seines Benehmens auf der *Curlew* zu entschuldigen. Der Kuss in ihrer Kabine am helllichten Tag! Das hatte sie ihm noch immer nicht verziehen.

»Es ist wegen Louisa«, fuhr er fort.

»Louisa?«

Er sah auf seine Hände. Sie waren groß und von der Sonne gebräunt. Männliche Hände mit langen, schlanken, aber kräftigen Fingern.

»Was ist mit Louisa?«, drängte sie.

Er schaute zu ihr auf. Plötzlich wirkte er verletzlich und verloren wie ein kleiner Junge. Er erhob sich und ging auf und ab. »Sie möchte, dass wir hier leben. Dass wir uns häuslich niederlassen, wie sie es nennt.«

»Ich bin überzeugt, dass sich Maggie darüber freuen würde.«

Guy schüttelte den Kopf. »Aber ich könnte das nicht, verstehst du? Ich würde mich eingesperrt fühlen. Auf dem Schiff ist es ganz anders. Dort bin ich frei wie der Wind und nicht an Regeln gebunden, die andere festgesetzt haben. Ich könnte nicht hier leben.«

Roxy wusste nicht, was sie darauf sagen sollte. Wieso erzählte er ihr das alles? Es war eine Sache, die nur ihn und seine Frau anging. Natürlich wäre es wunderbar, Louisa für immer auf Wirra Downs zu haben.

»Könntest du es nicht wenigstens für eine Weile versuchen?«, schlug sie zögerlich vor. »Für ein paar Monate und unter der Bedingung, dass du wieder aufs Schiff gehen kannst, wenn es gar nicht geht.«

»Nein!« Die Vehemenz erschreckte sie. »Ich könnte nicht wieder hier leben und Gerald Dumas in jedem Schatten sehen …«

Er fuhr sich mit den Fingern durch die Haare und wechselte abrupt das Thema. »Louisa wünscht sich noch ein Baby. Ich weiß, dass sie dir davon erzählt hat.«

»Sie ist eine großartige Mutter, Guy. Es ist nur natürlich, dass sie noch ein Kind haben möchte.«

Er drehte sich um und ging zum Fenster. Roxy wusste, dass er Louisa und Martin auf dem Tennisplatz sehen konnte. »Sie hatte Probleme nach Davie. Der Arzt meinte, sie sollte keine Kinder mehr bekommen und dass es Schwierigkeiten geben würde, aber sie wünscht es sich so sehr.« Sein Gesicht drückte Verzweiflung und Qual aus. »Ich weiß nicht, was geschehen würde, wenn ihr etwas passiert … ich weiß es einfach nicht …« Er hielt inne, als schämte er sich plötzlich für sein Geständnis. »Entschuldige, Roxy. Ich hätte nicht herkommen sollen. Es tut mir Leid …«

»Guy!« Sie stützte sich auf einen Ellbogen und schwang die Beine über den Bettrand. Aber er war schon fort. Seine langen Schritte waren auf den Dielen der Veranda zu hören.

Roxy dachte über die seltsame Unterhaltung nach. Guy hatte schon bei etlichen Gelegenheiten seine Abneigung gegen Martins Vater gezeigt und nie ein freundliches Wort für den Mann übrig gehabt, der ihn adoptiert und ihm ein Zuhause gegeben hatte. Womit hatte Gerald Dumas einen solchen Hass in Guy geweckt? Und was steckte wirklich hinter Guys Widerwillen, auf Wirra Downs zu leben?

Aus unerfindlichen Gründen behagte ihr es gar nicht,

ihr Zimmer zu verlassen und sich zu den anderen zu gesellen. Hier fühlte sie sich sicher wie in einem Kokon, als die langen Schatten über die Wände huschten und die Zikaden die nahende Abenddämmerung ankündigten.

Guy stand unter einem alten Pfefferbaum und beobachtete, wie sich die Gestalten über den Tennisplatz bewegten: Martin lachte, als er sich bückte, um einen Ball aufzuheben. Louisa wartete auf der anderen Seite des Netzes; ihr Gesicht drückte Konzentration aus.

Blasse Haut und das blonde Haar auf dem Kissen … Der Gedanke an Roxy raubte ihm den Atem. »Oh, zum Teufel!«, murrte er beinahe lautlos.

Er fuhr sich erneut durchs Haar, lehnte sich an den Baumstamm und schloss die Augen. Die raue Borke des Baumes drückte sich in sein Fleisch unter dem Hemd. Er merkte voller Unmut, dass heißes Verlangen in ihm aufstieg. Ihre fortgeschrittene Schwangerschaft dämpfte seine Begierde keineswegs. Viele Männer waren in diesem Punkt anders. Er hatte oft Gespräche mit angehört, bei denen sich die Männer erzählt hatten, dass sie sich anderweitig vergnügten, wenn ihre Frauen ein Kind erwarteten. Aber er fand eine Schwangerschaft und die Geburt unglaublich sinnlich. Das Hervorbringen von neuem Leben, die Fähigkeit, einen Teil von sich selbst an die künftige Generation weiterzugeben – das Ganze war nichts anderes als ein großes Wunder.

Aber Roxy? Es verwirrte ihn, dass sie solche Gedanken in ihm hervorrief. Sie war Martins Frau und trug Martins Kind unter dem Herzen. Warum brachte er ihr solche Gefühle entgegen? Wieso faszinierte sie ihn seit ihrer ersten Begegnung am Kai in Goolwa? Sie war keine klassische Schönheit wie Louisa, doch auf fragile Art hübsch. Sie wirkte so zart und zerbrechlich, dass man ihr diese innere Stärke gar nicht zutraute. Ihm war klar, warum sein Bruder sie liebte und sich sofort von ihr angezogen gefühlt hatte. Vorstellungen blitzten in seinem Kopf auf und trübten seine Gedanken. Seine Fantasien gingen zwischen Roxy und Louisa hin und her. Seltsam, dass seine tiefen Gefühle und das eindeutige Verlangen, das er für Martins Frau empfand, seine Liebe zu seiner eigenen und den Respekt nicht schmälerten. Die beiden verschmolzen in seinem Bewusstsein nicht zu einem Wesen, sondern blieben zwei eigenständige Personen. War es möglich, zwei Frauen gleichzeitig zu lieben?, fragte er sich.

Deine Mutter war eine Schlampe, ein Flittchen.

Wie oft hatte ihm Gerald diese Worte entgegengeschleudert und ihm seine uneheliche Geburt vorgehalten? Dutzende Male. Er nahm an, dass er dankbar sein müsste, weil Maggie und er ihn zu sich genommen hatten, aber an Dankbarkeit dachte er nicht in diesem Zusammenhang. Ein Waisenhaus hätte nicht schlimmer sein können. Oder vielleicht doch?, grübelte er nun und dachte an seine Kindheit. Irgendwann vor Wirra Downs hatte er in einem anderen Haus gelebt. Es war düster, verwinkelt und mit klobigen Möbeln eingerichtet gewesen. Und da war eine alte Frau gewesen. Tante Sonstnochwie hatte er sie genannt.

Er hatte versucht, seine Gefühle für Roxy hinter einer Fassade aus Sarkasmus und Spott zu verbergen. War er eifersüchtig auf seinen Bruder? Martin, der mit der Liebe beider Elternteile aufgewachsen war, konnte nicht ahnen, was es hieß, die Bürde der Unehelichkeit tragen zu müssen.

Verpiss dich, du beschissener kleiner Bastard!

Diese Beschimpfung kam ihm wie aus dem Nichts in den Sinn, überraschte ihn. Geralds Stimme. Hatte er das wirklich gesagt? Guy schüttelte wieder den Kopf. So erging es ihm immer, wenn er nach Wirra Downs zurückkam. Erinnerungen bestürmten ihn und verwehrten ihm jeden klaren Gedanken. Fetzen, Kleinigkeiten, die besser im Verborgenen geblieben wären, die ihm Angst machten und das Gefühl gaben, nackt und entblößt zu sein. Und jetzt wollte Louisa, dass sie für immer hier blieben. Davie braucht ein stabiles Zuhause, hatte sie gesagt. Ein Schiff ist kein Ort für ein Kind.

Louisa hat mein Nomadendasein bisher akzeptiert, dachte er verärgert. Als sie ihn geheiratet hatte, war ihr klar gewesen, was für ein Leben er führte. Zur Hölle! Er verfluchte die Launenhaftigkeit der Frauen. Es war unmöglich, hierher zurückzukommen, auch wenn er die Gründe nicht kannte und sich nicht erinnerte – das wollte er auch gar nicht.

Er hatte gehofft, von Roxy Unterstützung zu bekommen, aber schon in dem Moment, in dem er angefangen hatte zu reden, war ihm bewusst gewesen, dass er sich geirrt hatte. Nein! Es war an ihm, die Entscheidung zu treffen. Wenn Louisa die Sprache wieder auf dieses Thema brachte, würde er ihr klipp und klar erklären, dass er auf keinen Fall in Wirra Downs leben wollte.

Er musste fort von hier, musste Louisa und Davie nehmen und wieder flussabwärts fahren, um Distanz zwischen sich und die Erinnerungen zu bringen und sein Leben in den Griff zu bekommen. Er konnte keinen Tag länger in Roxys Nähe ertragen und zusehen, wie Martin sie berührte und umarmte. Wenn er bliebe, wäre es zu spät ... wofür, wusste er allerdings selbst nicht so genau.

»Der Wasserstand des Flusses sinkt«, warnte er beim Frühstück am nächsten Morgen. »Wir sollten an die Abreise denken.«

Louisa sah ihn erstaunt an. »Ich dachte, wir bleiben noch ein paar Tage ...«, begann sie.

»Ich möchte nicht hier festsitzen«, gab er zurück, ohne auf ihre Enttäuschung einzugehen.

Sie legten am folgenden Morgen ab. Als die *Curlew* in Richtung Bourke fuhr, fühlte sich Guy zum ersten Mal seit Tagen entspannt.

Martin befolgte Doktor Sides' Anweisungen und brachte Roxy etwa eine Woche vor dem errechneten Geburtstermin nach Bourke. Sie quartierten sich in Angels schönstem Gästezimmer ein.

Es war März, und sie waren seit genau einem Jahr verheiratet. An ihrem Hochzeitstag schenkte Martin ihr ein Dutzend rote Rosen. »Eine für jeden Monat unserer Ehe«, erklärte er. Roxy war zu Tränen gerührt. In diesen Tagen hatte sie ohnehin nahe am Wasser gebaut; sie sehnte sich nach der Geburt des Babys und hatte ihre Schwerfälligkeit satt.

Ein nagender Schmerz im Bauch weckte sie. Sie blieb liegen und wartete, weil sie nicht wusste, ob sie nicht nur geträumt hatte. Minuten vergingen. Nichts geschah. Sie brauchte einen Schluck Wasser und schwang die Beine über den Bettrand, um zu dem Tisch in der Ecke zu gehen, auf dem ein Krug und ein Glas standen. Der Schein der Straßenlaternen tauchte das Zimmer in ein sanftes Licht. Martin drehte sich im Schlaf um und murmelte etwas Unverständliches.

Plötzlich bewegte sich das Baby heftig. Fruchtwasser lief ihr in einem Schwall die Beine hinunter, während der lange erwartete Schmerz ihr Inneres zu zerreißen schien.

»Martin!« Sie raffte ihr Nachthemd hoch und taumelte auf ihn zu.

Er war sofort hellwach, streckte die Arme aus und half ihr ins Bett. Während Martin loslief, um Doktor Sides zu holen, half Angel Roxy, ein frisches Nachthemd anzuziehen. Minuten vergingen, und die Wehen wurden stärker, hartnäckiger, aber Roxy glaubte, den Schmerz ertragen zu können. Nach den Monaten des Wartens mischten sich Vorfreude und Aufregung mit der Qual. Das Baby stieß gegen die Muskeln und das Gewebe, um sich einen Weg ans Licht der Welt zu bahnen. Roxy war überzeugt, dass es ein Junge war. Und sie hatte auch schon einen Namen ausgesucht: Eric Andrew – nach ihren lange verstorbenen Brüdern.

Doktor Sides untersuchte sie und tastete sie mit erfahrenen Händen ab.

»Wie lange wird es dauern?«, fragte sie ungeduldig.

Der Doktor schüttelte den Kopf. »Das kann beim ersten Kind niemand voraussagen«, erwiderte er. »Aber Sie sind jung und bei guter Gesundheit. Es lässt sich sicher nicht über Gebühr lange Zeit, meine Liebe.«

Tageslicht. Die ersten schwachen Sonnenstrahlen fielen durchs Fenster. Vögel zwitscherten. Die Wehen wurden noch stärker und raubten Roxy den Atem. Die Vorfreude verflüchtigte sich. Sie fühlte, wie sich ihr Gesicht vor

Schmerz und Anstrengung verzerrte. Wenn die Krämpfe ihren Höhepunkt erreichten, konnte sie ein leises Stöhnen nicht unterdrücken. Doktor Sides schickte Martin hinaus. Martin sah sie an und hielt ihre Hand fest, während er sich zur Tür wandte, als wollte er sie nicht loslassen. Roxy schloss die Augen, weil sie die nächste Wehe überrollte, und als sie wieder durchatmen konnte, war Martin nicht mehr da.

Wehe nach Wehe erfasste sie, und wenn eine nachließ, begann die nächste. Erschreckend, beängstigend, unkontrollierbar. In den kurzen, wertvollen Verschnaufpausen fragte sich Roxy, wie sie jemals so naiv gewesen sein konnte. Was hatte sie erwartet? Sie hatte Sarah bei ihrer Niederkunft erlebt und hätte eigentlich vorbereitet sein müssen. Erschöpft drückte sie den Kopf aufs Kissen, aber schon im nächsten Moment wölbte sich ihr Körper nach oben. Erst bei Einbruch der Nacht, als sie glaubte, keine weitere Wehe mehr aushalten zu können, kam ihr Sohn auf die Welt. Sie presste ein letztes Mal, und Doktor Sides zeigte ihr kurz darauf das Baby. Der Schmerz war wie durch ein Wunder verschwunden.

Später, als sie zusah, wie ihr Kind an ihrer Brust trank, wallten eine unendliche Liebe und Stolz in ihr auf. Martin beugte sich zu ihr und tätschelte vorsichtig das Köpfchen des Babys.

»Roxy«, murmelte er, nachdem Angel ihren Sohn weggebracht hatte, um ihn zu waschen, »ich glaube, ich bin der glücklichste Mann der Welt.« Er küsste sie, um ihr zu zeigen, wie er empfand.

TEIL III

Martin

1891–1893

KAPITEL 17

Roxy stellte sich hinter Martin und schlang die Arme um ihn. »Müde?«, fragte sie.

»Mmm.« Er saß seit Stunden am Schreibtisch, um den Papierkram für die Farm zu erledigen. Sein Nacken und die Schultern waren schon ganz verspannt. Er lehnte sich zurück und genoss die Wärme, die von Roxys Körper ausging.

Als sie ihn losließ, drehte sich Martin auf seinem Stuhl zu ihr um. Sie lächelte ihn rätselhaft an wie eine Frau mit einem Geheimnis. Das Licht der Lampe schimmerte auf ihrer Haut und betonte die Linien ihres Gesichtes und die Kuhle an ihrem Hals. Ihr Haar war noch feucht, und sie roch schwach nach Lavendelwasser – offenbar kam sie gerade aus dem Bad. Sie trug einen losen kimonoartigen Morgenrock, der in der Taille von einer Schärpe zusammengehalten wurde. Behutsam schob Martin den Stoff auseinander, schmiegte den Kopf an ihre Brüste und küsste das weiche Fleisch.

»Kommst du ins Bett?«, fragte sie in einladendem Ton und strich mit den Fingerspitzen über seine Wange. Ein Wonneschauer durchlief ihn. Das war das beste Angebot des ganzen Tages. Andererseits war die Arbeit, die sich auf dem Schreibtisch türmte, kein Vergnügen. Rechnungen, hauptsächlich Rechnungen, dachte er unmutig, doch er musste sich darum kümmern. Maggie war in letzter Zeit nicht dazu gekommen. Im Moment hatten sie alle Mühe, die täglichen Arbeiten zu bewältigen.

Widerstrebend schüttelte er den Kopf und verfluchte im Stillen sich selbst und die Papierstapel. »Tut mir Leid, Liebling. Ich muss mich heute noch durch diese Unterlagen wühlen. Das dauert noch ein paar Stunden.«

Roxy schmollte wie ein kleines Kind, presste sich verführerisch an ihn und liebkoste sein Ohr. »Kann das nicht bis morgen warten? Vielleicht könnte ich dir dann helfen.«

Martin drehte sich wieder zum Schreibtisch um und versuchte, nicht mehr an ihre Nähe zu denken. Sie war eine Verlockung, und es wäre ein Leichtes, die Lampe zu löschen und mit ihr ins Schlafzimmer zu gehen, sie in die Arme zu nehmen und sie zu lieben, bis sie vor Freude aufschrie. Aber das konnte er nicht. Maggie erwartete, dass die Rechnungen am nächsten Tag zur Bezahlung bereitlagen.

»Ich reite morgen auf die äußeren Weiden, schon vergessen? Ich werde einige Tage fort sein«, erinnerte er sie.

»Kann ich dir dann jetzt helfen?« Roxy ließ nicht locker. »Wir könnten in der Hälfte der Zeit fertig werden. Und ich sollte sowieso allmählich mehr über die Farm lernen.«

Martin schüttelte wieder den Kopf. Er hatte versucht, sie von allen Schwierigkeiten abzuschirmen, weil er nicht wollte, dass sie sich um die Finanzen sorgte. Viehtreiber und Arbeiter mussten bezahlt und Vorräte eingekauft werden – für alles wurde Geld gebraucht. Sie waren knapp bei Kasse, obwohl die Dinge im Grunde so gut liefen, wie sie es erwarten konnten. Die Schafe lammten wieder, und wenn seine Schätzungen korrekt waren, dann würden sie bald eine Herde von fünftausend Tieren haben.

Er sah sie mit einem bedauernden Lächeln an. »Zerbrich dir nicht deinen hübschen kleinen Kopf deswegen. Es ist langweiliges Zeug, und ich bin sicher, dass du diese Arbeit hassen würdest. Ich wünsche mir nur, dass du hier auf mich wartest, wenn ich nach Hause komme, mein liebes Frauchen«, setzte er schelmisch hinzu.

Sie rümpfte die Nase und versetzte ihm einen spielerischen Schlag. Dann legte sie wieder die Arme um ihn und öffnete langsam die obersten Knöpfe seines Hemdes. Ihre Lippen streiften sinnlich über seinen Hals; ihre Finger spielten mit dem Haar auf seiner Brust. Die federleichten Berührungen weckten sein Verlangen.

»Nun …«, begann sie gedehnt, während sie sich noch näher zu ihm beugte und ihre Wange an seiner rieb. Er spürte, wie ihre Brüste über seinen Rücken streiften.

»O Gott, Roxy!«, ächzte er, als er auf die Füße kam.

Neben dem Fenster stand ein langes Sofa, dessen Bezug schon abgenutzt und glänzend war. Dort führte er sie hin, legte sie auf den Brokat und löste die Schärpe ihres Morgenrocks. Der Anblick ihres nackten Körpers erregte ihn immer wieder. Jetzt, einige Monate nach Erics Geburt, war er wieder schlank und fest, und man sah ihr nicht an, dass sie vor kurzem ein Kind auf die Welt gebracht hatte. Er streichelte ihre Brüste, ihren Bauch und ihre geheimste Stelle.

Es waren die intimen Stunden wie diese, die Martin für die langen Tage entschädigte, die er ohne seine Frau auf den Weiden weit weg vom Farmhaus verbringen musste.

Wenn er Zäune flickte, Schafe zusammentrieb, verging keine Stunde, in der er nicht an Roxy dachte.

Roxy ... und jetzt Eric. Zwei Menschen, die für ihn so kostbar waren wie die edelsten Juwelen. Er liebte es, sie mit dem Kind zu sehen. Die Art, wie sie ihm die Brust gab und sanft die Lippen auf das Köpfchen mit dem Flaum drückte, rief eine Zärtlichkeit, die fast schmerzte, in ihm wach. Manchmal versuchte er, sich ein Leben ohne sie vorzustellen, daran zu denken, wie es auf Wirra Downs gewesen war, bevor er sie geheiratet hatte – es gelang ihm nicht. Es kam ihm so vor, als wäre sie schon sein ganzes Leben bei ihm.

Später, als sie in ihr Zimmer gegangen war, saß er am Schreibtisch und war unfähig, sich auf seine Arbeit zu konzentrieren. Seine Gedanken waren nur bei Roxy und den Wonnen, die sie gerade gemeinsam erlebt hatten.

»Verdammt!«, murrte er und verfluchte seine Zerstreutheit. Roxy übte immer diese Wirkung auf ihn aus. Er stand auf und ging zu dem kleinen Schränkchen in der Ecke. Maggie bewahrte dort stets einen guten Tropfen auf – eine Gewohnheit, die sie sich aus den Tagen vor Geralds Tod bewahrt hatte. Martin goss sich einen großen Schluck Brandy ein, drückte das Glas nachdenklich an seine Wange, ehe er sich wieder an den Schreibtisch setzte.

Das vergangene Jahr war nicht einfach gewesen, dafür hatten die örtlichen Gewerkschaften gesorgt. Nach dem Hochwasser war die Lage angespannt, und viele Schafzüchter forderten eine Kürzung der Schurkosten und behaupteten, die früheren Löhne der Scherer nicht mehr bezahlen zu können. Ohne Rücksicht auf die Abmachungen mit den Gewerkschaften der Scherer und Farmarbeiter bestanden sie darauf, individuelle Vereinbarungen mit den einzelnen Arbeitern zu treffen, und erklärten, dass die Männer als nicht organisierte Tagelöhner die Bedingungen annehmen mussten, die die Farmer vorgaben.

Die Männer, die sich den Forderungen der Viehzüchter beugten, wurden von den Gewerkschaftlern boshaft als »Scabs« oder »Blacklegs« gebrandmarkt. Martin hasste diese Bezeichnungen, weil sie die Abweichler auf eine Stufe mit Ungeziefer stellten. Aber die Gewerkschaftler betrachteten sie tatsächlich als Abschaum und Verräter, die niedrigere Löhne in Kauf nahmen, um eine sichere Arbeit zu bekommen, während alle schwer zu kämpfen hatten, um sich den Lebensunterhalt zu verdienen. Einige hundert Gewerkschaftler hatten einen Streikposten in Bourke auf der gegenüberliegenden Flussseite eingerichtet. Martin vermutete, dass die Geldmittel der Männer sehr knapp waren, aber die Gewerkschaften stellten ihnen Verpflegung und gelegentlich auch Bier zur Verfügung. Und die Streiks und Unruhen beschränkten sich nicht nur auf den Westen. Die Carrier' Union hatte ein Verbot für den Transport von Wolle verhängt, die von nicht organisierten Scherern geschoren worden war, und die Hafenarbeiter und Schifffahrtsgesellschaften hielten sich ebenfalls an diese Bestimmung und deklarierten solche Frachten zur »schwarzen Ware«. Guy hatte sich ebenfalls strikt geweigert, eine solche Fracht an Bord der *Curlew* zu nehmen.

»Du solltest diese Gewerkschaftler sehen«, sagte er bei einem kurzen Besuch zu Martin. »Es sind Verrückte, wenn du mich fragst. Sie schmeißen vom Ufer aus mit Steinen und brennenden Stöcken auf manche Dampfer. Einige Kapitäne haben Drahtnetze um ihre Schiffe gespannt. Wenn ein Feuer ausbricht, kann unter Umständen ihre gesamte Lebensgrundlage in Rauch aufgehen.«

Martin nickte. Die Situation war gefährlich. Die Scherer kämpften um ihre Rechte, die Schiffskapitäne um ihre. Er kannte die Zwangslage der Viehzüchter, dennoch verstand er auch die Scherer. Über das ganze Land schallte der Kampfruf der Gewerkschaftler: »Die Schurhallen gehören in die Hand der Gewerkschaft, oder es wird nicht mehr geschoren.«

Wirra Downs erreichte die Nachricht, dass ein Kontingent von freien Arbeitern nach Bourke gekommen war, die zu den Farmen Gundabook und Dunlop wollten. Die Geschäftsleute in der Stadt befürchteten Unruhen und stellten Nachtwachen auf, die ihre Läden schützen sollten. Aber zum Glück gab es keine Probleme.

Die Gewerkschaften kämpften nicht nur um feste Lohntarife, sondern auch für bessere Arbeits- und Lebensbedingungen in den Schurhallen. Die Unterkünfte für die Scherer waren in manchen Stationen – im Gegensatz zu denen auf Wirra Downs – nicht besser als Schweineställe. Dort gab es keine Betten, und die Scherer mussten sich mit Strohsäcken zufrieden geben. Das Essen war schlecht – Hammelfleisch und Maiskuchen zum Frühstück, Mittag- und Abendessen –, und sanitäre Einrichtungen gab es oft gar nicht. Die Arbeiter mussten alles, was sie brauchten, in dem Laden auf der Farm kaufen, und die Farmbesitzer verlangten exorbitante Preise.

Martin hatte immer versucht, fair zu bleiben und nur so viel zu verlangen, dass seine eigenen Kosten gedeckt waren. »Wenn ich sie übervorteile«, erklärte er Maggie, »dann verletzen sie die Schafe beim Scheren mehr als normalerweise, schneiden Löcher in die Vliese und so weiter. Wir wollen keine Schwierigkeiten auf Wirra Downs. Wenn unser Ruf verdorben ist, werden wir höllische Probleme haben, gute Scherer zu bekommen. Es zahlt sich letzten Endes aus, wenn wir uns anständig verhalten, und wir können uns im nächsten Jahr die Männer selbst aussuchen.«

Er behielt Recht, und seine Bemühungen hatten sich bereits gelohnt. Seit zwei Jahren wurde zum ersten Mal wieder auf Wirra Downs geschoren, und schon jetzt, Anfang Juli, liefen die Vorbereitungen für die Schursaison in zwei Monaten. Die meisten Scherer, die sie brauchten, hatten ihre Hilfe zugesagt.

Aber die Unruhen bereiteten Martin Sorgen. Roxy sollte in der nächsten Woche mit Eric zu einer Untersuchung bei Doktor Sides fahren. Er hatte geplant, sie mit Porridge, dem Viehhüter, und der Kutsche in die Stadt zu schicken, doch jetzt kamen ihm doch Bedenken. Aber es war undenkbar, sie zurückzuhalten. Er wusste, wie sehr sie sich darauf freute, Angel ihr Baby zu zeigen, das jetzt schon fast vier Monate alt war. Martin nahm sich mit einem Seufzer seine Schreibarbeit vor und bemühte sich, seine Aufmerksamkeit voll und ganz der anstehenden Aufgabe zu widmen.

Erst nach zwei Uhr war er fertig. Seine Augen brannten, und er spürte ein Pochen in den Schläfen. Etliche Gläser Brandy hatten ihn bei der Arbeit unterstützt, und als er sich mit steifen Gliedern erhob, beschloss er, sich noch einen einzuschenken. Das würde ihm helfen, schneller einzuschlafen, redete er sich ein. Obwohl er körperlich vollkommen erschöpft war, kam sein Verstand nicht zur Ruhe. Tausend Gedanken und Ideen gingen ihm durch den Kopf. Mit dem Glas in der Hand schlich er über den Flur.

Jetzt, im Winter, waren die Nächte kalt, und Martin konnte es kaum erwarten, in das schon vorgewärmte Bett zu kriechen und sich an seine Frau zu kuscheln. Eine lose Diele knarrte unter seinen Füßen, und er nahm sich vor, diesen Schaden bei nächster Gelegenheit zu reparieren. Das Haus war ganz still und schien zu schlafen, als wollte es neue Kräfte für den folgenden Tag sammeln. Der Wind rüttelte an den Fenstern und peitschte die Bäume.

Plötzlich hörte Martin ein leises Wimmern. Martin blieb vor der Tür stehen. Ein kalter Luftzug umwehte beißend seine Knöchel. Es war kein Laut mehr zu hören. Wahrscheinlich hatte er sich geirrt. Aber nein! Da war es wieder, ein eigenartiges Schniefen. Bestimmt ist Roxy bei ihm, dachte er. Ich gehe hinein und warte, bis sie ihn wieder in den Schlaf gewiegt hat. Er öffnete leise die Tür.

Das Kinderzimmer hatte zwei Zugänge – einen vom Flur und einen von dem großen Schlafzimmer, das Martin mit Roxy teilte. Nachts brannte immer ein Licht, das ganz heruntergedreht war und den Raum nur schwach beleuchtete. Martin blieb erstaunt stehen. Die Verbindungstür zum Schlafzimmer war geschlossen, doch es stand jemand im Dunkeln und wiegte sich langsam hin und her.

Es war Maggie. Eric lag friedlich in ihren Armen und betrachtete staunend das Gesicht seiner Großmutter. Trotz der trüben Beleuchtung sah Martin die glitzernden Tränen, die lautlos über Maggies Wangen liefen.

Sie schnüffelte ein wenig und hob den Kopf, als versuchte sie, die Tränenflut zurückzuhalten. »O Eric, mein wundervolles Kind«, flüsterte sie und drückte ihn an sich. Eric protestierte erstickt, und Martin trat vor.

Maggie wirbelte überrascht zu ihm herum. »O Martin, du hast mich erschreckt. Ich bin aufgestanden, um mir ein Glas Wasser zu holen, aber dann habe ich gehört, wie Eric weinte. Roxy hat geschlafen, deshalb dachte ich …« Sie brach ab.

Sie wandte sorgsam das Gesicht ab, um ihre Tränen zu verbergen, legte Eric in den Arm seines Vaters und ergriff die Flucht.

Martin stand mit dem Brandyglas in der Hand und seinem Sohn auf dem anderen Arm mitten im Zimmer und blinzelte verwundert. Er fragte sich, was das gerade gewesen war.

Die Kutsche rollte über die Straße, Schlamm spritzte von den Hufen der Pferde auf. In der Nacht hatte es geregnet, nicht stark, doch genug, um den Boden aufzuweichen und die Luft vom Staub zu reinigen. Roxy drehte den Kopf, sah Porridge an und grinste. Wie es schien, hatte er sich darauf gefreut, sie nach Bourke zu begleiten. Jetzt hielt er die Zügel locker in der Hand.

Eric lag, eingemummelt in eine Decke und friedlich schlafend, in seinem Korb zwischen ihnen. Es war kalt, und Regenwasser tropfte von den Bäumen. Die Sonne versuchte, die Wolken zu durchbrechen, und schickte einen Strahl durch eine Lücke, der sich in vielen Farben brach.

»Oh, sieh mal!«, rief Roxy und deutete mit dem Finger. »Ein Regenbogen.«

Der Regenbogen kam ihr vor wie ein gutes Omen. Erst gestern Abend hatte Martin versucht, ihr auszureden, nach Bourke zu fahren. »Es hat in letzter Zeit einige Probleme in der Stadt gegeben«, hatte er erklärt. »Einige

Farmbesitzer haben einen ganzen Zug voller nicht organisierter Scherer hergebracht, und man munkelt, dass in den nächsten Tagen noch weitere ankommen. Ich möchte nicht, dass du und Eric in einen Tumult geratet. Es wäre besser, sich für eine Weile von Bourke fern zu halten.«

Aber Roxy hatte nichts davon hören wollen; sie konnte es kaum erwarten, Angel zu zeigen, wie groß ihr Sohn schon geworden war. Und Doktor Sides war sicher mächtig stolz, dass Eric so prächtig gedieh. Martin hatte ihr vorgeworfen, dickköpfig und eigensinnig zu sein, doch letzten Endes hatte sie sich durchgesetzt.

Roxy warf einen Blick auf ihren Sohn, der nach wie vor fest schlief. Alle sagten, mit dem blonden Haar und den blauen Augen sei er das Ebenbild Martins. Sogar Maggie gab das widerwillig zu, wenn sie jemand darauf ansprach. In letzter Zeit hatte Roxy eine leichte Veränderung im Verhalten ihrer Schwiegermutter bemerkt. Maggie kam ihr sanfter und zugänglicher vor, insbesondere wenn es um das Baby ging. Obwohl sie sich kaum mit Eric abgibt, dachte Roxy bitter. Wie Martin war auch Maggie selten im Haus.

Roxy seufzte und sah Porridge an. Er war jetzt schon ein gutes Jahr auf Wirra Downs, und sie wusste, dass Martin die Arbeit des Mannes wertschätzte, der mit ihm die Schafherde von Südaustralien hierher getrieben hatte. Er war groß und kräftig, und Roxy schätzte ihn auf Anfang, Mitte zwanzig. Obschon er aus dem Süden kam, schien er sich hier sehr wohl zu fühlen und hatte keine Schwierigkeiten, Anschluss bei den anderen Aborigines zu finden. Er wohnte mit ihnen in der Nähe des Flusses in einer der Hütten aus Rinde und Wellblech. Die Flut von achtzehnhundertneunzig hatte das Lager fortgeschwemmt, aber die Hütten waren schnell wieder aufgebaut; sie waren einfach und zum Teil windschief, doch sie schienen den Ansprüchen der Leute zu genügen.

Die Kultur der Aborigines faszinierte Roxy. Martin hatte ihr von ihren Bräuchen und ihrem Glauben erzählt. Die Gruppe stammte von einer der beiden mütterlichen Linien, von Makwara oder Kilpara, ab. Jeder Aborigine gehört zu dem Stamm seiner weiblichen Vorfahren, und eine Heirat innerhalb des eigenen Stammes ist verboten.

Roxy lächelte schelmisch. Wenn Porridge irgendwann Dinnie heiraten wollte, dann würde es keine Probleme geben. Sie sah ihn wieder an. »Dinnie ist eine ziemlich gute Köchin, findest du nicht auch, Porridge?«

Er zuckte mit den Schultern. »Ich glaube schon, Miss Roxy.« Er schüttelte die Zügel, als wollte er die Pferde zu größerer Eile antreiben.

»Und sie ist hübsch. Findest du sie auch hübsch?«

Porridge wandte sich verlegen ab. »Ich weiß nicht, Missus.«

»Ich habe beobachtet, wie du sie ansiehst«, fuhr Roxy verschmitzt fort, »wenn du denkst, es merkt niemand.«

Er drehte sich zu ihr und starrte ihr, ohne zu blinzeln, in die Augen. Ein schüchternes Lächeln umspielte seine Mundwinkel. »Ja, ich denke, sie ist ganz hübsch«, räumte er schließlich bedächtig ein, als hätte er zum ersten Mal darüber nachgedacht. »Und sie bereitet eine gute Pastete zu.«

Er konzentrierte sich wieder auf die Pferde. Für ihn war das Thema abgeschlossen, doch Roxy ließ nicht locker.

»Du könntest sie heiraten, weißt du, eine ehrbare Frau aus ihr machen. Und Narairee braucht einen Vater.«

»Narairee hat schon einen Vater!«, gab er verärgert zurück.

»Weißt du, wer Narairees Vater ist?« Wer hatte es ihm erzählt?

»Nein. Porridge will gar nichts von solchen Sachen wissen. Besser so, oder? So wird niemand verletzt.«

Roxy schwieg und dachte über sein Verhalten nach. Es war nicht zu übersehen, dass er Dinnie mochte. Trotzdem hatte er angespannt und verschlossen reagiert, als sie Dinnies Tochter erwähnt hatte.

»Ah, nein«, sagte er traurig, als die Fleischkonservenfabrik am Stadtrand von Bourke in Sicht kam. »Ich glaube nicht, dass Dinnie einen schwarzen Mann haben will. Sie hat sich an das Leben der Weißen gewöhnt.«

KAPITEL 18

In der Ferne, auf der Ebene im Osten, sah Roxy Wellblechdächer und dahinter die Häuser und Geschäfte. Bourke. Bei diesem Anblick hatte sie jedes Mal das überwältigende Gefühl, nach Hause zu kommen, als hätten die Wochen während der Flut sie auf unerklärliche Weise für immer mit der Stadt verbunden.

Es erstaunte sie immer wieder, dass Bourke wie aus dem Nichts aufragte. So weit das Auge reichte, war flaches Land; der einzige Blickfang war der Mount Oxley im Osten: eine ferne Erhebung am Horizont. Im Umkreis von hunderten von Meilen erstreckte sich nur Busch, gelegentlich stand da eine Hütte oder ein Farmhaus. Und der Fluss, die Lebensader des Landes, wand sich durch das Land wie eine gigantische Schlange. Mittendrin lag die Stadt wie eine Oase in der Wüste.

Sie hielten am Bahnhof, wo Waren aus Sydney, die nach Wirra Downs geschafft werden mussten, zur Abholung bereitstanden. »Sie bleiben hier, Miss Roxy«, sagte Porridge, als er die Kutsche zum Halten brachte. »Ich hole die Sachen für den Boss.«

Roxy sah jenseits des Bahnhofs den Feldweg, der zum Friedhof führte. Ein Hund, ein räudiger Straßenköter, schlich aus dem Gestrüpp und ging schnüffelnd an der Eisenbahnschiene entlang. Eine einsame Krähe kreiste über ihm und wartete. Weiter hinten markierte ein Puffer aus Holz und Metall das Ende der Gleise. Hier war Schluss. Bourke war die Endstation der Linie. Auf der einen Seite waren ein Lagerhaus, Schafpferche und leere Güterwagons, in denen lebende Tiere transportiert wurden. Gleise zweigten von der Hauptlinie ab und führten im Bogen zurück. Hier wurden die Lokomotiven für die Rückfahrt ans andere Ende des Zuges angekoppelt.

Windböen wirbelten trockenes Laub über den Boden. Eric wimmerte, und Roxy nahm ihn aus dem Korb und flüsterte ein paar Worte, um ihn zu besänftigen. Er schmatzte hungrig, doch hier konnte sie ihn nicht stillen. Sie steckte ihren kleinen Finger in seinen Mund und spürte, wie er daran saugte.

Wo blieb Porridge? Er war schon lange fort. Roxy schaute zu der Gepäckausgabe und rechnete damit, dass Porridge jeden Moment um die Ecke kam. Die Ankunft des Zuges stand kurz bevor, und auf dem Bahnsteig hatte sich eine ungewöhnlich große Menschenmenge versammelt. Roxy erinnerte sich an Martins Warnungen und fragte sich, ob die nicht organisierten Scherer mit diesem Zug ankommen würden. Eric wurde unruhig und fuchtelte aufgebracht mit den Ärmchen durch die Luft. Roxy setzte ihn auf ihren Schoß und hoffte, dass er sich von den Geräuschen und den Bewegungen in der Umgebung ablenken ließ.

Minuten verstrichen. Noch immer war von Porridge keine Spur zu sehen. Ein durchdringender Pfiff kündigte den Zug an. Er rollte in den Bahnhof und kam mit einem lauten Knirschen zum Stehen. Männer spähten ängstlich durch die staubigen Fenster auf den Bahnsteig. Die wartende Menge drängte zu den Wagons, schlug auf die geschlossenen Fenster ein. Die Luft schien zu knistern, die Feindseligkeit war beinahe mit Händen zu greifen.

»Verdammte Scabs«, schrie ein Mann und drohte mit der Faust. »Ihr würdet uns das letzte Hemd vom Leib reißen, unsere Arbeit stehlt ihr uns ja schon!«

»Ja«, bekräftigte ein anderer. »Warum schließt ihr euch nicht der Gewerkschaft an wie wir?«

Roxy drückte Eric an sich und legte instinktiv den Arm vor sein Gesicht, um ihn abzuschirmen. Wovor, wusste sie selbst nicht. Ein großer Wagen kam polternd zum Stehen. Ein Dutzend Polizisten sprangen heraus und rannten auf den Bahnsteig. »Zurück! Zurück!«, riefen sie und schwangen ihre Schlagstöcke hoch über den Köpfen. Die Leute schienen sie kaum wahrzunehmen.

Zögerlich kamen die Fahrgäste an die Türen und hielten ihre Habseligkeiten an sich gepresst. Einer der Männer auf dem Bahnsteig trat vor. Roxy erkannte ihn als den örtlichen Gewerkschaftsführer. »Jeder knöpft sich einen Mann vor!«, befahl er, als die Menge zu den Wagons drängte. »Bringt sie zum Gewerkschaftsbüro, lasst sie unterschreiben und den Beitrag zahlen, bevor sie zu den Schurhallen aufbrechen.«

Das Stimmengewirr wurde lauter, als der erste Mann ausstieg. Er wurde sofort bedrängt. Jetzt sprang einer nach dem anderen vom Zug. Einige ließen sich anstandslos wegführen, andere versuchten wegzulaufen. Sie kamen auf Roxy zu, wichen ihren Verfolgern nach Möglichkeit aus, wurden dann aber doch zu Boden gerissen. Ein paar Männer drängten sich an die Kutsche und brachten sie gefährlich zum Schwanken.

Die Pferde wieherten und scheuten vor dem Aufruhr zurück, stiegen hoch und schlugen aus. Roxy befürchtete ernsthaft, dass sie jemanden unter ihren Hufen zermalmen würden. Eric fing an zu weinen. Roxy nahm ihn in einen Arm und versuchte, mit der anderen Hand nach den Zügeln zu greifen.

»Miss Roxy! Miss Roxy!«

Sie sah auf und suchte mit Blicken die aufgebrachte Menge ab. Porridge bahnte sich einen Weg durch den Wirrwarr und strengte sich mit vor Angst weit aufgerissenen Augen an, zu ihr zu gelangen.

»Wir müssen weg von hier«, keuchte er, während er zwei große Holzkisten hinter den Kutschbock stellte. »Gott, Miss Roxy, der Boss bringt mich um, wenn er erfährt, dass ich Sie hierher zu diesem Mob gebracht habe.«

Er zog scharf an den Zügeln, wendete die Kutsche und trieb die Pferde an. Roxy drehte sich noch einmal um und beobachtete, wie ein paar Männer aus dem Zug sprangen, die Gleise entlangrannten und in den Büschen verschwanden.

Angel scheuchte Roxy und das Baby ins Haus und wies Porridge an, die Kutsche und die Pferde im Hof hinter dem Hotel in Sicherheit zu bringen.

»So sehr ich mich auch freue, dich zu sehen, Liebes«, erklärte sie, während sie erstaunlich schnell die Treppe hinauflief, »muss ich mich wirklich fragen, wieso dich Martin ausgerechnet jetzt in die Stadt kommen lässt. Dieser Ort ist zurzeit das reinste Irrenhaus.«

Roxy sah ihre Freundin mit großen Augen an, als sie in das Zimmer kamen, das Angel für sie und Eric hergerichtet hatte. Porridge würde im Stall bei den Pferden schlafen. »Was geht hier eigentlich vor?«, fragte sie. »Wir waren am Bahnhof, als der Zug einfuhr. Dort ist alles in Aufruhr, und Männer laufen herum.«

Angel wandte sich zur Tür. »Das erkläre ich dir, wenn ich wieder zurück bin. Zuerst soll sich Angus um dein Gepäck kümmern.« Und schon war sie verschwunden.

Roxy setzte sich aufs Bett, knöpfte ihre Bluse auf und legte das Baby an die Brust. Eric beruhigte sich sofort und legte die Händchen auf ihre Haut.

Nach einer Weile kam Angel zurück und zog einen Stuhl ans Bett. »Roxy«, begann sie. »Ich halte es für keine gute Idee, wenn du bleibst. Nicht mit Eric. Die Männer, die du am Bahnhof gesehen hast, sind nicht organisierte Arbeiter, die ein paar Farmer hergebracht haben, um den Streik zu brechen. Die Gewerkschaftler sind kampfbereit, und es könnte großen Ärger geben.«

Roxy schüttelte den Kopf. »Ich kann jetzt nicht zurück. Es ist zu spät. Außerdem muss ich einiges besorgen.«

»Sie haben zusätzliche Polizisten hergebracht.«

Roxy sah ihre Freundin mit hochgezogenen Augenbrauen an. »Du kannst mich nicht von hier verscheuchen,

Angel. Martin meinte, ich könnte eine Woche bleiben, und hier bin ich. Ich fahre nicht zurück! Noch nicht. Ich habe mich so sehr darauf gefreut, in die Stadt zu kommen – schon seit wir nach Erics Geburt nach Wirra Downs zurückgefahren sind.«

Angel beugte sich vor und legte die Hand um Erics Köpfchen. »O Roxy, das klingt ja so, als wäre Wirra Downs ein Gefängnis und nicht dein Zuhause. Ist es so schlimm?«

»Nicht, wenn man herrschsüchtige Schwiegermütter und Häuser mit finsteren Geheimnissen mag.« Roxy bemerkte Angels fragenden Blick und lachte, dann legte sie Eric in Angels Arme. »Lass ihn ein Bäuerchen machen, während ich mich schnell wasche. Ich bleibe eine Woche hier, und nur eine größere Katastrophe kann mich von diesem Vorhaben abbringen.«

An diesem Abend waren die Gäste im Pub lauter als sonst. Roxy hörte in ihrem Zimmer darüber die dröhnenden Stimmen und Kampfgeräusche. Nach der Sperrstunde – Eric lag schon längst in seinem Bettchen – ging sie hinunter und half Angel, die Bar aufzuräumen.

Es war schon ziemlich spät, als jemand an die Tür klopfte. »Wir haben geschlossen!«, rief Angel und wischte sich mit dem Handrücken eine Haarsträhne aus dem Gesicht.

Wieder ein Klopfen, diesmal war es beharrlicher.

Angel seufzte und verdrehte die Augen. »Die Gottlosen finden keine Ruhe«, sagte sie lachend. Aber ihre Stimme klang schwach, und Roxy sah, dass ihre Freundin todmüde war. Zuvor hatten Angus und sie alle Hände voll zu tun gehabt, die streitlustigen Männer aus der Bar zu bekommen, die außer sich waren, weil »Scabs« in die Stadt geholt worden waren, um den Streik zu brechen. Der Zorn auf die Farmbesitzer kochte immer mehr hoch. Roxy hatte in ihrem Zimmer alles mit angehört.

Sie ging zur Spüle, neben der jede Menge schmutziger Gläser standen, und Angel wandte sich zur Tür. »Wahrscheinlich ist das jemand von der Polizei, der nachsehen will, ob wir die Sperrstunde auch wirklich einhalten. Und ich habe heute ein Dankgebet zum Himmel geschickt, als der Letzte draußen war«, brummte Angel, als sie den schweren Riegel zurückzog.

Im nächsten Moment drängten lauter Männer in die Bar. Sie waren gekleidet wie Vagabunden aus der Stadt mit hageren, hungrigen Gesichtern. Roxy erschrak. Einige von ihnen ähnelten den nicht organisierten Arbeitern, die am Nachmittag in den Busch geflohen waren. Angel baute sich wortlos vor ihnen auf und verschränkte die Arme vor der Brust.

Ein Mann, der der Anführer der Gruppe zu sein schien. trat vor und nahm den Hut ab. »Ma'am, wir dachten, dass Sie vielleicht einige Betten für uns frei haben.«

»Nein!«

Roxy sah ihre Freundin erstaunt an. Was war los mit Angel? Die meisten Gästezimmer standen um diese Jahreszeit leer.

»Dann vielleicht eine warme Mahlzeit?«

»Nein!«

»Bitte, Ma'am …«, flehte der Mann verzweifelt.

Angel deutete mit dem Kinn auf die zerlumpten Kerle, die schweigend dastanden. »Was seid ihr? Scabs?«

Der Anführer ging noch einen Schritt auf sie zu. »Eine scheußliche Bezeichnung, Ma'am, wenn ich mir die Bemerkung erlauben darf.«

Angel erhob die Stimme. »Ich möchte wissen, ob ihr verdammte Scabs seid!«

»Sie sind freie Männer, die Arbeit suchen. Sie brauchen ein Bett für die Nacht und eine warme Mahlzeit.«

»Beides bekommen sie nicht in meinem Pub.«

Roxy schnappte erstaunt nach Luft. Angel war überall für ihre Gastfreundschaft bekannt.

»Wir haben Geld …«

»Geld nützt mir gar nichts, wenn sich jemand in den Kopf setzt, meinen Pub niederzubrennen. Ich lasse keine Scabs in meinen Betten schlafen. Guten Tag, Mr. ….«

Ein anderer Mann kam durch die Tür und postierte sich abseits von der Gruppe. Roxy erkannte ihn; er war der Gewerkschaftler, der die Schlägerei am Bahnhof angezettelt hatte.

»Das ist eine kluge Entscheidung, Mrs. McPhee«, sagte der Mann und lehnte sich lässig an die Wand. Er holte eine Zigarette aus der Brusttasche und riss ein Streichholz an. Erst als die Zigarettenspitze glomm, ergriff er wieder das Wort. »Wir wollen doch nicht, dass Ihr Pub in den Ruf kommt, ein Unterschlupf für die Scabs zu sein, oder?«

Angel drehte sich zu ihm um. »Nein, das wollen *wir* nicht. Und ich bin durchaus im Stande, allein mit dieser Sache fertig zu werden, wenn Sie nichts dagegen haben. Ich brauche keine Gewerkschaftler, die mir vorschreiben, wie ich mein Hotel zu führen habe.«

Der Mann schnippte das abgebrannte Streichholz auf den Boden. Er sah sich aufmerksam um, und sein Blick blieb an Roxy hängen. »Ah, ich sehe, wir haben heute Gesellschaft aus der Grundbesitzer-Fraktion. Ich nehme an, dass Ihr Mann in diesem Jahr Abstand davon nimmt, einen dieser Männer auf Wirra Downs zu beschäftigen, Mrs. Dumas.«

Roxy reckte trotzig das Kinn nach vorn. »Das weiß ich nicht. Ich habe nichts mit der Leitung der Farm zu tun.«

Der Mann wandte sich an die Gruppe. »Hört euch die kleine Lady an! Sie hat nichts mit der Leitung der Farm zu tun! Sie nimmt das Geld, das mit dem Land verdient wird, gern an, aber es ist ihr egal, dass Menschen verhungern müssen, weil keine anständigen Löhne gezahlt werden.«

Angel ging mit blitzenden Augen auf ihn zu. »Ich dulde nicht, dass Sie hier drin Ihre Parolen verkünden. Und ich lasse nicht zu, dass Sie meine Gäste beleidigen. Raus, alle! Verschwindet aus meinem Pub!«

Die Männer schlurften hinaus. Roxy konnte nicht anders, sie hatte Mitleid mit ihnen und fragte sich, wo sie die Nacht verbringen würden. Jedenfalls mussten sie wahrscheinlich mit leerem Magen schlafen.

Der Gewerkschaftler blieb in der Tür stehen und schaute noch einmal zurück. »Sie werden nicht weit kommen«, beantwortete er Roxys unausgesprochene Frage. »In dieser Stadt können sie sich nirgendwo verstecken. Meine Männer spüren sie alle noch vor Anbruch des Tages auf.« Er verbeugte sich spöttisch vor Angel. »Ich finde, Sie haben die Situation bewundernswert gemeistert. Ein bisschen Besonnenheit, genau das brauchen wir jetzt. Und ich sehe, dass Sie eine sehr besonnene Frau sind, Mrs. McPhee.«

Das Geräusch von zersplitterndem Glas weckte Roxy. Sie kletterte aus dem Bett und tapste zum Fenster. Ein Mann rannte über die Straße in Richtung Park, einige andere folgten ihm. Reiter galoppierten grölend am Haus vorbei. In den Nachbarhäusern flackerten Lichter auf.

Roxy hörte ein leises Klopfen an der Tür, Angel kam herein und musterte sie besorgt. Ihr Haar, das ihr fast bis zur Taille reichte, war offen und umgab ihre Schultern wie ein dunkles Cape. »Roxy, ist alles in Ordnung? Ich dachte, dass dich der Lärm vielleicht erschreckt hat.«

»Was ist da unten los?«

»Sie jagen die letzten nicht organisierten Arbeiter, denke ich. Sie bringen sie ins Gewerkschaftsbüro und zwingen sie, den Beitrag zu bezahlen, ehe sie sie auf die Farmen lassen.«

»Oh!« Roxy seufzte. Sie hatte sich Schlimmeres vorgestellt. Sie warf einen Blick auf Eric – er schlief fest und hatte die kleinen Hände zu Fäusten geballt. Roxy steckte sie behutsam unter die Decke. Er bewegte sich, schlief aber weiter. »Mir gehts gut, Angel. Bitte, geh wieder ins Bett. Es ist eisig kalt.«

Angel nickte und legte die Hand auf Roxys Arm. »Angus ist unten mit dem Barmann und Porridge. Sie halten Wache. Wenn du irgendetwas brauchst, ruf einfach.«

Roxy schlüpfte wieder unter die Decken und dachte über den Abend nach. Stimmte das, was der Mann von der Gewerkschaft gesagt hatte? Verhungerten die Männer wirklich, weil sie keine anständigen Löhne bekamen? Diese Vorstellung bedrückte sie sehr. Und der Mann hatte Recht – sie lebte von dem Geld, das das Land abwarf, und trotzdem wusste sie erschreckend wenig über die Vorgänge auf der Farm. Sobald sie wieder zu Hause war, würde sie Martin eindringlich darum bitten, sie mehr in seine Verpflichtungen einzubinden.

KAPITEL 19

Sogar die Sonntagszeitungen berichteten von den Aktivitäten der Gewerkschaft in Bourke. Über hundert Menschen wurden verhaftet. Von den zweihundertachtundsiebzig nicht organisierten Arbeitern, die mit dem Zug in Bourke angekommen waren, waren nur hundertfünfzig an Bord der Flussdampfer gegangen, die sie am folgenden Morgen zu den verschiedenen Schurhallen bringen sollten.

Roxy war noch immer erschüttert von den Ereignissen, die sie am Bahnhof und in Angels Pub hautnah miterlebt hatte, und fest entschlossen, mehr über die Lebens- und Arbeitsbedingungen, gegen die all die Scherer protestierten, in Erfahrung zu bringen. Sie las gierig alle Artikel in den regionalen und lokalen Zeitungen und war selbst erstaunt, dass sie über dieses Thema bisher so gut wie gar nichts gewusst hatte. Wie war es möglich, dass ihr bis heute nichts von alldem zu Ohren gekommen war?

An Wirra Downs schienen die Probleme vorbeigegangen zu sein. Martin hatte zwar die Proteste der Gewerkschaft kurz erwähnt – allerdings ohne ins Detail zu gehen –, aber der Arbeitskampf schien weit entfernt stattzufinden und nichts mit ihnen zu tun zu haben. Erst jetzt erkannte Roxy, dass all das sehr wohl auch Wirra Downs betraf.

Sie war schockiert zu lesen, dass Matrosen, die Männer auf den Flussschiffen und Schafscherer als Menschen ohne festen Wohnsitz eingestuft wurden und deshalb kein Wahlrecht hatten. Warum durften sie nicht wählen? Gerade die Schafscherer? Die Mengen Wolle, die Australien jährlich nach Übersee exportierte, hatten bereits den Slogan geprägt: »Australien – das Land, das auf dem Rücken der Schafe reitet.« Es war ungerecht! Wieso hatten die Scherer kein Mitspracherecht bei der Frage, wie das Land regiert werden sollte? Ihr Schweiß war nicht weniger wichtig für Australien als der von Beamten, Bankiers und Stadtmenschen.

Guy Dumas schlug den Haken in den letzten Ballen Wolle und hievte ihn an den Rand des Kahns; dort übernahmen ihn die Männer und schoben ihn ans Ufer. Die Ballen wurden auf einen Wagen geladen, zum Bahnhof gebracht und per Zug in den Hafen von Sydney transportiert. Guy richtete sich langsam auf und rieb sich den schmerzenden Rücken.

»Wäre wirklich nicht schlecht, wenn sie hier einen richtigen Steg bauen würden«, brummte er. »Das würde mir die Arbeit verdammt erleichtern.«

Jem, der an seiner Seite gearbeitet hatte, nickte und wischte sich mit dem Hemdsärmel den Schweiß vom Gesicht. Guy schaute zum Ufer hinauf. Louisa und Davie standen Hand in Hand da und warteten geduldig. Selbst aus dieser Entfernung sah er, dass seine Frau lächelte.

»Hey, Dad! Darf ich jetzt runterkommen?« Davie, der sich unbedingt aus der mütterlichen Obhut befreien wollte, schirmte seine Augen mit einer Hand vor dem gleißenden Licht ab, das auf dem Wasser funkelte.

Guy nickte und winkte ihn zu sich. »Vorsicht. Es ist rutschig.« Kabbelige Wellen klatschten ans Ufer und wiegten den Frachtkahn hin und her. Guy sah zu, wie sein Sohn mit ausgestreckten Armen, um die Balance zu halten, über die schmale Planke auf ihn zukam. Sein Gesicht wirkte äußerst konzentriert.

Davie sprang auf den Kahn und strahlte über das ganze Gesicht. »Ich habs geschafft, Dad!«

Guy widerstand der Versuchung, den Jungen in seine Arme zu reißen, weil er wusste, dass seine Crew die Szene beobachtete. Die Männer, die nur seine barsche Fassade kannten, sollten von seiner weichen, sentimentalen Seite nichts wissen. Und Davie bemühte sich in letzter Zeit so sehr, sich wie ein großer Junge zu benehmen, obwohl er erst vier Jahre alt war. Mein Gott!, dachte Guy, als er in das vertrauensselige Gesicht seines Sohnes schaute. Kann man ein Kind wirklich so sehr lieben?

Er war in Hochstimmung. Die Sonne schien, und wegen des günstigen Wasserstandes hatten sie für die Fahrt nach Bourke ein paar Tage weniger gebraucht als eingeplant. »Hey, Louisa!«, rief er laut, um das stete Plätschern des Wassers zu übertönen »Wie wärs mit einem Abstecher nach Wirra Downs – nur für zwei, drei Tage?«

Er wusste, dass sie Roxy und den kleinen Eric unbedingt sehen wollte. »Stell dir nur vor: Er ist schon sechs Monate alt! Wenn wir ihn sehen, wird er kein Baby mehr sein«, hatte sie erst am Morgen wehmütig bemerkt und ihn mit schimmernden Augen angesehen.

Schon den ganzen Tag gingen ihm ihre Worte nicht mehr aus dem Kopf, und ihm war klar, dass er Rücksicht auf Louisa und Davie nehmen musste, die mittlerweile seit Monaten mit ihm auf dem Schiff lebten. Außerdem wusste er auch, dass sich Maggie sehr über ihren Besuch freuen würde.

Mit einem Mal sah er vor sich, wie Davie über die grüne Wiese zum Fluss lief. Verdammt, nur weil er Wirra Downs nicht ausstehen konnte, durfte er seiner Frau und seinem Sohn nicht verwehren, den Rest der Familie zu sehen, oder? Zu Weihnachten hatten sie ihnen zum letzten Mal einen Besuch abgestattet – das war fast neun Monate her: Roxy war hochschwanger gewesen, Martin hatte schwer geschuftet, um die Farm wieder auf Vordermann zu bringen und Geralds Fehlentscheidungen wieder gutzumachen, und Maggie war rührend um Davie bemüht gewesen.

Komisch, dachte Guy, dass ich nie das Gefühl hatte, nach Wirra Downs zu gehören. Nicht einmal nach Geralds Tod. Immer waren ihm die gehässigen Worte im Ohr, die demütigenden Bemerkungen, die ihn zu Abschaum degradiert und ihm das Gefühl gegeben hatten, wertlos und unbedeutend zu sein.

Er war so mit seinem eigenen Leben beschäftigt, dass Wirra Downs in den Hintergrund geriet und für ihn nur noch ein Ort war, an dem man ein paar freie Tage verbrachte – träge Sommertage mit dem Zirpen der Zikaden und dem Rauschen des Flusses.

Maggie, Martin, Roxy und der kleine Eric – seine Familie, die ein eigenes Leben führte und kaum Berührungspunkte mit seinem hatte.

Himmel, sie fehlten ihm!

Guy nahm Jem mit nach Wirra Downs. Er war inzwischen siebzehn Jahre alt, sehr groß für sein Alter, umgänglich und humorvoll. Guy gab seiner Crew für ein paar Tage frei, aber es widerstrebte ihm, den Jungen mit dem Rest der Mannschaft in Bourke zu lassen, weil er wusste, dass das erste und wahrscheinlich auch einzige Ziel der Männer einer der vielen Pubs in der Stadt sein würde.

Maggie ließ ihnen ein Zimmer mit Blick auf den Fluss herrichten. Von dem großen Fenster aus sah Guy die *Curlew,* die am Steg vertäut war und sich sanft in den Wellen wiegte.

Davie und Jem teilten sich das Zimmer nebenan. Als Guy in seiner Tasche nach Tabak kramte, hörte er die beiden lachen. Jem ging großartig mit Davie um und behandelte ihn nicht herablassend, sondern fast wie einen Gleichaltrigen. Das bedeutete Guy viel.

Mit der Zigarette in der Hand gesellte er sich zu den anderen, die noch am Esszimmertisch saßen. Das Abendessen war vorbei, und Dinnie hatte die Teller abgeräumt. Eric, der ziemlich müde und aufgedreht gewesen war, nachdem Louisa und Davie ihn den ganzen Tag bewundert hatten, lag bereits in seinem Bett.

»Es ist mir egal, was du denkst, ich finde es ungerecht!«

Guy stieß zu der kleinen Gesellschaft, während ein Gespräch in vollem Gange war. »Was ist ungerecht, Roxy?«, erkundigte er sich freundlich.

Sie warf ihm einen bösen Blick zu. »Ich nehme an, du bist derselben Ansicht wie Martin und Maggie, oder?«

Er schaute in die Runde. Louisa und Martin lächelten amüsiert. Maggie wirkte verärgert. Sie schob ihren Stuhl zurück und stand auf. »Roxy hat eine Sache gefunden, über die sie sich ereifern kann«, bemerkte sie säuerlich. »Wenn ihr mich jetzt bitte entschuldigt, ich bin ziemlich müde und muss morgen früh aus den Federn.«

Louisa erhob sich ebenfalls. »Ich stecke Davie ins Bett.« Sie legte eine Hand auf Roxys Arm. »Du setzt dich für das ein, woran du glaubst«, sagte sie, ehe sie hinausging.

Guy zog die Augenbrauen hoch. »Worum geht es eigentlich?«

»Um die Schafscherer!«, rief Martin lachend. »Davon redet sie seit den Unruhen in Bourke vor ein paar Wochen ständig. Ich höre nur noch, wie schlecht sie behandelt werden.«

»Und Martin findet das gar nicht«, erklärte Roxy. Ihre grünen Augen blitzten im Schein der Lampe; die Sommersprossen auf der Nase waren noch deutlicher zu sehen als sonst, weil ihr Gesicht so blass war.

»Auf Wirra Downs werden sie nicht schlecht behandelt. Ich kümmere mich gut um die Männer, deshalb verstehe ich nicht, warum du das Thema nicht ruhen lassen kannst, Roxy.«

»Du kümmerst dich um die Männer, weil du Angst vor ihnen hast.« Sie wandte sich an Guy. »Und was ist mit dir? Hast du so viel Mumm, von Scabs geschorene Wolle auf der *Curlew* zu transportieren?«

Guy kicherte. »Natürlich nicht. Ich möchte mich nicht mit dem Mob anlegen. Ich glaube, sie fackeln ein Schiff mit einer solchen Ladung ab, ohne mit der Wimper zu zucken. Dafür liebe ich mein Leben und meinen Beruf zu sehr.«

»Siehst du!« Sie ging zum Fenster, lehnte sich an den Rahmen und verschränkte die Arme. »Du hast auch Angst. Ihr beide habt Angst vor dem, was sie euch antun könnten. Warum sollten die Scherer nicht unter denselben Bedingungen leben wie alle anderen auch? Wieso erlaubt man ihnen nicht, zur Wahl zu gehen? Die Farmer senken die Löhne, nur weil es derzeit mit den Erträgen nicht allzu gut bestellt ist. Es ist lächerlich. Wenn die Farmer die Scherer nicht so schäbig behandeln würden, wäre es gar nicht zu dem Aufstand der Gewerkschaft gekommen.«

»Die Gewerkschaften erpressen das ganze Land«, erwiderte Martin ruhig, dann stand er auf und stützte sich mit den Händen auf den Tisch. »Die Dinge stehen schon schlecht genug, nachdem bei dem Hochwasser so viele Tiere verendet sind. Ich kann gerade noch die fälligen Rechnungen bezahlen.«

Er blieb einen Moment stehen und musterte Roxy. Sie warf trotzig den Kopf in den Nacken und wandte sich ab.

»Ich brauche was zu trinken!«, explodierte Martin und stürmte zur Tür.

Roxy sah ihrem Mann nach. »Na, bitte«, murmelte sie mit einem Seufzer. »Jetzt ist er böse auf mich, und ich weiß nicht, warum. Ich kritisiere ja nicht ihn persönlich. Das gesamte System ist falsch – moralisch und ethisch falsch.« Sie schaute auf ihre Hände. »Ich gehe besser zu ihm, wenn du mich entschuldigst.«

Sie machte Anstalten, Martin zu folgen, aber Guy sprang auf und packte ihre Hand, um sie zurückzuhalten. Sie drehte sich zu ihm um, und er sah auf ihr im Lampenschein silbrig glänzendes Haar und ihr fragendes Gesicht herunter. »Lass ihm ein bisschen Zeit. Ich möchte wissen, wie die Dinge hier stehen.«

Sie gab ein zittriges Lachen von sich und versuchte, ihm ihre Hand zu entziehen, doch sein Griff war zu fest. »Du hast ja selbst Augen im Kopf, oder? Siehst du das denn nicht?«

»Was? Dass du mit Martin wegen der Rechte der Schafscherer in Streit geraten bist? Das nimmst du doch nicht so ernst, oder?«

Sie straffte die Schultern und richtete sich zur vollen Größe auf. Ihre Augen funkelten. »Du bist genauso schlimm wie die anderen, Guy Dumas.«

»Ich?« Er legte die Hand auf seine Brust und spielte den Überraschten. »Also sind die Flitterwochen vorbei, ja? Die beiden Turteltäubchen haben etwas gefunden, worin sie nicht übereinstimmen.«

»Sei nicht albern!«, fauchte sie und entriss ihm ihre Hand. »Und behandle mich nicht so von oben herab. Du magst ein Mann und Martins Bruder sein, aber das ist noch lange kein Grund, so selbstgefällig aufzutreten. Ich bin nicht Martins Anhängsel. Ich habe meine eigenen Vorstellungen und Ansichten, und auch wenn sie nicht mit denen aller anderen konform gehen, sehe ich nicht ein, warum ich mich dafür entschuldigen sollte.«

Guy legte die Hand unter ihr Kinn und hob ihren Kopf ein wenig an. »Habe ich dir schon mal gesagt, wie schön du bist, wenn du wütend wirst?« Er richtete den Blick nach oben an die Decke, als müsste er nachdenken. »Ah, ja. Ich glaube, das hab ich. In der Kabine auf der *Curlew.* Erinnerst du dich?«

Sie wich zurück und sah ihn verwirrt an. »Tu das nicht«, flüsterte sie.

»Was?«

Ein ersticktes Schluchzen drang aus ihrer Kehle, und ihr Mund verzog sich. »Wage nicht, mich zu küssen …« Sie ergriff die Flucht und lief hinaus. Ihre Schuhe verursachten klickende Laute auf den Dielen im Flur.

Guy lehnte sich schwer atmend an den Türrahmen und versuchte, die Fassung zurückzugewinnen. Sie küssen? Hatte er vorgehabt, das zu tun? Kopfschüttelnd gestand er sich ein, es nicht zu wissen. Damals, auf der *Curlew,* hatte er sie geküsst. Himmel! War das wirklich achtzehn Monate her? Aber er hatte sich nichts dabei gedacht … oder doch? Außerdem – er war Eigner des Schiffes, und er schämte sich nicht für seine Taten. Aber dieses Haus gehörte seinem Bruder, und hier erschien ihm der Gedanke an Roxys Vermutung eigenartig abstoßend.

Guy fand Martin im Arbeitszimmer; er saß vornübergebeugt an seinem Schreibtisch, hielt ein Brandyglas in der Hand und warf seinem Bruder einen griesgrämigen Blick zu. »Du kannst reinkommen«, brummte er, »solange du das Wort ›Schafscherer‹ nicht in den Mund nimmst. Ich habe das jetzt schon bis oben hin satt, dabei hat die Saison noch nicht einmal angefangen.«

Guy hielt beide Hände hoch. »Ich versprechs«, gab er lachend zurück.

»Die Sache ist die«, fuhr Martin betrübt fort, »ich habe gründlich über diese Sache nachgedacht und entschieden, dieses Jahr doch nicht auf Wirra Downs scheren zu lassen. Die Herde ist immer noch klein, deshalb können wir sie zu einer der Nachbarfarmen treiben. Ich halte das bei all den Unruhen für das Beste. Man weiß nie, was diese Burschen im Schilde führen. In anderen Gegenden sind schon ein paar Schurhallen abgebrannt, Pferde wurden aufgeschlitzt und Zäune eingerissen. Ich kann solche Zwischenfälle hier nicht gebrauchen. Nicht in diesem Jahr.«

»Wahrscheinlich ist das eine weise Entscheidung«, gab Guy ihm Recht. Er ging zu dem Schrank in der Ecke und goss sich einen Scotch ein. Drei Finger hoch. Zimmertemperatur. Genau wie er ihn mochte.

Martin stellte sein leeres Glas geräuschvoll ab. »Noch einen Brandy für mich«, forderte er. Guy fand, dass er aussah, als hätte er schon genug intus.

»Gut«, erklärte sich Guy einverstanden. Die dunklen Stunden in dem jetzt stillen Haus erstreckten sich vor ihnen. Es versprach, eine lange Nacht zu werden.

KAPITEL 20

Weihnachten – das zweite, das Roxy auf Wirra Downs erlebte – kam und ging. Die Zeitungen waren voll mit Artikeln über die Baring-Bank-Krise in England, die drohte, alle britischen Investitionen aus Australien zurückzurufen. Roxy erhielt einen Brief von ihrem Vater, der ihr dringend empfahl, ihr Geld von der Bank abzuheben.

Ihr mögt meinen Rat für übertrieben halten, um es vorsichtig auszudrücken, schrieb John Bellue. *Dennoch hoffe ich, dass Ihr meinem Urteil traut …*

Roxy zeigte Martin den Brief noch am selben Abend, doch er reagierte abweisend. »Ich soll mein Geld von der Bank abheben?« Er lachte. »Da ist nicht viel, und wo sollte ich es deiner Meinung nach deponieren, Liebling? Unter der Matratze?« Er sah sie, ohne zu blinzeln, an. »Aber was du mit deinem Geld anstellst«, fuhr er schließlich fort und wandte sich ab, »ist ganz allein deine Sache. Ich kann dir da keine Vorschriften machen.«

Es war eine relativ kleine Summe – eine Mitgift, die ihr Vater ihr zur Hochzeit überschrieben hatte –, doch es war alles, was sie besaß. Es gehörte ihr jetzt schon fast zwei Jahre, aber sie hatte noch keinen Penny angerührt. Genau genommen, hatte sie nicht einmal mehr daran gedacht. Am Anfang ihrer Ehe hatte sie es Martin angeboten, da sie wusste, dass Barmittel auf Wirra Downs ziemlich knapp waren, aber er hatte abgewinkt. Er wolle kein Bellue-Kapital einsetzen, um seine Farm aus der Krise zu bringen, hatte er kategorisch erklärt.

Sie verstand seine Einstellung nicht. Mittlerweile hatte sich die finanzielle Situation zwar etwas verbessert, doch das Geld könnte Martin das Leben ein wenig leichter machen. Es würde noch einige Jahre dauern, bis sie sich ganz von den Verlusten erholt hatten, die durch die Flut entstanden waren. Das hatte er ihr selbst gesagt. Warum weigerte er sich dann, ihre Hilfe anzunehmen?

»Nun«, erwiderte sie leichthin, ohne auf seinen streitlustigen Ton einzugehen, »ich werde darüber nachdenken.«

Nachdem sie ihre Möglichkeiten erwogen hatte, beschloss sie, dem Ratschlag ihres Vaters zu folgen und das Geld abzuheben, wenn sie das nächste Mal nach Bourke kam. Aber was sollte sie dann damit anstellen?

Der Bankdirektor war erstaunt über ihre Bitte. »Ich hoffe, Sie bewahren das Geld an einem sicheren Ort auf«, sagte er mit einem warnenden Unterton.

»Und nicht unter der Matratze«, zitierte Roxy ihren Mann grinsend, als sie die Noten in einer großen Ledertasche verstaute. Der Bankdirektor räusperte sich lautstark und lächelte gezwungen, als sie sich freundlich von ihm verabschiedete.

Roxy ging mit ihrer Ledertasche in Angels Hotel. Die Bar war fast leer, und Roxy schob die Tasche über die Theke. »Angel, könntest du das in den Tresor legen?«

Angel sah sie neugierig an. »Sag nichts. Das ist ein Sack voll Geld. Du hast gerade die Joint Stock Bank ausgeraubt«, scherzte sie.

»Du bist ziemlich nah dran. Es ist Geld, und der Bankdirektor hat sich aufgeführt, als hätte ich ihm die Scheine gestohlen.«

Angel riss die Augen auf. »Du hast wirklich Bargeld da drin?«

»Ja. Ich habe alles bis auf den letzten Penny von der Bank abgehoben. Mein Vater hat mir dazu geraten. Er schreibt, dass man den australischen Banken im Moment nicht trauen kann.«

Angel ächzte verächtlich und verdrehte die Augen. »Einer Bank kann man meiner Meinung nach nie trauen.« Sie legte eine Hand auf die Tasche. »Roxy, wie viel genau ist das? Wenn ich es in meinem Tresor aufbewahre, muss ich das wissen.«

Roxy nannte die Summe, und Angel pfiff durch die Zähne. »Gütiger Gott, und du spazierst mit einem solchen Betrag einfach so durch die Stadt? Kind, es ist ein Wunder, dass dir niemand eins über den Schädel gegeben hat und mit der Tasche abgehauen ist.«

»Das ist jetzt mein Problem. Was soll ich damit anfangen? Ich könnte es wahrscheinlich mit nach Wirra Downs nehmen, dort irgendwo verstecken und hoffen, dass es niemand findet.« Sie seufzte. »Vielleicht hätte ich es doch auf dem Konto lassen sollen.«

Angel schnaubte. »Ganz bestimmt nicht! Diese Banken! Sie nehmen dein Geld und geben dir nicht einmal einen Knopf dafür. Nein, meine Liebe, du hast ganz richtig entschieden, denke ich.« Sie beugte sich verschwörerisch zu Roxy. »Du könntest einen Teil davon investieren. Und du würdest mehr Zinsen bekommen als bei der Bank.«

»Ja? Wie? Wo?«

»Bei Levenstein.«

»Dem jüdischen Geldverleiher?« Roxy merkte, dass ihre Stimme lauter geworden war, und sah sich um, weil sie befürchtete, andere Gäste könnten auf sie aufmerksam geworden sein. Leiser fügte sie hinzu: »Du meinst, ich sollte mein Geld dem alten Mann überlassen?«

Angel nickte. »Aber nicht alles. Es ist eine riskante Investition, wenn du verstehst, was ich meine, und es wäre nicht sinnvoll, alle Eier in einen Korb zu legen, wie man so schön sagt. Doch die Verzinsung ist hoch. Weißt du, wie viel er bietet?«

Roxy schüttelte den Kopf. »Nein, und ich bin auch nicht sicher, ob ich es wissen will«, erwiderte sie.

»Na ja, denk darüber nach. Du könntest ein wesentlich schlechteres Geschäft machen.«

Levensteins Pfandhaus, stand auf dem schmuddeligen Schild über der Tür. *Warenankauf und Geldverleih.* Ein klimperndes Glöckchen schlug an, als Roxy den kleinen Laden betrat und den muffigen Geruch von Altem und wenig Benutztem einatmete.

Der Laden war voll gestopft mit allen möglichen Sachen: Sättel, eine Wäschemangel, Butterfässer, Kinderwagen, Kristallteller. In einer Ecke stand ein kleiner Klavierflügel, auf dem eine Konditorei-Waage und eine Remington-Schreibmaschine abgestellt waren. Etliche drehbare Bürostühle waren an der Wand aufgereiht. Haushaltsgerätschaften in Hülle und Fülle. Roxy fragte sich, welch schreckliche Schicksale die ehemaligen Besitzer wohl dazu gezwungen hatten, diese Sachen zu Geld zu machen.

Auf allem lag eine dicke Staubschicht; Roxy kämpfte gegen den Niesreiz an. Sie wünschte, sie wäre nie hergekommen und hätte sich von Angel nicht diese tollkühne Idee einreden lassen. Was, wenn sie das Geld letzten Endes ganz verlor? Angel hatte gemeint, die Investition sei riskant. Riskant! Sie sah hinunter auf die Tasche, die ihr gesamtes Kapital enthielt.

Vorsichtig suchte sie sich einen Weg durch das Sammelsurium von Gegenständen, um zur Verkaufstheke zu gelangen. Neben der reich verzierten Registrierkasse stand ein runder Vogelkäfig mit einem bunten Papagei. Er legte den Kopf zur Seite und betrachtete Roxy mit schwarzen, neugierigen Augen.

Arthur Levenstein gönnte ihr einen flüchtigen Blick, als er aus der Nische hinter der Theke hervorkam. Dann spähte er durch die Brille, die auf seiner Nasenspitze saß, in ihr Gesicht. »Möchten Sie etwas verkaufen, Ma'am, oder darf ich Ihnen vielleicht mit einem Kredit dienen?«

Noch war es nicht zu spät. Sie könnte gehen, das Geld wieder auf die Bank bringen oder an einem sicheren Platz auf Wirra Downs verstecken. Nein, dachte sie entschieden. Angel würde mir niemals einen schlechten Rat geben. Sie schluckte schwer und schob die Tasche über den Ladentisch.

»Im Gegenteil, ich möchte eine Investition tätigen.«

Arthur Levenstein öffnete die Tasche, nahm die Banknoten heraus und zählte sie sorgsam. »Oi!«, rief er aus. »Und Sie möchten die ganze Summe investieren?«

Sollte sie ihm vielleicht nur die Hälfte überlassen? *Leg nicht alle Eier in einen Korb.* Aber was würde sie mit dem Rest anfangen? Sie wusste nichts über Finanzgeschäfte.

Sie holte einmal tief Luft und erwiderte: »Mrs. McPhee vom ›Central Australian Hotel‹ hat mir empfohlen, zu Ihnen zu gehen.«

Der Mann nickte. »Ah, ja, Angel McPhee und ich, wir machen sehr oft gute Geschäfte miteinander.« Er stopfte das Geld in ein Fach unter der Verkaufstheke und schüttelte Roxy die Hand. »Kommen Sie, sagen wir, in zwölf Monaten wieder, dann sehen wir, wie viel Zinsen ich für Sie herausschlagen konnte.«

»Was ist mit einer Quittung?«, fragte Roxy zaghaft.

»Eine Quittung? Da, wo dieses Geld hingeht, braucht niemand eine Quittung. Ein Händedruck, das genügt doch, oder nicht?«

Auf dem Rückweg zum Hotel kam sich Roxy entsetzlich leichtsinnig vor. Wie konnte sie nur ihr ganzes Geld einfach so aus der Hand geben? Hatte Angel ihr nicht geraten, es aufzuteilen? *Leg nicht alle Eier in einen Korb.* Aber genau das hatte sie getan, und jetzt gab es kein Zurück mehr. In diesem Augenblick war sie überzeugt, nie wieder einen Penny davon zu sehen.

Erics erster Geburtstag wurde auf Wirra Downs gefeiert. Plötzlich war er kein Baby mehr, sondern ein Kleinkind, das auf unsicheren Beinen durchs Haus lief und an Roxys Rockzipfeln hing. Er war ein fröhliches Kind, lachte viel und wurde von allen schrecklich verwöhnt. Sogar Maggie schien es Spaß zu machen, sich für ein paar Minuten mit ihm abzugeben, wenn sie ihm im Haus begegnete.

Gegen Ende des Winters war die Lammzeit vorbei, und die Sonne schien vom klaren Himmel. Es wurde schnell wärmer, und die Blüten an den Bäumen öffneten sich. Auf den Weiden tollten die Lämmer auf ihren dünnen Beinchen herum.

Die Streiks und die mutwilligen Zerstörungen, mit denen die Scherer das Land im letzten Jahr überzogen hatten, ließen nach. Roxy hatte alles darüber in den Zeitungen gelesen, die das verheerende Treiben verfolgten und mit großen Schlagzeilen die einzelnen Vorkommnisse verkündeten: Schurhallen, Hütten und Farmhäuser, Güterwagons und Gleisanschlüsse – alles ging in Flammen auf. Weiden wurden in Brand gesteckt und Zäune zerschnitten. Zugbrücken wurden zerstört und Gleise aufgerissen.

Irgendwie war Wirra Downs ohne jeden Schaden davongekommen. Roxy nahm an, dass Probleme vermieden werden konnten, wenn man die Schafe nicht in der eigenen Schurhalle scheren ließ. Sie war zwischen dem Verständnis für die streikenden Männer und ihrer Loyalität zu den Grundbesitzern, zu denen sie jetzt auch irgendwie gehörte, hin und her gerissen. Der Frachtverkehr auf dem Fluss war aber immer noch stark in Mitleidenschaft gezogen. Eines Nachts wurden die Taue der *Excelsior* durchgeschnitten als Vergeltung dafür, dass sie von nicht organisierten Arbeitern geschorene Wolle an Bord hatte. Und der Frachtkahn der *Pioneer* kenterte unter mysteriösen Umständen mit einer Ladung Wolle in der Nähe von Bourke. Doch zu Beginn der Schurzeit kamen die Gewerkschaftler und die Schaffarmer bei ihren Verhandlungen zu der Einigung, dass organisierte und nicht organisierte Scherer Seite an Seite in den Hallen arbeiten konnten, und die Saison fing ohne größere Zwischenfälle an. Auch wenn die Herde auf Wirra Downs immer noch relativ klein war, entschied Martin, dass die Schur dieses Mal auf seinem eigenen Grund und Boden stattfinden sollte.

»Die Plage kommt über uns«, murrte Maggie, als sie zusah, wie die Scherer mit ihren Bündeln eintrudelten. Einige ritten auf Pferden, aber die meisten kamen zu Fuß. Hin und wieder legte auch ein Flussschiff am Holzsteg an und setzte einige ab. Martin hatte die Scherer gebeten –

wie die meisten anderen Farmbesitzer auch –, keine Pferde mitzubringen. Sie würden Futterkosten verursachen, und das in einer Zeit, in der Geldmittel rar waren.

Sie waren ein zerlumpter Haufen, diese Scherer. Die meisten hatten schon vor ihrer Ankunft einen kleinen Geldbetrag geschickt, um sich einen Platz in der Halle zu sichern. Sie trugen schmutzige Hosen und abgetretene Schuhe und glichen Außenseitern der Gesellschaft. Roxy fiel auf, dass einige von ihnen, die an die Küchentür kamen und um ein wenig Milch und Butter baten, Städter waren, die sich kultiviert ausdrücken konnten. Andere benahmen sich wie Raubeine, die im Busch geboren und aufgewachsen waren. Doch trotz all ihrer Eigenarten waren sie freundlich und fleißig.

Im Vergleich zum Farmhaus waren die Hütten der Scherer primitiv: klein, mit Wellblechdach, Lehmboden und selbst gezimmerten Stockbetten – immer drei übereinander, um Platz zu sparen. In einem größeren Gebäude in der Mitte befanden sich die Küche und die Aufenthaltsräume für die Scherer und Arbeiter.

Die Schurhalle, die Gerald kurz vor seinem Tod hatte bauen lassen, stand einige hundert Meter vom Farmhaus entfernt hinter Pfefferbäumen. Es war ein solides Gebäude mit Wänden aus Baumstämmen, das Dach bestand aus ineinander verwobenen Ästen und Zweigen. In der Nähe der Halle befanden sich der Laden, in dem die Arbeiter das Notwendigste kaufen konnten, die Schmiede und das Lagerhaus für die Wolle.

Roxy liebte das Gedränge und die Hektik in der Schurhalle: das Surren der Schermaschinen, das Zischen der Pressen, die die gewaschene Wolle bearbeiteten, das stete Stampfen der Dampfmaschinen. Sie ging oft in der Vormittagspause – Smoko, wie die Männer es nannten – in die Halle und brachte den Arbeitern noch dampfende Biskuits frisch aus Dinnies Ofen. Obwohl die Scherer einen eigenen Koch hatten, waren sie verrückt nach dem Gebäck.

»Das schlägt Old Currys Maiskuchen um Längen«, erklärte einer der Männer mit einem Augenzwinkern. »Er vergiftet einen, wenn er einen nur anschaut«, fügte er noch hinzu.

Die Scherer hatten dem Koch den Spitznamen ›Curry-und-Reis‹ gegeben. Er war ein kleiner, immer mürrischer, rundlicher Mann mit einem Mondgesicht. Einer der Männer hatte Roxy erzählt, dass er früher Schiffskoch gewesen war, und hinzugesetzt, man hätte ihn besser in der Nähe des Äquators von Bord schubsen sollen.

»Damit hätte man uns allen einen wirklich großen Gefallen getan.«

»Ja«, bekräftigte ein anderer. »Sie hätten ihn mit einem der steinharten Kuchen beschweren können, die er so gern backt. Dann wäre er sofort und für immer auf den Meeresboden gesunken.«

Sie waren trotz ihrer rohen Manieren eine lustige, gutmütige Horde. Roxy lernte schnell alle kennen: Big Bill Duggan, den schnellsten Scherer, Jimmy Wilson, der sich gewählt ausdrückte und stets auf seine Stiefelspitzen starrte, wenn Roxy in seine Nähe kam, Old Mick, der Aufseher, der dafür sorgte, dass die Dampfmaschine immer lief und die Scherklingen scharf waren. Bluey, Max, Scotty, Tom. Einige von ihnen hatten Frauen, die in fernen Städten auf sie warteten, andere hatten nichts anderes im Sinn als den Lohnscheck, den sie zum Schluss bekamen, und die Entfernung zur nächsten Schnapsbude.

Am ersten Tag hatte Martin Roxy mit in die Halle genommen, um ihr die riesige Dampfmaschine und den Platz zu zeigen, an dem die Scherer standen und die Schafe mit ausgreifenden Bewegungen von der Wolle befreiten.

»Das ist das Board«, erklärte er.

Die Männer benutzten Wolseley-Scherköpfe mit Messingwalzen. »Denk nur«, sagte Martin, »bis vor fünf Jahren haben diese Männer mit den alten Klingenscheren gearbeitet. Die Dunlop-Farm war die erste, die achtzehnhundertachtundachtzig auf die modernen Geräte umgestellt hat. Danach wurde drei Wochen gestreikt. Heute kann ein guter Scherer problemlos über hundert Schafe am Tag scheren, manche sogar zweihundert.« Er blieb einen Moment stehen und beobachtete nachdenklich das Geschehen. »Es wird nur ein paar Tage dauern, bis unsere Herde geschoren ist«, bemerkte er und deutete mit dem Kinn auf die Schafe, die blökend in den Koppeln standen.

Die armselig aussehenden geschorenen Schafe wurden durch eine Öffnung hinter dem Board geschoben, das in einen Pferch führte, dann holte der Scherer ein anderes aus dem Verschlag vor ihm. Er hielt das Schaf fest zwischen den Beinen. Die Männer arbeiteten mit gesenkten Köpfen, und der Schweiß rann ihnen über die Gesichter. Ab und zu rutschte der Scherkopf versehentlich ab, und helles Blut quoll aus einer Wunde. »Teer!«, rief dann der Scherer, und ein Junge kam mit einem Tiegel und Pinsel herbeigeeilt.

Ein anderer Junge ging in der Halle auf und ab und sammelte die Vliese vom Boden auf; die Reste fegte er zusammen und deponierte sie in einer großen Tonne. Seine tollpatschigen Bewegungen und seine Verlegenheit erinnerte Roxy irgendwie an Jem. An diesem ersten Tag schaute er auf und sah Roxy. »Guten Tag, Missus«, rief er und lächelte.

Der Junge brachte die Vliese zum Sortiertisch, wo sie ausgebreitet und nach Qualität und Spannkraft der Wolle und Größe beurteilt wurden. Die Sortierer zupften Wolle von Nacken, Bauch und Beinen des Vlieses heraus, begutachteten die Proben und warfen sie in eine extra Tonne. Nichts wurde verschwendet.

Anschließend brachten einige Helfer die Vliese zum Waschen ans Flussufer. Die Männer weichten sie etliche Male in großen Holzfässern ein und rührten mit langen Stöcken in der Lauge. Martin erklärte Roxy geduldig, dass bei diesem Prozess der Schmutz und das Wollfett entfernt und dadurch der Wert der Wolle verbessert wurde. Anschließend breitete man die nassen Vliese zum Trocknen auf weißen Laken in der Sonne aus, bevor sie, zu Ballen zusammengepresst und in Sackleinen eingenäht, im Lagerhaus gewogen und zum Bahnhof nach Bourke transportiert wurden.

Wohin Roxy auch schaute, überall wurde gearbeitet. Scherer, Sortierer, Arbeiter waren ständig in Bewegung, bis sie die Ballen schließlich auf den bereitstehenden Kahn geladen hatten. Schafe wurden in die Koppeln, von dort in die Halle und wieder hinausgetrieben. Staub wirbelte von den Weiden auf. Roxy versuchte, die Männer nicht bei der Arbeit zu stören, weil sie wusste, dass sie Frauen nicht am Board willkommen hießen. Stattdessen stand sie mit Eric in einer Ecke und schaute zu, wie die Vliese auf den Boden fielen.

»Sieh mal«, sagte sie zu ihrem Sohn und deutete auf

das geschäftige Treiben, »eines Tages wirst du der Herr über all das sein.«

Eric gluckste, fuchtelte mit den runden Ärmchen durch die Luft und versuchte, an ihren Haaren zu ziehen. Roxy schnappte nach seinen Fingerchen und tat so, als wollte sie ihn beißen. Sie betrachtete sein vertrauensseliges Gesicht und die Grübchen, die sich in seinen Wangen zeigten, wenn er lächelte, und wunderte sich, dass man jemanden so sehr lieben konnte. Sie schmiegte das Gesicht an seinen Kopf.

In einer Woche waren die Männer mit der Schur fertig, und auf dem Rasen wurde ein Fest gefeiert. Martin hatte ein Fass Bier bei Angel bestellt, und Dinnie und Roxy bereiteten besondere Leckereien zu. Die Männer stellten eine kleine Band zusammen, die die Musik lieferte: Akkordeon, Mundorgel und Fiedel.

Obwohl es kaum Tanzpartnerinnen gab, schienen sich die Männer zu amüsieren. Big Bill Duggan wirbelte Maggie über den Rasen, als Blue und Old Mick eine temperamentvolle Melodie spielten. Narairee hielt Eric auf dem Arm und wiegte sich im Rhythmus hin und her.

Martin legte den Arm um Roxy. »Tanzen?«

Sie nickte und fühlte seine Hand an ihrer Taille. Sie schmiegte sich an ihn und sog tief seinen Duft ein: brauner Rum und Rauch vom Feuer. In seinen Armen fühlte sie sich geborgen wie in alten Zeiten. Aber die Dinge haben sich kaum merklich verändert, dachte sie traurig, das Leben geht weiter. Längst vergangen waren die sorglosen Zeiten in Adelaide vor fast drei Jahren. Sie hatten jetzt Verantwortung und ein Kind. Und die Liebe, die zwischen und mit ihnen gewachsen war, war anders geworden, reifer, tiefer – sie hatte neue Dimensionen angenommen. Martin war nicht mehr der unbefangene junge Mann, sondern ein Familienvater.

Sie sah zu ihm auf und berührte mit einem Finger seine Lippen. Die Brise zerzauste ihr Haar, die Welt um sie herum war vergessen, und die Musik drang wie von weither an ihr Ohr. Sie spürte nur noch Martins Wärme und seine Arme, die sie festhielten.

Maggie blieb lachend stehen, als die Musik endete, und die Männer holten sich noch ein Bier. Gott, dachte Roxy erschrocken, Maggie lächelt wirklich und wahrhaftig. Zauberte die erfolgreiche Schursaison ein Lächeln auf ihre Lippen, oder fühlte sie sich so gut in den Armen ihres Tanzpartners?

Eric rieb sich die Augen und streckte die Ärmchen nach Roxy aus. Sie ging zu ihm, doch Maggie war schneller. »Bleib hier und amüsiere dich, Roxy«, sagte sie. »Ich bringe den jungen Mann ins Bett.«

Roxy sah Martins Mutter nach, als diese Eric ins Haus trug – sie konnte nicht fassen, was sie gerade erlebt hatte. Vielleicht taut der alte Eisberg allmählich, dachte sie.

Martin sorgte dafür, dass ein Raddampfer die Männer am folgenden Morgen abholte. Als sie fort waren, wirkte die Farm plötzlich verlassen.

Roxy und Martin standen am Steg, bis der Dampfer um die Flussbiegung verschwunden war. Vögel zwitscherten, während das Stampfen des Rades immer leiser wurde. Es war ein strahlend schöner Tag. Roxy und Martin gingen Arm in Arm in Richtung Haus und schmiedeten

Pläne für die nächsten Wochen. Plötzlich schwenkte Martin ab und zog sie zur Schurhalle.

Es war ganz still in der Halle, überall waren Schatten und knarrende Bodendielen. Eine einsame Schwalbe flatterte unter das Dach und zupfte kleine Zweige von den Ästen. Staubkörnchen tanzten in den Sonnenstrahlen. Der Holzboden vor jedem Stand war gebleicht vom Schweiß der Scherer. Und die Luft roch nach Lanolin.

Martin zog Roxy an sich. Sie spürte seinen Atem, die Berührung seiner Lippen an ihrem Hals. Trotz der Hitze des Tages durchlief sie ein Schauer. Er löste sich von ihr, hielt sie auf Armlänge von sich und betrachtete sie mit eigenartigem Gesichtsausdruck. Für einen Moment musste sie an Eric denken, wenn er sie verängstigt ansah.

»Ich liebe dich, Roxy.«

Sie nickte. »Ich weiß.«

Er legte sanft die Hand an ihre Wange. »Das letzte Jahr war in finanzieller Hinsicht nicht leicht für uns. Aber das nächste Jahr wird besser, du wirst schon sehen. Vielleicht können wir für ein paar Tage nach Adelaide fahren. Deine Eltern würden Eric sicher gern sehen. Und ich dachte, wir könnten uns ein kleines Cottage bauen, wenn alles gut läuft. Nichts Großartiges, nur ein kleines Häuschen für dich, Eric und mich. Ein Heim, in dem wir ganz für uns sein können.«

Adelaide. Ihre Eltern. Vorfreude wallte in ihr auf. Und ein eigenes Haus. Ohne Maggie. Allein der Gedanke daran war himmlisch.

Sie gingen zum Haus. Eric lief ihnen entgegen, erfrischt nach seinem Nickerchen. Dinnie stand lächelnd auf der Veranda. Martin fing seinen Sohn auf und hob ihn hoch.

»Dies ist erst der Anfang für uns, Roxy«, erklärte er entschieden. »Eines Tages wird dies die lukrativste Farm weit und breit sein. Dann werde ich die größte Schurhalle von ganz New South Wales bauen, warte es nur ab!«

KAPITEL 21

Eric war ein Wonneproppen und ein sehr fröhliches Kind. Roxy liebte es, mit ihm durch den Busch zu wandern, ihm die Tiere und die Vögel zu zeigen. Jenseits der Salzpfannen rannte er auf seinen stämmigen Beinchen durch das Mulga-Gestrüpp und deutete mit dem Finger auf alles, was er sah: Kängurus, Emus, die großen Goannas, die Maggies Geflügel terrorisierten und die Hühnereier stahlen. Am meisten faszinierten ihn die Vögel: die großen weißen Major Mitchell-Kakadus und die Schwärme der rosa und grauen Galahs, die kreischend aufflogen, wenn sie gestört wurden.

Zu dieser Jahreszeit herrschte in Bourke eine gewisse Trägheit. Die Cassia standen in voller Blüte, und die abgefallenen gelben Blütenblätter überzogen den Boden wie Gold. Auf dem Fluss schwammen die Wasservögel mit der Strömung und tauchten gelegentlich ins trübe Wasser. Der herbstliche Himmel war dunstig und kündigte den nahenden Winter an. Das rostbraune, bronze- und kupferfarbene Laub flatterte von den Ästen, und Staubkörnchen wirbelten in kaum wahrnehmbaren Luftströmungen auf wie Phantome.

Roxy erwachte in einem sonnendurchfluteten Zimmer in Angels Hotel. Sie hielt die Augen geschlossen, weil das grelle Licht so blendete, und schmiedete Pläne für den Tag. In zwei Tagen war Ostern, und sie würden am folgenden Morgen nach Wirra Downs zurückfahren. Vielleicht konnten sie heute noch etwas Angenehmes unternehmen – ein Ausflug auf dem Fluss würde Eric sicher sehr gefallen. Und sie mussten noch die restlichen Besorgungen erledigen. Roxy hatte gestern ein hübsches Häubchen im Schaufenster von Rich & Co. gesehen, das ein wunderbares Geschenk für Louisa wäre.

Sie streckte die Hand zur anderen Seite des Bettes aus, tastete jedoch ins Leere. »Martin?«

Roxy rollte auf die Seite und stützte sich auf den Ellbogen. Die Laken waren zurückgeworfen, als wäre Martin in aller Eile aufgestanden. Das Kissen hatte noch eine Kuhle dort, wo sein Kopf gelegen hatte.

Sie stand auf und ging zu der Verbindungstür zu Erics Zimmer. Der Kleine lag in seinem Bettchen und plapperte vor sich hin. Als er seine Mutter sah, lachte er und zog sich an den Gitterstäben auf die Füße. »Mama«, rief er vergnügt und wedelte mit den Händen.

Roxy hob ihn hoch und legte die Wange an seinen Kopf. »Komm«, flüsterte sie ihm ins Ohr. »Lass uns frühstücken, und dann gehen wir Papa suchen.«

Er belohnte sie mit einem nassen Kuss auf die Nase.

»Ich glaube, Martin ist in Richtung Viehhof gegangen«, erzählte Angel beim Frühstück. »Dort findet heute die große Versteigerung vor Ostern statt. Toast?«, fragte sie und hielt ihrem Gast eine Platte hin.

Roxy steckte einen Löffel Porridge in Erics Mund und schüttelte den Kopf. »Nein, danke.«

»Bist du nicht hungrig?«

»Mir ist ein wenig flau im Magen.« Angel zog die Augenbrauen hoch, und Roxy lachte. »Das kommt von der Schwangerschaft.«

Angel stieß einen Freudenschrei aus, beugte sich über den Tisch und umarmte die Freundin. »Warum hast du mir nicht gleich davon erzählt? Was sagt Martin dazu?«

Roxy zuckte mit den Schultern. »Er weiß es noch nicht. Ich habe es selbst erst gestern erfahren. Doktor Sides meint, im November ist es so weit. Ich möchte mir die Neuigkeit als Osterüberraschung aufheben, also bitte kein Wort darüber.«

»Versprochen«, gab Angel zurück. »Obwohl es mir ein Rätsel ist, wie du so was für dich behalten kannst. Ich würde eine solche Neuigkeit wahrscheinlich von den Hausdächern schreien wollen.«

»Dann bedauerst du es also, keine Kinder zu haben?«

»Bisher hat es mich nie sehr beschäftigt, aber in letzter Zeit denke ich, es wäre doch ganz schön gewesen, im Alter ein bisschen Gesellschaft zu haben.«

»Im Alter!«, schnaubte Roxy. »Man könnte meinen, du sitzt schon fast im Rollstuhl.«

Angel legte einen Finger an Roxys Wange. »Liebes, es hat wenig Sinn, darüber nachzudenken, was hätte sein können. Jetzt bin ich jenseits von Gut und Böse, und es ist zu spät, etwas zu ändern.«

Man merkte ihr an, dass sie traurig war und wünschte, die Zeit noch einmal zurückdrehen zu können. Roxy hingegen dankte insgeheim ihrem Glück, wenn sie ihr bisheriges eigenes Leben Revue passieren ließ: Sie hatte einen Mann, der sie liebte, einen gesunden Sohn, und das zweite Kind war unterwegs.

»Guy und Louisa werden auf Wirra Downs erwartet, habe ich dir das schon erzählt?«, fragte sie munter, um das

Gespräch in eine andere Richtung zu lenken. »Guy fährt in ein paar Tagen nach Südaustralien, und Louisa und Davie bleiben bei uns.«

»Es wird sicher schön für dich, wenn du zur Abwechslung mal mit einer Frau deines Alters zusammen sein kannst.«

Eric hatte ihr den Löffel aus der Hand genommen und hämmerte damit auf den Tisch. »Komm, junger Mann«, sagte Roxy lachend, hob ihn vom Stuhl und stellte ihn auf die Füße. »Jetzt ziehen wir dir was anderes an, dann suchen wir deinen Vater.«

»Geh du allein los, Roxy«, sagte Angel tadelnd und nahm Erics Hand. »Er bleibt viel lieber bei Tante Angel, stimmts nicht, Schätzchen? Wir gehen hinunter in den Hof und sehen uns die Küken an, von denen ich dir erzählt hab. Onkel Angus hat erst gestern erzählt, dass der alte Gockel ...«

Roxy sah ihnen nach. Ein ungleiches Paar: Angel machte so lange Schritte, dass der kleine Eric, der ihre Hand hielt, hüpfend und springend neben ihr herlaufen musste.

Sie fand Martin auf dem Viehhof. Er lehnte am Zaun und rief aufgeregt: »Roxy, sieh dir an, was ich gekauft habe!« Er zog sie zu sich und deutete auf einige Pferde, die im angrenzenden Hof wieherten und mit den Hufen scharrten.

»Ich wusste gar nicht, dass wir auf Wirra Downs noch mehr Pferde brauchen«, erwiderte sie erstaunt.

»Dies sind nicht nur Pferde, Liebes. Das sind Whalers, eine edle Rasse, von Bulloo Downs gleich hinter der Grenze zu Queensland.« Er legte den Arm um ihre Schulter und führte sie näher heran. Es waren etwa ein Dutzend glutäugige, nervöse Pferde, die gegen die Zäune schlugen.

»Ich hatte schon lange die Idee«, erklärte er. »Eine Pferdezucht. Zuerst wird sie natürlich noch klein sein. Ein Dutzend Stuten und ein Hengst. Im Busch werden immer gute Pferde gebraucht, und diese sind die besten, die man mit Geld kaufen kann.«

Er beugte sich über den Zaun und gab einer Stute einen leichten Klaps. Sie erschrak, scheute und schlug mit den Hufen in den roten Staub.

Roxy war keine Pferdekennerin, aber eines der Tiere weckte ihre Aufmerksamkeit: der Hengst mit der weißen Blesse auf der Stirn. Er war wunderschön, selbst in ihren Augen.

Martin folgte ihrem Blick. »Ich habe beschlossen, ihn Kintyre zu nennen, nach der schottischen Landschaft, von der Maggies Eltern stammen.«

Roxy streckte die Hand nach dem Hengst aus, weil sie ihm über die Stirn streichen wollte. Als ihre Finger näher kamen, wieherte der Hengst aufgeregt, wich zurück und stieg.

»Vorsicht, Liebes!«, warnte Martin und zerrte sie zurück. »Sie sind noch nicht gezähmt. Komm ihnen lieber nicht zu nahe, sie sind ziemlich wild.«

Roxy sah zu, wie der Hengst schnaubend über den Hof galoppierte. Sein kohlschwarzes Fell glänzte in der Sonne. »Du hättest ihn Satan taufen sollen«, entgegnete sie lachend. »Der hat etwas Bösartiges in sich.«

Martin lehnte sich gegen den Zaun, schirmte mit einer Hand die Augen gegen die grelle Sonne ab und betrachtete seine Pferde. Er dachte schon seit zwei Jahren über eine Pferdezucht nach, aber nach der Flut und den vielen Verlusten hatte er seine Pläne aufschieben müssen. Jetzt, mit dem Scheck für die Wolle in der Tasche, konnte er seine Träume endlich verwirklichen.

Am Abend zuvor hatte er von der bevorstehenden Versteigerung gehört und dann das Hotel am frühen Morgen verlassen, um mit schnellen Schritten zum Viehhof zu gehen. Bulloo Downs Pferde hatten einen guten Ruf, und wenn er Glück hatte, konnte er ein paar kaufen.

Zwölf Stuten und ein Hengst wurden als komplette Herde angeboten – das waren mehr Tiere, als Martin ursprünglich hatte anschaffen wollen, aber der Scheck in seiner Tasche gab ihm einen gewissen Antrieb. Verdammt, dachte er, die zusätzlichen Stuten werden mir helfen, die Zucht schneller voranzutreiben. Mit einer so großen Herde wäre er dem Zeitrahmen, den er sich gesteckt hatte, ein, vielleicht sogar zwei Jahre voraus.

Das Erstgebot war hoch, und schon bald wurde der Preis erreicht, den Martin für sich als äußersten festgesetzt hatte. Er holte tief Luft und hob die Hand; der Auktionator nannte das um zehn Pfund erhöhte Angebot. Für einen Moment glaubte er, die Pferde gehörten ihm, doch ein anderes Gebot von jemandem hinter ihm zerschlug seine Hoffnungen. Martin hob erneut die Hand.

Ein Bieter nach dem anderen gab auf, bis sie nur noch zu zweit waren – Martin und der alte McMahon, ein ehemaliger Freund seines Vaters. Schließlich gab sich der betagte Mann geschlagen.

»Verkauft!«, schrie der Auktionator. »Verkauft an Martin Dumas von Wirra Downs.«

McMahon bahnte sich einen Weg durch die Menge und

schlug Martin freundschaftlich auf die Schulter. »Ganz der Vater«, tönte er. »Du bist hartnäckig wie dein alter Herr und gibst auch nie nach, was? Gerald wäre mächtig stolz auf die hübschen Stuten, da bin ich mir ganz sicher.«

Martin nahm die Glückwünsche so auf, wie sie gemeint waren. Aber sein Herz wurde bleischwer bei dem Gedanken, dass er doppelt so viel ausgegeben hatte wie beabsichtigt und dass ihm nur noch wenig Geld für die nächsten zwölf Monate auf Wirra Downs geblieben war. Maggie würde ihn wahrscheinlich für verrückt erklären, doch jetzt war es geschehen, und das Geld war weg, ehe er sich so richtig über seine leichtsinnige Tat klar werden konnte.

Aber da war schließlich noch das Ersparte, das er im Laufe der Jahre auf sein Bankkonto eingezahlt hatte. Es war nicht viel im Vergleich zu dem Scheck für die Wolle, doch es könnte sie bis zur nächsten Schersaison über Wasser halten. Wenn nicht, dann würde er den Bankdirektor um einen kleinen Kredit bitten.

Der Kauf der Pferde war ein echtes Bravourstück, und er hätte sich die Gelegenheit beim besten Willen nicht entgehen lassen können. Als er mit Roxy zur Stadtmitte zurückging, verdrängte er alle düsteren Gedanken und summte vergnügt vor sich hin. Als Erstes würde er zur Bank gehen und mit dem Direktor sprechen, und wenn diese Sorge ausgeräumt war, konnte er etwas Schönes mit Roxy und Eric unternehmen.

Er war überrascht, als er eine drängelnde Menschenmenge vor dem Eingang zur Bank vorfand. Er stellte sich ans Ende der Schlange und sprach den älteren Mann an, der vor ihm stand: »Was ist hier los?«

Der Mann drehte sich um und sah ihn erstaunt an. »Haben Sie noch nicht davon gehört? Sie sagen, die Banken sind pleite und dass wir alle unser Geld verloren haben.«

Martin wurde starr vor Schreck und wagte kaum noch zu atmen. Roxy hingegen schnappte hörbar nach Luft und umfasste seinen Arm fester.

Der alte Mann fuhr fort: »Wir stehen alle hier und warten auf ein Wort, auf einen Vorschlag ...« Er schaute Martin niedergeschlagen an, und Tränen traten ihm in die Augen. »Für Sie ist das wahrscheinlich nicht schlimm, junger Mann«, sagte er schließlich. »Sie können noch einmal von vorn anfangen, doch in meinem Alter ... Meine Frau und ich sind auf das Geld angewiesen, sonst wissen wir nicht, wie wir durchkommen sollen.«

Wütend machte Martin kehrt. Roxy lief ihm nach. »Martin, warte. Vielleicht ist es gar nicht so schlimm, wie es den Anschein hat. Es könnte ja auch ein Irrtum sein ...«

Ohne ein Wort ging er weiter und verfluchte sich im Stillen, weil er nicht auf Roxys Vater gehört hatte, der sie schon vor zwölf Monaten auf die prekäre Situation der australischen Banken hingewiesen hatte. Jetzt hatte er alles verloren – und Roxy auch. Er blieb abrupt stehen und drehte sich zu ihr um. »Wenn es wahr ist«, sagte er langsam, »dann hast du auch dein ganzes Geld verloren.«

Sie schüttelte den Kopf. »Mein Geld ist nicht auf der Bank. Ich habe es bei Levenstein investiert.«

»Bei Levenstein? Wie konntest du nur so etwas Törichtes tun?«

»Es war nicht töricht«, erwiderte sie ruhig. »Ich habe mein Geld noch – und es ist mehr geworden. Ich war gestern bei Levenstein. Er hat mir angeboten, mir das Geld auszubezahlen. Ich habe ihn gebeten, es für ein weiteres Jahr zu investieren. Aber wenn ich gleich zu ihm gehe, bin ich sicher …«

»Nein!« Martin riss sich von ihr los.

»Martin«, rief sie in flehendem Ton. »Bitte, hör mir zu. Es ist doch nicht wichtig, wem das Geld gehört.«

»Mir ist es wichtig.«

»Es ist unser Geld. Was mein ist, ist auch dein. Sieh es als Darlehen an, wenn du willst. Zahl es mir irgendwann zurück. Sei doch nicht so dickköpfig.«

»Auf keinen Fall werde ich das Geld meiner Frau anrühren, um Wirra Downs auf Vordermann zu bringen. Dein Vater hat es dir für deinen persönlichen Bedarf geschenkt.«

»Schön, und ich denke daran, es in Wirra Downs zu investieren, um die Zukunft meiner Kinder zu sichern. Immerhin ist Wirra Downs ihr Erbe.«

»Für dein Kind«, korrigierte Martin. »Und ich kann sehr gut selbst für Erics Zukunft sorgen, vielen Dank.«

»Nein«, entgegnete Roxy, als hoffte sie, ihn durch einen Schock zur Vernunft zu bringen. »Ich bin wieder schwanger, Martin. Ich wollte es dir eigentlich erst am Wochenende erzählen.«

Sie wandte sich rasch ab, aber Martin hatte dennoch die Tränen in ihren Augen gesehen. Er hielt sie am Arm zurück und zog sie an sich. O Gott. Warum hatte sie ihm nicht früher von der Schwangerschaft erzählt? Das machte den Verlust des Geldes und die Scham über seinen unklugen Kauf auf dem Pferdemarkt nur noch schlimmer.

Trotzdem durchströmte ihn ein ungeheuer zärtliches Gefühl, und am liebsten hätte er Roxy fest an seine Brust gedrückt, immer wieder ihren Namen geflüstert und sie mit Worten noch mehr an sich gebunden.

»Himmel, Roxy!«, flüsterte er in ihr Haar. Er hasste sich selbst und die Banken. »Was, wenn mir etwas passiert und du das Geld plötzlich brauchst? Es gehört dir, und ich werde es nicht anrühren. Unter gar keinen Umständen.«

Martin stellte sich wieder in die Schlange vor der Bank, und es dauerte drei Stunden, bis er in das Büro des Direktors kam und seine schlimmsten Ängste bestätigt wurden. Das Geld war verloren. Vor ihrer Abreise am nächsten Morgen erreichte ihn die Nachricht, dass er nicht mehr erhoffen durfte als einen Shilling für jedes Pfund, das er eingezahlt hatte.

Bourke war noch immer in heller Aufregung wegen der fast verleumderischen Gedichte, die vor einigen Monaten in einer der Lokalzeitungen abgedruckt gewesen waren. Es waren politische Verse, die jemand unter dem Pseudonym »Tally« publiziert hatte. Die Identität des Poeten war nach wie vor das bestgehütete Geheimnis der Stadt.

Roxy hatte sie alle gelesen, da Angel sie aus dem *Western Herald* ausgeschnitten und neben die Theke gehängt hatte. Eines gefiel ihr besonders. Es trug den Titel »Ein Fremder am Darling« und erinnerte sie an ihre eigene Ankunft in der Stadt, es berührte eine Saite in ihr. So hatte sie sich damals gefühlt, als Guy sie im Hotel abgesetzt und sie keine Menschenseele gekannt hatte. Aber jetzt, drei Jahre später, liebte sie die Stadt, das Gedränge und die interessanten Menschen, die sie in Angels Hotel kennen lernte.

Erst am Vorabend hatte Angel sie auf ein neues Gesicht an der Bar aufmerksam gemacht. »Sie sagen, es ist Henry Lawson«, hatte sie Roxy ins Ohr geflüstert. »Du weißt schon, der Poet.«

Roxy wusste sofort, wen Angel meinte. Es gab nur wenige Leute, die nie etwas von dem Mann gehört hatten, der hauptsächlich für die *Sydney Bulletin* schrieb. Sie schielte zu dem Gast, auf den Angel mit einer Kopfbewegung gedeutet hatte, und sah einen mittelgroßen Mann mit hagerem Gesicht, einem Schnurrbart, der an den Mundwinkeln nach unten hing, und kurzem braunen Haar. Er war in ein Gespräch mit Donald Macdonell vertieft, einem bekannten Gewerkschaftler aus Bourke.

Martin war früh zu Bett gegangen und hatte Eric mit aufs Zimmer genommen. Den ganzen Tag war er trotz der Neuigkeit von ihrer Schwangerschaft in schlechter Stimmung gewesen, und Roxy hatte aufgeatmet, als er sich zurückgezogen hatte. Vielleicht bessert sich seine Laune bis morgen, dachte sie. Gegen den Verlust des Geldes konnten sie nichts unternehmen. Als Martin von dem Baby gehört hatte, hatte er sofort vorgeschlagen, die Pferde mit ein wenig Verlust an McMahon weiterzuverkaufen. Aber davon hatte Roxy nichts hören wollen. Nein, die Pferdezucht war Martins Traum, und irgendwie würden sie es schon schaffen. Vielleicht würde er später, wenn er Zeit gehabt hatte, über alles nachzudenken, einlenken und doch auf ihr Kapital zurückgreifen.

Es war ruhig in der Bar, nur ein paar Gäste saßen noch da. Die Neuigkeit von der Bankpleite hatte sich wie ein Lauffeuer verbreitet und Anlass zu vielen Diskussionen und zu ein, zwei handgreiflichen Streitereien im Stall auf der Rückseite des Hotels gegeben. Jetzt stand Roxy hinter der Theke und trocknete nachdenklich die letzten Gläser ab, die Angel zum Abtropfen neben die Spüle gestellt hatte.

»Hallo.«

Sie war so tief in Gedanken versunken, dass sie den Mann, der vor ihr stand, gar nicht bemerkte, bevor er sie ansprach. Sie sah überrascht auf und starrte plötzlich in tief liegende braune Augen. Erstaunliche Augen, dachte sie. Sie zogen sie regelrecht in die Tiefe ... Sie war so durcheinander, dass sie keinen klaren Gedanken fassen konnte und für einen Moment sogar vergaß zu atmen.

Irgendwie fand sie ihre Sprache wieder. »Guten Abend«, erwiderte sie und warf den Kopf zurück. Angel bediente gerade einen anderen Gast. »Wenn Sie etwas zu trinken möchten, Angel wird gleich Zeit für Sie haben.«

»Ah, ich möchte nicht mit Angel sprechen.«

»Nein?«

»Nein.« Seine Stimme war sanft, melodiös. Ihr Blick war von seinem gefangen, aber dann gelang es ihr doch, ihn auf das Glas in ihren Händen zu richten. Sie polierte es mit wilder Entschlossenheit. Dieser Kerl machte sie nervös, auch wenn sie nicht sagen konnte, warum. Etwas an seinem Verhalten und an seinen Augen schaltete vorübergehend ihr Denkvermögen aus.

Er streckte die Hand aus, nahm ihr das Glas weg und stellte es auf den Tresen. »Ich würde sagen, das ist trocken, meinen Sie nicht?«

Roxy atmete tief durch und sah ihn wieder an. »Einige Leute behaupten, Sie seien der Sydney-Poet, Henry Lawson. Stimmt das?«

»Was glauben Sie?«

Er lächelte, und unwillkürlich verzog sich auch ihr Mund. »Ich glaube, sie könnten Recht haben. Und Sie streiten es nicht ab?«

»Im Busch kann ein Mann unter vielen Namen bekannt sein.«

Die Gedichte in der Zeitung. Politische Verse. Hatte Lawson nicht vor Monaten etwas Ähnliches in *Truth* geschrieben? Sie hatte im vergangenen Jahr alle regionalen Blätter und die Zeitungen aus den Großstädten gelesen, um so gut wie möglich über die Streiks und Unruhen informiert zu sein. »Und ist Tally einer der Namen, unter denen Sie im Land bekannt sind, Mr. Lawson?«

Er zuckte mit den Schultern. »Sie sind eine scharfsinnige Frau, Mrs. …«

»Dumas. Roxy Dumas. Meinem Mann gehört eine Farm hier in der Nähe. Wirra Downs. Vielleicht haben Sie schon von Wirra Downs gehört?«

Er schüttelte den Kopf. »Tut mir Leid, ich glaube nicht.«

»Manche Menschen halten Sie für einen Mistkerl, weil Sie den Schafzüchtern das Leben schwer machen.«

»Und wie denken Sie darüber, Mrs. Dumas? Teilen Sie ihre Ansichten?«

»Nicht notwendigerweise.«

»Dann sind Sie also eine starke Frau, die eine eigene Meinung hat?«

Sie neigte den Kopf zur Seite. Dieses Spiel konnten auch zwei spielen. Außerdem war es schön und gut für sie persönlich, sich ein eigenes Urteil zu bilden, aber als Martins Frau würde sie zumindest vor anderen fest zu ihm halten. »Was meinen Sie?«, forderte sie ihn heraus.

»Ich finde, die Landbesitzer kämpfen mit harten Bandagen. Wir alle tun das. Doch die Löhne zu reduzieren, weil sie selbst nicht die erwünschten Preise erzielen …«

»Manche sagen, dass das alles zusammenspielt, Mr. Lawson. Zudem behandeln nicht alle Bosse ihre Arbeiter schlecht.«

»Mag sein«, räumte er ein, »doch ich habe nie erlebt, dass die Landbesitzer einen Bonus an die Scherer verteilen, wenn der Preis für die Wolle hoch ist. Sie wollen nicht teilen, wenn es ihnen gut geht, aber die Scherer sollen ihre Verluste mittragen.«

Roxy überlegte einen Moment, dann lächelte sie. »Wenn Sie es so ausdrücken, klingt es tatsächlich nicht gerecht. Selbst mein Mann müsste eingestehen, dass Sie mit diesem Argument gepunktet haben. Trotzdem sagt er, dass die Gewerkschaftler keine Arbeit hätten, wenn es uns nicht gäbe.«

Ein Lächeln breitete sich auf seinem Gesicht aus; er verbeugte sich leicht und schlenderte zurück zu seinem Tisch und seinem Gewerkschaftsfreund. Roxy spürte erst jetzt, wie angespannt ihre Arme und Schultern waren. Ihre Hände umklammerten ein Glas. Als sie den Griff lockerte, merkte sie, dass nur noch Scherben in dem Geschirrtuch waren.

Angel eilte herbei und sah Roxy besorgt an. Vorsichtig nahm sie Roxy das Geschirrtuch aus der Hand. »Ist alles in Ordnung, Liebes?«, fragte sie. »Du hast dich doch nicht geschnitten, oder?«

Roxy schüttelte den Kopf und wandte sich ab. »Ja, Mr. Lawson«, flüsterte sie vor sich hin. »Wir kämpfen alle mit harten Bandagen.«

KAPITEL 22

Vor ihrer Abreise am Morgen besuchte Roxy noch schnell Sarah, die ihr zu einer lieben Freundin geworden war. Ein schneidender Wind war aufgekommen und fegte die goldgelben Blätter von den Bäumen. Der Geruch nach Holzfeuern hing in der Luft.

Sarah öffnete Roxy die Tür, brachte jedoch nicht ihr übliches Lächeln zu Stande. Sie war zum zweiten Mal schwanger, und Roxy vermutete, dass es bis zur Niederkunft nur noch Tage dauern konnte. Sarahs Augen waren rot, und Roxy wusste, dass sie geweint hatte.

Sie ging rasch ins Haus, schloss die Tür hinter sich und führte Sarah zu einem Stuhl. »Hier, setz dich.« Aus den Augenwinkeln konnte sie die kleine Annie sehen, die mit dem Daumen im Mund hinter einer Tür stand und durch den Spalt spähte.

Roxy rief das Kind zu sich, kniete sich hin und nahm Sarahs Hand. Ihre Finger waren eiskalt. »Was ist los?«

Annie kletterte auf den Schoß ihrer Mutter, und Sarah vergrub das Gesicht in den goldenen Locken des Kindes. Dann holte sie tief Luft und begann mit zitternder Stimme: »Michael hat seine Arbeit verloren. Sie haben nach all den Schwierigkeiten mit den Banken im Gemischtwarenladen lauter Leute entlassen. Und das Baby soll in weniger als einer Woche auf die Welt kommen.« Sarahs Beherrschung war dahin, und sie ließ den Tränen freien Lauf. »Was soll aus uns werden?«, weinte sie.

Roxy schlang die Arme um Sarah und legte den Kopf an ihre Wange. »Aber, aber, nichts kann so schlimm sein. Ihr habt immer noch das Haus.«

»Es ist gemietet«, erwiderte Sarah tonlos. »Wir haben für ein eigenes Heim gespart. Ich wollte nur ein kleines Cottage. Wir hatten das Geld fast zusammen, aber jetzt ist alles weg. Die Banken!«, schloss sie mit einem aufgebrachten Schnauben.

»Wo ist Michael?«

»Auf Arbeitssuche.«

»Ich verstehe. Ganz bestimmt kommt er bald freudestrahlend durch die Tür und hat eine neue Anstellung. Und was wird er dann von dir halten, wenn du weinend hier sitzt? Komm, lass den Kopf nicht hängen.«

Sarah erholte sich weit genug, um Tee aufzubrühen, dann saßen sie zusammen am Küchentisch. Annie knabberte an einem Keks und verteilte die Krümel über den ganzen Tisch, aber Sarah schien keine Notiz davon zu nehmen.

Roxy konnte nichts weiter tun, als ein paar banale Worte des Trostes anzubieten. Martin hatte auch sein ganzes Geld verloren, und ihm war nur das geblieben, was nach dem Kauf der Pferde vom Erlös der Wolle noch übrig war. Doch er besaß immerhin das Land, das konnte ihm niemand nehmen. Sarah und Michael hatten nichts.

Martin führte den Hengst am Zügel nach Wirra Downs. Die Stuten sollten nach Ostern gebracht werden. Roxy saß mit Eric auf dem Bock und lenkte die Kutsche über den holprigen Weg. Der Anblick Martins mit dem Pferd, das wild ausschlug und hochstieg, ängstigte sie. Das boshafte Glitzern in Kintyres dunklen Augen, die sprunghaften Bewegungen und das launenhafte Temperament kamen ihr gefährlich vor – sie traute dem Tier nicht.

Roxy atmete erleichtert auf, als sie endlich zu Hause waren und sie sich mit Arbeit ablenken konnte. Sie musste die Einkäufe ausladen und Geschenke einpacken. Guy, Louisa und Davie wurden am folgenden Tag erwartet, und Dinnie brauchte Hilfe in der Küche.

Vom Fenster über der Spüle aus beobachtete Roxy, wie Martin einen Sattel aus der Sattelkammer in den Stall trug, in dem er den neuen Hengst untergebracht hatte.

Kintyre.

Der Sattel.

Sie hielt mitten in der Bewegung inne. Er hatte doch nicht vor, diese Bestie zu reiten, oder? Trotz der Hitze überlief sie ein eisiger Schauer.

Voller Angst stürmte sie aus der Küche, rannte über die Veranda und die Stufen hinunter, die unter ihrem Gewicht knarrten. Eins, zwei, drei – erreichte sie denn nie den Rasen? Das Gras zerrte beim Laufen an ihrem Rock und schien sie zurückhalten zu wollen.

»Martin! Martin!«

Er schaute sie überrascht an. »Hey, was ist los?«

Martin fing sie mit dem freien Arm auf, als sie auf ihn zutaumelte, und sah sie belustigt und fragend zugleich an. Keuchend legte sie eine Hand auf den Sattel. »Das Pferd«, japste sie und versuchte, zu Atem zu kommen. »Du willst ihn doch nicht reiten?«

»Kintyre?«

Roxy nickte und biss sich auf die Unterlippe.

»Kintyre reiten?« Er lachte schallend. »Du Dummerchen, ich habe nicht die Absicht, ihn zu reiten. Er ist noch nicht trainiert. Ich könnte von Glück sagen, wenn ich mich fünf Sekunden auf ihm halten könnte. Ich habe dieses Pferd nur zu Zuchtzwecken gekauft.«

Sie drehte sich um und ging zurück zum Haus. Was war nur in sie gefahren? Wieso hatte sie plötzlich das Gefühl gehabt, Martin wäre in Gefahr? Guter Gott, er musste sie für verrückt halten oder denken, dass ihr der Verlust des Geldes und die Schwangerschaft aufs Gemüt geschlagen waren.

Dinnie lief ihr entgegen, und Narairee trottete mit Eric auf dem Arm hinter ihr her. »Ist alles in Ordnung mit Ihnen, Missy?«, fragte Dinnie und runzelte besorgt die dunkle Stirn. »Stimmt etwas nicht?«

»Narairee, bring Eric ins Haus und richte ihm bitte ein Bad her«, entgegnete Roxy, dann wandte sie sich an Dinnie. »Es ist alles in Ordnung. Ich unternehme einen Spaziergang – ich brauche ein bisschen Zeit für mich.«

Roxy wanderte hinunter zum Fluss, zu einem kleinen Wasserlauf, der vom Haus aus nicht zu sehen war. Sie setzte sich ins Gras und lehnte sich an einen alten Eukalyptusbaum mit stachliger Rinde, die sie durch die Bluse spürte. Das Wasser glitzerte in der Sonne und reflektierte den Himmel in tausend hellen Bildern. Kleine Wellen schlugen ans Ufer und zupften an dem Gras, das im Flachen wuchs.

Das Wasser strudelte, plätscherte und floss, bis es Goolwa erreichte und sich ins Meer ergoss. Goolwa, dachte sie und seufzte. Das Ende des Flusses. Fast zu Hause.

Adelaide. Sie hatte ihre Eltern drei Jahre nicht gesehen. Wie es ihnen wohl geht?, überlegte sie. Sie schrieben regelmäßig, berichteten alle Neuigkeiten und wünschten ihr, Martin und Eric alles Gute. Immer wieder fragten sie an, wann sie nach Adelaide kommen und sie besuchen würde. Sie würden sich sehr freuen, wenn sie ihr erstes Enkelkind endlich sehen könnten. Vielleicht im nächsten

Jahr? Und das Theater! Roxy würde so gern wieder einmal ins Theater gehen.

Mit einem Mal gingen ihr tausend Möglichkeiten durch den Kopf. Was wäre, wenn sie Martin nie kennen gelernt hätte? Sie wäre fast nach Sydney gekommen. Und wenn sie seinen Heiratsantrag abgelehnt hätte? Vielleicht wäre sie dann jetzt in London. Was, wenn …

Nein, ermahnte sie sich entschieden und schlug sich solche unnützen Gedanken aus dem Kopf. Dieses Kapitel ihres Lebens war abgeschlossen. Sie hatte die Wahl gehabt und sich für Martin und Wirra Downs entschieden. Sie hatte jetzt ein Kind, an das sie denken musste, und im November bekam sie ein zweites. Die Liebe, die sie und Martin füreinander empfanden, würde ihnen über die finanzielle Notlage hinweghelfen. Es war nur ein kleines Hindernis im großen Ganzen, ein vorübergehendes Problem, für das es sicher eine Lösung gab.

Sie legte die Hand auf den Bauch und bestaunte das neue Wunder. Dieses Kind war der Beweis für ihre Liebe, eine Erweiterung ihrer Familie. Adelaide – das war nur Träumerei. Jetzt war sie hier zu Hause, an Martins Seite, und es gab kein Zurück mehr.

Roxy schloss die Augen und legte sich ins Gras. Die Halme kitzelten sie im Nacken, und sie spürte die Sonne im Gesicht. Alles war still, man hörte nur das Plätschern des Wassers und das gelegentliche Krächzen einer einsamen Krähe.

»Also ist das Geld, das auf der Bank lag, komplett weg?«

Guy lehnte sich auf seinem Stuhl zurück und trank

aus dem Brandyglas, das er in den langen Fingern hielt. Martin hatte die Ellbogen auf den Schreibtisch gestützt und das Kinn auf die Hände gelegt. Er nickte.

»Hast du Maggie schon davon erzählt?«

»Ja.«

Schweigen. Die Wanduhr tickte langsam, und Martin musste an seinen unklugen Kauf denken; er hatte die Pferde erworben, ohne sich zuerst mit seiner Mutter zu beraten. Sie war natürlich verärgert gewesen, hatte aber darauf bestanden, dass die Pferde blieben.

»Nein, Martin«, hatte sie gesagt, »wir werden es schaffen, und wenn es uns umbringt. Doch das nächste Mal besprechen wir solche Dinge vorher, ja? Manchmal können zwei Köpfe besser denken als einer.«

»Ich wusste nichts von der Bankpleite«, verteidigte er sich lahm, und Maggie drückte seinen Arm.

»Ah, möglicherweise ist kein großer Schaden entstanden. Wir haben schon früher Rückschläge erlitten, und es ist nicht so schlimm wie dieses andere Mal.«

Nein, dachte Martin, als er sich an die Worte seiner Mutter erinnerte. Offenbar hatte es ihr widerstrebt, Geralds Namen auszusprechen. Nichts konnte so schlimm sein wie das, was er ihnen hinterlassen hatte. Kein Geld, enorme Schulden in der ganzen Stadt. Wie Maggie das überstanden hatte, war Martin immer noch ein Rätsel. »Das Land«, hatte sie immer wieder erklärt, ohne sich von dem Berg an Rechnungen unterkriegen zu lassen, »nur das Land ist wichtig.«

Das Land, dachte Martin grimmig, als Guy ihre Gläser auffüllte, das Land, das sich Maggies Vorfahren mit viel Schweiß und Blut untertan gemacht hatten. Er setzte das Glas an die Lippen und spürte, wie ihm die brennende Flüssigkeit durch die Kehle rann, bis sich ein warmes Gefühl in seiner Brust ausbreitete.

»So, Martin Dumas ist jetzt ein Pferdezüchter«, zog Guy ihn auf, schenkte noch einmal Brandy nach und schob Martin das Glas hin. »Bist du nicht mehr damit zufrieden, ein ganz normaler Schaffarmer zu sein?«

Martin erahnte hinter dem neckenden Ton eine versteckte Andeutung. Als hätte er eine unsinnige Entscheidung getroffen oder einer Schrulle nachgegeben. Zum Teufel! Er hatte lange und sehr gründlich über eine Pferdezucht nachgedacht und wusste, dass sich seine Idee bald bezahlt machen würde, nur das Timing war schlecht – das war alles.

Er nippte nachdenklich an seinem Brandy und genoss den Geschmack. Wahrscheinlich ist der Schnaps das Erste, worauf wir verzichten müssen, dachte er missmutig. »Vermutlich.« Er zuckte mit den Schultern. Auf keinen Fall würde er sich auf eine Diskussion mit seinem Bruder einlassen. Außerdem war Guy ihm etliche Brandys voraus, und im angetrunkenen Zustand neigte er dazu, zänkisch zu werden.

»Wahrscheinlich kann ich dich nicht dazu überreden, morgen einen Ritt zu wagen, oder? Mit dem neuen Hengst – Kintyre, so heißt er doch? Er sieht aus, als würde er für Geld ganz gut rennen.«

»Er ist nicht eingeritten«, erwiderte Martin. »Und er ist ein Whaler, einer der Edelsten. Ich habe ihn nicht als Reitpferd gekauft.«

»Demnach ist er ein bisschen zu wild für dich? Ich hätte gedacht, dass du mehr Mumm in den Knochen hast, Brüderchen«, gab Guy zurück.

»Nein. Ich könnte ihn reiten, wenn ich wollte. Allerdings weiß ich nicht, wie lange ich oben bleiben würde. Er ist ziemlich temperamentvoll.«

Guy kramte in seiner Tasche und klatschte eine Fünfpfundnote auf den Schreibtisch. »Morgen. Bei Sonnenaufgang. Ein Fünfer darauf, dass du es keine dreißig Sekunden schaffst.«

Guy wettete darauf, dass er sich nicht auf dem Pferd halten konnte? Martin lächelte träge. Seine Sinne waren vom Brandy leicht betäubt, dennoch fiel ihm der Geldschein ein, der noch in der obersten Schreibtischschublade lag. Zehn Pfund. Ein Vermögen in seiner derzeitigen Lage. Er dachte volle zehn Sekunden nach, bevor er die Schublade aufzog und den Geldschein neben den Einsatz seines Bruders knallte. »Und zehn Pfund darauf, dass du es auch nicht kannst.«

Roxy wachte von Gejohle und Jubelschreien auf. Erschrocken setzte sie sich auf, schleuderte die Decke von sich und rannte zur Verandatür. Der Radau kam von den Koppeln in der Nähe der Schurhalle. Lautes Grölen und Stimmengewirr, die sich mit dem Wind hoben und senkten.

Sie zog das Nachthemd aus, ließ es auf den Boden gleiten und schlüpfte hastig in eines ihrer Hauskleider. Ihre Finger fummelten ungeschickt an den winzigen Knöpfen herum, die vom Kragen bis zur Taille reichten. »Verflixt«, fluchte sie aufgebracht. Sie erinnerte sich, wie gewandt Martin ihr dasselbe Kleid am Abend zuvor ausgezogen hatte.

»Lass das!«, ermahnte sich Roxy ärgerlich – sie wollte nicht an die Wonnen der letzten Nacht denken. Schließlich stieg sie in ein Paar Schuhe, öffnete die Tür und lief über das taubenetzte Gras zur Schurhalle.

Sie drängte sich an den Männern vorbei, die am Zaun der Koppel standen, und beobachtete voller Entsetzen, wie Guy sich langsam auf Kintyre setzte, der mit einem dicken Strick festgebunden war.

»Nein!«

Das Wort kam ihr über die Lippen, als Guy auf dem Pferderücken saß und einer der Männer den Strick mit einer einzigen Bewegung löste. Guy sah sie für den Bruchteil einer Sekunde ausdruckslos an, dann fasste er nach den Zügeln. Er presste die Knie an die Rippen des Pferdes und hielt sich eisern fest.

»Eins. Zwei. Drei.« Einige der Männer zählten im Chor die Sekunden, andere grölten, als das Pferd bockte und in die Luft sprang.

»Aufhören!«, schrie Roxy und schlug mit den Händen auf den Zaun. »Holt ihn da runter!«

»Zu spät, meine Liebe«, brummte einer der älteren Arbeiter, den Roxy bei Maggies Sonntagsgottesdienst des Öfteren gesehen hatte. Er grinste sie zahnlos an.

»Zehn!«, johlte die Menge.

Kintyre schlug nach hinten aus, und Guy wurde abgeworfen. Die Hufe schlugen gefährlich dicht neben seinem Kopf auf dem Boden auf, als sich das Pferd aufbäumte und auf die andere Seite der Koppel galoppierte. Guy brachte sich hastig in Sicherheit und kroch auf die Laderampe. Die Männer grölten. Jemand warf einen Strick um den Hals des Pferdes und band es am Zaun fest.

Roxy duckte sich unter dem Balken des Zaunes hindurch und marschierte zu Guy und Martin, die lachend beieinander standen.

»Das war die größte *Dummheit,* die ich je gesehen habe!«

Sie sah Martins Gesicht an, dass er ihre Anwesenheit erst jetzt bemerkte. Er umfasste ihren Ellbogen und versuchte, sie aus der Koppel zu dirigieren. »Was machst du hier?«, zischte er.

Sie riss sich los und baute sich mit verschränkten Armen vor den beiden Männern auf. »Behandle mich nicht so herablassend, Martin! Du hast mir fest versprochen, dieses Pferd nicht zu reiten. Offenbar kann ich deinem Wort nicht vertrauen.«

Guy beobachtete die Vorgänge mit einem schiefen Grinsen. Sein Anblick und die Art, wie er sie betrachtete, gaben Roxy den Rest. Wütend wirbelte sie zu ihm herum. »Und das gilt auch für dich. Du bist um keinen Deut besser. Was würde Louisa dazu sagen? Du solltest wenigstens an sie und Davie denken, bevor du so gefährliche Sachen wagst.«

Martin legte den Arm um ihre Schultern. »Komm, Liebes. Das ist ein bisschen peinlich vor all den Männern. Du brauchst dir keine Sorgen zu machen. Wir haben nicht zum ersten Mal auf einem Pferd gesessen, das noch nicht eingeritten ist. Wir sind mit solchen Dingen aufgewachsen, vergiss das nicht.«

Roxy schaute sich um, sah die belustigten Gesichter der Männer und kam sich vor wie eine Närrin. Sie hätte nicht herkommen dürfen, sondern sich die Bettdecke über die Ohren ziehen sollen. Guy stolzierte zum Zaun, wo die Geldscheine mit Nägeln an einen Pfosten geschlagen waren und in der Brise flatterten.

Er riss die Scheine geschickt ab und kam wieder auf sie zu. »Hier, Roxy«, sagte er leichthin und drückte ihr das Geld mit einem Grinsen in die Hand. »Der Gewinn dieses Morgens. Du sollst wissen, dass Martin die Wette gewonnen hat.«

»Wette? Was für eine Wette?«

»Wer sich länger auf dem Pferd halten kann. Was sonst?«

Sie warf Martin einen Blick zu. »Du hast Kintyre auch geritten?«, fragte sie im Flüsterton.

Martin funkelte seinen Bruder an. »Na ja, ich ...«

Sie betrachtete die Banknoten, die sie in den Händen hielt. Zehn Pfund und ein Fünfer. Fünfzehn Pfund. Das hätte der Preis für ein Menschenleben sein können. Ihr wurde übel, und sie ließ das Geld auf den von Hufen zertrampelten staubigen Boden flattern. Sie drehte sich um, duckte sich unter dem Zaun hindurch und rannte zum Haus.

Martin holte sie bei den Wassertanks ein, an denen die Bougainvilleen rankten.

»Hey, Liebes«, beschwichtigte er sie und umschlang ihre Taille, »es ist schon gut. Niemandem ist etwas passiert, wir hatten nur ein bisschen Spaß.«

»Spaß? Das nennst du Spaß?« Zu ihrem eigenen Erstaunen brach sie in Tränen aus. Sie hasste sich dafür, weil sie die Frauen, die Tränen benutzten, um ihren Willen durchzusetzen, aus tiefstem Herzen verabscheute.

»Schsch«, besänftigte er sie und nahm ihr Gesicht zwischen die Hände.

»Oh, ich weiß selbst nicht, was mit mir los ist. Seit ich weiß, dass ich ein Baby bekomme, bringt mich die kleinste Kleinigkeit aus der Fassung.«

Er zog sie an sich, legte die Hand auf ihren Bauch und massierte die kleine Wölbung. »Schsch. Pass nur auf dich auf. Sorg dich nicht um mich.«

Roxy ging langsam zum Haus; ihr Zorn war echt, nahezu mit Händen greifbar. Sie zitterte, und es erschien ihr, als lastete ein Gewicht auf ihrer Brust. Guy saß auf den Verandastufen und zog seine Stiefel aus.

»Ihr beide solltet euch schämen«, fauchte sie. »Dieser Hengst ist gefährlich.«

Guy belohnte sie mit einem Lächeln. »Komm schon, Roxy. Martin kennt sich mit Pferden aus. Unterschätz deinen Mann nicht.«

Sie warf den Kopf zurück und rauschte ins Haus, ohne ihn einer Antwort zu würdigen.

KAPITEL 23

Guy legte mit der *Curlew* ab, um in den Süden zu fahren, und ließ Louisa und Davie auf Wirra Downs. Das Alltagsleben hielt wieder Einzug auf der Farm.

Roxy freute sich, Louisa als Gesellschaft zu haben, und auch Martin war froh über ihre Anwesenheit. Diese Schwangerschaft erschöpfte Roxy mehr als die erste, obwohl das Wetter kühl war und Louisa im Haus mithalf. Martin freute sich, weil seine Frau in Louisas Gesellschaft regelrecht auflebte. Abends, wenn die Kinder im Bett waren, schmiedeten sie Pläne für das Baby und nähten winzige Kleider.

Jedes Mal, wenn Martin seine Frau sah, nahm er sie in die Arme und staunte über das Gefühl, das ihn überkam; nach all den Jahren und trotz ihrer fortgeschrittenen Schwangerschaft gelang es ihr immer noch, ihm den

Atem zu rauben. Er ging sehr sanft mit ihr um und dachte auch an das Kind, das ihren Körper belastete und an ihren Kräften zehrte.

Sowohl im April als auch im Juni hatte es ein wenig Hochwasser gegeben. Die unterirdischen Tanks waren voll, und der Fluss führte genügend Wasser, was bedeutete, dass die Raddampfer leichte Fahrt hatten. Martin sah von den Weiden am Fluss aus, wie sie vorbeifuhren: die *Pilot, Jandra, Emily Jane, Brewarrina, Rob Roy* und die *Rodney.* Letztere gehörte einer großen Gesellschaft und hatte sich den Ruf erworben, »schwarze« Wolle zu transportieren.

Die maroden Staatsfinanzen wurden zum Hauptthema bei den Unterhaltungen nach dem Abendessen. Die Arbeitslosigkeit nahm überhand, und die Wollpreise fielen. Das alles stand schwarz auf weiß in den Zeitungen aus den Großstädten, die Wochen nach ihrem Erscheinen in Wirra Downs ankamen, aber dennoch hoch willkommen waren. Sie lasen sie alle und waren entsetzt über die Lage in den Städten. Die Menschen hungerten, Kinder starben wegen der mangelnden medizinischen Versorgung. Familien zerbrachen, weil die Männer übers Land zogen und nach Arbeit suchten. Viele schlossen sich dem Lager der streikenden Schafscherer an. Sie waren desillusioniert und hatten Hunger, deshalb dachten sie nur daran, sich etwas zu essen zu verschaffen, und kümmerten sich nicht um die Nöte anderer.

Die Monate vergingen, und der Winter wich langsam dem Frühling. Horries Garten grünte und blühte. Die Lämmer waren fast alle geboren, und bald würden die Scherer eintreffen.

Martin, der natürlich von den Spannungen zwischen

den Gewerkschaften wusste, hatte bereits beschlossen, in Wirra Downs keine nicht organisierten Scherer zu beschäftigen. Mit dieser Entscheidung handelte er sich einige gutmütige Hänseleien seiner Nachbarn ein, aber er blieb bei seinem Entschluss. In diesem Jahr stand zu viel auf dem Spiel, um Schwierigkeiten zu riskieren.

Seine finanzielle Situation machte ihm nach wie vor Sorgen. Nachdem er Guy im Voraus das Geld für die Vorräte gegeben hatte, die er nach Wirra Downs bringen sollte, blieb kaum genug in seiner Kasse, um die Scherer zu bezahlen. Für Vergnügungen und Extras hatte er erst recht nichts übrig. Er durfte gar nicht an Doktor Sides Rechnung denken, die er nach der Entbindung stellen würde … Martin runzelte die Stirn – irgendwie würde er die Mittel schon aufbringen, und wenn er eines seiner geliebten Pferde verkaufen musste.

Zwei Stuten waren bereits trächtig, und er freute sich über die ersten Erfolge seiner Zucht. Kintyre war launisch wie immer. Porridge wollte den Hengst unbedingt zähmen und lag Martin damit ständig in den Ohren, doch bisher war dafür noch keine Zeit gewesen.

Guy kam in der ersten Septemberwoche mit den Vorräten zurück. Säcke mit Mehl, Tee und Zucker. Gläser mit Marmelade und Rosinen. Martin sah zu, wie die Lebensmittel auf den kleinen Steg gebracht wurden, und seufzte. Dieses Jahr war alles teurer gewesen als erwartet. Die Preise hatten stark angezogen, und Martin schuldete Guy die Differenz.

Es war ein Sonntag. Maggies gut besuchter Gottesdienst lag hinter ihnen, und der Sonntagsbraten war verzehrt.

Sonntag, der Tag der Ruhe, dachte Guy grimmig, als er die Vorräte für Wirra Downs aus dem Frachtraum schleppte.

Nachdem die Sachen ordentlich im Lager verstaut waren, reckte er sich und schlug Martin vor, etwas zu trinken. »Ich hab nach der Schufterei einen höllischen Durst«, bemerkte er und dachte an die wenigen noch verbliebenen Flaschen, die im Schrank im Arbeitszimmer standen. Geralds Vermächtnis, das unter Verschluss gehalten wurde.

Sie nahmen zwei Flaschen mit zum Fluss. Es war heiß und schwül, fast wie im Sommer. Martin zog sich bis auf die Unterhose aus, watete ins Wasser und setzte die Flasche an die Lippen. Purer Gin, wie sich herausstellte, und Guy dachte mit einem Lächeln, dass Martin ihn wie Wasser hinunterschüttete. Die Flasche war fast schon bis zur Hälfte geleert.

Martin lehnte die Flasche an den Stamm eines alten Eukalyptusbaums, der am Ufer verrottete, legte sich aufs Wasser und strampelte mit den Beinen. Die Spritzer glitzerten in der Sonne. »Wie in alten Zeiten, was?«, sagte er und drehte den Kopf zur Seite, um Guy unter halb geschlossenen Lidern hervor anzusehen. »Erinnerst du dich, wie wir herkamen, als wir noch Kinder waren?«

Guy nickte. Sie hatten viele schöne Stunden an diesem Fleckchen verbracht. Das Wasser am Ufer war seicht, und man konnte gut ins Tiefere waten. Hier waren Kiesel im Flussbett, kein weicher Schlamm, und die Steine schienen sich unter den Füßen zu bewegen, wenn man darauf ging. Guy tauchte den Kopf unter Wasser. Mit geschlossenen Augen ließ er das kühle Nass über sein Gesicht fließen. Dasselbe Gefühl hatte er vor Jahren empfunden, als sie hier gebadet und geplantscht hatten. Plötzlich hatte er den eigenartigen Eindruck, als hätte er genau diese Szene schon einmal erlebt. *Déjà vu.* Etwas aus der Vergangenheit lauerte in seinem Bewusstsein.

Eine Hand drückte seinen Kopf unter Wasser, und eine Kraft schob ihn weiter in das tiefe Wasser. Wie alt war er? Sechs? Sieben? Kaum älter als Davie jetzt. In seiner Verzweiflung tauchte er tiefer, als die Hand reichte, und versuchte zu entkommen. Dann drehte er sich auf den Rücken und schaute nach oben. Gerald grinste ihn boshaft an.

Die Erinnerung war so stark und kam so unvermittelt, dass er vor Entsetzen Wasser schluckte. Prustend kam er wieder an die Oberfläche. Martin stand jetzt vor dem Baumstamm, trank wieder aus der Flasche und musterte seinen Bruder nachdenklich. »Was ist? Hast du Wasser geschluckt?«

Guy schnappte nach Luft und kämpfte gegen die Galle an, die ihm in die Kehle stieg. Benommen watete er aus dem Wasser. Wie konnte er das vergessen haben? Er schlug die Hände vors Gesicht und stolperte über das grasbewachsene Ufer in Richtung Haus.

»Hey, komm zurück!«, rief Martin. Dann eindringlicher: »Was ist mit dir, Guy?«

Bei den Nebengebäuden schwenkte Guy nach rechts ab. Er konnte in diesem Zustand nicht das Haus betreten, das einst Gerald gehört hatte. Er musste diesen klaustrophobischen Gefühlen entfliehen und unter freiem Himmel bleiben.

Es war ihm unmöglich, einen klaren Gedanken zu fassen. Kindheitserinnerungen an den Fluss blitzten in seinem Gedächtnis auf und ließen ihn nicht in Frieden. All die Bilder schienen in den Jahren, in denen er sie unter Verschluss gehalten hatte, an Kraft gewonnen zu haben und bestürmten ihn regelrecht mit ihrer Klarheit. Geralds weißes Gesicht über dem Wasser. Hatte er wirklich versucht, ihn zu ertränken, oder war es nur ein makabres Spiel gewesen?

Der Pferdestall, dachte er und taumelte in die kühle Dunkelheit. Er stand in dem breiten Gang und hörte das erschrockene Wiehern der Pferde, die vor dem Eindringling zurückscheuten. Erschöpft lehnte er sich an die Holzwand; die raue Maserung kratzte an seiner Wange. Als er die Augen öffnete, schien es ihm, als stürzten die Wände auf ihn ein. Ich muss hier raus, schoss es ihm durch den Kopf, und er schnappte nach Luft.

Er hörte, dass Martin angelaufen kam. Guy wollte keine Erklärungen abgeben, wusste nicht einmal, ob es welche gab; er stieß das Tor am anderen Ende des Ganges auf und trat ins helle Tageslicht. Für den Bruchteil einer Sekunde wusste er nicht, wo er war. Die Sonne blendete ihn. Es war ein eingezäunter Hof. Natürlich! Die Pferdekoppel.

Martin stürmte aus dem Stall. »Hey, Guy, warte!«

Ohne auf seinen Bruder zu achten, lief Guy über die staubige Koppel auf das Tor zu. Zu spät sah er Kintyre, der mit einer Stute im Schatten des einzelnen Baumes stand.

Die Geräusche oder die Bewegung erschreckten den Hengst. Er galoppierte auf Guy zu, schlug aus und bockte. Guy versuchte, schneller zu laufen, doch er rutschte auf dem Staub aus, stürzte schwer und rollte sich über den Boden. Er bekam am Rande mit, dass Martin an dem Tor herumhantierte und schrie: »Lauf, Guy!« Und diese messerscharfen Hufe blitzten nur wenige Zentimeter neben seinem Gesicht auf. Martin rannte zu ihm, während er den Kopf einzog und ihn mit den Armen schützte, und zerrte ihn weiter.

Roxy saß im Sonnenzimmer und strickte einen Schal für ihr Baby. Sie hörte leise Stimmen. Davie las seiner Mutter aus einem Buch vor; Dinnie und Narairee sprachen über das Essen für den Abend. Eric hielt sein Mittagsschläfchen. Sie sah durchs Fenster eine Bewegung am Fluss; Guy lief über den Rasen zu den Ställen, Martin folgte ihm. Roxy lächelte und beneidete die Männer um ihre Ungezwungenheit. Was würde sie darum geben, wieder frei und unbeschwert über den Rasen laufen zu können!

Das Baby, dachte sie und legte ihr Strickzeug auf den Stuhl neben sich. Behutsam platzierte sie die Hand auf ihren Bauch und ertastete die feste Form ihres ungeborenen Kindes. Als wollte es auf ihre Liebkosung antworten, bewegte es sich. Nur noch acht Wochen … Roxy seufzte; sie war froh, dass die Geburt näher rückte und dass sie noch vor Sommeranfang niederkommen würde. Gott, aber es war jetzt schon so heiß!

Sie nahm gerade ihre Handarbeit wieder auf, als sie einen Ruf und gleich darauf einen durchdringenden Schrei hörte. Es war ein fast animalischer Schrei, der nie zu enden schien und über die Salzpfannen hallte. Für einen Moment saß Roxy reglos da; eine böse Vorahnung überkam sie langsam.

Martin, dachte sie, und plötzlich hatte sie Gewissheit. *Es ist Martin.*

Sie erhob sich schwerfällig und wankte auf die Veranda. Im Haus war es kühl gewesen, jetzt sah sie, wie die Hitze am Horizont flimmerte; die fernen Bäume und Sträucher sahen aus, als tanzten sie in der Luft. Die Hitze traf sie wie ein Schlag und raubte ihr den Atem.

Eine Gestalt rannte auf sie zu. Porridge. Louisa kam auch auf die Veranda und legte den Arm um Roxys Schultern. »Ich habe die Schreie gehört. Was ist los?«

Porridge stürmte durch das Tor und die Stufen herauf. Das Entsetzen stand ihm ins Gesicht geschrieben. »Miss Roxy, kommen Sie! Schnell!«, keuchte er und nahm ihre Hand.

»Was ist passiert?«, flüsterte sie. Sie spürte, dass etwas geschehen sein musste, das ihr Leben unwiderruflich verändern würde. Louisa war kreidebleich geworden und sah Roxy an.

»Es ist Mister Martin.« Porridge zog an ihrer Hand. »Kommen Sie.«

Mit Louisa an ihrer Seite lief Roxy über den Rasen zu den Ställen; das Ungeborene zerrte an ihr wie ein Tonnengewicht. Sie wollte rennen, weil sie die Angst nicht mehr ertragen konnte, die ihr Herz umklammert hielt. Aber Louisa hinderte sie daran. »Langsam. Denk an das Baby«, ermahnte sie sie.

Männer drängten sich am Zaun zur Koppel: Arbeiter und Viehhüter, die gekommen waren, um ihre wöchentliche Lebensmittelration abzuholen und Maggies Gottesdienst zu besuchen. Die wettergegerbten Gesichter wandten sich Roxy zu, als sie auf sie zukam. Ihre Blicke wirkten fassungslos.

Jemand öffnete das Tor, und Roxy ging hindurch und blieb plötzlich stehen. Martin lag im Staub, und Guy hielt ihn in den Armen. Guy hatte sein Hemd um Martins Kopf gewickelt – es war blutdurchtränkt. Brownie raste wild kläffend auf die beiden zu.

»Was ist passiert?«

Ihre Worte klangen hölzern. Die Welt schien erstarrt zu sein und sich nur noch auf diese eine Szene zu konzentrieren. Roxy nahm die einzelnen Bilder nur nacheinander auf: die Männer am Zaun, Louisas aschfahles Gesicht. Martins Blut, das im Staub versickerte. Auf der anderen Seite der Koppel standen Kintyre und die Stute, beide waren am Balken des Zauns festgebunden.

Als Guy Roxys Stimme hörte, schaute er auf. Sein Gesicht war verzerrt. »Schafft sie hier weg!«, befahl er.

Louisa nahm Roxys Arm und zog sie weg.

»Nein!«, weinte Roxy, riss sich los und sank neben den beiden Männern auf den Boden. Sie sah in Guys schmutzverschmiertes Gesicht. »Was ist passiert? Hat er Kintyre geritten?«

Guy schüttelte den Kopf. »Nein, wir waren auf der Koppel, das Biest galoppierte auf uns zu. Ich rutschte aus und fiel. Martin schob mich weg ...« Er verstummte und senkte den Blick.

Martin ächzte qualvoll.

»Jem!«, schrie Guy. Roxy hob den Kopf und sah, dass der Junge auf dem Zaun saß. »Lauf zum Fluss und sag Scandy, dass er die Kessel heizen soll. Sofort.« Jem flitzte los, und Guy wandte sich an Roxy. »Wir müssen ihn nach Bourke bringen. Unverzüglich. Hier können wir ihm nicht helfen. Er braucht einen Arzt.«

»Ich suche ein paar Sachen für ihn zusammen. Ich komme mit.«

Guy hielt sie am Handgelenk fest. »Du bleibst hier bei Louisa und Maggie.«

»Nein!«

»Sei doch vernünftig«, zischte er. »In diesem Zustand kannst du nicht mitfahren. Du musst an Eric und das Baby denken.«

Sie starrte ihn erstaunt an. »Du glaubst, ich würde hier bleiben, wenn ...« Ihre Stimme wurde für einen Moment schwach, dann fuhr sie fort: »Er wird mich brauchen. Ich fahre mit, ob es dir passt oder nicht. Finde dich damit ab.«

Er schüttelte matt den Kopf. »Mach, was du willst«, erwiderte er knapp. »Jemand sollte losreiten und Maggie Bescheid geben«, ordnete er an. »Sie ist auf den Weiden im Osten.«

Guy stand mit Martin in seinen Armen auf. Roxy folgte ihm, als er zum Fluss ging. »Pack ein paar Kleider für mich ein«, rief sie Louisa zu, die reglos am Zaun stand. »Schick sie mir mit Porridge nach. Er findet mich entweder im Krankenhaus oder bei Angel McPhee.«

Die knappe Stunde, die das Schiff bis Bourke brauchte, kam Roxy wie eine Ewigkeit vor. Guy hatte Martin in seine eigene Kabine gelegt, in der Roxy vor Jahren auf der Reise von Adelaide hierher geschlafen hatte.

»Hier hast du es einigermaßen bequem, alter Junge«, murmelte Guy, als er seinen Bruder vorsichtig auf das Bett legte. »Wir bringen dich zu einem Arzt, und bald bist du wieder ganz der Alte.«

Roxy kniete sich neben dem Bett auf den Boden und wusch Martin das Blut von den blassen Wangen. »Ich bin hier, Liebling«, flüsterte sie immer und immer wieder, um ihm zu zeigen, dass er in seinem Schmerz nicht allein war.

Nach Stunden, in denen Roxy um Martins Leben bangte, wurde sie zu ihm gelassen. Sie setzte sich ans Bett und betrachtete sein Gesicht: Seine normalerweise gebräunte Haut war jetzt weiß wie der Kissenbezug, kleine Fältchen in den Augenwinkeln kündeten von seiner Gewohnheit, die Augen gegen die Sonne zusammenzukneifen, Kinn und Wangen waren unrasiert. Seine Stirn war blau und geschwollen.

Doktor Sides hatte sie vorgewarnt und ihr gesagt, dass man ihm die Haare an manchen Stellen geschoren hatte, um die Wunden richtig reinigen zu können. Jetzt sah sie nur hier und da ein rötlich blondes Büschel, das aus dem dicken Kopfverband herausragte. Als er ihre Stimme hörte, flatterten seine Augenlider, als erwachte er aus tiefem Schlaf. Und Roxy war sicher, dass sich seine Hand in ihrer bewegte und er ein wenig fester zudrückte.

Doktor Sides kam gegen Abend in das Krankenzimmer und führte Roxy hinaus auf den Korridor. Er nahm behutsam ihre Hand und legte seine Handfläche auf ihre. Seine Finger waren warm, ihre hingegen eiskalt, wie sie erst jetzt merkte.

»Sie sollten sich auf das Schlimmste gefasst machen, meine Liebe. Martins Verletzungen sind sehr schwer, und ich vermute, sein Gehirn ist geschädigt. Es ist unwahrscheinlich, dass er die Nacht überlebt. Die Chance ist sehr gering.«

»Aber es *gibt* Hoffnung, oder? Er spürt, dass ich hier bin, das weiß ich. Seine Augenlider flattern, wenn ich mit ihm spreche, und seine Hand bewegt sich.«

Der Doktor legte den Arm um ihre Schultern. »Meine Liebe, Sie sehen und bemerken diese Dinge nur, weil Sie es wollen.«

»Nein! Weil Martin sie mir zeigen will.« Roxy legte die Wange an Doktor Sides' Jackett – der Stoff kratzte an ihrer Haut. Sie wollte weinen, musste den Gefühlen, die sich in ihr aufgestaut hatten, Luft machen, aber die Tränen kamen nicht.

»Dann klammern Sie sich an diese Hoffnung«, flüsterte der Arzt. »Es ist alles, was wir haben. Hoffnung und unsere Gebete.«

Am Abend kam der Pfarrer, ein dünner, junger Mann im Talar. Er beugte sich über Martin, betete und sang leise. Zum Schluss wandte er sich an Roxy, schlug ein Kreuz und sagte: »Sie müssen für ein rasches Ende beten und dafür, dass ihm zu große Schmerzen erspart bleiben.«

Diese Worte schnitten ihr genauso wie die Doktor Sides' tief ins Herz. Martin und sterben? Das war undenkbar. Er *durfte nicht* sterben und sie allein lassen. Es gab noch so vieles, was er erreichen wollte. Die Pferde, die Schafe …

Eines Tages wird dies die lukrativste Farm weit und breit sein. Dann werde ich die größte Schurhalle von ganz New South Wales bauen, warte es nur ab!

Es gab so viel zu tun, so viele Pläne zu verwirklichen. Sie standen noch ganz am Anfang, bekamen ein Baby, und Eric war noch so klein. Ohne Martin konnte sie nicht weitermachen. Er war lebenswichtig für sie. Ein Leben ohne ihn war unvorstellbar.

Sie beugte sich zu ihm und hauchte je einen Kuss auf seine Augenlider. »Keine Angst, Liebling, ich kämpfe für dich. Ich habe Kraft genug für uns beide. Ruh dich aus, mein Schatz, und werde gesund. Morgen sieht alles wieder anders aus.«

KAPITEL 24

Sechs Tage saß sie an Martins Krankenbett, hoffte und betete um ein Wunder. Sie flehte Gott an, dass Martin am Leben bleiben und diese schreckliche Qual nichts weiter als ein Albtraum sein möge, aus dem sie bald erwachen würde. Am siebten Tag fiel er ins Koma.

Doktor Sides konnte ihr keine Hoffnungen mehr machen. »Sie müssen den Tatsachen ins Auge sehen, Roxy. Martins Tod ist unausweichlich. Sein Leben hängt an einem seidenen Faden, nur sein starkes Herz schlägt noch. Außerdem sind diese Anstrengungen nicht gut für Ihr Baby. Gehen Sie in Angels Hotel und schlafen Sie sich gründlich aus.«

Roxy seufzte müde. »Ich könnte nicht schlafen. Und ich muss hier bleiben, bis ...« Sie war nicht im Stande, die Worte auszusprechen. Es war ihr völlig unmöglich. Wenn sie an ein Leben ohne Martin dachte, fühlte sie sich ganz und gar leer. Sie konnte nicht weggehen und ihn hier allein lassen.

»Sprechen Sie mit ihm«, flüsterte ihr eine der Schwestern zu, als sie vorbeiging. »Manche behaupten, sie können trotz allem etwas hören.« Roxy massierte sanft seine kalten Hände, aber er reagierte nicht. Keine Bewegung der Lider, kein Druck seiner Finger. Nichts. Sein Atem war sehr schwach. Sie war am Boden zerstört. All ihre Hoffnungen stürzten in sich zusammen, und die Verzweiflung überspülte sie wie eine riesige Woge. Er *muss* am Leben bleiben, sagte sie sich entschieden und setzte all die Willenskraft ein, die sie aufbringen konnte, um ihn gedanklich dazu zu zwingen, wieder gesund zu werden.

Maggie kam wie jeden Tag nach dem Mittagessen und bot Roxy die Gelegenheit, schnell ins Hotel zu laufen, ein Bad zu nehmen und sich umzuziehen. Als Roxy vor dem Spiegel in ihrem Zimmer stand, war sie schockiert über ihr Aussehen: Ihr Gesicht war hager und leichenblass mit tiefen dunklen Ringen unter den matten Augen. Hastig zwickte sie sich in die Wangen, um ein bisschen Farbe zu bekommen.

Roxy hastete zurück zum Krankenhaus, und für einen kurzen Moment empfand sie reine Freude, weil Sarah auf einer Bank im Schatten eines Baumes saß und auf sie wartete. Sarah hatte ihr vor Monaten geschrieben, von der Geburt ihres Sohnes und davon berichtet, dass Michael noch immer eine Arbeitsstelle suchte. Sarahs Gesichtsausdruck verriet Roxy, dass sie von Martins Unfall gehört hatte.

»O Roxy, was soll ich sagen? Es tut mir so Leid! Kann ich irgendetwas für dich tun?«

Roxy schüttelte den Kopf. »Nein, niemand kann etwas tun. Doktor Sides sagt, dass es keine Hoffnung mehr gibt.« Sie hörte selbst, wie brüchig ihre Stimme klang, doch sie blieb ruhig und kämpfte gegen die Panik an, die sie zu überwältigen drohte. Sie musste um Martins willen stark bleiben. »Hast du ihn gesehen?«, fragte sie und war selbst erstaunt über ihre Standhaftigkeit.

Sarah nickte. »Kurz. Gerade vorhin. Doktor Sides war bei ihm. Er meinte …«

»Ich gebe die Hoffnung nicht auf, Sarah. Nicht, solange er noch einen Atemzug macht. *Ich kann nicht.*« Sie hob hilflos die Hände. »Sonst würde ich ihn im Stich lassen.«

Sarah legte die Arme um ihre Freundin, um sie zu beschwichtigen. »Schsch.« Sie drückte Roxys Kopf an ihre

Schulter. »Denk an dein Baby. Und an Eric. Vergiss sie nicht. Sie brauchen dich.«

»Und Martin? Er braucht mich auch – mehr denn je.«

»Martin muss sich auf deine Kraft und deinen Mut verlassen können und darauf, dass du das alles durchstehst. Er baut auf dich, Roxy. Und solange du nicht akzeptierst, was unausweichlich ist, *kann er nicht loslassen*. Es ist, als könnte er seinen Tod nicht akzeptieren, weil du es nicht kannst.«

»Er wird *nicht* sterben!«, erwiderte Roxy emphatisch.

Sarah strich Roxy die Haare aus dem Gesicht. »Gib ihm deinen Segen. Erlöse ihn von seinen Schmerzen.«

Sarah sprang auf, schlug die Hände vors Gesicht und rannte davon. Roxy blieb auf der Bank sitzen. Die Vögel zwitscherten, und Menschen schlenderten über die Wege im Park. Die anderen leben ihr Leben weiter, dachte Roxy zornig, gleichgültig, ob Martin in dem abgedunkelten Zimmer liegt oder nicht.

Roxy stocherte in ihrem Abendessen herum. Sie war zu erschöpft, um etwas zu essen. Sarahs Worte gingen ihr nicht mehr aus dem Kopf.

Gib ihm deinen Segen … Erlöse ihn von seinen Schmerzen … Er kann nicht loslassen …

Eine halbe Stunde, bevor die Lichter gelöscht wurden, stattete Doktor Sides ihnen einen kurzen Besuch ab. »Diese eine Nacht erlaube ich Ihnen noch, hier zu schlafen – das ist aber das letzte Mal«, erklärte er und warf einen finsteren Blick auf die schmale Pritsche in der Ecke, auf der sie in der letzten Woche genächtigt hatte. »Da Sie meine Patientin sind, muss ich auch an Ihr Wohlergehen denken, Roxy«, ermahnte er sie streng und sah auf den Teller mit dem Abendessen, das sie kaum angerührt hatte. »Ich kann nicht dulden, dass Sie sich zu Grunde richten und das Leben Ihres ungeborenen Kindes gefährden. Was würde Martin dazu sagen? Und wann haben Sie zum letzten Mal eine anständige Mahlzeit zu sich genommen?«

Diese Frage konnte sie ihm nicht beantworten. Wahrscheinlich lag es eine Woche zurück. Die Krankenschwestern hatten ihr zwar immer wunderbares Essen gebracht, doch Roxy hatte meistens die Teller unberührt weggestellt. Sie bekam so gut wie keinen Bissen herunter.

Dr. Sides musterte sie eingehend. »Sehen Sie sich an; Sie können sich ja kaum noch auf den Beinen halten. Ich lasse das nicht zu, Roxy. Nicht in meinem Krankenhaus. Martin könnte noch lange in diesem Zustand bleiben. Morgen schicke ich Sie zurück nach Wirra Downs.«

Nach diesen Worten stapfte er den Korridor hinunter. Roxy ergriff Martins Hand, sie war kalt und schlaff. Sie beschwor ihn im Geiste, seine Finger zu bewegen; sie wünschte sich nur ein kleines Zucken, das ihr Hoffnung gab. Aber da war nichts. Er lag blass und reglos auf dem Kissen. Man sah nicht einmal mehr, ob sich seine Brust hob und senkte.

Es schien, als sagten ihr alle das Gleiche: Martins Tod war unausweichlich. Es gab keine Hoffnung mehr. Aber er lebte noch. Sein Herz schlug, und er atmete. Roxy fühlte sich elend. Vielleicht hatte Doktor Sides Recht, und sie schadete tatsächlich dem Kind.

Sie saß lange da und versuchte, sich ein Leben ohne Martin vorzustellen. Er hatte sich so auf das Baby gefreut. »Es wird wieder ein Junge«, hatte er versichert. »Noch ein Dumas, der Wirra Downs erbt, wenn ich einmal nicht mehr bin.«

Damals hatte sie gelacht – der Tod schien so weit weg zu sein …

»Jetzt drückte sie Martins Hand an ihre Wange und schauderte, wenn sie an Doktor Sides' Worte dachte. Er schickte sie doch nicht wirklich nach Wirra Downs zurück? Dann wäre Martin ganz allein hier. Wenn er sterben musste, dann sollte es jetzt geschehen, solange sie bei ihm war. Unbeholfen neigte sie sich zu ihm und legte die Wange an seine.

»Martin?« Ihre Stimme bebte. Sie wusste nicht, wie sie sich ausdrücken sollte; sie wollte die Worte nicht aussprechen, war sich jedoch mittlerweile im Klaren, dass sie gesagt werden mussten. »Ich liebe dich«, fuhr sie fort. »Ich liebe dich so sehr. Mit jedem Atemzug und mit jedem Gedanken. Ich kann es nicht einmal ertragen, über ein Leben ohne dich nachzudenken, doch ich weiß jetzt, dass ich das muss. Unser ungeborenes Kind – du wirst es nie sehen oder im Arm halten. Und ich weiß, wie sehr du dir das gewünscht hast. Und Eric? Er kann nicht verstehen, was vor sich geht.«

Die Panik und das Entsetzen hatten sich in einen kleinen Winkel ihres Bewusstseins zurückgezogen und einer eigenartigen Ruhe Platz gemacht. Sie musste weitersprechen; sie spürte, dass ihre Worte Teil eines unwiderruflichen Geschehens waren und dass sie nichts mehr aufhalten konnte.

»Es ist gut, Martin. Ich bin hier und passe auf unser Kind auf. Ich werde zusehen, wie es groß und stark wird, wie es seine ersten Schritte macht, wie es lernt, das Land ebenso zu lieben wie du. Ich werde es führen und ihm alles zeigen, wie du es gewollt hättest. Und ich werde ihm erzählen, was für ein mutiger und wunderbarer Mann sein Vater war. Und eines Tages werden dieses Kind und Eric die Herren auf Wirra Downs sein.«

Roxy holte tief Luft und sprach die Worte, die ihn, wie sie wusste, befreien würden. »Martin, du hast meinen Segen – geh zu einem besseren Ort. An einen Platz, an dem es keine Schmerzen gibt.«

Sie hob seine Hand an ihren Mund und presste seine Finger an ihre Lippen. »Du darfst sterben«, flüsterte sie.

Die Stille senkte sich wie ein Seufzer über sie. Hat er mich gehört?, fragte sie sich. Sie hatte ihren Frieden mit dem Schicksal gemacht. Roxy zog den Stuhl näher ans Bett, hielt Martins Hand und legte den Kopf neben ihn auf die Bettdecke. Alles war für die Nacht bereit. Die meisten Lichter waren gelöscht. Eine einzelne Lampe brannte im Flur, wo sich die Nachtschwestern um einen Schreibtisch herum bewegten und lange Schatten an die Wände warfen. Schläfrig beobachtete Roxy, wie sie leise hin und her gingen, hin und her …

Sie war auf einer großen Weide.

Sonnenaufgang. Perlendes, schillerndes Licht. Die Landschaft war in feinen Dunst getaucht. Zu ihren Füßen watschelten dutzende graue und rosafarbene Galahs durch das Gras und pickten Leckerbissen aus dem Boden.

Vorsichtig, um die Vögel nicht zu stören, bahnte sie sich einen Weg. Sie staunte, dass sie nicht erschraken und fortflogen. Schließlich kam sie zur Mitte der Weide. Dort lag ein verletzter Galah mit blutverkrustetem Flü-

gel. Sie kniete sich nieder, hob ihn mit unendlicher Behutsamkeit hoch, hielt ihn lange in den Händen, bis er in sich zusammensank und der Kopf leblos auf ihre Handfläche fiel.

Noch während sie ihn ansah, löste er sich in Luft auf und verschwand in dem Dunst. Ihre Handfläche war leer. Sie fühlte Frieden in sich, als wüsste sie, dass der Vogel an einem anderen Ort in Sicherheit war.

Roxy wusste in dem Augenblick, in dem sie erwachte, dass Martin gestorben war. Eine Schwester stand mit einer Lampe neben ihr und rüttelte sie sanft am Arm. Sie blinzelte. Im ersten Moment schien das Licht von allen Seiten zu kommen und blendete sie.

»Tut mir Leid, Mrs. Dumas«, flüsterte die Schwester, als schliefe Martin nur, als wollte sie ihn nicht wecken. »Er ist gestorben.«

Sorgsam zog die Schwester das Laken über sein Gesicht. Roxy saß nur da und beobachtete erstaunt, wie der weiße Stoff ihr Leben, ihre ganze Existenz einhüllte, Martins Gesicht und seinen geschundenen Körper verdeckte.

Sie fühlte eine Hand auf ihrem Arm und hörte freundliche Worte. »Gehen Sie ins Hotel, Mrs. Dumas. Sehen Sie zu, dass Sie ein wenig Schlaf finden. Der Doktor wird morgen mit Ihnen sprechen und alle Arrangements treffen wollen.«

Wie in Trance ging sie hinaus auf den Korridor; sie blieb lange an den Türrahmen zu Martins Zimmer gelehnt stehen. Wohin sollte sie gehen? Was sollte sie tun? Ihr Verstand stand still. Arrangements, dachte sie und schüttelte leicht den Kopf. Sie hatte an nichts anderes gedacht als daran, dass Martin irgendwann wieder gesund werden würde.

Ihre Schritte klangen wie das hohle Echo einer Trommel. Jemand schlief auf dem Sessel am anderen Ende des Korridors. Als sie näher kam, erkannte Roxy Guys Gesicht. Benommen blieb sie stehen und sah ihn an. Einen Moment lang hätte sie ihn am liebsten geschlagen und so verletzt, wie Martin verletzt worden war. Plötzlich riss er die Augen auf und sah Roxy verständnislos an, als wüsste er nicht, wo er sich befand.

»Er ist tot«, sagte sie schroff.

Guy stand auf und streckte die Arme verzweifelt nach ihr aus. Sein Gesicht war verzerrt. Wütend schlug sie mit der Hand gegen seine Brust. »Warum musstest du in die Nähe dieses Pferdes gehen?«, fuhr sie an. »Wieso konntest du ihm nicht fernbleiben?«

Dann sank sie schluchzend in seine Arme.

Sie beerdigten Martin an einem Dienstag. Auf dem kleinen Friedhof von Wirra Downs hatten sich viele Trauergäste versammelt: Nachbarn mit ihren Familien, Angel und Angus, Doktor Sides, Dinnie und Narairee, Porridge, die Viehhüter und Arbeiter, Guy, Louisa und Davie, die Mannschaft der *Curlew*.

Roxy wusste nicht mehr, wie sie vom Farmhaus zu Martins Grab gekommen war, sie erinnerte sich nur, dass Louisa auf der einen, Angel auf der anderen Seite sie gestützt hatten. Guy begleitete Maggie, die äußerlich ruhig erschien, aber sehr blass war und dunkle Ringe unter den Augen hatte. Die Worte des Pfarrers waren nur ein

Hintergrundgeräusch, während Roxy beobachtete, wie der Sarg in die Erde gesenkt wurde.

Asche zu Asche, Staub zu Staub …

Eines Tages wird dies die lukrativste Farm weit und breit sein …

Gib ihm deinen Segen … Erlöse ihn von seinen Schmerzen … Er kann nicht loslassen …

Worte und Erinnerungen wirbelten durch ihren Kopf.

Maggie ging von einem zum anderen und lud die Leute ins Farmhaus zu Tee und Erfrischungen ein. Guy trat auf Roxy zu, nahm ihren Arm und führte sie von den anderen weg.

»Ich habe Porridge Anweisung gegeben, das Pferd morgen zu töten.«

»Kintyre?« Welches Pferd könnte er sonst meinen?

Guy nickte. Sein Gesicht war grau, die Augen blutunterlaufen. Sein Atem roch schwach nach Brandy. Hat ihm der Schnaps geholfen, das alles durchzustehen?, fragte sich Roxy; sie ahnte, dass Guy wie sie selbst in den letzten Nächten kaum geschlafen hatte.

»Ich denke, das ist das Beste, oder?«

Sie sah ihn erstaunt an. Der Hengst hatte Martin so viel bedeutet. Er war die Erfüllung seiner Träume, sein Lebensplan gewesen. Und jetzt gab Guy die Anweisung, ihn kaltblütig zu töten, sein Blut zu vergießen.

»Hände weg von Kintyre!«, fauchte sie und entriss ihm ihren Arm. »Wage es nicht, diesem Pferd etwas anzutun oder jemand anderen die schmutzige Arbeit erledigen zu lassen!«

»Aber ich dachte …«

»Nein, Guy, das ist das Problem. Du hast nicht nachgedacht. Was wäre mit dem Tod des Pferdes gewonnen? Das bringt Martin nicht zurück, und es lindert nicht die Trauer und den Kummer. Es würde gar nichts ändern. Gott helfe uns – Martin ist gestorben, doch ich lasse nicht zu, dass du auch noch seine Träume zunichte machst.«

»Wenn du es so willst«, entgegnete er leise und zuckte die Schultern.

Eine Windbö wirbelte den Staub auf der Weide wie eine Spirale in die Höhe. Er fegte an ihnen vorbei, zerrte an den dürren Büschen und hinterließ eine weitere rote Staubschicht auf den Grabsteinen. Roxy wankte leicht und schauderte, obwohl es sehr heiß war.

»Ist alles in Ordnung?« Guy legte die Hände auf ihre Schultern, um sie aufrecht zu halten. Seine Berührung war leicht wie eine Feder. »Komm, gehen wir zurück ins Haus, dort kannst du dich eine Weile hinlegen.«

Roxy fühlte sich, als wäre sie vom Nebel eingehüllt, als beobachtete sie die Szene aus der Ferne. Ein Schritt, noch einer ... Das Farmhaus hätte genauso gut Meilen weit entfernt sein können; es schwankte vor ihren Augen und verschmolz mit den Bäumen am Horizont.

»Roxy?«

Plötzlich kam alles in ungeheuerlicher Geschwindigkeit auf sie zu. Sie spürte, wie Arme sie auffingen, sie stützten, und dann war da nur noch gnädige Leere und das Nichts, in dem es keine Trauer und keinen Kummer gab.

Doktor Sides beugte sich über sie, fühlte ihren Puls und schnalzte missbilligend mit der Zunge. »Sie mögen Martin verloren haben«, brummte er, »aber Sie müssen Rücksicht auf das Kind nehmen.«

»Das Kind ist mir gleichgültig«, flüsterte sie. »Es war für ihn, es war alles nur für ihn. Jetzt ist er nicht mehr, und mir ist nichts mehr wichtig. Ich möchte nur noch sterben und diesen Schmerz nicht mehr fühlen.«

»Schsch.« Er musterte sie mit strengem Blick. »Das sind harsche Worte.«

»Ich werde ihn *nie* vergessen. Und sagen Sie jetzt bloß nicht, dass das Leben weitergeht und dass ich all das hinter mir lassen soll.«

Er nahm sanft ihre Hand in seine. »Nein, Roxy, vergessen Sie niemals die wunderbare Zeit, die Sie mit ihm hatten. Ich glaube, Sie werden für den Rest Ihres Lebens jeden Tag an Martin denken. Bewahren Sie die Erinnerungen, aber vergessen Sie nie, dass es nur Erinnerungen sind. Im Augenblick mögen Sie nicht daran glauben, doch die Zeit wird Ihnen helfen, den Schmerz zu überwinden.«

Sie legte seine Hand an ihre Wange. »Ich danke Ihnen, dass Sie heute hergekommen sind … und für alles andere.«

»Unsinn, meine Liebe. Jetzt bringe ich Sie und Eric nach Bourke, und dort bleiben Sie, bis das Kind geboren ist. Nein!«, brachte er sie zum Schweigen, als sie protestieren wollte. »Keine Widerrede. Dass Sie zusammengebrochen sind, zeigt mir, unter wie großer Anspannung Sie gestanden haben, und ich will gar nicht davon reden, welche Auswirkungen das auf Ihr Ungeborenes haben könnte. Angel hat ein Zimmer für Sie hergerichtet, und ich möchte keine Einwände hören.«

»Aber Maggie … Die Schurzeit steht unmittelbar bevor.«

»Maggie ist durchaus in der Lage, allein hier fertig zu werden.«

Doch da war auch noch das Geldproblem. Die Truhen von Wirra Downs waren leer, und Roxys eigenes Kapital war bei Levenstein fest angelegt. »Sie sollen wissen, dass wir knapp bei Kasse sind«, wandte sie ein und schloss die Augen. »Ich weiß nicht, wann ich in der Lage bin, Ihre Rechnung oder gar das Zimmer und das Essen bei Angel zu bezahlen. Also ist Ihr Vorschlag nicht durchführbar.«

Der Doktor sah sie gekränkt an. »Das ist die letzte meiner Sorgen, Roxy. Und ich würde meinen, dass Angel auch nicht daran denkt. Wir wollen nur das Beste für Sie. Für Sie und das Kind. Sind Sie bereit, freiwillig mitzukommen, oder muss ich Sie über die Schulter werfen?«

Sie lächelte matt; mehr brachte sie unter diesen Umständen nicht fertig.

Als sie losfuhren, warf sie noch einen letzten Blick zurück, während Eric irgendetwas plapperte. Das lange Haus mit dem vorgezogenen Dach stand im Schutz der Pfefferbäume, die purpurnen Bougainvilleen an den Wassertanks leuchteten in der Sonne. Die Farm kam ihr leer vor ohne Martin, wie eine bloße Hülle.

TEIL IV

Guy

1894

KAPITEL 25

Sie gab dem Baby den Namen Ella; es wurde nicht der erwartete Sohn, sondern eine Tochter, die am sechsundzwanzigsten November, an Martins Geburtstag, das Licht der Welt erblickte. Martin wäre an diesem Tag sechsundzwanzig Jahre alt geworden.

Die Wolken hingen tief am Horizont, und ein gelegentlicher Regenschauer brachte Abkühlung – es war ein freudiger, aber auch ein trauriger Tag. Die Erinnerungen an andere Geburtstage und an Martins Tod lebten mit erschreckender Realität wieder auf. Doch die Trauer wurde gedämpft durch den Regen, der auf das Dach prasselte, während Roxy ihre Tochter zum ersten Mal stillte.

Mit den dunklen Haaren und den rehbraunen Augen ähnelte Ella ihrer Großmutter Felicite. Eric kletterte später auf Roxys Bett, betrachtete das Baby argwöhnisch und forderte eine Umarmung von seiner Mutter ein.

»Sieh mal, das ist deine kleine Schwester.« Roxy lachte über die vor Staunen weit aufgerissenen Augen des Jungen. Eric streckte die kleine Hand aus und erforschte die Gesichtskonturen des Babys. »Vorsichtig«, mahnte Roxy, »sie ist noch so winzig.«

»Baby«, stellte Eric fest und strahlte über das ganze Gesicht.

»Ja, das ist Baby Ella. Heute ist ihr Geburtstag. Weißt du, was das bedeutet?«

»Kuchen«, antwortete Eric prompt, rutschte vom Bett und inspizierte den kleinen Nachttisch, um zu sehen, wo der Kuchen versteckt sein könnte.

Angel kam ins Zimmer, nahm Eric auf die Arme und überhäufte ihn mit Küssen auf die Wange. »Sarah wartet unten, Roxy. Sie möchte dich besuchen. Ich schicke sie in einer Minute herauf. Und wenn du einen Kuchen haben willst, junger Mann, dann musst du mit mir in die Küche kommen.«

»Warum?«

»Weil ich dort den Kuchen aufbewahre.«

»Warum?«

»Guter Gott«, lachte Angel. »Wenn das Kind noch einmal ›warum?‹ sagt …«

Und damit verschwanden sie. Eric gönnte seiner Mutter keinen Blick mehr und hatte nur noch Kuchen und Milch im Kopf. Die kleine Schwester war fast vergessen.

Als Roxy drei Wochen später nach Wirra Downs zurückkam, beäugte Maggie die kleine Ella skeptisch. »Ich weiß nicht, woher sie diese dunklen Haare hat. Sie sieht Martin oder Eric gar nicht ähnlich«, erklärte sie schließlich.

»Nein«, entgegnete Roxy gleichmütig. »Sie ähnelt meiner Mutter.«

Sie saßen nach dem Abendessen am Esszimmertisch, um eine Familienbesprechung abzuhalten, wie Guy es nannte: Maggie, Guy, Roxy und Louisa. »Wir müssen Entscheidungen treffen und Pläne schmieden«, erklärte er und schaute in die Runde. »Und ich denke, wir müssen darüber reden, was wir mit Wirra Downs tun sollen.«

»Tun?« Maggies Kopf zuckte in die Höhe. »Was meinst du damit?«

»Wer wird die Farm leiten? Seit Martin nicht mehr ist, wird alles sehr viel schwerer. Vielleicht wäre ein Verwalter …«

»Niemals!«, fiel ihm Maggie ins Wort und funkelte Guy böse an. »Ich bin durchaus in der Lage, Wirra Downs zu führen.«

»Aber du hattest bisher immer Hilfe«, schaltete sich Louisa ein.

»Ja, das stimmt.« Maggies Gesichtszüge wurden sanfter, und Roxy wusste, dass sie an Martin dachte. »Aber wenn ihr glaubt, dass ich mich geschlagen gebe, dann habt ihr euch getäuscht. Wir hatten auch früher schon mit Widrigkeiten zu kämpfen und konnten sie überwinden. Dieses Mal wird es nicht anders sein.«

»Was ist mit der Buchführung und den Schreibarbeiten? Du wirst keine Zeit haben, das auch noch zu übernehmen.«

Louisa hat Recht, dachte Roxy. Allein mit der Buchhaltung, der Bestellung von Waren und Vorräten und dem Auszahlen der Löhne war man fast den ganzen Tag beschäftigt. »Vielleicht könnte ich da helfen«, wagte Roxy einen Vorstoß.

»Du hast genügend mit deinen beiden Kindern und dem Haushalt zu tun«, gab Maggie ungehalten zurück.

»Dann habe ich einen anderen Vorschlag«, fuhr Roxy fort, als ihr eine Idee kam. »Meine Freundin Sarah aus Bourke – ihr Mann Michael sucht schon seit einiger Zeit Arbeit. Er ist Buchhalter.«

»Mmm.« Guy nickte; er schien interessierter zu sein als seine Mutter. »Das könnte eine Lösung sein.«

»Und wo sollten sie wohnen?«, wollte Maggie wissen. »Es gibt nur dieses Haus, und ich glaube nicht, dass ich es mit Fremden teilen möchte. Und was ist mit Kindern?«

»Sie haben zwei«, gestand Roxy mit einem Seufzer. Ihre Idee war gut, doch sie war überzeugt, dass sich Maggie nie damit einverstanden erklären würde. »Vielleicht könnten wir eine Art Probezeit vereinbaren – sagen wir, sechs Monate. Falls die Zusammenarbeit gut klappt, könnten wir uns überlegen, ob wir für Sarah und Michael ein kleines Cottage bauen, wenn sich die finanzielle Lage entspannt hat. Du hast selbst gemeint, dass die Wollausbeute beim letzten Mal sehr gut gewesen ist.«

»Ich denke, wir sollten es versuchen, Mutter«, warf Guy ein. »Bei einer vereinbarten Probezeit wären wir nicht verpflichtet, sie hier zu behalten, falls es zu Problemen kommt.«

»Ja, wahrscheinlich«, gab Maggie griesgrämig nach. »Wie es scheint, haben wir keine andere Möglichkeit. Aber nur für sechs Monate, und wenn es nicht gut geht, dann verschwinden sie wieder!«

»Louisa und ich bleiben bis Weihnachten. Dann müssen wir wieder los. Ich habe Frachtverträge zu erfüllen und kann die Fahrt leider nicht länger aufschieben. Es gefällt mir nicht, euch hier alles allein zu überlassen, aber ich kann es nicht ändern.« Er warf Louisa einen bedauernden Blick zu. »Tut mir Leid, Liebling, ich kann die *Curlew* nicht so lange herumstehen lassen. Wir müssen daran denken, dass wir selbst Rechnungen zu bezahlen haben.«

»Wir *könnten* bleiben«, flüsterte Louisa. »Für immer. Davie wäre glücklich, wenn er mit seinem Cousin zusammen sein würde, und wir müssten keinen Buchhalter einstellen.«

»Nein!«, wehrten Maggie und Guy unisono ab.

Maggie beugte sich vor und legte die Hand auf Louisas Arm. »Liebes, ich danke dir, dass du versuchst zu helfen, doch das wäre falsch. Ihr habt euer eigenes Leben.«

»Und was ist mit dir, Roxy? Welche Pläne hast du?«, erkundigte sich Louisa vorsichtig.

Roxy zuckte mit den Schultern. »Ich weiß nicht. Es ist noch zu früh für irgendwelche Entscheidungen. Meine Eltern haben geschrieben. Sie möchten, dass ich nach Adelaide zurückkomme.«

»Ich nehme an, du wirst deine Kinder mitnehmen, oder?« Maggie klang ein wenig gereizt.

Roxy wusste nicht, was sie darauf antworten sollte; sie hatte noch keine Entscheidung getroffen, war hin und her gerissen zwischen dem Wunsch zu bleiben und dem Bedürfnis, Abstand zu gewinnen. Täglich bestürmten sie die Erinnerungen: an Martins Lächeln oder seine ungeduldigen Gesten, daran, wie er auf dem Zaun der Koppel saß und die Beine baumeln ließ, wie er den Kopf zurückwarf, um die Haare aus der Stirn zu bekommen. Das alles war für sie so selbstverständlich geworden, und jetzt trieb ihr der Gedanke an diese kleinen Gesten die Tränen in die Augen.

Maggie ging in ihr Zimmer; sie war wütend. Fremde in ihrem Haus! Und ausgerechnet Roxy hatte das vorgeschlagen. Was kam als Nächstes?

Sie setzte sich auf den Stuhl vor ihrem Frisiertisch und betrachtete die Cremetiegel und Fläschchen. Aufgebracht schob sie sie beiseite. Die Sonne hatte ihre Haut bereits beträchtlich geschädigt, und selbst die liebevollste Pflege würde ihr die Jugend nicht mehr zurückbringen. Ich bin fast fünfzig, dachte sie und schnitt eine Grimasse, und schon seit Jahren nicht mehr jung.

Früher war sie sehr hübsch gewesen. Sie besaß Fotos, die das bewiesen. Plötzlich wurde sie neugierig, kramte in der Schublade und beförderte die steifen Bilder auf Pappe zu Tage. Die eine Fotografie war im Jahr fünfundsechzig an ihrem zwanzigsten Geburtstag im Atelier des Fotografen aufgenommen worden, dann ihr Hochzeitsfoto zwei Jahre später: Auf beiden sah man eine schlanke junge Frau mit blondem Haar, das zurückgekämmt und zu einem eleganten Knoten geschlungen war. Was verriet dieser Gesichtsausdruck?, überlegte sie. Mitgefühl? Wohlwollen?

Sie entschied sich für »Unreife«. Wenn sie damals nur gewusst hätte, was sie heute wusste, dann hätte sie ganz andere Entscheidungen getroffen und Gerald ganz gewiss nicht geheiratet. Doch es war zu spät. Ihr Mund verzog sich bitter bei diesem Gedanken.

Sie blätterte die Fotos durch, sah sich manche lange an, andere nur flüchtig. Ganz unten in dem Stapel war das zerschnittene Bild von Martins Hochzeit. Das hatte sie fast vergessen; sie erinnerte sich kaum noch an die Nacht, in der sie Roxys Abbild von dem ihres Sohnes brutal mit einem Messer abgeschnitten hatte.

Martin starrte sie an. Helles Haar, träges Lächeln. Sie stellte erschrocken fest, dass er seinem Vater rein äußerlich sehr ähnlich war. Beide hatten dieses verwegene gute Aussehen, das bis ins hohe Alter erhalten blieb und nicht verging wie ihres. Sorgfältig legte sie das Foto auf den Tisch. Plötzlich kam ihr ein Gedanke, als ihr Roxys Worte wieder einfielen. *Sie möchten, dass ich nach Adelaide zurückkomme.*

Roxys Eltern – wildfremde Menschen – bestimmten den Verlauf ihres Lebens. Wenn Roxy wegging, dann nahm sie Eric mit. Maggie vergötterte das Kind und würde es schmerzlich vermissen – sein strahlendes Gesicht, seine Neugier, sogar sein unaufhörliches Geplapper. Mit seiner ruhigen und unerschütterlichen Art und seiner Fähigkeit zu lieben erinnerte der Junge sie an Martin. Eric, der eines Tages als nächster Dumas-Erbe Wirra Downs übernehmen würde. Und Roxy zog in Erwägung, ihn von dem Land, das ihm einmal gehören sollte, wegzubringen.

»Nein!«, rief Maggie vehement und schlug sich mit der Hand an die Brust. »Nein! Nein! Nein!«

Sie hatte in all den Jahren hart für das Land gearbeitet. Opfer waren gebracht und Versprechen abgegeben worden. Jetzt, durch Martins Tod und Roxys mögliche Rückkehr in die Stadt, drohten all ihre Pläne zu scheitern. Guy konnte nicht nach Wirra Downs zurückkehren. Als Geralds Adoptivsohn hatte er kein Anrecht auf die Farm. Außerdem hatte Gerald ihn nie wirklich hier haben wollen, daraus hatte er kein Geheimnis gemacht. Und er hatte sich große Mühe gegeben, dafür zu sorgen, das auch noch nach seinem Tod zu bekräftigen.

Nein, jetzt lag alles in Erics Händen, das war Maggie bewusst. Ein kleiner Junge, noch nicht einmal drei Jahre alt, war Herr über ihre Zukunft. Ärgerlich wischte sie sich die heißen Tränen von den ledernen Wangen.

Ella weckte Roxy um vier Uhr und verlangte, gestillt zu werden. Verschlafen legte sie das Baby an die Brust. Draußen war es noch dunkel; sie sah durch das offene Fenster die funkelnden Sterne am Himmel. Dies war die

Zeit, in der ihr Martin am meisten fehlte. Sie vermisste es, ihn neben sich zu haben, wenn sie aufwachte und ihre kleine Tochter versorgte.

Mittlerweile war Roxy hellwach, und sie wusste, dass sie keinen Schlaf mehr finden würde. Sie legte Ella wieder in die Wiege und streifte einen Morgenrock über, dann öffnete sie leise, um niemanden zu wecken, die Verandatür und trat in die beginnende Morgendämmerung.

Die Sonne war noch nicht aufgegangen, aber ein leicht rötlicher Dunst am Horizont kündigte den Morgen an. Die Kakadus in den Bäumen am Fluss begrüßten kreischend den neuen Tag. Der immer wachsame Brownie erwartete Roxy am Fuß der Verandastufen. Er durfte auf der Veranda schlafen und war nachts nicht angebunden wie die anderen Hunde auf der Farm. Roxy beugte sich zu ihm und streichelte sein weiches Fell. »Du vermisst ihn auch, stimmts, mein Junge?«, flüsterte sie.

Sie ging barfuß durch das Gras zum Fluss, und der Hund trottete neben ihr her. Die Eukalyptusbäume spiegelten sich auf der glatten Wasseroberfläche – dunkle, schlafende Gestalten. Ein paar Enten glitten über die Wasseroberfläche, und kleine Wellen breiteten sich bis zum Ufer aus.

Sie überlegte, was wäre, wenn sie ins Wasser ginge – und dann immer, immer weiter, bis ihr Kopf unter Wasser war. Es musste in der Mitte zehn, elf Meter tief sein, schätzte sie. Wann würden sie ihre Leiche finden? Vielleicht nie, dachte sie schaudernd und stellte sich das glitschige Getier vor, das am schlammigen Boden lebte. Sie ging weiter bis zur Flussbiegung und war überrascht, Dinnie auf dem Felsen sitzen zu sehen, der wie eine kleine Landzunge ins Wasser ragte.

Dinnie sang. Ihre Stimme, die seltsamen Worte durchdrangen die Morgenluft. Roxy blieb an einen Baum gelehnt stehen, lauschte und wartete.

Plötzlich sah Dinnie auf und verstummte, als sie Roxy entdeckte.

»Tut mir Leid, ich wollte nicht stören. Bitte hör nicht meinetwegen auf«, bat Roxy und machte Anstalten zu gehen. Aber Dinnie winkte sie zu sich und klopfte mit der Hand einladend neben sich auf den Felsen.

Roxy stieg vorsichtig über die Steine. Sie waren nass vom Tau und schlüpfrig. Dinnie musterte sie nachdenklich. »Sie sind heute Morgen früh auf, Miss Roxy.«

»Ja. Ich konnte nicht schlafen.«

»Ahh.«

»Was war das für ein Lied?«

»*Yarnku.* Ein Lied, das die *puurri,* die Geister, vertreibt.«

»Oh.« Geister? Was meinte Dinnie?

»Ja. Dies ist ein magischer Platz, voll von Geistern. Sie kommen aus den Schatten und treten in die Sonne. Auch jetzt sind sie hier. Singen, tanzen, erzählen Geschichten, schicken die Worte.«

Dinnie merkte, dass sich Roxy argwöhnisch umsah, und lachte. »Sie können sie nicht sehen.«

»Woher weißt du dann, dass sie existieren?«

»Ahh, das weiß man einfach. Außerdem ist dies mein besonderer Platz. Mein Traumort.«

»Traumort?« Dinnie hatte schon damals, als Roxy nach Wirra Downs gekommen war, von einem Traumort gesprochen. Und Louisa hatte ihr später mehr darüber erzählt, doch das hatte Roxy wieder vergessen. So viele Dinge waren seither geschehen.

»Es gibt den Regentraum, den Buschbeerentraum, den Schlangentraum, den Regenbogentraum. Lauter verschiedene Träume. Aber hier ist der Flusstraum.«

Roxy schaute ins Wasser. Die ruhigen, düsteren Tiefen täuschten über die Strömungen hinweg. »Ja«, meinte Dinnie, als könnte sie Roxys Gedanken lesen. Sie stocherte mit einem Stock im Wasser und beobachtete, wie sich die kleinen Wellenkreise ausbreiteten. »Dies ist im Moment ein großer schlafender Fluss. All die Geister da unten warten nur darauf, richtig aufgerüttelt zu werden.«

Roxy schloss kurz die Augen. Die Sonne war über den Horizont gekrochen und tauchte die Baumwipfel in strahlendes Licht. Sie spürte die Wärme auf ihrem Gesicht.

»Ja«, fuhr Dinnie schließlich fort. »Die Weißen haben uns unser Land und unsere Lebensart genommen. Die Träume, das ist alles, was wir noch haben.« Sie bedachte Roxy mit einem neugierigen Blick. »Ich vermute, Sie gehen auch weg von hier und zu Ihrem eigenen Ort.«

Roxy zuckte mit den Schultern. »Ich weiß es nicht. Noch habe ich mich nicht entschieden.« Natürlich gab es starke Bande zu Adelaide, insbesondere zu ihren Eltern. Vielleicht könnte ich wieder zum Theater gehen, dachte sie wehmütig. Aber auch hier hielt sie einiges. Wirra Downs war Erics Erbe. Dies war der Ort, an dem die Erinnerungen entstanden waren, Martins Traumort.

»Die Geister tun Ihnen nichts«, flüsterte Dinnie. Das Weiße in ihren Augen leuchtete hell in dem dunklen Gesicht. »Sie sind jetzt alle weg. Ich habe sie mit dem Lied fortgeschickt.«

»Das weiß ich. Ich fürchte mich nicht vor den Geistern.«

»Nein. Wahrscheinlich nicht. Anders als Mister Guy.«

Sie sah Dinnie erstaunt an, erhielt jedoch keine näheren Erklärungen. Das Gespräch schien beendet zu sein, und die beiden Frauen gingen zurück zum Haus.

Ella schlief friedlich in ihrem Korb in einer Ecke in Roxys Zimmer. Eric lag in seinem Bett im Kinderzimmer und hatte die Decke von sich geschoben. Roxy setzte sich auf ihr Bett. Auf dem Nachttisch stand das gerahmte Hochzeitsfoto von ihr und Martin. Sie betrachtete eine Weile Martins Gesicht und sein entwaffnend offenes, freundliches Lächeln.

Roxy hob das Foto hoch und drückte das Glas vorsichtig an ihre Stirn.

Zu Weihnachten herrschte brütende Hitze, und die Luft am Horizont flimmerte. Davie und Eric wurden beim ersten Tageslicht wach und kramten aufgeregt in den Päckchen, die für sie bereitlagen. Als sie alle Geschenke ausgepackt hatten, war der Boden im Wohnzimmer mit buntem Papier und Bändern übersät.

Guy betrachtete lächelnd die beiden Jungen, die auf dem Boden hockten und die Köpfe zusammensteckten. Die Freude im Gesicht seines Sohnes zu sehen war es wert, ein paar Wochen auf Wirra Downs auszuhalten. Davie war jetzt fast sechs, und bald mussten sie an seine Schulbildung denken.

Louisa hatte ihm wieder vorgeschlagen, das Schiff zu verkaufen und sesshaft zu werden, und diesmal hatte sie das Argument angeführt, Davie müsse irgendwo unterrichtet werden. Aber Guy war hart geblieben und weigerte sich, ihren Forderungen nachzugeben. Ein Verkauf der *Curlew* kam nicht infrage. Er hatte verdammt hart gearbeitet, um das zu erreichen, was er heute hatte; er konnte jetzt nicht einfach alles aufgeben. Außerdem schafften es andere auch, Kinder auf Schiffen großzuziehen und ihnen Schulbildung angedeihen zu lassen.

Nach dem Mittagessen zog sich Maggie in ihr Zimmer zurück, um sich auszuruhen. Roxy überließ Ella Dinnies Obhut und ging mit den anderen zum Fluss. Obschon die dicht stehenden Eukalyptusbäume Schatten spendeten, war es auch hier sehr heiß, und der Wind brachte noch mehr erstickende Hitze mit sich. Roxy und Louisa verschwanden in der kleinen Umkleidekabine, Guy saß am Ufer und sah zu, wie Davie und Eric im seichten Wasser plantschten.

Schließlich kamen Roxy und Louisa in ihren Unterröcken zum Vorschein, liefen kichernd zum Wasser und kreischten, als sie untertauchten. Guy wurde sich bewusst, dass er die beiden seit Wochen nicht mehr lachen gehört hatte.

»Ihr solltet aufpassen, dass euch Maggie nicht so erwischt«, sagte er lachend. »Sie bekäme einen Anfall.«

Roxy spritzte Wasser in seine Richtung. »Vom Haus aus kann sie uns zum Glück nicht sehen. Außerdem ist es zu heiß, um sich deswegen den Kopf zu zerbrechen.«

»Warum kommst du nicht auch ins Wasser, Guy?«, rief Louisa.

Es graute ihm davor, im Fluss zu baden, weil er sich an das letzte Mal erinnert fühlte, an den Tag, an dem Martin verunglückt war. Aber wie konnte er Louisa erklären, was damals mit ihm geschehen war, wenn er es selbst nicht einmal richtig verstand? Das Wasser? Die Hand? Waren das nur Ausgeburten einer verdrehten Fantasie gewesen?

»Vielleicht später«, wehrte er ihren Vorschlag ab.

Roxy kletterte ans Ufer. Ihr nasser Unterrock klebte verführerisch an ihrem Körper. Nach der Geburt ihres zweiten Kindes hatte sich ihre Figur etwas gerundet. Aber die weiblichen Formen stehen ihr gut, dachte Guy unvermittelt. Sie legte sich neben ihn ins Gras, und die Wassertröpfchen auf ihrer Haut glitzerten in der Sonne.

»Wir legen in ein paar Tagen ab«, bemerkte Guy.

Roxy nickte. »Wohin gehts diesmal?«

»Nach Goolwa.«

Er merkte, dass sie leicht zusammenzuckte und ihre Augen größer wurden. »Goolwa«, wiederholte sie sehnsüchtig.

»Warum kommst du nicht mit? Hier gibt es nichts, was dich davon abhalten würde.«

Sie zuckte mit den Schultern. »Ich weiß nicht. Ich kann mich nicht entscheiden, ich kann im Moment nicht einmal denken.«

»Dann lass es. Das Denken, meine ich. Komm einfach mit und besuch deine Eltern. Du musst für eine Zeit fort von hier, Roxy, fort von den Geistern.«

»Geistern? Eine merkwürdige Bezeichnung. Das hätte Dinnie sagen können.«

»Geister. Erinnerungen. Nenn es, wie du willst. Ich meine all die kleinen Dinge, die dich traurig machen.«

Guy kannte die Geister von Wirra Downs. Sie erschienen, wenn man sie am wenigsten erwartete, tauchten einen in Melancholie und zogen einen in ungeahnte Tiefen des Elends. Machten einem das Leben zur Hölle, zischten gehässige Worte, drückten einen herunter, hielten einen gefangen und herrschten voller Bosheit: Die Erinnerungsfetzen setzten sich nicht zu einem klaren Ganzen zusammen, sondern waren nur bruchstückhafte Bilder, die noch keinen Sinn ergaben. Guy schüttelte das ungute Gefühl ab und schaute auf. Roxy musterte ihn mit einem eigenartigen Gesichtsausdruck.

»Du musst für eine Weile fort, um dein Leben aus einer anderen Perspektive zu betrachten«, fuhr er eilends fort und bemühte sich, seine eigenen Gedanken zu verdrängen. »Hier kannst du nicht klar denken, ohne den Schmerz zu fühlen.«

»Nein, wahrscheinlich nicht.« Sie biss sich auf die Lippe und schien einen Augenblick nachzudenken. »Vielleicht hast du Recht. Ein wenig Abstand von Wirra Downs wird mir helfen zu entscheiden, was das Beste ist. Das Beste für Eric, für Ella, für Wirra Downs.«

»Und wirst du auch entscheiden, was das Beste für dich ist?«

»Für mich?« Sie lachte gezwungen, legte sich auf den Rücken und verschränkte die Hände hinter dem Kopf. Die Sonne schien ihr ins Gesicht, und sie schaute in den Himmel. Guy verspürte einen schier unwiderstehlichen Drang, sie zu küssen, ihr wieder Leben einzuhauchen und ihren Kummer und die Sorgen zu vertreiben. Aber er hatte auch das Gefühl, dass sie für immer verschwinden würde, wenn er diesem Drängen nachgab. Sie würde sich in Luft auflösen, mit der Strömung des Wassers verschmelzen und ins Meer fließen.

KAPITEL 26

Roxy plante, einen Abstecher nach Bourke zu unternehmen, um Michael und Sarah die Anstellung auf Wirra Downs anzubieten. Porridge kutschierte sie und Ella zwei Tage nach Weihnachten in die Stadt, und sie kamen rechtzeitig zum Mittagessen bei Angel an.

»Ich hab Sarah schon ein paar Wochen nicht mehr gesehen«, meinte Angel, als sie hörte, was Roxy mit ihr und ihrem Mann vorhatte. »Und Michael war seit Monaten nicht mehr hier, um was zu trinken. Eigentlich seit er seine Arbeit im letzten Jahr verloren hat. Sind sie vielleicht weggezogen?«

Roxy erschrak. Die beiden können nicht fort sein, dachte sie. Sarah hätte ihr bestimmt Bescheid gegeben, wenn sie vorgehabt hätte, Bourke zu verlassen.

Nach dem Mittagessen bot Angel an, auf Ella aufzupassen, während Roxy zu Sarahs Cottage ging. Die Jalousien waren heruntergelassen, das Haus wirkte vernachlässigt. Ein Kinderschuh lag vor der Haustür im Schmutz; in den Ecken der Fenster waren Spinnweben. Der kleine Blumengarten vor der Veranda war verwahrlost und in der Sommerhitze verdorrt.

»Sarah?« Sie klopfte an die Tür, hörte aber keine Geräusche. »Sarah!«, rief sie noch einmal. Sie drückte das Ohr an die Tür und vernahm das leise Wimmern eines Kindes. »Sarah, ich bins, Roxy.«

Schleppende Schritte näherten sich, und die Tür schwang auf. Roxy schnappte nach Luft; sie erkannte ihre Freundin kaum wieder. Ihr einst rundes, strahlendes Gesicht war hager geworden und wirkte fast ausgezehrt. Das Haar hing ihr strähnig ins Gesicht. Das Baby Jack, das sie auf dem Arm hatte, quengelte leise.

»Komm rein.«

Sarahs Stimme fehlte die übliche Wärme. Roxy betrat das Cottage und war schockiert über den Anblick, der sich ihr bot. Sie sah durch die offenen Türen, dass die meisten Möbel verschwunden waren. Es gab keine Stühle oder Tische mehr, nur noch eine Bank in der Küche. Annie stand wie ein Häuflein Elend an der Hintertür, ihre blonden Locken waren schmutzig und ungekämmt.

Roxy legte die Hand auf den Arm der Freundin »Guter Gott, Sarah, was ist los? Was geht hier vor sich? Wo ist Michael?«

Sarah lachte bitter. »Michael ist seit Monaten weg – seit Juli.«

Sarah war seit sechs Monaten allein! Michael hatte sie schon vor Martins Tod im Stich gelassen. »Warum hast du mir das nicht gesagt? Du hättest mir davon erzählen müssen, als wir uns das letzte Mal gesehen haben.«

»Du hattest deine eigenen Probleme, und sie waren so viel schlimmer als meine«, erwiderte Sarah. »Wie konnte ich dich da noch mehr belasten?«

»Wohin ist Michael gegangen. Und warum ist er weg?«

»Er ist in der Stadt, um Arbeit zu suchen. Hier gab es keine für ihn.«

»Und wo ist er jetzt? Schickt er dir Geld?« Die Möbel, schoss es Roxy durch den Kopf, Sarah hat sie verkauft, um über die Runden zu kommen.

Sarah hob hilflos die Hände. »Es kam nichts von ihm – kein Geld, keine Nachricht.«

Roxy sah, dass sie den Tränen nahe war, sie jedoch eisern zurückhielt. »Alle sind so nett zu uns. Der Bäcker kommt jeden Nachmittag mit einem Brot – er behauptet, es wäre ihm übrig geblieben. Und der Fleischerlehrling bringt uns einmal in der Woche Reste. Die Männer von der Heilsarmee überlassen uns hin und wieder eine Ladung Brennholz. Im Lebensmittelladen kann ich anschreiben lassen ...« Sie verstummte und schüttelte den Kopf. »Ich hab keine Ahnung, wie ich die Rechnung jemals bezahlen soll. O Gott!« Endlich weinte sie und legte den Kopf an Roxys Schulter. »Ich lebe von der Wohltätigkeit und Freundlichkeit anderer. Ich habe zwei Kinder und keine Arbeit. Was soll ich machen? Ich kann doch nicht hier sitzen und zusehen, wie meine Kinder verhungern. Manchmal wünschte ich, ich wäre tot.«

Sarahs Worte spiegelten ihre eigenen Gedanken von dem Morgen am Fluss wider, als sie überlegt hatte, ins Wasser zu gehen – gefährliche Gedanken, die aus der Trauer und Verzweiflung geboren wurden. Roxy legte die Hände auf Sarahs Schultern und schüttelte sie sanft. »Sag das nie wieder, hörst du? Niemals!«, entgegnete sie vehement. »Du hast zwei wunderschöne Kinder. Für sie lohnt es sich weiterzuleben. Sieh dich nur an – du bist so dünn und abgemagert. Wie lange hast du nichts Anständiges mehr gegessen? Bestimmt Monate.«

Sarah ließ den Kopf hängen und flüsterte etwas Unverständliches.

Roxy stand auf und sammelte das abgenutzte Spielzeug, das auf dem Boden lag, und ein paar Kinderkleider auf. Dann marschierte sie ins Schlafzimmer und warf ein paar Sachen in einen abgeschabten Koffer. Sarah lief ihr nach, das Baby fing wieder an zu weinen. »Was machst du?«

»Ich hole dich hier raus«, lautete Roxys energische Antwort. »Du kommst mit zu Angel. Ein heißes Bad und eine ordentliche Mahlzeit stehen als Erstes auf dem Programm. Dann nehme ich dich mit nach Wirra Downs.«

»Ich kann nicht von hier fort«, flüsterte Sarah entsetzt. »Was, wenn Michael zurückkommt? Er wüsste gar nicht, wo ich bin.«

»So ein Unsinn! Du kannst doch nicht hier auf ihn warten und dabei verhungern!«

»Ja ... nein.« Sarah hob hilflos die Hände, ihre Finger flatterten wie kleine Vögel in einer Falle. »Ich weiß nicht.«

»Hör mal, wir sagen den Nachbarn, wo du bist, und wenn Michael kommt, wird er erfahren, wo er dich finden kann.«

Sechs Monate ohne Nachricht. Insgeheim hielt Roxy es für unwahrscheinlich, dass Sarah jemals wieder etwas von Michael hörte. Er könnte ums Leben gekommen oder krank sein, oder er hatte sich einfach aus dem Staub gemacht und von vornherein nicht vorgehabt, jemals wieder zurückzukommen. Wenn man dem glauben konnte, was in den Zeitungen stand, dann war das Land seit der großen Bankpleite und der daraus resultierenden Wirtschaftskrise voll von verlassenen Frauen und Kindern. Roxy musste an Martin denken. Er hätte sie und die Kinder niemals im Stich gelassen, auch wenn sie noch so große Schwierigkeiten gehabt hätten. Für die Männer war es einfacher, allein und ohne ihre Familien zu überleben – insbesondere im Busch.

Die beiden Frauen trugen das Gepäck auf die Veranda, und Roxy versprach, Porridge unverzüglich herzuschicken, damit er die Sachen abholte. Sie ließ Sarah und die Kinder in Angels Obhut und begab sich selbst zu Levenstein. Obwohl der alte Mann über ihren Besuch überrascht zu sein schien, war er sofort bereit, ihr eine kleine Summe ihrer Investition auszuzahlen. Er versicherte ihr mehrmals, dass ihr Kapital stetig wuchs. Mit dem Geld in der Tasche ging Roxy zum Bäcker, zum Metzger und dem Lebensmittelladen, bezahlte Sarahs Rechnungen und dankte den Ladenbesitzern für ihre Freundlichkeit.

Nach einem ausgiebigen Bad und einer herzhaften Mahlzeit, die Angels Koch zubereitet hatte, wirkten Sarah und die Kinder wesentlich glücklicher. »Guter Gott, seht euch nur an«, rief Roxy strahlend. »Und wer möchte jetzt mit der Kutsche auf die Farm fahren?«

»Ich, ich«, piepste Annie und hüpfte auf und ab.

»Bitte, Roxy«, protestierte Sarah. »Du warst wahnsinnig lieb zu uns, und ich kann dir gar nicht genug für das danken, was du für uns getan hast. Aber nach Wirra Downs zu fahren …«

»Das ist keine Wohltätigkeit. Ich fahre mit Guys Schiff nach Adelaide, um meine Eltern zu besuchen. Maggie braucht Hilfe im Haus. Wir hatten eigentlich gehofft, dass Michael unsere Bücher führen könnte, aber da er fort ist, müssen wir dieses Problem irgendwie anders lösen. Seit Martin nicht mehr ist, brauchen wir Hilfe, also glaub bitte nicht, dass du uns eine Last wärst.«

Sarah musterte sie kritisch, als wollte sie herausfinden, ob Roxy auch wirklich die Wahrheit sagte. Nach einer Weile nickte sie. »Wenn ich tatsächlich gebraucht werde, komme ich mit.«

Später, als Sarah und die Kinder schon im Bett waren, erzählte Roxy Angel von dem Verlauf des Tages. »Du hättest sehen sollen, wie sie dort gehaust haben«, sagte sie. »Sie haben seit Monaten kein Geld mehr und waren auf die Großzügigkeit der anderen angewiesen. Sarah hat sogar ihre Möbel verkauft, um die Rechnungen bezahlen zu können. Die Kinder sehen halb verhungert aus, trotzdem wollte sie nicht mit herkommen. Sie sagte, sie wolle niemandem zur *Last* fallen. Es sei ihr Problem. Ich konnte sie nicht dort lassen.«

»Nein, du hast das Richtige getan. Was ist mit ihrem Mann? Glaubt sie, dass er zurückkommt?«

Roxy zuckte mit den Schultern. »Wer weiß? Es würde mich nicht überraschen, wenn er nie wieder etwas von sich hören ließe. Bisher hat sie keine Nachricht von ihm. Ich finde, er hätte ihr zumindest schreiben können.«

Angel scheuchte die letzten Gäste aus der Bar und verriegelte die Tür. »Gott, Liebes, ich werde die Männer nie verstehen. Und wenn Michael tatsächlich zu der Sorte gehört, die ihre Familien so ohne weiteres im Stich lassen, dann ist sie wahrscheinlich ohne ihn besser dran.«

»Es waren noch einige Rechnungen offen. Beim Fleischer, beim Bäcker. Ich habe alle beglichen, also braucht sie sich deswegen keine Sorgen mehr zu machen. Aber erwähne Sarah gegenüber nichts davon. Sie ist im Moment ohnehin ziemlich durcheinander.«

Angel hakte sich bei Roxy unter. »Du bist ein lieber, großzügiger Mensch, Liebes. Viele hätten nicht einen Finger gekrümmt, um Sarah zu helfen.«

»Mmm.« Roxy war sich im Klaren, dass das stimmte. »Wir haben alle unsere Probleme, Angel. Jeder muss sein Kreuz tragen, wie Maggie es ausdrücken würde.«

»Und wann fährst du nach Adelaide.«

»Guy möchte in ein paar Tagen aufbrechen.«

»Aber du kommst doch zurück, oder?«

»Mutter und Vater möchten die Kinder sehen, und ich

muss für eine Weile etwas anderes sehen. Ansonsten habe ich noch keine Entscheidung getroffen. Als Martin noch lebte, war ich davon überzeugt, hierher zu gehören. Doch jetzt bin ich mir nicht mehr so sicher.«

»Dann fehlt dir die Stadt?«

Roxy nickte, und Angel fuhr fort. »Ich erinnere mich noch gut, wie du vor beinahe vier Jahren hier ankamst und ich dich zum ersten Mal sah. Damals hielt ich dich für ein verwöhntes Stadtmädchen, und du warst schrecklich wütend auf Guy, als du da oben in meiner Kammer gesessen hast. Ich dachte, dass du es hier kein halbes Jahr aushalten würdest, doch ich habe mich geirrt. Du hast mehr Kummer und Schwierigkeiten als die meisten Frauen, die ich kenne, und mehr Mut bewiesen als alle zusammengenommen. Wenn du nicht zurückkommst, dann vergiss wenigstens deine Freunde in Bourke nicht. Gott schütze dich, Roxy, wohin es dich in deinem Leben auch verschlägt.«

Angels Worte gingen Roxy nicht aus dem Kopf, als sie sich schlaflos in ihrem Bett hin und her wälzte. In wenigen Tagen reiste sie ab und würde bald ihr altes Zuhause wiedersehen. Und es stand in den Sternen, ob sie jemals hierher zurückkehrte.

Louisa erbot sich, während Roxys Abwesenheit auf Wirra Downs zu bleiben und Sarah und den Kindern zu helfen, sich einzugewöhnen. Roxy wusste, dass Louisa des Nomadenlebens überdrüssig und froh war, einen Grund zum Bleiben zu haben. Sie träumte nach wie vor davon, dass sich Guy eines Tages von seinem Flussdampfer trennen und sesshaft werden würde.

Der folgende Tag verging wie im Fluge. Roxy packte Kleider für sich und Eric und suchte die Unmengen Sachen zusammen, die sie für Ella brauchte. Bald standen auf dem Flur Koffer und Kisten in allen Größen und Formen.

Louisa starrte alarmiert auf das viele Gepäck. »Du hast doch vor zurückzukommen, oder, Roxy?«, fragte sie schließlich und schlang die Arme um die Freundin. Louisa drückte damit dieselbe Befürchtung aus wie Angel. Sahen alle ihre Abreise als endgültigen Abschied an?

Roxy zuckte mit den Schultern und wandte sich ab. In den letzten Tagen war ihr die Vorstellung, für immer in Adelaide zu bleiben, verlockender denn je erschienen. Maggie hatte die Leitung der Farm wieder übernommen, Louisa und Sarah führten ab jetzt den Haushalt. Sie selbst wurde hier nicht mehr gebraucht.

»Ich weiß im Moment nur, dass ich für eine Weile von hier fort muss. Ich brauche eine Umgebung, in der es nicht so viele Erinnerungen gibt«, erklärte sie.

Während sie rastlos im Haus und draußen herumlief, verabschiedete sie sich von allem, was sie sah. Würde sie Horrie, Dinnie, Narairee und Porridge jemals wiedersehen?

Roxy staunte über den Fluss; er führte nicht wie bei ihrer ersten Schifffahrt Hochwasser, sondern schlängelte sich in seinem Bett durch die Landschaft. Zum größten Teil war er von hohen Ufern gesäumt, und die Leute nannten ihn »Graben« oder »Rinne«. Hinter den Ufern sah Roxy gelegentlich stehendes Altwasser oder flaches Sumpfland mit Schilf und Mulga, so weit das Auge reichte. Die Vogelwelt faszinierte sie immer noch: Wildenten, Pelikane, schwarze und weiße Kakadus, schwarze Schwäne.

Roxys Hauptsorge galt Eric, da sie fürchtete, er könnte über Bord fallen, aber Jem nahm ihn unter seine Fittiche, und der kleine Junge war ihm ständig auf den Fersen. Das gab Roxy die Möglichkeit, sich ganz ihrem Baby zu widmen. Ella war zwei Monate alt und strahlte jeden an, der an ihr vorbeiging. Zwischen Stillen, Baden und Wickeln blieb Roxy tagsüber nur wenig Zeit. Keine Zeit zum Planen oder Nachdenken. Vor ihr erstreckten sich der Fluss und ihr Leben – beides verschmolz und verschwamm zu einer Einheit.

Scandy, Bert, Toby, der Giftmischer, Jem: die Mannschaft auf der *Curlew* war dieselbe wie vor vier Jahren. In den letzten Monaten hatte Guy sie vorübergehend von ihren Diensten entbunden, aber als er sie von der bevorstehenden Fahrt nach Goolwa benachrichtigt hatte, waren sie alle zurückgekommen, um ihre alten Posten wieder einzunehmen. Sie behandelten Roxy mit Respekt, machten freundliche Bemerkungen über ihre Kinder und vermieden tunlichst, über Martins Tod zu sprechen. Nur Bert erwähnte ihn kurz und erklärte im Namen aller, dass sie an sie gedacht hätten. »Wir hoffen, Sie werden bald richtig darüber hinwegkommen«, endete er.

»Es wird mir gelingen – davon bin ich überzeugt«, antwortete Roxy, obwohl sie innerlich einen langsamen Tod starb bei dieser Beileidsbekundung. Die anderen Männer standen dabei und verkniffen sich ein Schmunzeln über Berts unbeholfene Worte.

Es war eine eigenartige, unwirkliche Zeit. Sie hatte sich so an Martins Gegenwart gewöhnt, dass sein Tod eine riesige Lücke in ihrem Leben aufgerissen hatte. Sie fühlte sich unvollständig, als wäre ein Teil von ihr weggebrochen. Manchmal kam es ihr vor, als verginge sie innerlich langsam vor Kummer, bis ihr Körper nur noch eine leere Hülle war. Der Schmerz war unerträglich. Und er befiel sie in unerwarteten Augenblicken. Sie hatte das Gefühl, zerrissen und verletzlich zu sein. Eric schien ebenfalls betroffen zu sein; er blieb immer in ihrer Nähe, wenn er nicht mit Jem auf dem Schiff unterwegs war, und war zufrieden, auf seiner Koje zu sitzen und Davies Bilderbücher durchzublättern.

Der Fluss schlängelte sich endlos durch das Land, wand sich zur einen und zur anderen Seite. »Ein Ahne der Aborgines«, erklärte Guy an einem Abend, als sie eine Bemerkung über ihren Kurs gemacht hatte, »hat das Flussbett geschaffen, während er nach einem riesigen Fisch grub, der ihm entkommen war. Der Fisch drehte und wendete sich, so kamen die vielen Biegungen zu Stande, und dort, wo der Verlauf fast eine Kehrtwendung macht, entstanden stehende Gewässer.«

Abends, wenn die *Curlew* vertäut war, saßen sie – Guy, Roxy und Eric – auf den Stufen zum Ruderhaus, und die Nacht hüllte sie ein wie dunkler Samt. »Ich möchte den großen Fisch sehen, Onkel Guy«, sagte Eric, und seine großen Augen leuchteten im Lampenlicht, als er ins Wasser schaute. »Zeigst du ihn mir morgen?«

»Ach, das ist nur eine Geschichte, mein Junge«, entgegnete Guy und hob das Kind auf seine Knie. Er deutete zum Himmel. »Sieh dir die Sterne da oben und den Mond an. Es gibt ganz viele Geschichten darüber, wie sie entstanden sind. Sag mal, junger Mann, ist es nicht Zeit für dich, ins Bett zu gehen?«

Eric rutschte von Guys Schoß und rannte zu der Kabine, die er mit Mutter und Schwester teilte. Roxy folgte ihm lachend und steckte ihn ins Bett.

Als sie wieder aufs Deck kam, ging sie zur Reling und beobachtete, wie das tintenschwarze Wasser am Bug des stehenden Schiffes vorbeiwirbelte. Man sah die Lichter einer nahe gelegenen Schaffarm und hörte die Maschinengeräusche aus der Schurhalle. Dort wurden noch schnell einige Nachzügler geschoren. Guy würde einen Tag warten, bis alle Wollballen zum Frachtkahn gebracht worden waren. Im Schein der Lampen wurden Gestalten sichtbar, die die Vliese aufsammelten und pressten. Im Salon des Dampfers saßen die Männer, unterhielten sich und lauschten Scandys Akkordeonklängen.

»Schön, nicht?« Guy kam zu ihr; seine Hand lag dicht neben ihrer auf der Reling.

Roxy, die in ihre eigenen Gedanken versunken gewesen war, sah überrascht zu ihm auf.

»Der Fluss«, erläuterte er und sah zum gegenüberliegenden Ufer, wo ein riesiger Schwarm Fledermäuse aus den Bäumen aufflog und geräuschvoll durch die Dunkelheit flatterte. »Besonders nachts. Er hat seine eigene Mystik und Einzigartigkeit, findest du nicht?«

»Martin hat das auch immer gesagt. Er liebte den Fluss bei Nacht.«

Als der Name seines Bruders fiel, zuckte Guy zurück. »Tu das nicht«, flüsterte er und rieb sich den Nacken.

Roxy legte die Hand auf seinen Arm. »Was ist, Guy? Können wir nicht darüber reden?«

Er sah sie lange an. Tiefer Schmerz war in seinen Augen erkennbar. »Wie kannst du mich das fragen? Ich sage dir, was los ist. Jedes Mal, wenn ich dich oder die Kinder ansehe, werde ich an Martin erinnert und denke, dass ich, nicht er, auf dem Boden der Koppel hätte liegen müssen.«

»Selbstvorwürfe ändern nichts, Guy. Sie bringen Martin nicht zurück.«

»Mein Gott, Roxy! Wie kannst du nur so verständnisvoll sein?«

Die Männer im Salon wurden plötzlich still, und Guy senkte die Stimme. »Wenn ich nicht in die Koppel gegangen wäre, dann würde Martin heute noch leben. Jeden wachen Moment und in meinen Träumen sehe ich es vor mir. Kintyre galoppiert auf mich zu, schlägt aus, und seine Hufe sind scharf wie Rasiermesser. Ich spüre, wie ich falle und wie Martin mich auf die Seite stößt.« Guy wandte Roxy sein Gesicht zu, und sie erkannte wieder den gequälten Ausdruck in seinen Augen. »Martin hat den Tritt abbekommen, der für mich bestimmt war. Er hat mir das Leben gerettet und seines dabei geopfert.«

Ärger flammte in Roxy auf. Es war leicht, Schuldzuweisungen zu machen, doch wem nützte das? Martin kam dadurch nicht wieder. Wenn jemand um sich schlagen und einen Schuldigen finden sollte, dann sie, nicht Guy. Er hatte seinen Bruder verloren. Sie hatte ihren Mann, ihren Geliebten und besten Freund verloren.

Sie wirbelte wütend zu ihm herum. »Du machst dir also Vorwürfe, ja? Wie nobel! Seht mich alle an, ich, Guy Dumas, bin schuld am Tod meines Bruders. Fühlst du dich besser, wenn du diese Schuld wie eine große Bürde auf deinen Schultern trägst?«

»Du verstehst mich nicht«, gab er zurück.

»Oh, ich verstehe dich sehr gut.« Ihre Stimme war schrill geworden. »Du glaubst, es gibt für alles, was auf dieser Welt passiert, einen Grund. Aber du irrst dich. Martin ist tot, und du bist am Leben – das beweist gar nichts, außer, dass du ein verdammter Idiot bist. Die Schuld für etwas auf sich zu nehmen, was geschehen ist – *geschehen,* Guy –, lindert für niemanden den Schmerz. Sieh mich an. An manchen Tagen vergehe ich innerlich. Die Trauer und der endlos scheinende Schmerz fressen mich auf. Aber ich muss weitermachen. Für mich, für die Kinder. Ich muss stark sein. *Ich* hätte das Unglück verhindern können – ich hätte ihn überreden können, die Pferde sofort wieder zu verkaufen, dessen bin ich mir ganz sicher. Macht mich das auch zur Schuldigen?«

»Natürlich nicht.«

Sie legte die Hand auf seine. Er zitterte. Für einen Moment bekam sie keine Luft und erstickte fast. »Bitte, Guy, lass uns nicht mehr von Schuld reden. Es ist passiert. Nichts kann daran etwas ändern. Wir trauern alle um etwas anderes. Martins Tod sollte die Familie einen, nicht entzweien.«

KAPITEL 27

Wilcannia lag fast vierhundert Meilen stromabwärts und war eine belebte Hafenstadt. Wie in Bourke gab es hier breite, kerzengerade Straßen und die üblichen Geschäfte und Einrichtungen, einen Rich & Co.-Laden, ein Postamt und ein Hotel mit eingeschlossen. Das Krankenhaus hinter einem frisch gestrichenen weißen Zaun war aus großen Steinblöcken errichtet und hatte eine Veranda an der Vorderfront und auf den Seiten. Kunstvolles Gitterwerk zierte das mehrgieblige Dach mit den breiten Schornsteinen.

In der Nähe der Kais stand ein Wasserwerk; dort wurde mit einer dampfbetriebenen Pumpe Flusswasser in einen erhöhten Tank geleitet. Etwas abseits befanden sich etliche Hütten und Baracken aus Holz, Wellblech oder platt gedrückten Blechkanistern. Manche Wände waren auch nur aus Sackleinen gebaut. Die Behausungen der Aborigines bestanden aus Rinde oder Holzpfählen und Dächern aus Ästen.

Die *Curlew* blieb eine Woche am Kai und wartete auf Wollballen, die längst von den umliegenden Farmen in die Lagerhäuser hätten gebracht werden sollen. Die Männer verrichteten in der Zwischenzeit Reparaturarbeiten am Dampfer. Guy schleppte mit nacktem Oberkörper Planken und Farbeimer aus dem Frachtraum. Die Sonne glänzte auf seinem bronzefarbenen Rücken, während er die abblätternde Farbe von den Brettern kratzte.

Roxy, die es nicht erwarten konnte, endlich weiterzufahren, verfluchte insgeheim die Hitze, besonders am sechsten Tag, als ein Sandsturm wie aus dem Nichts entstand, den Himmel rot färbte und die Sonne verdunkelte. Der heulende heiße Wind fegte um das Schiff und brannte in den Augen. Überall steckten kleine Sandkörnchen. Beim ersten Anzeichen des Sandsturms legten die Männer ihre Werkzeuge zur Seite und machten sich auf den Weg ins Hotel. In der stickigen Kabine mussten die Tür und das Fenster geschlossen bleiben. Eric war aufgebracht, weil er nicht mit den Männern gehen durfte, und Ella quengelte wegen der Hitze.

Nach dem Sturm, der überall eine dicke rote Sandschicht hinterlassen hatte, rief Jem vom Kai aus: »Hey,

Rox, kommen Sie und sehen Sie sich das an. Das wird Eric auch gefallen.«

Sie trug Ella auf dem Arm und hielt den Jungen an der Hand, während sie vorsichtig übers Deck ging, das mit Laub, Staub, Schutt und Trümmern übersät war. Die Männer kamen mit Gläsern in den Händen aus dem Pub und blieben am Straßenrand stehen. Plötzlich bogen Männer mit wackligen Schubkarren um die Ecke, auf denen je noch ein Mann mit ausgebreiteten Armen stand – wohl um die Balance zu halten. Die Räder der Schubkarren bestanden aus Eisen und verursachten auf dem holprigen Kopfsteinpflaster einen solchen Lärm, dass die Pfiffe und das Johlen der Zuschauer kaum zu hören waren.

»Ein Schubkarrenrennen«, erklärte Jem, als er Eric auf seine Schultern hob. Der Junge klatschte vergnügt in die Hände.

Guy kam zu ihnen und kitzelte Eric. »Heute Abend findet ein Tanz statt«, bemerkte er beiläufig. »Hast du Lust hinzugehen, Roxy?«

Sie schüttelte den Kopf. »Ich glaube nicht, danke. Ich muss bei den Kindern bleiben, und außerdem …« Sie sah an ihrem schwarzen Kleid herunter.

»Kinder sind auch willkommen. Es ist ein echter Busch-Tanz, und jede Menge Kinder werden da sein. Und was das andere betrifft – ich glaube kaum, dass jemand schlecht von dir denkt, wenn du mitgehst.«

Sie überlegte einen Moment – sie wollte nicht zu diesem Tanz, aber sie konnte keine Entschuldigung anführen, um die Einladung auszuschlagen. In letzter Zeit war sie eine miserable Gesprächspartnerin gewesen, das wusste sie. »Na ja, vielleicht gehe ich für eine kleine Weile hin«, stimmte sie widerstrebend zu.

Als Zugeständnis wusch sie sich die Haare und spülte die seifigen Strähnen einige Male in einem Zuber aus, bevor sie sich in den Schatten der Spätnachmittagssonne setzte, um die Haare trocknen zu lassen.

Die Stadt hatte ein paar zerlumpte Musikanten zusammengerufen, und Roxy hörte die jaulenden Klänge ihrer Instrumente schon, als sie mit Guy auf dem Weg zum Pub war. Eric hüpfte in seinem besten Sonntagsstaat vor ihnen her. Guy trug den Korb, in dem Ella lag. Mit jedem Schritt wirbelten sie Staub auf, und am Horizont sah man vor dem rosigen Sonnenuntergang die Überreste des Sandsturms nach Westen ziehen.

Zwar nahmen einige Frauen an dem Tanzvergnügen teil, doch die Männer waren weit in der Überzahl: Farmer, Ladenbesitzer, Crews von verschiedenen Raddampfern, ein paar Scherer und Lohnarbeiter, die von der vergangenen Saison noch übrig waren – Menschen aus allen Schichten. Die Männer versuchten, Roxy zum Tanzen zu überreden, aber sie lehnte ab. Die Ladys – kräftige Frauen aus dem Busch – kamen zu ihr, bewunderten ihr Baby und fragten nach ihrem Namen, hatten aber ansonsten nicht viel für oberflächliche Plaudereien übrig. Es war sehr heiß in dem kleinen Pub, und Roxy war so müde, dass sie sich am liebsten in ihre kleine Koje zurückgezogen hätte. Aber Eric amüsierte sich königlich, spielte und tanzte fröhlich mit anderen Kindern, und Roxy wunderte sich über seine Energie. Ella schlief den ganzen Abend in ihrem Korb.

Um sieben Uhr wurde ein leichtes Abendessen aus der Hotelküche serviert. Guy brachte Roxy einen Teller, und sie stocherte mit der Gabel in dem Essen herum. »Zu heiß, um zu essen?«, fragte Guy, als er ihr den nahezu unberührten Teller wieder abnahm, und Roxy nickte. Sie strich sich eine Haarsträhne aus dem Gesicht und sah zu ihrer Tochter hinunter, die friedlich schlief. Eric hatte sich auf einem Stuhl neben ihr zusammengerollt und war auch eingeschlafen. Seine Wangen waren gerötet.

Die Musik setzte wieder ein, und Guy fasste nach ihrer Hand. »Tanzen?«

»Nein, ich glaube nicht.«

»Ach, komm schon. Nur ein Tanz, dann gehen wir zurück aufs Schiff, ja?«

Er blieb beharrlich, ließ sie nicht los. Sie seufzte und gab nach. Ein kurzer Walzer konnte ja nicht schaden, und anschließend würde Guy sie fort von dem Lärm zu ihrer Kabine bringen. Es war ein kleiner Preis für die Freiheit. Roxy erhob sich; und Guy hielt sie locker im Arm, als sie sich auf der Tanzfläche drehten.

Nach ein paar Minuten keuchte Roxy, weil ihr so warm war, und am Ende des Liedes führte Guy sie zur Tür. »Setz dich einen Moment hinaus«, schlug er vor. »Dort ist es ein wenig kühler, wenn auch nicht viel. Ihr hole dir etwas zu trinken. Bin gleich zurück.«

Roxy ging auf die Veranda und über den Rasen. Die Lichter der Schiffe, die am Kai lagen, spiegelten sich im Wasser. Die Geräusche aus dem Pub schienen von allen Seiten widerzuhallen. Eine leichte Brise säuselte in den Pfefferbäumen und brachte den unverkennbaren Geruch von Gidgee mit sich.

»Regen«, stellte Guy fest, als er mit einem Glas in der Hand zu ihr kam. »Ein Schauer oder zwei könnten Abkühlung bringen.«

Roxy nippte an dem Getränk und merkte, wie sie sich entspannte. Die Aussicht auf Regen beruhigte sie. Regen wäre eine willkommene Abwechslung bei dieser Hitze. Sie war sich Guys Nähe nur allzu bewusst; spürte seinen regelmäßigen Atem und sah das Licht, das durch das Pubfenster nach draußen drang, auf seinem Gesicht. Um ihre Verwirrung zu vertreiben, setzte sie das Glas an die Lippen und trank es in einem Zug aus.

Guy nahm ihr das leere Glas ab, dabei streiften seine Finger ihre Hand, und sie hätte beinahe aufgeschrien, weil sie das Gefühl hatte, sich verbrannt zu haben. Für einen Moment legte er ihr die Hand auf den Rücken. Seine Hitze schien sie sogar durch den Stoff ihres Kleides zu versengen. Ihr war, als züngelte eine Flamme in ihrer Brust auf, und eine schier unerträgliche Wärme breitete sich in ihr aus.

Während Guy das Glas auf der Bank abstellte, die gleich neben ihm stand, wanderte seine Hand behutsam zu Roxys Kopf. »Darf ich?«, fragte er, und sie wusste, dass sie ihn nicht zurückhalten konnte, auch wenn das alles ganz falsch war.

Vorsichtig zog er die Nadeln aus ihrem Haar und legte sie neben das Glas auf die Bank. Roxy fühlte, wie ihr die Strähnen über den Rücken fielen. Guy fuhr mit den Fingern durch ihre Mähne und über die Wangen. »Du solltest dein Haar öfter offen tragen«, flüsterte er. »Es sieht hübsch aus in diesem Licht – wie gesponnenes Silber.«

Unvermittelt schlang er die Arme um sie und drückte sie an sich. Sie bildete sich ein zu spüren, wie sein Herz das Blut durch seine Adern pumpte. Seine Lippen legten sich auf ihre. Sie merkte, dass sie auf diesen Kuss reagierte, sich unwillkürlich enger an ihn schmiegte und ihre Hände in seinen Nacken legte. Roxy erwachte unter seinen Berührungen wie eine verpuppte Raupe, die sich in einen Schmetterling verwandelt. Sie fühlte sich wie in einem warmen Bad, konnte weder atmen noch etwas sehen. Um sie herum waberte die Hitze und schien sie zu tragen, bis sie atemlos und wie betäubt war.

Guy ließ abrupt von ihr ab und trat zurück. Einen Moment lang sah er sie mit ausdruckslosem Gesicht an, dann wandte er sich wortlos ab, steckte die Hände in die Hosentaschen und ging gemessenen Schrittes in Richtung Fluss.

»Guy?«, rief sie zaghaft und überlegte fieberhaft, womit sie ihn verärgert haben könnte. »Komm zurück.« Sie lief ihm nach und hielt ihn am Arm fest.

Er wandte sich ihr zu und starrte ihr ins Gesicht. Sein blondes Haar fiel ihm in die Stirn, und für einen Augenblick glaubte sie, Martin vor sich zu haben. »Warum hast du mich nicht davon abgehalten?«, wollte er wissen.

Roxy blinzelte verwirrt; sie wusste nicht, was sie darauf antworten sollte. Sein vorwurfsvoller Tonfall drückte aus, dass er ihr die Schuld an dem Vorfall gab. Hatte sie ihn zu dem Kuss verführt oder irgendwie ermutigt? Sie versuchte, sich die Ereignisse ins Gedächtnis zu rufen, aber sie konnte sich nur noch daran erinnern, wie seine Lippen die ihren berührt und seine Hände ihre Haut beinahe versengt hatten.

Doch warum hatte sie zugelassen, dass Guy sie küsste? Sie musste sofort an Louisa, ihre Freundin, denken und fühlte sich hundeelend. Was hatte sie sich nur dabei gedacht? Sie hätte Guy sofort von sich stoßen und ihm eine Ohrfeige verpassen müssen. Aber stattdessen hatte sie sich dem Kuss hingegeben wie eine leichtfertige Frau. Sie drückte die Hand auf den Mund. Ihre Lippen und ihr

Gesicht brannten. Sie war froh, dass es dunkel war und Guy das nicht sehen konnte.

Roxy erinnerte sich an seine Frage, und plötzlich wurde sie wütend. Schließlich hatte Guy selbst diesen Kuss erzwungen. Er hatte sie in die Arme genommen, nicht sie ihn. War das eine spontane Tat gewesen, die durch die heiße Nacht und ein paar Drinks hervorgerufen worden war, oder hatte Guy so etwas von Anfang an geplant, als er sie zu dem Tanz eingeladen hatte? Vielleicht wollte er sie auf die Probe stellen, ihre Reaktion testen. Trotzdem hätte er genügend Anstand und Selbstbeherrschung haben und sich zurückhalten müssen. Wie konnte er es wagen, ihr die Schuld in die Schuhe zu schieben? Dieser selbstgefällige, arrogante …

»Du kannst sicher sein, dass so etwas *nie* wieder vorkommt«, beteuerte sie eisig und warf den Kopf in den Nacken. »Mir ist schleierhaft, was in mich – oder in dich – gefahren ist, aber ich schlage vor, dass du in Zukunft deine Triebe in Zaum hältst. Das wäre für alle Beteiligten das Beste.«

Roxy stürmte schwer atmend in den Pub zurück. Was als ganz normaler Abend begonnen hatte, hatte sich zu einer Katastrophe entwickelt. Es dauerte noch einige Wochen, bis sie Goolwa erreichten, und Roxy beschloss, Guy bis dahin möglichst aus dem Weg zu gehen. Das würde auf dem Schiff nicht leicht sein, doch irgendwie konnte sie das schon bewerkstelligen.

Als sie später gründlicher über diesen Abend nachdachte, musste sie sich eingestehen, dass die Episode sie in vielerlei Hinsicht erschreckte. Hauptsächlich ihre eigene Reaktion auf Guys Zärtlichkeiten machte ihr Angst – die Hitze, die sich blitzschnell in ihrem Inneren ausgebreitet hatte, die butterweichen Knie und das heftige Herzklopfen. Und was wäre passiert, wenn sie den Kuss nicht abgebrochen hätten? Die *Curlew* und Roxys Kabine waren nicht weit entfernt gewesen. Was, wenn …? Roxy verdrängte beschämt diesen Gedanken.

Sie hatte einen Entschluss gefasst. Für sie gab es kein Zurück nach Wirra Downs. Guys Anwesenheit dort würde das gesamte Familiengefüge zerstören, selbst wenn er nur gelegentlich zu Besuch käme. Sie konnte ihre Freundschaft zu Louisa genauso wenig aufs Spiel setzen wie ihre ohnehin sehr anfällige Beziehung zu Maggie. Roxy wusste, dass ihr Verhältnis zu Guy – gegen jeden gesunden Menschenverstand – eine neue, unbestimmte Dimension angenommen hatte. Und ihr war bewusst, dass sie die Grenzen des Anstands nie wieder überschreiten durften, denn in diesem Fall könnten weder sie noch Guy für die Konsequenzen garantieren.

Die von Ochsen oder Kamelen gezogenen Wagen mit den Wollballen kamen am folgenden Tag an. Die Crew schaffte die Ballen auf den Frachtkahn und sicherte sie mit einer Plane gegen den drohenden Regen.

»Diese Ladung geht nach Milang«, erklärte Jem, »zu dem dortigen Wolllager.«

Flussaufwärts hatte es bereits einige Regenschauer gegeben, und der Wasserstand war leicht angestiegen. Um sechs Uhr am nächsten Morgen brach die *Curlew* nach Süden auf und wurde von der Strömung und der Dampfkraft vorwärts getrieben. Jedes Stampfen und Pochen der Maschine brachte Roxy ihrem Ziel näher.

Manchmal begegneten sie anderen Schiffen, die stromaufwärts fuhren und ihnen an den engen Biegungen nach dem ungeschriebenen Gesetz des Flusses Platz machten, damit sie ungehindert vorbeikamen. Guy schien alle Schiffe und ihre Kapitäne zu kennen, und jeder Dampfer hatte seine eigene Geschichte.

Nach ein paar Tagen sank der Wasserspiegel alarmierend, was, wie Jem sagte, für diese Jahreszeit nichts Ungewöhnliches war. Im Sommer gab es immer wenig Regen. Zum Glück hatte die *Curlew* keinen großen Tiefgang und konnte die Untiefen gut überwinden, wobei sie größere Schiffe hinter sich ließ.

Am fünften Tag nach ihrem Aufenthalt in Wilcannia hörte Roxy, wie die Maschinen gedrosselt wurden, und als sie aus dem Fenster ihrer Kabine schaute, sah sie eine Sandbank, die von einer Seite des Flusses zur anderen reichte. Sie nahm Ella aus dem Korb und ging aufs Deck. Die heiße Luft schlug ihr ins Gesicht. Auf der Ebene peitschte die Hitze die Mulga zu einem ekstatischen Tanz. Die Silhouetten der verkümmerten Bäume flimmerten und verschwammen mit dem Hintergrund. Die grelle Sonne blendete und glitzerte auf dem Wasser.

Guy hatte sein Hemd ausgezogen und war dabei, das kleine Beiboot zu Wasser zu lassen. Eric beugte sich über die Reling und sah seinem Onkel zu.

»Was macht er da?«, wollte Roxy von Jem wissen, der Eric am Hemdzipfel festhielt.

»Er versucht, einen Kanal durch die Bank zu finden«, erwiderte Jem und deutete auf den Sand, der zum Teil den Weg blockierte.

Guy saß mittlerweile in dem Boot und ruderte durchs Wasser. In gewissen Abständen stocherte er mit einem Stock bis zum Boden und versuchte, die Tiefe einzuschätzen. »Drei Fuß«, rief er Scandy zu, der ihn mit leicht zusammengekniffenen Augen beobachtete, um nicht von der Helligkeit geblendet zu werden.

Guy maß systematisch den Wasserstand. »Zwei Fuß, sechs Inches.« Einige Meter weiter rief er kopfschüttelnd: »Knappe zwei Fuß.«

»Was ist, wenn wir nicht durchkommen?« Die Vorstellung, hier, mitten im Nichts, gestrandet zu sein, entsetzte Roxy. Es könnte Monate, sogar Jahre dauern, bis wieder Regen kam.

»Dann müssen wir über die Bank. Auf der anderen Seite ist das Wasser tief, das sieht man an der Farbe.«

»Über den Sand?«

Jem grinste. »Ja. Wenn Sie an Deck bleiben, werden Sie mit eigenen Augen sehen, wie das gemacht wird.«

Guy ruderte das Boot ein Stück flussabwärts ans linke Ufer, trug eine Rolle mit Drahtseil zu einem kräftigen Baum und schlang das Ende des Seils sorgfältig um den dicken Stamm.

»Und was macht er jetzt?«

»Wir benutzen das Drahtseil und den Baumstamm als eine Art Winde, mit deren Hilfe wir uns über die Sandbank ziehen.«

Nachdem Guy das Drahtseil am Schiff befestigt hatte, rannte er hinauf in sein Ruderhaus und verlangte mehr Dampf. Das Schaufelrad begann sich zu drehen, erst langsam, und grub sich in den weichen Sand. Das Drahtseil erhob sich aus dem Fluss. Wassertropfen liefen an ihm entlang, als sich das Seil spannte.

Jem scheuchte Roxy und die Kinder von der Reling weg. »An der Stelle ist es nicht sicher«, warnte er. »Das Seil könnte reißen. Scandy hat das einmal erlebt, und einen

Schiffsjungen hat es getroffen. Scandy sagt, der Draht hat dem Jungen ein Bein am Knie ganz durchtrennt.« Roxy schauderte.

Das Schiff bewegte sich langsam und glitt knirschend und stockend über den Sand. Die Planken knarrten. Alle warteten gespannt, als der Draht zu summen begann. Es war ein hoher Ton, der in den Ohren schmerzte.

Guy streckte den Kopf aus dem Ruderhaus. »Wie läufts, Jem?«

»Der Draht singt, Boss.«

»Weniger Kraft!« Guy polterte die Treppe herunter, um sich die Situation selbst anzusehen. »Gut«, rief er. »Wieder mehr Dampf, aber macht langsam.«

Der Dampfer rutschte zentimeterweise vorwärts. Das Kielwasser schäumte braun und schlammig, bis die *Curlew* endlich die Sandbank hinter sich gebracht hatte.

»Müsst ihr oft auf ein solches Manöver zurückgreifen?«, fragte Roxy.

»Oh, auf manchen Fahrten ein Dutzend Mal. Man gewöhnt sich daran.«

Roxy war nicht davon überzeugt, sich jemals an so etwas gewöhnen zu können. Der Laut, den das Drahtseil von sich gab, klang unnatürlich – falsch wie ein nicht gestimmtes Musikinstrument. Noch sehr viel später, als der Dampfer längst wieder mit voller Fahrt flussabwärts fuhr, hatte Roxy dieses schrille Singen des Drahtes im Ohr.

Eric verbrachte sehr viel Zeit bei Guy im Ruderhaus, saß auf einem hohen Stuhl neben dem Ruder, betrachtete aus dem Fenster die vorbeiziehende Landschaft und plapperte unaufhörlich. Er war mittlerweile drei Jahre alt und ein aufgeweckter, neugieriger Junge mit schneller Auffassungsgabe. Guy genoss es, das Kind in seiner Nähe zu haben, als entschädigte ihn Erics Gesellschaft irgendwie für die Abwesenheit seines eigenen Sohnes.

Gemeinsam brüteten sie über den Flusskarten, die nach dem jahrelangen Gebrauch schon ganz vergilbt waren. Guy hatte sie einem alten Flusskapitän abgekauft, der behauptet hatte, mit Cadell zusammengearbeitet zu haben, dem ersten Mann, der in den Pionierstagen der Flussschiffe mit einem Schaufelraddampfer den Murray entlanggefahren war. Auf diesen Karten war der gewundene Flusslauf eingezeichnet; kleine Häuser stellten die Farmen dar, schraffierte Flächen kennzeichneten Felsen unter Wasser, und die gepunktete Linie gab den günstigsten Fahrweg an.

Der Fluss veränderte sich ständig, und im Laufe der Jahre hatte Guy selbst einige Markierungen in die Karten gezeichnet. Das Hochwasser hatte riesige Baumstämme angeschwemmt, die sich als regelrechte Unterwasserfallen entpuppen konnten; bei Dürre kamen tückische Felsen und knorrige Baumstümpfe zum Vorschein. Guy kennzeichnete gewissenhaft all die Stellen, an denen Gefahr lauerte.

Eine nagende Unruhe trieb ihn dazu, am Ruder zu bleiben, die *Curlew* bis spät in die Nacht fahren zu lassen und sich ständig mit etwas zu beschäftigen. Arbeiten, essen, schlafen – keine Zeit zum Nachdenken. So wollte er es. Nachdem sie Wilcannia hinter sich gelassen hatten, erklärte ihm Roxy in eisigem Ton, dass sie nicht nach Bourke zurückkehren würde. Sie nannte zwar keinen Grund für ihren Entschluss, aber er wusste instinktiv, warum sie nicht mehr nach Wirra Downs wollte. Er konnte es ihr nicht übel nehmen, schließlich versuchte er selbst, den Tanzabend in Wilcannia zu vergessen. Es hatte keinen Sinn, über jenen unglücklichen Vorfall nachzugrübeln. Es war Vergangenheit, und er bedauerte, was geschehen war.

Er wusste selbst, dass seine Laune in diesen Tagen nicht die beste war, und blieb lieber für sich. Was genau der Grund für seinen Missmut war, hätte Guy selbst nicht sagen können. Martins Tod, der bevorstehende Abschied von Roxy, seine eigenen Schuldgefühle? Alles zusammen brachte ihn so durcheinander, dass er oft keinen Schlaf fand.

Er liebte die einsamen Nachtstunden am Ruder und fühlte sich in dem Häuschen wie in einen Kokon eingeschlossen, als wäre er der einzige Mensch in einer ganz anderen Welt. Die beiden Lampen am Schiffsbug beleuchteten die Ufer und brachten die Schatten zum Tanzen. Die grünen Bäume sahen aus wie Gespenster, die drohend auf ihn zukamen und schnell wieder in der Dunkelheit verschwanden, sobald das Schiff an ihnen vorbeigefahren war. Funken vom Heizkessel flogen wie Glühwürmchen in den dunklen Nachthimmel und verloschen.

Sie passierten Menindee und die großen Seen, Pooncarie und Wentworth, während die *Curlew* bedächtig eine Meile nach der anderen auf dem gewundenen Fluss zurücklegte. Das stetige dumpfe Pochen der Schaufelräder besänftigte sein reizbares Gemüt, aber seine Stimmung sank immer mehr. Jede Drehung der Räder brachte sie dem Ende des Flusses näher. Die Tage mit Roxy waren gezählt, und er wusste, dass er sie und den Jungen schmerzlich vermissen würde. Und Ella ebenfalls, das wurde ihm mit einem Mal klar, als er an das dunkeläugige Baby dachte.

Die Crew war auch streitsüchtig, als hätte sich seine Stimmung auf die Männer übertragen. Toby und der Giftmischer gerieten sich wegen eines Spiels in die Wolle, bei dem sich zwei Spieler mit ausgestreckten Beinen auf dem Boden gegenübersaßen und je ein Ende eines Stockes in der Hand hielten; beide mussten versuchen, den Gegner mithilfe des Stocks auf die Füße zu ziehen. Der Giftmischer bezichtigte Toby des Betrugs, und Toby beschuldigte den Koch, unlautere Mittel eingesetzt zu haben. Nachdem der Koch der Crew zum dritten Mal in Folge ein kaltes, beinahe ungenießbares Essen vorgesetzt hatte, fühlte sich Guy gezwungen einzuschreiten, wenn auch nur aus Sorge um die Mägen seiner Mannschaft.

Paringa, Barmera, Waikerie – die Städte zogen an ihnen vorbei wie geisterhafte Bilder. Eines Nachmittags setzte der Frachtkahn auf einem knorrigen Baumstamm auf. Nach einer eingehenden Inspektion verkündete Toby, dass ein wenig Wasser in den Frachtraum eingedrungen war. Das Wasser wurde schnell abgepumpt, und Guy tauchte etliche Male in den Fluss, um nachzusehen, ob der Rumpf beschädigt war. Offenbar gab es keine Lecks, die sie mit den zusätzlichen Mehlsäcken, die sie nur zu diesem Zweck an Bord hatten, hätten stopfen müssen. Zur Vorsicht zog Guy eine Plane über den Bug, damit durch den Druck kein Wasser durch die Ritzen dringen konnte. Als sie Morgan, die nächste größere Stadt, erreichten, gab Guy Anweisung, den Kahn auf die Werft zu ziehen und genauer zu untersuchen. Zum Glück war der Schaden nicht sehr groß, und die Ritzen wurden mit Kalfaterwerg und Pech abgedichtet.

Anschließend setzten sie ihren Weg zum Meer fort: Blanchetown, Swan Reach, Mannum, Murray Bridge, Tailem Bend. Schließlich kamen sie zu den vertrauten Windungen und Kurven, die das Ende ihrer Reise ankündigten. Hinter Portee, das sechs Meilen von Blanchetown entfernt war, wurden die Ufer flacher und sandig. Hier verlief der Fluss gerader bis nach Point Pomander, wo der breite Lake Alexandria vor ihnen lag.

Sie fuhren mit Rückenwind über den kabbeligen See nach Point Macleay. Guy legte für einige Stunden am Milang-Kai an. Die Wolle wurde vom Frachtkahn auf Wagen verladen, die sie zu dem Lagerhaus der »Murray and Darling Wool Company« auf dem Berg brachten.

Nach diesem kurzen Aufenthalt ging es weiter nach Goolwa. Die Luft roch nach Salz. Kreischende Vögel zogen ihre Kreise am Himmel über den mit Schilf bewachsenen Inseln.

Roxys Eltern erwarteten sie in Goolwa, umarmten sie überschwänglich und staunten, wie groß die Kinder schon waren. Roxy nahm Guy kaum zur Kenntnis, als seine Männer ihr Gepäck an Land brachten. Bevor sie sich verabschiedeten, nahm er sie zur Seite.

»Lass es mich wissen, falls du deinen Entschluss änderst. Wenn du eine Nachricht an die Hafenverwaltung hier in Goolwa schickst, wird sie mich bestimmt erreichen. Ich bleibe ohnehin ein paar Monate hier in der Gegend und fahre den Murray hinauf.«

»Ich halte es für das Beste, wenn ich hier bleibe, du nicht?«

Guy konnte ihr keine Antwort darauf geben – er war zu beschäftigt damit, den verzweifelten Drang zu unterdrücken, ihr einen letzten Kuss zu geben. Er sah der Kutsche nach, die Roxy, ihre Eltern und die Kinder wegbrachte, und fühlte sich entsetzlich allein und einsam. Guy spürte eine Leere in sich, die niemand ausfüllen konnte. Wütend schlug er sich mit der flachen Hand auf den Schenkel und ging in den nächsten Pub. Ein paar Drinks würden zwar nichts an seinen Gefühlen ändern, aber sie konnten ihm helfen, alles für eine Weile zu vergessen.

KAPITEL 28

Adelaide hatte sich kaum verändert. Jetzt, Ende Februar, fegten heiße Winde durch die Stadt und peitschten die Bäume in den Parks. Die Leute eilten mit gesenkten Köpfen durch die Straßen. In Fulham mündete der braune, schlammige Torrens in den Golf. Nach der Öde und Weite des Outback erschien Roxy die Stadt übervölkert und bedrückend. Selbst die breiten Straßen kamen ihr eng vor. Die Gebäude wirkten bedrohlich groß und massiv, und die bunten Auslagen in den Schaufenstern der Geschäfte waren verwirrend.

Roxys Hoffnung, hier den Erinnerungen entrinnen zu können, wurde enttäuscht. Die Kunstgalerie, das Museum, die Bibliothek, »Grayson's Coffee Palace« – all das rief ihr die sorglosen Tage mit Martin vor der Hochzeit ins Gedächtnis. Unerwartet entstanden Bilder vor ihrem geistigen Auge: Brownie, der am Brownhill Creek Schmetterlingen nachsprang, der überraschende erste Kuss, die Aussicht vom Mount Lofty, der Geruch von Heidsieck Champagner – lauter Erinnerungen, die ihren Kummer neu entfachten. Bei einem Sonntagsgottesdienst in der Saint Paul's Kirche brach sie plötzlich in Tränen aus.

»Es ist noch zu früh«, tröstete Felicite sie. »Die Zeit wird dir helfen, darüber hinwegzukommen.«

Zeit, dachte Roxy und fragte sich, warum die Erinnerungen hier so viel stärker, deutlicher, lebhafter waren. Sie hatte so weit entfernt von Wirra Downs etwas ganz anderes erwartet. Manches Mal wusste sie nicht einmal so genau, worum sie weinte. Natürlich schmerzte sie Martins Tod, aber da war noch eine tiefere, subtilere Trauer. Vielleicht um ihre Zukunft, um eine ganze Lebensart.

Es war seltsam, wieder an der Stätte ihrer Kindheit zu sein. Die Wehmut überwältigte sie, und zudem bildete sie sich ein, dass das Haus und der Garten irgendwie kleiner waren als früher. Wenn sie durch die Zimmer wanderte, empfand sie eine eigenartige Fremdheit und hatte das Gefühl, gar nicht hierher zu gehören, auch wenn ihr alle viel Zeit ließen, damit sie sich wieder in den alten Alltag, der für sie jetzt etwas gänzlich Neues war, eingewöhnen konnte. Mrs. Featherhaugh stand mit Eric in der heißen Küche, backte leckere Kuchen und kochte Roxys Lieblingsspeisen. An den trägen, schwülen Nachmittagen unternahm Felicite mit dem Jungen Kutschfahrten und zeigte ihm die Stadt, während Ella schlief. Die Wochen vergingen langsam in einem Nebel von Langeweile und Monotonie, kein Tag unterschied sich vom anderen. Es gab keine gesellschaftlichen Verpflichtungen, keine Besuche bei Freunden, keine Einkäufe zu tätigen. Roxy kam das Leben hier unwirklich, künstlich vor. Auf Wirra Downs hatte sie wenigstens täglich ihre Pflichten gehabt, um die herum sie die anderen Aktivitäten hatte planen können.

Roxy las begierig die Zeitungen und verfolgte interessiert alle Nachrichten über die neue Streikrunde im Busch. Der Verband der Viehzüchter hoffte, die Macht der Scherer zu brechen, und rief die Männer dazu auf, freie Verträge für ihre Arbeit abzuschließen. Diese Forderung beschwor wieder Unruhen herauf, und die Streikenden hatten ihre Lager am Darling erneut aufgeschlagen. Es war bereits zu gewaltsamen Auseinandersetzungen gekommen, und zusätzliche Polizeikontingente wurden von den Städten in die Krisenregionen geschickt.

Während sie das alles las, musste sie unwillkürlich an Wirra Downs denken. Die Schursaison begann bald, und ihr fehlten schon jetzt die hektische Betriebsamkeit, das Blöken der Schafe in den Pferchen und das Surren der Schermaschinen.

»Hör auf damit«, ermahnte sie sich ärgerlich und bemühte sich vergeblich, sich diese Gedanken aus dem Kopf zu schlagen. »Du kannst nicht mehr zurück. Niemals.«

Um sich abzulenken, ging sie mit Eric und Ella ins Theatre Royal. Sie besuchte das Theater vor einer Matinee-Vorstellung, weil sie sicher sein konnte, dann alle alten Ensemblemitglieder anzutreffen. Bert freute sich, sie zu sehen, und die Frauen stürzten sich voller Begeisterung auf die Kinder. Roxy schaute sich um, als sähe sie die Bühne, die Garderoben und den riesigen Zuschauerraum zum ersten Mal, und spürte eine Erregung in sich, die sie seit Monaten nicht mehr empfunden hatte. Hier, dachte sie mit einem leisen Glücksgefühl, kann ich aufleben.

Es gab nur noch wenige Vorstellungen des derzeitigen Stücks, und parallel dazu liefen die Vorsprechtermine für ein neues, eine leichte Komödie. Selbst überrascht über ihre spontane Entscheidung, ging Roxy auf Bert zu und deutete an, dass sie es gern mit einer Rolle versuchen würde. »Nichts Großes«, warnte sie. »Eine kleine Rolle. Ich habe lange nicht auf der Bühne gestanden.«

»Wir hätten dich gern wieder hier«, erwiderte er warmherzig. »Komm morgen her. Das Vorsprechen beginnt um zehn. Um ehrlich zu sein, ich habe genau die richtige Rolle für dich.«

John und Felicite waren überglücklich. Felicite umarmte ihre Tochter und wischte sich ein paar Tränen aus den Augenwinkeln. »O Liebling, das sind ja wundervolle Neuigkeiten! Heißt das, dass du in Adelaide bleiben wirst?«

Roxy nickte. Ihre Eltern hatten sich geängstigt, sie könnte nach Bourke zurückkehren, und ihr immer wieder versichert, dass sie und die Kinder herzlich willkommen waren, für immer hier zu bleiben.

Wie sie es sich gewünscht hatte, bekam Roxy nur eine kleine Rolle im ersten Akt und hatte nicht viel Text, musste aber die ganze Zeit auf der Bühne sein. Während der Zeit der Proben genoss sie die Kameradschaft am Theater, frischte alte Freundschaften auf und knüpfte neue an. Für Ella und Eric war bestens gesorgt – Felicite und Mrs. Featherhaugh verwöhnten sie nach Strich und Faden –, während Roxy das Theater neu entdeckte – die einzige Sache, die ihr helfen konnte, den Schmerz der letzten Monate zu lindern.

Nach zwei Wochen Proben fand die Premiere statt. Das Stück sollte nur eine Woche laufen – es war ein Lückenfüller zwischen zwei größeren Produktionen. In den Stunden vor der Erstaufführung stellte Roxy erstaunt fest, dass sie ein eigenartiges nervöses Flattern in der Magengegend verspürte.

»Lampenfieber, nehme ich an«, stellte Bert fest, als er Roxy vor der Garderobe begegnete und sah, wie sie mit den Händen über ihren Bauch strich, um das Gefühl zu beschwichtigen.

Bert forderte die Schauspieler auf, ihre Positionen hinter dem pflaumenblauen Vorhang einzunehmen. Bühnenarbeiter huschten hin und her, um in letzter Minute die Requisiten an die richtigen Stellen zu rücken. Der Abend erinnerte Roxy an eine andere Premiere vor fast fünf Jahren, und bei dem Gedanken daran flatterten die Schmetterlinge noch aufgeregter in ihrem Bauch. Bert stand auf der anderen Seite der Bühne und nickte ihr aufmunternd zu, als aus dem Orchestergraben die ersten Töne von *Good save the Queen* ertönten und der Vorhang aufging.

Roxy sprach ihren Text ganz automatisch. Als sie fertig war, trat sie auf die Seite, wo sie für den Rest des Aktes bleiben sollte. Sie ließ den Blick unauffällig über die Zuschauerreihen schweifen. John und Felicite saßen wieder auf ihren Plätzen ganz vorn, und ihre Mutter hob kurz die Hand, als wollte sie ihr zuwinken.

Während Roxy auf die Menschen schaute, schien sich ein eigenartiger Nebel im Zuschauerraum auszubreiten – ein weißer Dunst, der zwischen den Sitzen, um die Köpfe und Schultern der Leute umherwirbelte und das schwache Aroma von Heidsieck-Champagner mit sich brachte. Roxy merkte, dass niemand sonst dieses Phänomen wahrnahm, und beobachtete kurz die anderen Schauspieler, die ihre Rollen spielten, als wäre alles wie immer.

Unwillkürlich wanderte ihr Blick wieder zu der ersten Reihe, zu dem Stuhl neben dem ihrer Mutter. Unabsichtlich schnappte sie nach Luft. Auf dem Platz, den Martin vor Jahren bei der Premiere eingenommen hatte, sah sie ihn jetzt wieder durch den weißen Dunst – sein Lächeln, die blonde Haarmähne, die er immer wieder aus der Stirn schob. Roxy schloss die Augen und drückte die Handflächen auf ihre Lider. Ihr war schwindlig wie kurz vor einer Ohnmacht.

»Ist alles in Ordnung mit dir?«, wisperte eine junge Schauspielerin, die hinter der Kulisse auf ihren Auftritt wartete. »Du bist plötzlich leichenblass.«

Übelkeit befiel Roxy, als sie hinter die Bühne und die Treppe hinunterlief, die zu den Garderoben führte.

Bert fand sie dort am Ende des Aktes. »Was ist los, Roxy? Du bist so schnell davongerannt, als hättest du ein Gespenst gesehen.«

Roxy drehte sich ihrem alten Freund zu. »Ein Gespenst?« Sie stieß ein gezwungenes Lachen aus. Wie konnte sie erklären, was sie gesehen hatte? Sollte sie sagen, dass Martin in der ersten Reihe gesessen hatte? Alle würden sie für verrückt halten.

Felicite stürzte in die Garderobe. »Was ist mit dir, Liebling? Geht es dir nicht gut? John fährt die Kutsche zum Hintereingang, wir bringen dich nach Hause.«

Roxy fühlte sich wie betäubt und orientierungslos, als ihre Mutter sie hinaus in die kühle Abendluft führte. Am Himmel funkelten die Sterne, und der Atem der Pferde bildete kleine Wölkchen. John rieb sich die Hände, bevor er die Zügel aufnahm.

Roxy betrachtete die Gebäude, an denen sie vorbeifuhren, sah aber alles nur verschwommen. Den Straßenkehrer, der das Herbstlaub in die Gosse fegte, oder den alten Mann im Park nahm sie kaum wahr. Ihre Gedanken gingen wirr durcheinander; sie waren seit dieser Erscheinung im Theater zwischen Vergangenheit und Gegenwart gefangen. Hatte ihr die Einbildung einen Streich gespielt, oder war es eine Art Lichttäuschung gewesen? Vielleicht hatte sie sich unbewusst gewünscht, Martin dort zu sehen, und gedacht, sie könnte die Vergangenheit wieder heraufbeschwören und irgendwie mit der Gegenwart verschmelzen. Oder hatte sie geglaubt, sich selbst in diese andere Zeit zurückversetzen zu können?

Die Wochen vergingen in völliger Trostlosigkeit. Roxy fühlte sich, als wäre sie innerlich tot. Taub. Schließlich versuchte sie in ihrer Verzweiflung, sich zu entspannen und ihr Leben ganz objektiv zu betrachten, ohne die Tatsachen mit Emotionen zu verknüpfen.

Sie hatte zwei Möglichkeiten: Sie konnte in der Stadt bleiben oder nach Bourke zurückkehren. John und Felicite drängten sie zu bleiben, und Roxy wusste, dass sie am Boden zerstört wären, wenn sie mit den Kindern abreisen würde. Aber was außer ihren Eltern hielt sie davon ab, wieder nach Wirra Downs zu gehen? Maggie?, fragte sie sich und verwarf den Gedanken sofort. Sie hatte sich im Laufe der Jahre an die Art ihrer Schwiegermutter gewöhnt und war unempfindlich gegen den subtilen Sarkasmus und die Anspielungen geworden. Ihr wurde bewusst, dass sie an Martins Bruder dachte. Wie konnte sie auf Wirra Downs leben – nach allem, was zwischen ihr und Guy vorgefallen war? Oder was hätte vorfallen können, dachte sie kläglich. *Guy* hielt sie davon ab – oder eher diese eigenartige, ungewollte Faszination, die er auf sie ausübte. Eine Faszination, die unter diesen Umständen nicht gestattet war. Louisa, Guys Frau, war Roxys beste Freundin. Davie, Guys Sohn, war der Cousin ihrer beiden Kinder.

Und am schlimmsten war, dass ihre Gefühle nicht einseitig waren. Sie wusste, Guy hatte es auch gespürt, und das machte die Situation noch prekärer. Die Art, wie er sie all die Jahre beobachtet und geneckt hatte, während er mit klugen Worten versucht hatte, seine Gefühle zu bekämpfen, sprach Bände. Im Nachhinein erkannte sie das ganz klar. Es war keine spontane Aktion gewesen, als er sie in Wilcannia in die Arme genommen und geküsst hatte, sondern etwas, wonach er sich offensichtlich schon seit langem gesehnt hatte. Roxy schüttelte den Kopf und verdrängte alle Gedanken an Guy. Zwischen ihnen konnte nie mehr entstehen als eine sorgfältig begrenzte Freundschaft.

Nachdem sie sich das klar gemacht hatte, fiel es ihr wie Schuppen von den Augen: Sie hatte zugelassen, dass ihre Gefühle für Guy ihr Leben bestimmten. Gefühle, die nie ans Licht kommen durften und zusammen mit der Trauer um Martin und um das gemeinsame Leben in der Vergangenheit verschlossen werden mussten. Im Grunde hatte sie in letzter Zeit mehr nach hinten geschaut als nach vorn. Sie hatte sich auf die Vergangenheit konzentriert, statt auf die Zukunft, deshalb war ihr das Leben, das sich vor ihr erstreckte, leer und freudlos erschienen.

Wieso kann ich eigentlich nicht zurück nach Wirra Downs?, fragte sie sich schließlich. Guy hielt sich selten dort auf. Außerdem war sie jetzt eine Frau und nicht mehr das unreife Mädchen, das während der Flut vor all den Jahren in Bourke abgesetzt worden war. Sie konnte die Situation unter Kontrolle halten. Sie würde sich Guy gegenüber zurückhaltend zeigen und ihn zu nichts ermutigen. Es gab keinen Grund für sie, mit ihm allein zu sein und die Emotionen noch einmal an die Oberfläche zu lassen.

Es wurde Zeit, Entscheidungen zu treffen, sich den Ängsten zu stellen und eine Zukunft für sie und die Kinder zu planen. Und es war klar, zu welchem Schritt sie sich entschließen würde. Sie musste es nur noch ihren Eltern schonend beibringen.

Sie saßen im Arbeitszimmer vor dem lodernden Kaminfeuer. Felicite arbeitete an einer feinen Stickerei, John nippte nachdenklich an einem kleinen Glas Portwein und trommelte mit den Fingerspitzen auf die Schreibtischplatte. Die Scheite im Kamin knisterten und knackten.

»Mutter, Vater – ich glaube, es ist an der Zeit, dass ich Pläne schmiede«, wagte Roxy einen Vorstoß und holte tief Luft.

»Pläne?« Felicites Kopf zuckte in die Höhe, und sie hielt mitten in der Bewegung inne.

»Für Eric und Ella. Für mich selbst. Ich denke daran, nach Wirra Downs zurückzukehren.«

»Oh«, hauchte Felicite matt. »Ich hoffte ...«

»Ja«, schnitt John ihr das Wort ab. Seine Stirn war gerunzelt. »Wir dachten, du würdest gern hier bleiben. Die Kinder haben sich gut eingelebt, und wir haben sie gern bei uns. Um ehrlich zu sein, wir glaubten, du wärst glücklich, wieder hier zu sein, stimmts nicht, Felicite?«

Roxy betrachtete den erschrockenen Ausdruck auf dem Gesicht ihres Vaters, und plötzlich sah sie ihn als alten Mann. Seine Wangen waren hager und faltig. Sie dachte über seinen Einwand nach und stellte sich dann vor, Guy wieder gegenüberzustehen, und auch wenn sie ihre Gefühle für ihn nicht genauer untersuchen wollte, fühlte sie sich wieder hin und her gerissen.

»Vater … ich kann nicht. Ich fühle mich hier eingeengt … so, als gehörte ich nicht mehr hierher.«

Felicite schüttelte ungehalten den Kopf. »Natürlich gehörst du hierher, Liebling. Dies ist dein Zuhause.«

»Nein«, widersprach Roxy bedächtig. »Wirra Downs ist jetzt mein Zuhause. Ich darf nicht länger davonlaufen und muss mein Leben in Angriff nehmen.«

»Davonlaufen? Warum sagst du so was?« John goss sich noch einmal Portwein ein und stellte die Karaffe mit einem Knall auf dem Schreibtisch ab. »Martins Tod war ein Schock für uns alle. Das ist ein Schicksalsschlag, den du erst verarbeiten musst, und ich finde, du hältst dich bewundernswert.«

Roxy lächelte bitter. »Ja, ich habe mich damit abgefunden, bin aber längst nicht immer gut damit zurechtgekommen. Doch irgendwie muss es ja weitergehen. Ich dachte, hier, weit weg von Wirra Downs, die schlimmen Erinnerungen und den Schmerz auslöschen zu können, so tun zu können, als hätte es die letzten fünf Jahre für mich gar nicht gegeben. Aber ich habe sie erlebt, und ich kann sie nicht ausradieren. Sie sind ein Teil von mir und meinen Kindern. Jedes Mal, wenn ich Eric anschaue, sehe ich Martin vor mir. Ich kann einfach nicht vergessen.«

»Selbstverständlich kannst du das nicht, Liebling. Die Liebe zwischen dir und Martin war etwas ganz Besonderes.«

»Ja.« Roxy lächelte wieder. »Doch die letzten Monate habe ich in einer Art Schwebezustand verbracht und darauf gewartet, dass ein anderer die Entscheidungen für mich fällt. Jetzt weiß ich, dass ich ganz allein die Weichen für mein weiteres Leben stellen muss. Und es ist Zeit für mich zurückzugehen.«

Sie stand auf und ging zum Kamin, blieb einen Moment stehen und schaute in die Flammen, bevor sie sich zu ihren Eltern umdrehte. »Ich habe mich vor Jahren entschieden. Und ich kann jetzt wegen Martins Tod nicht alles im Stich lassen. Ich muss meinen damaligen Entschluss, sein Andenken und die Erinnerungen an ihn in Ehren halten. Ich darf ihn nicht enttäuschen.«

Eines Tages wird dies die lukrativste Farm weit und breit sein. Dann werde ich die größte Schurhalle von ganz New South Wales bauen …

»Also opferst du dich selbst. Und wofür?«, entgegnete John in scharfem Tonfall, als seine Tochter ihren Platz wieder einnahm.

»Es ist kein Opfer. Ich kann nicht anders. Fragt nicht nach dem Grund – ich kann es nicht erklären. Ich bin kein Stadtmädchen mehr. Ich bin jetzt eine Frau mit eigenen Kindern. Und als Mutter habe ich Verpflichtungen. Wirra Downs und meinem Sohn gegenüber.«

»Roxy, Eric ist drei Jahre alt.«

»Das stimmt. Und nächstes Jahr wird er vier und übernächstes fünf. Die Zeit steht nicht still, auch wenn wir uns das noch so sehr wünschen würden.«

»Was willst du damit sagen?«

»Dass Wirra Downs eines Tages Eric gehören wird. Ich kann nicht zulassen, dass er aufwächst, ohne das Land zu kennen. Er muss Teil von Wirra Downs sein, dort groß werden und lernen, es zu lieben, wie Martin es geliebt hat.«

»Also steht dein Entschluss fest?«

Roxy nickte. John Bellue erhob sich, stellte sich hinter Roxys Stuhl und legte die Hände auf ihre Schultern, dann ging er in Richtung Tür. Roxy sah ihrem Vater durch einen Tränenschleier nach. Sie war hin und her gerissen zwischen dem Wunsch, bei den Eltern zu bleiben, und dem Bedürfnis, auf die Farm zurückzukehren.

John drehte sich noch einmal zu ihr um. »Geh zurück, Roxy, wenn du musst«, sagte er traurig. »Bring deine Kinder nach Wirra Downs und verwirkliche Martins Traum. Aber vergiss nie, dass du hier immer willkommen bist, wenn sich die Dinge nicht so entwickeln, wie du es dir vorstellst.«

Roxy fragte sich, ob Guy jemals einen Passagier befördert hatte, der so widerwillig an Bord gekommen war wie sie. Nicht die Rückkehr nach Wirra Downs bereitete ihr Sorgen – im Gegenteil, sie freute sich darauf, Sarah, Louisa und die Kinder wiederzusehen. Sie fürchtete sich vielmehr vor den Tagen und Wochen auf der *Curlew* und vor Guys Nähe.

Sie hätte einen anderen Raddampfer nehmen können – bestimmt fuhren viele die Hafenstädte im Outback an –, aber Guy hatte geschrieben, um ihr mitzuteilen, dass er sich auf den Weg nach Bourke begab, und irgendwie wäre es ihr albern erschienen, sein Angebot auszuschlagen. Und wie hätte sie ihren Eltern erklären sollen, warum sie nicht mit Martins Bruder fahren wollte? Nein, das wäre nicht gut, überlegte sie und konzentrierte ihre Gedanken auf Louisa. Die Reise würde ereignislos verlaufen, dafür würde sie schon sorgen. Sie musste um jeden Preis eine kompromittierende Situation mit Guy Dumas vermeiden.

KAPITEL 29

Guy bekam Roxy während der Reise kaum zu Gesicht. Sie ging ihm absichtlich aus dem Weg, das wusste er. Sie versteckte sich in ihrer Kabine, nahm auch dort mit ihren Kindern die Mahlzeiten ein und ließ sich nur selten abends im Salon blicken. Guy machte das nichts aus, weil er den Grund dafür kannte. Eigentlich wollte er ihr sagen, dass er den Vorfall in Wilcannia genauso sehr bedauerte wie sie, und ihr beteuern, dass es keine weiteren Annäherungen geben würde, aber es widerstrebte ihm, auf sie zuzugehen, und eine zufällige Gelegenheit ergab sich nicht.

»Schlafende Hunde soll man nicht wecken, du Idiot«, schalt er sich. »Lass sie einfach in Ruhe.«

Sie fuhren den Murray entlang bis Echuca, wo Vorräte bereitstanden, die sie an Bord nehmen mussten. Die Stadt war ebenso belebt wie die Werften, in denen eine ganze Armee von Arbeitern Schiffe reparierte. Die Anlegeplätze am Kai waren sehr gefragt. Ein halbes Dutzend Schiffe, die *Curlew* mit eingeschlossen, mussten in zweiter Reihe warten, bis sie ihre Fracht löschen und andere Güter laden konnten. Die Wollballen wurden mit Wagons auf Schienen abtransportiert, und die Löschkräne schienen vierundzwanzig Stunden am Tag im Einsatz zu sein. Der Kai war eine dreistöckige Konstruktion, die es erlaubte, die Dampfer bei jedem Wasserstand zu entladen. Die *Trafalgar* und die *Pride of the Murray* waren bereits vertäut, als Guy die *Curlew* längsseits brachte. Ein paar Minuten später kam die *Rodney* an, die nach Guys Schätzung die größte Wollladung transportierte, die jemals den Murrumbidgee heruntergekommen war.

Guy war gerade dabei, die Vorräte zu laden, als oben auf dem Kai ein Tumult entstand. Eine Meute wütender Männer hatte sich dort zusammengerottet und pöbelte eine Gruppe an, die auf der untersten Ebene an Bord der *Rodney* stand.

»Was ist da los?«, erkundigte sich Guy bei einem der Hafenarbeiter.

»Wahrscheinlich versuchen wieder ein paar Scabs, zum Darling zu kommen«, entgegnete der Mann und schüttelte den Kopf. »Keine Ahnung. Die Kapitäne, die Streikbrecher an Bord nehmen, beschwören den Ärger geradezu herauf.«

Hauptsächlich die Dampfer, die großen Gesellschaften gehörten, waren bereit, nicht organisierte Arbeiter mitzunehmen. Die kleinen Eigner wollten ihren guten Ruf oder die Sicherheit ihrer Schiffe und der Mannschaften nicht aufs Spiel setzen. Wie die *Rodney* hatten auch die *Pride of the Murray,* die *Trafalgar, Rothbury, Jane Eliza* und *Invincible* von nicht organisierten Scherern geschorene Wolle befördert. Anfang des Jahres hatte die *Florence Annie* einige freie Arbeiter unter Polizeischutz von Bourke aus flussabwärts gebracht, und Captain Billy Tinks hatte während der gesamten Streiks auf der *Wilcannia* Güter, die ohne Gewerkschaftler produziert worden waren, über den Darling transportiert, wobei er sein Ruderhaus mit Brettern vernagelt und Drahtnetze über das Deck gespannt hatte, um die Feuerfackeln abzuwehren, mit denen ihn die Streikenden aus ihren Lagern am Fluss bombardiert hatten.

»Ich würde das nicht riskieren«, sagte Guy und schirmte die Augen gegen das grelle Sonnenlicht ab, während er beobachtete, wie die Männer vom Kai Steine auf die *Rod-*

ney warfen und um ein Haar die Passagiere trafen, die im Gänsemarsch an Bord gingen. »Ein paar von diesen Burschen haben es seit Ewigkeiten auf die *Rodney* abgesehen – wahrscheinlich schon, seit sie achtzehnhunderteinundneunzig die Streikbrecher zum Bahnhof von Yancannia gebracht hat. Ich werde nie vergessen, wie sie in Wilcannia anlegte und von etwa zweihundert Gewerkschaftlern erwartet wurde. Ich dachte, es würde Mord und Totschlag geben.«

Die Hafenarbeiter munkelten, dass über vierzig Männer an Bord gegangen waren, um zu einer Farm am Darling zu kommen. Aber als Guy ablegte, war die *Rodney* noch am Kai vertäut.

Ein paar Tage später legte Captain Dickson mit der *Rodney* und dem Frachtkahn unter einem Hagel von Steinen und Stöcken ab und machte sich auf den Weg nach Wilcannia am Darling. Der Kahn war mit Gütern beladen, auf dem Dampfer befanden sich fünfundvierzig nicht organisierte Schafscherer, die zur Tolarno-Farm wollten.

Die Nachricht, dass die *Rodney* unterwegs war, verbreitete sich schnell. In Swan Hill befand sich ein großes Streiklager, und die Männer stürmten grölend ans Ufer, als das Schiff vorbeikam. In der Nähe von Wentworth warnten die Crews von entgegenkommenden Dampfern, dass vermutlich ein Angriff geplant sei.

»Sollen es diese Mistkerle doch versuchen!«, brüllte Dickson und verlangte volle Kraft von seinem Heizer, dann lenkte er sein Schiff in die schlammige Strömung des Darling. Die lauten Maschinen kündigten die *Rodney* schon von weitem an.

Einige Meilen stromaufwärts von Pooncarie gab ein Reiter der *Curlew* Zeichen, ans Ufer zu kommen. Scandy kniff die Augen gegen das grelle Licht zusammen, während das Schiff leicht gegen das Ufer stieß und sich kleine Wellen zur Flussmitte ausbreiteten.

Guy legte die Hände um den Mund. »Was gibts?«, schrie er, um das Motorengeräusch zu übertönen.

»Habt ihr die *Rodney* gesehen?«, rief der Mann zurück.

»Seit Echuca nicht mehr. Sie lag noch am Kai, als wir losfuhren.«

Der Reiter stieg ab und kam an Bord. »Es heißt, dass sie hier entlangkommt und Scabs transportiert. Es könnte Ärger geben«, erklärte er und nahm seinen Hut ab. »In der Nähe von Polia befindet sich ein großes Streiklager – dort geht es zu wie in einem Hornissennest. Diese Idioten haben neulich versucht, die *Fairy* zu stürmen, weil sie damit zu einem Footballspiel fahren wollten. Ausgerechnet zu einem Footballspiel! Aber Captain Collins hat sie ausgetrickst. Er hat die Feuerbox herausgenommen.«

Guy lachte. Collins war bekannt für seinen Einfallsreichtum. »So konnte er behaupten, dass sein Schiff außer Dienst war?«

Der Mann nickte. »Die Streiker marschierten zu Bob Grundy, der seine *Tolarno* ein Stück flussaufwärts am Ufer vertäut hatte, und versuchten, einen von seinen beiden Kähnen unter ihre Gewalt zu bringen und ihn quer über den Fluss zu stellen, um die *Rodney* abzufangen, wenn sie hier durchkommt.«

»Dieser Plan hat Grundy bestimmt nicht gefallen.«

»Sie boten ihm an, den Rumpf mit Wollballen abzupolstern, damit der Kahn nicht beschädigt wird, doch davon wollte Grundy nichts hören. ›Kein Bastard, Gewerkschaftler oder nicht, kann mich zwingen, einen anderen Flusskapitän zu behindern‹, erklärte er entschieden.«

Guy sah dem Reiter nach, als er wieder im Busch verschwand, und fragte sich, wo all das enden sollte. Die Streiks und die Gewaltbereitschaft. Sie alle waren auf die eine oder andere Weise davon betroffen. Selbst wenn man sich weigerte, die von nicht organisierten Scherern geschorene Wolle an Bord zu nehmen, konnte man nicht sicher sein, ob sich irgendwelche Idioten aus den Streiklagern nicht in den Kopf setzten, einem Schwierigkeiten zu bereiten.

»Volle Kraft, Boss?«, rief Scandy.

»Ja. Wir sollten so schnell wie möglich von hier verschwinden. Ich habe das Gefühl, dass irgendwas passieren wird, und es wäre mir lieber, wenn wir nicht daran beteiligt wären.«

Die *Rodney* legte nach ihnen bei Simes Holzlager an. Guy hörte das unverwechselbare Stampfen und Klopfen der Maschinen schon von weitem.

»Hey, Dickson«, rief er, nachdem sie das letzte Feuerholz an Bord gebracht hatten. »Wohin bist du unterwegs?«

»Mit diesem Holzvorrat kommen wir durch bis nach Tolarno.«

»Ich würde es nicht riskieren, heute Abend durch Polia zu fahren. Man munkelt, dass sich dort der Mob zusammengerottet hat und auf euch wartet.«

»Die jagen mir keine Angst ein.«

Guy zuckte mit den Schultern. »Wie du meinst. Aber behaupte hinterher nicht, ich hätte dich nicht gewarnt. Man hört deinen Dampfer schon Meilen im Voraus. Wenn du mich fragst – es ist verrückt, so ein Risiko einzugehen.«

Dickson schien seine Pläne noch einmal zu überdenken. »Vielleicht lasse ich es doch lieber bleiben«, sagte er schließlich. »Unter diesen Umständen wäre es wohl nicht besonders klug. Außerdem ist meine Mannschaft müde. Ein paar Meilen weiter oben befindet sich ein Seitenarm. Möglich, dass ich dort über Nacht festmache und erst am Morgen weiterfahre.«

»Eine gute Idee«, stimmte Guy ihm zu. Er selbst war auch nicht erpicht darauf, das Streiklager bei Nacht zu passieren, weil er fürchtete, die Männer könnten sein Schiff für ein anderes halten.

Roxy, die die Stimmen gehört hatte, war mit dem Baby auf dem Arm an Deck gekommen. Guy wollte auf keinen Fall riskieren, dass sie und die Kinder in Gefahr gerieten, und ging den Schwierigkeiten lieber aus dem Weg. Er betrachtete den westlichen Himmel, der eine leicht rötliche Färbung angenommen hatte und schönes Wetter für den morgigen Tag versprach.

Es war schon spät, als sie ihr Ziel, einen kleinen Seitenarm oberhalb von Moorara, erreichten. Guy vertäute seinen Dampfer an der ersten Biegung gleich hinter der *Rodney.* Dickson hatte sein Schiff an einem Eukalyptusbaum festgebunden und beschlossen, die Kessel unter Dampf zu halten, für den Fall, dass sie überstürzt weitermussten. Drei Wachen waren auf dem Deck und eine im Ruderhaus postiert. Die Männer der *Curlew* zogen sich dankbar in ihre Kojen zurück.

Guy konnte nicht sofort einschlafen und überdachte die Ereignisse des Tages. Die Planken knirschten und knarrten, während das Schiff auf den Wellen schwankte, und jedes Geräusch erschien Guy in der Stille unnatürlich laut. Bald würden sie nach Wirra Downs kommen. Er war froh über Roxys Entschluss, mit den Kindern dorthin zurückzukehren. Das Land war Erics Erbe, nicht Maggies, auch wenn sie es sich noch so sehr wünschte, und der Junge gehörte auf die Farm. Seine Gedanken wirbelten durcheinander: Roxy, Martin, Eric, Kintyre ... Die Bilder verschwammen zu einem einzigen, bevor sich der Schlaf wie eine schwere Decke über ihn senkte und alles auslöschte.

Stimmen weckten ihn. Benommen stand er auf und ging aufs Deck. Die kühle Nachtluft klärte seinen Kopf. Nebel hatte sich über das Wasser gesenkt, und der Himmel war bewölkt. Als er zur *Rodney* schaute, sah er Lichter auf dem Seitenarm des Flusses.

»Was ist los?« Roxy kam zu ihm. In dem schwachen Licht erkannte er nur ihr verwirrtes Haar und den Morgenmantel. Der schwache Duft nach Parfüm vermischte sich mit dem Eukalyptusgeruch.

»Schsch!«, machte er und legte den Finger an die Lippen. Die Lichter bewegten sich zum Heck des Dampfers, und plötzlich trieb der Frachtkahn langsam zum anderen Ufer. »Sie haben den Kahn losgeschnitten.«

»Wer?«

»Wahrscheinlich sind es Gewerkschaftler.«

Guy machte Gestalten aus, die mit den Lichtern an Deck der *Rodney* kamen. Rufe und Schreie übertönten die Maschinengeräusche, Männer sprangen von Bord und schwammen ans Ufer. Ein starker, beißender Geruch lag in der Luft. »Kerosin«, murmelte Guy fassungslos. »Sie wollen das Schiff abfackeln.«

»Können wir nichts unternehmen?«

»Himmel, Roxy! Da drüben sind achtzig oder hundert Männer. Gegen die sind wir machtlos. Wenn sie die *Rodney* in Brand stecken wollen, können wir sie nicht davon abhalten. Außerdem hast du zwei Kinder, die in der Kabine schlafen. Was, wenn ihnen einfällt, auch die *Curlew* anzuzünden?«

»Das haben sie doch nicht vor, oder?«

Guys Mannschaft versammelte sich auf dem Deck. »Das sollen sie nur versuchen«, knurrte Bert.

Flammen züngelten aus dem Frachtraum der *Rodney* und griffen schnell auf das ganze Schiff über. In dem Schein des Feuers sahen sie Männer am Ufer, sie johlten und wedelten aufgeregt mit den Armen. Als das Feuer richtig aufloderte, wurden die Taue der *Rodney* durchgeschnitten, und der Dampfer trieb langsam in Richtung Hauptfluss und dort ans Ufer. Die Flammen versengten die Äste der Eukalyptusbäume, und Funken sprühten in den Nachthimmel.

»Ein dreifach Hoch auf Polia!«, rief jemand.

»Hipp, hipp, hurra!«, brüllten die Männer und warfen Gegenstände in die Luft.

Ein Akkordeon ertönte und stimmte die Melodie von *After the Ball is Over* an.

»Guter Gott!«, schimpfte Scandy. »Was kommt als Nächstes?«

»Was ist mit dem anderen Dampfer, der weiter unten vertäut ist?«, schrie ein Mann.

Guy zuckte zusammen und ballte die Hände zu Fäusten.

»Das ist nur die *Curlew*«, antwortete ein anderer. »Sie ist in Ordnung.«

»Und der Kahn?«

»Nee, lass mal. Bestimmt rücken die Bullen bald an.«

»Ja. Wir sollten uns lieber aus dem Staub machen. Wir haben erreicht, was wir wollten.«

Die Männer verschwanden in der Dunkelheit, und ihre Stimmen wurden immer leiser. Die *Rodney* brannte noch eine ganze Weile und versank schließlich im seichten Wasser am Ufer. Als die Sonne aufging, waren nur noch die Kessel und die Überreste der Kästen zu sehen, in denen die Schaufelräder verankert waren.

Die *Pride of the Murray* sammelte die gestrandeten Passagiere auf, während Guys Mannschaft frühstückte. Es war ein armseliger Haufen, durchnässt und abgerissen; die meisten hatten ihre wenigen Habseligkeiten verloren, die sie mit an Bord genommen hatten.

»Du könntest dir ein paar Pfund dazuverdienen, wenn du den Kahn nach Bourke schleppst«, sagte der Kapitän zu Guy. »Ich selbst fahre nicht so weit, und die Gesellschaft wäre dir sehr zu Dank verpflichtet.«

Guy überlegte einen Moment. Er wollte sich nicht mit den Streikenden anlegen, andererseits konnte er das zusätzliche Geld gut gebrauchen. »Okay«, stimmte er schließlich zu.

Sie setzten die Fahrt fort und zogen jetzt nicht nur den eigenen Frachtkahn, sondern auch noch den der *Rodney* hinter sich her. Die *Pride* war längst unter vollem Dampf aufgebrochen.

Guy wünschte, er hätte die Bitte des Kapitäns ausgeschlagen, doch nun war es zu spät für irgendwelche Bedenken. Trotzdem hatte er das ungute Gefühl, dass die Angelegenheit, die auf dem Seitenarm des Darling begonnen hatte, noch nicht beendet war. Indem er den Kahn ins Schlepptau genommen hatte, hatte er sie alle in Gefahr gebracht: die Crew, Roxy und die Kinder, sein geliebtes Schiff.

Etwas weckte ihn. Was? Ein Ruck des Schiffes? Der sechste Sinn? Guy blieb einen Moment liegen; sein Herz klopfte ohne ersichtlichen Grund heftiger, sein Körper war angespannt, während er versuchte, sein Bewusstsein von dem Traum zu lösen und die Orientierung wiederzugewinnen.

Am vorangegangenen Nachmittag hatten sie in Louth angelegt. Sie brauchten nur noch wenige Tage bis Wirra Downs, dann war die lange Reise von Südaustralien wieder einmal zu Ende. Wie oft war er diese Route schon gefahren? Dutzende Male, davon war Guy überzeugt. Er schüttelte langsam den Kopf – er wusste es nicht mehr.

Ein Geräusch brachte ihn in die Wirklichkeit. Das Knirschen von Holz, ein leiser Schlag. Er schleuderte die Decke weg, stand auf und tapste barfuß aufs Deck. Vor Scandys Tür zögerte er. Schlaf war ein kostbares Gut an Bord, und noch hatte Guy keine Gewissheit, dass etwas nicht stimmte. Er ließ seinen Maschinisten in Ruhe und ging allein über das Schiff.

Der Mond war von Wolken verdeckt. Vage Formen ragten aus den Schatten und warfen selbst Schatten. Guy schlich lautlos übers Deck, stieg über die zusammengerollten Taue und lauschte auf fremde Geräusche oder Bewegungen. Aus dem Pub, der von hier aus hinter dem hohen Ufer nicht zu sehen war, drang das Grölen von Betrunkenen. Toby und Bert waren vor Stunden dorthin gegangen, und Guy fragte sich flüchtig, ob sie schon zurückgekehrt waren. Vielleicht hatten sie ihn geweckt, als sie an Bord gekommen waren.

Er kam zum Heck des Schiffes. Der Frachtkahn der *Curlew* war kurz vertäut und lag neben dem der *Rodney.* Lichter glitzerten auf dem Fluss, und Guy hörte das Wasser, das an den Schiffsrumpf schlug und sich wieder zurückzog. Er war beinahe überzeugt, dass er sich die Geräusche nur eingebildet hatte; aber er stieg trotzdem hinunter in den ersten Kahn und tastete sich vorwärts. Plötzlich flammte etwas in der Nähe der Frachtraumluke auf dem anderen Kahn auf. In dem kurzen Augenblick glaubte Guy, Hände, die ein Streichholz abschirmten, und drei Männer zu sehen. Eine Brise trug den ätzenden Geruch von Kerosin zu Guy herüber.

Gedämpftes Tuscheln.

»Komm schon, beeil dich.«

»Verdammt, das Kerosin stinkt fürchterlich.«

Trotz des Plätscherns waren die Stimmen deutlich zu verstehen. Guter Gott!, dachte Guy, als ihm klar wurde, was er gehört hatte. Diese Mistkerle wollten den Kahn in Brand stecken!

Ihm blieb keine Zeit, seine Männer zu alarmieren. Ein Streichholz genügte, und der Kahn flog in die Luft wie ein Pulverfass, und wahrscheinlich würden sein eigener Kahn und die *Curlew* auch in Flammen aufgehen. Ohne auch nur einen Gedanken an seine eigene Sicherheit zu verschwenden, sprang er auf den anderen Kahn und landete mit einem Poltern auf dem Deck.

»Himmel! Was, um alles in der Welt …«

»Was zur Hölle ist hier los?«

Er rannte mit langen Schritten los und hoffte, dass Toby alle losen Taue von Deck geräumt hatte. Drei Gestalten kamen wie Gespenster aus der Dunkelheit auf ihn zu. Der Gestank nach Kerosin war hier stärker. Er stach ihm in die Nase und würgte ihn fast.

Er holte aus, und seine Faust traf auf weiches Fleisch. Ein Grunzen, und der Mann wich zur Seite aus. Guy brauchte ihm nur noch einen kräftigen Schubs zu geben, und er ging über Bord. Ein lautes Platschen, gefolgt von einem Schrei und heftigen Bewegungen im Wasser.

»O verdammt! Harry ist ins Wasser gefallen, und der Bastard kann nicht schwimmen.«

Am Ufer ging ein Licht an, schwankte hin und her und beleuchtete einen Kopf im Wasser. Ein anderer Mann watete auf ihn zu.

Guy wandte sich den anderen Eindringlingen zu. Sie waren zu zweit, aber darum scherte er sich nicht. Die blinde Wut verlieh ihm zusätzliche Kraft. Er stürzte sich auf den Kerl, der ihm am nächsten war, packte ihn an den Beinen und zwang ihn auf die Knie. Eine Salve von Flüchen zerriss die Luft. Faustschläge hagelten auf Guys Rücken und Kopf. Der Mann, den er zu Fall gebracht hatte, kämpfte sich aus seinem Griff. Er trat um sich und traf Guy mit dem schweren Stiefel im Gesicht. Der Schmerz breitete sich spiralförmig aus und mündete in absolute Schwärze. Guy spürte, wie sein Körper schlaff wurde. Die Stimmen der Männer schienen aus weiter Ferne zu kommen.

»Mist. Da kommt noch jemand.«

»Lass uns von hier verschwinden.«

Guy stützte sich mühsam auf einen Ellbogen und nahm vage wahr, dass die beiden Kerle übers Deck liefen, dunkle Gestalten verschmolzen mit der Finsternis. Kurz darauf ertönte Scandys vertraute Stimme ganz in seiner Nähe. Scandy schwang eine Lampe hin und her und leuchtete das wellige Wasser ab.

»Hier drüben, Scandy«, rief Guy. Er tastete vorsichtig sein Gesicht ab und fühlte etwas Klebriges.

Blut, dachte er, als er schwankend auf die Füße kam. Jemand warf vom Ufer aus eine brennende Fackel in Richtung Kahn, verfehlte ihn aber um einige Meter, und sie fiel zischend ins Wasser.

Als Bert und Toby eine halbe Stunde später zurückkamen, saß Guy auf den Stufen zum Ruderhaus und hatte eine Mannlicher-Flinte auf den Knien.

»Hey, was ist los, Boss?«, lallte Toby, als er über die Planke aufs Schiff wankte.

»Sie haben versucht, uns abzufackeln«, entgegnete Guy ruhig.

»Wer?«

Guy zuckte mit den Schultern. »Gewerkschaftler, nehme ich an. Wahrscheinlich irgendwelche Burschen aus dem Streiklager. Es war so dunkel, dass ich ihre Gesichter nicht sehen konnte. Sie haben Kerosin auf den Kahn der *Rodney* geschüttet.«

»Wirklich?«, fragte Bert. Er blieb stehen und ballte die Hände zu Fäusten, tänzelte unbeholfen über das Deck und wehrte einen imaginären Feind mit Schlägen ab. »Ich werde den Scheißkerlen zeigen, mit wem sie sich eingelassen haben.«

Guy erhob sich, streckte die Arme über den Kopf und dachte sehnsüchtig an seine warme Koje. Gott, er war hundemüde. Sein Gesicht pochte, und er verspürte einen starken Schmerz im Nacken und in den Schultern. Morgen würde er überall blaue Flecken haben. »Schlaft lieber ein paar Stunden, Jungs. Von heute an halten wir rund um die Uhr abwechselnd Wache. Zumindest bis wir in Bourke sind und den anderen Kahn entladen haben.«

Guy ließ den Frachtkahn der *Rodney* am Kai in Bourke und war froh, diese Last los zu sein. Zwei Polizisten kamen an Bord, um Nachforschungen über die versuchte Brandstiftung anzustellen. Sie hatten eine vage Theorie. Der Kahn sollte aus Rache vernichtet werden, weil Guy Zeuge des Angriffs auf die *Rodney* gewesen war. Seine Anwesenheit auf dem Nebenfluss in der Nähe von Polia und die Tatsache, dass er sich bereit erklärt hatte, die Fracht der *Rodney* nach Bourke zu bringen, hatten genügt, um die *Curlew* zum Ziel einiger militanter Gewerkschaftler zu machen.

»Sie hatten es auf die Fracht der *Rodney* abgesehen«, erklärte Guy später. »Ich wusste von vornherein, dass es ein Fehler ist, sie nach Bourke zu bringen, aber man hat mir gutes Geld dafür ...«

»Gut genug für so etwas?«, fiel ihm Roxy ins Wort. »Wie konntest du nur, Guy? Du hast dein Schiff und uns alle in Gefahr gebracht. Was wäre aus uns geworden, wenn du nicht aufgewacht wärst?«

»Nun, ich bin aber aufgewacht«, erwiderte Guy grimmig. »Und wenn sich diese Idioten einbilden, sie könnten mir Angst einjagen, dann haben sie sich geirrt. Ich gebe nicht klein bei. Und sie kriegen mich nicht unter.«

KAPITEL 30

Die *Curlew* war am Steg auf Wirra Downs vertäut. Es war ein bewölkter Tag Ende August, und die starke Brise wühlte die Oberfläche des Flusses auf.

Im Laufe der Zeit waren Louisa und Sarah enge Freundinnen geworden, genau wie Roxy es vorausgesehen hatte. Sie freuten sich, Roxy wieder auf Wirra Downs zu haben, und die drei Frauen kamen blendend miteinander aus. Wie Maggie ihre Rückkehr aufnahm, konnte Roxy nicht richtig beurteilen. Während ihrer Abwesenheit schien sich wenig verändert zu haben. Ihre Schwiegermutter hielt sich tagsüber auf den Weiden auf, kam meistens spät nach Hause, und Louisa sorgte sich ständig um ihre Gesundheit. »Maggie ist nicht mehr die Jüngste, Roxy. Ich weiß nicht, wie lange sie noch so weitermachen kann.«

»Ja«, bestätigte Dinnie, während sie die Teekanne mit kochendem Wasser vom Herd ausspülte. »Der Missus gehts nicht gut, das weiß ich. All diese Sachen mit den Streiks machen ihr Sorgen. Sie regt sich sehr darüber auf.«

»Vielleicht sollten wir sie überreden, etwas kürzer zu treten«, schlug Roxy vor.

Louisa zog eine Augenbraue hoch.

Dinnie grunzte. »Niemand kann die Missus von etwas abhalten. Ich muss es wissen – ich bin schon lange hier. Sie ist eine sehr strenge Lady und mag es nicht, wenn man ihr sagt, was sie tun soll.«

Sarah hatte nie wieder etwas von Michael gehört, aber sie hatte sich großartig auf Wirra Downs eingelebt und war froh über die finanzielle Unterstützung. Als Louisa erfuhr, dass sie ausgebildete Grundschullehrerin war, bat sie sie, Davie zu unterrichten. Er war mittlerweile sechs Jahre alt und ziemlich groß für sein Alter. Und auch klug, vermutete Roxy.

Gleich nach ihrer Rückkehr wies Roxy Porridge an, Kintyre zuzureiten. Er sah sie erstaunt an und schüttelte den Kopf. »Wir dürfen die Geister doch nicht stören«, brummelte er.

»Kintyre ist jetzt mein Pferd«, setzte Roxy gleichmütig hinzu, ohne sich von seinen düsteren Warnungen beeindrucken zu lassen. »Und ich habe vor, ihn so bald wie möglich zu reiten. Jetzt, da ich wieder hier bin, möchte ich mich mehr an der Leitung der Farm beteiligen.«

Maggie betrachtete die ganze Sache mit Verachtung. »Das ist reine Zeitverschwendung«, sagte sie. »Du solltest dich lieber im Haus nützlich machen, Roxy, statt auf einem verrückten, launischen Gaul durch die Gegend zu reiten.«

Roxy ignorierte sie, was Maggie nur noch mehr gegen sie aufzubringen schien, und sattelte einen der alten Wallache, um mit ihren Reitstunden anzufangen. Es war ein sanftmütiges Pferd mit federndem Gang und der Neigung, alle paar Meter stehen zu bleiben, um Gras zu fressen. Nach einigen Übungsstunden beschloss sie, die Männer auf einem ihrer Tagesritte zu begleiten. Sie wollten zu den äußeren Weiden, um auf dem Weg ein paar verirrte Lämmer zusammenzutreiben. Brownie lief neben ihnen her. Roxy gab dem Hund Handzeichen, wie sie es bei Martin gesehen hatte.

Porridge sah sie verlegen an. »Wenn ich die Augen schließe und mir vorstelle, Sie wären Mister Martin, dann kommt es mir so vor wie in alten Zeiten, Miss Roxy«, bekannte er leise.

Der erste ganze Tag im Sattel war beinahe ihr Untergang. Ihr Rücken und die Beinmuskeln taten so weh, dass sie ihren Entschluss, bei der Farmarbeit mitzuhelfen, fast verwarf. Aber sie sah Maggies geringschätziges Grinsen vor sich und entschied, sich dem Schmerz nicht zu unterwerfen. Sicherlich wird es mit der Zeit leichter, dachte sie, als sie an diesem Abend im heißen Badewasser lag.

Als die Schursaison begann, hatte Roxy ihre Reitkünste beträchtlich verbessert. Und etwa zur selben Zeit erklärte Porridge, dass Kintyre zugeritten sei. Bevor Roxy es mit ihm versuchte, beobachtete sie, wie Porridge ihn durch den Hof führte und wie stolz Kintyre den Kopf hielt. Sein schwarzes Fell glänzte in der Sonne.

Während der Hektik und des Betriebes in der Schurhalle hatte Roxy kaum Zeit, auch nur daran zu denken, Kintyre zu reiten. Sie waren alle erschöpft. Nach zwei Tagen befiel den Koch eine mysteriöse Krankheit, und er musste mit der Kutsche nach Bourke gebracht werden. Die Frauen übernahmen es, die Scherer und Arbeiter zu verköstigen. Sie standen bei Morgengrauen auf, entfachten das Feuer, und dann begann eine endlose Prozedur: Frühstück zubereiten, Kochen, Geschirrspülen, und zwischendurch mussten sie sich um die Kinder kümmern. Roxy hatte das Gefühl, dass ihr Kopf abends kaum das Kissen berührte, bevor sie wieder aufstehen musste.

In den Minuten vor Tagesanbruch zwischen Schlafen und Wachsein zogen die Bilder an ihrem geistigen Auge vorbei: Schafherden, die über die Weiden zogen. Hufe, die Staubwolken aufwirbelten. Sie hatte das unaufhörliche

Blöken und den gleichmäßigen Rhythmus der Dampfmaschine im Ohr, die Strom für die Schurköpfe produzierte, und den Geruch von Schweiß, Schafdung und Lanolin in der Nase. Das alles erinnerte sie an andere Zeiten, als sie, Martin und Eric noch eine Familie gewesen waren. Ein Jahr war seit dem verhängnisvollen Tag vergangen, an dem Martin auf der Pferdekoppel gelegen hatte. Ellas erster Geburtstag rückte näher. Die Zeit verstrich unaufhaltsam, löschte kleine Erinnerungen aus und schuf neue.

Sie schaute auf die Uhr, die auf ihrem Nachttisch stand. In dem schwachen Licht sah sie, dass die Zeiger auf fünf Uhr standen – Zeit, aufzustehen und das Frühstück zuzubereiten. Die Scherer mussten um sechs an die Arbeit. Roxy seufzte, als sie aus dem Bett schlüpfte und zum Fenster ging. Sie war überrascht, zu dieser Jahreszeit weißen Dunst auf den Weiden hinter den Bäumen und dem Garten zu sehen. Die aufgehende Sonne leuchtete schwach rot durch den weißen Nebel. Sie trat auf die Veranda in die morgendliche Kühle und roch sofort den beißenden Rauch. Feuer, dachte sie erschrocken.

Sie lief in ihr Zimmer und zog hastig einen Morgenrock über. Dann rannte sie in die Küche, wo Maggie gerade ihre Stiefel anzog.

»Guy ist auf dem Weg, um Porridge und die Pferde zu holen«, brummte sie. »Ich würde sagen, dass es auf McMahons Farm brennt.«

McMahon, ein aktives Mitglied des Züchterverbandes, war der Besitzer der angrenzenden Farm, und er beschäftigte hauptsächlich nicht organisierte Scherer. Seit Monaten wurde seine Farm von Gewerkschaftlern heimgesucht, sie öffneten die Gatter an den Weiden, damit die Schafe wegliefen, und zerschnitten die Zäune. Man hatte McMahon schon etliche Male mit Gewalt gedroht, und einmal hatten die Männer – wenn auch erfolglos – versucht, seine Schurhalle niederzubrennen. Auf Wirra Downs konnte man nur Vermutungen anstellen, welche militanten Maßnahmen die Gewerkschaftler als Nächstes ergreifen würden.

»Ich schätze«, sagte Maggie wenig später, als sie und Guy losgingen, »dass sie nun doch McMahons Scheune angezündet haben. Das Feuer könnte sich auf unsere Weiden ausbreiten. Wir müssen die Schafe wegtreiben. Das Gras ist nach den Winterfrösten sehr trocken.« Sie blieb an der Tür stehen und rief den Hund. »Komm, Brownie. Wir haben zu tun, alter Junge.«

Nachdem das Frühstücksgeschirr gespült und weggeräumt war, verging der Vormittag wie im Flug. Roxy wusste, dass das Farmhaus nicht vom Feuer bedroht war. Maggie bestand immer darauf, dass die Flächen um das Haus und die Nebengebäude kurz gemäht wurden, und um den ganzen Komplex hatte man eine breite Feuerschneise gezogen. Roxy sorgte sich nicht um all jene, die sich hier aufhielten, sondern um Maggie und Guy. Was, wenn sie von den Flammen eingeschlossen wurden? Oder wenn ihnen etwas Schreckliches passierte?

Diese Gedanken lenkten sie von ihren Aufgaben ab. Sie hörte, wie Davie im Schulzimmer am Ende des Flurs das Einmaleins übte. Anne und Eric waren auch dort und malten mit Griffeln Bilder auf ihre Schiefertafeln oder betrachteten unter Sarahs Aufsicht die neuen Bilderbücher. Louisa hantierte in der Küche herum. Brotlaibe lagen zum Auskühlen auf dem Tisch; Brötchen und Kuchen wurden für die Vormittagspause gebacken. Der Lammeintopf fürs Mittagessen der Scherer köchelte auf dem Herd und verbreitete einen köstlichen Duft.

Nach dem Mittagessen wanderten Roxys Blicke unwillkürlich zu den Weiden, obwohl man nur wenig sehen konnte. Die Farm war in weißen Qualm gehüllt. Am Nachmittag wurde der Rauch so dicht, dass man vom Haus aus nicht einmal mehr die Schurhalle und die Pfefferbäume sehen konnte. Die Wäsche, die Louisa von der Leine nahm, war voller Ruß. »Schau dir das an«, schimpfte sie verärgert und hielt Roxy ein Wäschestück hin. »Das muss alles noch mal gewaschen werden.«

Roxy lehnte sich an das geschlossene Küchenfenster und schaute hinaus. »Der Rauch wird dichter. Müssen wir uns Sorgen machen? Von Maggie und Guy ist keine Spur zu sehen.«

Der Tag erschien ihnen endlos lang. Sie ritten durch den Qualm und schlugen die kleinen Brandherde mit belaubten Ästen aus. Maggie ordnete an, dass die Gatter der Weiden offen bleiben sollten, damit die Schafe, wenn nötig, bei den Farmgebäuden Zuflucht nehmen konnten.

Gegen Mittag verspürte Maggie eine leichte Übelkeit von dem beißenden Rauch und der Hitze. Trotzdem kämpfte sie weiter, obwohl sie zwei Mal beinahe aus dem Sattel gefallen wäre.

»Alles in Ordnung, Mum?«, erkundigte sich Guy. »Du bist sehr blass.«

Sie warf ihrem Sohn einen Blick zu und fragte sich, wie er ihre Hautfarbe erkennen konnte. Sein schweißnasses Gesicht war rußverschmiert, und ihres sah sicherlich nicht besser aus. Maggie schüttelte wortlos den Kopf und kämpfte weiter gegen das Schwindelgefühl an. Sie musste weitermachen. Wenn sie jetzt aufgab, wäre sie auch zu anderen Zugeständnissen gezwungen. Sie würde einräumen, dass sie alt wurde und als Frau in dieser Männerwelt nicht ausreichend leistungsfähig war. Nein, dachte sie verbissen, ich werde das nicht zulassen. Ich kann nicht.

Sie stieg ab und wusch sich das Gesicht mit dem Wasser aus dem Schlauch, der neben ihrem Sattel hing. Für einen Moment fühlte sie sich durch das kühle Nass erfrischt, aber als sie versuchte, wieder in den Sattel zu kommen, war ihr linker Arm bleischwer, und alles drehte sich um sie. Guy ritt zu ihr und half ihr aufs Pferd. »Komm«, drängte er bestimmt, »ich bringe dich nach Hause.«

Maggie schüttelte den Kopf. »Nein. Du wirst hier gebraucht. Ich bin durchaus im Stande, allein nach Wirra Downs zu kommen.«

»Bist du sicher?«

»Ja.« Und um es ihm zu beweisen, wendete sie das Pferd und ritt in schnellem Trab davon, auch wenn die Anstrengung nahezu unerträglich für sie war. Brownie trottete hinter ihr her.

Je weiter sie sich von den Männern entfernte, desto orientierungsloser wurde sie. Der Rauch verwirrte sie, und sie wusste nicht mehr, in welche Richtung sie sich wenden musste. Mittlerweile fühlte sich nicht nur ihr Arm, sondern die ganze linke Seite und das Bein steif und kraftlos an. Ihr Pferd trat in ein Loch und stolperte. Sie rutschte aus dem Sattel – ihre Arme waren nutzlos, sie konnte die Zügel nicht mehr festhalten.

Irgendwie gelang es ihr, die Füße aus den Steigbügeln zu ziehen, und sie landete unsanft auf dem Boden und rollte auf den Bauch. Sie schmeckte Erde und Blut auf den Lippen und spürte die Hitze des Feuers auf den Wangen. Brownie ließ sich neben ihr nieder, winselte und stieß sie mit der feuchten Nase an.

Nach ein paar Minuten machte sich das Pferd davon; es lahmte stark. Mit ihm war für Maggie auch der einzige Wasservorrat verloren. »Nein, bleib hier«, rief sie und erkannte ihre eigene Stimme kaum wieder. Sie konnte nur noch tiefe, gutturale Töne von sich geben, die unverständliche Worte bildeten. Was geschieht mit mir?, dachte sie. Dann wurde ihr schwarz vor Augen.

Um vier Uhr taumelte Guy erschöpft und rußverschmiert durch die Küchentür. Er hatte Asche in den Haaren, und seine Stimme war heiser. »Wenn kein Wind aufkommt, können wir, glaube ich, das Feuer auf der oberen Weide halten.« Er sah sich verwirrt in der Küche um. »Wo ist Maggie? Geht es ihr gut?«

Louisa reichte ihrem Mann eine Tasse Tee. »Maggie? Wir haben sie seit dem Morgen nicht gesehen. Ich dachte, sie ist bei dir.«

»O Gott!« Guy stellte die Tasse auf den Tisch und lief zur Tür.

»Was ist? Wo ist Maggie?«, rief Roxy ihm nach, als er die Verandastufen hinunterpolterte und loslief. Ihre Brust wurde so eng, dass sie kaum Luft bekam.

»Sie hat sich vor Stunden von uns getrennt, um hierher zu reiten. Sie hat sich nicht gut gefühlt«, antwortete Guy über die Schulter, dann war er im Rauch verschwunden.

Als Maggie wieder zu Bewusstsein kam, erkannte sie am Stand der Sonne, dass es schon später Nachmittag war. Sie lag auf der heißen Erde, sah die dünnen Rauchfähnchen, die aus dem verbrannten Holz aufstiegen, und versuchte, sich ins Gedächtnis zu rufen, wie sie hierher gekommen war.

Vorsichtig bewegte sie die Zunge in ihrem Mund. So trocken, dachte sie und überlegte, ob das Pferd noch in der Nähe war. Sie drehte den Kopf – weder Brownie noch der Wallach waren zu sehen.

Maggie musste urinieren. Sie versuchte, Arme und Beine zu bewegen, doch so sehr sie sich auch anstrengte, ihr Körper gehorchte ihr nicht. Sie konzentrierte ihre Gedanken auf andere Dinge, in der Hoffnung, so den Druck auf der Blase überwinden zu können. Guy würde sie sicher bald finden. Bestimmt hatte er inzwischen entdeckt, dass sie nicht zu Hause angekommen war.

Als sie wieder aufwachte, umgab sie Dunkelheit, und ihre Hose war nass. Der Rauch hatte sich ein wenig verzogen, und die Sterne funkelten am Himmel.

KAPITEL 31

Die Frauen saßen in der Küche und warteten. Sarah und Dinnie hatten den Kindern etwas zu essen gegeben und sie ins Bett gebracht.

Nach dem Abendessen nahm Louisa ihre Stickerei, und Sarah holte den Korb mit den Wäschestücken, die gestopft werden mussten. Roxy schlug ihren Roman auf, aber die Worte ergaben für sie keinen Sinn.

»Vielleicht hat sie beschlossen, bei McMahon zu bleiben«, mutmaßte Louisa und legte ihre Handarbeit weg.

»Oder sie hat sich in dem Rauch verirrt«, sagte Sarah.

Roxy schlug das Buch zu. »Hört auf, euch Sorgen zu machen. Maggie ist eine gute Reiterin. Wir sollten uns nun ein wenig ausruhen. Morgen wird wieder ein langer Tag.«

Louisa und Sarah gingen in ihre Zimmer, um sich für die Nacht zurechtzumachen.

»Ich werde bestimmt kein Auge zutun«, seufzte Louisa.

Roxy wanderte durchs Haus und sah nach, ob alle Türen und Fenster geschlossen waren und kein Rauch eindringen konnte. Nach ihrem Rundgang trat sie auf die Veranda. In den Unterkünften der Scherer spielte jemand Akkordeon. Nach Einbruch der Nacht war der Qualm wieder dichter geworden, als drückte die feuchte Luft ihn nieder.

Sie wollte sich gerade umdrehen und ins Haus zurückgehen, als sie ein Winseln hörte. Brownie! Roxy hatte den Hund am Morgen zum letzten Mal gesehen, als Maggie ihn mit auf die Weiden genommen hatte. Eine Bewegung am Tor weckte ihre Aufmerksamkeit. Roxy konnte die Umrisse eines Pferdekopfs ausmachen.

Es war Maggies Wallach, noch gesattelt. Die Zügel schleiften über den Boden, Grashalme und kleine Ästchen hatten sich darin verfangen. Das Tier wieherte leise, als sich Roxy näherte. Es war nervös, tänzelte ein wenig zurück, kam aber schnell wieder auf Roxy zu und drückte den Kopf gegen ihren Arm. »Guter Junge«, sagte Roxy besänftigend und strich ihm über die Stirn.

»Roxy?« Louisa erschien neben ihr. »Gehst du nicht zu Bett?« Sie blieb abrupt stehen. »Das ist Maggies Pferd. Dann sind sie also zurück?«

Roxy schüttelte den Kopf. »Nein. Ich habe nur Brownie und das Pferd am Tor gefunden. Maggie muss wohl gestürzt sein, und der Wallach und der Hund haben den Weg hierher gefunden.«

»Was sollen wir tun? Oh, ich wünschte, Guy wäre hier.«

»Das ist er aber nicht«, entgegnete Roxy entschieden. »Deshalb reite ich zu den Weiden. Vielleicht führt mich das Pferd zu Maggie.«

»Das glaube ich nicht«, gab Louisa zu bedenken und deutete auf das Vorderbein, das in einem eigenartigen Winkel abstand. »Es lahmt. Außerdem wäre es töricht, bei Dunkelheit zu suchen. Vielleicht haben Porridge und Guy sie längst gefunden. Sie könnten schon auf dem Heimweg sein.«

»Und wenn nicht?«

»Es ist stockfinster da draußen. Warum wartest du nicht bis zum Morgen? Es ist fast Mitternacht. In vier oder fünf Stunden wird es hell.«

»Nein! Vielleicht ist sie verletzt und hat Schmerzen. Ich kann sie nicht irgendwo da draußen liegen lassen, nur weil es einfacher ist zu warten. Ich hole eine Laterne und einen Wasserbeutel, und du kannst mit mir zum Stall kommen.«

Sie führten Maggies Wallach in den Pferch und banden ihn neben dem Tor fest. Das Licht der Laterne schwankte über den Boden, als sie in den Stall gingen. Der Geruch von Stroh und Melasse war überwältigend. Roxy lief durch den Mittelgang und spähte in die Boxen. Alle waren leer! Die Arbeiter waren mit den Pferden unterwegs, um das Feuer zu bekämpfen. Lauter leere Boxen – bis auf eine.

Ungeduldig schob sie den Riegel von Kintyres Box auf und lockte das Tier im Flüsterton zu sich. Louisa sah mit großen Augen zu, wie Roxy dem Hengst, der scheute und zur Seite sprang, das Zaumzeug anlegte.

»Du wirst ihn doch nicht reiten, oder?«, stieß Louisa hervor.

»Porridge sagt, er ist gezähmt. Außerdem habe ich keine andere Wahl. Es gibt nur Kintyre.«

Der Hengst schnaubte und senkte den Kopf, als sie den Sattel auf seinen Rücken legte. Sie redete die ganze Zeit beruhigend auf ihn ein und zog schnell die Gurte an. Zu guter Letzt stellte sie entschlossen den Fuß in den Steigbügel und schwang sich in den Sattel, dann nahm sie Louisa die Laterne ab und befestigte den Wasserbeutel am Sattel.

»Sieht so aus, als müsstest du mit Sarah heute die Frühstücksschicht übernehmen«, sagte sie noch, bevor sie Kintyre aus dem Stall manövrierte und in der Nacht verschwand. Der treue Brownie trottete voraus.

Brownie führte sie über die Salzpfannen, an dürrem Mulga-Gestrüpp vorbei und durch ausgetrocknete Creeks. Verkohlte Bäume ragten wie unheimliche Gestalten aus der Dunkelheit. Wenn sie vorbeiritt und der Schein der Laterne über die knorrigen Gebilde huschte, sah es aus, als bewegten sie sich. Rauch stieg aus umgefallenen Baumstämmen auf. Holzzäune waren vollkommen niedergebrannt.

In der Dunkelheit verlor Roxy rasch die Orientierung

und wusste nicht mehr, in welche Richtung sie ritt. Sie folgte einfach dem Hund. Brownie rannte so zielstrebig durch die offenen Gatter, als wüsste er genau, wohin er wollte. Er achtete nicht auf die Überreste der Schafe, die dem Feuer, das vor Stunden hier getobt hatte, zum Opfer gefallen waren. Hin und wieder trank Roxy einen Schluck aus dem Wasserbeutel und hielt am Horizont nach den ersten Anzeichen des neuen Tages Ausschau. Einige Male zügelte sie Kintyre, stieg ab und schüttete Wasser in die hohle Hand, um den Hund trinken zu lassen.

Bei Tagesanbruch sah sie das ganze Ausmaß der Verwüstung. Ein leichter Nieselregen hatte eingesetzt und verwandelte den Boden in zähen Schlamm. Übler Gestank von verkohlten Kadavern und durchweichter Asche lag in der Luft. Roxy überlegte, ob sie rufen sollte. Wenn Maggie sie hören konnte, dann würde sie es vielleicht beruhigen, eine vertraute Stimme zu hören und zu wissen, dass Hilfe nahte. Sie brachte das Pferd zum Stehen. Um sie herum herrschte absolute Stille. Kein Krächzen der Krähen, kein Zirpen von Zikaden. Tödliches Schweigen.

»Maggie!«

Ihre Stimme hallte in dem Schweigen. Dampf stieg von der heißen, feuchten Erde in dünnen Spiralen auf. Angst schnürte Roxy die Kehle zu, sodass sie kein zweites Mal rufen konnte. Was, wenn Maggie tot irgendwo da draußen lag? Wenn das Feuer über sie hinweggerollt war, ihr Haar versengt, das Blut zum Kochen gebracht und ihr das Fleisch vom Körper gebrannt hatte? Roxys Magen krampfte sich zusammen, als sie Kintyre antrieb und versuchte, diese schreckliche Vorstellung aus ihrem Bewusstsein zu verbannen.

Nachdem sie das letzte Gatter passiert hatten, das mitten in der Landschaft ohne angrenzenden Zaun schief in seinen Angeln hing, rannte Brownie schneller und sprang aufgeregt kläffend über Baumstämme. Überall befanden sich verlassene Kaninchenbaue, und Roxy dirigierte Kintyre vorsichtig daran vorbei. Ein verletztes Pferd fehlte mir noch, dachte sie bitter. Dann wäre nicht nur Maggie, sondern auch sie selbst in dieser Wüste verloren.

Brownie blieb abrupt stehen und bellte laut eine zusammengekauerte Gestalt auf der Erde an. Roxy erkannte Maggie an der Kleidung; zum Glück schien sie vom Feuer unberührt zu sein. Roxy hielt das Pferd an, blieb im Sattel sitzen und wartete auf ein Lebenszeichen von Maggie. Roxy schien starr und zu keiner Bewegung fähig zu sein. Ein Schauer lief über ihren Rücken. »Maggie?«, rief sie zaghaft und hoffte auf eine Antwort.

Mit einem entschlossenen Ruck schwang sie sich aus dem Sattel. Als sie auf Maggie zuging, entdeckte sie eine Bewegung neben ihr und blieb vor Schreck wie gelähmt stehen. Martin hatte oft Schlangen mit nach Hause gebracht, die er auf den Weiden getötet hatte, und stolz an den Pfefferbäumen in der Nähe des Stalles aufgehängt. *Pseudechis australis,* hatte er sie genannt, und sie hatte ihn lachend als Klugscheißer bezeichnet, weil er mit dem lateinischen Namen angab. Und diese Schlange mit ihren im fahlen Licht glänzenden rötlich braunen Schuppen sah genauso aus. Eine todbringende, fast zwei Meter lange King Brown.

Maggie lag auf dem Bauch. Der rechte Arm war unter ihrem Körper eingeklemmt, als wäre sie so vom Pferd gestürzt und unfähig, sich zu rühren. Ihr Gesicht war der Schlange zugewandt, die sich neben der ausgestreckten linken Hand entlangschlängelte und der wärmenden Sonne entgegenzüngelte. Roxy erkannte, dass Maggies Augen angstvoll aufgerissen waren, und atmete erleichtert auf. Maggie war nicht tot.

Roxy umrundete vorsichtig die reglose Gestalt und suchte nach einem langen Stock, ohne die Schlange dabei aus den Augen zu lassen. Wenn die King Brown an Maggie vorbeikroch, dann konnte sie sie mit einem Stock wegschlagen. Aber sie musste behutsam vorgehen, das Feuer könnte das Biest aggressiv gemacht haben. Eine falsche Bewegung, und sie könnte sie beide angreifen.

Zum Glück hatten die Flammen das umliegende Gelände vom Gestrüpp befreit, und sie fand schnell einen starken Ast. Sie nahm ihn in die rechte Hand und ging näher heran. »Maggie«, rief sie leise. »Bleib ganz still liegen. Sobald die Schlange an dir vorbei ist, werde ich …«

Sie verschluckte die letzten Worte, weil Brownie plötzlich einen Satz machte, die King Brown am Kopf packte und sie wild hin und her schüttelte.

»Brownie, nein!«, schrie Roxy. Die Schlange schlug mehrmals heftig auf den Boden auf, bevor der Hund sie in den Busch schleppte. Dort ließ er seine Beute fallen und rannte außer Reichweite des gefährlichen Reptils, das sich aufstellte und wütend in seine Richtung schnellte, vor und zurück.

Die Schlange war verletzt und nicht mehr schnell genug. Roxy schlich sich heran, hob den Ast und schlug auf den Kopf der King Brown ein. Das Reptil schien für einen Moment zu erstarren, dann stellte es sich wieder auf und schlug mit erstaunlicher Akkuratesse in ihre Richtung. Roxy wehrte den Angriff mit dem Stock ab, traf das Tier seitlich am Kopf und schleuderte es gegen einen verkohlten Baumstamm. Immer wieder schlug sie zu, so fest sie konnte, bis die Schuppenhaut aufplatzte und eine blutige Masse herausquoll.

Dann lief sie zu Maggie, drehte sie behutsam auf den Rücken, hielt ihren Kopf und träufelte Wasser zwischen die trockenen Lippen. Maggie gab unartikulierte Laute von sich. Sie schien ihre Gliedmaßen nicht bewegen zu können, und ihre Hose war vom Urin durchnässt.

Maggie war eine kräftige Frau, und nach einem vergeblichen Versuch musste Roxy einsehen, dass sie die Verletzte nicht allein zum Farmhaus zurückbringen konnte. Andererseits kam es auch nicht infrage, Maggie hier, wo sich Schlangen und anderes Getier herumtrieben, noch länger allein zu lassen, während sie selbst losritt, um Hilfe zu holen. Sie hatte keine Wahl, sie musste warten, bis jemand sie fand.

Sie schüttete ein wenig Wasser in die hohle Hand und ließ Brownie trinken. Der Wasserbeutel war nur noch halb voll, und sie würde den Rest sorgfältig rationieren müssen. Die Sonne stieg höher, und es gelang Roxy, ihre Schwiegermutter in den Schatten eines Eukalyptusbaumes zu ziehen. Sie hielt ihren Kopf auf dem Schoß und schirmte ihr Gesicht mit ihrem eigenen Hut gegen das Licht ab. Tränen rollten Maggie über die Wangen.

»Nicht weinen«, flehte Roxy, spürte aber, dass sie selbst kurz davor war, in Tränen auszubrechen. »Um Himmels willen, Maggie, bitte nicht weinen! Guy wird bald hier sein. Er bringt uns nach Hause.«

Roxy lehnte sich an den Baumstamm und döste, wurde jedoch immer wieder von den summenden Fliegen geweckt, die um ihren Kopf schwirrten. Ihr Magen knurrte. Sie hatte kein Frühstück und Mittagessen gehabt. Maggie hatte wahrscheinlich seit dem gestrigen Tag nichts mehr zu sich genommen. Brownie saß hechelnd neben ihnen im Schatten. Das Abenteuer mit der Schlange schien ihm nicht geschadet zu haben.

Erst am Nachmittag hörten sie Hufschläge. Als Maggie Porridge und Guy sah, verzog sich ihr Mund. Sie wollte lächeln, brachte aber nur eine Grimasse zu Stande. Roxy sah Guy an und zuckte hilflos mit den Schultern. Ich habe keine Ahnung, was Maggie fehlt, sollte das heißen.

Zu dritt gelang es ihnen, Maggie auf Guys Pferd zu heben. Dort saß sie vor Guy und starrte blicklos geradeaus.

Als sie im Farmhaus ankamen, wies Roxy Porridge an, sofort nach Bourke zu fahren und Doktor Sides zu holen.

»Ein Schlaganfall«, diagnostizierte der Arzt, nachdem er Maggie am nächsten Morgen untersucht hatte. »Sie hat eine linksseitige Lähmung, und das Sprachvermögen ist ebenfalls in Mitleidenschaft gezogen. Zudem hat sie sich das Bein gebrochen und war unterkühlt, weil sie die Nacht im Freien verbracht hatte. Sie hat großes Glück, dass sie unter diesen Umständen überhaupt überlebt hat. Sie wird intensive Pflege brauchen.« Er warf einen Blick auf Roxy. »Meinen Sie, dass Sie das schaffen, meine Liebe?«

»Natürlich. Besteht die Aussicht auf eine vollständige Genesung?«

Der Doktor zuckte mit den Schultern. »Man kann keine sichere Prognose stellen. Es wird sich mit der Zeit zeigen. Ob sie die Lähmung und die Sprachstörungen jemals ganz überwindet, hängt von der Stärke des Schlaganfalls und dem Willen der Patientin, wieder gesund zu werden, ab. Aber in diesem Punkt brauchen wir uns wohl kaum Sorgen zu machen. Maggie Dumas findet sich nie damit ab, eine hilflose Invalidin zu sein, würde ich meinen.«

Maggie war die reizbarste, streitsüchtigste Patientin, die Roxy jemals zu Gesicht bekommen hatte. Sie sträubte sich dagegen, ans Bett gefesselt zu sein, und beschwerte sich in unzusammenhängenden Sätzen bei jedem darüber, der in Hörweite kam. In den ersten Tagen weigerte sie sich, etwas zu essen, und schob den Teller mit ihren gekrümmten Fingern von sich. Wenn Roxy diese unbeholfene Geste sah, hätte sie am liebsten laut geschrien, weil das alles so ungerecht war. Maggie mochte eine tyrannische Matriarchin gewesen sein – damit hatten sich alle, die im Haus lebten, abgefunden –, aber Maggie als hilfloser Krüppel war ein so jämmerlicher Anblick, dass allen die Tränen kamen.

Zum Glück war die Schursaison am nächsten Tag zu Ende, und die Scherer verabschiedeten sich mit den besten Wünschen für Maggies Genesung. Guy rief alle Farmarbeiter und Helfer zusammen und legte ihnen die Situation dar. Er bat um ihre Mithilfe und Loyalität. Zum Glück hatte das Feuer ausschließlich auf den nördlichen Weiden gewütet, auf denen nur wenige Schafe gestanden hatten, sodass sich ihre Verluste in Grenzen hielten.

Sarah übernahm die Buchführung nach Maggies Anweisungen. Wenn die Kinder abends im Bett waren, setzte sich Sarah ins Arbeitszimmer, listete die Zahlen mit ihrer ordentlichen Handschrift auf und notierte sorgfältig alle Ereignisse im Journal.

20. Oktober 1894, schrieb sie. *Letzte Nacht hat es geregnet. Die Weiden werden grün, und die Wassertanks sind gefüllt. Täglich kommen Lämmer auf die Welt. Die Wolle wurde heute mit der* Curlew *abtransportiert.*

Louisa und Davie waren mit Guy abgereist und verschwanden somit wieder einmal aus ihrem Leben. Die *Curlew* musste einen Zeitplan einhalten und war bereits spät dran.

Auf den Brand auf der *Rodney* folgten öffentliche Proteste. Eine Schifffahrtsgesellschaft bezeichnete die Brandstifter als Piraten, und landauf, landab wurde gefordert, die Schuldigen zu hängen. Eine Stadtzeitung riet den Viehzüchtern und Farmern, sich angemessen zu bewaffnen, und die Kolonialregierung setzte eine Belohnung für Informationen aus, die zur Festnahme der Übeltäter führten.

Der Bau der *Rodney* hatte vor einigen Jahren fünftausend Pfund gekostet, und als das Feuer sie vernichtet hatte, war sie angeblich noch dreitausend wert gewesen, aber die Versicherung des Eigners kam nur für die Hälfte dieser Summe auf. Die Versicherungsgesellschaft wies den vollen Anspruch auf Entschädigung zurück und führte »außergewöhnliche Umstände« als Begründung an. Schließlich wurden acht Anführer der Gruppe, die den Dampfer niedergebrannt hatte, in Broken Hill vor Gericht gebracht, doch der Richter wies die Anklage wegen Mangels an Beweisen zurück.

Die Tage verschmolzen miteinander. Aus dem Frühling wurde Sommer; Weihnachten verging, und das neue Jahr stand bevor. Maggies Gesundheitszustand besserte sich langsam, aber stetig. Wo ein Wille ist, ist auch ein Weg, dachte Roxy, während sie sich um sie kümmerte. Maggie konnte wieder normal sprechen und die Hand gebrauchen, doch gehen konnte sie nicht ohne Hilfe.

Dinnie und Narairee, die jetzt elf und groß gewachsen war, führten den Haushalt. Sarah unterrichtete die Kinder und kümmerte sich um die Buchführung, Roxy pflegte Maggie, die sich meistens wie ein launisches Kind aufführte, und versorgte Ella und Jack. Horrie sorgte dafür, dass der Gemüse- und der Obstgarten gediehen und genügend Ernte einbrachten. Obwohl alles wie am Schnürchen lief, litt Wirra Downs. Roxy erkannte das in den Augen der Männer. Die Moral war auf dem Nullpunkt, weil ein Boss fehlte, der das Sagen hatte. Wer soll in diesem Jahr die Schursaison organisieren?, fragte sie sich.

Guy und Louisa kamen im März für ein paar Tage zu Besuch, und Roxy berief eine Familienbesprechung an Maggies Bett ein. »Du kommst auch, Sarah«, forderte sie. »Es stehen Entscheidungen an, die uns alle betreffen.«

»Also«, begann Guy, der tagsüber unterwegs gewesen war, um die Weiden zu inspizieren, »es ist offensichtlich, dass es so wie bisher nicht weitergehen kann. Es gibt so gut wie keinen Fortschritt. Die Männer tun ihr Bestes, doch sie brauchen eine Führung und mehr Aufsicht, jemanden, der alles im Griff hat.«

Roxy beugte sich vor. Das Licht der Lampe spielte auf Guys blondem Haar. Für den Bruchteil einer Sekunde war ihr, als säße Martin dort, aber dann drehte er leicht den Kopf, und die Ähnlichkeit erwies sich als Illusion. »Und was schlägst du vor?«, fragte sie.

»Es gibt zwei Möglichkeiten, soweit ich es beurteilen kann. Entweder du verkaufst die Farm oder stellst einen Verwalter ein.«

»Wirra Downs verkaufen?« Das war Roxy nie in den Sinn gekommen.

»Es ist deine Entscheidung, Roxy. Du bist Erics Vormund, und Wirra Downs gehört rechtmäßig ihm. Du kannst stellvertretend für deinen Sohn die Entscheidungen fällen. Aber wenn du dich zu einem Verkauf entschließt, dann jetzt, bevor die Farm heruntergewirtschaftet ist. Im Moment bekommst du noch gutes Geld dafür, von dem du mit den Kindern irgendwo in einem hübschen kleinen Haus leben und sie in eine gute Schule schicken kannst.«

Das stimmte wahrscheinlich. Guys Rat ergab Sinn. Aber das Land, Martins Traum, verkaufen? Sie wandte sich an Maggie. »Was denkst du?«, wollte sie wissen.

Maggies Gesichtsausdruck war mürrisch, als kostete es sie große Anstrengung, ihre Meinung für sich zu behalten. »Wie Guy sagte, du hast zwei Möglichkeiten.« Sie zuckte mit den Schultern. »Es ist wirklich deine Entscheidung.«

Roxy lag fast die ganze Nacht wach und überlegte. Ein Verwalter – ein Fremder, der die Farm leitete? Wie würden sie sich alle dabei fühlen? Und wenn sie verkaufte, was sollte dann aus den anderen werden? Sarah könnte vermutlich mit ihr kommen. Sie waren gute Freundinnen, und die Kinder standen sich nahe. Dinnie wollte auf keinen Fall zurück ins Lager der Aborigines; sie hatte sich zu sehr an die Lebensweise der Weißen gewöhnt. Und Maggie? Roxy durfte sie nicht im Stich lassen, was immer sie auch für ihre Schwiegermutter empfand.

Sie dachte an Martin und seine großen Pläne. Die Schafzucht und das Pferdegestüt. *Eines Tages wird dies die lukrativste Farm weit und breit sein. Dann werde ich die größte Schurhalle von ganz New South Wales bauen, warte es nur ab!* Erinnerungen bestürmten sie. Eric, die vierte Generation von Maggies Familie, die dieses Land bewirtschaften sollte. Könnte sie es wirklich ertragen, das alles zu verlieren?

Roxy war am Morgen als Erste auf, ihre Unentschlossenheit bereitete ihr Magenschmerzen. Sie musste sich bald entscheiden, am besten noch vor Guys und Louisas Abreise am folgenden Tag.

Sie saß am Küchentisch und trank Tee, als sie durchs Fenster sah, wie Horrie einen Korb mit frischem Gemüse zum Haus brachte.

»Du bist früh auf den Beinen«, bemerkte sie und öffnete ihm die Tür, damit er den schweren Korb hereintragen konnte.

»Ja, Missy. Der frühe Morgen ist der beste Teil des Tages.« Er stellte den Korb auf den Tisch und wollte wieder gehen.

»Warte«, bat Roxy und hielt ihn am Arm zurück. »Setz dich, Horrie, und trink eine Tasse Tee mit mir.«

Während sie die süß duftenden Teeblätter, die er, wie sie wusste, sehr mochte, in die Kanne löffelte, ging er zum Tisch und ließ sich auf einem der Stühle nieder. Er war klein und runzlig. Seine Haut schien dünn wie Pergament zu sein. Roxy vermutete, dass dies vom Alter oder der täglichen Arbeit im Freien herrührte, und überlegte, wie alt Horrie wohl sein mochte.

Eine ganze Weile saßen sie schweigend beisammen und tranken den heißen Tee. Schließlich legte Horrie die Hand auf den Tisch. »Sie haben Probleme, Miss Roxy«, stellte er sachlich fest.

Sie schaute überrascht auf, dann nickte sie. »Ja. Probleme. Und es gibt eine Menge Ratschläge, Horrie, aber ich finde leider keine gute Lösung.«

»Ratschläge sind etwas Wunderbares, wenn sie alle

übereinstimmen. Doch jeder sagt Ihnen etwas anderes. Alle zerren Sie in eine andere Richtung, deshalb wissen Sie nicht, welchen Weg Sie gehen sollen.«

»Ich weiß«, Roxy seufzte. »Wie kann man wissen, welchen Rat man annehmen und welchen man verwerfen soll?«

»Sie haben nicht genug Holz, Missy«, gab er zurück. »Sie hören auf zu viele Menschen und sind wie ein junger Schössling, den der Wind hin und her biegt. Wenn er sich zu sehr verbiegt, wächst er nicht gut und wird schief. Eines Tages bricht er.«

»Oh.«

Er drückte die Hand auf seine Brust. »Hören Sie auf Ihr Herz. Es gibt die weisesten Ratschläge.«

Roxy dachte darüber nach, als sie Maggie versorgte. Wie hätte Martin sich entschieden? Er hätte sich niemals von all den Worten verwirren lassen, sondern gewusst, was zu tun wäre. *Hören Sie auf Ihr Herz,* hatte Horrie ihr geraten. Und von jetzt an würde sie genau das tun und auf ihre Instinkte, nicht auf ihre Ängste vertrauen.

»Du willst *was*?«, rief Maggie ungläubig.

Roxy hatte alle zu einem Treffen nach dem Abendessen zusammengerufen: Guy und Louisa, Sarah und Maggie. Jetzt starrten sie sie fassungslos an.

»Sei nicht albern«, versetzte Guy barsch. »Du verstehst nichts von der Leitung einer Farm.«

Roxy schob trotzig das Kinn vor. »Ich kann alles lernen. Maggie und Porridge werden es mir beibringen.«

»Du kannst kaum reiten. Wie willst du dann zum Beispiel die Schafe zusammentreiben?«

»Das werde ich schon schaffen. Um Himmels willen, Guy, ich bin zwar eine Frau, doch keineswegs so nutzlos, wie du glaubst.«

Etwas – die Kopfbewegung oder sein Mund – erinnerte sie plötzlich an den Abend in Wilcannia. Damals hatte er sie geküsst wie ein Mann, der sich etwas versagte, und sie hatte auf den Kuss reagiert. Sie spürte, wie ihr bei dem Gedanken die Hitze in die Wangen stieg.

»Von allen eigensinnigen, dickköpfigen …«, explodierte er.

»Guy«, fiel Roxy ihm ins Wort, »akzeptiere es einfach so, wie es ist. Versuch nicht, mit mir zu streiten oder mich zu etwas zu überreden. Unterstütze mich lieber.«

Louisa ging später in der Küche auf sie zu und nahm ihre Hände. »Warum hörst du nicht auf Guy, Roxy? Es ist wirklich Männerarbeit. Maggie hat ihre Sache gut gemacht und lange durchgehalten.«

»Glaubst du auch nicht, dass ich damit fertig werde? Ich bin stärker, als du denkst.«

»Und was ist mit Eric und Ella? Wie sollen sie zurechtkommen, wenn du den ganzen Tag zu tun hast?«

»Sarah wird sich um die Kinder kümmern. Louisa, ich muss es versuchen. Ich habe keine andere Wahl. Es ist für Eric. Ich möchte das Land für ihn erhalten. Und ich tue es für Martin. Er hatte so große Pläne. Ich will sie für unseren Sohn am Leben erhalten.«

»Und du, Roxy? Wo bleibst du bei all dem?«

»Gerade du solltest meinen persönlichen Grund für diese Entscheidung kennen.«

»Wegen Maggie?«

Roxy nickte. »Ich werde sie dazu bringen, mich in dieser Familie zu akzeptieren, und wenn es das Letzte ist, was ich tue. Ich habe es satt, dass sie immer stichelt und mich auch noch nach all den Jahren wie eine Außenseiterin behandelt. Dies ist meine Chance, ihr zu zeigen, dass ich hierher gehöre.«

»Es ist schon richtig, sich zu beweisen oder es zumindest zu versuchen, aber …«

»Sieh mal, ich mache mir nichts vor. Ich weiß, dass die Arbeit hart ist, doch davor schrecke ich nicht zurück. Zum ersten Mal seit Martins Tod kann ich mich für etwas begeistern. Allein der Gedanke daran, Wirra Downs zu führen, hat mir eine ganz neue Lebensperspektive beschert. Es ist nur schade, dass Maggies Unfall nötig war, um das zu ermöglichen.«

Roxy genoss es, im Freien zu sein. Sie liebte es, den Wind in ihrem Gesicht und die kraftvollen Bewegungen des Pferdes zu spüren. Hier draußen war sie ihr eigener Herr, wenn auch nur zeitweise. Abseits des Farmhauses blühte sie auf und wuchs über sich hinaus. Sie merkte selbst, wie sie sich veränderte.

Maggie hingegen war griesgrämig und ungehalten, weil sie ans Bett gefesselt war und nicht gehen konnte. Wenn Roxy sie so sah, tat ihr das Herz weh, weil sie nichts am Zustand ihrer Schwiegermutter ändern konnte. Als der Herbst nahte und das Wetter kühler wurde, schrieb Roxy in ihrer Verzweiflung an eine Firma in Sydney, die orthopädische Hilfsmittel importierte. Als Porridge die geheimnisvolle Kiste vom Bahnhof in Bourke abholte und ins Farmhaus brachte, wies Roxy ihn an, sie in Maggies Zimmer zu tragen. Dort öffnete sie sie und beförderte einen mit Leder gepolsterten Rollstuhl zu Tage.

Maggie war hellstens entsetzt. »Du bringst mich nie dazu, mich in dieses neumodische Ding zu setzen«, fauchte sie.

»Warum nicht?«, erkundigte sich Roxy freundlich. »Ich dachte, du freust dich, wenn du dich im Haus bewegen kannst, ohne auf die Hilfe anderer angewiesen zu sein.«

Maggie warf einen hasserfüllten Blick auf den Stuhl. »Wenn ich nicht auf meinen eigenen Füßen gehen kann, dann bleibe ich, wo ich bin«, erklärte sie.

»Wenn ich lernen kann, auf einem Pferd zu reiten, dann dürfte es für dich keine Schwierigkeit sein zu lernen, mit diesem Ding herumzufahren«, entgegnete Roxy gleichmütig. »Komm schon, Maggie. Wir brauchen dich, wenn wir die ganze Arbeit bewältigen wollen.«

TEIL V

Frank

1895–1899

KAPITEL 32

Frank Barton marschierte schwungvoll den Weg entlang und pfiff leise vor sich hin. Er hatte sich sein Bündel über die Schulter geworfen und die andere Hand in die Hosentasche gesteckt, um mit dem Inhalt zu klimpern.

Da waren nur zwei Münzen, aber es klang, als hätte er mehr Geld in der Tasche. Zwei Shilling-Münzen, um genau zu sein – mehr war ihm von seinem letzten Lohn nicht geblieben. Fünf Pfund für die Fahrkarte von Sydney nach Bourke, dann das Frühstück im »Carriers' Arms Hotel« gestern Morgen sowie der Proviant für den Weg, und jetzt war er fast pleite. Nur noch zwei Shilling, dachte er wehmütig. Er mochte den Klang, wenn die Münzen aneinander stießen.

Geld spielte für ihn keine große Rolle. Er hatte sich bisher immer irgendwie durchgeschlagen. Die Leute sagten, im Busch würde – anders als in den Städten – niemand verhungern. Auf den Farmen gab es meistens eine mitleidige Köchin oder einen Farmer, die den vorbeiziehenden Scherern übrig gebliebenes Fleisch und ein Stück Brot zusteckten. Aber Frank war trotzdem dünn, weil er auf seinem langen Weg viele Mahlzeiten ausgelassen hatte. Jetzt war er hungrig und dachte sehnsüchtig an das gestrige Frühstück und an das Fladenbrot und die Maiskuchen, die er in sein Bündel gepackt und bereits verzehrt hatte. Das Abendessen in den Unterkünften der Scherer lockte ihn, auch wenn es nur den grässlichen Hammeleintopf gab.

Bis Wirra Downs waren es nicht mehr als ein paar Meilen, wenn seine Berechnungen stimmten. »Folgen Sie einfach dem Darling flussaufwärts«, hatte der Schaffner am Bahnhof gesagt. »Wirra Downs ist die erste Farm, zu der Sie kommen. Sie können sie gar nicht verfehlen.«

Frank hatte wie üblich im letzten Monat die Einlage von einem Pfund geschickt, um sich einen Scherstand zu sichern. Wirra Downs hatte einen guten Ruf unter den Scherern, und der Boss schien, wie es hieß, fair und anständig zu sein. Ein paar Wochen, vielleicht Monate Arbeit, und Frank war wieder flüssig genug, um sich bis zum nächsten Job über Wasser zu halten.

Endlich kamen die Nebengebäude von Wirra Downs in Sicht. Sie waren frisch getüncht und sahen ordentlich aus, ein paar Hennen scharrten in der Erde neben einem der Gebäude. Etwa ein Dutzend Pfefferbäume spendete willkommenen Schatten. Rote Bougainvilleen umrankten die großen Wassertanks neben dem Farmhaus.

Frank stellte sich dem Aufseher vor, nannte seinen Namen und erklärte, dass er die Einlage bereits bezahlt hatte. Der Mann fuhr etliche Male mit dem Finger über eine Liste. »Nein, leider«, sagte er schließlich. »Ihr Name steht nicht hier.«

»Aber ich habe einen Scheck im Voraus geschickt. Über ein Pfund.«

»Nun, das hier ist die Liste, die man mir gegeben hat, und Ihr Name ist nicht eingetragen. Tut mir Leid, Kumpel, Sie sind nicht dabei. Vielleicht können sie auf der Nachbarfarm einen zusätzlichen Scherer gebrauchen. Bei McMahon.«

»Wie weit ist es bis dahin?«

»Zwanzig, vielleicht dreißig Meilen. Folgen Sie einfach dem Fluss.«

Franks Magen knurrte hörbar. Mistkerle, dachte er grimmig. Das Geld streichen sie ein, doch den Job geben sie einem anderen. Der Gedanke an seine Einlage brachte ihn zu dem Entschluss, erst einmal in die Farmküche zu gehen und sich mit Proviant einzudecken. Zumindest das waren sie ihm schuldig.

Er erzählte der Köchin, einer groß gewachsenen, kräftigen Aborigine mit weißer Schürze, seine Geschichte. Ein Mädchen von etwa zehn, zwölf Jahren hielt sich im Hintergrund. Ihre großen Augen leuchteten in dem dunklen Gesicht. Ein Halbblut, schoss es Frank durch den Kopf, und er spürte ein flaues Gefühl im Magen, das nicht vom Hunger kam.

Die Köchin gab ihm ein paar Scheiben kaltes, gekochtes Fleisch und einen Laib Brot. Als Nächstes ging Frank zu den umrankten Tanks und füllte seinen Wasserbeutel auf, dann schlenderte er zum Fluss und setzte sich in den Schatten eines Eukalyptusbaums ans Ufer, um etwas zu essen, bevor er weiterzog.

Es war ein friedliches Plätzchen, und wenn er die Augen schloss, konnte er sich beinahe vorstellen, wieder zu Hause zu sein. Die Vogelstimmen, besonders das Krächzen der Krähen, der Eukalyptusduft und die Gerüche des australischen Busches. Zu Hause!, dachte Frank verdrossen und fragte sich, warum er das Territory und die Farm, auf der er geboren und aufgewachsen war, immer noch als solches betrachtete. Er war nie wieder dort gewesen, aber in gewisser Weise würde es seine Heimat bleiben.

Frank hatte immer gewusst, dass er ein Bastard, ein Halbblut, war. Alle hatten ihn so genannt, seit er denken konnte.

»Komm her, Frank, du kleiner Bastard«, riefen ihm die Viehtreiber zu, wenn sie mit den Rindern am Farmhaus vorbeizogen. Immer hob ihn einer zu sich aufs Pferd, und er durfte ein paar hundert Meter mitreiten. Viele drückten ihm eine Halfpenny-Münze in die kleine, schmutzige Hand. Im Busch gab es keine Möglichkeit, das Geld auszugeben. Deshalb hortete er die Münzen in einem kleinen Kästchen, das ihm sein Vater Sid geschenkt hatte. Das Kästchen stand neben seiner Sammlung von runden Steinen und bunten Glasstücken. Ab und zu holte er es hervor und betrachtete die Münzen.

Jeder in diesem Teil des Territory kannte den alten Sid Barton, den Farmer und Rinderzüchter. Sids Frau war nicht lange, nachdem sie sich angesiedelt hatten, im Kindbett gestorben. Einige behaupteten, die Trauer hätte ihn um den Verstand gebracht. Andere meinten, dass die heiße Sonne seinem Gehirn geschadet hatte. Jedenfalls tat sich Sid ein paar Jahre nach dem Tod seiner Frau mit Polly, einem Halbblut, zusammen, und sie gebar ihm einen Sohn. Polly gab dem Jungen den Namen Frank nach Sids Vater Francis – eine Geste, die Sids Ansicht nach seinem vornehmen Erzeuger einen Schock versetzt hätte. Sids Vater lebte in England und hatte nie einen Fuß in die Kolonien gesetzt. Nicht auszudenken, wie er reagieren würde, wenn er wüsste, dass ein illegitimer Enkel, der noch dazu zu einem Viertel Aborigine war, nach ihm benannt worden war.

Polly kam ums Leben, als Frank zwei Jahre alt war. Sid sagte, sie sei von einem anderen weißen Mann im Eifersuchtswahn getötet worden. Frank kannte sie nur von der Fotografie, die ihm sein Vater gegeben hatte. Auf dem ausgefransten Foto war eine dunkle, ausgelassene Frau in hellem Kleid zu sehen. Sie hatte den Kopf zurückgeworfen und lachte. Ein Augenblick des Frohsinns auf Bromid gebannt.

Frank schätzte, etwa vierzehn Jahre alt gewesen zu sein, als Sid starb. Er fiel vom Pferd, als er eine große Rinderherde von Elsey heruntertrieb. Zu der Zeit, als den anderen Treibern auffiel, dass sie Sid schon eine Weile nicht gesehen hatten, waren zweitausend Rinder über ihn hinweggetrampelt. Sein Leichnam war nicht mehr zu erkennen. Ein Herzanfall, vermutete der Doktor, der drei Monate nach der Beerdigung des alten Sid vorbeikam.

Sids Liebe zu seinem Sohn wurde nur von der Liebe zu seinem Land übertroffen. »Lass nie zu, dass man es dir wegnimmt, mein Junge«, hatte er immer und immer wieder gesagt, wenn er nach einem Saufgelage elend und mit wässrigen Augen auf seinem Bett gelegen hatte. »Ich habe verdammt hart gearbeitet, um das zu bekommen, was ich heute besitze. Lass es dir nicht wegnehmen, wenn ich einmal nicht mehr bin.«

Aber sie waren gekommen, diese namenlosen Verwandten von Sids vornehmer, längst verstorbener Frau. Sie fochten Franks Ansprüche an und spotteten über seine Überzeugung, das Land gehöre jetzt ihm. »Ein Aborigine als Landbesitzer? Lächerlich! Allein die Vorstellung ist absurd.« Sie lachten ihn aus. »Das solltest du eigentlich wissen, Junge. Wie alt bist du überhaupt?«

Es war alles rechtmäßig, zumindest behaupteten sie

das. Sid hatte das Testament vor zwanzig Jahren verfasst, noch bevor er Polly gekannt hatte. Und es gab keinerlei Beweise dafür, dass Frank sein Sohn war und Anspruch auf das Erbe hatte. Keine Geburtsurkunde. Nichts, was bekundete, dass der alte Herr sein Erzeuger gewesen war. Frank wusste nicht einmal, wann er geboren worden war. Er hatte seinen Vater einmal aus Neugier danach gefragt, aber Sid hatte die Frage abgetan und gebrummt: »Himmel, Junge, das weiß ich nicht mehr! So um achtzehnhundertneunundsechzig oder -siebzig, denke ich.« Für Sid war jeder so alt, wie er sich fühlte. Ohne Geburtsurkunde und Papiere existierte Frank für die Behörden gar nicht.

Er musste mit ansehen, wie die Verwandten die Habseligkeiten seines Vaters zu einem Spottpreis verscherbelten. Alles, was an Sid und sein Leben erinnerte, verschwand. Ein Interessent für die Farm war schnell gefunden. Trotz seiner Verrücktheiten hatte Sid ein profitables Unternehmen aufgebaut. Die Verwandten lachten sich ins Fäustchen, weil die Farm so viel wert war und der Alte zu Lebzeiten ein Vermögen angehäuft hatte.

Frank hatte weder die breite, flache Nase noch die dunkle Haut seiner Mutter, dafür Sids grüne Augen geerbt, wenn ihm auch sonst nicht viel von seinem Vater geblieben war.

»Du siehst nicht aus wie ein Aborigine, Frank«, stellte der neue Besitzer der Farm fest. »Es ist das Beste für dich, so schnell wie möglich von hier zu verschwinden und irgendwohin zu gehen, wo dich niemand kennt. Man wird dich überall für einen Weißen halten. Sieh zu, dass du einen Beruf erlernst, und mach was aus deinem Leben.«

Sie jagten ihn davon. Er war eine Waise und zum ersten Mal in seinem Leben heimatlos. Frank versuchte, sich als Zäunezieher und Viehtreiber zu verdingen, wanderte übers Land und folgte der Arbeit, wohin sie ihn führte. Es trieb ihn in den Süden, wo sich die Farmer in der Nähe der Städte angesiedelt hatten, von denen er bisher nur gehört hatte. Schließlich bekam er einen Job in einer Schurhalle in Südwest-Queensland. Dort brachte ihm ein alter Chinese bei, die Schafe mit der neuen Schermaschine zu scheren.

Das Scheren war eine Tortur. Sein Körper protestierte mit Schmerzen vom Bücken, seine Gelenke, Arme und Beine waren steif, seine Finger geschwollen, und die rechte Hand war mit Blasen übersät. Er war groß, drahtig und schlank, hatte demnach nicht gerade die ideale Figur für einen Scherer. Die kleinen, kräftigen Typen schienen am besten in den Scherständen zurechtzukommen und litten weniger unter Rückenschmerzen. In diesem Gewerbe wurde man nach Geschwindigkeit und Qualität der Arbeit bezahlt: ein Pfund für hundert geschorene Schafe. Egal, wie sehr sich Frank auch anstrengte, er schaffte nicht mehr als fünfzig Schafe pro Tag.

Er beobachtete verstohlen die kleinen, schnellen Scherer, um zu sehen, was sie anders machten. Als Erstes wurde ihm klar, dass sie immer das nächste Schaf am Gatter packten, statt Zeit damit zu verschwenden, sich das beste Tier im Pferch auszusuchen. Er lernte rasch, wie man die Schafe aufs Board stellen und zum Balken zurückziehen musste, um zu vermeiden, dass man die Rückenmuskeln zu sehr anspannen musste. Mit der Zeit konnte er auch besser mit dem Wollkamm umgehen und lange, kräftige Striche über den Rücken und den Bauch des Schafes ziehen. Danach versuchte er es mit neuen Kämmmethoden, testete verschiedene Möglichkeiten aus, den Scherkopf durch das Vlies zu bringen, und übte, wie man das Tier am geschicktesten hielt.

Er kam auf eine höhere Stückzahl pro Tag, die Arbeit wurde für ihn ein Spiel, ein Wettbewerb. Seine Muskeln schmerzten nicht mehr, und sein Körper gewöhnte sich an die langen Arbeitsstunden, an die gebückte Haltung und die Anstrengung.

Jedes Schaf musste anders geschoren werden, und schon bald konnte er die unterschiedlichen Typen durch bloßes Anschauen und Berührung erkennen. Ein trächtiges Schaf hatte festere Wolle, und sie fühlte sich klebrig an. In einigen Hallen wurde vor dem Lammen geschoren, und es kam durchaus vor, dass ein Lamm auf dem Board geboren wurde. Die alten Hammel hatten ziemlich dünne Haut am Bauch, und wenn man auch nur einmal mit dem Kamm ausrutschte, entleerten sie ihren Darm auf die ausgebleichten Balken des Boards – das brachte selbst die hart gesottenen Burschen zum Würgen. Oft riss man älteren Tieren Hautstücke mit ab, wenn man die Vliese löste.

Das Scheren war eine Kunst, die man erst nach monate-, manchmal jahrelanger Übung beherrschte. Schon bald kamen mehr als zweihundert Schafe am Tag von Franks Rutsche und blökten und zitterten, wenn die frische Luft ihre geschorene Haut berührte. »Frank the Gun« nannten ihn die anderen, und er verdiente ihren Respekt und ihren Neid. Endlich war er einer von ihnen.

Frank verachtete die Scherer, die nach der Saison ihren Lohn in Bars oder in den nächsten Schnapsbuden ausgaben. Das Geld war zu hart verdient, um es zu versaufen. Außerdem hatte er viel zu oft erlebt, wie sich der alte Sid sinnlos betrunken hatte und am nächsten Morgen mit einem riesigen Brummschädel aufgewacht war.

Frank war auch in der Stadt gewesen. Sydney – lauter Parks und Gärten, Slums in der Nähe des Hafens, ungeheuer viele Menschen, zumindest war es ihm, einem Kind des Buschs, so erschienen. Es war ein Ort des Prunks und der Unverfrorenheit, des Leichtsinns und der Rücksichtslosigkeit. Er sah Menschen, die in der Gosse verhungerten, und beobachtete, wie die Reichen in ihren schönen Kutschen an ihnen vorbeifuhren. Ihm wurde bewusst, dass diese Stadt voller Widersprüche war. Frank konnte es kaum erwarten, wieder in den Busch zurückzukehren, wo die Unterschiede in vielerlei Hinsicht nicht so stark waren.

Und jetzt saß er hier, in der Nähe von Bourke, hatte nur noch ein Pfund in der Tasche und im Moment keine Aussicht auf einen Job. Er verstaute sorgfältig den Rest des Brotlaibs in seinem Bündel und sprang auf die Füße. Dreißig Meilen bis zu McMahon?, überlegte er und meinte, es wäre vielleicht weniger beschwerlich, zurück in die Stadt zu gehen und auf einen Passierschein als Viehtreiber zu hoffen, damit er ein Stück mit der Eisenbahn fahren konnte. Er warf sich das Bündel über die Schulter und ging am Flussufer entlang, bis er das Farmhaus sehen konnte.

»Hey! Warten Sie!«

Er schirmte die Augen mit einer Hand vor der Sonne ab und drehte sich um. Ein junger Mann, der aus der Schurhalle kam, lief auf ihn zu. »Wollen Sie was von mir?«, rief Frank.

»Sind Sie zufällig Frank Barton?«, wollte der junge Mann wissen, als er näher kam.

Frank nickte.

»Da ist irgendetwas schief gelaufen«, fuhr der Mann

fort. »Ich entschuldige mich für den Irrtum – natürlich haben Sie den Job. Der Boss meint, dass es in Ordnung geht, wenn Sie sagen, dass Sie den Scheck geschickt haben. Er muss in der Post verloren gegangen sein.« Der Mann grinste. »Verdammte Post, man kann sich nicht auf sie verlassen.« Er streckte Frank die Hand hin. »Jeremy Hallett. Alle nennen mich Jem. Willkommen auf Wirra Downs.«

Roxy striegelte Kintyres Fell in der Koppel neben dem Stall, und als sie den Blick hob, sah sie die beiden Männer, die zu den Unterkünften der Scherer gingen. Ihre Kleider und ihre Haut waren nach dem Tag im Sattel mit einer Staubschicht bedeckt, und sie freute sich auf ein Bad vor dem Abendessen.

Sie ritten jetzt seit Wochen über die Weiden, um die Schafe hereinzubringen. In den Koppeln wurden die Tiere durch die Desinfektionsbäder getrieben. Die Vorbereitungen für die Schur mussten gut organisiert sein. In den Pferchen konnte immer nur eine gewisse Anzahl von Schafen gehalten werden, und die erste Herde stand auf der angrenzenden Koppel und wartete auf den Beginn der Schur am nächsten Tag.

Die meisten Scherer und Helfer waren in den letzten Tagen angekommen. Ab und zu machte ein Flussschiff am Steg Halt und setzte ein paar weitere ab. Es waren raue Kerle in diesem Jahr, aber da sich die Gewerkschaften und Verbände zusammengeschlossen und ihre Forderungen zurückgeschraubt hatten, waren wenigstens keine gewaltsamen Übergriffe zu erwarten.

Jems Ankunft auf Wirra Downs vor sechs Monaten war ein großes Glück gewesen. Eines Morgens hatte er an die

Tür geklopft, und Roxy war erstaunt gewesen, ihn mit einem Koffer in der Hand auf der Veranda zu sehen. Im ersten Moment dachte sie, dass er sich mit Guy überworfen hatte.

»Ich suche den Boss«, erklärte er mit einem breiten Grinsen. »Jemand hat mir erzählt, dass eine hübsche junge Lady diese Farm leitet, und ich dachte, ich sollte sie mir mal anschauen.«

»Du frecher Halunke!« Sie umarmte ihn. »Was, um alles in der Welt, treibst du hier?«

»Ich schätze, Sie können ganz gut Hilfe gebrauchen«, antwortete er schlicht. »Deshalb bin ich hier.«

Roxy, die wusste, wie sehr er das Leben auf dem Fluss liebte, war so gerührt, dass ihr für einen Augenblick die Worte fehlten. »Aber was ist mit deinen eigenen Plänen?«, protestierte sie schließlich. »Du wolltest dir doch irgendwann einen Flussdampfer kaufen.«

»Ach, Rox«, er zuckte verlegen mit den Schultern. »Manchmal gibt es Dinge, die wesentlich wichtiger sind als Träume.«

Jem blieb und richtete sich in einem Cottage neben dem Vorratslager und dem kleinen Laden ein. Er und Roxy waren mittlerweile gute Freunde geworden. *Er ist der Ansicht, dass er auf Wirra Downs mehr gebraucht wird als bei uns auf der Curlew*, schrieb Guy eine Woche später. Jetzt sah sie, wie der Scherer, mit dem Jem gesprochen hatte, zum Gemeinschaftsraum ging, wo er mit einem Becher, zwei Tellern, Besteck und einem aufgeschnittenen Kerosinkanister, der ihm als Waschschüssel dienen sollte, ausgestattet wurde. Jem kam mit federnden Schritten über den staubigen Hof.

»Alles geregelt?«, fragte Roxy.

»Ja. Er sagt, er hat vor einem Monat einen Scheck geschickt. Ich weiß nicht, Rox, hier treiben sich im Moment eine Menge Leute herum, die ihre Großmutter nach Strich und Faden belügen würden, aber dieser Bursche scheint mir eine ehrliche Haut zu sein. Weißt du, was ich meine?«

»Ja, Jem.« Sie lachte. »Wer ist hier derjenige, der auf all ihre Sprüche hereinfällt? Wenn ich es nicht besser wüsste, würde ich sagen, dass du einen richtig weichen Kern hast.«

»Ach, komm schon, Rox. Verschon einen armen Kerl wie mich. Außerdem hast du mir versprochen, dass ich es dieses Jahr mit dem Scheren versuchen darf. Und ich glaube, der Mann ist genau der Richtige, um es mir beizubringen.«

KAPITEL 33

Die Scherer warteten angespannt. Einige nahmen noch schnell einen Schluck aus dem Wasserbeutel. Andere besprachen sich mit dem Aufseher, der die Dampfmaschine bediente, und überlegten, ob sie in letzter Minute die Scherköpfe wechseln sollten. Staubkörnchen hingen in der Luft.

Die Schafe hatten in den letzten zehn Stunden kein Futter bekommen. Sie blökten in den Pferchen neben dem Board. Der Gewerkschaftsvertreter hatte sich davon überzeugt, dass die Vliese trocken waren, und die ersten Tiere wurden zu den Ständen gezerrt. Frank Barton freute sich, sich mit Patrick O'Brien den Pferch teilen zu können. Er hatte den Scherer vor einiger Zeit im Norden kennen gelernt.

Ein schriller Pfiff ertönte, und die Männer schoben die Türen zu den Pferchen auf, schnappten sich das erste zappelnde Schaf und packten es unter den Vorderpfoten. Fast gleichzeitig griffen sie alle nach den Schermaschinen und zogen an dem Kabel, um Strom zu bekommen. Die Schursaison auf Wirra Downs hatte begonnen.

In Schurhallen herrscht ein unverwechselbarer Geruch vor, dachte Roxy, als sie den Männern bei der Arbeit zusah. Lanolin, Schafdung und Schweiß. Alles lief ab wie eine sorgfältig einstudierte Tanzvorstellung; jeder spielte eine Rolle, die auf die aller anderen abgestimmt war.

Die Scherer waren über die Schafe gebeugt, und ihre Hände und Arme bewegten sich im stetigen Rhythmus; die Schermaschinen drangen tief in die dicke Wolle. Die Männer streckten und bückten sich geschmeidig, wenn wieder ein rosiges, geschorenes Schaf über die Rutsche in die frische Luft und den Sonnenschein entlassen wurde und dem Lärm und dem Gestank entrann. Das Surren der Schermaschinen, das Poltern, wenn ein Tier umgedreht wurde, das metallische Klicken der Wollpresse, die Rufe »Teer!«, wenn ein Schaf aus Versehen geschnitten worden war, und »Nachschub!«, wenn nur noch ein Schaf im Pferch stand – all diese Geräusche begleiteten die hektische Aktivität.

Im Großen und Ganzen sahen die Scherer wüst aus. Sie hatten sich die Hosen unterhalb des Knies mit Schnüren – so genannten Bowyangs – zusammengebunden, um mehr Bewegungsfreiheit zu haben. Und da schwere Stiefel zu unbequem waren, wenn man den ganzen Tag stehen musste, trugen die Männer grob genähte Leinen-Mokassins. Ihre Kleider waren geflickt und fleckig vom Schweiß oder dem Wollfett. In den Schurhallen mussten sie niemanden beeindrucken.

Die Helfer liefen behände hin und her, sammelten die Vliese auf, warfen sie auf die Tische der Sortierer und fegten die Reste aus den Ständen.

Die erste Schursaison, seit ich die Verantwortung für die Farm übernommen habe, dachte Roxy mit Stolz. Es hatte kleinere Krisen gegeben, aber sie war bisher mit allen Schwierigkeiten fertig geworden. Die letzten sechs Monate waren eine Eingewöhnungszeit gewesen, in der sie ein Gefühl für das Land entwickelt und ständig dazugelernt hatte. Die Zahl der Lämmer in diesem Jahr überstieg alle Erwartungen, und der Wollertrag schien viel versprechend zu sein.

Roxy ging hinaus ins Freie. Die Hunde kläfften, als sie die nächsten Schafe in die Pferche trieben. Die vielen Hufe wirbelten Staubwolken auf, und die Schafe sprangen über imaginäre Hürden, als sie vorwärts gedrängt wurden. Brownie machte plötzlich einen Satz in das Meer von Schafen und hüpfte auf ihren Rücken über den Hof. Hirten, die ihre Hüte tief ins Gesicht gezogen hatten, pfiffen die Hunde zurück, als die Tore geschlossen wurden. Größte Sorgfalt und Umsicht waren nötig, wenn die Schafe von den Weiden geholt und später wieder hinausgetrieben werden mussten, wenn sie ohne die Wolle so dünn und verletzlich aussahen.

Der Pfiff für die Vormittagspause ertönte. Jem schlenderte zu Roxy, die am Zaun stand und die Schafe beobachtete. Er wirkte ungewöhnlich ernst.

»Gibts schon jetzt Schwierigkeiten?«, erkundigte sie sich mit einem Seufzer.

Jem nickte. »Es könnte zumindest welche geben. Ein paar der Scherer haben Schnaps, Bier und Wein in die Unterkünfte gebracht. Du solltest die Flaschen bis nach der Schur an dich nehmen.«

»Jem hat Recht«, bekräftigte der Aufseher. Er warf einen schnellen Blick auf das Farmhaus. »Maggie Dumas hat während der Schur nie Alkohol auf Wirra Downs geduldet. Früher wurde jeder, bei dem Fusel gefunden wurde, sofort weggeschickt. Ein paar Worte von Ihnen, Ma'am, und das Problem ist sicher schnell gelöst.«

Roxy strich sich erschöpft mit der Hand über die Augen. Sie brannten vom Staub und vom Schlafmangel.

Porridge gesellte sich zu ihnen. »Wir reiten los und holen die nächste Herde, Miss Roxy. Kommen Sie?« Einige Viehtreiber standen im Schatten der Pfefferbäume und warteten. Kintyre war gesattelt.

»Jem, ich hab jetzt keine Zeit, mich um die Sache zu kümmern«, entgegnete sie ungehalten. »Die Männer schuften den ganzen Tag. Was sie am Abend tun, geht mich nichts an. Solange sie am nächsten Morgen nicht mit einem Kater in der Halle erscheinen, sehe ich kein Problem.« Sie wandte sich an den Aufseher. »Und Maggie Dumas leitet diese Farm nicht mehr. Jetzt bin ich der Boss.«

»Aber …« Jem hielt eine Hand hoch.

»Es ist mir einerlei«, schnitt sie ihm das Wort ab. »Ich habe andere Sorgen und kann mir nicht wegen ein paar Flaschen Schnaps den Kopf zerbrechen.«

Jem zuckte die Schultern und drehte sich zu dem Aufseher um, der Roxy mit einem Stirnrunzeln nachsah. »Aber sag nicht, ich hätte dich nicht gewarnt«, rief Jem noch über die Schulter.

»Enten im Teich!«

Ein kollektives Ächzen wurde laut bei dem Ruf, der das Erscheinen von Frauen ankündigte. »Haltet eure Zungen im Zaum«, warnte der Aufseher.

Das hat uns heute Nachmittag gerade noch gefehlt, dachte Frank. Sie hatten ohnehin schon so wenig Platz am Board. Die Halle war gebaut worden, als viel weniger Schafe hier geschoren worden waren als heute. Und zu allem Überfluss hatte gestern ein Sturm getobt, und jetzt waren die Vliese voller Sand. Das erschwerte die Arbeit so sehr, dass die Stückzahlen niedriger als gewöhnlich waren. Die Männer murrten wie üblich. Sie waren verschwitzt, ihre Klamotten hatten Blut- und Fettflecken, und Frauenbesuch war nicht willkommen.

Frank arbeitete mit gesenktem Kopf, zog den Scherkopf durch die dicke Wolle, sah, wie das Vlies zur Seite fiel und die dicke cremefarbene Unterwolle zum Vorschein kam. Neben dem Surren der Maschinen hörte er eine volltönende Frauenstimme. Schritte näherten sich, und er sah ein Paar Stiefel zielbewusst auf sich zukommen.

Vor ihm machten sie Halt. Es hieß in den Schurhallen, dass die einzigen Stiefel, die jemals still standen, dem Boss gehörten. Und für einen Scherer, der in seine Arbeit vertieft war, stellte das oft das erste Anzeichen für die Anwesenheit des Schaffarmers dar. Aber diesmal sah Frank nicht die üblichen schmutzigen Stiefel eines Farmers, sondern zierliche, blank gewienerte.

Er holte tief Luft. Dies war die erste Gelegenheit, dem

Boss zu danken, dass er ihm den Job gegeben und die Geschichte von dem verloren gegangenen Scheck geglaubt hatte. Er ließ die Schermaschine sinken, und sein Blick wanderte nach oben: eine saubere, aber abgetragene Moleskinhose, die sich an wohl geformte Beine schmiegte, gerundete Hüften und schließlich ein hübsches Gesicht, das von blondem Haar umrahmt wurde, das zu einem eleganten Knoten verschlungen war. Die Frau lächelte. »Frank Barton?«

»Ja, Ma'am.« Ein Schweißtropfen lief über seine Stirn in den linken Augenwinkel. Er beachtete ihn nicht und wünschte, er hätte heute die andere Hose angezogen, die nicht so oft geflickt war.

»Frank the Gun?«

Er nickte, und die Frau wandte sich an Jem, der in der Halle aushalf. »Du möchtest doch scheren lernen, stimmts, Jem?«, sagte sie lachend. »Dies ist genau der Mann, der es dir zeigen kann.«

Sie ging weiter, und Frank machte sich wieder an die Arbeit, nahm den Kamm und zog ihn energisch durch die Wolle – er versuchte, einen guten Eindruck zu machen. Als er den Blick senkte, fiel ihm eine andere Frau auf, die am Eingang wartete. Sie war älter, hatte ein strenges Gesicht und saß in einem Rollstuhl.

»Wer war das«, wisperte er, als die blonde Frau außer Hörweite war.

Patrick zog eine Augenbraue hoch. »Das weißt du nicht?«, gab er grinsend zurück.

Frank schüttelte den Kopf

»Das ist Mrs. Dumas, der Boss.«

»Und was ist mit der anderen im Rollstuhl?«

»Maggie Dumas. Sie und ihr Sohn Martin haben früher

die Farm gemeinsam geführt, aber er kam vor zwei Jahren ums Leben. Ein Pferdehuf hat ihn am Kopf getroffen. Es war schrecklich für die ganze Familie. Ein Jahr später wurde Maggie krank.«

»Was fehlt ihr?«

Patrick schüttelte den Kopf. »Keine Ahnung. Aber sie sagen, dass sie nie wieder laufen wird.«

Frank wäre im Traum nicht darauf gekommen, dass eine Frau Wirra Downs leitete – und noch dazu eine so junge. Er sah sich um und bemerkte, dass die Männer mit neuem Elan arbeiteten. Sogar Patrick hatte ein Lächeln auf den Lippen. Sie ist wie ein frischer Windhauch, dachte Frank.

Maggie saß neben dem Eingang zur Halle. Sie wollte nicht hier sein, aber Roxy hatte darauf bestanden, dass sie mitkam, und sie aus dem Haus gefahren, ohne auf ihre Einwände zu achten.

»Früher hast du es geliebt, den Männern beim Scheren zuzusehen«, hatte Roxy erklärt, als sie sie über den Rasen geschoben hatte. Maggie verging fast vor Scham. Wie konnte sie zulassen, dass die Männer sie so sahen? Als Krüppel!

Sie bat Roxy, den Rollstuhl in der dunklen Ecke gleich neben dem Eingang abzustellen, weil sie möglichst wenig auffallen wollte. Es fühlte sich seltsam an, hier zu sein und das hektische Treiben zu beobachten. Die Halle schien vor Leben und Energie zu bersten, und gerade das führte ihr die eigene traurige Lage noch deutlicher vor Augen. Warum ich?, hätte sie am liebsten voller Wut über die Ungerechtigkeit geschrien.

Zwei Scherer – die auch in den letzten Jahren hier gewesen waren – winkten ihr zu. Maggie nahm ihren Gruß zur Kenntnis, indem sie zaghaft die Hand ein paar Zentimeter hob. Ihr Blick folgte Roxy, die am Board entlangging und mit den Männern sprach – sie sah aus, als wäre sie in diese Welt geboren. Ich, Maggie Dumas und Herrin von Wirra Downs, sollte dort stehen, dachte Maggie verbittert und musste sich zusammennehmen, um nicht mit der Faust auf die Armlehne des Rollstuhls einzuschlagen, den sie ebenso abgrundtief hasste wie ihre Abhängigkeit von diesem Hilfsmittel.

»Vielleicht versuche ich, die Buchführung wieder selbst zu erledigen«, bemerkte sie später, als Roxy sie zurück zum Haus schob. »In letzter Zeit scheine ich meine Hände viel besser unter Kontrolle zu haben.«

»Das wäre großartig«, erwiderte Roxy. »Sarah wird sowieso kaum mit allem fertig, schließlich kümmert sie sich auch noch um den Haushalt und die Kinder.«

»Na ja, wenn es ihr hilft …«, fügte Maggie so beiläufig, wie sie konnte, hinzu.

Sie schielte verstohlen zu Roxy und glaubte, ein Lächeln auf ihrem Gesicht zu sehen.

Die Bedingungen auf Wirra Downs waren gut im Vergleich zu den anderen Schurhallen, in denen Frank schon gearbeitet hatte. In dem kleinen Laden bekam man Tee, Zucker, Reis, Mehl, Salz, Marmelade, Rohrzuckersirup und getrocknete Früchte. Und obwohl die Farmer für solche Lebensmittel verlangen konnten, was sie wollten, waren die Preise auf Wirra Downs relativ zivil. Ein merkwürdiger kleiner Chinese brachte täglich jede Menge frisches Gemüse und verteilte es gerecht, und es gab immer frische Eier vom Geflügelhof. Der Koch der Scherer war auch ganz anständig und tischte ihnen wenigstens nicht nur Hammeleintopf auf.

Die Tage in der Halle waren lang: Von sechs Uhr morgens bis sechs Uhr abends, alle vier Stunden gab es eine Pause. Nur am Sonntag wurde nicht gearbeitet, und die meisten verbrachten den freien Tag mit Wäschewaschen, Stopfen und Kartenspielen. Eigentlich war es kein schlechtes Leben, fand Frank. »Besser als verhungern«, sagte er einmal zu Patrick. Außerdem kannte er nichts anderes als harte Arbeit.

In vergangenen Jahren hatte er oft an das Territory gedacht und sich immer wieder vorgenommen, bald zurückzugehen. Aber die Jahreszeiten waren vergangen, und er war immer noch hier, ungefähr fünfundzwanzig Jahre alt, und hatte es nicht geschafft, in das dürre Land im Norden zurückzufahren, in dem er geboren und aufgewachsen war. Er würde die Farm gern besuchen und sehen, was sich seit Sids Tod verändert hatte. Aber irgendetwas hielt ihn jedes Mal davon ab – das Bedürfnis, seine Heimat so im Gedächtnis zu bewahren, wie er sie gekannt hatte, überwog die Neugier.

Die Jungs in den Schurhallen waren immer ein bunt zusammengewürfelter Haufen. Einige hatten noch nie eine große Stadt gesehen, andere – wie Patrick – hatten Schulbildung und sprachen nicht den rauen Buschdialekt, der Teil dieses Landstrichs war. Unterschiedliche Lebensgeschichten, unterschiedliche Ziele, aber in gewisser Weise waren sie alle gleich.

Sie arbeiteten jetzt schon drei Tag auf Wirra Downs. Dreißig Scherer zusammengepfercht in einer Halle, die ursprünglich für zwanzig gebaut worden war, und es war schon ziemlich heiß für September. Frank wischte sich mit dem Unterarm den Schweiß von der Stirn.

»Gott sei Dank«, raunte er Patrick zu, als ein schriller Pfiff die Vormittagspause ankündigte. »Ich habe heute einen ungeheuerlichen Durst.«

Er fuhr ein letztes Mal mit dem Scherkopf unter das Vlies, dann zog er an dem Kabel, um seine Maschine auszuschalten, und schob das Schaf zwischen seinen Beinen durch die Klappe und die Rutsche hinunter. Dann straffte er den Rücken und richtete sich zu seiner vollen Größe auf. Als er sich streckte, spürte er, wie sich seine Muskeln zusammenzogen und anspannten. Himmel, das waren Schmerzen! Die letzten Tage hatten ihm schwer zugesetzt. Die verdammte Stadt musste ihn verweichlicht haben.

Patrick, der sein Schaf erst halb geschoren hatte, rief nach Jem. »Hier«, sagte er grinsend. »Übe ein bisschen an dem hier. Aber Vorsicht, die Wolle ist ziemlich fest.«

Jem lernte das Schererhandwerk, indem er in den Pausen die Schafe zu Ende schor. Frank sah zu, wie unbeholfen er die Schermaschine in der Hand hielt. Es ist schon viel zu lange her, dass ich so ungeschickt war, dachte er wehmütig und erinnerte sich an seine eigene Anfangszeit.

Mrs. Dumas stand mit dem Aufseher zusammen, während sich die Scherer um den Tisch versammelten, auf dem die Teekanne stand, und sich von dem frischen, noch warmen Rosinenkuchen nahmen. Frank trank einen Schluck Tee und beobachtete dabei Jems tollpatschige Scherversuche.

Es ging schwer, die Wolle war voller Kletten. Plötzlich

blockierte die Maschine. Jem ließ vor Schreck das Handstück fallen. Im nächsten Moment schnellte es auf dem Boden herum wie etwas Lebendiges, peitschte durch die Luft und flog auf Mrs. Dumas' Füße zu.

»Vorsicht!«, rief Frank laut. Die Klingen waren scharf wie Rasiermesser und gefährlich. Frank hatte einmal erlebt, wie sie die Beine eines Scherers schwer verletzt hatten.

Roxy trat einen Schritt zurück, als Frank sich umdrehte und nach dem Kabel fassen wollte, um die Stromzufuhr zu unterbrechen. Gleichzeitig versuchte Jem, das Handstück einzufangen.

»Nein!« Frank kümmerte sich nicht mehr um das Stromkabel und versuchte stattdessen, Jem aus der Gefahrenzone zu zerren. Jem stolperte und fiel. Noch immer benahm sich die Schermaschine wie eine wild gewordene Schlange und zuckte durch die Luft. Frank bückte sich und packte nach Jems Hemdzipfel. Plötzlich fühlte er einen scharfen Schmerz, als die Maschine durch sein Fleisch schnitt. Er schaute herunter und sah, dass Blut von seiner Hand tropfte.

»Sie kommen besser mit zum Haus«, entschied Mrs. Dumas. »Die Wunde muss verbunden werden.«

Er folgte ihr über den Rasen zum Farmhaus, das imposant auf einer kleinen Anhöhe thronte. Mrs. Dumas bot ihm einen Stuhl an, tunkte seine Hand in eine Schüssel mit warmem Wasser, das sich augenblicklich rot verfärbte. Der Schnitt war so tief, dass man den Knochen sehen konnte, und brannte wie Feuer, als Mrs. Dumas Jod auftrug. Frank fühlte ihre warmen Finger auf seiner Haut und roch ihr Parfüm.

»Sie sollten damit wirklich zum Arzt gehen«, riet sie,

während sie einen Verband anlegte. »Das muss genäht werden.«

»Es wird schon gehen«, sagte Frank und entzog ihr seine Hand. »In ein paar Tagen ist die Hand wieder wie neu.«

Frank fühlte sich unbehaglich wie ein Insekt unter dem Mikroskop, als Roxy ihn eindringlich musterte. Aus der Nähe sah er die Sommersprossen auf ihrer Nase und die tiefgrünen Augen. Schweigen senkte sich über sie. Die Stille zerrte an Franks Nerven, obwohl er selbst nicht hätte sagen können, warum. Er glaubte, irgendetwas von sich geben zu müssen, aber sie kam ihm zuvor und schob ihn entschlossen zur Tür.

»Ich würde Ihnen raten, die Hand ruhig zu halten, wenigstens für ein paar Stunden, damit die Blutung aufhört«, bemerkte sie. »Und die Wunde muss nachher frisch verbunden werden.«

Die Hand ruhig halten! Das war schön und gut für Leute, die nicht arbeiten mussten, um leben zu können. Frank zog eine Grimasse, als er sich das nächste Schaf aus dem Pferch holte. Er hatte bereits eine Stunde verloren, und seine Stückzahl war kläglich. Zähneknirschend nahm er die Schermaschine und begann wieder mit der Arbeit. Die Schmerzen waren höllisch, und Blut sickerte durch den Verband.

Als die Kinder im Bett waren, nahm Roxy die Karbidlampe vom Haken neben der Tür. Sie füllte den Zylinder mit Wasser und beobachtete, wie das Licht zischend aufflammte.

Sarah eilte ins Zimmer. »Wohin gehst du?«, fragte sie.

»In die Unterkunft der Scherer. Ich möchte mir die verletzte Hand des jungen Mannes ansehen. Sie muss frisch verbunden werden.«

»Warte, ich komme mit«, rief Sarah. »Du solltest nicht allein im Dunkeln herumwandern. Besonders nicht dort unten.«

Die beiden Frauen gingen Arm in Arm über den Rasen. Die Nacht war mild, und eine leichte Brise wehte vom Fluss herauf. Männerstimmen drangen aus dem Gemeinschaftsraum.

»Heute ist etwas Interessantes vorgefallen«, begann Sarah.

»Ja?«

»Maggie kam am Nachmittag ins Arbeitszimmer – zum ersten Mal seit ihrem Unfall. Sie sagt, sie möchte die Buchführung wieder übernehmen.«

»Das macht dir doch nichts aus, oder?«

»Meine Güte, nein! Dann hätte ich eine Sorge weniger. Aber es kam ein bisschen plötzlich.«

»Eigentlich nicht.« Roxy lachte. »Es läuft genau nach Plan.«

»Wieso? Was hast du ausgeheckt?«

»Ich hab sie gestern mit in die Schurhalle genommen.«

»Das wusste ich nicht. Sie hat kein Wort davon erwähnt.«

»Sie wollte nicht mitkommen und hat erst ein ziemliches Theater gemacht, bis ich ihr bewies, dass sie keine andere Wahl hat. Du hättest ihr Gesicht sehen sollen. Manchmal glaube ich, es ist schwerer, anderen bei der Arbeit zuzusehen, als selbst mit anzupacken. Letzten Endes hat es ihr aber dann doch gefallen, denke ich. Niemand hat sie angestarrt, und die alten Bekannten haben ihr zugewinkt. Die Hauptsache ist, dass sie wieder Interesse für die Farm entwickelt.«

Die Männer verstummten, als Roxy und Sarah über die Schwelle traten. Roxy sah in die Runde und suchte den Scherer mit der verletzten Hand. Die Männer schoben ihn nach vorne, und er trat verlegen vor.

Roxy hätte um ein Haar einen Schrei ausgestoßen, als sie ihm den Verband abnahm und die Wunde sah. Sie sollte wirklich von einem Arzt behandelt werden. »Vielleicht müssen wir den Arzt aus Bourke holen, wenn das nicht heilt«, sagte sie und legte den neuen Verband an. »Haben Sie große Schmerzen?«

»Nein«, antwortete Frank. »Es tut fast gar nicht weh.«

Roxy wusste, dass er log.

Frank konnte es sich nicht leisten, die Arbeit niederzulegen und seine Hand zu schonen. Er würde so spät in der Saison keinen anderen Job mehr finden. Der Lohn von Wirra Downs musste für eine ganze Weile reichen. Stoisch ertrug er die Schmerzen und ließ sich zweimal am Tag einen frischen Verband anlegen. Manchmal verarztete ihn Mrs. Dumas, manchmal Sarah, die andere Frau. Obwohl Mrs. Dumas der Boss war, fühlte er sich in ihrer Gegenwart unbefangen. Sie behandelte ihn nicht von oben herab, und Frank freute sich auf die Besuche im Farmhaus.

KAPITEL 34

Roxy schob Maggie zur Schurhalle. Es war Sonntag, die Scherer arbeiteten nicht, und in der Halle war alles still. Das Holz knarrte, und ein durchdringender Geruch nach Teer und Lanolin lag in der Luft.

Das Gebäude hatte in den letzten zwei Jahren stark unter der Witterung gelitten. Das aus Ästen geflochtene Dach bröckelte, und die Balken, die nicht mehr vor Wind und Wetter geschützt waren, begannen zu faulen. »Die Halle ist zu klein, und die Kosten für die Reparaturen wären zu hoch«, bemerkte Roxy und sah sich um. »Im nächsten Jahr müssen hier mehr Schafe geschoren werden, wenn wir eine gute Saison haben. Etwas muss geschehen, und zwar bald.«

»Und was?« Maggie folgte Roxys Blick. »Wir haben kein Geld für einen Neubau. Weißt du, was der Bau einer neuen Schurhalle kostet?«

Roxy zuckte mit den Schultern. Das Kapital, das sie bei Levenstein investiert hatte, war jedes Jahr angewachsen. Es wurde Zeit, dass sie einen Teil davon in Wirra Downs investierte. »Es ist eine Notwendigkeit, kein Luxus. Außerdem habe ich ein bisschen Geld.«

»Du solltest nicht dein eigenes Geld für Wirra Downs ausgeben«, entgegnete Maggie schroff.

»Es ist für Eric.« Roxy ließ sich nicht beirren. »Es ist meine Pflicht, Wirra Downs für ihn so gut wie möglich in Schuss zu halten.«

Maggie bedachte sie mit einem düsteren Blick und schüttelte den Kopf. Der Schmerz hatte tiefe Falten in ihre Augenwinkel gegraben. »Vielleicht solltest du die

Kinder nehmen und von hier weggehen, solange du es noch kannst. Wirra Downs bringt nur Leid. Es hat mir meine Eltern, Gerald und Martin genommen. Und sieh dir an, was aus mir geworden ist! Es ist, als wollte uns das Land sagen, dass wir von hier verschwinden sollen. Vielleicht überlegt es gerade, wen von uns es als Nächstes dahinraffen soll.«

»Das Land ist kein Lebewesen, Maggie«, erwiderte Roxy ärgerlich.

»Nein? Flut und Dürre. Schau dich um, dann weißt du, dass hier das Land herrscht und wir nichts anderes als seine Diener sind. Wenn du anders denkst, machst du dir etwas vor.«

Roxy dachte später über Maggies Worte nach. In gewisser Hinsicht hatte ihre Schwiegermutter Recht. An der Witterung konnten sie nichts ändern. Es gab keinen Zauber, mit dem sie bei Dürre Regen heraufbeschwören oder das Hochwasser aufhalten konnten, das sich gelegentlich über das Land ausbreitete. Maggie war auf ihren Rollstuhl angewiesen, und der Schmerz hatte ihr jegliche Illusion geraubt. Sie musste sich fühlen, als wäre ihr Leben nach und nach zerbrochen.

Nein, dachte Roxy finster, Maggie hatte auch eine Zukunft, genau wie die anderen. Sie saßen alle in einem Boot. Jeder von ihnen hatte viel zu gewinnen und viel zu verlieren. Und sie sollte das Land aufgeben, das sie alle ernährte? Das war undenkbar. Die Zeiten waren nicht rosig, aber eines Tages …

Martins Worte kamen ihr wieder in den Sinn.

Eines Tages wird dies die lukrativste Farm weit und breit sein. Dann werde ich die größte Schurhalle von ganz New South Wales bauen, warte es nur ab!

Es war fast dunkel, nur ein Hauch von Tageslicht erhellte noch den westlichen Horizont, als sie das Gatter des Pferches hinter dem letzten Schaf schloss. Sie löste Kintyres Zügel von dem Pfosten, an dem sie ihn angebunden hatte, und entdeckte Sarah am Zaun. »Dinnie meint, du sollst zum Abendessen kommen.«

»Ich hab zu tun. Richte Dinnie aus, dass sie nicht auf mich warten soll. Ich bereite mir was zu essen zu, wenn ich später heimkomme.«

»Wie viel später?«

»Himmel, Sarah! Ich weiß es nicht. Wenn ich mit dem, was erledigt werden muss, fertig bin.«

Sarah kam auf sie zu und legte die Hände auf ihre Schultern. Ihre Stimme klang aufgebracht, als sie entgegnete: »Offenbar kann dich in letzter Zeit niemand mehr ansprechen, ohne dass du ihm den Kopf abreißt. Sieh dich an! Du bist reizbar und so erschöpft, dass du dich kaum noch auf den Beinen halten kannst. Wann hast du das letzte Mal richtig ausgeschlafen?«

Roxy seufzte und wischte sich eine Haarsträhne aus dem Gesicht. Sie konnte gut auf Sarahs Predigt verzichten, gerade heute Abend. Sie musste noch jede Menge erledigen, bevor die Scherer morgen wieder an die Arbeit gingen. Sie stemmte die Hände in die Hüften. »Ja, ich bin müde, und ich habe nicht vor, kostbare Zeit zu verschwenden und mit dir zu streiten. Je eher ich hier draußen fertig bin, desto früher komme ich heim. Kann das hier so lange warten?«

»Ich glaube nicht.« Sarah verschränkte trotzig die Arme vor der Brust. »Du bist so verdammt dickköpfig!«, platzte sie heraus. »Ich kann nicht mehr danebenstehen und zusehen, wie du dein Leben ruinierst.«

»Ich ruiniere mein Leben?«, wiederholte Roxy ungläubig. »Ich arbeite schwer, um uns allen das Leben hier zu ermöglichen. Mehr als das kann ich nicht tun, Sarah.«

»Du richtest dich zugrunde bei dem Versuch, den Betrieb hier ganz allein zu leiten, und merkst nicht einmal, dass alles andere auf der Strecke bleibt. Das hältst du rein körperlich nicht aus, Roxy. Wenn du dir schon nicht um deiner selbst willen Hilfe suchst, dann wenigstens den Kindern zuliebe.«

»Was haben Eric und Ella damit zu tun?«

»Wann hast du deine Kinder zum letzten Mal ins Bett gebracht und ihnen einen Gutenachtkuss gegeben?«, gab Sarah wütend zurück und deutete mit dem Kopf zum Haus. »Du hast einen Sohn, der dich kaum noch kennt, und eine zwei Jahre alte Tochter, die glaubt, ich wäre ihre Mutter.«

»Sie sehen mich jeden Tag.«

»Unsinn!«, schnaubte Sarah. »Sie schlafen noch, wenn du morgens aus dem Haus gehst, und liegen meistens schon im Bett, wenn du heimkommst. Sag mir, wann du zum letzten Mal einen Tag mit ihnen verbracht hast.«

Roxy rieb sich erschöpft das Gesicht. Sarah hatte Recht, das wusste sie. Sie hatte tatsächlich keinen ganzen Tag mehr mit ihren Kindern verbracht, seit sie vor Monaten die Verantwortung für Wirra Downs übernommen hatte. »Den Kindern gehts gut«, erwiderte sie knapp. »Sie sind bestens versorgt.

»Ja«, stimmte Sarah ihr zu. »Sie *sind* gut versorgt, aber sie brauchen *dich*, ihre Mutter.«

»Ich tue das alles nur für sie, für Eric – ich versuche, Wirra Downs auf Vordermann zu bringen, damit er hier eine Zukunft hat. Martin hätte es so gewollt.«

»Nicht, wenn es auf Kosten des Jungen geschieht.« Sarahs Augen blitzten.

Roxy hatte sie noch nie so aufgebracht erlebt. Sie trat ein paar Schritte zur Seite – jetzt wollte sie nicht über die Vorwürfe nachdenken. Sie schmerzten, verdammt! Versuchte sie nicht alles Menschenmögliche für alle zu erreichen? Lieber Gott, sie war so müde!

Sarah ging auf Roxy zu, nahm ihre Hände und schaute ihr in die Augen. »Hör mal, ich liebe dich wie eine Schwester. Du bist meine beste Freundin. Ich kann nicht schweigend zusehen, wie du dich zugrunde richtest. Du willst etwas beweisen, stimmts? Dass du besser bist als Maggie Dumas? Vergiss eines nicht, Roxy – abgesehen von den wenigen Monaten nach Martins Tod hat Maggie Wirra Downs niemals ganz allein geführt. Dazu war sie zu klug, sie kannte ihre Grenzen. Martin war an ihrer Seite und hat ihr geholfen, schon vergessen?«

»Nein«, flüsterte Roxy. Martin! Wie könnte sie ihn vergessen? Die Art, wie er sie angesehen und geliebt hatte. Er hatte ihr das Gefühl gegeben, eine Prinzessin zu sein. Und die anderen glaubten, dass sie um der Farm willen ihre Kinder vernachlässigte?

»Wenn du die Wahl hättest, wofür würdest du dich entscheiden – für Wirra Downs oder für die Kinder?«, fragte Sarah.

»Sei nicht albern«, zischte Roxy. »Natürlich für die Kinder.«

Sarah ließ ihre Hände los und trat zurück. »Danke«, antwortete sie leise. »Wenn du das mir gegenüber zugeben kannst, warum gestehst du es dir dann nicht selbst ein? Es quält mich, dich so zu sehen. Du bist jeden Abend so erledigt, dass du dich kaum ins Bett schleppen kannst.

So darfst du nicht weitermachen. Das hält kein Mensch aus. Wirst du dich nach einem Verwalter umsehen?«

Roxy nickte matt. »Also gut. Nach der Schur, wenn ich mehr Zeit habe.«

Sarah zog die Stirn kraus. »Roxy …«

Roxy breitete die Arme aus. »Ich verspreche es. Ehrenwort.« Sie lächelte.

»Ja, warum nicht?«, sagte Maggie später. Roxy hatte sie im Arbeitszimmer gefunden, wo sie gewissenhaft die Zahlenkolonnen addierte. »Die Farm kann ein weiteres Gehalt verkraften, und ein Verwalter macht sich ganz bestimmt bezahlt.«

Roxy zuckte mit den Schultern. »Ich weiß nicht. Es erscheint mir irgendwie falsch, einem Fremden die Verantwortung zu übertragen. Martin hat es immer geschafft, den Betrieb am Laufen zu halten.«

»Ja, aber er war ein Mann und hatte nicht auch noch die Verantwortung für zwei Kinder. Dein Arbeitstag ist zu lang, Roxy. Du mutest dir zu viel zu.«

»Aus deinem Munde ist das eine Übertreibung.«

Maggie sah sie ruhig an und tippte mit dem Finger auf die Armlehne ihres Rollstuhls. »Wir alle haben unsere Grenzen, Roxy. Sie zu erkennen ist die Schwierigkeit.«

Roxy schreckte aus dem Schlaf, als jemand an die Verandatür in ihrem Zimmer klopfte. »Wer ist da?«, rief sie benommen und hob den Kopf vom Kissen.

»Ich. Porridge. Bitte kommen Sie schnell, Miss Roxy. Großer Streit bei den Scherern.«

Roxy schlüpfte hastig in ihre Hose und ein sauberes Hemd, dann setzte sie sich auf die Verandastufen, um ihre Stiefel anzuziehen. »Was ist passiert?«, keuchte sie, während sie über den Rasen lief. Licht drang aus den Hütten der Männer und beleuchtete den unebenen Boden. Laute Schreie und das Klirren von Glas waren zu hören.

»Keine Ahnung. So wie das klingt, haben sie alle zu viel Fusel getrunken. Bier mit Wein gemischt.«

Der Aufseher versuchte, Roxy beiseite zu ziehen, als sie an die Tür der Hütte kam. »Mrs. Dumas, kommen Sie nicht herein, dies ist kein Platz für eine Frau.«

Sie schüttelte ihn ab und betrat den Raum. Zwei Scherer gingen aufeinander los und wurden von den anderen angefeuert, die einen Kreis um die Kampfhähne gebildet hatten. Zornig durchbrach Roxy den Kreis der Schaulustigen und stellte sich zwischen die Kampfhähne. Plötzlich herrschte absolute Stille.

»Ich dulde keine Kämpfe auf meiner Farm.«

»Aah. Wer sagt das?«, lallte einer der Raufbolde undeutlich. Die beiden Männer kreisten um Roxy.

»*Ich* sage das«, erwiderte Roxy, so streng sie konnte. »Geht in eure Betten. Ab heute gibt es keinen Alkohol mehr auf Wirra Downs.«

Der kleinere der beiden Männer duckte sich, schirmte die Augen mit einer Hand gegen das grelle Licht der Lampen ab und näherte sich dem anderen. Als er sich wegdrehte, entdeckte Roxy die blitzende Messerklinge in seiner Hand.

Die folgenden Sekunden vergingen für sie unendlich langsam. Sie sah, wie die Klinge auf sie zukam, bemerkte das anzügliche Grinsen auf dem Gesicht des Betrunkenen. Die Gestalten im Hintergrund schienen in Bewegung zu geraten und blieben wieder stehen. Ich sollte weglaufen, dachte Roxy, aber ihre Füße gehorchten ihr nicht. Dann ging alles sehr schnell. Eine Hand packte das Handgelenk des Mannes und drückte so fest zu, bis das Messer polternd auf den Boden fiel. Als die beiden Kampfhähne weggeführt wurden, schaute Roxy auf und sah in Frank Bartons Gesicht.

Frank scheuchte sie von den Männern weg und hinaus in die frische Luft. »Sie haben sich ausgesprochen töricht verhalten«, erklärte er finster.

»Wie bitte?« Seine barsche Art erschreckte sie.

»Wofür halten Sie sich? Glauben Sie, Sie wären so etwas wie ein göttliches Wesen für diese Männer? Was, um alles in der Welt, wollten Sie beweisen?«

»Das Messer – er wollte nicht mich damit angreifen. Mir wäre nichts passiert. Die Männer kennen mich.« Heiße Empörung stieg in ihr auf und drohte sie zu verschlingen.

»Die Männer waren betrunken! Sie hätten ihre eigenen Mütter nicht erkannt.«

Roxy stand schwer atmend vor ihm. Sie war hier der Boss, nicht ein unartiges Kind. »Wie können Sie es wagen, so mit mir zu sprechen?«

Mit einem Mal entspannte sich sein Gesicht, und er schien ein wenig in sich zusammenzusinken. Er legte beide Hände auf ihre Schultern und sah ihr einen langen Moment in die Augen. Es war ein seelenvoller Blick, der sie verblüffte und verwirrte. »Tut mir Leid. Ich war einfach außer mir«, bekannte er schlicht. »Aber Sie sollten das Problem mit dem Alkohol gleich am Morgen lösen. Das Letzte, was Wirra Downs gebrauchen kann, ist der Ruf, ein Ort für Schläger und Saufbrüder zu sein. Dann bekommen Sie nie wieder anständige Leute zur Schurzeit hierher.«

Roxy stand früh auf, weil sie nicht mehr schlafen konnte. Sie zog einen Morgenmantel an, öffnete die Tür und trat auf die Veranda. Ein rosa Schimmer im Osten kündigte den neuen Tag an. Jenseits der Salzpfannen schwirrte ein kreischender Schwarm Kakadus in die Luft. Der Fluss lag reglos da.

Noch rührte sich nichts in den Unterkünften der Scherer, obwohl es bald Zeit für die Männer war aufzustehen. Sie waren sicher müde und träge nach dem Besäufnis am gestrigen Abend. Noch eine Woche, dann würden die Scherer fortziehen, und wieder war eine Saison zu Ende.

Roxy wanderte hinunter zum Gemüsegarten und hoffte, Horries Erdbeerbeet plündern zu können. Die frischen Früchte wären eine willkommene Abwechslung zum üblichen Frühstück. Barfuß tapste sie durchs taubenetzte Gras zum Gartentor.

Die Angeln quietschten, als sie es öffnete, und Horrie richtete sich auf und kam hinter den Stangenbohnen hervor. Er war dabei, die Ranken an die langen Holzstangen zu binden. »Ah, Missy«, begrüßte er sie in seinem eigenartigen Singsang. »Sie sind heute früh auf.«

»Ich dachte, ich könnte ein paar Erdbeeren pflücken.«

Horrie hatte kleine Glöckchen rund um die Pflanzenreihen angebracht. »Das bringt Glück«, hatte er Roxy einmal erklärt. Zudem schreckten sie die Vögel ab, die sich gern über das, was der Garten zu bieten hatte, hermachten. Der Wind brachte die Glöckchen zum Klingen, und die zarten Laute wirkten beruhigend auf Roxy.

Horrie eilte herbei. »Kommen Sie, kommen Sie«, rief er, während er mit seiner gebeugten Haltung an ihr vorbeilief. »Schöne Erdbeeren für Sie, Missy. Ich pflücke sie selbst. Ganz frisch.«

Rasch sammelte er eine Schüssel voll und reichte sie ihr ehrerbietig. »Sie sehen müde aus, Missy. Hatten Sie nicht genug Schlaf?«

»Nein.« Als sie seinen sanften, vertrauten Tonfall hörte, bildete sich ein brennender Kloß in ihrer Kehle. Sie schluckte schwer, und Tränen traten ihr in die Augen, als hätten sie nur auf einen passenden Moment gewartet. »Oh, ich weiß nicht«, flüsterte sie. »Nichts geht glatt. Sie wollen, dass ich einen Verwalter einstelle, und behaupten, ich könnte nicht allein mit allem fertig werden. Sag mir, dass sie nicht Recht haben«, flehte sie. »Sag mir, dass ich es schaffe. Ich möchte die Kontrolle über Wirra Downs behalten und die Zügel nicht einem Fremden überlassen. Ich will die Farm so führen, wie Martin es wollte.«

Horrie schüttelte den Kopf. Sein grauer Pferdeschwanz schwang von einer Seite zur anderen. »Der Weg ist eben. Warum legen Sie Felsen vor sich?«

»Was meinst du damit?«

Horrie deutete auf den Pfad zwischen den Kohlköpfen und den Tomatenstauden. »Sehen Sie«, sagte er. »Ist er eben? Ja? Man kann leicht darauf gehen. Aber wenn man große Steine hinlegt, kommt man nicht vorbei. Was wäre so schlimm, wenn es einen Verwalter gäbe? Sie sind immer noch der Boss und treffen alle Entscheidungen. Es wird alles nur ein bisschen leichter.«

Das klang so simpel, dass Roxy den alten Gärtner am liebsten mitten im Erdbeerbeet geküsst hätte. Horrie hatte eine bewundernswerte Art, die Probleme zu vereinfachen. Im Gegensatz zu ihr sah er nie unüberwindliche Hindernisse.

Nach der Arbeit kam Frank jeden Tag ins Haus, um sich die Hand verbinden zu lassen. Der Schnitt war tief und hätte genäht werden müssen; so verheilte die Wunde nur langsam. Aber Frank hatte den Vorschlag, Dr. Sides in der Stadt aufzusuchen, rundweg abgelehnt.

Noch jetzt erkannte sie, wenn sie einen frischen Verband anlegte, den Schmerz in seinen Augen, obwohl er versuchte, sich nichts anmerken zu lassen. Unabhängige, harte Kerle, dachte sie und schmunzelte. Sie verbargen den Schmerz, als müssten sie sich dafür schämen.

»Warum bleiben Sie nicht zum Essen«, schlug sie impulsiv vor, als sie die Mullbinden in den Verbandskasten räumte. »Ich bin sicher, Dinnie hat nichts dagegen. Sie kocht immer ein bisschen mehr.«

»Na ja, wenn Sie es wirklich wollen, Mrs. Dumas …«

»Bitte, nennen Sie mich Roxy.«

Sie wollte sich bei ihm bedanken. Jetzt, da sich die Anspannung vom gestrigen Abend gelöst hatte, sah sie ein, dass es falsch gewesen war, sich in den Streit der Männer einzumischen. Heute Morgen hatte sie die beiden Raufbolde ausbezahlt und weggeschickt. Bei der anschließenden Inspektion der Unterkünfte hatte sie eine Menge Flaschen zu Tage befördert – die meisten waren angebrochen.

»Nach den Ereignissen der letzten Nacht muss ich mich bei Ihnen entschuldigen. Ich habe falsch gehandelt, das weiß ich jetzt. Und Sie haben mich zum zweiten Mal vor Schaden bewahrt.«

»Zum zweiten Mal?« Er sah sie verständnislos an.

»Neulich in der Schurhalle vor der Schermaschine. Sie hätte mich anstelle Ihrer Hand treffen können. Ich bin Ihnen sehr zu Dank verpflichtet.«

Frank schaute auf den Verband und zuckte mit den Schultern. »Nicht der Rede wert, Mrs. Dumas ... äh, Roxy«, murmelte er verlegen.

Frank, der die Gesellschaft der raubeinigen Scherer gewöhnt war, staunte über die Atmosphäre im Farmhaus, und es machte ihn nervös, dass keine Männer hier wohnten. Es war ein Haus für Frauen und Kinder: Roxy, Sarah, Eric und Ella, Annie und Jack, Maggie, die griesgrämige Schwiegermutter im Rollstuhl, Dinnie und Narairee.

Insbesondere Roxy mit ihrer direkten, ungezwungenen Art brachte ihn durcheinander. Obwohl sie sich meistens kleidete wie ein Mann und so hart arbeitete wie jeder andere auf der Farm, strahlte sie eine geheimnisvolle Weiblichkeit aus, die weder die Moleskinhose noch die Stiefel verbergen konnten. Frank freute sich auf ihre Besuche in der Halle und auf die Abende, wenn sie ihn verarztete. Er genoss die Berührung ihrer Hände.

Er kannte so gut wie keine Frauen und konnte sich nicht an seine Mutter erinnern. Für ihn war es, als hätte sie nie existiert. Sie war schlicht die unbekannte Frau auf dem Foto. Ein Gesicht, ein auf dem Bild festgehaltenes Lachen.

Polly. Hatte Sid sie geliebt? Frank hoffte es, denn er wollte nicht daran denken, dass bei seiner Zeugung nur niedere Triebe im Spiel gewesen waren. Außerdem hatte Sid ihn aufgezogen, ihm ein Heim gegeben und beigebracht, gut von böse zu unterscheiden. Demnach musste seine Eltern etwas verbunden haben.

Frank wusste nicht viel über Frauen. Für ihn waren sie ein großes Mysterium. Deshalb fühlte er im Kreis der Frauen im Haus von Wirra Downs eine tiefe Unsicherheit.

Die Mahlzeit war sicherlich eine erfreuliche Abwechslung zu der üblichen Kost der Scherer, und er genoss den köstlichen Braten, die knusprig gebackenen Kartoffeln, das Kürbisgemüse und Horries zarte Babyerbsen. Danach gab es verschiedene frische Früchte. Nach dem Essen lud Roxy ihn ins Arbeitszimmer zu einem Glas Portwein ein. »Aber verraten Sie dem Aufseher nicht, dass Sie hier Alkohol getrunken haben«, bat sie mit einem Lächeln. »Die Regeln gelten eigentlich für alle.«

Als Frank den süßen Wein trank, fielen ihm die Skizzen auf, die auf dem Schreibtisch lagen. »Darf ich?«, fragte er und deutete auf den Stapel. Interessiert sah er sich eine der großen Zeichnungen an.

Roxy schüttelte den Kopf. »Das sind nur rohe Entwürfe für eine neue Schurhalle. Ich muss noch mit dem Aufseher besprechen, wo der beste Standort für die Dampfmaschine ist.«

»Mmm.« Frank war in den Plan vertieft.

»Was halten Sie davon? Scherer wie Sie müssen in der Halle arbeiten. Vielleicht sollte ich überhaupt einmal mit den Männern reden, möglicherweise haben sie ja noch Ideen, wie man etwas verbessern kann.«

»Die Sache ist die«, gab Frank nachdenklich zurück, »die alten Hallen mit den gewölbten Dächern aus Zweigen sind viel kühler als die neuen. Dort brennt die Sonne auf die Wellblechdächer, und innen ist es heiß wie in einem Brutkasten.«

»Es muss aber eine andere Möglichkeit geben, die Halle kühl zu halten«, überlegte Roxy.

»Also«, begann Frank und deutete auf das Dach in der Skizze, »ich habe von einer Halle in Queensland gehört, die ein dreigeteiltes Dach hat – es besteht aus freitragenden Flächen, so nennt man das, glaube ich. Es sind praktisch drei Dächer übereinander, und zwischen ihnen wird eine Lücke von einem guten halben Meter gelassen. Jedes Dach überragt das andere um ein Stück, sodass es nicht hereinregnen kann. Und einige Wände bestehen aus Holzlamellen, die man schräg stellen kann, um die Brise hereinzulassen. Heiße Luft steigt nach oben, und sie entweicht durch die Lücken im Dach, wenn kühlere Luft in den Innenraum dringen kann. Dann herrscht ein angenehmeres Klima in der Halle.«

»Klingt plausibel und einfach.« Roxy ging zum geöffneten Fenster und sah hinaus. Nach einer Weile kam sie wieder zurück, setzte sich und musterte Frank mit ernstem Blick. »Woher kommen Sie, Frank? Sie scheinen sehr viel über das Land zu wissen.«

»Aus dem Territory«, antwortete er ohne nähere Erklärungen. Roxys Frage weckte wieder Erinnerungen an seine Kindheit. Polly, Sid, der Wald am Creek. Die Treiber mit den Rinderherden. In letzter Zeit dachte er sehr oft an seine Heimat. Vielleicht würde er zurückgehen, sobald die Arbeit auf Wirra Downs erledigt war. Das hatte er schon sehr lange vor.

»Und Ihre Familie?«

»Meinem Vater gehörte dort eine große Farm. Am Roper. Dort bin ich geboren und groß geworden.«

»Warum sind Sie weggegangen?«

Diese Frage konnte Frank nicht beantworten. Was hätte er sagen sollen? Ich bin zu einem Viertel ein Aborigine. Der uneheliche Sohn eines längst verstorbenen Farmers. Ich gehöre weder zu den Weißen noch zu den Ureinwohnern. »Mein Vater starb, und ich bin mit dem Rest der Familie nicht gut ausgekommen«, erwiderte er stattdessen. Das entsprach ja auch im Großen und Ganzen der Wahrheit.

Roxy stand wieder auf und nahm hinter dem Schreibtisch Platz. »Nun ... die Saison hier hat ihre Höhen und Tiefen, und viele Männer haben es nicht gern, wenn eine Frau das Sagen hat.«

Frank nickte – es war allgemein bekannt, dass die Arbeiter eher Anweisungen von einem Mann akzeptierten. »Worauf wollen Sie hinaus?«

»Wenn ich eines in diesem Jahr gelernt habe, dann ist es das, dass wir hier auf Wirra Downs einen Verwalter brauchen.«

»Eine vernünftige Überlegung«, bestätigte Frank. »Es sollte ein Mann sein, der in Ihrem Sinne eingreift. So etwas wie letzte Nacht darf nicht vorkommen. Der Alkohol hat die Stimmung aufgeheizt. Aber das ist Vergangenheit, und zum Glück wurde niemand verletzt.«

»Ich dachte daran, jemanden einzustellen. Zunächst auf Probe, damit wir sehen, wie die Dinge laufen.«

»Eine weise Entscheidung. Falls es nicht gut geht, können Sie ihn wieder entlassen.«

»Ja.« Roxy nickte und runzelte konzentriert die Stirn, als würde sie angestrengt nachdenken. »Was haben Sie vor, wenn die Schursaison zu Ende ist, Frank?«

Er zuckte mit den Schultern. »Ich mache mich wieder

auf den Weg und hoffe, irgendwo anders Arbeit zu finden. Vielleicht ziehe ich nach Norden, um der Farm, die einmal meinem Vater gehört hat, einen Besuch abzustatten.«

»Sie könnten hier bleiben, wenn Sie wollen.«

Er starrte sie verständnislos an. »Wie meinen Sie das?«

»Sie können den Job als Verwalter haben – ich würde es gern mit Ihnen versuchen. Als Scherer wissen Sie, was in den Köpfen der Männer vorgeht. Sie kennen die Bedingungen, unter denen sie arbeiten müssen. Gemeinsam könnten wir diese Farm erneuern. Ich möchte mit dem Bau der neuen Schurhalle nach Weihnachten anfangen, damit sie zu Beginn der nächsten Saison fertig ist.«

Frank hörte sprachlos zu, wie ihm Roxy ihre Pläne darlegte, beschrieb, was zum Aufgabenbereich eines Verwalters gehörte, und ein Gehalt nannte, das der Verantwortung entsprach. Zudem bot sie ihm ein kleines Cottage mit Blick auf den Fluss zum Wohnen an. »Na ja, Sie müssten sich das Cottage mit Jem teilen«, fügte sie mit einem Lächeln hinzu. »Sagen Sie mir sechs Monate zu, und wenn Ihnen der Job nicht gefällt, steht es Ihnen frei zu gehen.«

»Und wenn ich nicht so arbeite, wie Sie es sich vorgestellt haben, können Sie mich entlassen.« Sein Herz klopfte heftig. Aber er wusste nicht, ob ihn das Jobangebot oder Roxys Nähe so aus der Fassung brachte.

»Ich glaube, wir beide werden miteinander auskommen, Frank. Ich würde Ihnen den Posten nicht anbieten, wenn ich nicht denken würde, dass wir gut zusammenarbeiten können. Denken Sie ein, zwei Tage über mein Angebot nach, wenn Sie möchten, doch teilen Sie mir

Ihre Entscheidung möglichst bald mit. Ich habe große Pläne für die Farm und kann es kaum erwarten, sie in die Tat umzusetzen.«

Frank überlegte nur ein paar Sekunden, dann nahm er den Job an. Eine dauerhafte Anstellung war wie ein lange gehegter Traum, der endlich in Erfüllung gegangen war.

Die Männer machten ein paar schneidende oder spöttische Bemerkungen, als Roxy am folgenden Tag mit den Entwürfen und Skizzen in der Vormittagspause in die Halle kam.

»… Dinner mit dem Boss.«

»Das ist ja schön und gut für einige …«

Roxy straffte die Schultern. »Sie alle sollten wissen«, begann sie, »dass sich Frank Barton einverstanden erklärt hat, den Posten als Verwalter von Wirra Downs anzunehmen. Er fängt nächste Woche an.«

Sie sah Überraschung in Franks Augen – so als hätte er befürchtet, dass er sich das alles nur eingebildet oder Roxy sich eines Besseren besonnen haben könnte. Aber sein Gesicht verriet nichts von seinen wahren Gefühlen.

»Stimmt das, Frank?«, fragte der Aufseher.

Frank nickte. »Ja. Ihr Jungs solltet euch in den nächsten Tagen zusammenreißen, oder ich mache euch die Hölle heiß, verstanden?« Er gab dem Jungen, der als Aushilfe tätig war, einen gutmütigen Klaps, und alle brachen in Gelächter aus.

So, dachte Roxy, ich habs getan.

Blieb nur noch, Maggie und Sarah die Neuigkeit mitzuteilen.

KAPITEL 35

Western Herald and Darling River Advocate
Mittwoch, 18. November 1896

Unser Reisekorrespondent ist gerade von einem angenehmen Aufenthalt aus Wirra Downs zurückgekehrt, wo kürzlich umfangreiche Erneuerungsmaßnahmen abgeschlossen wurden. Der Besitz grenzt über eine Länge von zehn Meilen an den Darling River, die andere Grenze verläuft etwa fünfzig Meilen vom Fluss entfernt. Mittlerweile gewährleisten vierundzwanzig Grundwassertanks die Wasserversorgung auf dem Land, jeder von ihnen hat eine Kapazität von zwölftausend Kubikmetern.

Die neue Schurhalle ist ein Meisterstück moderner Architektur. Das Gebäude wurde auf Pfeilern errichtet, der Platz unter dem Bau dient als Pferch, in dem zweitausend Schafe Platz haben, und gleichzeitig sorgt der Hohlraum dafür, dass die Luft besser zirkulieren kann. Von diesem Pferch werden die Tiere über eine Rampe in den Verschlag in der Mitte der Schurhalle getrieben. Die umliegenden Koppeln fassen etwa zwanzigtausend Schafe, sodass die Vorbereitungen – das Zusammentreiben und Ausmustern – vor der Schur erheblich erleichtert wurden. Hunderttausend Ziegelsteine wurden für den Bau des nahe gelegenen Desinfektionsbeckens verwendet.

Die neue Schurhalle mit hundert Ständen und zwei Fowler-Dampfmaschinen ist die größte in dieser Region. Der Boden der Halle besteht aus Holzplatten mit etwa ein Zentimeter breiten Spalten – die Reinigung eines solchen Bodens ist absolut problemlos. Im Wollhaus können acht-

hundert Ballen gelagert werden, die Waschbottiche für die Wolle sind transportabel. In diesem Jahr wurden achtzigtausend Schafe auf Wirra Downs geschoren, und der Ertrag betrug in etwa neunhundertachtzig Wollballen. Zwei Pressen sind während der Schurzeit in ständigem Betrieb.

Im Zuge der Baumaßnahmen wurden auch neue Unterkünfte für die Scherer mit einer großen Küche, einem Speisesaal und einem Gemeinschaftsraum errichtet. Die separaten Cottages bieten sechs Männern Platz zum Schlafen.

Zusätzlich zu der Schafzucht und der Wollproduktion werden auf Wirra Downs noch Rinder gezüchtet – die Herde umfasst etwa sechshundert Stück Vieh –, und das Whaler-Gestüt mit den mehreren Dutzend Zuchtstuten und Fohlen hat sich in der ganzen Gegend einen guten Ruf erworben. Der Distrikt Bourke ist bestimmt stolz auf das Unternehmen, das unter der Leitung von Mrs. Dumas und ihrem Verwalter Frank Barton in kurzer Zeit aufgeblüht ist.

Roxy legte die Zeitung zur Seite und fuhr sich mit der Hand über die Stirn. Guter Gott, es war brütend heiß; die Temperaturen kündigten den bevorstehenden Sommer an. Roxy hoffte, dass sich die Hitzewelle, die im letzten Jahr mehr als vierzig Menschen in Bourke dahingerafft hatte, nicht wiederholte.

Sie beobachtete von der Veranda aus, wie Ella auf Frank zulief. Er hob die Kleine hoch, wirbelte sie herum und setzte sie sich auf die Schultern. Ella strahlte über das ganze Gesicht.

»Schau, Mummy! Frank trägt mich auf den Schultern. Jetzt kann ich alles sehen. Sogar den Hühnerhof und Horries Garten.« Sie kicherte aufgeregt, schlang den Arm um Franks Hals und legte den Kopf an seinen.

Alle liebten Ella. Sie war ein hübsches Kind mit wilden dunklen Locken. Frank nannte sie »Sonnenschein«, weil sie ein so sonniges Gemüt hatte, und der Spitzname war von den anderen bald übernommen worden. Vor zwei Tagen hatten sie Ellas dritten Geburtstag gefeiert. Liebe Güte, wie die Zeit vergeht!, dachte Roxy, während sie ihre Tochter beobachtete. Sie erinnerte sich noch deutlich an den Augenblick, in dem ihr Doktor Sides den Säugling in den Arm gelegt hatte, und daran, welche Liebe sie damals durchströmt hatte. Drei Jahre – wo waren sie geblieben?

Eric war schon ziemlich groß – jeder Zoll ein Dumas wie Martin. Er war ein guter Junge, freundlich, umsichtig und mit demselben Humor gesegnet wie sein Vater. Er war im März fünf Jahre alt geworden. Sarahs Tochter Annie war inzwischen sechs.

»Mummy! Mummy!«

Ella unterbrach Roxys Gedankenfluss. Die Kleine streckte die Arme aus und forderte, von Franks Schultern gehoben zu werden. Lachend lief Roxy die Stufen hinunter und ging über den Rasen, als Frank Ella noch einmal durch die Luft wirbelte und auf den Boden stellte. Roxy kauerte sich neben ihre Tochter und drückte das Gesicht an ihre Locken.

Frank arbeitete jetzt seit einem Jahr als Verwalter, und das Arrangement nutzte allen. Roxy bewunderte, wie natürlich er mit den Kindern umging, wie er sich den Respekt der Männer erworben hatte und wie er es verstand, immer das Beste aus Notlagen und Katastrophen zu machen. Es schien kein Problem zu geben, das Frank nicht lösen konnte, kein Dilemma, das er nicht mit Taktgefühl und Diplomatie behandelte. Die Kinder, besonders Ella, vergötterten ihn. Manchmal fragte sich Roxy, wie sie jemals ohne ihn zurechtkommen konnte. Er erledigte die anstrengendsten Arbeiten mit Leichtigkeit und ermöglichte ihr, mehr Zeit mit den Kindern zu verbringen.

Wie aufs Stichwort rannten Eric, Annie und Jack auf sie zu. »Schnell, Mum, komm und sieh dir das an! Wir sind fertig«, keuchte Eric. Er nahm ihre Hand und zog sie in Richtung Schurhalle.

Martin wäre so stolz, dachte Roxy, als sie in dem breiten Eingang stand und sich umsah. Die neue Halle war, wie die Zeitung geschrieben hatte, rechtzeitig zur Schur fertig geworden und die größte im ganzen Distrikt. Die Öffnungen zwischen den Dachebenen ließen Licht herein, und durch die schräg gestellten Lamellen an den Wänden kam eine Brise herein, die die vielen bunten Papierbänder wild flattern ließ.

»Was sagst du dazu, Rox?« Jem spähte von der Leiter herunter und grinste. »Nicht gerade ein prunkvoller Ballsaal, aber das dürfte genügen.«

»Es ist wunderschön«, antwortete sie und drückte einen Kuss auf Ellas Wange. »Hast du auch mitgeholfen, Liebling?«

»Geholfen!«, schnaubte Eric. »Sie hat dauernd geplappert und Krach gemacht, Mum, mehr nicht. Annie hat mir am meisten geholfen.« Er bedachte Sarahs Tochter mit einem scheuen Lächeln.

Die groß gewachsene, blonde Annie erinnerte Roxy an

Michael, Sarahs verschollenen Mann. Er war seit über drei Jahren verschwunden und hatte immer noch nichts von sich hören lassen. Sarah weigerte sich, über ihn zu sprechen, und presste fest die Lippen zusammen, wann immer die Sprache auf den Vater ihrer Kinder kam. Manchmal dachte Roxy, dass ihr eigenes Schicksal vielleicht leichter zu ertragen war. Der Tod war etwas Endgültiges, und sie hatte die Gelegenheit, zu trauern und sich nach und nach damit abzufinden, dass Martin nicht mehr war. Aber Sarah? Sie wusste nicht, ob Michael jemals zurückkam, ob er überhaupt noch lebte.

Roxy verbannte die düsteren Gedanken – an einem so schönen Tag wie diesem wollte sie sich nicht damit beschäftigen. Die Schur war beendet, und morgen verließen die Männer Wirra Downs. Aber heute Abend feierten sie das Ende der ersten Saison in der neuen Schurhalle.

Roxy hatte alle Farmer aus der Umgebung eingeladen und viele Zusagen erhalten. »Sie sind alle neugierig wie die Katzen und wollen unbedingt sehen, was sich im letzten Jahr auf Wirra Downs getan hat«, hatte Frank lachend bemerkt.

Jetzt kam er zu ihr. »Sehen Sie, was wir vollbracht haben«, sagte er. »Die Wände sind, wie Sie es wollten, mit Sackleinen bespannt, damit die Kleider der Ladys nicht schmutzig werden, und Annie und Eric haben den Boden gefegt.«

»Drei Mal!«, rief Eric. »Jem sagt, wir könnten jetzt wahrscheinlich vom Boden essen.«

»Na, er muss es ja wissen«, lachte Roxy. »Jetzt kommt alle mit. Wir wollen uns für das Fest herrichten.«

Maggie, die vor ein paar Wochen einen kurzen Gottesdienst in der Schurhalle abgehalten hatte, um das erste geschorene Vlies zu segnen, begann den Abend mit einem Gebet. Frank hatte sie in ihrem Rollstuhl vom Haus hierher geschoben, in die Schurhalle getragen und auf einen bequemen Stuhl gesetzt, von dem aus sie die Aktivitäten überblicken konnte. Dann setzte die Musik ein, und der Tanz begann.

Frank und Jem hatten das Klavier vom Haus in die Schurhalle gebracht, Maggie hatte eine fünfköpfige Band aus Bourke herkommen lassen. Die lauten Klänge schufen eine ausgelassene Atmosphäre. Frank lehnte an der Wand, sah dem Treiben zu und freute sich über den Lärm und die Fröhlichkeit. Maggie schlug mit dem Fächer den Takt in die Handfläche, während die Kinder ausgelassen herumtollten. Roxy wirbelte an Jems Arm vorbei und winkte Frank zu.

»Der nächste Tanz gehört mir«, rief er, bevor sie in der Menge verschwand.

Er wischte nervös mit der Hand über seine Wange und konnte den Moment, in dem er sie endlich in den Armen halten würde, kaum noch erwarten. Er hoffte auf einen langsamen Walzer, dann konnte er sie an sich drücken und würde die Konturen ihres Körpers spüren.

Himmel, sein Mund war ganz trocken! Er verfluchte sich selbst, weil er sich wie ein Schuljunge aufführte, und ging zur Bar und kippte ein Glas Bier herunter. Roxy hatte ein paar alkoholische Getränke aus Adelaide bestellt, die letzte Woche mit der *Elfie* angekommen waren: McEwans Globe Ale, Burke's Guinness Stout, Irish Whisky und Pomeroy Champagner.

Die Musik endete. Frank nahm zwei Gläser mit Champagner und bahnte sich einen Weg zu Roxy, die sich mit McMahon, dem nächsten Nachbarn, unterhielt.

»Ich dachte, ich könnte Sie überreden, sich von einigen Ihrer Stuten zu trennen«, bemerkte McMahon, als Frank näher kam.

»Haben Sie vor, selbst ein bisschen zu züchten, McMahon?«, fragte Frank und reichte Roxy ein Glas.

Der ältere Mann blitzte ihn böse an, als wäre ihm die Störung unwillkommen. Aber Frank lächelte nur. Er wusste, dass Roxy durchaus in der Lage war, mit McMahon fertig zu werden. Die Pferde waren ihr Lieblingsprojekt, und sie wollte alle Stuten behalten, um ein Zuchtprogramm aufzubauen. Sie würde auf keinen Fall eine oder gar mehrere verkaufen.

»Fragen Sie in einem Jahr oder so noch mal nach«, antwortete Roxy lachend und trank einen Schluck Champagner.

Jem gesellte sich zu ihnen. Er hatte Ella, die schon halb schlief, auf dem Arm. »Ich glaube, die Kleine ist reif fürs Bett«, sagte er und drückte Roxy das Kind in die Arme.

»Guter Gott, es ist schon spät. Ich glaube, es ist besser, wenn ich die Kinder ins Haus bringe.«

»Hier.« Frank nahm ihr die Kleine ab. »Sie ist ziemlich schwer. Ich trage sie, und wir gehen zusammen.« Die Musik begann von neuem. Das ist mein Tanz mit Roxy, dachte er betrübt, und wir werden ihn verpassen.

Sie gingen über den taunassen Rasen. Ella hatte den Kopf an Franks Brust geschmiegt und schlief tief und fest. Eric, Annie und Jack hüpften neben ihnen her. Sie waren auch müde, aber ziemlich aufgedreht nach ihrem ersten großen Tanz. Dinnie brachte die drei älteren Kinder in ihre Zimmer.

»Wohin?«, fragte Frank und deutete mit dem Kinn auf das schlafende Kind. Bisher hatte er vom Haus nicht mehr als die Küche, das Speise- und das Arbeitszimmer gesehen.

»Hier entlang.« Roxy führte ihn durch ein großes Schlafzimmer – offensichtlich ihr eigenes – in ein Kinderzimmer, in dem schon eine Lampe brannte. Der Raum war klein, gemütlich, mit einer bunten Bordüre an der Wand und einem dicken Teppich. In einer Ecke stand ein Schaukelstuhl.

Frank legte das schlafende Kind aufs Bett, und Roxy zog die Decke hoch und steckte sie unter der Matratze fest. Ella bewegte sich und öffnete verschlafen ein Auge.

»Gute Nacht, Liebling«, flüsterte Roxy und hauchte einen Kuss auf die Wange ihrer Tochter.

Als sie das große Schlafzimmer durchquerten, streckte Frank die Hand aus und legte sie auf Roxys Schulter. »Roxy?«

Sie blieb stehen und drehte sich zu ihm um. »Ja?«

Jetzt sollte ich sie küssen, dachte er. Oder ihr offenbaren, was ich fühle. Ich liebe dich, Roxy Dumas, wollte er sagen – laut hinausschreien, dass alle Welt es hörte. Ich möchte mit dir zusammen sein. Für immer. Ich möchte aufwachen und dein Lächeln sehen oder dich im Schlaf betrachten. Deine Stimme und dein Lachen hören.

»Ich …«

»Ja?« Sie lächelte, wirkte aber ein wenig verdutzt. »Was ist, Frank?«

Ein Knoten bildete sich in seiner Magengrube, und Verzweiflung überkam ihn. Was dachte er sich eigentlich? Er, Frank Barton, ein Halbblut, ein bezahlter Verwalter, wollte der Herrin von Wirra Downs seine Liebe gestehen?

Was sollte sie von ihm denken? Vielleicht lachte sie ihn aus, und er fühlte sich gedemütigt. Oder sie bat ihn, Wirra Downs zu verlassen. Der Job als Verwalter war gut, besser als jeder andere, den er bisher gehabt hatte. Aus Roxy und ihm würde ohnehin nichts werden. Sie hätten höchstens eine Affäre. Verbotene, heimliche Stelldicheins, die seine Liebe zu etwas Schändlichem machen würde. Roxy verdiente mehr als das.

»Ich möchte Ihnen für den Job danken«, stammelte er. »Ich hatte nie einen vergleichbaren.«

Sie streifte leicht mit den Lippen seine Wange – der Kuss einer Schwester, nicht der einer Geliebten; eine spontane Geste der Zuneigung, keine Leidenschaft. »O Frank, seien sie nicht albern. Ich muss mich bei Ihnen bedanken.« Sie nahm seine Hand und führte ihn den Korridor entlang. »Kommen Sie, wir verpassen unsere große Party, wenn wir hier bleiben und plaudern.«

Sarah und Jem standen in einem Winkel der Schurhalle und waren in ein ernstes Gespräch vertieft. Vorher hatten sie einige Male miteinander getanzt. Roxy bemerkte, dass Jem eine Hand Besitz ergreifend auf Sarahs Schulter gelegt hatte.

»Hallo, ihr beiden«, rief sie, als sie näher kam. »Amüsiert ihr euch?«

Sarah wirbelte nervös zu ihr herum. »Oh, Roxy. Ja, es ist ein großartiges Fest – alle haben ihren Spaß«, plapperte sie drauflos, als hätte sie etwas zu verbergen. Roxy lächelte in sich hinein.

Der Aufseher der Scherer bahnte sich einen Weg durch die Menge und bat um Aufmerksamkeit. Plötzlich wurden alle still und sahen ihn erwartungsvoll an. »Ladys und Gentlemen«, begann er, »Ich möchte Ihnen Ihre Gastgeberin vorstellen, Mrs. Roxy Dumas.«

Beifall brandete auf, und einige der jungen Männer johlten. Roxy trat vor. Die vertrauten Gesichter um sie herum gaben ihr Kraft und Mut: Freunde, Familie, Mitarbeiter. Alle wünschten ihr nur das Beste.

»Ich danke euch, dass ihr gekommen seid«, begann sie und holte tief Luft. »Mein Mann Martin wäre heute Abend sehr stolz. Das letzte Jahr war nicht einfach für uns, aber erfolgreich. Wir konnten zusehen, wie Wirra Downs wächst und gedeiht, und haben einige neue Ideen verwirklicht. Es war ein großes Glück für uns, dass sich unsere Hoffnungen erfüllt haben.

Wir arbeiten auf Wirra Downs zusammen wie eine große Familie. Wir sind ein Team, eine eingeschworene Gemeinschaft, der das Wohl des Landes am Herzen liegt. Aber wie in jedem Team gibt es auch hier einen Anführer. Als ich vor achtzehn Monaten die Leitung dieser Farm übernahm, war ich eine blutige Anfängerin und überhaupt nicht vorbereitet auf die Aufgaben, die vor mir lagen. Zum Glück hatte ich die Gelegenheit, einen der talentiertesten Männer des Landes einstellen zu können. Als ehemaliger Scherer und unermüdlicher Arbeiter hat er mich während des ganzen Jahres unterstützt, geleitet und beraten. Ich möchte mich im Namen aller, die auf Wirra Downs arbeiten, ganz besonders bei einem Mann für seine Hingabe bedanken – bei Mr. Frank Barton, dem Verwalter von Wirra Downs.«

Das hat er verdient, dachte sie, als sie beobachtete, wie er mit einem verlegenen Lächeln die Glückwünsche entgegennahm. Es war Franks Art, ein Lob nicht einfach hinzunehmen, wahrscheinlich erwartete er gar keins. Er sah sie dankbar an.

»Du hattest Recht mit dem, was du gesagt hast, Roxy«, meinte Sarah später und schaute sich in der Halle um, nachdem alle gegangen waren. »Martin wäre sehr stolz auf Wirra Downs.« Sie räumten auf und rissen die letzten bunten Bänder vom Dach, weil sie zu aufgekratzt waren, um schlafen zu gehen. »Du hast das alles möglich gemacht, Roxy – mit Franks Hilfe.«

»Es waren Martins Ideen, ich habe sie nur ausgeführt.« Roxy stützte das Kinn auf den Besenstiel und starrte blicklos vor sich hin.

»Du vermisst ihn immer noch.« Das war eine Feststellung, keine Frage.

Roxy nickte. »An manchen Tagen ist es sogar noch nach drei Jahren kaum erträglich. Aber das Leben geht weiter, wie alle sagen, und ich kann es mir nicht leisten, mich gehen zu lassen. Dafür gibt es zu viel zu tun.«

»Roxy, fehlt dir auch … du weißt schon …?« Sarah brachte den Satz nicht zu Ende.

»Der Sex?«

»Ja.«

»Unbeschreiblich!« Sie lachte. »Menschenskind, was sind wir für ein Paar – wie zwei vertrocknete alte Jungfern.« Plötzlich wurde sie ernst. »Aber warum fragst du? Ist etwas zwischen dir und Jem?«

Sarah errötete. »Selbstverständlich nicht«, versetzte sie schroff, warf den Kopf zurück und fegte die bunten Bänder zusammen.

»Liebst du ihn?«

Sarah wandte das Gesicht ab und biss sich auf die Lippe. Als sie sich wieder umdrehte, sah Roxy Tränen in ihren Augen. »Nachdem Michael weggegangen war und ich irgendwann begriff, dass er nie wieder zurückkommt, dachte ich manchmal, es wäre besser zu sterben. Der Schmerz hat mich fast aufgefressen. Ich dachte, dass sich nie mehr ein Mann für mich interessieren würde. Nicht für eine Frau mit zwei Kindern.«

»Und jetzt?«

»Roxy, ich bin vierundzwanzig Jahre alt. Ich habe noch mein ganzes Leben vor mir. Jem gibt mir das Gefühl, lebendig zu sein – dieses Gefühl konnte Michael mir nie geben. Jem ist nur drei Jahre jünger als ich, das ist kein großer Unterschied, und er liebt die Kinder. Er möchte mich heiraten. Es ist, als würde ein Traum wahr. Ich müsste die glücklichste Frau der Welt sein.«

»Aber das bist du nicht«, stellte Roxy fest. »Wegen Michael?«

Sarah nickte und wischte sich die Tränen aus den Augen.

»Ich bin sicher, dass du die Scheidung erreichst«, fuhr Roxy fort. »Immerhin hat er dich verlassen.«

»Das ist es nicht«, erwiderte Sarah tonlos. »Wahrscheinlich ist das so etwas wie Ironie des Schicksals – Michael und ich haben nie geheiratet, obwohl das alle angenommen haben. Wir wollten uns trauen lassen, nachdem Annie geboren wurde, aber wir hatten beide keine Familie, auf die wir Rücksicht nehmen mussten, und es war nie genügend Geld übrig, also haben wir es gelassen. Und als Jack auf die Welt kam, wäre es irgendwie peinlich gewesen, mit zwei Kindern …«

»Aber das ist ja wunderbar«, fiel Roxy ein. »Dann steht dir und Jem nichts im Wege.«

»Nein«, flüsterte Sarah. »Was wird Jem von mir halten, wenn er davon erfährt? Er hält mich für eine ehrbare Frau. Was wird er sagen, wenn er erfährt, dass ich ohne Trauschein mit einem Mann zusammengelebt habe und dass meine Kinder unehelich sind? Was würde er dann für mich empfinden? Wenn ich ihm eröffne, dass ich frei bin und ihn heiraten kann, wird er wissen, was für eine Person ich in Wahrheit bin.«

»Hör auf damit!« Roxy packte Sarahs Schultern und schüttelte sie sanft, aber entschieden. »Ich lasse nicht zu, dass du so redest. Jem liebt dich für das, was du bist. Warmherzig, großzügig.« Sie strich das Haar aus Sarahs Gesicht. »Und sehr hübsch – jedoch nicht mit verweinten Augen. Horrie würde sagen: Warum legst du Steine in deinen Weg?«

»Tue ich das? Ich weiß einfach nicht, was ich machen soll.«

Roxy lehnte sich an die mit Leinen bespannte Wand. »Ich habe mir überlegt, dass du jetzt, da die Kinder größer sind, in einem eigenen Haus wohnen solltest. In einem kleinen Cottage hinter dem Farmhaus.«

»Das ist wirklich nicht nötig. Ich fühle mich sehr wohl im großen Haus. Es sei denn, es gibt einen anderen Grund …«

Roxy umarmte die Freundin. »Natürlich nicht, Dummchen. Du solltest nur die Möglichkeit haben, dein eigenes Leben zu führen.« Sie hielt Sarah auf Armlänge von sich. »Geh zu Jem und erzähl es ihm. Bestimmt wird er der glücklichste Mann auf Erden sein.«

»Glaubst du das wirklich?«, schniefte Sarah, doch ihre Miene hellte sich ein wenig auf.

»Ich bin ganz sicher.«

Sarah lächelte scheu. »Ich kann mich nicht erinnern, jemals so glücklich und gleichzeitig so voller Angst gewesen zu sein.«

Am nächsten Tag beobachtete Roxy, wie die Scherer sich auf den Weg machten – einige zogen zu Fuß los, andere bestiegen einen Flussdampfer, der gegen Mittag am Steg angelegt hatte. Viele waren bereits unsicher auf Fahrrädern davongefahren, weil ihre Bündel so schwer waren.

Die Saison war zu Ende, aber Roxy fühlte dennoch eine innere Aufregung. Dies war auch die Zeit für Neues, dachte sie, als sie sah, wie Sarah und Jem Hand in Hand dastanden und den letzten Nachzüglern nachwinkten.

Die Hochzeit wurde verschoben. Baumaterial wurde aus Bourke angeliefert, und geschickte Handwerker errichteten ein Cottage mit drei Schlafzimmern hinter dem Haus. Erst zu Ostern war das kleine mit Holzschindeln verkleidete Gebäude fertig.

Eine Woche später führten Annie und Jack ihre vor Glück strahlende Mutter über den Rasen zu der Gruppe, die am Flussufer wartete: der Pfarrer, Frank, Maggie, Roxy, Eric und Ella, Dinnie, Narairee und Porridge. Jem streckte die Hände aus, als Sarah näher kam, und lächelte glücklich. Roxy wischte sich eine Träne aus dem Augenwinkel, als das Paar das Ehegelübde ablegte. Eine Hochzeit – ein Grund zur Freude und zum Feiern.

Die sechs Monate seit der letzten Schersaison waren wie im Flug vergangen. Die Dingos, die sich bei der Trockenheit näher am Fluss aufhielten, stellten eine Bedrohung für die Schafe dar, besonders für die Lämmer. Frank hatte auf Roxys Bitte zwei Männer angeheuert, die die wilden Hunde einfingen. Einige neue Unterwassertanks waren gebaut worden. Alles in allem entwickelte sich die Farm prächtig.

Und was ist mit mir?, fragte sich Roxy hilflos, als sie Sarah und Jem beobachtete. Sie fühlte sich allein gelassen, ausgeschlossen von dem neuen Leben, das die beiden anfingen. Sarah und Jem verband eine Liebe, an der sie keinen Anteil hatte. Sie hatte Wirra Downs, Eric und Ella, das stimmte. Und endlich hatte sie sich auch so etwas wie widerwilligen Respekt bei Maggie erworben. Aber die Einsamkeit …

Sie war fünfundzwanzig Jahre alt. Sie brauchte jemanden und sehnte sich nach der Liebe eines Mannes. Unwillkürlich wanderten ihre Gedanken zu Guy, doch sie versuchte sofort, sein Bild aus ihrem Bewusstsein zu verbannen. Sie hatte ihn seit Monaten nicht gesehen, und damals war er mit Louisa und Davie nur einmal über Nacht geblieben und hatte sie kaum zur Kenntnis genommen. Es schien, als mied er sie und beachtete sie absichtlich nicht.

»Hiermit erkläre ich euch zu Mann und Frau«, sagte der Pfarrer und rief Roxy mit diesen Worten in die Gegenwart zurück.

Jem hob den kurzen Brautschleier hoch und gab Sarah einen langen, zärtlichen Kuss, der Roxys Gefühl, allein zu sein, noch verstärkte. Seufzend sah sie zum Fluss, auf dem das Sonnenlicht glitzerte. Sie musste etwas für sich tun, irgendetwas unternehmen, was nicht mit Wirra Downs oder den Erwartungen anderer zusammenhing. Etwas Leichtsinniges.

Morgen fahre ich nach Bourke und besuche Angel, dachte sie und verspürte plötzlich so etwas wie Zufriedenheit.

Es war Monate, nein, fast ein Jahr her, seit sie zum letzten Mal in der Stadt gewesen war. Sie wollte ins Theater gehen. Mit einem herzlichen Lächeln ging Roxy auf das frisch vermählte Paar zu, um zu gratulieren.

KAPITEL 36

Davie liebte den September auf Wirra Downs. Er beobachtete begeistert die Ankunft der Scherer und Saisonarbeiter, lauschte dem Blöken der Schafe und dem Kläffen der Hunde. Die ganze Landschaft war mit einer roten Staubschicht bedeckt. Und die Schurhalle mit dem Lärm und der Geschäftigkeit war der aufregendste Platz von der ganzen Welt. Nur der Raddampfer seines Vaters war schöner.

Das Scheren war Männersache, und auch auf der Farm arbeiteten nur Männer – bis auf Tante Roxy, aber die war immer wie ein Mann angezogen mit Hose, Hemd und Filzhut. Allerdings sah sie nicht aus wie ein Mann. Nein, das erkannte jeder schon von weitem.

Von allen Menschen auf Wirra Downs hatte Davie Frank Barton am liebsten. Frank hatte ihm gezeigt, wie auf der Farm gearbeitet wurde, und ihm alles so erklärt wie einem Erwachsenen. Davie nahm sich vor, später einmal Verwalter auf einer großen Farm zu werden, wenn er es nicht schaffte, sich ein eigenes Flussschiff zu kaufen. Natürlich konnte er nicht auf Wirra Downs bleiben. Seine Mutter hatte ihm erklärt, dass die Farm später einmal Eric gehören würde.

Frank war groß, hatte dunkles, lockiges Haar, und er kniff seine Augen immer ein bisschen zusammen, wenn er redete. Seine Haut war dunkel von der Sonne. Und er war sehr klug. Niemand kannte das Land besser als er. Er wusste, wie die Lämmer auf die Welt kamen, wann es Regen gab und warum die Brachvögel in der Nacht schrien.

»Wenn die Brachvögel drei Mal rufen, wird jemand sterben«, hatte Frank einmal zu Tante Roxy gesagt.

Davie schauderte bei dem Gedanken. Bisher war nur ein Mensch gestorben, den er gekannt hatte – Onkel Martin, Erics Vater. Er war bei einem furchtbaren Unfall mit einem Pferd schwer verletzt worden. Davie erinnerte sich vage daran, dass seine Mutter geweint hatte und seine Großmutter ganz ernst gewesen war. Tante Roxy hatte auf dem Friedhof ganz blass ausgesehen. Einige Zeit später nahm sein Vater Tante Roxy dann auf dem Schiff mit. Sie waren viele Monate unterwegs, zumindest erschien es Davie so, und als sie dann zurückkamen, befiel seine Großmutter diese unheimliche Krankheit. Jetzt saß sie den ganzen Tag in dem Stuhl mit den Rädern an der Seite.

Davies Lieblingsplatz während der Schersaison war der Pressraum. Dort standen zwei Wollpressen, mit denen die Vliese zu Ballen zusammengedrückt, in Leinen eingenäht, gewogen, markiert und zum Transport vorbereitet wurden. Wirra Downs hatte sein eigenes Zeichen – die ineinander verschlungenen Initialen W und D. Das Zeichen wurde auf jeden Ballen geprägt, darunter war die Qualitätsstufe der Wolle verzeichnet. Meistens stand da: SUPER COMBING.

»Die beste Merinowolle, die man für Geld kaufen kann«,

hatte Frank grinsend gemeint. Davie schien es, als lächelte Frank immer.

Tante Roxy lächelte in letzter Zeit auch öfter als früher. Seine Mutter sagte, das sei so, weil sie das Theater wiederentdeckt habe. Davie konnte mit dieser Erklärung nicht viel anfangen, doch er war sicher, es hing damit zusammen, dass Tante Roxy jetzt immer einmal in der Woche nach Bourke fuhr. Vor ein paar Tagen waren sie alle in der Stadt gewesen, seine Großmutter auch, und hatten sich das neue Theaterstück angesehen. Tante Roxy hatte auf der Bühne gestanden, aber Davie hatte sie in dem altmodischen Kleid und dem riesigen Hut kaum erkannt. Sie sprach sehr laut und fuchtelte so komisch mit den Armen durch die Luft. Er und Eric mussten dauernd kichern.

Am darauf folgenden Tag fuhr sein Vater mit dem Schiff weg und ließ Davie und seine Mutter auf Wirra Downs zurück. Die Erwachsenen tuschelten viel miteinander, aber Davie hatte trotzdem ein paar Worte verstanden. Es ging um ein Baby und um viel Ruhe und die Nähe eines Arztes. Obwohl ihm niemand etwas erzählt hatte, vermutete er, dass von seiner Mutter die Rede war. Sie legte sich in letzter Zeit oft hin und trug ganz weite Kleider, aber die versteckten ihren Bauch, der immer dicker wurde, auch nicht.

Tante Sarah (Eric behauptete, sie wäre gar keine richtige Tante, sondern nur eine gute Freundin seiner Mutter) unterrichtete alle Kinder am Vormittag. Danach durften sie nach draußen spielen gehen. Die Küche der Scherer war immer eine gute Zwischenstation auf dem Weg zum Fluss. Davie und Eric gingen jeden Nachmittag hin und bettelten um ein paar Biskuits, die ganz warm aus dem Ofen kamen.

Es war das Jahr achtzehnhundertneunundneunzig. In wenigen Monaten fing ein neues Jahrhundert an, und er, Davie, wurde zwölf Jahre alt. Die Erwachsenen redeten dauernd von einem Krieg, den es in Südafrika geben könnte, und von der Eröffnung der Straßenbahnlinie in Sydney.

In den letzten Jahren hatte es bei der Schur keine unliebsamen Zwischenfälle gegeben, aber diesmal spürte Frank, dass sich etwas zusammenbraute. Alle sprachen vom Krieg, und es hatte schon Auseinandersetzungen über das Thema Föderation gegeben, bei dem jeder glaubte, Experte zu sein. Die Männer murrten auch über das Essen, das, wie Frank zugeben musste, tatsächlich geschmacklos und fade war.

»Verdammten Hammel zum Frühstück, Mittag- und Abendessen«, knurrte Patrick O'Brien, der mittlerweile Gewerkschaftsvertreter und als Delegierter der Scherer nach Wirra Downs gekommen war. »Liebe Güte, Frank! Der Koch ist immer besoffen, und sein Essen schmeckt beschissen. Die Männer drohen, alles stehen und liegen zu lassen und abzuhauen, wenn nichts geschieht.«

»Das können sie nicht. Wir haben fast die Hälfte der Schafe geschoren.«

»Sie können und werden es tun«, gab Patrick zurück. Sein Gesicht war hochrot angelaufen. Frank fühlte sich unbehaglich. Er war stolz darauf, dass er mit den Männern gut auskam und sie ihn immer noch als einen der ihren betrachteten. Aber er war jetzt der Boss und ließ sich nicht in die Enge treiben.

»Niemand verlässt Wirra Downs ohne meine Erlaubnis. Jeder, der vorzeitig geht, bekommt keinen Lohn.«

»Darf ich das an die Männer weitergeben?«

»Ja.«

Patrick stemmte die Hände in die Hüften und sah ihn eindringlich an. »Du hast es ganz schön weit gebracht, seit du ein Scherer warst, was, Frank? Es wäre besser, wenn du nicht vergisst, wie es ganz unten war.« Patrick drehte sich um und stapfte wütend davon.

Frank ging in die Küche der Scherer. Es war schon zwei Uhr nachmittags, aber in der Küche herrschte noch ein heilloses Durcheinander. Das Mittagsgeschirr war nicht gespült. Fettige Teller und Töpfe standen auf den Bänken, und es wimmelte von Schmeißfliegen.

Der Küchenjunge war der Sohn des Kochs und nur ein paar Jahre älter als Davie. Der Junge stand am Spülbecken und starrte finster in eine Schüssel mit schmutzigem Wasser. Der Koch selbst lag zusammengerollt auf einem Kartoffelsack in der Ecke und schnarchte laut.

»Limonenschnaps«, erklärte der Junge, als er Franks fragenden Blick auf seinen Vater sah, und zuckte mit den Schultern. »Er hat einen Vorrat in der Speisekammer. Man könnte meinen, es ist Wasser, so wie er das Zeug in sich hineinschüttet.«

Frank marschierte zu der großen Speisekammer. Tatsächlich, auf dem Regal standen einige Flaschen. Er nahm sie an sich, dann ging er zu dem Koch und rüttelte ihn wach.

Er starrte aus trüben Augen auf die Flaschen, die Frank im Arm hielt. Sein Sohn beugte sich über die Spüle und schrubbte eifrig Teller.

Der Koch folgte Frank ins Freie. »Was haben Sie mit

meiner Limonenessenz vor?«, wollte er in schmeichlerischem Ton wissen, als sie außer Hörweite waren. »Ich kann kein Marmelade-Roly-Poly für die Jungs machen ohne diese Zutat.«

»Sie können von Glück sagen, dass Sie noch einen Job haben«, brummte Frank. Er schraubte eine Flasche nach der anderen auf und goss den Inhalt auf den staubigen Boden.

»Noch eine Beschwerde von den Männern, und Sie sind gefeuert, und wenn ich mich selbst in die verdammte Küche stellen und kochen muss.«

In diesem Moment eilte Horrie mit einem großen Korb voll frischem Gemüse aus dem Garten auf sie zu. Der Koch streckte die Hand aus und hielt Horrie am Hemdzipfel fest, als er vorbeiwollte. Der alte Chinese blieb erstaunt stehen. »Wenn es irgendetwas gibt, was ich mehr hasse als klugscheißerische Verwalter«, stieß der Koch zwischen zusammengebissenen Zähnen hervor, »dann sind das Schlitzaugen.«

»Lassen Sie ihn los!«

Der Koch gehorchte, gab Horrie aber einen Schubs, der ihn aus dem Gleichgewicht brachte. Ein paar Tomaten fielen aus dem Korb und rollten durch den Staub. Horrie wollte sie aufheben, doch Frank hielt ihn davon ab. »Lass sie liegen, Horrie.« Er wandte sich an den Koch. »Wenn Sie sie haben wollen, dann bücken *Sie* sich nach ihnen.«

Frank ging langsamer, als er an den dampfbetriebenen Wollwaschanlagen vorbeikam, und sah zu, wie die Schafe durch die vorgelagerten großen Becken getrieben wurden. Vorbei waren die Tage, in denen schmutzige Vliese die Schur erschwert und Sand und Kletten die Scherklingen stumpf gemachten hatten und die Schafe unnötig verletzt worden waren, weil die Scherer starken Druck hatten ausüben müssen, um durch die verschmutzte Wolle zu kommen. Die neuen Wasch- und Desinfektionsbecken machten sich für die Farm bezahlt, denn die sauberen Vliese erzielten einen guten Preis.

Einige Schaffarmer aus der Gegend hatten Vermont-Widder aus Amerika zu ihren Herden dazugekauft. Nach langen Diskussionen hatten sich Frank und Roxy geeinigt, diesem Trend nicht zu folgen. Frank fand die Rasse mit der fettigen, gelblichen, zotteligen Wolle hässlich, aber hin und wieder fragte er sich doch, ob ihre Entscheidung richtig gewesen war. Die Vermonts waren bei den Richtern auf den örtlichen Schauen sehr beliebt, und es war schon einige Zeit her, seit ein Widder von Wirra Downs mit einem Preis gekürt worden war.

Andererseits gedieh der Viehbestand auf der Farm prächtig, und die Schafe produzierten konstant gute Wolle. Vor Beginn der Schursaison hatte Frank einige Schafzüchter zu einer Demonstration eingeladen und selbst einige ausgesuchte Tiere geschoren. Das Vlies eines Widders hatte gut zweiundzwanzig Pfund – ein Rekord in dieser Gegend – und das eines Mutterschafes fast siebzehn Pfund gewogen, und Frank hatte voller Stolz zeigen können, dass die Wolle sauber und frei von Ungeziefer war.

Als er sich dem Eingang der Schurhalle näherte, hörte er einen Schrei aus Horries Garten. Instinktiv machte er kehrt und lief los.

Das Gartentor war geschlossen. Es knarrte und quietschte, als Frank es öffnete, und er nahm sich vor, die Angeln bei nächster Gelegenheit zu ölen. Die hohen Bohnenstangen versperrten ihm die Sicht, aber Horries kleine Glöckchen bimmelten fröhlich in der Brise.

»Komm her, du kleiner schlitzäugiger Bastard!«

Das war die Stimme des Kochs. Frank schlich um die Bohnenstauden herum und erstarrte bei dem Anblick, der sich ihm bot.

Horrie und der Koch standen sich gegenüber, zwischen ihnen war ein Beet mit Salatköpfen. Der alte Chinese hatte die Beine gespreizt, stand leicht nach vorn gebeugt und hielt ein Hackmesser in der Hand. Der Koch, der offensichtlich immer noch unter Alkoholeinfluss stand, lockte und reizte ihn. »Komm schon, wenn du dir einbildest, dass du es mit mir aufnehmen kannst. Versuchs doch.«

Wie aufs Stichwort stieß Horrie eine Art Kriegsgeschrei aus, vollführte einen Satz über die Salatköpfe und schwang das Messer wie ein Schwert über dem Kopf. Der Koch wich schwankend zur Seite aus, duckte sich und sprang mit grölendem Gelächter über das Beet.

»Verdammte, nichtsnutzige Schlitzaugen!«

Er drehte Horrie den Rücken zu, um zu gehen. Laut kreischend stürzte sich Horrie auf ihn und schlug ihn zu Boden. Der Koch versuchte wegzukriechen, aber Horrie saß auf seiner Brust und fuchtelte mit dem Messer vor seinen weit aufgerissenen Augen herum.

»Nichtsnutziges Schlitzauge, ja?«, schrie Horrie, sein Pferdeschwanz wippte aufgeregt auf und ab. »Bald wirst du dir wünschen, das nie gesagt zu haben. Horrie hackt dich in Stücke und wirft sie in den Fluss. Gutes Fischfutter.«

Frank näherte sich den beiden Männern und nahm Horrie das Messer aus der Hand. Der Koch war sichtlich erleichtert. »Verdammte Hölle«, fluchte er und stieß Horrie von sich. »Hier ist man seines Lebens nicht sicher. Diese Bastarde greifen einen an, wenn sie einen auch nur sehen. Wie schon gesagt, ich hasse diese verfluchten Schlitzaugen.« Horrie war wieder drauf und dran, sich auf den Koch zu werfen, doch der machte sich leise schimpfend davon.

Frank wartete zehn Minuten, um seinen Zorn zu bezähmen, ehe er in die Küche der Scherer ging. »Morgen ist ein guter Tag für Sie weiterzuziehen«, erklärte er dem Koch, der am Herd herumhantierte.

»Was?« Der Mann schaute von dem Topf auf und sah Frank ungläubig an.

»Sie haben mich schon verstanden. Sie sind gefeuert. Sie und der Junge sind zu Mittag von hier verschwunden. Der Postbote kommt am Vormittag. Vielleicht nimmt er Sie in seiner Kutsche mit nach Bourke.«

Dinnie und Narairee wurden in die Schererküche geschickt, um für die Männer zu kochen. Dinnie maulte ständig, weil ihr Alltag gestört wurde. Zudem protestierte sie vehement dagegen, ihre Tochter mit in die Unterkünfte der Männer zu nehmen. Ihrer Ansicht nach war Narairee, die mittlerweile fünfzehn Jahre alt war, viel besser im großen Haus aufgehoben. Narairee war größer als ihre Mutter, schlank und hatte die Gewohnheit, beim Gehen aufreizend die Hüften zu schwingen.

»Da unten geschieht nichts Gutes«, beschwerte sich Dinnie bei allen, die ihr zuhörten. »Da sind zu viele weiße Männer. Das Mädchen ist sowieso schon außer Rand und Band. Sie braucht bald einen guten schwarzen Mann, damit sie zur Ruhe kommt.«

Viele der Aborigine-Mädchen waren in Narairees Alter bereits verheiratet. »Sie bekommen einen Mann«, erklärte Dinnie, »wenn ihre Brüste anfangen herunterzuhängen.« Frank bemerkte, dass Narairees Brüste keineswegs herunterhingen, sondern fast die Nähte ihres Kleides sprengten.

Der schnellste Scherer in diesem Jahr war ein Bursche, den alle Harpo nannten – Jim Harper, ein rauer, stämmiger Geselle Anfang vierzig mit roten Haaren und aufbrausendem Temperament. Zwischen den Männern war es schon zu etlichen Raufereien gekommen, die, laut Patrick, Harpo angezettelt hatte. Er schien es zu genießen, wenn er andere piesacken und auf die Palme bringen konnte.

Aus unerfindlichen Gründen konnte Harpo Frank nicht leiden. Er stichelte unaufhörlich und zog Frank hinterhältig und von oben herab mit seiner Vergangenheit als Scherer auf.

»Hab gehört, es hat bei dir mit dem Scheren nicht mehr so gut geklappt«, bemerkte Harpo eines Abends beiläufig, als die Männer die Arbeit für den Tag beendeten. »Du hattest Glück, dass sich jemand erbarmt und dir einen richtig gemütlichen Job gegeben hat.«

»Achte gar nicht auf ihn«, empfahl Jem, als sie außer Hörweite der Männer waren. »Er hat es immer auf irgendjemanden abgesehen. Keiner der anderen mag ihn.«

Harpo nahm Frank am nächsten Morgen beiseite und musterte ihn mit einstudiert konzentrierter Miene. »Ich habe nachgedacht«, begann er und kratzte sich gespielt verwirrt das Kinn. »Ich glaube, ich kenne dich von irgendwoher. Dein Gesicht kommt mir bekannt vor. Du stammst nicht zufällig aus dem Territory, oder?«

Frank erschrak. Wenn Harpo ihn mit dem alten Sid in Zusammenhang brachte, würde es Schwierigkeiten geben, das wusste er. »Nein«, erwiderte er und hoffte, dass seine Stimme unbeteiligt klang. »Da oben war ich nie. Ich bin ein Mann der Schafe, nicht der Rinder. Wahrscheinlich verwechselst du mich mit jemandem.«

Sie standen in der Morgensonne vor der Schurhalle und warteten auf den Aufseher, der die Dampfmaschine in Gang bringen sollte. Krähen kreisten kreischend über dem Fluss.

»Da unten muss ein Kadaver liegen«, sagte Jem. »Ich gehe nachher, wenn die Männer an der Arbeit sind, los und sehe nach.«

Frank nickte und warf einen Blick zum Farmhaus auf der Anhöhe. Er sah, wie Roxy zusammen mit der schwangeren Louisa und Narairee die Verandastufen herunterkam. Roxy und Louisa gingen zum Gemüsegarten, Narairee war auf dem Weg zur Küche der Scherer. Als sie näher kam, bemerkte Frank, wie sie ihre Hüften schwang und ihr dunkles Haar in der Sonne glänzte.

Harpo stieß Frank mit dem Ellbogen in die Rippen und sah dem Mädchen mit einem lüsternen Grinsen nach. »Hübsche schwarze Titten, was?«, sagte er mit einem Lachen.

Frank wandte sich ab, dieser Fiesling verdiente keine Antwort.

»Hey, Frank«, fuhr Harpo leise fort. Die anderen Männer gingen zum Hallentor und verschwanden in der dämmrigen Kühle. Nur Frank und Harpo standen noch draußen. »Hast du schon mal einen schwarzen Arsch gehabt? Sie sind nett und umgänglich, und sie lieben es – ganz anders als die weißen Luder.«

Es war eine absichtliche Provokation. Frank schaute dem Mann in die Augen. Hatte er es auf eine Prügelei abgesehen? Wollte er, dass Frank als Erster zuschlug? Nun, diese Genugtuung würde er ihm nicht geben.

»Davon weiß ich nichts«, entgegnete Frank und ließ Harpo stehen.

Für Frank war schon immer die Abenddämmerung am Fluss die schönste Tageszeit gewesen. Die Weiden hoben sich dunkel gegen den grauen Himmel ab, über den Wolken zogen. Die Galahs hatten sich auf den Bäumen niedergelassen, um dort die Nacht zu verbringen, und ab und zu störte ein Wasservogel die glatte Wasseroberfläche.

Seit über einem Jahr hatte es keinen richtigen Regen mehr gegeben. Der Fluss war träge und stand fast still. Eine drohende Dürreperiode bereitete allen Sorgen. Der Boden war schon jetzt ausgedörrt. Frank fielen die Risse in der Erde auf, als er zusah, wie eine Ente ihre Küken durch das trockene Gras ins Wasser führte.

Dürre – das Wort, das die Farmer fürchteten. Kein Regen bedeutete keine Getreideernte, kein Grünfutter auf den Weiden. Ohne Regen kam das ganze Land zum Stillstand. Frank sah zum Himmel auf. Die Wolken schienen die Wipfel der hohen Bäume zu streifen, aber sie waren dünn und versprachen keinen Regen.

Ein kehliges Lachen weckte Franks Aufmerksamkeit. Überrascht stellte er fest, dass sich jemand in der kleinen Senke aufhielt, die zu dem seit Monaten ausgetrockneten Seitenarm des Flusses führte. Als er näher herankam, machte er zwei Gestalten aus. Harpo erkannte er sogar in dem schlechten Licht an seiner unverwechselbaren Figur. Und an einem dicken Eukalyptusbaum lehnte Narairee.

Frank schlich lautlos von Baum zu Baum. Das Pärchen schien zu beschäftigt zu sein, um ihn zu bemerken. Schließlich blieb er keine zehn Meter von ihnen entfernt stehen und beobachtete erstaunt, wie Harpo Narairees Kleid aufknöpfte und die Hand unter den Stoff gleiten ließ. Er knetete die bloßen Brüste, und Narairee kicherte.

Nackter Zorn übermannte Frank. Er sprang aus seinem Versteck, packte Harpo am Kragen und schleuderte ihn von sich. »Zieh dich an«, befahl er Narairee. Schüchtern hielt sie das Kleid über der Brust zusammen, dann floh sie am Ufer entlang zu ein paar dicht stehenden Bäumen.

Harpos Gesicht, das in dem rasch schwindenden Licht nur noch undeutlich zu erkennen war, war wutverzerrt. »Hey, was soll das?«, brüllte er. »Gönnst du mir das bisschen Spaß nicht?«

Franks Stimme klang gepresst, und die Worte kamen ihm wie Gewehrkugeln über die Lippen. »Lass sie in Ruhe, du Bastard. Sie ist noch ein Kind. Wenn ich dahinter komme, dass du sie auch nur noch ein Mal anrührst, kommt dich das teuer zu stehen. Kapiert?«

Für einen Moment glaubte er, Harpo würde auf ihn losgehen. Frank hob die Fäuste, um sich zu verteidigen, aber Harpo stürmte fluchend wie ein Bierkutscher davon.

Frank fand Narairee am Ufer. Sie saß auf dem Felsen, der ins Wasser ragte. Er sah ihr an, dass sie geweint hatte. Sie wischte sich über die feucht glitzernden Wangen, als Frank zu ihr kam. Er ließ sich neben ihr nieder und reichte ihr sein Taschentuch.

Er schaute ihr in die Augen. Sie ist ein attraktives Mädchen, dachte er. Ihre Haut war dunkler als seine. »Narairee …«, begann er, ohne zu wissen, wie er seine Gedanken in Worte fassen sollte. Er hatte gesagt, sie sei noch ein Kind, aber obwohl sie erst fünfzehn Jahre alt war, hatte sie den Körper einer Frau. »Du willst dich bestimmt nicht mit diesen groben weißen Scherern einlassen«, fügte er hinzu.

Narairee warf ihm einen trotzigen Blick zu. »Sie denken, ich sollte einen schwarzen Mann heiraten?«

»Hat Harpo dir versprochen, dass er dich heiratet? Hat er das gesagt?«

Sie nickte. »Narairee heiratet einen weißen Mann und lebt in einem großen Haus, nicht in einer Hütte am Fluss.«

»Er wird dich nicht heiraten. Das behauptet er nur, um dich dazu zu bringen, dass du … du weißt schon.« Er verstummte. Er hatte das alles schon erlebt. Die schwarzen Frauen blieben nach der Schursaison schwanger zurück. Noch mehr Mischlingskinder wie er selbst mussten fertig werden mit … ja, womit? Mit dem Fluch der Weißen, dem Groll der Schwarzen? Sie waren gefangen zwischen zwei Welten und gehörten zu keiner.

Er nahm Narairees Hand. »Diese Kerle wollen nichts weiter von euch. Wahrscheinlich sind sie sogar schon längst verheiratet, und ihre Frauen warten irgendwo auf sie. Und sie verschwinden, gehen zurück zu ihren Familien und lassen euch schwanger sitzen. Möchtest du das? Willst du einen Bastard von einem dieser Burschen bekommen?«, schloss er scharf.

Sie wirkte verwirrt. »Narairee will kein Baby, nur einen weißen Mann.«

Frank stand auf und zog sie auf die Füße. »Du bleibst den Scherern fern, hast du verstanden? Oder du läufst

Gefahr, von einem Weißen ein Baby zu bekommen, und Dinnie ...«

Narairee erschrak sichtlich. »Erzählen Sie ihr nichts«, fiel sie ihm ins Wort. Plötzlich rannte sie los in Richtung Haus.

KAPITEL 37

Als Frank am folgenden Morgen zur Schurhalle kam, standen die Männer draußen zusammen. Sie warteten augenscheinlich auf ihn.

Harpo trat vor und räusperte sich. »Wir haben beschlossen, ein, zwei Tage Pause zu machen. Die Schafe sind zu nass.«

In der Nacht hatte es leicht geregnet. Nicht viel. Genau genommen nicht einmal genug, dass der Boden heute Morgen noch feucht war. Frank schaute in die erwartungsvollen Gesichter der Männer. Plötzlich fiel es ihm wie Schuppen von den Augen. Am nächsten Tag fanden die Rennen in Bourke statt. Die Verlockungen der Rennen und die Aussicht, einen ganzen Tag trinken zu können, waren unwiderstehlich. Es war ein alter Trick zu behaupten, die Schafe wären zu nass, und deshalb einen freien Tag zu fordern. Verdammt. Sie wollten vermutlich auch einen Vorschuss auf ihren Lohn. So kurz vor dem Ende der Schur hätte er wahrscheinlich Glück, wenn die Hälfte von ihnen wiederkam, falls er sie jetzt zum Teil auszahlte.

»Die Schafe sind nicht nass, und das wisst ihr auch«,

entgegnete er entschieden. Er wandte sich an Patrick. »Du bist Gewerkschaftsvertreter. Was sagst du dazu?«

»Na ja«, antwortete Patrick ausweichend. Ihm war sichtlich nicht wohl in seiner Haut. »Die Männer haben abgestimmt.«

»Ja«, bekräftigte Harpo mit einem breiten Grinsen. »Wir haben abgestimmt. Sie sind nass, so wie wir die Sache sehen.«

Frank drehte sich wieder zu Harpo um, allmählich wurde er wütend. »Du bist hier der Unruhestifter, Jim Harper«, stieß er zwischen zusammengebissenen Zähnen hervor. Er ballte die Hände zu Fäusten und kämpfte gegen den Drang an, Harpo das triumphierende Grinsen aus dem Gesicht zu wischen.

Harpo warf einen Blick auf Franks Hand. »Nur zu«, forderte er ihn auf. »Wenn du mich schlagen willst, dann tu dir keinen Zwang an.«

Die Männer umrundeten sie, angelockt von den lauten Stimmen, kamen ein paar andere aus der Halle. Frank schaute kurz auf seine Hände herunter. Harpo blitzte ihn boshaft an und stieß ihm in die Rippen. »Komm schon, versuchs doch, du neunmalkluger Verwalter. Wenn du denkst, du kannst uns herumkommandieren, dann solltest du dich schnell eines Besseren besinnen.«

Frank merkte, dass seine Faust durch die Luft schwang – eine spontane Reaktion. Er spürte, wie der Schmerz durch seinen Arm schoss, als seine Knöchel auf das weiche, fleischige Kinn trafen. Harpo, der nicht darauf gefasst gewesen war, taumelte zurück, stolperte und fiel auf den Hosenboden. Er blieb im Staub liegen und starrte fassungslos in die Gesichter der Männer, die ihn umringten.

Frank fuhr sich mit der Hand durch die Haare. Lieber Himmel! Was war in ihn gefahren? Er hatte einen Mann niedergeschlagen – so durfte sich ein Verwalter nicht benehmen. Aber in letzter Zeit war alles ein bisschen viel gewesen: die Probleme mit dem Koch, dann dieser Störenfried Harpo. Er konnte keine weiteren Komplikationen gebrauchen.

»Du bist gefeuert«, erklärte er tonlos und machte sich daran zu gehen.

Harpo stützte sich auf einen Ellbogen und schaute sich um. »Habt ihr das gehört?«, fragte er streitlustig. »Der Bastard will mich davonjagen.« Er kämpfte sich auf die Füße und drehte sich mit hasserfülltem Blick zu Frank um. »Gefeuert von Wirra Downs«, fuhr er fort, »und das von einem verdammten Schwarzen. Es ist mir gerade eingefallen – du bist der Bastard vom alten Sid. Der Junge, der nach dem Tod des Alten versucht hat, das Land an sich zu bringen.«

Frank erstarrte. Nach einer Weile drehte er sich langsam zu den anderen Männern um. »Geht an die Arbeit, ihr alle«, befahl er. »Und lasst euch ja nicht einfallen, nach Bourke abzuhauen. Es gibt keinen Vorschuss auf den Lohn, und jeder, der sich heute aus dem Staub macht, kann gleich wegbleiben und hat keinen Anspruch auf Bezahlung. Ihr seid hier, um eure Arbeit zu erledigen, und ihr bleibt hier, bis ihr damit fertig seid. Habt ihr mich verstanden?«

Die Männer nickten und schlenderten widerwillig in die Halle. Nur Jem blieb am Eingang stehen und wartete auf Frank.

»Ja«, fuhr Harpo fort, obwohl er kein Publikum mehr hatte. Seine Entrüstung über Franks Faustschlag vor allen anderen wuchs offenbar von Minute zu Minute. »Ich erinnere mich an den alten Sid. Hatte eine gute Farm. Schade, dass du sie nicht kriegen konntest, was?«

»Das reicht, Harpo«, sagte Jem und ging auf die beiden Männer zu. »Warum tust du nicht, was Frank sagt. Pack deine Sachen zusammen. Porridge fährt in einer Stunde nach Bourke, um eine Lieferung vom Bahnhof abzuholen. Er nimmt dich sicher mit.«

»Du machst wohl Witze?«, zeterte Harpo wütend. »Ich soll mich von einem verfluchten Aborigine in die Stadt bringen lassen?«

»Wenn dir das nicht recht ist, dann musst du wohl oder übel zu Fuß gehen«, entgegnete Frank.

Harpo bedachte ihn mit einem verächtlichen Blick. »Glaub bloß nicht, dass die Männer nicht wissen, was hier vor sich geht. Ich schätze, du denkst, du hast es gut getroffen, wenn du mit Roxy Dumas schläfst.«

»Was?« Frank war so vor den Kopf gestoßen, dass er keine Worte mehr fand, um sich gegen diese Behauptung zur Wehr zu setzen. Er merkte, dass die Farbe aus seinem Gesicht gewichen war.

»Ja. Erzähl uns, wie sie ist, Frank. Ein hübscher weißer Hintern in aller Heimlichkeit, und dafür hat sie dich zum Verwalter gemacht, was?«

Jem hielt Frank zurück, als sich Harpo boshaft grinsend in Richtung seines Quartiers davonmachte. »Sag nichts, gönn ihm nicht die Genugtuung«, zischte Jem und ließ die Arme sinken, als Harpo außer Sicht war.

»Behaupten sie das?«, fragte er dumpf. »Behaupten sie, dass etwas zwischen mir und Roxy wäre?«

»Kümmere dich nicht darum«, beschwichtigte Jem ihn hastig. »Das ist nur dummes Geschwätz.«

»Nein.« Frank schaute seinem Freund in die Augen. »Erzähl es mir. Ich will es wissen.«

»Also schön.« Jem zuckte mit den Schultern. »Eine Weile hat es Gerede gegeben – unter den Männern, in der Stadt. Aber darauf gibst du doch nichts, Frank, es ist nur dummer Klatsch. Ihnen fällt nichts Besseres ein.«

»Weiß Roxy davon?«

Jem schüttelte den Kopf. »Ich glaub nicht. Zumindest hat sie nichts erwähnt.«

Frank packte Jem an den Schultern und bohrte die Finger in sein Fleisch. Himmel! Wie konnten die Leute nur so etwas behaupten? Er hatte seine Gefühle, diese hoffnungslose, unerwiderte, aussichtslose Liebe, die in ihm brannte, immer sorgsam verborgen. Für Roxy war er nur der gute alte Frank, der robuste, loyale, zuverlässige Verwalter. Und das stimmte ja auch – das war er wirklich. Aber als Halbblut konnte er sich ihr niemals offenbaren. »Roxy ist eine gute Frau, Jem. Sie hat mehr Mumm und Prinzipien als ein Dutzend von Jim Harpers Sorte. Ich dulde nicht, dass ihr Name in den Schmutz gezogen wird.«

Die Dampfmaschine in der Halle erwachte zum Leben. Die Schafe in den Pferchen blökten, und der Geruch von Schafdung hing in der Luft. Mehr Tiere kamen auf die Koppeln und wurden aussortiert. Die alten Böcke mussten ausgesondert werden; ihre Wolle war spärlich und fiel ihnen buchstäblich vom Rücken. Sie waren reif zum Schlachten, und würden zu Futter für die Hunde verarbeitet werden.

Es gab so viel zu tun, dennoch hatte Frank plötzlich den Willen, mit anzupacken, verloren. Er drehte sich mit einem Seufzer um und schaute über das Land. Mit einem Mal fühlte er sich wie ein Gefangener.

Er musste von hier fort und eine so große Entfernung wie möglich zwischen sich und Wirra Downs bringen. Er musste vor den Anschuldigungen fliehen und Roxy vor den gemeinen Lügen schützen. Das Bedürfnis, ihren Ruf zu wahren, die Liebe zu ihr und sein Pflichtbewusstsein – all das zerrte an ihm.

Frank warf einen Blick zurück auf die Halle. Die Männer da drin kannten jetzt sein Geheimnis. Wenn er ging, würde sich das Gerede legen, und bald wäre Gras über die ganze Sache gewachsen. Aber er würde Roxy niemals vergessen. Ihre Freundlichkeit, die Verbissenheit, mit der sie sich gegen alle Widrigkeiten wehrte. Ihr strahlendes Gesicht, wenn sie lächelte.

Roxy würde einen anderen Verwalter finden. Er war nicht unersetzlich. Falls es zu einem Krieg kam, würde er sich freiwillig melden. Dann konnte er Australien verlassen. Ihm schoss der Gedanke durch den Kopf, dass er vielleicht nie zurückkehren könnte. Eine Kugel in die richtige Richtung, und er würde Australien und Roxy nie wiedersehen. Aber dieses Risiko musste er eingehen. Ein kalter Schauer lief ihm über den Rücken – ob die Ursache Wut oder Angst war, konnte er nicht sagen.

KAPITEL 38

Roxy hatte Frank den ganzen Morgen nicht gesehen, obwohl er sie im Haus hatte treffen wollen, um mit ihr den Fortgang der Schur zu besprechen und die Zahlen durchzugehen. Jem kam gegen zehn zur Vormittagspause in die Küche, nahm dankend eine Tasse Tee und einen Kuss von seiner Frau entgegen.

»Hast du Frank gesehen?«, fragte Roxy.

Jem schüttelte den Kopf. »Nein.« Er überlegte einen Moment und runzelte die Stirn. »Komisch – jetzt, da ich darüber nachdenke, muss ich sagen, dass ich ihn schon seit gestern Nachmittag nicht mehr zu Gesicht bekommen habe.«

»Glaubst du, er ist krank?«, erkundigte sich Sarah, während sie ein Blech mit Brötchen aus dem Ofen holte.

»Es sieht Frank gar nicht ähnlich, zu spät zu kommen«, sagte Louisa. Sie saß am Tisch und nähte etwas für ihr Baby, das zu Neujahr auf die Welt kommen sollte.

Roxy lief zu dem Cottage am Fluss, das Frank seit Jems Hochzeit allein bewohnte. Die Fenster und die Tür waren geschlossen. Roxy klopfte, doch nichts rührte sich im Haus. Vorsichtig drehte sie den Türknauf und trat ein.

Die Zimmer waren spärlich, aber behaglich möbliert. Es gab eine kleine Küche, ein Wohnzimmer und zwei Schlafkammern.

»Frank?«, rief sie. Vielleicht lag er im Bett und schlief. Aber das Bett war gemacht, das Zimmer aufgeräumt. Zu aufgeräumt für einen Mann, der allein lebt, dachte sie. Keine Zeitungen lagen herum, kein schmutziges Geschirr stand in der Küche, und nirgendwo waren Kleider zu sehen. Roxy öffnete den Schrank und stellte erstaunt fest, dass er leer war. Mit wachsender Sorge riss sie die Schubladen auf. Auch leer. Erst jetzt entdeckte sie das braune Kuvert, auf dem nur ein Wort stand: *Roxy*.

Ein Brief? Von Frank? Sie nahm ihn in die Hand und tastete über die raue Oberfläche. Roxy fragte sich, warum ihr Herz so heftig klopfte und warum sie das Gefühl hatte, einen Verlust erlitten zu haben. Tief in ihrem Herzen wusste sie, dass Frank nicht mehr hier war.

Der Brief war auf den elften Oktober achtzehnhundertneunundneunzig datiert – es war der Tag, an dem in Südafrika der Krieg erklärt wurde. Frank gab nur einen dürftigen Grund für seinen Weggang an.

Wenn es einen Krieg gibt, schrieb er in seiner kühnen Handschrift, *dann werde ich mich freiwillig melden. Es ist Zeit für mich, ein bisschen mehr von der Welt zu sehen.*

Kein Abschied. Nur ein Stück Papier. Nach fünf Jahren konnte er ihr nicht von Angesicht zu Angesicht sagen, dass er gehen wollte. Hatte er sich auf Wirra Downs so unwohl gefühlt? Roxy verspürte einen beängstigenden inneren Schmerz.

Jem war äußerst zurückhaltend. »Es hat in letzter Zeit in der Schurhalle einigen Ärger gegeben. Ich schätze, Frank hielt es für das Beste, von hier fortzugehen.«

»Was für Ärger?«, wollte Roxy wissen. Kein Mensch hatte bisher etwas davon erwähnt.

»Ach, ich weiß nicht. Männerangelegenheiten.« Jem schien es zu widerstreben, mehr darüber zu erzählen. »Hör mal, wenn Frank gegangen ist, dann ist es eben so. Wir können ihn nicht zurückholen – wir wissen ja nicht einmal, wo er ist. Höchstwahrscheinlich in der Großstadt, wenn er sich zur Armee melden will. Wenigstens ist die Schur fast vorbei, und es wird in der nächsten Zeit ein bisschen ruhiger hier. Das gibt dir die Gelegenheit, dich nach einem neuen Verwalter umzusehen.«

Roxy wollte keinen neuen Verwalter. Sie wollte Frank.

Sie hatten ein angenehmes, freundschaftliches und vertrauensvolles Verhältnis gehabt. Sie hatten sich aneinander gewöhnt. Freundschaft, dachte sie bitter, und dann schreibt er nur einen Brief? Wieso hatte er es nicht fertig gebracht, ihr gegenüberzutreten? Sie hätten doch über alles sprechen können. Nein, dachte sie und wappnete sich innerlich gegen die Enttäuschung. Frank war ein erwachsener Mann und durchaus fähig, seine eigenen Entscheidungen zu treffen. Wenn er unbedingt gehen wollte, hätte sie nicht die Macht gehabt, ihn zurückzuhalten. Jem hatte Recht. Frank war fort, und sie konnten nichts dagegen unternehmen.

Erst jetzt, da Frank nicht mehr auf Wirra Downs war, wurde Roxy bewusst, wie abhängig sie von ihm gewesen war. Manchmal, wenn ein kleines Problem auftauchte, sagte sie ganz automatisch: »Ich werde mit Frank darüber reden.« Sobald die Worte ausgesprochen waren, fiel ihr wieder ein, dass er nicht mehr da war. Hin und wieder dachte sie an ihn, fragte sich, wo er wohl steckte und ob es ihm gut ging.

Die Wochen vergingen. November: Ellas sechster Geburtstag. Ella vermisste Frank und jammerte oft: »Mummy, ich *will,* dass Frank zu meinem Geburtstag hier ist.« Als sie begriff, dass er nicht kam, versank sie in Verzweiflung, und der Tag war allen verdorben.

Eine Woche nach Ellas Geburtstag kam ein alter Wanderarbeiter an die Küchentür und bettelte um etwas zu essen. Roxy und Jem waren gerade auf den Weiden. Sarah erzählte später, dass er müde und fiebrig ausgesehen und sie einen roten Ausschlag an seinen Armen entdeckt hätte, als er die Ärmel hochgekrempelt hatte, um sich die Hände zu waschen.

Louisa hatte Mitleid mit dem Mann, lud ihn ein, sich zu setzen, und tischte ihm eine anständige Mahlzeit auf, bevor er weiter zu McMahons Farm zog. Am nächsten Tag fand Jem den alten Mann unter einem Eukalyptusbaum am Flussufer. Er war in der Nacht gestorben.

Obwohl niemand den Mann gekannt hatte, machte sein einsamer Tod sie alle betroffen. In seinem Bündel fanden sie wenig, nur ein paar alte Liebesbriefe an einen »Harry«, etliche verknitterte Fotos von einem jungen Mädchen mit leuchtenden Augen, strahlendem Lächeln und dunklen Locken. Sie begruben ihn auf dem kleinen Friedhof in einem unmarkierten Grab und wünschten, sie würden wenigstens seinen Namen kennen, um den Verwandten Bescheid geben zu können.

»Es muss irgendwo jemanden geben, der ihn kennt«, raunte Sarah und wischte sich eine Träne aus den Augen, als Jem Erde auf den Sarg schaufelte.

Es hatte immer noch nicht geregnet. Die Sommerhitze verdorrte das Gras auf den Weiden. Der Wasserstand im Fluss war sehr niedrig, aber noch kamen die Flussschiffe durch. Weihnachten rückte näher, und Guy wollte die Feiertage auf Wirra Downs verbringen. Guy, Louisa und Davie. Eine Familie, eine komplette Einheit. Und dann kam Anfang des Jahres noch ihr zweites Kind zur Welt.

Louisa war lethargisch, und die Hitze setzte ihr sehr zu. Seit ein paar Tagen litt sie unter leichtem Fieber und starken Kopfschmerzen, die trotz der kalten Kompressen nicht vergingen. Am Tag zuvor hatte sie einen roten Ausschlag auf der Brust und den Armen bekommen.

»Sieht genauso aus wie bei dem alten Mann«, wisperte

Sarah, als sie ein kaltes, feuchtes Tuch auf Louisas Stirn legte.

»Hitzebläschen«, erklärte Maggie entschieden. Sarah lief geschäftig zwischen Schulzimmer und Louisas Krankenbett hin und her, und Maggie, die sich ziemlich aufregte, war die ganze Zeit mit ihrem Rollstuhl in der Nähe.

Roxy hatte versprochen, ein paar Whaler-Pferde auf Doughty's Pferdemarkt nach Bourke zu bringen. Der Pferdehändler Doughty wollte sie an einen Händler in der Großstadt als Beitrag zum Krieg weiterverkaufen. Da die Whalers bekannt für ihre Seefestigkeit waren, sollten sie zum Pyrmont Wharf nach Sydney transportiert und von dort aus in südafrikanische Häfen wie Durban, Kapstadt und nach Beira im portugiesischen Ostafrika verschifft werden. Der vereinbarte Übergabetermin war bereits seit einigen Tagen überschritten.

Jem bot an, zusammen mit Porridge die Pferde nach Bourke zu bringen. Roxy entschied, sie zu begleiten. Sie wollte in der Stadt noch Weihnachtsgeschenke kaufen, und das wäre eine günstige Gelegenheit. Während der Schurzeit hatte sie ihre wöchentlichen Theaterbesuche eingestellt und demzufolge Angel seit Monaten nicht mehr gesehen.

Sie machten sich mit achtzig Whalers an einem heißen Dezembertag auf den Weg nach Bourke. Porridge und Jem ritten zwei Farmpferde, Roxy saß auf Kintyre. Er neigte dazu, launisch zu sein; die Hitze und die Fliegen, die ihm vor den Augen herumschwirrten, machten ihn nervös. Brownie und zwei andere Hunde sorgten dafür, dass die Pferde zusammenblieben, und rannten laut bellend los, wenn eines einmal ausbrach.

Die Sonne brannte gnadenlos vom Himmel. Überall waren Kaninchenbaue, und sie kamen deshalb nur langsam voran. Eine Gruppe Kängurus beobachtete mit gespitzten Ohren und bereit zur Flucht, wie sie vorbeizogen.

Auf der zweiten Weide scheute Kintyre plötzlich. Roxy zog sofort die Zügel an und beruhigte ihn.

»Vorsicht!«, brüllte Jem, als zwei Schlangen aus dem braunen Gras auf die Pferde zuschnellten, sie zischten und versuchten, die Beine der Pferde anzugreifen.

Die Pferde wichen instinktiv zurück, schnaubten und stampften mit den Hufen. »Pack sie, Brownie«, schrie Jem, aber es war zu spät. Der graue Hengst, der die Gruppe anführte, wieherte laut, und Panik brach aus. Achtzig Pferde wendeten und galoppierten über das dürre Gras. Die drei Hunde hetzten kläffend hinterher.

Eine halbe Meile weiter wurden etwa fünfzig Pferde von dem Weidezaun aufgehalten. Sie blieben, atemlos von der Hitze, im Schatten eines Eukalyptuswäldchens stehen. Die restlichen dreißig Tiere waren über alle Berge. Porridge nahm fluchend die Verfolgung auf.

Jem und Roxy warteten Stunden – zumindest erschien es ihnen so. Die Sonne wanderte langsam über den Himmel. Gegen Mittag öffnete Roxy die Dose mit den Sandwiches, die Dinnie am frühen Morgen für sie gerichtet hatte.

Porridge kam am Nachmittag zurück und trieb zwei Dutzend Pferde vor sich her. »Der Rest ist weiter dahinten«, sagte er und biss von einem Sandwich ab. »Es dauert nur eine Stunde, bis sie eingefangen sind.«

»Dann ist es schon spät, und wir kommen nicht mehr bei Tageslicht nach Bourke«, bemerkte Jem. »Sieht aus, als müssten wir die Nacht im Freien verbringen.«

Roxy deutete auf die Quellwolken, die sich am südlichen Horizont zusammengeballt hatten. »Sieht nach Regen aus. Was meinst du, Porridge?«

Sie schirmten die Augen gegen die Nachmittagssonne ab und schauten nach Süden. Porridge zuckte unverbindlich mit den Schultern. »Weiß nicht, Missus«, antwortete er. »Wir könnten welchen brauchen. Es ist furchtbar trocken hier draußen.«

Er stieg auf und ritt davon. In der Ferne kreisten zwei Krähen – schwarze Flecken am blassen Himmel.

Die Dämmerung brach an. Der Himmel war in goldenes Licht getaucht. Die Vögel in den Bäumen kreischten, und die Zikaden zirpten. Die Pferde waren still und fraßen die dürren Grashalme. Noch mehr Wolken, die in Richtung Westen zogen, hatten sich aufgetürmt und verdeckten die letzten Sonnenstrahlen. Von Porridge war keine Spur zu sehen. Jem sammelte Äste und Zweige. »Wir sollten ein Feuer anzünden. Ich glaube kaum, dass wir heute noch weiterkommen.«

Ein Blitz riss den Horizont auf, und Donnergrollen folgte, als Porridge die letzten Ausreißer durch den Busch zum Lager trieb. Sie schienen nervös zu sein und warfen rastlos die Köpfe hin und her.

»Sie hatten Recht, Miss Roxy. Es gibt ein Unwetter«, bemerkte Porridge. Er nahm ein langes, dickes Seil aus seiner Satteltasche, befahl den Hunden, die Pferde in den Winkel der beiden Zäune ein paar hundert Meter weiter zu treiben, dann spannte er das Seil von einem Baum zu den beiden Zäunen. »So«, sagte er, als die Pferde eingepfercht waren, »das muss sie zurückhalten.«

Bei Einbruch der Nacht rollten die dicken Wolken heran. Blitze zuckten und erhellten die Bäume und die Pferde, die sich unruhig in ihrem improvisierten Pferch bewegten. Jem zündete das Feuer an. Die Flammen loderten auf und spendeten Licht, Schatten tanzten über den dürren Erdboden.

Auf Porridges Betreiben hin schwang sich Roxy auf Kintyres Rücken und bewegte eine Fackel hin und her. Mit ungutem Gefühl sah sie, wie die Männer, ebenfalls mit Fackeln an den Seilen auf und ab gingen, um die verängstigten Pferde zu besänftigen. Sie waren nervös und liefen in dem improvisierten Pferch umher. Ein einzelnes Seil, das achtzig ungezähmte Pferde in Schach hielt. Wenn eines ausbricht, dann folgen ihm alle, dachte Roxy voller Angst, und sie trampeln alles nieder, was ihnen im Weg ist.

Sekunden, Minuten, Stunden vergingen mit Blitzen und Donner. Roxy sah, dass die Männer jenseits des Feuers noch immer auf und ab gingen. Trotz des tobenden Unwetters hörte sie, dass Porridge beschwichtigend auf die Tiere einredete. »Ganz ruhig, Junge. Keine Aufregung.«

Nach einer Weile fing er an zu singen – tiefe, volle Töne, die sich mit dem abebbenden Tosen des Windes mischten.

»Was macht er?«, wollte Roxy von Jem wissen, als er an ihr vorbeikam. Sie war hundemüde und wünschte sich nichts mehr, als sich irgendwo hinlegen und schlafen zu können.

»Er singt für die Pferde«, antwortete Jem. »Damit vertreibt er die bösen Geister und besänftigt die Pferde für die Nacht. Jetzt bleiben sie bis zum Morgen ruhig.«

So plötzlich, wie das Gewitter gekommen war, verzog es sich auch wieder. Im Osten sah man noch ein Wetterleuchten, aber es hatte nicht geregnet – der Boden war nach wie vor trocken, und die Luft aufgeladen. Die Pferde beruhigten sich endlich, Roxy rollte sich neben dem Feuer zusammen und schlief bis Tagesanbruch.

Als sie aufwachte, häufte Porridge Sand auf die Feuerstelle. Der Himmel war grau und bewölkt. Als die ersten Häuser von Bourke in Sicht kamen, wusch sich Roxy mit dem Rest ihres Wasservorrats die Hände und das Gesicht, löste ihr Haar und steckte es neu hoch.

»Sie sehen vornehm aus, Miss Roxy, nach einer Nacht im Freien.« Porridge grinste.

Auf dem Viehmarkt lehnten Männer am Zaun. Niemand schien auch nur im Mindesten Notiz von Roxy, einer Frau, zu nehmen. Der Preis für die Pferde war niedriger, als sie erwartet hatte. »Es war kaum die Mühe wert, sie hierher zu schaffen«, murrte Jem. Er sah müde aus.

Roxy nickte. Auch sie war erschöpft. »Ich mache mich auf den Weg zu Angel und organisiere ein Zimmer für dich und Porridge. Wir brechen morgen nach Wirra Downs auf, einverstanden?«

Jem grinste. »Allerdings. Ein steifer Drink, das ist genau das, was ich jetzt brauche. Nach meiner Einschätzung öffnet die Bar gerade.«

Nachdem Roxy ihre Weihnachtseinkäufe getätigt hatte, hörte sie sich diskret ein wenig in der Stadt um. Der Barmann des »Carriers' Arms Hotel« erinnerte sich, einen Mann, auf den Franks Beschreibung passte, vor ein paar Wochen gesehen zu haben.

»Und wissen Sie, was er vorhatte?«, fragte sie.

»Keine Ahnung«, erwiderte der Mann vorsichtig. Er war neu in der Stadt und behandelte sie mit dem Argwohn, den sie seiner Meinung nach verdiente.

Roxy bestellte eine Limonade, setzte sich und nippte an dem kühlen Getränk. Es war früher Nachmittag, und außer einem alten Schäfer, der in einer Ecke hockte und eine Patience legte, waren keine Gäste in der Bar. Der Barmann trocknete gewissenhaft ein Glas ab und ließ Roxy nicht aus den Augen. »Hat er draußen auf der Farm der Dumas' gearbeitet?«, erkundigte er sich schließlich.

Sie nickte. »Ja, auf Wirra Downs.«

»Das hab ich mir gedacht«, fuhr er fort, »aber genau wusste ich es nicht. Der Bursche, nach dem Sie gefragt haben, hat nämlich dauernd davon geredet.«

»Tatsächlich?« Das war ungewöhnlich. Frank machte normalerweise nicht viele Worte, und für Klatsch war er gar nicht zu haben, besonders nicht, wenn es um Wirra Downs ging.

»Ja. Er hatte zu der Zeit schon einiges intus. Zwei Tage lang hat er getrunken, und nach dem ersten Tag konnte keiner mehr seinen Redefluss aufhalten.«

Roxy starrte den Barmann an. Vielleicht redeten sie über verschiedene Männer. In all den Jahren hatte sie nie erlebt, dass Frank getrunken hatte.

Der Mann beugte sich verschwörerisch über die Theke, und Roxy sah seine vergilbten Zähne. Er schien ständig eine Zigarette im Mundwinkel zu haben. »Ja, immer wieder fing er von jemandem namens Roxy an. Roxy dies, Roxy das.« Er machte eine Pause, nahm die Zigarette aus dem Mund und hielt sie zwischen zwei Fingern. »Hat für mich so geklungen, als litt der Junge an einer unerwiderten Liebe.«

Roxy stellte ihr leeres Glas auf den Tresen und bedachte den Mann mit einem matten Lächeln. Tränen traten ihr in die Augen und drohten, ihr über die Wangen zu laufen. Sie spürte einen Kloß in der Kehle. Als sie die Tür erreichte, rief ihr der Barmann nach: »Wer ist eigentlich diese Roxy? Wenn man dem Typen glauben kann, dann muss sie eine tolle Frau sein.«

»Nie von ihr gehört«, murmelte sie und ging hinaus.

TEIL VI

Guy

1899–1901

KAPITEL 39

Angel goss Roxy ein kleines Glas Sherry ein, als Angus die letzten Gäste aus der Bar scheuchte. »Hier, trink das«, sagte sie schmunzelnd. »Du siehst aus, als hättest du ein Sixpence-Stück gefunden, aber ein Pfund verloren. So schlimm kann es doch nicht sein, oder?«

Roxy erzählte ihr von Franks mysteriösem Verschwinden, von dem Brief und von dem Gespräch mit dem Barmann im »Carriers' Arms«. »Glaubst du, er ist deshalb gegangen?«, fragte sie und senkte den Blick auf das Glas in ihren leicht zitternden Händen. Frank – verliebt in sie? Das war unmöglich, oder? »Er hat nie etwas gesagt. Mir nie auch nur einen Hinweis gegeben, wie er fühlt. Ich dachte, wir sind Freunde. Dass er über alles mit mir reden könnte.«

»Guter Gott, Liebes«, seufzte Angel, während sie sich bückte und den Riegel der Tür zuschob. »Ich werde die Männer nie verstehen. Nicht, solange ich lebe.«

Als sie am nächsten Tag die Hälfte der Strecke nach Wirra Downs hinter sich hatten, begann es zu regnen. Dicke warme Tropfen fielen auf die trockene Erde, und der süße Geruch nach Gidgee erfüllte die Luft. Roxy legte den Kopf in den Nacken und spürte das erfrischende, willkommene Nass auf ihren Wangen. Es regnete immer noch, als sie zum Farmhaus kamen, und von den Hufen der Pferde spritzte Wasser auf. Sie waren alle bis auf die Haut durchnässt, und das Wasser lief über das glänzende Fell der Pferde.

Sarah rannte ihnen durch den Wolkenbruch entgegen. »Gott sei Dank, dass ihr wieder da seid«, keuchte sie. Jem rutschte vom Pferd und schloss sie in die Arme.

Roxy schaute zum Haus und sah, dass Maggie in ihrem Rollstuhl auf der Veranda saß und wartete. Plötzlich befiel sie eine böse Vorahnung. »Was ist los?« War etwas mit den Kindern? Hatte Eric einen Unfall? Oder Ella?

»Es ist Louisa«, brach es aus Maggie heraus. »Das Fieber ist gestiegen.«

Roxy sprang vom Pferd und rannte die Stufen hinauf. Sie ließ sich nur kurz Zeit, um auf der Veranda ihre schmutzigen Stiefel auszuziehen. Sie fand Louisa in ihrem Bett, sie war schwach und hatte glasige Augen. Der Ausschlag hatte sich ausgebreitet und jetzt auch das Gesicht und die Hände befallen. Louisa sah sie mit leerem Blick an. »Roxy?«, flüsterte sie und streckte die Hand aus.

»Wo hast du Schmerzen? Sag es mir.«

Sarah stand am Tisch und tunkte ein frisches Tuch in kaltes Wasser, um es der Kranken auf die Stirn zu legen. Louisa strich sich über den Bauch. »Hier. Überall.«

»Ist es das Baby? Kommt es?«

»Nein, ich glaube nicht.« Sie schloss die Augen. Ihr Gesicht war bis auf die hässlichen roten Pusteln kreidebleich. Sie drückte die Hände fest auf ihren gewölbten Leib.

Roxy bedeutete Sarah, mit ihr aus dem Zimmer zu gehen. Maggie wartete auf dem Korridor und sah sie besorgt an. »Was fehlt ihr?«, wollte sie wissen. »Sie soll erst in ein paar Wochen niederkommen.«

»Sie sagt, sie hat keine Wehen. Aber der Ausschlag und die Schmerzen …« Roxy schaute Maggie direkt in die Augen. »Guter Gott, ich hoffe, dass ich mich irre, aber vor Jahren hat es nach der Flut in Bourke einige Typhusfälle gegeben. Die Symptome waren ähnlich.«

Maggie war fassungslos. »Typhus? Du musst dich irren. Wie, um alles in der Welt, kann sie hier draußen mit Typhus in Berührung gekommen sein?«

Sarah starrte Maggie entsetzt an. »Der alte Mann«, murmelte sie. »Der alte Mann, der im Busch gestorben ist. Er hatte auch einen Ausschlag. Louisa hat ihm etwas zu essen gegeben und nachher die Teller und das Besteck abgeräumt und gespült …«

»Dann dürfen wir keine Zeit mehr verlieren«, erklärte Roxy entschieden. »Wir müssen sie nach Bourke zu Doktor Sides bringen.«

Roxy und Porridge beschlossen, Louisa in die Stadt zu fahren, während Jem die Schafe von den Weiden am Fluss holen sollte. Es goss noch immer in Strömen, schlammige Rinnsale flossen über die festgebackene Erde.

Es war Mittag, als sie losfuhren. Jem trug Louisa, die in eine Decke gewickelt war, zur Kutsche. Obwohl es warm und wegen des Regens ziemlich schwül war, zitterte sie heftig.

Der Regen hüllte die Landschaft in einen weißen Schleier, und die ausgetrockneten Creeks und Bäche füllten sich mit braunem, schäumendem Wasser. Die Räder der Kutsche pflügten durch den Schlamm, und sie kamen nur langsam voran.

Louisa saß in sich zusammengesunken auf dem Sitz und starrte ins Leere. Roxy hielt eine Decke über sie, um sie vor dem Wetter abzuschirmen. Schließlich rollte sich Louisa auf der harten Holzbank zusammen, legte den Kopf auf Roxy Schoß und schlief ein.

Es war schon spät, als sie die Stadt erreichten. Die Straßenlaternen brannten bereits. Porridge fuhr direkt zum Krankenhaus. Wie durch ein Wunder war Doktor Sides noch da. Offenbar hatte er die Kutsche gehört, denn er erwartete sie an der Tür. Er hob Louisa von der Kutsche und trug sie mit langen Schritten durch den Regen ins Haus.

»Sie hatten Recht, Roxy«, bestätigte er, nachdem er seine Patientin untersucht hatte. »Es ist Typhus, fürchte ich.«

»Wird sie wieder gesund?«

Der Doktor zuckte mit den Schultern. Er schien besorgt zu sein. »Ich kann wenig tun, außer ihr Wismut-Opium gegen den Durchfall zu verabreichen, aber das mache ich nicht gern, weil das Baby Schaden nehmen könnte. Alles deutet darauf hin, dass die Wehen bald einsetzen – vermutlich ist das Fieber dafür verantwortlich. Sie ist im neunten Monat, also hat das Kind gute Überlebenschancen, doch die Anstrengung könnte für Louisa in ihrem Zustand …« Er brach ab und hob hilflos die Hände. »Wenn sie das Kind jetzt bekommt, kann ich nicht garantieren, dass sie durchkommt.«

Guy manövrierte die *Curlew* um die letzte Flussbiegung, dann kamen die regennassen Dächer in Sicht. Nicht einmal das Wetter konnte ihm die Laune verderben. Wenn sie den Dampfer und den Kahn schnell entluden, konnte er noch vor dem Abend in Wirra Downs sein – eine schöne Überraschung für Louisa, die ihn erst in zwei Wochen erwartete, dachte er mit einem Grinsen. Und Davie! Guy konnte es kaum erwarten, den Jungen wiederzusehen.

Die *Brewarrina* und die *Lancashire Lass* warteten am Kai genau wie die *Excelsior,* die nur die Strecke Bourke-Brewarrina-Walgett fuhr. Guy brachte sein Schiff längsseits. Er war froh, dass vor zwei Jahren ein neuer Kai errichtet und mit drei Löschkränen ausgestattet worden war. Jetzt mussten sie nicht mehr selbst die gesamte Fracht von Bord schleppen.

Die Mannschaft, die sich schon auf die Bars in Bourke freute, war erpicht darauf, so schnell wie möglich fertig zu werden. Scandy sang bei der Arbeit, und Bert pfiff dazu. Toby marschierte auf seinem Kahn hin und her und beaufsichtigte das Entladen. Der Giftmischer klapperte in der Kombüse mit Töpfen und Geschirr, während er das Essen zubereitete.

Sie waren fast fertig, als eine bekannte Stimme rief: »Guy! Guy Dumas!«

Er richtete sich auf und sah, dass Angel McPhee auf dem Kai stand. »Hallo, Angel. Wie stehen die Dinge in der Stadt?«

Ohne ihm eine Antwort zu geben, lief sie die Treppen herunter. »Einer meiner Stammgäste sagte, dass die *Curlew* heute Morgen angelegt hat«, keuchte sie, als sie aufs Deck kam. Ihr Gesicht war gerötet, weil sie so schnell gerannt war.

Guy war sofort alarmiert. Warum hatte es Angel so eilig, ihn am Kai aufzusuchen? Es musste etwas Schreckliches vorgefallen sein. Er packte sie an den Schultern. »Was ist? Ist etwas passiert?«

Angel holte tief Luft. »Louisa hat Typhus, und Doktor Sides meint, das Baby kann jeden Moment kommen.«

»Typhus?« Er hörte seine eigene Stimme wie von weit her, und ihm war, als hätte ihm jemand einen kräftigen Magenschwinger versetzt. »Was? Wie?«

Er spürte Angels warme Hand auf seiner, im nächsten Moment schob sie ihn zur Treppe zum Kai. »Sie liegt im Krankenhaus, Roxy ist bei ihr. Du solltest auch hingehen – schnell.«

Er brauchte keine weitere Aufforderung. Er rannte, so schnell er konnte, an der Pumpstation und den Lagerhäusern vorbei. Später erinnerte er sich nicht mehr, wie er zum Krankenhaus gekommen war. Eine Stimme in seinem Kopf schrie ständig: Nein! Nein! Nein!

Die Krankenschwester, eine hübsche junge Frau mit gestärktem Häubchen, dirigierte ihn zu dem kleinen Cottage hinter dem Haupthaus. »Die Fieberfälle bringen wir gesondert unter«, erklärte sie und gab ihm einen verwaschenen Krankenhauskittel, den er überstreifen musste.

Guy schreckte zurück und schüttelte den Kopf. »Nein! Sie verstehen nicht. Sie ist meine Frau. Das ist schon in Ordnung.«

»Dies ist eine Isolierstation«, beharrte sie sanft, erst dann ließ er zu, dass sie ihm den Kittel überzog. Er konnte keinen klaren Gedanken mehr fassen.

Draußen. Frische Luft. Regen auf seinem Gesicht. Er bewegte sich wie ein Schlafwandler, als die Schwester ihn über den Rasen führte. Er sah das Cottage und verspürte plötzlich den Drang, loszulaufen und durch die Tür zu stürmen. Vielleicht lag Louisa gar nicht dort. Vielleicht war alles nur ein böser Traum, und er wachte bald in seiner Koje auf der *Curlew* auf.

Aber nein. Da war Roxy – sie erhob sich von dem einzigen Stuhl, der auf dem Flur stand, und ging ihm entgegen. Sie war blass und weinte und bewegte sich steif wie eine Marionette. Sie blieb vor ihm stehen und sah zu ihm auf.

»Das Baby ... es ist ein Mädchen. Es ist winzig, wiegt nicht einmal vier Pfund, aber Doktor Sides meint, dass es durchkommt.«

Ihre Stimme war monoton, und Guy begriff kaum, was sie sagte. »Louisa? Wo ist sie?«, fragte er.

Von dem Flur gingen rechts und links Türen ab. Louisa lag in einem dieser Zimmer und wartete darauf, ihn zu sehen, das wusste er. Ein kleines Mädchen! Sie freute sich bestimmt sehr.

Guy drängte sich an Roxy vorbei, aber sie hielt ihn zurück. »Es tut mir Leid, Guy. Sie ist gegangen.«

»Gegangen?« Was redet sie da?, dachte er aufgebracht. Wohin? Sie hat gerade ein Kind zur Welt gebracht, um Himmels willen. »Wo ist sie? Ich möchte sie sehen.«

Seine Stimme klang hohl, und die Laute hallten in seinem Schädel wider. *Wo ist sie? Wo ist sie? Wo ist sie?* Er musste sie sehen, sie berühren, sich vergewissern, dass alles in Ordnung mit ihr war! Er tastete blind um sich, suchte und sah die ganze Zeit Louisas Gesicht vor sich.

Jemand stützte ihn und führte ihn zu dem Stuhl. Er spürte die Hände, die kräftigen Finger, die ihn aufrecht hielten, als seine Beine nachgaben und sein Gewicht nicht mehr trugen.

Er konnte sie alle sehen: Roxy, Doktor Sides, die hübsche junge Schwester – sie schwankten vor seinen Augen. Roxys Gesicht war ernst; Doktor Sides trug einen weißen Kittel, auf dem rote Flecken waren. Blut – ist das Louisas Blut?, fragte er sich benommen.

Doktor Sides' Worte drangen nicht zu ihm durch, erschienen ihm wirr und zusammenhanglos. Dem Kind ging es gut – ein kleines Mädchen, ein wenig unterentwickelt, aber kräftig genug, um zu überleben. Es war eine Zangengeburt. Louisa war vom Fieber sehr geschwächt. Sie hatte nach der Geburt starke Blutungen gehabt – wahrscheinlich wegen des Typhus. Man hatte versucht, die Blutungen mit Eis zu stoppen, und ihr Mutterkorn verabreicht, aber sie hatten ihr nicht mehr helfen können …

»Ich möchte sie sehen«, forderte Guy dumpf. Er wollte sich mit eigenen Augen überzeugen, dass das alles wahr war, sie ein letztes Mal sehen, ihre Wange und ihren Mund berühren.

»Nein, Guy. Bitte. Das hat keinen Sinn.«

Guy kam taumelnd auf die Füße und riss sich von den tröstenden Berührungen und den mitfühlenden Worten los, die er nicht ertragen konnte. »Wo ist sie?«

Doktor Sides trat vor und nahm Guys Arm. »Man hat sie in die Leichenhalle gebracht. Ich nehme an, Sie werden sie auf Wirra Downs beerdigen wollen.«

»Nein!«

Der kleine Friedhof in Wirra Downs, auf dem Martin, Gerald, Maggies kleine Tochter, ihre Eltern und Unbekannte begraben waren. Generationen der Familie Dumas vereint im Tode. Zorn loderte in Guy auf und verbrannte ihn fast. Was schlagen sie da vor? Er soll seine Louisa neben diesem Abschaum Gerald Dumas beerdigen? Das würde er auf gar keinen Fall zulassen.

»Nein«, wiederholte er etwas ruhiger. »Ich möchte, dass sie hier, in Bourke, beerdigt wird.«

Er wusste nur noch wenig von dem Begräbnis. Eine kleine Gruppe hatte sich im Schatten eines großen Pfefferbaumes versammelt: Roxy und Doktor Sides, Angel und Angus McPhee, Porridge und die Mannschaft der *Curlew.* Später gingen sie ins Hotel, wo Angel Tee und Sandwiches servierte, aber allen war zu heiß, und die Sandwiches gingen unberührt in die Küche zurück.

Roxy bot ihm etwas an, doch er winkte nur ab, weil er keinen Bissen herunterbekam. Er wünschte all die wohlmeinenden Leute mit ihrem nichts sagenden Gerede und den mitleidigen Blicken zum Teufel. Er wollte allein sein und sein Unglück ertränken.

Plötzlich wurde ihm hier alles zu eng. Er brauchte mehr Platz und stolperte aus dem Hotel. Die Mittagshitze schlug ihm entgegen. Über der Straße verschwammen die Hitzespiegelungen. Zwei Hunde saßen hechelnd unter einem Baum in der Nähe. Aus der Bar drangen leise Männerstimmen.

»Guy?«

Ein leichter Druck an seinem Arm. Er drehte sich um und sah in Roxys nach oben gewandtes Gesicht. »Ich weiß, was du empfindest«, begann sie unsicher. »Nach Martins Tod fühlte ich mich so leer, so allein. So, als könnte ich nicht mehr weitermachen.«

»Aber du hast weitergemacht«, gab er mit einer Spur von Bitterkeit zurück. »Vielleicht bist du stärker als ich.«

»Wir alle sind im Grunde stark. Man braucht nur Zeit, um es zu begreifen.«

Zeit! Keine Zeit der Welt würde das schreckliche Gefühl des Verlustes lindern, das ihn jetzt zu verschlingen drohte. Er betrachtete seine schwieligen, abgearbeiteten Hände. Warum war er am Leben und Louisa tot? Wie konnte das Leben so ungerecht sein?

»Und deine Tochter?«

In seiner Trauer hätte er das Kind beinahe vergessen, das winzige dunkelhaarige Würmchen, das ihm Roxy am gestrigen Abend in den Arm gelegt hatte. Zu dem Zeitpunkt war er so erschüttert gewesen, dass es ihm gar nichts bedeutet hatte. Welch Ironie des Schicksals – Louisa war nicht mehr, aber sie hatte ihm zwei Beweise ihrer Liebe zurückgelassen: Davie – und jetzt dieses mutterlose Baby.

Er konnte sich nicht um das Kind kümmern. Nicht auf der *Curlew*. Ohne Louisa war der Dampfer kein Ort für einen Säugling, der ständige Fürsorge und Aufmerksamkeit brauchte. Das konnte Guy nicht bieten. Und dann war da noch Davie. Bei ihrem Nomadenleben auf dem Fluss bekam der Junge keine anständige Schulbildung. Louisa hatte getan, was sie konnte, doch … Er wischte sich mit der Hand über die Augen – er war zu erschöpft, um klar denken zu können.

»Lass deine Kinder bei mir. Wenigstens vorerst. Auf Wirra Downs hat Davie Gesellschaft, und Sarah wird sich um das Baby kümmern.«

Es war, als hätte Roxy seine Gedanken gelesen. Eine einfache Lösung, aber der Junge würde Guy entsetzlich fehlen. Und das Baby? Sein Inneres war in Aufruhr. Wenn das Kind nicht gewesen wäre, hätte Louisa vielleicht den Typhus überstanden. Welche Gefühle konnte er seiner kleinen Tochter entgegenbringen, wenn sie ihn ständig daran erinnerte, dass sie zum Teil Ursache für den Tod seiner Frau war?

Er schüttelte den Kopf und versuchte, sich auf Roxys Worte zu konzentrieren. Sie sprach von einem Namen. Ein Name, dachte er, verärgert über dieses sinnlose Thema. »Nenn sie, wie du willst«, versetzte er barsch.

Plötzlich brach er in Tränen als und schluchzte laut. »Gott, Roxy, ich habe sie geliebt. Sie war wie eine Blume, exotisch, schön und so zerbrechlich …« Seine Stimme versagte. Er sah nach oben und blinzelte, als müsste er seine Gedanken klären. »Ich dachte immer, dass sie von mir abhängig ist. Jetzt, da sie tot ist, weiß ich, dass ich von ihr abhängig war.«

Roxy nahm ihn in die Arme, und er fühlte nichts als Verzweiflung.

Er ist im Fluss. Es ist Tag. Die Sonne scheint warm in sein Gesicht; Vögel kreisen und schreien am Himmel. In der Ferne ertönt Maggies Stimme, sie ruft ihn zum Mittagessen. Er dreht sich im Wasser und spürt, dass er Hunger hat. Er holt tief Luft und taucht unter.

Die Sonnenstrahlen brechen sich im Wasser. Eine kleine, kompakte Gestalt bewegt sich an ihm vorbei: ein Fisch – in seiner Hast zu entkommen streift er seinen Arm. Das braune Ufer ist nicht weit entfernt.

Plötzlich spürt er einen Druck auf seinem Kopf. Erst ist er leicht, dann wird er immer stärker und presst ihn nach unten. Er zappelt und versucht, sich wegzuducken, doch das Wasser ist flach, und das Gewicht drückt sein Gesicht in den Schlamm.

Er möchte den Kopf drehen, und es gelingt ihm so weit,

dass er eine Hand sieht, die ihn unter Wasser hält und am Luftholen hindert. In seiner Verzweiflung krallt er sich in diese Hand und kratzt mit den Nägeln die Haut auf. Er braucht Luft. Seine Lungen sind kurz vor dem Bersten. Er schaut auf und sieht Geralds grinsendes Gesicht – die Wellen verzerren es.

Später erinnerte sich Guy an die Ereignisse dieser Tage wie an eine Serie unzusammenhängender Bilder: das gestärkte Häubchen der Krankenschwester, Doktor Sides' blutverschmierter Kittel, Roxys große Augen in dem blassen Gesicht. Er stellte sich vor, wie ein mit Äther getränktes Tuch auf Louisas Gesicht gedrückt wurde, wie die Zange in ihren Körper drang und das Kind herauszerrte.

Er konnte es nicht ertragen, den anderen auf Wirra Downs gegenüberzutreten – Davies niedergeschlagenes Gesicht oder Maggies traurige Augen zu sehen. Maggie, die Louisa geliebt hatte wie die Tochter, die sie vor Jahren auf dem kleinen Friedhof begraben hatte. Sobald er konnte, würde er mit der *Curlew* ablegen und flussabwärts zum Murray fahren, um sich in seiner Arbeit und den Pflichten als Kapitän zu vergraben.

Davie und das Baby waren gut versorgt; in dieser Hinsicht musste er sich keine Gedanken machen. Roxy würde sich um alles kümmern. Und eines Tages würde er zurückkommen – eines Tages, wenn der Schmerz nachgelassen hatte und die Erinnerungen verblasst waren …

»Es ist seltsam«, sagte Roxy später zu Maggie. »Es gibt so viel zu tun auf Wirra Downs, trotzdem kommt es mir immer so vor, als wollte er sich nicht hier aufhalten.«

»Lass ihn«, gab Maggie gereizt zurück. »Es ist sein Leben, und alles hat seine Gründe.«

KAPITEL 40

Roxy gab dem Baby den Namen Lissa. Lissa war ein hübsches, dunkelhaariges Kind, das selten weinte, sondern meist fröhlich lächelte. Sie war das Ebenbild ihrer Mutter – eine Tatsache, die wenig dazu beitrug, die gedrückte Stimmung im Haus zu vertreiben. Maggie benahm sich griesgrämig und barsch. Louisa war Roxys beste Freundin auf Wirra Downs gewesen, fast wie eine Schwester, mit der sie viel gemeinsam erlebt hatte. Roxy vermisste sie schmerzlich.

Guy schrieb regelmäßig kurze Briefe, in denen er sich nach der Gesundheit der Kinder erkundigte. Er bestand darauf, für ihre Verpflegung und Kleidung zu bezahlen, und schickte Geld für ihren Unterhalt. Abgesehen von der Nacht, in der Louisa gestorben war, hatte er seine Tochter nicht gesehen. Lissa war rund und proper und gluckste glücklich, wenn sie jemanden sah. Sie stapfte schon auf unsicheren Beinchen durchs Haus, und jedes Mal, wenn sie hinfiel, war jemand da, der sie aufhob. Maggie verwöhnte sie nach Strich und Faden.

Von Frank hörten sie nichts. Roxy suchte seinen Namen in den Zeitungen und verschlang die Berichte über den

Krieg in Südafrika. Sie las von unvorstellbaren Gräueltaten und quälte sich mit dem Gedanken, dass Frank in all das verstrickt sein könnte.

Wirra Downs kämpfte sich durch. Im vergangenen Jahr waren Verwalter gekommen und gegangen, keiner konnte es mit Franks Hingabe und Fähigkeiten aufnehmen. Jem war ein Gottesgeschenk; er hielt den Betrieb am Laufen, aber er war zufrieden mit seinem Posten und strebte nicht danach, die anderen Männer anzuleiten. Außerdem hatte er ohnehin genug zu tun.

Die Schur verlief erfolgreich, und zehn neue Wolseley-Stände wurden installiert, sodass mehr als hundert Männer in der Halle arbeiten konnten. Die Farm war das größte Wolle produzierende Unternehmen im ganzen Distrikt und schickte mehr als tausend Ballen über Bourke nach Sydney. Es gab die üblichen Probleme mit den Schafen: Räude, ein paar Fälle von bakterieller Darmentzündung, Läuse, Flöhe, Zecken. Nichts, was wir nicht in den Griff bekommen, dachte Roxy dankbar.

In den letzten zwölf Monaten hatte es keinen Regen gegeben. Es war, als wäre der Wolkenbruch an Louisas Todestag ein letzter Abschied gewesen. Den trockenen Boden durchzogen breite Risse. Roxy war froh um die unterirdischen Tanks, die auf dem ganzen Land verteilt waren. Wenigstens hatten die Tiere Wasser.

Davie wurde in wenigen Monaten dreizehn Jahre alt. Er war groß für sein Alter. Alle sagten, er wäre seinem Vater sehr ähnlich: sandfarbenes Haar, blaue Augen, von der Sonne gebräunte Haut. Wenn er sich im Spiegel ansah, musste er ihnen Recht geben.

Es war ein eigenartiges Jahr für ihn gewesen. Seit dem Tod seiner Mutter fühlte er sich innerlich ganz leer, und egal, wie viel er weinte, es wurde einfach nicht besser. Alle waren besonders lieb zu ihm, doch niemand konnte ihm seine Mutter ersetzen, auch wenn sie sich noch so sehr bemühten.

Seit Mitte des Jahres wohnte er in Bourke bei Angel und Angus McPhee. Tante Roxy war auf die Idee gekommen, ihn dort in die Schule zu schicken, weil er längst nicht so viel wusste wie die anderen Jungs seines Alters. »Natürlich hat dich Louisa großartig unterrichtet«, beteuerte sie hastig, »aber ich bin überzeugt, dass es dir in der Stadt gefällt, und Angel und Angus sind wunderbare Menschen.« Das stimmte; sie gaben sich große Mühe, damit er sich bei ihnen wie zu Hause fühlen konnte.

Trotzdem wäre er lieber auf Wirra Downs oder bei seinem Vater auf der *Curlew,* doch beides stand nicht zur Diskussion. Aber das Leben in der Stadt war gar nicht so schlecht. Es gab immer etwas zu sehen: Kamelkarawanen, beladen mit Wollballen, die aus dem Busch kamen, Kutschen, die Neuankömmlinge vom Bahnhof in die Stadt brachten, die Kräne und Winden am Kai. An den Samstagnachmittagen versammelten sich die Frauen der Heilsarmee vor dem Hotel, sangen und schrien.

Das Hotel der McPhees war anders als die Häuser, die Davie kannte; es hatte viele Flure und Treppen. Angel hatte ihm verboten, in die Bar zu gehen, doch gelegentlich half er dem Kellermeister in dem Gewölbe unter dem Pub. Dort standen riesige Fässer mit Bier, und die Luft roch bitter und modrig.

Davie liebte die Raddampfer und rannte stets zum Fluss, wenn er das laute Tuten hörte. Dann setzte er sich in der Nähe des Kais ans grasbewachsene Ufer und sah zu, wie sich die Räder immer langsamer drehten und die Wasseroberfläche aufwühlten, bevor die Schiffe andockten.

Jeden Morgen, wenn er an der Post vorbeiging, schaute er auf den Aushang, auf dem die Wasserstände und die Routen der Raddampfer angegeben wurden. In der letzten Woche war die *Emma* durch Bourke gekommen und in der Woche davor die *Pilot*. Aber am meisten wünschte er sich, die *Curlew* zu sehen, mit seinem Vater am Ruder und Scandy, der die Taue abrollte, um sie um die Poller zu werfen.

»Eines Tages werde ich auch ein Kapitän sein«, erklärte er stolz seinen Schulkameraden, deren Väter alle normalen Berufen in der Stadt nachgingen.

An den Wochenenden saß Davie am Kai, hielt eine Angel ins Wasser und wartete. Er fing selten einen Fisch, doch er saß gern hier und betrachtete sein Spiegelbild im Wasser und das Glitzern auf den kleinen Wellen.

Dann kam der Dezember. Es war genau ein Jahr seit dem Tod seiner Mutter vergangen. Das Datum war unauslöschlich in sein Gedächtnis gebrannt: der zwölfte Dezember. Nach der Schule schlenderte er in Richtung Friedhof. Er kannte den Weg, weil Angel ihn einige Male mitgenommen hatte, damit er Blumen aufs Grab legen konnte. Davie sah auf seine leeren Hände hinunter. Irgendwie erschien es ihm nicht richtig, ohne eine Gabe das Grab seiner Mutter zu besuchen. Er bückte sich und pflückte ein paar Gänseblümchen, die am Straßenrand wuchsen, und hielt sie ganz fest in der Hand, während er die Bahngleise überquerte.

Die Hitze flimmerte über der Ebene. Die Sonne brannte unbarmherzig. Davies Mund war ganz trocken, und er bedauerte, keine Wasserflasche mitgenommen zu haben.

Er ging an vielen Grabsteinen vorbei, bis er vor dem Grab seiner Mutter stand. An diesem Ort überkam ihn immer ein feierliches, ernstes Gefühl, und seine Augen brannten. Die Blüten der Gänseblümchen waren schon schlaff von der Hitze, und er wünschte, er hätte schönere Blumen in einer Vase mitgebracht – mit Wasser, damit sie ein wenig länger frisch blieben. Vorsichtig legte er den kleinen Strauß auf die trockene Erde.

Jemand hatte einen Grabstein aufgestellt, seit er zum letzten Mal hier gewesen war. Weißer Marmor. *Louisa Dumas (1868–1899)* stand auf dem Stein. *Geliebte Ehefrau von Guy Dumas.* Davie kauerte sich hin und zupfte das Unkraut aus der Erde.

Ein ganzes Jahr war vergangen seit dem Tod seiner Mutter? Es war so schnell verstrichen. Tante Roxy hatte ihm vor ein paar Tagen geschrieben und ihn an Lissas Geburtstag erinnert. In zwei Wochen war Weihnachten. Die *Curlew* konnte jetzt jeden Tag in Bourke ankommen und ihn mit nach Wirra Downs nehmen. Das wusste Davie, weil er in der letzten Woche einen Brief von seinem Vater erhalten hatte.

Unmut keimte in ihm auf, als er da hockte und den weißen Grabstein betrachtete. Es war einfach nicht fair. All seine Freunde hatten richtige Familien, und sie gingen jeden Tag nach der Schule nach Hause. Er hatte nur den Pub und Angel. Er mochte sie; sie war freundlich und hielt immer eine Überraschung für ihn parat – Süßigkeiten oder eine von den schönen bunten Murmeln. Aber sie war eben nicht seine Mutter.

Er scharrte ein wenig in der Erde, und plötzlich hatte

er einen kleinen Stein in der Hand. Eine ganze Weile saß er ganz ruhig da und wog den Stein in der Hand, bevor er ihn auf den Grabstein warf.

Ping!

Der Klang gefiel ihm. Er hob einen anderen Stein auf und noch einen und warf alle, so fest er konnte. »Verdammter Typhus«, murrte er. »Scheußlicher, verfluchter Typhus.«

»Davie!«

Der Junge wirbelte schuldbewusst herum. Sein Vater stand mit einem kleinen Strauß Rosen vor ihm und sah ihn entsetzt an. Die Rosen waren rot. Rot wie Blut.

Guy ließ die Blumen fallen und packte Davie am Kragen. »Was, in drei Teufels Namen, machst du?«

Davie brachte kein Wort heraus. Er hatte seinen Vater noch nie so wütend erlebt. Sein Gesicht war hochrot, und sein Mund war schmal und verzerrt. »Antworte mir!«, forderte er.

Davie sah die Hand auf sich zukommen. Sein erster Impuls war, sich zu ducken, aber Guy hielt ihn immer noch am Hemd fest, sodass er seine Bestrafung hinnehmen musste – eine kräftige Ohrfeige. Davie drehte sich abrupt weg und entkam dem Griff seines Vaters.

Er rannte und erwartete, Schritte hinter sich zu hören, aber da waren keine. Sein Ohr brannte. Die Entrüstung über die Reaktion seines Vaters drohte, ihn zu ersticken. Vor dem Zaun blieb er stehen und drehte sich keuchend um. Sein Vater kauerte vor dem Grab und nahm die Steine herunter. Seine Schultern zuckten eigenartig. Die Rosen lagen zertrampelt auf dem Boden.

Am nächsten Morgen um acht Uhr erwartete Guy seinen Sohn im Parterre des Hotels, er sprach aber kein

Wort. Er wünschte ihm nicht einmal einen guten Morgen oder drückte ihn wie sonst kurz an sich. Schweigend gingen sie zum Kai.

Davie wusste nicht, was er sagen sollte. Er konnte nicht behaupten, dass es ihm Leid tat, wie er fühlte – er vermisste seine Mutter unsäglich und war wütend, weil sie nicht mehr bei ihm sein konnte. Aber sein Vater musste sehr böse auf ihn sein, weil er ihn nicht wie sonst mit ins Ruderhaus mitnahm. Deshalb setzte sich Davie aufs Deck und beobachtete, wie das Schiff das Wasser beiseite schob. Ein unangenehm flaues Gefühl in der Magengegend setzte ihm schwer zu.

Guy sah vom Ruderhaus aus das verkniffene, kreideweiße Gesicht seines Sohnes, der auf dem Deck kauerte. Als er Davie am Vortag dabei erwischt hatte, wie er Steine auf Louisas Grab warf, hatte ihn der Zorn übermannt. Ihm war, als hätte ihm jemand einen tödlichen Tritt versetzt. Jetzt verblasste die Wut allmählich.

Guy spürte, wie sich das Ruder unter seinen Händen drehte, als er das Schiff um die letzte Biegung vor Wirra Downs steuerte. Vor ihm lag der kleine Steg, flankiert vom Bootshaus und der Umkleidekabine. Daheim, dachte er und war selbst überrascht, dass er Wirra Downs immer noch als Zuhause ansah. Nein!, korrigierte er sich. Die *Curlew* war sein Zuhause. Trotzdem versetzte ihm der Anblick des imposanten Hauses auf dem Hügel und der gepflegten Rasenflächen zum Fluss hin immer einen schmerzhaften Stich.

Es hatte ihm widerstrebt, hierher zurückzukommen. Als er die *Curlew* das letzte Mal am Steg vertäut hatte, war Louisa an seiner Seite gewesen. Wie würde es ihm ergehen, wenn er alles wiedersah, wenn sich in seinem Bewusstsein die Erinnerungen an Louisa mit Geralds schneidenden Worten vermischten? Und seine Tochter? Welche Gefühle würde sie in ihm aufrühren? Wut? Verzweiflung über die Ungerechtigkeit? Er hatte sich das ganze letzte Jahr gequält. Warum hatte es Louisa sein müssen? Wieso war nicht das Kind an ihrer Stelle gestorben?

Er schloss für einen Moment die Augen und verbannte diesen furchtbaren Gedanken. Nein, Lissa war nur ein unschuldiges Kind. Außerdem wurde es Zeit, dass er die Trauer begrub und sein Leben weiterführte. Louisa war nicht mehr. Nichts und niemand konnte sie ihm zurückbringen.

Maggie erwartete ihn in ihrem Rollstuhl am Steg, als er das Schiff vertäute, und strahlte vor Freude.

Der Morgentee und Kuchen wurden in der Küche serviert. Nach ein paar Minuten kam Roxy herein. Sie hatte sich das blonde Haar aus der Stirn gekämmt, und ihre Wangen waren gerötet.

»Dachte ich doch, dass ich den Pfiff der *Curlew* gehört habe«, sagte sie und umarmte Davie überschwänglich. »Hallo, junger Mann! Liebe Güte, du bist aber in die Höhe geschossen! Was gibt dir Angel zu essen? Wachstumspillen? Hallo, Guy«, setzte sie gelassen hinzu und hauchte wie beiläufig einen Kuss auf seine Wange. »Es ist schön, dich hier zu haben.«

Er lächelte schwach. Sein Inneres verwandelte sich in Gelee. Roxys Nähe und der Duft ihres Parfüms machten ihn schwindlig. »Ich freue mich auch, wieder da zu sein«, antwortete er.

»Hast du Lissa schon gesehen? Sie hat ihren Vormittagsschlaf beendet.«

»Nein.« Er schüttelte verwirrt den Kopf und versuchte, seine Gedanken zu sortieren. Louisa, Roxy, Lissa: Alle waren unerklärlicherweise fest miteinander verwoben. Er verspürte den Drang, fortzulaufen von … Weiter konnte er nicht denken. Wovor wollte er fliehen?

Roxy nahm seine Hand und führte ihn zu ihrem Zimmer. Die Sonne strömte durchs Fenster am Ende des Flurs. Guy war zumute, als würde er nach Monaten in der Dunkelheit wieder ins Licht treten. Roxys Hand war warm, und die Berührung sendete kleine Schockwellen durch seinen Arm.

Sie durchquerten ihr Schlafzimmer und gingen ins angrenzende Kinderzimmer. Dort lag Lissa in ihrem Bettchen. Guy wusste sofort, dass sie es war, als er ihre Haarfarbe, die Augen und den Mund sah, der sich bei ihrem Eintreten zu einem Lächeln kräuselte. Sie war durch und durch Louisas Tochter.

Das Kind zog sich an den Gitterstäben auf die Füße und streckte fröhlich glucksend die Ärmchen aus. Es schmiegte sich in Roxys Arme, legte den Kopf an ihren Hals und betrachtete Guy aus dunklen, ernsten Augen.

»Das ist dein Papa«, erklärte Roxy. »Pa-pa«, wiederholte sie langsam.

Sie standen lange so da – Guy erschien es wie eine Ewigkeit –, das Kind schaute ihn an, und Roxy lächelte. Hinter ihr bauschte eine Brise die Vorhänge auf.

»Möchtest du sie halten?« Roxys Stimme durchbrach die Stille.

Guy streckte ruckartig die Hände aus. Er fürchtete, das Kind könnte ihn ablehnen oder anfangen zu weinen.

Aber nein, die Kleine streckte die Arme nach ihm aus, und plötzlich fühlte er, wie sie sich an seine Brust kuschelte.

»Lissa«, flüsterte er und berührte mit einem Finger ihre Wange. Er staunte, wie weich ihre Haut war. »Baby Lissa.«

Lissa kicherte und fuhr mit der Hand durch sein Gesicht, erforschte die Fältchen in den Augenwinkeln, die Nase und den Mund mit ihren pummeligen Fingern, als müsste sie sich das neue Gesicht einprägen. Ihre Miene wurde ernst, und sie hatte die Lippen gespitzt.

Guy war zutiefst gerührt und auf unerklärliche Weise fasziniert: Dieses Kind war ein Produkt von Louisa und ihm selbst. Ihn durchströmte eine so unermessliche Zärtlichkeit, dass ihm das Herz wehtat. Der Moment, den er am meisten gefürchtet hatte, war vorüber. Der Schmerz war noch da, aber er war längst nicht mehr so schlimm.

Er vergrub das Gesicht in Lissas Locken und sog ihren Duft tief ein. Guy blieb lange so und vergaß alles andere um sich herum, als bestünde das Universum nur aus ihnen beiden: aus einem Mann und seiner kleinen Tochter. Er spürte ihr Gewicht. Sie war real. Lebendig. Keine Einbildung.

Als er wieder aufschaute, hatte Roxy das Zimmer verlassen.

Narairee schlurfte schlecht gelaunt um den Tisch im Esszimmer, während sie die Teller und das Besteck abräumte, und hielt den Blick gesenkt.

»Was ist mit Narairee los?«, fragte Guy, nachdem das

Mädchen die Teekanne auf das Damasttischtuch geknallt und den Raum verlassen hatte.

»Ah«, stöhnte Dinnie und verdrehte die Augen. »Das Mädchen macht mir großen Kummer. Es wird Zeit, dass es einen Mann bekommt.«

»Narairee ist erst sechzehn, das ist viel zu früh«, protestierte Roxy.

»Nein«, widersprach Dinnie. »Narairee ist bereit für einen Mann.«

Während Dinnie das restliche Geschirr in die Küche brachte, erzählte Roxy, dass Dinnie mit einem älteren, verwitweten Aborigine verhandelte, der Narairee heiraten sollte. Der Mann war von einem anderen Clan, der weiter flussabwärts lebte, nach Wirra Downs gekommen. Narairee war keineswegs begeistert von der Vorstellung und schmollte schon seit Wochen.

»Narairee legt sich nicht zu einem schwarzen Mann und bekommt keine schwarzen Babys!«, erklärte das Mädchen entschieden, als es wieder ins Esszimmer kam. »Ich will nicht in den Hütten am Fluss leben. Ich will im Haus der Weißen wohnen, hier bleiben.« Narairee schluchzte gepresst und rannte zurück in die Küche.

»Warum schickst du sie nicht weg, statt sie mit einem alten Mann zu verheiraten?«, schlug Guy vor und lehnte sich auf seinem Stuhl zurück.

»Nein«, gab Dinnie mit finsterer Miene zurück. »Sie hat bereits ihre Kultur verloren. Soll sie auch noch ihre Familie verlieren?«

»Nein«, erwiderte Guy nachdenklich. »Es war nur so eine Idee.«

»Narairee macht nicht artig das, was man ihr sagt. Ihr schwarzes Blut ist verdorben – durch ihren Vater.

Sie macht dem Stamm Schwierigkeiten. Erst sind es kleine Risse, dann größere. Groß genug für die bösen Geister.«

»Das reicht!«, herrschte Maggie sie an und schlug mit der Hand auf die Armlehne ihres Rollstuhls. Sie schien sich richtig aufzuregen. »Dinnie hat Recht. Narairee ist alt genug. Bei den Aborigines sind die meisten Mädchen in ihrem Alter schon verheiratet.« Sie funkelte die Gruppe am Tisch düster an und rollte zur Tür. Guy stand auf und hielt sie ihr auf. »Wenn ihr mich jetzt bitte entschuldigt, ich bin ziemlich müde. Ich denke, ich lege mich ein wenig hin«, sagte sie.

Die anderen saßen nach Maggies abruptem Abgang schweigend am Tisch. Roxy stützte das Kinn in die Hand und warf einen neugierigen Blick zu Dinnie. »Wer war Narairees Vater?«, fragte sie schließlich. »Ein Weißer, oder?«

Dinnie presste die Lippen zusammen, dann antwortete sie: »Es ist nicht gut, über ihn zu reden. Das würde nichts ändern. Außerdem ist er weg.«

»Er hat sich aus dem Staub gemacht?«

»Nein. Er ist tot.«

»Oh.«

»Er war ein schlechter Mann. Es ist gut, dass er tot ist. Jetzt kann er niemandem mehr wehtun.«

Guy schob seinen Stuhl zurück und streckte sich. »Wenn das Mittagessen jetzt vorbei ist, dann nehme ich die Jungs zum Schwimmen mit an den Fluss.«

Roxy hörte, wie er die Kinder rief. Sie fragte sich nicht zum ersten Mal, wer Narairees Vater gewesen sein könnte. War ihm bewusst gewesen, dass er eine Tochter hatte? Hätte er sich um sie gekümmert, wenn er es gewusst hätte? Wahrscheinlich war er ein Schafhirte oder ein Treiber; es war nichts Ungewöhnliches, dass sich die Männer mit den schwarzen Frauen vergnügten. Sie boten ihnen ein paar glänzende Münzen an, und die Mädchen erklärten sich einverstanden. In den Hütten am Fluss lebten etliche Mischlingskinder.

Aber Dinnie war anders. Sie wohnte und arbeitete im großen Haus und hatte kaum Berührung mit den Farmarbeitern. Roxy erstarrte, weil ihr plötzlich eine andere Möglichkeit durch den Kopf schoss. Ein Schauer lief ihr über den Rücken, und ihr wurde übel. Dinnie hatte gesagt, dass Narairees Vater gestorben sei. Martin war gestorben ... Früher mussten sie sich nahe gewesen sein. Sie waren etwa im selben Alter und hatten vermutlich in der Kindheit miteinander gespielt. Könnte er ...?

Sie stand auf und verdrängte den Gedanken. Im Spiegel über der Anrichte sah sie ihr weißes, verkrampftes Gesicht. Ihr Herz schmerzte schrecklich. Es war so heiß. Vorhin hatte Horrie Limonen aus dem Garten gebracht. Sie ging in die Küche, um eine kühle Limonade zuzubereiten.

Sie lehnte an der Küchenbank und betrachtete Nărairee verstohlen, um zu sehen, ob sie Ähnlichkeiten mit Martin entdeckte. Sie fand keine. Wieso hielt Dinnie die Identität von Narairees Vater geheim? Wussten die anderen Bescheid? Lachten sie hinter ihrem Rücken über sie?

Je mehr sie grübelte, desto mehr Wut staute sich in ihr an. Schließlich warf sie die Limonen auf den Tisch und ging in ihr Zimmer. Ihr dröhnte der Kopf. Sie fiel in einen unruhigen Schlaf mit wilden Träumen. Martin und Dinnie – ihre Gesichter waren ineinander verschmolzen zu einer gruselig grinsenden Fratze.

KAPITEL 41

Ohne Frank hatte Davie nicht viel Spaß auf Wirra Downs. Irgendwie wirkte die Farm leer. Frank hatte eine Lücke hinterlassen fast wie seine Mutter. Es schien, als hätten sich alle gegen ihn verschworen und ihn verlassen: Louisa, Frank, und sogar sein Vater blieb monatelang fort.

Aber es gab Entschädigungen. Lissa zum Beispiel liebte es, sich an ihn zu kuscheln, als wüsste sie genau, dass er ihr großer Bruder war und dass sie einmal etwas gemeinsam gehabt hatten – Louisa, ihre Mutter. Mit stockenden Worten erzählte er Lissa alles über Bourke, das Hotel und das Schiff ihres Vaters, obwohl er wusste, dass sie nichts verstand. Sie war schließlich noch ein Baby. Aber ihm kam es so vor, als wüsste sie alles, wenn sie dalag, seiner Stimme lauschte und mit dem Daumen im Mund in den Schlaf dämmerte.

Manchmal wollte er über seine Mutter sprechen. Er sehnte sich nach einer Bestätigung, dass es sie gegeben hatte. Sie war so unwirklich, ein Teil seiner Fantasien geworden, als hätte sie nie gelebt. Ein mystisches Wesen, das aus tausend Wünschen und Träumen entstanden war. Es fiel ihm schwer, sich richtig an sie zu erinnern, an ihr Gesicht und die Farbe ihrer Augen.

Maggie war alt und wunderlich, und ihr Gesicht hatte so viele Runzeln wie die Dörrpflaumen, die Angel ihm immer zum Frühstück in den Haferbrei gab. »Nur damit du regelmäßig kannst, Liebes«, sagte Angel, aber Davie hatte nicht die geringste Ahnung, wovon sie redete. Maggie verabscheute es, über Louisa zu sprechen. Sie weigerte sich rundweg, in eine Unterhaltung über sie gezogen zu werden. Sie drehte den Kopf weg und erklärte geziert: »Ich möchte nicht über die Toten reden, David.«

David! Mann! Er *hasste* es, wenn ihn jemand David nannte. Niemand außer Maggie nannte ihn so. Davie klang viel freundlicher.

Tante Roxy erzählte ihm gern von seiner Mutter, und mit der Zeit sah er die liebevolle Frau wieder vor sich, die ihm vor dem Einschlafen Geschichten vorgelesen und ihn auf dem Schiff herumgetragen hatte, als er noch ganz klein gewesen war.

»Sie hatte immer furchtbare Angst, dass du ins Wasser fallen könntest.« Roxy lachte. Bei ihr klang es gar nicht so, als redete sie von etwas Traurigem, sondern als wäre es eine Freude, sich an Louisa zu erinnern. Sie zeigte ihm Fotografien von einer lächelnden dunkelhaarigen Frau mit einem Baby auf dem Arm. »Sieh mal«, sagte sie und deutete auf das Kind. »Das bist du.« Und dann verdarb sie alles, weil ihr die Tränen in die Augen traten und sie Dinge sagte wie »Halt an deinen Träumen fest, Davie« und »Bewahre sie immer in Erinnerung«. Dann weinte sie ein wenig und putzte sich die Nase mit einem Spitzentaschentuch. Und Davie spürte wieder einen Kloß in der Kehle wie so oft, und seine Augen brannten.

Roxy ging in der Abenddämmerung von den Ställen zum Haus. Vom Fluss klangen die Rufe der Waldenten herüber, die sich für die Nacht niederließen. Durch die Bäume hindurch sah sie das im Abendlicht sanft schimmernde Wasser und die *Curlew.*

Aus unerfindlichen Gründen hatte sie den ganzen Tag an Guy gedacht. Jeden Moment sah sie ihn vor sich und erinnerte sich an andere Zeiten und andere Orte: an die Episode mit dem Schubkarren auf dem Weg nach Bourke, an den Kuss in der Kabine, an Wilcannia und daran, wie sie ihn am Vortag an der Hand genommen und zu Lissa geführt hatte. Sie lächelte, wenn sie an die beiden im Kinderzimmer dachte – Vater und Tochter. Und als er sein Kind so zärtlich im Arm gehalten hatte, waren die Schmetterlinge in ihrem Bauch zum Leben erwacht.

Nun näherte sie sich dem Haus; das Tageslicht war fast ganz verblasst. Der Himmel war tiefblau mit einem roten Streifen am westlichen Horizont. Ein einzelner Stern blinkte im Osten, Fledermäuse flatterten geräuschvoll über Roxy hinweg. Seufzend zog sie sich auf der Veranda die Stiefel aus und ließ sie auf die Holzdielen fallen. Da war eine Bewegung am anderen Ende der Veranda, ein leises Rascheln, und als Roxy aufschaute, sah sie, dass Guy lässig am Geländer lehnte.

»Feierabend für heute?«

Sie nickte. Seine Stimme löste wieder dieses seltsame Gefühl im Bauch aus. Es war noch immer heiß und drückend. Für einen Moment wurde Roxy schwindlig.

Guy kam näher. In dem Licht, das aus den offenen Fenstern strömte, sah sie, wie er ihr unsicher die Hände entgegenstreckte. Was würde geschehen, wenn sie einander berührten?

»Sind Sie das, Missus?«

Roxy zuckte herum. Narairee tauchte wie aus dem Nichts auf und grinste breit.

»Ja.«

»Dinnie sagt, das Essen ist in zehn Minuten fertig, wenn Sie sich erst waschen wollen.«

»Oh«, murmelte Roxy atemlos. Als sie die Sprache wiederfand, erwiderte sie: »Richte ihr aus, dass ich dann fertig bin.«

Narairee ging an ihnen vorbei in Richtung Küche und streifte Guy absichtlich, als sie die Hüfte schwang. Roxy sah, wie seine Augen belustigt aufblitzten.

Sie wich langsam zurück. Ihr wurde flau, weil ihr der Verdacht, den sie am Tag zuvor gehabt hatte, wieder einfiel: Martin, Dinnie und Narairee? Plötzlich kam ihr noch eine zweite Möglichkeit in den Sinn.

Guy legte die Hand auf ihren Arm, und er führte sie die Stufen hinunter und weg vom Haus. Weg vom Licht und den vertrauten Geräuschen, die aus der Küche drangen, weg von Narairee und Dinnie und diesen schrecklichen Spekulationen, die immer wieder an die Oberfläche drängten. Er ging mit ihr in Richtung Fluss. Seine Hand setzte ihre Haut in Flammen. Unter einem Pfefferbaum blieb er schließlich stehen.

Roxy konnte sein Gesicht in der Dunkelheit gerade noch sehen. Er lächelte. »Du brauchst dir keine Sorgen wegen Narairee zu machen. Ich gerate nicht in Versuchung, falls du das denken solltest.«

»Tatsächlich?« Roxy zog die Augenbrauen hoch – sie bedauerte sofort, dass sie so gereizt reagierte. »Wie du dein Leben lebst, ist ganz allein deine Sache«, fügte sie so entschieden, wie sie konnte, hinzu.

»Ja?«

»Ja.« Warum wiederholte sie das wie ein Papagei? Sie biss sich auf die Lippe und wünschte, sie hätte dieses Thema nicht angeschnitten.

»Möchtest du nicht wissen, warum?«

»Bestimmt nicht«, fauchte sie. »Deine Angelegenheiten gehen mich nichts an, Guy, und ich habe kein Recht, meine Nase da hineinzustecken. Wenn du mich jetzt bitte entschuldigst ...«

Sie drehte sich auf dem Absatz um und wollte zum Haus, aber Guy verstellte ihr den Weg. »Nicht so hastig. Du urteilst schnell, Roxy. Vielleicht ist es an der Zeit, dass du die Wahrheit erfährst.«

Er zwang sie, ihm ins Gesicht zu sehen. Er war wütend, das erkannte sie an seinen schmalen Augen und den heftigen Atemzügen. Habe ich seinen Zorn geweckt?, fragte sie sich. Sie wollte den Blick abwenden, doch sie brachte es nicht fertig.

»Welche Wahrheit?«

»Die über Narairees Vater.«

Es war, als stünde ihr Herz still. Jetzt kam das Schreckliche ans Licht, aber wollte sie es wirklich wissen? Sie holte tief Luft. »Schön, wenn du es mir erzählen willst. Wer war Narairees Vater? Martin, hab ich Recht?«

»Martin?«, wiederholte er verständnislos. »Nein! Nicht Martin. Wie kommst nur auf eine solche Idee? Gerald Dumas war Narairees Vater.«

Roxy stand wie angewurzelt da. Guy schwankte vor ihren Augen, und sie sah sein Gesicht nur noch verzerrt. Er sah so aus, als wollte er noch etwas hinzufügen, doch dann drehte er sich um und ging.

Sie folgte ihm zum Fluss und auf den Steg. Sie hörten, wie das Wasser leise gegen den Rumpf der *Curlew* klatschte. Guy lehnte sich an die Wand des Bootshauses und schlug die Hände vors Gesicht. Der Mond stand über den Baumwipfeln und tauchte alles in silbriges Licht. Der Abend war voller Geräusche, Plätschern, Zirpen und Rascheln, aber Roxy nahm nichts davon wahr.

»Ich habe nie jemandem davon erzählt«, begann Guy nach einer Weile mit erstickter Stimme. »Eines Nachts konnte ich nicht schlafen, deshalb ging ich an den Fluss, um ein wenig zu fischen.« Er ließ die Hände sinken und starrte sie an, als wären sie ihm vollkommen fremd. »Aber das Einzige, was ich in dieser Nacht erwischte, war der alte Gerald, der aus Dinnies Hütte kam und sich die Hose hochzog.«

»Hat er dich gesehen?«

»Natürlich hat er mich gesehen.« Guy lachte bitter. »Erst stand er einfach nur da und schaute mich mit einem Grinsen auf dem Gesicht an. Er hat kein Wort von sich gegeben, nur geglotzt. Dann drehte er sich um und ging. Danach habe ich oft beobachtet, wie er Dinnies Hütte aufsuchte – meistens mit einer Flasche unter dem Arm. Er ging zu ihr, wenn er betrunken war, und das kam ziemlich oft vor.«

»Du willst damit sagen …«

»Ich will damit sagen«, unterbrach er sie schroff, »dass Gerald Dumas Narairees Vater ist, und damit ist sie Martins Halbschwester.«

»Und Maggie? Weiß sie davon?«

Guy sah sie an und antwortete bitter: »Maggie? Der Bastard hat gar nicht versucht, seine Eskapaden zu verheimlichen, und sie wäre fast daran zu Grunde gegangen.

In seinem Testament bestimmte er, dass Maggie Dinnie und Narairee so lange auf Wirra Downs behalten muss, wie sie bleiben wollen. Selbst noch im Tod hat er Maggie gedemütigt. Solange er lebte, hat er mit seiner Liaison geprotzt. Einmal hab ich zufällig gehört, wie er zu Maggie sagte: ›Sieh sie dir an: meine erstklassige schwarze Hure.‹ Aber seine ›erstklassige schwarze Hure‹ war ein vierzehn Jahre altes Kind!« Seine Stimme war nicht mehr als ein Flüstern. »Nur ein Kind.«

Roxy brauchte eine Weile, um all das zu verdauen. Das erklärte vieles. Dinnies Stellung im Haushalt, Maggies Unmut gegen die beiden und ihre Ungeduld, Narairee zu verheiraten und in die Hütten der Aborigines zu schicken. Und endlich verstand sie auch, warum Guy den Mann so sehr hasste, der ihn an Sohnes statt aufgenommen hatte.

»Du siehst also«, fuhr Guy fort, »dass Maggie eine Last von der Seele genommen würde, wenn Narairee heiratet und das Haus verlässt. Kannst du dir vorstellen, wie es ist, tagaus, tagein den Bastard des eigenen Mannes um sich dulden zu müssen und nichts dagegen unternehmen zu können?«

Roxy schüttelte den Kopf. »Ich wusste nicht … Ich hätte nie gedacht … und ich glaubte, Martin …«

In diesem Augenblick küsste er sie. Sie kostete den Geschmack seiner Lippen – sie schmeckten süß wie Honig. Seine Arme legten sich um sie, er streichelte ihre Haut und besänftigte mit Zärtlichkeiten ihre Ängste. Alles andere existierte nicht mehr. Roxy war, als würden Himmel und Erde verschmelzen.

»Roxy! Guy! Abendessen ist fertig.«

Guy löste sich von ihr, und sie schauten zum Haus.

Eine Gestalt im Rollstuhl saß auf der Veranda im Licht. Aus dieser Entfernung konnte Maggie sie in der Dunkelheit nicht gesehen haben.

»Guter Gott!«, ächzte Guy und lachte. »Das ist eine Verschwörung.« Er küsste sie noch einmal. »Später«, flüsterte er und nahm ihr Gesicht zwischen die Hände. »Ich muss dich später sehen.«

Roxy nickte. Im ersten Moment brachte sie kein Wort heraus. »Komm in mein Zimmer«, hauchte sie schließlich. Sie rannte über den Rasen zum Haus, ohne sich noch einmal nach Guy umzudrehen.

Jedes Mal, wenn Roxy beim Essen aufsah, entdeckte sie, dass Guy sie beobachtete. Sie senkte rasch wieder den Kopf und merkte, dass sie errötete. Wie ein Schulmädchen!, schalt sie sich und vermied es, Maggies spöttischem Blick zu begegnen. Sie hatte das Gefühl, dass ihr alle ansehen konnten, was gerade mit ihr geschehen war.

Nach der Mahlzeit stand sie mit wild klopfendem Herzen auf. »Ich bin heute todmüde«, erklärte sie an Maggie gewandt. »Wenn ihr mich bitte entschuldigen würdet – ich möchte ein Bad nehmen und früh zu Bett gehen.«

Sie ging in ihr Zimmer und zog die Vorhänge zu. Dann nahm sie die Überwurfdecke vom Bett. Im angrenzenden Kinderzimmer schlief Lissa tief und fest. Roxy schloss behutsam die Tür und drehte den Schlüssel im Schloss. Sie dachte nur noch an Guy. Sie kam sich vor wie eine Ränkeschmiedin, wie eine Frau voller Geheimnisse. Das Verlangen war zu einem Schmerz in ihrem Unterleib geworden. Martin war seit sieben Jahren tot, und genauso lange war es her, seit ein Mann sie berührt hatte.

Sie füllte die Badewanne und fügte ein paar Tropfen Duftöl hinzu, dann entspannte sie in dem warmen Wasser. Sie seifte ihre Hände ein und ließ sie über ihren Körper gleiten – Arme, Brüste, Schenkel. Mit geschlossenen Augen streichelte sie sich und erforschte geheime Stellen, dabei stellte sie sich vor, Guy würde sie berühren.

Roxy trocknete sich gerade ab, als er ins Zimmer kam. Mit wenigen großen Schritten war er bei ihr, strich die feuchten Strähnen aus ihrem Gesicht, ließ die Hände über ihre Brüste gleiten und setzte ihre Sinne in Flammen. Jede Faser ihres Körpers schrie nach Erlösung.

Sein Mund legte sich auf ihren, und das Feuer breitete sich bis in ihre Beine aus und brachte sie zum Schmelzen. Guy küsste ihre Lippen, die Augen, den Hals so drängend wie ein Mann, der sich zu lange zurückgehalten hatte. Roxy legte die Hände auf seinen Hinterkopf, streichelte ihn wie eine Mutter, die ihr Kind beruhigte, und sah ihm tief in die Augen.

Fast schien es, als hätte sie ihr ganzes Leben auf diesen einen Augenblick gewartet. Als hätte sich ihr Körper seit Jahren nach seiner Berührung gesehnt.

»Ich dachte schon, du würdest gar nicht mehr kommen«, flüsterte sie, als er sie hochhob und zum Bett trug.

KAPITEL 42

Diesen Moment werde ich niemals vergessen, dachte Guy, als er an einem goldenen Sommermorgen neben Roxy erwachte. Die Laken waren verknittert und ans Fußende geschoben; das erste Tageslicht strahlte an die Decke und tauchte das Zimmer in einen perligen Schimmer.

Leise, um Roxy nicht zu wecken, schlüpfte er aus dem Bett und ging zur Verandatür. Jenseits der Salzpfannen sammelte sich bereits die Hitze. Er spürte schon jetzt, dass sie im Laufe des Tages drückend werden und allen die Energie aus den Gliedern saugen würde.

Energie, dachte er sarkastisch und warf einen Blick auf die schlafende Roxy. Er wagte es kaum, an die letzte Nacht zu denken. Es war kein Traum gewesen. Er hatte den Beweis ihrer Leidenschaft vor Augen; die Kleider waren überall verstreut, als hätten sie keine Zeit zu verschwenden gehabt. Roxys noch feuchtes Handtuch lag auf dem Boden.

Er legte sich wieder ins Bett. Roxy streckte sich wie eine Katze, ihre Augenlider flatterten, und ihr blondes Haar lag wie ein Fächer auf dem Kissen. Allein ihr Anblick weckte von neuem sein Verlangen. Vorsichtig berührte er ihre linke Brustwarze und massierte leicht die Haut, ehe er den Kopf darüber senkte und die Brust mit der Zunge liebkoste. Roxy bewegte sich und räkelte sich. Sie öffnete verschlafen ein Auge und lächelte träge. Guy glaubte, seine Seele würde schmelzen, als er wieder in sie eindrang.

Danach lag er lange da und atmete tief den Duft nach

Lavendel ein, der ihrer Haut anhaftete. Allmählich wurde es hell. Die leisen Geräusche im Haus verkündeten den Beginn des neuen Tages.

»Du solltest lieber gehen«, sagte Roxy nach einer Weile und stützte sich auf einen Ellbogen, aber ihr Tonfall drückte Bedauern aus. »Sonst findet dich noch jemand hier. Die Kinder kommen morgens immer in mein Zimmer.«

Sie fuhr mit einem Finger die Linie seiner Lippen nach, dann über sein Kinn und seinen Hals. Schließlich legte sie die Hand auf die blonden Haare auf seiner Brust. Als er aufsah, entdeckte er Tränen in ihren Augen.

Er streichelte zärtlich ihre Wange. »Hey! Was ist? Ich habe dir doch nicht wehgetan?«, flüsterte er betrübt.

»Nein. Du hast mir nicht wehgetan, Guy«, antwortete sie leise. »Zum ersten Mal seit Jahren fühle ich mich wieder lebendig. Gott, ich fühle mich so lebendig …«

Sie erwartete ihn jeden Abend und breitete die Arme aus, sobald er hereinkam. Ihre Liebesnächte waren wild und erotisch, bedächtig und sinnlich, voller Verzweiflung und Wehmut, als könnte jede Nacht ihre letzte sein.

Die Tage vergingen langsam. Narairee wurde nach dem Brauch der Aborigines ohne viel Aufhebens verheiratet. Roxy wusste, dass Maggie froh über ihren Auszug war, aber Narairee war am Boden zerstört. Sie hasste es, in den Hütten der Aborigines leben zu müssen. Bei jeder Gelegenheit kam sie ins Haus, lungerte in der Küche herum und stand Dinnie im Weg.

»Ah, raus mit dir, Mädchen«, schimpfte Dinnie einmal. »Geh zu deinem Mann, verschwinde.«

Zu Weihnachten herrschte brütende Hitze. Roxy überreichte Guy am frühen Morgen in ihrem Zimmer ein kleines Päckchen. Er packte es sorgsam aus und war erstaunt über die Taschenuhr. Es war eine fein gravierte Waltham aus Rotgold. In dem Etui lag noch eine passende Uhrkette.

»Sie hat Martin gehört«, erklärte Roxy schlicht. »Ich möchte, dass du sie bekommst.«

Er hielt die Uhr in der Hand, und für einen Moment spukten die alten Geister wieder in den dunklen Winkeln seines Bewusstseins. Szenen flackerten auf, verschwommen und fern, dann gab Roxy ihm einen Kuss, und alle Dämonen verschwanden.

Als Guy nach einem Bad ins Wohnzimmer kam, war der Boden übersät mit buntem Papier. Eric und Ella, Annie und Jack, Davie und Lissa hockten mitten in dem Chaos. Maggie und Roxy, Jem und Sarah sahen ihnen duldsam zu, wie sie ihre Geschenke auspackten. Dinnie und Narairee blieben im Hintergrund. Guy war ein Teil von ihnen, trotzdem fühlte er sich so, als gehörte er in gewisser Weise nicht dazu.

Obwohl Roxy seine Blicke unwiderstehlich anzog, zwang er sich, ihr nicht zu viel Aufmerksamkeit zu widmen. Er beobachtete sie verstohlen aus den Augenwinkeln und täuschte Gleichgültigkeit vor. Nach einer Weile fühlte er sich vollkommen ausgelaugt vor Anstrengung. Am liebsten hätte er seine Liebe zu Roxy hinausgeschrien, so laut, dass alle es hörten. Aber noch war diese Liebe ganz intim, neu und kostbar, und er wollte sie ganz für sich behalten.

Endlich waren alle Geschenke ausgepackt, und die Erwachsenen gingen zum Frühstück ins angrenzende Esszimmer. Sarah und Jem sollten den ganzen Tag im großen Haus verbringen und mit der Familie feiern. Es wurde ein Tag mit Kochen und Zubereitungen. Horrie hatte einen großen Korb mit frischen Produkten aus dem Garten auf die Bank gestellt. Roxy und Sarah hatten schon weiße Schürzen angelegt.

»Und, Guy?«, bemerkte Sarah, als Dinnie ihr eine zweite Tasse Tee einschenkte. »Wann hast du vor, wieder abzulegen?«

Guy hatte sich große Mühe gegeben, den Gedanken an den Abschied zu verdrängen. Er wusste, dass er trübsinnig wurde, wenn er darüber nachgrübelte, und das würde ihm die letzten glücklichen Tage verderben. Und jetzt zwang ihn Sarah dazu, sich mit dem Unvermeidlichen auseinander zu setzen.

»In ein paar Tagen«, antwortete er betont beiläufig und hoffte, dass ihm niemand etwas anmerkte. Er sah auf. Roxy war blass geworden und starrte ihn fassungslos an. Sarahs Blick huschte von Guy zu Roxy. Guy fragte sich, ob sie etwas ahnte, und schob den Teller mit dem Toast von sich. Jetzt brachte er keinen Bissen mehr herunter.

Es klopfte an der Tür, und Davie stand davor mit einem ungeschickt verpackten Geschenk in der Hand. »Tante Roxy«, begann er unsicher, »das hier habe ich gestern gefunden, und ich möchte es dir zu Weihnachten schenken.«

Sie lächelte, ging auf den Jungen zu und schloss ihn impulsiv in die Arme. Er blieb in ihrer Nähe, während sie die Papierschichten abwickelte und einen kleinen polierten Stein zu Tage förderte. Er war bernsteinfarben mit dunkelbraunen Einsprengseln, glatt und rund, als wäre er von weither gekommen und im Fluss geschliffen worden. Roxy schloss ihre Finger darum. »Er ist sehr, sehr hübsch, Davie. Ich danke dir.«

Jem hielt ihr die Hand hin, weil er sich den Stein ansehen wollte. Er drehte ihn hin und her. »Ein Tigerauge«, erklärte er und gab ihn Roxy zurück. »Ein sehr schönes Exemplar.«

»Ich hab ihn am Fluss gefunden«, erklärte Davie schüchtern.

Jem lehnte sich zurück. »Das erinnert mich an was – Roxy, eines der Räder am Wasserkarren ist gebrochen und nicht mehr stabil. Ich habe den Karren am Fluss stehen lassen. Porridge will das Rad morgen oder übermorgen abmontieren und zum Reparieren in die Stadt bringen. Vielleicht solltest du den Kindern sagen, dass sie sich von dem Karren fern halten sollen, damit ihnen nichts passiert.«

»Könntest du das für mich erledigen, Davie?«, fragte Roxy und schenkte ihm ein strahlendes Lächeln.

Der Junge verließ das Zimmer, und Guy beobachtete, wie Roxy den polierten Stein in die Schürzentasche steckte.

Davie schlenderte über den Korridor. Dies war das zweite Weihnachtsfest ohne seine Mutter, und er vermisste sie unsagbar. Aus dem Wohnzimmer drangen die Stimmen der anderen Kinder. Er sollte sich eigentlich zu ihnen gesellen, aber er wollte ein bisschen allein sein und ungestört an seine Mutter denken.

Im Haus würde er kein ruhiges Plätzchen finden, deshalb ging er hinaus, lief hinters Haus, zwängte sich durch das Gitter in den höhlenartigen Raum unter dem Gebäude. Es roch hier drin dumpf und modrig. Obwohl es so lange nicht geregnet hatte, fühlte sich die Erde feucht an. Die Ranken der Passionsfruchtpflanzen und des wilden Weins bedeckten den Boden und wanden sich um alles, was ihnen im Weg stand.

Es war hier unten kühl und still. Er hörte, wie die Dielen über ihm knarrten, wenn jemand im Haus herumging. Er legte sich auf den Rücken und schloss die Augen.

Es regnet. Die dicken, warmen Tropfen treffen auf seine Haut, während er am Friedhofstor wartet. Eine von zwei schwarzen Pferden gezogene Leichenkutsche kommt vorbei. Es scheint, als hätte der Kutscher kein Gesicht. Keine Augen, keinen Mund. Nur eine weiße Fläche.

Er folgt der Kutsche, die auf dem Weg zwischen den Grabsteinen fährt; große, aufragende Marmorsteine, neben denen er sich klein vorkommt. Die Inschrift ist auf allen dieselbe: Louisa Dumas – geliebte Ehefrau von Guy Dumas. Dutzende Steine mit denselben Worten, die ihm vor den Augen verschwimmen.

Er sucht das Grab seiner Mutter, aber jetzt sieht er, dass es dutzende, möglicherweise sogar hunderte gibt. Jedes sieht aus wie das nächste, keines unterscheidet sich von den anderen, und alle haben dieselbe Inschrift. Vielleicht, denkt er mit wachsender Aufregung, hat man sie auf all diese Gräber aufgeteilt und jedes enthält ein klitzekleines Stück von ihr.

»NEIN!« Seine Stimme hallt von den Marmorsteinen wider.

Er rennt verzweifelt herum und sucht etwas. Was?, überlegt er. Nach sich selbst? Vielleicht gibt es ihn in Wirklichkeit gar nicht, und er ist nur Teil des Traums. Von allen Seiten kommen Gesichter auf ihn zu, grinsen ihn mit verzerrten Mündern an und schleudern ihm grausame Worte entgegen. Angel, Roxy, Sarah. Sein Vater. Maggie. Niemand mag ihn. Er ist ihnen allen eine Last. Und er ist so dumm. Er kann nicht einmal das Grab seiner Mutter finden …

Davie erwachte schweißgebadet. Er setzte sich langsam auf und wischte sich mit dem Hemdsärmel das Gesicht ab – es war nass und klebrig. Im Haus über ihm herrschte Stille. Wie lange bin ich schon hier?, fragte er sich.

Er kroch ins Freie, blinzelte ein paar Mal im grellen Sonnenlicht und spürte, wie ihn die heiße Luft liebkoste. Von der Veranda hörte er das leise Klirren von Teetassen und die gedämpften Stimmen der Erwachsenen. Am Fluss ertönte Gelächter – das war Erics Stimme.

Davie dachte sehnsüchtig an das kühle Wasser. Die anderen badeten bestimmt. Mit einem Grinsen machte er sich auf den Weg.

»Wir müssen wirklich verrückt sein«, sagte Sarah, lehnte sich auf dem Verandastuhl zurück und schloss die Augen. »Wir kochen an einem heißen Tag wie diesem ein warmes Weihnachtsessen!«

Maggie schnaubte. »Ich hab das immer so gehalten. Es ist Tradition, aber so was fehlt ja der jungen Generation. Die Werte gehen verloren.«

Guy lächelte Jem zu. Eine leichte Brise wehte vom Fluss herauf und brachte Kinderlachen mit. Ein helles Kichern. Die Sprinkler wässerten den Rasen und bliesen einen feinen Dunst gen Himmel.

Roxy stand auf und ging in die Küche. »Ich sehe nach dem Fleisch im Ofen«, erklärte sie und wischte sich eine Strähne aus der Stirn.

Guy ließ sich ein paar Minuten Zeit, dann folgte er ihr. Roxy beugte sich über die Spüle und wendete die Hühnchen in der Pfanne. Guy stellte sich hinter sie, küsste sie auf den Nacken und legte eine Hand auf ihre Brust. Sie schmiegte sich an ihn. »Und wo bleibt Ihre Moral, Mrs. Dumas?«, flüsterte er. »Sie lässt nach, oder?«

»Eindeutig«, kicherte sie und drehte sich zu ihm um. »Du solltest das wirklich lassen. Was, wenn jemand reinkommt?«

Guy zuckte mit den Schultern. »Macht es dir was aus, wenn es die anderen erfahren?«

Plötzlich erstarrte sie und schaute aus dem Fenster hinter ihm. Sie sah, wie sein Sohn über den Rasen zum Fluss rannte. »Komisch«, murmelte sie, »ich dachte, Davie wäre schon vor Stunden mit den anderen zum Fluss gegangen.«

»Vielleicht hat er nur etwas geholt.« Guy ließ einen Finger über ihren Hals gleiten und legte wieder die Hand auf eine Brust. Sie fühlte sich fest und so verlockend an, dass sich etwas in seinen Lenden regte. »O Gott«, flüsterte er. »Ich kann den Abend kaum erwarten.«

Sie wich ihm lachend aus und schnalzte mit der Zunge, während sie das Geflügel wieder ins Bratrohr schob. »Ungeduld führt zu nichts.«

Roxy richtete sich auf und schloss die Tür des Ofens.

Guy drehte sie wieder zu sich um und strich ihr über die Wange. »Ich liebe dich, Roxy.«

Sie nickte. Es war mucksmäuschenstill in der Küche, nur das Ticken der Uhr war zu hören. »Ich weiß«, antwortete sie, und plötzlich füllten sich ihre Augen mit Tränen.

»Ich glaube, ich habe dich vom ersten Tag am Kai in Goolwa an geliebt. Ich habe dich gesehen, dein goldenes Haar, und dachte, dass du ein Engel bist. Mir war, als wäre ich gestorben und im Himmel.«

»Oh, du Dummkopf!«, entgegnete sie und gab ihm einen Schubs. »Du sagst die merkwürdigsten Sachen.«

»Nein, es ist wahr. Ich habe dich mit Martin gesehen und brannte vor Eifersucht. Von dem Moment an wusste ich, dass ich dich will. Klingt das sehr schlimm?«

»Ich denke nicht.«

»Hast du es auch gefühlt?«

Sie lachte. »Nein. Ich habe dich für den arrogantesten, halsstarrigsten Kerl gehalten, dem ich jemals begegnet bin.«

Er nahm ihr Gesicht zwischen die Hände und küsste sie zärtlich. In diesem Augenblick flog die Tür auf, und Sarah kam mit einem Tablett mit dem Teegeschirr herein. »Noch ein Wort von Maggie über Weihnachtsbraten …« Sie verstummte und sah Roxy und Guy verwundert an. »Stimmt etwas nicht?«

»Nein«, erwiderte Roxy und tat so, als tupfte sie sich das Gesicht ab. »Ich glaube, mir ist eine Wimper in die Augen gekommen. Ich gehe nur schnell in mein Zimmer und sehe nach.«

Sarah schaute ihr nach, dann wandte sie sich an Guy. »Ich will gar nicht wissen, was hier vor sich geht«, sagte sie und musterte ihn neugierig, »aber ich habe Augen und Ohren und eine ausgesprochen rege Vorstellungskraft. Roxy verdient ein bisschen Glück, und vielleicht bist du derjenige, der es ihr geben kann. Aber wenn du sie jemals verletzt oder sie in irgendeiner Weise traurig machst, dann schwöre ich bei Gott …«

Sie hielt inne und sah ihn an, als müsste sie nach den richtigen Worten suchen, um den Satz zu beenden. Aber sie kamen ihr nicht mehr über die Lippen. Sie hörten einen Schrei, einen langen qualvollen Schrei, der vom Fluss heraufdrang. Sarah wurde aschfahl und setzte sich in Bewegung. »O mein Gott!«, flüsterte sie. »Die Kinder sind da unten.«

Davie ging zum Ufer und sah sich um. Woher kamen die Stimmen? Von dem Teich weiter unten, dachte er und lief los.

Der Anblick, der sich ihm bot, als er auf die kleine Anhöhe kam, von der aus man die Senke überblicken konnte, ließ ihn erstarren. Annie und Ella saßen im Gras und wanden Kränze aus Gänseblümchen, während Erik und John auf den Wasserkarren kletterten. Lissa saß unter dem Karren im Schatten und spielte mit Steinen.

Vielleicht solltest du den Kindern sagen, dass sie sich von dem Karren fern halten sollen, damit ihnen nichts passiert.

Die Worte hallten in seinem Kopf. Roxy hatte ihn damit betraut, die Nachricht weiterzugeben, und er hatte es vergessen. Adrenalin durchströmte ihn, und seine Beine bewegten sich wie von selbst. »Hey!«, brüllte er, und alle, sogar Lissa, drehten sich erstaunt zu ihm um. »Geht weg da! Geht weg!«

Es ist nicht mehr stabil. Es ist nicht mehr stabil. Die Worte dröhnten ihm in den Ohren, während er rannte. Davie sah das Rad und die gebrochenen Speichen, als die beiden Jungs auf derselben Seite herunterstiegen. Er beobachtete, wie der Karren schwankte, als er ihn erreichte, und schnappte nach Luft. Lissa starrte ihn aus ängstlichen, weit aufgerissenen Augen an und schrie. Seine kleine, wundervolle, unschuldige Schwester. Und alles war seine Schuld. Er musste sie retten.

Davie packte sie und schob sie mit aller Kraft aus der Gefahrenzone. Ein dunkler, hässlicher Schatten kam auf ihn zu. Er spürte das Gewicht, das ihn niederdrückte. Er bekam keine Luft mehr und konnte den Kopf nicht zur Seite drehen. Erde drang in seine Nase. Warmes Blut schoss in seinen Mund, in seine Ohren. Eine unerträgliche Last presste ihn in die Erde und an einen Ort, an dem es keinen Schmerz mehr gab.

Er hörte noch, wie Lissa weinte, dann sank er in ein tiefes, schwarzes Loch.

Eric, Ella? Roxys erster Gedanke galt ihren Kindern, als sie zum Fluss stürmte. Sie bewegte sich wie in Trance und durchlebte noch einmal die Momente nach Martins Unfall.

Guy und Jem waren vor ihr da und rollten den Karren beiseite. Sie sah mit blankem Entsetzen zu, wie Guy Davies leblosen Körper in die Arme nahm, hochhob und taumelnd davonging. Ihre Füße waren wie Blei, und sie sank auf den Boden, drückte ihre Kinder an sich und ließ ihren Tränen freien Lauf.

Sie begruben Davie bei Sonnenuntergang. Am Nachmittag hatte Roxy Annie und Eric ins Wohnzimmer geführt, wo der gewaschene und frisch angezogene Leichnam aufgebahrt war. Sie standen verängstigt an der Tür, aber Roxy winkte sie weiter.

»Ihr müsst den Tod respektieren«, erklärte sie und legte ihnen die Hände auf die Schultern. »Habt keine Angst. Davies Zeit war heute gekommen, das ist alles.«

Es waren schlichte Worte, und Roxy fragte sich, ob die Kinder ihr glaubten.

Guy stand kreidebleich neben ihr, als Jem den hastig gezimmerten Sarg in die Erde ließ. Er nahm ihre Anwesenheit kaum zur Kenntnis und starrte über das Land, das ihm die Frau und den Sohn genommen hatte.

Roxy überlegte, wie ein Tag, der so wunderbar begonnen hatte, so tragisch enden konnte. Sie erhaschte einen Blick auf den Fluss, der zwischen den Bäumen schimmerte und in der Sonne glitzerte. Die Vögel zwitscherten und riefen. Das alles passte nicht zusammen. Der Himmel sollte weinen, wie sie alle.

Roxys Hände zitterten. Sie vergrub sie tief in den Schürzentaschen, und ihre Finger schlossen sich um etwas Hartes.

Sie nahm den Gegenstand aus der Tasche – es war der Stein, den Davie ihr geschenkt hatte. War das erst heute Morgen gewesen? Er lag auf ihrer Handfläche und glänzte in der Sonne. Ein glatter Stein. Die Tränen verschleierten ihren Blick, sodass sie seine runde Form nicht sehen konnte.

»Ich wollte ihn nicht hier begraben«, flüsterte ihr Guy später zu. »Nicht in der Nähe dieses Bastards Gerald Dumas.«

»Schsch.« Roxy drückte ihn fest an sich. Guy lag in ihren Armen und schluchzte wie ein Kind.

Zwei Tage später brachte Porridge Guy nach Bourke, wo er die Formalitäten erledigen musste. Roxy hatte ihm einen Brief für Doktor Sides mitgegeben, der den Totenschein ausstellen würde.

Guy blieb zwei Tage fort. Und Roxy wünschte, sie wäre mit ihm gefahren. »Ich pfeife auf die guten Sitten und den Anstand«, vertraute sie Sarah an. »Er braucht mich, und ich bin nicht bei ihm.«

Sie beobachtete seine Rückkehr von der Veranda aus. Er wirkte erschöpft, als er vom Kutschbock stieg. »Sieh mal, da ist dein Daddy«, flüsterte sie Lissa zu und schob das Kind in seine Richtung. Lissa lief auf ihn zu und stürzte sich in die Arme ihres Vaters. Roxy sah, dass sich Guys Miene aufhellte. Er kam auf sie zu und hielt seine Tochter fest im Arm.

Sein Mund kräuselte sich zu einem Lächeln – es war dasselbe alte Lächeln, nur ein bisschen trauriger als früher, und seine Augen waren trüber. Roxy schlang die Arme um ihn, ohne darauf zu achten, wer sie sehen konnte.

KAPITEL 43

Zu Neujahr verkündeten die Zeitungen, dass Australien eine neue Regierung hatte. Lord Hopetoun wurde bei einer Zeremonie in Sydneys Centennial Park als Generalgouverneur vereidigt. Drei Monate später wurde Edmund Barton Australiens erster Premierminister.

Guy nahm die politischen Veränderungen kaum zur Kenntnis. Davies Tod lastete zwischen Roxy und ihm. Er konnte nicht darüber reden, er konnte es nicht einmal ertragen, den Namen seines Sohnes auszusprechen. Die Bilder vom Weihnachtstag gingen ihm nicht mehr aus dem Kopf: Er schiebt mit Jem den Karren weg, sieht Davies kleinen Körper zerquetscht und blutig im Gras, rennt mit seinem leblosen Sohn in den Armen zum Haus. Die Erinnerungen waren so lebhaft, als wäre alles erst gestern passiert.

Ein anderer Verwalter war eingestellt und wieder entlassen worden.

Dinnie verkündete strahlend, dass Narairee ein Baby erwartete. »Das ist das Beste«, setzte sie hinzu. »Jetzt muss sie ruhiger werden. Das Mädchen macht keinen Ärger mehr.«

Guy war sich da nicht so sicher. Narairees fülliger werdende Taille änderte nichts an ihrer Unzufriedenheit, und sie weigerte sich, auch nur ein Wort über das Kind, das sie erwartete, zu verlieren. »Ich will kein Baby«, jammerte sie. »Ich will hier oben, im richtigen Haus leben.«

Nach ein paar Wochen schwang sich Guy wieder in den Sattel und begleitete Roxy auf die Weiden, weil er keinen Moment von ihr getrennt sein wollte. Er fühlte sich gut im Freien, losgelöst von der Realität. Hier waren sie weit vom Haus und Maggies neugierigen Blicken entfernt. Obwohl Maggie nichts gesagt hatte, ahnte sie etwas von seiner Beziehung zu Roxy und war keineswegs erfreut.

Er beobachtete, wie Roxy ritt; der heiße Wind zerrte an ihren ordentlich hochgesteckten Haaren, und kleine Schweißperlen standen ihr auf der Oberlippe. Der kohlschwarze Kintyre trug sie über die festgebackene Erde; ein Schwarm weißer Kakadus flog schreiend von den Bäumen auf, als sie vorbeikamen. Die Hitze flimmerte über dem Land.

Aus einem Monat wurden zwei, dann drei. Monate, in denen er mit Roxy zusammen sein wollte, sie brauchte und sie nicht verlassen konnte. Als würde sie in dem Moment, in dem er Abschied von ihr nahm, auch aus seinem Leben verschwinden. Dieser Gedanke jagte ihm Angst ein. Stille, warme Nächte. In drückender Dunkelheit ausgelebte erotische Fantasien. Und immer beherrschte Davies Bild das Geschehen.

Roxy lag wach und starrte an die Decke. An Guys gleichmäßigen Atemzügen erkannte sie, dass er schlief. Ein Brachvogel schrie in der Ferne. Einmal. Zweimal. Was hatte Frank einmal gesagt? Wenn der Brachvogel drei Mal ruft, wird jemand sterben. Roxy wartete mit angehaltenem Atem, aber es kam kein Schrei mehr.

Sie drehte sich auf die Seite und fühlte wieder dieses schon vertraute Flattern in ihrem Bauch. Seit Wochen fühlte sie sich nicht gut, war ständig erschöpft und hatte keinen Appetit. Ihre Brüste waren empfindlich und schmerzten. Eine Ahnung nagte an ihr: Sie war schwanger.

Es drängte sie, Guy zu wecken und es ihm zu erzählen, aber irgendetwas hielt sie davon ab. Sie wollte die Neuigkeit für sich behalten, bis Doktor Sides ihren Verdacht bestätigt hatte. Wenigstens noch ein paar Tage würde sie ihr Geheimnis mit niemandem teilen. In drei Tagen war Ostern. Dann wollte sie es ihm sagen.

Doktor Sides musterte sie nachdenklich, legte die Hände wie zum Gebet zusammen und berührte mit den Zeigefingerspitzen den Mund. »Es geht mich ja nichts an, Roxy …«, begann er.

»Stimmt«, fiel sie ihm ins Wort. »Sie haben ganz Recht.«

»Sie verstehen mich falsch. Ich bitte Sie nicht, mir zu sagen, wer der Vater ist. Aber Sie wissen ja, wie die Leute reden, besonders in einer kleinen Stadt wie dieser. Vielleicht wäre es besser, wenn Sie für einige Zeit in die Stadt fahren würden. Geben Sie das Kind zur Adoption frei, dann wird niemand etwas davon erfahren.«

»Nein, das könnte ich nicht.«

Der Doktor starrte sie an, und Roxy glaubte, Mitleid in seinen Augen zu sehen. »Wird er Sie heiraten?«, wollte er wissen.

Sie senkte den Blick auf ihre Hände. Guy und sie hatten nie über eine Heirat gesprochen und erst recht nicht über Kinder. Aber wenn sie es ihm erzählte, dann würde er bestimmt … »Ja, dessen bin ich mir sicher.«

Maggie manövrierte ihren Rollstuhl zum Arbeitszimmer. Roxys Fahrt nach Bourke bot ihr eine gute Gelegenheit, mit Guy zu reden. Es gab einiges, worüber sie mit ihm sprechen wollte: über Davies Grabstein, über seine Zukunftspläne für Lissa. Und da war noch dieses Problem, dass er sich mit Roxy eingelassen hatte.

Oh, sie hatte es kommen sehen und voller Entsetzen die verstohlenen Blicke und die unbewussten Gesten beobachtet. Vielleicht hatten die anderen nichts mitbekommen, aber sie wusste Bescheid. Und es musste aufhören, und zwar schnell, bevor die Situation außer Kontrolle geriet, wenn es nicht schon zu spät war.

Guy folgte ihr ins Arbeitszimmer, und sie bedeutete ihm, die Tür zu schließen. »Sherry?«, fragte sie und rollte zu dem Schränkchen in der Ecke.

»Nein, danke«, gab Guy zurück. Er wirkte nervös und unsicher, als wüsste er genau, was sie auf dem Herzen hatte. »Was ist das Problem?«

»Oh, es ist kein Problem. Es gibt ein paar Dinge, über die ich mit dir sprechen möchte.«

»Zum Beispiel?«

»Über Davies Grabstein und über Lissa.«

»Und über Roxy?«

Maggies Kopf ruckte in die Höhe. Guy kannte sie zu gut. »Roxy?«, wiederholte sie und täuschte Erstaunen vor.

»Ach, komm schon, Mutter. Ich bin überzeugt, du weißt, was vor sich geht.«

Maggie schluckte schwer und stellte eine, wie sie hoffte, gekränkte Miene zur Schau. »Nun, da du das Thema selbst anschneidest – das ist tatsächlich etwas, worüber ich mit dir reden möchte.«

»Es ist ganz allein Roxys und meine Sache.«

»Hast du vor, sie zu heiraten?«

Maggie sah, dass ihn diese Frage überraschte. Er stand ganz still da und sah sie unter halb geschlossenen Lidern an. In diesem Moment erinnerte er sie an den rebellischen, trotzigen Zehnjährigen von damals.

»Vielleicht. Aber wir haben noch nicht darüber gesprochen.« Er war sehr vorsichtig und wählte seine Worte sorgfältig.

Maggie atmete insgeheim erleichtert auf. »Du solltest dir zuerst Gedanken über die Folgen machen.«

»Folgen? Ich liebe Roxy. Sie liebt mich. Was gibt es da zu bedenken?«

»Es ist eine hoffnungslose Situation, Guy«, fuhr sie eilends fort. »Du kannst nicht hier bleiben – das ist unmöglich. Und Roxy hat sich Wirra Downs verschrieben und hält den Betrieb für Eric aufrecht. Sie würde nie von hier weggehen, darauf gebe ich dir Brief und Siegel.«

»Wie kannst dir so sicher sein? Möglicherweise genügt ein Wort von mir, und sie packt ihre Sachen.«

»Aber du wirst dieses Wort nicht aussprechen, oder, Guy? Du weißt, wie viel mir Wirra Downs bedeutet. Ich brauche Roxy hier. Ich kann die Farm nicht mehr selbst führen.«

»Das ist emotionale Erpressung, Maggie, und das weißt du.«

»Nein, es ist die Sorge einer Mutter um das Wohlergehen ihrer Familie. Guy, ich habe dich hierher gebracht und dir ein Heim gegeben, als du zwei Jahre alt warst. In all der Zeit habe ich viele Opfer für das Land gebracht. Und heute ist es alles, was ich noch habe. Ich will es nicht auch noch verlieren.«

»Es ist nicht dein Land, das war es nie. Es gehört Eric. Früher oder später musst du das akzeptieren.«

Maggie neigte den Kopf leicht zur Seite. »Ich denke, es ist an der Zeit, dass du wieder auf Reisen gehst, Guy.«

»Ich soll weggehen?«

»Vielleicht könntest du schon fort sein, wenn Roxy zurückkommt. Das erspart dir eine aufregende Szene und den tränenreichen Abschied. Sie wird dir letzten Endes dankbar dafür sein.«

»Nein. Ich schleiche mich nicht davon.«

Maggie betrachtete ihn nachdenklich. »Vielleicht ist der richtige Zeitpunkt gekommen, dass du alles erfährst«, entgegnete sie leise.

Sie spielte mit ihm, sprach in Rätseln. Guy zuckte mit den Schultern. Wenn sie so vorgehen wollte, dann konnte er sie nicht daran hindern. »Was soll ich erfahren?«, fragte er wachsam.

»Wer deine Mutter ist.«

»Meine Mutter? Was hat sie mit all dem zu tun?«

Deine Mutter ist eine Schlampe, ein Flittchen.

Maggie seufzte und schlug die Hände vors Gesicht. »Ich hatte gehofft, es wäre nie nötig, dir alles zu erzählen. Es ist eine lange Geschichte …«

Etwas weckt ihn, aber er weiß nicht, was es ist. Ein Geräusch vielleicht, das in seinen Traum dringt. Er schwingt die Beine über den Bettrand und tapst durch den Flur ins Zimmer seiner Mutter. Wie alt ist er? Sechs? Sieben? Er weiß es nicht genau.

Vorsichtig drückt er die Tür auf. Die Lampe brennt nur

schwach. Maggie liegt fast nackt auf dem Bett. So sieht sie ganz anders aus, denkt er. Kein Kleid mit eng geschnürtem Mieder, keine Strümpfe oder feste Schuhe. Er sieht nur Arme, Beine und Brüste, Kurven und Dellen. Besonders fällt ihm ihr dunkles, loses Haar auf.

Gerald kniet über ihr und schaut erstaunt zur Tür. »Was zum …!«, explodiert er, als er Guy sieht. »Verpiss dich, du beschissener kleiner Bastard.«

Er erhebt die Hand und schlägt Maggie ins Gesicht. »Dummes Miststück. Du hast doch gesagt, dass das Blag schläft«, schimpft er. Maggies Kopf liegt schlaff wie der einer Puppe auf dem Kissen, ein leiser Schrei, der mehr klingt wie ein Seufzen, kommt ihr über die Lippen.

Guy bleibt starr vor Entsetzen stehen. Die Luft knistert vor Gewalt. Er sieht seine Mutter so, wie er sie nie zuvor gesehen hat.

»Ich hab gesagt, du sollst verschwinden.«

Gerald kommt auf ihn zu und schwingt seine scheußlichen Fäuste. Sie bewegen sich wie in Zeitlupe. Guy weiß, dass er weglaufen sollte, aber seine Beine bewegen sich nicht. Sie sind steif wie Holzklötze.

Er wartet darauf, dass die Fäuste sein Gesicht treffen. Gerald hat ihn schon oft geschlagen, und dies ist bestimmt auch nicht das letzte Mal. Die Hiebe gehören zu seinem Leben, seit er denken kann.

Ein Schlag, und ihm wird schwarz vor Augen. Schmerz breitet sich aus, betäubt ihn. Rohe Hände zerren ihn durchs Zimmer – nicht in den Flur, sondern zu dem schweren Eichenschrank in der Ecke.

»Nein! Nein!« Er hört seine eigenen Schreie und die seiner Mutter. Er versucht, sich aus dem unerbittlichen Griff zu befreien, doch die Hände sind stark wie Eisen-

bänder. Die nackte Angst überkommt ihn, und er schlägt mit den flachen Händen gegen die Schranktür, die ihn einschließt.

»Deine Mutter ist eine Schlampe, ein Flittchen.«

Er hört Geralds Stimme nur gedämpft.

Es ist stickig in dem Schrank. Die Luft riecht muffig, und er kämpft gegen den Drang an, laut zu schreien. Wenn er ihm nachgibt, bekommt er wieder die Faust zu spüren – im Gesicht, am ganzen Körper. Die blauen Flecken vom letzten Mal sind gerade erst verheilt.

Er hört Geräusche. Sie machen ihm Angst. Maggie stöhnt, als hätte sie große Schmerzen, dann ertönen klatschende Laute. Ein lautes Grunzen, das ihn an die Schweine in dem Pferch am Fluss erinnert. Er kauert sich hin und drückt die Hände auf die Ohren, damit er nichts mehr mitbekommt. Ewigkeiten scheinen zu vergehen. Schließlich rollt er sich zusammen und schläft, und als Maggie zu dem Schrank schleicht und ihn herauslässt, liegt Gerald schnarchend auf dem Bett. Maggie hat hässliche violette Flecken auf den Wangen und verweinte Augen. Was ist los?, will er fragen. Aber sie hält einen Finger an die Lippen, als sie ihm die Tür zum Flur öffnet. Draußen erhellen die ersten Sonnenstrahlen den Himmel.

Guy schreckte aus dem Schlaf – sein Herz klopfte wild, und die Laken waren feucht vom Schweiß. Einen Moment lag er da und wusste nicht, wo er sich befand. Dann fiel es ihm wieder ein: in Roxys Zimmer. Er tastete mit der Hand zu ihrer Seite des Bettes, aber da war niemand. Roxy übernachtete in Bourke und kam erst morgen zurück.

Der Traum war sehr real gewesen. Selbst jetzt noch spürte er die vertraute Angst, die ihm die Brust abschnürte. Er richtete sich auf. Das Mondlicht sickerte durch die dünnen Vorhänge, und der Raum war voll mit dunklen Schatten. Er strengte die Augen an, um die vertrauten Konturen zu erkennen. Frisiertisch, Stuhl, Schrank.

Der Schrank? Er erinnerte sich an seinen qualvollen Traum. Ein eisiger Schauer lief ihm über den Rücken. Hatten früher nicht Gerald und Maggie dieses Zimmer bewohnt?

Er stand auf und ging über den Teppich zu dem Schrank. Er war alt, vermutlich viel älter als Guy selbst, hatte massive Türen und ein Messingschloss. Und er war schwer. Wahrscheinlich brauchte man drei Männer, um ihn von der Stelle zu bewegen. Es war also nicht verwunderlich, dass er noch immer in derselben Ecke stand wie vor all den Jahren.

Er streckte die Hand aus und öffnete die Tür. Sie knarrte. Plötzlich war alles wieder da: die muffige Luft, die Enge. Geralds höhnisches Grinsen, Maggies flehende Schreie. Erinnerungen, die die schäbige Geschichte seiner Mutter bestätigten.

Endlich ergab alles Sinn: die Träume, die Erinnerungsfetzen, alles fügte sich wie ein zusammengesetztes Puzzle zu einem Bild. Guy war ebenso wütend auf sich selbst wie auf Maggie. Er hätte es wissen müssen. Er war immer nur der Zweitbeste gewesen – erst kamen Gerald, Martin und immer das verdammte Land. Und jetzt hatte Maggie die Wahl zwischen Wirra Downs und seinem Glück getroffen, und das Land hatte gewonnen.

Zornig trat er gegen das Bett. Was ihn am meisten verletzte, waren die Lügen. Warum hatte sie ihm nicht früher reinen Wein eingeschenkt? Er hatte das Recht gehabt, all das zu erfahren. Jetzt war es zu spät.

Guy lehnte sich matt an die Wand, seine Beine waren schwach. Langsam rutschte er nach unten, bis er auf dem Boden hockte. Er legte den Kopf auf die angezogenen Knie und schluckte schwer, aber der bittere Geschmack auf seiner Zunge blieb.

Roxy hatte eine Hand leicht auf ihren Bauch gelegt, als die Kutsche über den Weg nach Wirra Downs holperte. Das Schwanken bereitete ihr Übelkeit. Als sie um eine Kurve fuhren, deutete Porridge nach vorn. Ein Mann ging mit schlurfendem Gang die Straße entlang. Ein Hemdsärmel war am Ellbogen nach oben gesteckt – offenbar hatte der Mann einen Arm verloren. Als sie ihn einholten, zog Porridge die Zügel an und brachte die Kutsche zum Stehen. Der Mann drehte ihnen sein ausgezehrtes, schmutziges Gesicht zu. Roxy war wie vom Donner gerührt.

»Frank! Frank Barton!«, keuchte sie überrascht und versuchte, ihre Fassung wiederzugewinnen. Sie stieg hastig ab, lief zu ihm und schlang die Arme um seinen Hals. »Ich bin so froh, Sie zu sehen.«

Er war jämmerlich dünn. Roxy fühlte seine Knochen unter ihren Händen. Als sie sich zurückzog, starrte er sie aus hohlen, fast leblosen Augen an. »Hallo, Roxy.«

»Was für eine Überraschung. Warum haben Sie mich nicht wissen lassen, dass Sie kommen? Wir hätten uns in der Stadt treffen und gemeinsam nach Wirra Downs fahren können.«

Frank zuckte mit den Schultern. »Ich wusste selbst

nicht, dass ich herkomme. Wenigstens nicht von Anfang an.«

Roxy schaute auf seinen hochgesteckten Ärmel. Franks Blick folgte ihrem. »Was ist passiert?«, fragte sie sanft.

»Eine Kugel hat den Ellbogen zerschmettert, und als der Wundbrand einsetzte, musste der Arm amputiert werden, sonst wäre ich gestorben. Eine Kriegsverletzung. Niemand hat Schuld. Sie sagten, ich hätte Glück gehabt, weil ich noch am Leben bin.« Seine Stimme war tonlos, als hätte er jegliches Interesse verloren.

»Aber Sie sehen das anders?«, hakte Roxy nach.

Frank zuckte wieder mit den Schultern. »Weiß nicht. Ein Mann mit nur einem Arm …« Er seufzte und streckte den Stumpf nach vorn. »Es stimmt, was die Leute behaupten – man spürt den Arm noch, nachdem er amputiert wurde. Ich wache oft nachts vor Schmerzen auf, aber wenn ich ihn wegreiben will, dann greife ich ins Leere.«

»Und was haben Sie jetzt vor?«

»Ich dachte, ich könnte einen Job im Süden bekommen, doch niemand möchte einen Krüppel einstellen. Deshalb bin ich weiter nach Norden gewandert. Aber es gibt nirgendwo Arbeit für mich, nur ab und zu mal ein paar Bissen zu essen. Ein Mann könnte hier draußen verhungern. Zu guter Letzt entschied ich, nach Wirra Downs zu gehen. Ich dachte, dass es auf der Farm ein paar Aufgaben geben könnte, die ich erledigen kann. So könnte ich mir vielleicht eine Unterkunft und das Essen verdienen. Ich erwarte keinen Lohn.«

Roxy umarmte ihn wieder. »Selbstverständlich können Sie auf Wirra Downs arbeiten. Sie sind ein Geschenk des Himmels. Der letzte Verwalter hat letzte Woche gekündigt. Ich war schon ganz verzweifelt.«

Porridge half Frank auf den Kutschbock. Frank bewegte sich ungeschickt wie ein Mann, der einmal beweglich und stark gewesen war, nun jedoch alle Kraft verloren hat. Roxy sah, wie schwach er war. Er muss aufgepäppelt werden, dachte sie und lächelte.

Guy wartete vor dem Haus, als die Kutsche zum Stehen kam. Er hauchte Roxy einen Kuss auf die Lippen, dann nahm er ihr Gepäck, lief die Stufen hinauf und verschwand.

Frank musterte sie scharf. »Dann sind Sie also mit Guy …?« Er brach ab, als müsste er nach den passenden Worten suchen. »Wie ich sehe, sind Sie beide gute Freunde.«

Nach dem Essen gingen sie Hand in Hand zum Fluss. Es war ein lauer Abend, die Hitze des Sommers hatte längst nachgelassen. Die Frösche quakten am Wasser.

»Sie fordern Regen«, bemerkte Roxy leise. »Wenn es nicht bald regnet, werden sie sterben.«

Am Ufer blieb Guy stehen und starrte in das seichte, schlammige Wasser – er wusste nicht, wie er das Gespräch beginnen sollte, das allem ein Ende setzen würde. »Ich muss bald fort.« Die Worte klangen eigenartig gepresst, und sie schienen über den Fluss zu hallen. Er fragte sich, wie er es ertragen sollte, Roxy zu verlassen, aber er hatte keine andere Wahl. Nach all der Zeit brauchte er ihre Standhaftigkeit. Er liebte sie schon so lange.

»Wann?«

Guy wandte sich ab. Es war ihm unmöglich, in ihr gepeinigtes Gesicht zu sehen. Sein Mund fühlte sich trocken an. »In ein paar Tagen. Vielleicht in einer Woche. Ich bin schon zu lange geblieben.«

Es kam ihm vor, als wäre seit seiner Ankunft überhaupt keine Zeit verstrichen, doch es waren fast vier Monate ins Land gegangen.

Roxy schmiegte sich an seine Brust und legte den Kopf unter sein Kinn. »Du musst nicht fortgehen. Du könntest hier bleiben.«

»Nein.« Guy schüttelte den Kopf.

»Warum nicht? Du gehörst zur Familie.«

»Ich kann einfach nicht«, erwiderte er. »Dies ist dein Zuhause, Roxy, nicht meines. Außerdem muss ich auch an die *Curlew* denken. Ich darf das Schiff nicht länger hier stehen lassen.«

»Du könntest es verkaufen.«

»Und du könntest Wirra Downs verkaufen«, konterte er. Verdammt sei Maggie. Er konnte es zumindest versuchen, oder nicht? »Komm mit mir. Wir hatten eine so schöne Zeit, du und ich.«

Sie sah ihn entgeistert an. »Wirra Downs verkaufen? Du weißt, dass ich das nicht kann. Was ist mit Maggie, Jem und Sarah und mit Porridge, Dinnie und Frank? Und dann sind da noch die Kinder. Was sollte aus ihnen werden? Ich darf nicht nur an mich denken. Zu viele Menschen sind von dieser Farm abhängig.« Sie schwieg einen Moment und knabberte nachdenklich an ihrer Unterlippe.

Maggie hat Recht, dachte Guy. Er konnte nicht bleiben, und sie konnte nicht gehen. Er stellte eine Bedrohung dar, und Maggie wollte, dass er ging. Wenn alles nicht so traurig wäre, müsste er über die absurde Situation lachen.

»Und was ist mit uns?«, fragte sie schließlich. »Ich dachte, zwischen uns wäre etwas Besonderes. Du hast gesagt, dass du mich liebst.«

»Die Menschen ändern sich«, gab er harsch zurück. Die Geister spukten wieder durch sein Bewusstsein. Der alte Hass kam an die Oberfläche und zermürbte ihn. Bilder von Gerald vermischten sich mit denen von Martin, Louisa und seinem Jungen, dazu kamen die gemeinen Lügen.

Er war dankbar, dass keine Tränen flossen – das hätte ihm den Rest gegeben und seine Willenskraft gebrochen. Am liebsten hätte er Roxy in die Arme geschlossen, doch schon jetzt hatte sich eine Kluft zwischen ihnen aufgetan, die stetig wuchs. Er musste stark sein für sie beide. Mit der Zeit würde sie ihn vergessen und einen anderen finden. Jemanden, der sich ohne Komplikationen in ihr Leben einfügen konnte.

»Da ist noch etwas«, fuhr er fort und hasste sich dafür, aber wenn er alle Bande zu Wirra Downs kappen wollte, dann durfte er seine Tochter nicht hier lassen.

»Ja?«

»Ich nehme Lissa mit.«

Roxy musste das erst verdauen. Alle Kraft schien aus ihr zu weichen, und sie schwankte leicht. »Das kannst du nicht! Sie gehört hierher, Guy. Wie willst du dich auf dem Schiff um ein Kleinkind kümmern?«

»Sie ist meine Tochter, und ich werde tun, was ich für richtig halte.«

Sie wich langsam vor ihm zurück, als wollte sie ihn herausfordern, sie aufzuhalten. Nach ein paar Metern drehte sie sich um und ging zum Haus. Guy sah nur noch den Rücken und die gestrafften Schultern. Er hoffte, dass sie sich ihm noch einmal zuwenden würde, doch sie ging weiter, bis er nur noch ihre Silhouette an der Tür ausmachen konnte.

Guy sank ins Gras. Der Gram und die Trauer wallten in ihm auf. Louisa, Davie und jetzt auch Roxy. Er hatte sie alle verloren, aber er konnte keinen Schmerz mehr empfinden. Er war wie betäubt und innerlich leer. Vielleicht wäre ich damals besser gestorben, als mich die Hand unter Wasser gedrückt hat, dachte er.

Er saß lange am Ufer und lauschte dem Chor der Frösche.

Roxy kniete auf dem Boden und übergab sich in die Schüssel. O Gott! Sie hatte sich noch nie so schlecht gefühlt. Und morgens war es immer am schlimmsten. Als sie sich zurücklehnte und sich den Mund mit dem Handrücken abwischte, klopfte jemand energisch an die Tür, und Sarah stürmte herein.

»Roxy?«

»Ja?«

»Was, um alles in der Welt, machst du auf dem Boden? Ich wollte dir nur sagen, dass Guy gleich ablegt.«

»Ablegt?« Sie sah Sarah verständnislos an. Er hatte gesagt, er würde erst in ein paar Tagen oder in einer Woche aufbrechen, nicht schon heute Morgen.

»Ja, er hat gerade sein Gepäck auf die *Curlew* gebracht. Wusstest du, dass er Lissa mitnehmen will?«

Roxy nickte und musste wieder würgen. Sarah kniete sich neben sie und legte den Arm um ihre Schultern. »Was ist mit dir. Bist du krank?«

»Nein.«

Sarah hockte sich auf die Fersen und musterte sie nachdenklich. »Du bist schwanger«, stellte sie fest.

»Seit zwei Monaten«, bestätigte Roxy.

»Lieber Gott«, hauchte Sarah besorgt. »Hast du es ihm erzählt?«

»Nein.«

»Warum nicht, um Himmels willen?«

Roxy schüttelte hilflos den Kopf.

Sarah packte sie an den Schultern. »Warum geht Guy fort?«

Worte, die vor Jahren ausgesprochen worden waren, kamen ihr in den Sinn – Martin auf dem Kai von Glenelg. *Ich kann Wirra Downs nicht aufgeben. Es ist ein Teil von mir … Ich gehöre dorthin. Deshalb bitte ich dich, deine Träume aufzugeben und an meinen teilzuhaben.* Und dieser Bitte war sie nachgekommen. Jetzt waren Martins Träume zu den ihren geworden, und sie hatte Guy gefragt, ob er sie mit ihr teilen wollte.

»Weil er nicht hier bleiben kann«, antwortete sie hölzern.

Sarah stand auf. »Es ist mir egal, was du sagst, Roxy, oder welche Gründe du hast. Es ist auch sein Kind. Er hat das Recht, von der Schwangerschaft zu erfahren. Ich werde es ihm erzählen, wenn du zu dickköpfig dafür bist.«

Roxy kämpfte sich ebenfalls auf die Füße, lief Sarah nach und hielt sie am Arm fest. »Nein! Bitte, lass das.«

Sarah drehte sich zu ihr um und funkelte sie an. »Roxy, das ist er dir *schuldig.* Du bist schwanger, und er muss die Verantwortung übernehmen.«

»Ich will Guy nicht zum Bleiben zwingen, und ich werde ihn um nichts bitten. Er hat seine Gründe dafür, dass er von hier fort will, welche auch immer das sein mögen.«

»Aber wenn er wüsste …«

»Es würde zu nichts führen, Sarah. Ich hätte immer das Gefühl, ihm Fesseln angelegt zu haben. Wenn er frei sein möchte, dann muss ich ihn gehen lassen. Sonst würden wir uns irgendwann hassen.«

Das Tuten der *Curlew* zerriss die Luft. »Kommst du mit an den Steg?«, wollte Sarah wissen.

Roxy schüttelte den Kopf. Sie könnte es nicht ertragen, ihn abfahren zu sehen. Und was sollte sie sagen? Leb wohl? Viel Glück? Als eine frische Woge der Übelkeit in ihr aufstieg, drückte sie die Hand auf den Bauch. »Versprichst du mir etwas?«, fragte sie.

»Was?«

»Abgesehen von dir weiß niemand etwas von Guy und mir. Oh, Maggie, die alte Füchsin, hat bestimmt einen Verdacht, und Frank vermutet auch etwas, doch ich möchte nicht, dass alle Welt davon erfährt. Eine Menge Männer gehen auf der Farm ein und aus, jeder von ihnen könnte der Vater meines Kindes sein.«

»Es wird Gerede geben, Roxy. Spekulationen. Wie willst du damit fertig werden?«

»Ich beabsichtige, dieses Baby zur Welt zu bringen und aufzuziehen, und ich werde mein Haupt nicht senken. Ich lasse mich nicht dazu zwingen, irgendetwas zu verstecken. Dieses Kind wurde in Liebe gezeugt, und ich schäme mich nicht dafür.«

»Du bist eine mutige Frau, Roxy Dumas.«

»Nein, ich bin nicht mutig, ich fürchte mich zu Tode, aber niemand hat mir die Beziehung zu Guy aufgedrängt. Ich bin auf ihn eingegangen und kannte die Risiken. Jetzt bin ich schwanger, und Guy geht fort. Ihn kann ich nicht haben, aber mir bleibt sein Kind und damit ein Teil von ihm.«

Roxy ging zum Fenster und kämpfte gegen die aufkommende Panik an. Das Stampfen der Schaufelräder, die durch das Wasser pflügten, war bis hierher zu hören. Durch die Bäume sah sie, wie die *Curlew* ablegte. Am liebsten wäre Roxy zu Guy gerannt. Vielleicht würde er sie an Bord nehmen und festhalten, ihr versichern, dass alles nur ein Irrtum gewesen war, ein Missverständnis, dass er sie nie verlassen würde.

Aber das Schiff gewann an Fahrt, drängte vorwärts und hinterließ braunes, aufgeschäumtes Wasser. Gestalten bewegten sich an Deck und rollten die Taue zusammen. Roxy sah Guy im Ruderhaus. Der Dampfer wurde immer kleiner, dann verschwand er um eine Biegung. Zurück blieb der ruhige Fluss.

Ein paar Minuten später klopfte Jem zaghaft an ihre Tür. Er schien überrascht zu sein, seine Frau hier zu sehen. »Ich dachte, ihr beide würdet mit an den Steg kommen und euch von Guy und Lissa verabschieden«, bemerkte er verblüfft. »Jedenfalls hat mich Guy gebeten, dir dies hier zu geben.« Er überreichte Roxy ein Kuvert und huschte hinaus.

Roxy holte tief Luft, stellte sich so ans Fenster, dass sie Licht hatte, und öffnete den Umschlag.

Mein Liebling Roxy, ich kann nicht gut mit Worten umgehen, schrieb Guy, *und dieser Abschied ist wohl der schwerste meines Lebens, deshalb habe ich mich dazu entschlossen, dir zu schreiben, statt dir noch einmal gegenüberzutreten. Ich liebe dich, Roxy, und das wird immer so bleiben. Vom ersten Tag an, an dem ich dich kennen lernte, habe ich dich geliebt, obwohl ich damals verheiratet war und ein Kind hatte und deine Hochzeit mit meinem Bruder bevorstand. All die Jahre habe ich dich geliebt und geglaubt, dir das nie gestehen oder zeigen zu dürfen.*

Die letzten Monate waren für mich etwas ganz Besonderes. Ich hätte nicht im Traum gedacht, dass zwei Menschen so viel gemeinsam haben könnten. Aber obwohl wir jetzt beide frei sind, stehen uns andere Hindernisse im Weg, die es uns unmöglich machen zusammenzubleiben. Vielleicht ist das unsere Strafe. Ich kann niemals auf Wirra Downs leben. Möglicherweise werde ich eines Tages in der Lage sein, dir den Grund dafür zu nennen, aber noch muss ich schweigen, denn es ist nicht mein Geheimnis, sondern das einer anderen Person. Wir können kein Paar werden. Du hast das Land, ich habe das Schiff. Ich hoffe, dass du irgendwann dein wahres Glück finden wirst …

Tränen brannten in Roxys Augen, Guy und Lissa fehlten ihr schon jetzt. Sie alle hatten sie verlassen – auch Martin, Louisa und Davie. Würde sie letzten Endes ganz allein auf Wirra Downs leben? Sarah legte eine Hand auf ihren Arm, und Roxy wandte sich ihr zu. Sie wollte Guy, doch er war fortgegangen und hatte ihr Herz mitgenommen.

»Ich bin nicht mehr dieselbe wie früher. Etwas hat mich verändert, mich auf den Boden der Tatsachen zurückgebracht. Ich habe mich immer für stark gehalten, jetzt muss ich einsehen, dass ich ebenso schwach wie alle anderen bin«, bekannte sie bitter.

Sarah sah sie erstaunt an. »Glaubst du, Tränen sind ein

Zeichen der Schwäche?«, fragte sie. »Nein, Roxy, sie zeigen deine Menschlichkeit, deine Gefühle. Und du weißt, dass du ein sehr liebevoller Mensch mit tiefen Empfindungen bist. Guter Gott, du bist die stärkste und tapferste Frau, der ich jemals begegnet bin.«

Sie brauchte Sarahs Sermon nicht. Sah ihre Freundin denn nicht, dass ihr Herz gebrochen war? Roxy fühlte sich, als hätte man ihr die Seele aus dem Leib gerissen und sie bloß und ungeschützt zurückgelassen.

Sarah legte die Arme um sie, und plötzlich strömten die Tränen, die sie so lange zurückgehalten hatte. Schluchzer erschütterten ihren Körper. Sie spürte, wie Sarah ihr über den Rücken strich, um sie zu beruhigen.

Sarah ließ sie weinen, bis Roxy das Gefühl hatte, keinen Atem mehr zu haben, dann führte sie sie zu dem Bett, das Roxy monatelang mit Guy geteilt hatte. Sie lagen nebeneinander und hielten sich fest.

TEIL VII

Roxy

1901–1904

KAPITEL 44

Es dauerte Wochen, bis Roxy an Guy denken konnte, ohne vom Schmerz überwältigt zu werden. Wochen, in denen sie auf ihrem Bett lag, gegen die Übelkeit ankämpfte und sich das Gehirn zermarterte, was ihn von hier vertrieben haben könnte.

Sie las seinen Brief immer und immer wieder, aber er gab ihr stets neue Rätsel auf. *Ich kann niemals auf Wirra Downs leben. Möglicherweise werde ich eines Tages in der Lage sein, dir den Grund dafür zu nennen, aber noch muss ich schweigen, denn es ist nicht mein Geheimnis, sondern das einer anderen Person.* Das machte keinen Sinn. Warum konnte er nicht bleiben? Welches Geheimnis könnte er meinen? Und dann war da seine abgrundtiefe Abneigung gegen den Mann, der ihn großgezogen und ihm seinen Namen gegeben hatte. Natürlich waren Geralds Verhältnis mit Dinnie und Narairees Abstammung eine Erklärung, doch das konnte nicht der einzige Grund für Guys *Hass* sein. Gerald war immerhin Martins Vater gewesen, und Martin hatte nie ähnliche Vorbehalte gehabt.

Die Tage vergingen relativ ereignislos, und mit der Zeit ließ die Übelkeit nach, und Roxy bekam wieder rosige Wangen. Jetzt, da sie sich an ihre Situation gewöhnt hatte, beruhigte sie der Gedanke an das Kind und erfüllte sie fast mit einer heiteren Gelassenheit. Es lenkte sie von anderen unfasslichen, aber wichtigen Überlegungen ab, mit denen sie sich lieber nicht beschäftigen wollte. Ihr Leben war zerbrochen, und ihre Emotionen lagen bloß. So hatte sie es sich nicht vorgestellt. Waren meine Erwartungen zu hoch?, fragte sie sich.

Sie vermisste die immer fröhliche Lissa und Davie. Den kleinen runden Stein bewahrte sie auf ihrem Nachttisch auf. Davies letztes Geschenk war ihr unendlich kostbar, und es brachte ihr den Jungen näher. Das Tigerauge, wie Jem den Stein bezeichnet hatte, bewachte ihren Schlaf.

Noch immer fiel kein Regen. Das Futter für die Tiere war knapp, und die Schafe starben auf den Weiden. Ein heißer Westwind blies übers Land, nahm staubige Erde mit und färbte den Himmel tagelang rot. Selbst Sarah war ungewöhnlich gereizt. In Südafrika tobte weiterhin der Krieg. Es schien, als hätten sich alle Probleme der Welt festgesetzt.

Der Wasserstand im Fluss war niedrig. Dort, wo das Wasser sonst gute dreieinhalb Meter tief war, sah man jetzt Schlammbänke. Die *Maude* und die *Pilot* waren die einzigen Schiffe, die in diesem Jahr durchkamen. Und Roxy wartete nur auf das Tuten der *Curlew,* doch das ertönte nie.

Stattdessen traf gelegentlich ein künstlich oberflächlich gehaltener Brief ein. Sie waren alle an Maggie adressiert und kamen aus fernen Hafenstädten: Mildura, Swan Hill, Koondrook.

Alles in allem geht es mir gut, schrieb Guy. Auch hier richtet die Dürre große Schäden an. Wie lange kann sie noch andauern? Lissa ist wohlauf. Liebe Grüße an alle.

Mitte des Jahres schrieb er:

Die Curlew *ist irgendwo am Ufer des Murray vertäut, weil sie wegen der Trockenheit nicht weiter als bis Wentworth gekommen ist.*

Roxy las die Briefe, wenn sie allein in ihrem Zimmer war, immer wieder und drückte das Papier an ihre Wangen. Es roch nach Guy – nach Tabak und Salzwasser. Aus unerfindlichen Gründen stand ihr stets das Bild von dem Tag vor Augen, an dem sie sich kennen gelernt hatten. Goolwa: Guy steht in der Tür zum Ruderhaus, läuft leichtfüßig die Stufen herunter, das blonde Haar fällt ihm in die Stirn.

Und ihr eigenes Leben veränderte sich, ging weiter. Ihr Bauch rundete sich, und die losen Kleider konnten ihn nicht mehr verstecken. Sie musste mit Maggie sprechen.

Ihre Kinder wuchsen, lösten sich von ihr und wurden unabhängiger. Sie wusste, dass sie sie nicht für immer festhalten konnte. In vielerlei Hinsicht war das Kind, das sich in ihr bewegte – Guys Kind – zu einem Heilmittel gegen die bevorstehende Trennung geworden. Im folgenden Jahr sollten Eric und Annie zu Angel nach Bourke ziehen und dort die Schule besuchen. Ella war fast acht Jahre alt, Eric zehn. Wo waren all die Jahre geblieben?

Die Mannschaft der *Curlew* bemühte sich mit Erfolg, Lissa bei Laune zu halten. Abgesehen von Guy, schien sie Scandy am liebsten zu mögen. Sie zupfte an seinem Bart und lachte lauthals, wenn er sie kitzelte. Abends wollte sie nie einschlafen; sie krabbelte jedes Mal aus ihrer Koje, wenn Guy sie hineingesteckt hatte, und kroch in Guys Bett, bis er aufgab und sie dort schlafen ließ, obwohl sie sich die ganze Nacht herumwarf und zappelte.

Guy behielt sie bis Wentworth bei sich, dort brachte er sie zu einer alten Freundin. Franny Evans war eine freundliche Frau und lebte in einem hübschen Cottage in der Nähe des Flusses. Guy hatte früher mit ihrem Mann zusammengearbeitet, aber er hatte gehört, dass Jack vor zwei Jahren bei der Explosion eines Heizkessels ums Leben gekommen war und dass Franny ihre beiden Kinder allein aufziehen musste.

Franny begrüßte ihn an der Haustür mit einem warmherzigen Kuss. Sie nahm ihm Lissa ab und redete und lachte mit dem Kind.

»Ich habe mich gefragt, ob es dir etwas ausmachen würde, dich für einige Zeit um sie zu kümmern«, begann er. »Ihre Mutter starb, als sie vor achtzehn Monaten geboren wurde. Sie ist alles, was ich noch habe. Ich werde dich gut für deine Dienste bezahlen.«

Franny schien begeistert von diesem Vorschlag zu sein. Sie besaß das Haus, und Jack hatte zum Glück eine kleine Lebensversicherung abgeschlossen, sodass sie nicht hungern musste, aber ein zusätzliches Einkommen würde ihr ein wenig Luxus ermöglichen, wie sie schüchtern eingestand.

Als Guy zurück zum Fluss ging, plagte ihn der Gedanke, ob er das Richtige getan hatte, als er Lissa von Wirra Downs fortgebracht hatte. Dort war sie von Familie umgeben, wurde geliebt und war willkommen. Aber Franny würde sie auch lieben, versicherte er sich selbst. Sie war eine gutherzige Frau und ging liebevoll mit Kindern um, sonst hätte er seine Tochter nicht bei ihr gelassen.

Es war richtig, sagte er sich entschieden. Jetzt, da er Lissa fortgeholt hatte, waren alle Verbindungen zu Wirra Downs gekappt. Es gab keinen Grund mehr, dorthin zurückzukehren. Ein paar Briefe, um sie wissen zu lassen, wo er sich herumtrieb, mehr war nicht nötig.

Er nahm an, dass er Maggie zumindest das schuldig war. Sie hatte im Laufe der Jahre viele Opfer für ihn gebracht. Prellungen und blaue Augen hingenommen, und Gerald hatte vor ihr mit seinen Huren geprotzt. Das hatte sie nicht verdient, doch er selbst hatte die schlechte Behandlung auch nicht verdient. Die vagen Erinnerungen hatten sich endlich zu einem klaren Bild zusammengefügt. Der gelegentliche Schubs von Gerald, wenn niemand hinschaute. Hiebe, Faustschläge ins Gesicht und auf die Brust, hauptsächlich auf die Brust, damit niemand die Schwellungen sah. Er hatte gelernt, mit den körperlichen Attacken fertig zu werden, doch die gemeinen Beschimpfungen hatten ihn erniedrigt und sprachlos gemacht. *Deine Mutter ist eine Schlampe, ein Flittchen.*

Nein, es war gut, Lissa von den bösen Geistern fortgebracht zu haben. Er konnte sie alle paar Wochen besuchen, und Franny war eine anständige Frau und würde gut für sie sorgen. Sie hatte ihm sogar angeboten, bei diesen Gelegenheiten ihr Gästezimmer zu benutzen.

Frank war wieder in sein altes Cottage gezogen. Roxys Herz flog ihm zu, als sie seine ersten unbeholfenen Versuche beobachtete, sich in einen Sattel zu schwingen. Er verfluchte seinen nutzlosen Stumpf. Er hatte mit Verrichtungen, die für sie ganz selbstverständlich waren, Schwierigkeiten. Aber sie ließ ihn in Ruhe, weil sie seinen Stolz nicht verletzen wollte. Frank war fest entschlossen, seine Probleme allein zu bewältigen.

Er kam regelmäßig zum Essen ins Haus. Nach den Mahlzeiten saßen sie gemütlich am Tisch und sprachen über ihre Pläne für Wirra Downs. Frank verlor kein Wort über seine überstürzte Abreise vor zwei Jahren. Roxy überlegte, ob er tatsächlich ihretwegen gegangen war, und wenn ja, warum er sich ihr dann nicht erklärte. Er war höflich, aber distanziert und schien die meiste Zeit für sich zu sein. Nach der Arbeit saß er oft am Küchentisch und trank eine Tasse Tee, während Dinnie sich am Herd zu schaffen machte.

Im fünften Monat ihrer Schwangerschaft rief Roxy Maggie und Frank ins Arbeitszimmer. Sie war gespannt, wie sie auf die Neuigkeit reagieren würden. Überrascht? Enttäuscht? Es hatte keinen Sinn, weiter ein Geheimnis aus ihrer Schwangerschaft zu machen, früher oder später musste sie ihnen ja doch reinen Wein einschenken.

Das Kind kostete sie viel Kraft. Doktor Sides hatte sie gewarnt, dass zu harte Arbeit riskant sein könnte. »Schließlich sind Sie mittlerweile dreißig Jahre alt, Roxy«, hatte er sie behutsam erinnert. Es war acht Jahre her, seit ihr Körper die Strapazen einer Geburt durchgemacht hatte.

»Ich möchte euch beide davon in Kenntnis setzen, dass ich schwanger bin«, begann sie.

Maggie schnappte hörbar nach Luft und kniff die Augen zusammen. Frank sah sie unverwandt an.

»Ich erzähle euch das nicht, um eure Meinungen dazu zu hören«, fuhr Roxy fort. »Es ist ganz allein meine Angelegenheit. Ich vermute, ihr beide wisst, wer der Vater ist, doch ich möchte nicht, dass auf Wirra Downs über dieses

Thema diskutiert wird. Allerdings brauche ich eure Unterstützung und euer Verständnis. Auf Anraten meines Arztes habe ich mich entschlossen, ein Jahr mit der Arbeit auszusetzen. Ich bin müde und will auf keinen Fall die Gesundheit meines Kindes aufs Spiel setzen. Ich möchte diesem Baby viel Zeit widmen, und deshalb bin ich auf eure Mitarbeit angewiesen.«

Frank trat mit seinem Hut in der Hand vor. »Zurzeit gibt es wegen der Dürre nicht viel zu tun. Jem und ich können die Arbeit auf dem Land erledigen, falls Ihnen das Sorgen bereitet.«

Maggie sah sie mit einem verzweifelten Blick an. »Du bist eine verdammte Närrin, Roxy«, zischte sie und rollte mit ihrem Stuhl zur Tür. »Ein illegitimes Kind! Denk an das Gerede und die Schande, die du über uns alle bringst.«

»Ich schäme mich nicht, Maggie«, gab sie ruhig zurück. »Ich liebe dieses Kind schon jetzt, genau wie ich seinen Vater liebe. Ich bitte dich nur um ein wenig Unterstützung, doch wie ich sehe, hätte ich mir das sparen können.«

»Beachten Sie sie gar nicht«, empfahl Frank, als Maggie das Zimmer verlassen hatte. »Sie wird sich mit der Zeit schon damit abfinden.«

Eine Weile herrschte unangenehmes Schweigen. Roxy konnte es nicht ertragen, dass Frank schlecht von ihr dachte. Sie hob den Kopf und musterte ihn trotzig. »Halten Sie mich auch für eine Närrin?«

Er schaute sie ungerührt an. »Nein«, antwortete er schließlich und fügte sanfter hinzu: »Es ist Guys Kind, nicht wahr?«

Roxy nickte.

»Weiß er davon?«

»Nein.«

»Und er kommt nicht zurück?«

»Ich glaube nicht.« Sie inspizierte ihre Fingernägel. »Bringt Sie das in Verlegenheit. Schämen Sie sich meinetwegen?«

Er legte die Hand auf ihre Schulter. »Sie sind eine sehr tapfere Frau. Ich bewundere Ihren Mut, Roxy. Jetzt kann ich es Ihnen ja erzählen – es gab eine Zeit, in der ich annahm, Sie zu lieben.«

»Aber jetzt ist es nicht mehr so?«

Er schüttelte den Kopf. »Ich gehöre nicht in Ihre Welt, Roxy. Doch nachdem ich Ihnen das gestanden habe, könnte ich Sie heiraten ... wenn es Ihnen und dem Kind hilft.«

»O Frank!« Sie hätte ihn für seine Großzügigkeit umarmen können. »Sie sind so gut, und ich verdiene Sie gar nicht. Aber nein, ich werde das ganz allein durchstehen. Es ist für mich wirklich keine Last.«

September. Frühling. Noch zwei Monate. Das Baby war schwer, und Roxy fühlte sich furchtbar dick und war lethargisch. Das Gehen bereitete ihr große Mühe. Zum ersten Mal seit zehn Jahren fand keine Schur auf Wirra Downs statt. Die Schafe, die die Dürre überlebt hatten, boten einen jämmerlichen Anblick, und Frank erklärte, sie seien für die Schur untauglich.

Der Boden war so ausgedörrt, wie Roxy ihn noch nie gesehen hatte. Die Wassertanks waren fast leer, die Staudämme ganz ausgetrocknet. Sogar die Bougainvilleen wirkten schlaff. Das Spülwasser wurde aus dem Haus in Horries Garten gebracht, damit er die Gemüsepflanzen gießen konnte. Frank trieb die noch verbliebenen Schafe auf die Weiden am Fluss, wo es ein paar letzte verschlammte Wasserlöcher gab.

Die Wochen vergingen. Der Oktober begann mit brütender Hitze. Narairees Baby war schon einige Wochen überfällig. Bis zur Geburt von Roxys Kind dauerte es noch ein wenig. Sie hatte die Kinder darauf vorbereitet und ihre Fragen so ehrlich beantwortet, wie sie konnte. Eric und Ella waren aufgeregt und wollten ständig wissen, wie viele Tage sie noch warten mussten. »Einen weniger als gestern«, lachte Roxy und drückte sie an sich. Maggie war nach wie vor verstimmt und äußerst reserviert. Ansonsten erschien es Roxy, dass eine Mauer des Schweigens sie auf Wirra Downs umgab. Als ein vorbeiziehender Wanderarbeiter in die Küche gekommen war, um sich etwas zu essen zu erbetteln, hatte Dinnie ihm unmissverständlich klar gemacht, dass »das Baby der Missus nur sie selbst etwas angeht. Und du solltest besser keinen Klatsch verbreiten«.

»Sie beschützen dich alle, Roxy«, versicherte Sarah zufrieden, als sie Roxy davon erzählte.

Eines Abends, als sich Roxy aufs Zubettgehen vorbereitete, hörte sie ein leises Klopfen an ihrer Tür. »Komm rein, es ist offen«, rief sie in der Annahme, Ella wollte ihren Gutenachtkuss haben.

Doch Dinnie streckte ihren Kopf herein. »Ich bins, Missus.« Sie schien ziemlich aufgeregt zu sein und rang die Hände.

»Was ist geschehen?«, wollte Roxy wissen und legte ihr Nachthemd aufs Bettende.

Dinnie zuckte mit den Schultern. »Ich weiß nicht. Es ist Narairee. Etwas stimmt nicht mit dem Baby. Es will nicht kommen, und sie hat schreckliche Schmerzen. Vielleicht brauchen wir einen weißen Doktor.«

»Wo ist sie?«

»Unten in den Hütten.«

Roxy sammelte ein paar Sachen zusammen, bevor sie sich auf den Weg machte: einen Stapel sauberer Handtücher, ein Desinfektionsmittel, eine Schere. Die Hütten waren primitiv, und von Hygiene konnte nicht die Rede sein.

Sie lief zuerst zu Sarahs und Jems Cottage. Sarah kam an die Tür. Roxy erklärte ihr kurz die Situation. »Ihr sollt nur wissen, wo ich bin – für den Fall, dass es hier oben irgendwelche Probleme gibt. Ich weiß nicht, wann ich zurückkomme.«

»Warte, ich gehe mit.« Sarah verschwand kurz. »Jem weiß Bescheid«, sagte sie, als sie zurückkam. »Er wird im Farmhaus nach dem Rechten sehen.«

Die Hütten waren etwa eine Meile vom Haus entfernt, und der Weg führte durch Gestrüpp. Roxy schleppte sich schwerfällig vorwärts. Es stand kein Mond am Himmel. Dinnie hatte eine Lampe in der Hand und leuchtete ihnen.

Sie kamen zu den ersten Hütten am Rand des Camps. Roxy wusste von früheren Besuchen, dass hier die unverheirateten und die verwitweten Frauen wohnten – abseits von den verheirateten und männlichen Stammesmitgliedern.

»Dies hier ist das Haus für die Frauen«, erklärte Dinnie und führte sie in die größte Hütte.

Als sich Roxys Augen an das Dämmerlicht gewöhnt hatten, sah sie, dass Narairee auf der Erde hockte. Sie hatte die Arme und den Kopf auf die Knie gestützt. Ihr mächtiger Leib drückte auf die Schenkel. Unter ihr lagen heiße Kohlen. Sie war nackt, und ihre Haut war schweißbedeckt.

»Narairee?« Roxy beugte sich unbeholfen zu ihr und legte eine Hand auf ihre Schulter. Die Hitze von den Kohlen war überwältigend und raubte Roxy für einen Moment den Atem. Narairee sah sie aus leeren Augen an.

Eine alte Frau schlurfte auf sie zu, baute sich vor ihnen auf und stemmte die Hände in die Hüften. »Warum hast du sie geholt?«, wollte sie von Dinnie wissen. »Dies ist ein geheimer Ort, ein Ort nur für schwarze Frauen.«

»Wann haben die Wehen eingesetzt?«, erkundigte sich Sarah bei Dinnie, ohne auf die alte Frau zu achten.

»Vor zwei oder drei Tagen«, warf die Alte ein. »Vielleicht hält sie es nur zurück. Sie will kein Baby, sagt sie. Aber es wird kommen. Heute, morgen. Irgendwann kommen sie alle auf die Welt.«

Sarah half Narairee aufzustehen. Sie war schwach und konnte nicht ohne Hilfe gehen. Roxy stützte sie auf der einen, Sarah auf der anderen Seite; sie führten sie zu dem Strohbett. Narairee sah sie aus großen, ängstlichen Augen an – ihr Gesicht war schmerzverzerrt.

Frank erwartete Roxy, als sie aus der Hütte trat und im hellen Sonnenlicht blinzelte. Sie war erleichtert, ihn und besonders die Kutsche zu sehen, mit der er hergekommen war. Die Ereignisse der Nacht hatten sie erschöpft, und ihre Beine schmerzten unerträglich.

Frank nahm ihre Hand und führte sie zur Kutsche. »Alles in Ordnung?«, erkundigte er sich.

»Narairee gehts gut. Sie ist schwach wie ein neugeborenes Kätzchen, aber gesund.«

»Und das Baby?«

Sie schüttelte den Kopf. »Es war eine Totgeburt. Ein Junge. Wir konnten nichts für ihn tun.«

Sarah kam aus der Hütte und stützte Narairee.

»Wohin bringen Sie sie?«, wollte Frank wissen.

»Zum Farmhaus. Sie muss sich ein paar Tage erholen.«

Die alte Frau folgte ihnen und murrte laut vor sich hin. Sie schlenderte zu Narairee, blieb einen Moment vor ihr stehen und wiegte sich mit verschränkten Armen vor und zurück. Plötzlich erhob sie die Hand und schlug Narairee ins Gesicht.

Es war ein fester Schlag. Roxy sah, wie Narairees Kopf zur Seite schnellte, aber das Mädchen gab kein Wort von sich. Die alte Frau spuckte auf den Boden. »Verschwinde von hier«, befahl sie und deutete mit dem schrumpeligen Finger auf Narairee. »In deinen Adern fließt schlechtes Blut, Mädchen. Und diese bösen Gedanken haben dein Kind getötet. Du gehörst nicht hierher. Geh ins Haus der Weißen.«

Frank hob Narairee auf die Kutsche, und Roxy setzte sich zu ihr und legte den Arm um sie.

Im Laufe der Zeit wurde Narairee wieder kräftiger. Aber nichts und niemand konnte sie dazu bringen, in die Hütten der Aborigines und zu ihrem alternden Mann zurückzukehren. »Sie weigert sich rundweg«, sagte Roxy zu Frank. »Sie will nicht verheiratet sein. Sie möchte bei uns im Haus wohnen.«

»Sie müssen darauf bestehen, dass sie geht«, entgegnete er. »Sie dürfen sich nicht einmischen, Roxy.«

»Ich mische mich nicht ein«, gab sie scharf zurück. »Es ist Narairees Entscheidung. Ich verteidige lediglich ihr Recht, selbst zu wählen.«

»Wie auch immer Sie es nennen wollen, Sie *greifen ein.* Das gibt Probleme, Sie werden es sehen.«

»Probleme?« Ihre Stimme klang leicht hysterisch. »Es hat schon so lange nicht mehr geregnet, dass ich gar nicht mehr weiß, wie sich Regen auf der Haut anfühlt. Die Schafe verenden auf den dürren Weiden. Ich bin so müde, dass ich mir nichts anderes wünsche, als eine Woche durchzuschlafen. Ich kann mich wirklich nicht auch noch darum kümmern, ob sich die Schwarzen aufregen, weil Narairee bei uns im Haus bleiben will. Außerdem haben Sie selbst gesehen, wie sie sie da unten behandeln.«

Roxy plante, nach Bourke zu fahren und bis nach der Geburt bei Angel zu bleiben. Sie packte zwei Koffer – einen für sich und einen kleineren für das Baby. Sorgfältig faltete sie die winzigen Hemdchen zusammen. Morgen, dachte sie, fahre ich von hier fort, und wenn ich zurückkomme, habe ich einen kleinen Teil von Guy bei mir.

Die erste Wehe weckte sie um drei Uhr morgens. Laut Doktor Sides sollte das Baby erst in zwei Wochen auf die Welt kommen. Doch sie erkannte an dem Ziehen im Bauch, dass sich dieses Kind nicht an Zeitpläne halten würde. Es wollte unbedingt das Licht der Welt erblicken.

Roxy hievte sich langsam aus dem Bett. Als sie stand, strömte eine warme Flüssigkeit ihre Beine hinunter. Sie tapste zu der Verbindungstür zum Kinderzimmer. Dinnie schlief in letzter Zeit dort, um ein Auge auf sie zu haben. Jetzt war Roxy dankbar für ihre Anwesenheit.

Dinnie war sofort hellwach und führte Roxy zurück zum Bett. »Bleiben Sie hier, Missus. Ich hole Miss Sarah.«

Roxy erschien es, als läge sie eine Ewigkeit so da. Die Wehen waren jetzt stärker und kamen in regelmäßigen Abständen, aber noch waren die Schmerzen erträglich. Sie hörte, wie die Tür geöffnet wurde und die beiden Frauen hereinkamen. Wasser rauschte. Jemand tupfte ihre Stirn mit einem feuchten Tuch ab.

»Ist alles in Ordnung, Roxy?«, erkundigte sich Sarah.

»Ja«, keuchte sie, als die nächste Wehe sie erfasste. Sie hatte keine Zeit zum Nachdenken. Es ging alles so schnell – nicht wie bei Eric und Ella. »O Gott!«, schrie sie. Wie hatte sie diese Schmerzen vergessen können?

Sie konnte sich nur einen Moment erholen, dann kam die nächste Wehe und wieder eine. Die schnelle Abfolge riss sie in einen Strudel. Roxy drehte sich auf die Seite und krümmte ihren Körper um den des Babys. Sie hörte Ellas Stimme. Warum war sie hier?

»Mummy, geht es dir gut? Ich habe gehört, wie du geschrien hast.«

Geschrien? Hatte sie wirklich geschrien? Ich bin zu müde, um mich daran zu erinnern, dachte sie benommen. Der Schmerz war zu heftig. Ella legte die Hand in ihre. Roxy öffnete die Augen und strich mit dem Finger über die Wange ihrer Tochter.

»Es geht mir gut, Liebling, ehrlich. Weißt du noch, was ich dir über Babys und darüber, wie sie auf die Welt kommen, erzählt habe?«

»Ja.«

»Es tut ein bisschen weh, das ist alles.«

»Darf ich bei dir bleiben?«

Das Sprechen kostete Roxy große Anstrengung. Wieder durchbohrte sie der Schmerz, und sie spürte, wie sich etwas in ihrem Bauch bewegte. Wie lange dauert es noch?

Minuten? Stunden? Sarah drehte sie auf den Rücken, dann half sie ihr mit Dinnies Unterstützung in eine sitzende Position.

»Pressen, Roxy, pressen!«

Sie ballte die Hände zu Fäusten und stemmte sie aufs Bett.

»Noch einmal, Roxy. Es kommt!« Ein Glücksgefühl durchströmte sie trotz der Schmerzen. Sie hatte es fast geschafft, und das ließ alles erträglicher erscheinen. Bald würde sie Guys Kind in den Armen halten. Sie sah einzelne Bilder. Große Augen. Schweißperlen auf Sarahs Oberlippe. Dinnies weiße Zähne in dem dunklen Gesicht. Die aufgebauschten Vorhänge, dahinter den indigoblauen Himmel. Guys Sohn schob das Köpfchen ins Licht des herandämmernden Tages. Er wurde in demselben Bett geboren, in dem er gezeugt worden war.

»Mummy, ich kann den Kopf des Babys sehen!« Ella hüpfte aufgeregt neben dem Bett auf und ab.

Ella? Was hatte sie noch hier zu suchen?, durchfuhr es Roxy. Guter Gott! Sie war zu ausgelaugt, um sich darum zu kümmern. Sie atmete tief durch. Noch einmal pressen; ihre Hände, Arme und Beine zitterten vor Anstrengung.

Später erinnerte sie sich voller Glück an den bitter-süßen Moment, in dem ihr Kind aus ihr geglitten war und kräftig geschrien hatte.

»Es ist ein Junge«, sagte Sarah und legte ihn ihr auf den Bauch. Er sah Roxy mit tiefblauen Augen an.

Später, nachdem Sarah das Baby gebadet und angezogen hatte, inspizierte Roxy es ganz genau und suchte nach

Ähnlichkeiten. Finger, Zehen, die kleine Stupsnase. Er ähnelte Eric und Ella, und Roxy war überzeugt, dass er auch viel von Guy hatte.

Sie war müde, aber viel zu aufgeregt, um zu schlafen. Draußen brannte die Sonne gnadenlos vom klaren Himmel. In der Ferne krächzten Krähen, die über einem Schafkadaver kreisten. Ein neues Leben inmitten von Tod und Dürre.

Das Baby bewegte sich. Sein Gesicht zuckte und verzog sich, dann protestierte der Kleine lautstark. Roxy öffnete die Knöpfe ihres Nachthemds, hob vorsichtig ihren Sohn hoch und legte ihn an die Brust. Er stutzte einen Moment, dann fing er an zu saugen und entspannte sich.

Sie beobachtete, wie sich sein Mund bewegte, und empfand grenzenlose Liebe – ein so reines und starkes Gefühl, dass sie fast geweint hätte vor Glück. Guy war fort, aber sie hatte sein Kind, und diesen Teil von ihm konnte ihr niemand nehmen.

KAPITEL 45

Nach dem Mittagessen kündigte ein stetes Quietschen Maggies Rollstuhl an, der über den Flur näher kam. Roxy beobachtete, wie sie ins Zimmer rollte.

»Glückwunsch. Ich habe gehört, dass du einen Sohn bekommen hast. Darf ich ihn sehen?« Ihre Stimme klang energisch und geschäftsmäßig, als wäre dieser Besuch eine Pflicht, die sie erfüllen musste.

Roxy reichte ihr das Baby, und Maggie legte es auf ihren Schoß. »Welchen Namen willst du ihm geben?«, fragte sie.

»David.«

»David?«, wiederholte Maggie matt. Sie starrte das Kind lange an. »Er sieht aus wie Guy, als er geboren wurde«, erklärte sie schließlich tief bewegt.

Selbst in ihrem Dämmerzustand registrierte Roxy, dass da etwas nicht stimmen konnte. Woher wollte Maggie wissen, wie Guy als Neugeborener ausgesehen hatte? »Das verstehe ich nicht«, murmelte sie. »Ich dachte, Guy war zwei Jahre alt, als ihr ihn adoptiert habt.«

Maggie wischte sich mit der Hand über den Mund. Für einen kurzen Moment schloss sie die Augen, als wollte sie die Worte, die ihr herausgerutscht waren, wieder in sich verschließen. »Roxy, es gibt gewisse Dinge, die du wissen solltest.«

Wollte sie das wirklich hören? Roxy wusste sofort, dass sich die Unterhaltung um Guy drehen würde. Um Guy und die Geheimnisse, die er nicht preisgeben konnte? Um die Gründe für seine Abreise?

Ich liebe dich, Roxy, und das wird immer so bleiben.

»Ja.« Roxy brachte kaum mehr als ein Flüstern heraus. »Was für Dinge?«

»Du darfst Guy niemals dafür hassen, dass er gegangen ist …« Maggie räusperte sich. »Er hatte keine andere Wahl.«

Roxy wollte nicht darüber reden, nicht einmal daran denken. Die Erinnerung war noch zu schmerzlich. Aber Maggie ließ nicht locker und zwang sie, sich mit ihrem Kummer zu befassen. Nach all den Monaten voller Wut über die Art, wie ihre Beziehung zu Guy geendet hatte, Tränen und Verzweiflung.

»Was soll das heißen – er hatte keine andere Wahl? Niemand sonst hat die Entscheidung für ihn getroffen. Es war ganz einfach – Wirra Downs oder der Fluss. Und der Fluss hat gewonnen. Und Guy hatte nicht einmal den Anstand, sich von mir zu verabschieden. Er hat nur einen kurzen Brief hinterlassen.«

»Du klingst so verbittert, Roxy.«

»Tatsächlich?« Sie gab ein gezwungenes Lachen von sich, legte den Kopf aufs Kissen, schaute an die Decke und blinzelte die Tränen weg. »Maggie, sag du mir, wie ich mich deiner Ansicht nach fühlen sollte.«

»Es hat keinen Sinn, mit Dingen zu hadern, die man nicht ändern kann. Wir können nicht immer den Lauf des Lebens bestimmen. Manchmal gibt es Umstände … Gefühle, die man nicht in der Hand hat. Jeder Mensch macht Fehler, Roxy.«

»Mein Sohn ist kein Fehler. Ich habe Guy geliebt. Ich habe ihn von ganzem Herzen geliebt. Und ich schäme mich nicht. Ich bin verbittert, das ja, doch ich schäme mich nicht.«

»Und du solltest dich auch nicht schämen. Ich habe mein Leben damit verbracht, vor Scham fast zu vergehen …« Sie gab Roxy das Baby zurück und rollte zum Fenster. Ihre Stimme klang, als käme sie aus weiter Ferne. »Die Geschichte fing vor vielen Jahren an – eine junge Frau verliebte sich in einen Viehtreiber. Ihre Liebe konnte nicht bis nach der Hochzeit warten. Zwei Wochen nachdem der Viehtreiber bei einem Unfall mit einem Gewehr getötet wurde, entdeckte die junge Frau, dass sie schwanger war.«

»Und diese junge Frau war Maggie Dumas«, erriet Roxy. Sie wusste nicht, warum sie das gesagt hatte. Instinkt? Der sechste Sinn? Die Worte waren ausgesprochen, bevor sie Zeit hatte nachzudenken.

»Ja«, antwortete Maggie, und Roxy hörte selbst, wie sie scharf den Atem einsog. »Na ja, damals war ich noch keine Dumas, nur eine verängstigte junge Frau. Irgendwann kamen meine Eltern dahinter und schickten mich nach Sydney zu einer unverheirateten Tante. Sie war glücklich, sich um das Kind sorgen zu können. Ich heiratete Gerald und kehrte mit ihm nach Wirra Downs zurück.«

»Und das Kind?« Roxy setzte sich auf und sah die schwer atmende Maggie an. Plötzlich war ihr alles klar. »Guy. Guy war dieses Kind.«

Maggie lachte freudlos auf. »Ja, er ist *mein* Sohn – nicht adoptiert, sondern mein eigen Fleisch und Blut. Als er zwei Jahre alt war, wurde es meiner Tante zu viel, sich um ihn zu kümmern, und ich war gezwungen, ihn zu mir nach Wirra Downs zu holen. Entweder das, oder ich hätte ihn in ein Heim für ungewollte Kinder stecken müssen, aber das brachte ich nicht fertig. Ich war für ihn verantwortlich. Für meinen Fehltritt, wie sich meine Tante ausdrückte.

Ich war damals mit Martin schwanger, die Geburt stand kurz bevor. Gerald war fuchsteufelswild. Ich hatte ihm nichts von Guy erzählt, und es war ein Schock für ihn zu erfahren, dass ich bereits ein Kind hatte. Er war unter zwei Bedingungen bereit, Guy hier aufzunehmen, das stellte er von Anfang an klar. Ich hatte keine andere Wahl, als einzuwilligen. Erstens durfte ich Guy nie als meinen Sohn anerkennen, deshalb erzählten wir allen, wir hätten ihn adoptiert. Und zweitens durfte Guy die Farm niemals erben oder als Erwachsener dauerhaft hier leben. Wirra Downs sollte an die Kinder, die Gerald und ich gemeinsam haben würden, und an ihre Nachkommen vererbt werden.«

»Gerald hat Guy demnach nie akzeptiert.«

»Nein. Er war sehr eifersüchtig. Er konnte es nicht verwinden, dass ich vor ihm einen anderen geliebt habe. Guy war der lebende Beweis für diese Liebe. Gerald ersann bald Möglichkeiten, mich für meine Sünden, wie er es nannte, zu bestrafen.«

»Was hat er getan?«

»Er hat mich geschlagen«, gab Maggie schlicht zurück.

»Du warst schwanger, und er hat dich geschlagen?«

»Es fing an dem Tag an, an dem ich ihm die Wahrheit gestand, und es hörte bis zu seinem Tod nicht auf. Guy wusste davon. Gerald hat es besonderes Vergnügen bereitet, mich vor den Augen des Jungen zu malträtieren. ›Deine Mutter ist eine Schlampe, ein Flittchen‹, schimpfte er. Dann schlug er auf mich ein. Wieder und wieder. Manchmal dachte ich, es wäre besser zu sterben, als auch nur noch einen Tag mit ihm zu leben.

Nach einer Weile fing er an, Guy zu verprügeln. Erst waren es kleine Klapse, aber später wurde es schlimmer. Eines Nachts kam Guy in unser Zimmer. Er war sieben. Ich erinnere mich, dass er kurz zuvor seinen Geburtstag gefeiert hatte. Wir liebten uns gerade – wenn man das, was Gerald mit mir angestellt hat, überhaupt so nennen kann –, und Gerald war wütend, weil Guy uns dabei störte. Er sperrte den Jungen in den Schrank, dann drosch er auf mich ein. Stunden später schlief Gerald endlich ein, und als ich den Schrank öffnete, fürchtete ich, Guy könnte erstickt sein.«

Maggie strich sich über die Stirn, als müsste sie ihre Gedanken klären. »Ich war noch einmal schwanger, nach

Martin. Gerald stieß mich zu Boden und trat mir in den Bauch, weil ich seinen Toast aus Versehen verbrannt hatte. Ich war im achten Monat. Das Kind lebte nur zwei Stunden, nachdem ich es auf die Welt gebracht hatte. Es war ein Mädchen.«

Roxy war schockiert. Welcher Mann attackierte einen unschuldigen Jungen oder tötete sein eigenes Kind? Bei dem Gedanken an das kleine Kindergrab auf dem Friedhof von Wirra Downs fiel ihr das andere unmarkierte Grab ein. Dort ist Guys leiblicher Vater bestattet, dachte sie. Seit Jahren legte ihm Maggie Blumen aufs Grab.

»Und was ist mit Dinnie?«, hakte Roxy nach.

Maggie zuckte zusammen. »Wer hat dir davon erzählt?«

»Guy. Ich habe mich immer gefragt, wer Narairees Vater war.«

Maggie seufzte. »Nachdem ich das Baby verloren hatte, hat mich Gerald nie mehr angerührt – das heißt, er wollte keinen Sex mehr mit mir. Ich war dankbar dafür, denn ich hasste ihn und konnte es nicht ertragen, wenn er mich anfasste. Allein bei dem Gedanken an ihn packte mich das kalte Grausen. Er hatte sich mit Dinnie eingelassen, aber das wusste ich zu der Zeit noch nicht. Doch selbst wenn ich es gewusst hätte, glaube ich kaum, dass ich eingegriffen hätte. Schließlich hätte ich befürchten müssen, dass er dann wieder zu mir ins Bett gekrochen wäre. Sie war noch ein Kind – vierzehn –, als er mir erzählte, sie geschwängert zu haben. Er wollte mir eins auswischen, aber zu der Zeit war mir sein Treiben bereits gleichgültig. Ich glaube, das hat ihn am meisten geärgert.

Im Laufe der Jahre hatte er eine Menge Frauen in Bourke, das fand ich im Nachhinein heraus. Er spielte und spendierte seinen Kumpanen Drinks in den Bars. Als er starb, waren wir fast bankrott.«

»Und Dinnie ist auch noch nach Geralds Tod auf Wirra Downs geblieben.«

»Oh, Gerald war schlau. Er hat das in seinem Testament so verfügt. Beide dürfen so lange auf Wirra Downs bleiben, wie sie wollen. Anfangs war ich wütend. Mir waren die Hände gebunden. Es schien, als hätte er mich im Tod endlich klein gekriegt. Aber in den letzten Jahren wurde mir klar, dass wir alle auf die eine oder andere Art Geralds Opfer waren. Und der Schmerz verband uns Frauen irgendwie.«

»Eines verstehe ich nicht. Du bist eine so starke Frau, Maggie. Wie konntest du zulassen, dass er dich und Guy so behandelte? Warum hast du dich nicht zur Wehr gesetzt? Wieso bist du bei ihm geblieben?«

»Du hast Gerald nicht gekannt. Oh, alle hielten ihn für einen Gentleman. Einen Pfeiler der Gesellschaft. Doch das war nur Theater. In Wahrheit war er eiskalt, grausam und berechnend. Er wollte das Land, deshalb hat er mich geheiratet. Und er wusste, wie sehr ich Wirra Downs liebte. Er hätte mir alles antun können, ich wäre nicht von hier fortgegangen.«

»Du hast all das auf dich genommen, nur um hier bleiben zu können?«

»Ich habe erlebt, wie meine Eltern kämpfen mussten, um die Farm aufzubauen. Ich bin hier aufgewachsen – Wirra Downs war mein Leben. Ich dachte, dass das Land eines Tages mir gehören würde, und das wäre die Qual und die Pein wert gewesen. Aber in gewisser Weise war ich der Ansicht, Gerald sei meine Strafe – meine Strafe für Guy, für die Schande, ein illegitimes Kind auf die Welt gebracht zu haben. Selbst meine Eltern konnten sich nie damit abfinden. Mein Vater vermachte Gerald die Farm. Dem guten, anständigen Gerald, der Maggie vor einem Leben in Sünde bewahrt und sie zu einer ehrbaren Frau gemacht hat. Dem wunderbaren Gerald, der Maggies unehelichen Sohn an Kindes statt angenommen und ihn großgezogen hat wie seinen eigenen Sohn. Maggie war gottlos und verrucht.« Sie schwieg eine Weile, dann fügte sie hinzu: »Ich weiß nicht, wie schlimm das alles für Guy war. Er weigert sich, darüber zu sprechen.«

»Guy weiß, dass du seine Mutter bist?«

Maggie nickte. »Ich habe es ihm zwei Tage, bevor er mit Lissa von hier weggegangen ist, erzählt. Ich fand, es sei an der Zeit, dass er alles erfährt.«

Maggie hatte mit Guy gesprochen, und das, was er von ihr gehört hatte, hatte ausgereicht, um ihn von Wirra Downs zu vertreiben. *Aber obwohl wir jetzt beide frei sind, stehen uns andere Hindernisse im Weg, die es uns unmöglich machen zusammenzubleiben.* Maggie hatte ihn dazu veranlasst zu gehen. *Ich kann niemals auf Wirra Downs leben. Möglicherweise werde ich eines Tages in der Lage sein, dir den Grund dafür zu nennen, aber noch muss ich schweigen, denn es ist nicht mein Geheimnis, sondern das einer anderen Person.* Maggies Geheimnis, Maggies Schande.

Das Baby wurde unruhig. Maggie rollte zum Bett und nahm das kleine Bündel auf, um den Jungen zu wiegen und zu besänftigen. »Verstehst du, Roxy, ich habe daran gedacht, wie viele Jahre ich mit meiner Schande gelebt habe. Wie viel ich gelogen und wie viele Menschen ich verletzt habe. Und das wäre nicht nötig gewesen. Es gehören zwei Menschen dazu, ein Kind zu zeugen. Ein Mann und eine Frau. Wir Frauen sollten nur die Hälfte der Verantwortung tragen müssen. Aber Guy konnte nicht bleiben, Roxy. Dafür hat Gerald gesorgt. Verstehst du das?«

Jetzt waren die Dinge klarer, wenn auch nicht verzeihlich, doch zumindest kannte Roxy jetzt Guys Beweggründe. Er war nicht ihretwegen von ihr weggegangen – die Vergangenheit hatte ihn fortgetrieben.

»Du hast nun dieses Kind. Es ist kein Fehltritt, sondern ein großes Geschenk. Es war klug, Guy nichts von der Schwangerschaft zu erzählen und ihn ziehen zu lassen. Das hätte alles nur noch komplizierter gemacht.« Maggie legte die Hand auf Roxys. »Es war nicht leicht für mich, dir all das zu erzählen. Ich habe nie davon gesprochen, außer damals mit Guy. Doch ich habe dieses Geheimnis zu lange für mich behalten.«

Plötzlich wurde sie wieder barsch und distanziert und tat so, als hätte dieses Gespräch nie stattgefunden. Sie legte das Baby in Roxys Arm. »Jetzt aber genug geredet. Du bist müde, und ich sollte dich allein lassen. Du brauchst Ruhe. Ich erinnere mich, wie viel Kraft eine Geburt kostet.«

Sie manövrierte den Rollstuhl zur Tür, und als sie auf den Flur einbog, blieb sie noch einmal stehen und sah zurück. Ein feines Lächeln umspielte ihren Mund. »David«, sagte sie leise, »ein sehr hübscher Name.«

Einige Wochen später fuhr Roxy nach Bourke, um Davids Geburt registrieren zu lassen. Der Beamte im Gerichtsgebäude zog die Augenbrauen hoch, als er hörte, was sie wollte, aber Roxy sah ihn unverwandt an und ließ sich nicht einschüchtern. Was hatte sie an dem Tag, an dem Guy sie verlassen hatte, zu Sarah gesagt? *»Ich werde mein Haupt nicht senken ... Dieses Kind wurde in Liebe gezeugt, und ich schäme mich nicht dafür.«* Maggies Scham hatte so viele Leben überschattet. Ihr eigener Sohn würde nicht das gleiche Schicksal erleiden wie Guy.

Sie füllte rasch das Formular aus, und in die Zeile, in die der Name des Vaters gehörte, schrieb sie, ohne zu zögern: *Guy Dumas.* Dabei sank ihr das Herz, und sie nahm sich vor, David von seinem Vater zu erzählen, sobald er alt genug war, um alles zu verstehen. Es sollte keine Lügen geben, und sie würde ihm – anders als Maggie Guy – nichts verheimlichen.

Weihnachten ging vorüber, ein neues Jahr brach an. Der Fluss war bis auf eine Reihe von verschlammten Wasserlöchern ausgetrocknet. Selbst wenn Guy gewollt hätte, er hätte die *Curlew* gar nicht nach Hause bringen können. Nach Hause! Roxy fragte sich, ob er Wirra Downs jemals als Zuhause angesehen hatte. Oder brachte ihm jeder Gedanke an die Farm unzählige Kindheitsschrecken zurück?

Narairee blieb im Farmhaus und half Dinnie in der Küche. Ihr Mann war vor ein paar Wochen gestorben. Die Schwarzen erklärten Dinnie, dass sie ihre Tochter nicht mehr in den Hütten haben wollten, doch Narairee hatte ohnehin nicht die Absicht, dorthin zurückzukehren. Sie lief strahlend durchs Haus.

Eric und Ella richteten sich zusammen mit Sarahs Kindern Annie und Jack bei Angel im Hotel ein. Jede Woche schrieben sie Briefe nach Hause, in denen sie all die Neuigkeiten aus der Stadt berichteten und sich nach David erkundigten. In den Ferien kamen die Kinder nach Hause und tollten auf der Farm herum.

David nahm Roxy sehr in Anspruch und machte ihr viel Freude. Liebevoll beobachtete sie seine kleinen Fortschritte: sein erstes zaghaftes Lächeln, seinen ersten Zahn. Er wuchs und gedieh prächtig und gluckste fröhlich, wenn sich jemand mit ihm beschäftigte. Sogar Maggie verwöhnte ihn. Als er acht Monate alt war, kroch er überall herum und führte ständig etwas im Schilde.

Roxy ließ David in Sarahs Obhut, wenn sie mit Frank auf die Weiden ritt. Es fühlte sich gut an, wieder auf Kintyre zu sitzen und den Wind in den Haaren zu spüren. Aber Roxy hatte zu lange pausiert – erst jetzt wurde ihr in vollem Umfang bewusst, wie viele Schäden die Dürreperiode angerichtet hatte. Die Lage war schlecht, das war ihr klar gewesen, doch auf den Weiden sah sie, dass sich die regenlose Zeit noch viel schlimmer als befürchtet ausgewirkt hatte.

Nach der ersten Woche zählte sie schon nicht mehr mit, wie viele Kadaver und verendende Tiere sie gefunden hatten. Frank, der sich scherzhaft rühmte, der beste einarmige Schütze des Westens zu sein, erlöste die schwächsten Tiere von ihrem Leiden. Jeden Morgen fanden sie mehr Schafe, die am schlammigen Flussufer stecken geblieben waren.

Man schrieb das Jahr neunzehnhundertzwei. Seit Menschengedenken hatte es kein schlimmeres Jahr gegeben. Todesgeruch lag in der Luft.

Keiner der Männer war in den letzten fast zwölf Monaten weiter flussaufwärts geritten. Die restlichen Schafe hatten sie vor einem Jahr von den nördlichen Weiden heruntergetrieben. »Ich dachte, ich sehe mich dort einmal um und kontrolliere die Zäune«, erklärte Jem eines Morgens. Sonst gab es nicht viel zu tun. Die Herden waren so klein, dass es auch in diesem Jahr keine Schur geben würde.

Jem kehrte bei Einbruch der Nacht zurück und ritt direkt zum Farmhaus. Roxy war gerade mit Frank heimgekommen. Sie badete David – ein Vergnügen, das sie sich nicht gern nehmen ließ. Er saß in der Wanne, plantschte herum und bespritzte seine Mutter mit Wasser. Sie lachte und versuchte, den Tropfen auszuweichen.

»Roxy?«

Sie schaute auf und sah Jem auf der Türschwelle stehen. Er war mit Staub bedeckt und sah müde aus. Sie hob David aus dem Wasser. Der Kleine protestierte, als sie ihn in ein großes Handtuch hüllte, sodass nur noch sein Köpfchen zu sehen war. Sie drückte ihm einen Kuss auf die Nase.

Jem nahm ihr das Kind ab und hielt es möglichst weit von seinem schmutzigen Hemd weg. David wand sich, bis er eine Hand aus dem großen Tuch strecken und in Jems Haar krallen konnte. Roxy beobachtete die Szene belustigt. Es war sehr schade, dass Sarah und Jem keine gemeinsamen Kinder hatten, aber Jem hatte Annie und Jack von klein auf mit großgezogen, und Roxy vermutete, er sah sie als sein eigen Fleisch und Blut an. Roxy lachte und nahm ihren Sohn wieder auf den Arm. Jem rieb sich den Kopf. »Kleiner Halunke«, grinste er. »Ich wette, du hast ihm beigebracht, wie man das macht.«

»Was ist los, Jem?« Sie wusste, dass ihn nur etwas Wichtiges zu dieser Tageszeit ins Farmhaus bringen konnte.

»Ich dachte, du solltest wissen, dass ein Dampfer weiter oben im Fluss festsitzt. An Bord sind ein junges Ehepaar und ein alter Mann. Oh, und ein wenige Wochen altes Baby.«

»Wie lange sind sie schon dort?«

»Acht oder neun Monate. Es geht ihnen nicht gut, Rox. Sie haben kaum noch Lebensmittel, und auf jeden Fall nichts Frisches. Sie campieren an einem einigermaßen großen Wasserloch, doch das Wasser ist sehr schmutzig – man kann es eigentlich nicht trinken.«

»Wir reiten morgen hin und bringen ihnen etwas zu essen und frisches Wasser.«

»Ich dachte, ich könnte Frank mitnehmen. Das Gelände dort ist ziemlich schwierig, und der Ritt dauert sicher vier, fünf Stunden.«

»Ich *will* hinreiten. Die junge Frau freut sich sicher über ein bisschen weibliche Gesellschaft.«

Sobald Jem gegangen war, zog Roxy die Truhe, die in Davids Kinderzimmer stand, in ihr Schlafzimmer. Ein Baby, hatte Jem gesagt. Wenige Wochen alt. Wenn der Dampfer schon acht, neun Monate festsaß, dann hatte das kleine Würmchen bestimmt kaum etwas zum Anziehen. Sie klappte den Truhendeckel auf und legte die Babysachen auf ihr Bett. Winzige Hemden, Jäckchen und liebevoll bestickte Babyschuhe. Alle Dumas-Kinder hatten diese Sachen getragen, aber jetzt waren sie David zu klein geworden. Sie nahm einen winzigen Kittel in die Hand und drückte ihn an die Wange. Er hatte feine Biesen auf der Vorderseite. Sie erinnerte sich noch, wie sie ihn für Eric genäht hatte. Damals hatten Martin und sie gemeinsam Pläne geschmiedet. Sie hatten eine große Familie gründen und zusammen alt werden wollen. Und Guy? Was hätte die Zukunft für sie bereitgehalten, wenn die Dinge anders verlaufen wären? Roxy seufzte, als sie den Kittel zu den anderen Sachen legte. Sie würde sie bestimmt nicht mehr brauchen.

Sie brachen um sieben Uhr morgens auf, beladen mit Produkten aus Horries Garten, einem Sack voll Pökelfleisch und anderen Vorräten sowie etlichen Kanistern Frischwasser aus den Vorratstanks.

Erst als die Sonne fast im Zenit stand, erhaschte Roxy den ersten Blick auf den gestrandeten Dampfer. Es war eine öde, trockene und staubige Gegend, und es regte sich kein Lüftchen in dem Bett des einst tiefen, breiten Flusses. Feuchte Wollschichten waren um die Schiffshülle gebunden, damit sich die Planken nicht verzogen. Im Schatten einiger Eukalyptusbäume hatten sich die Gestrandeten einen provisorischen Unterschlupf gebaut. Als sie näher heranritten, kam ein alter Mann unter dem Dach aus Leinensäcken hervor und musterte sie mit trüben Augen. Ein Hund, bei dem man jede einzelne Rippe sehen konnte, lag im Schatten; offenbar war er zu schwach, um zu bellen.

Der Mann deutete auf den Raddampfer. »Die anderen finden Sie dort«, erklärte er und sah schweigend zu, wie die Reiter die Vorräte abluden.

Eine Frau kam aufs Deck. Sie hatte ein Baby, das in einen Schal und ein paar Lumpen gewickelt war, auf dem Arm. Ein Mann tauchte hinter ihr auf und nickte Jem zu.

Roxy stellte sich vor. »Wir haben ein paar Sachen für Sie und das Kind hergebracht«, begann sie. »Lebensmittel, Wasser und Kleidung.«

Das Baby fing an zu wimmern – leise, als hätte es nicht

genügend Kraft, die Lungen mit Luft zu füllen. Die Frau versuchte, ihr Kind zu beruhigen. Sie war nur noch Haut und Knochen. Ihre Augen wirkten in dem hageren Gesicht wie große Löcher. »Wir kommen schon zurecht«, gab sie steif zurück. »Wir brauchen keine Almosen.«

Der Mann legte eine Hand auf die Schulter seiner Frau. »Sie sind nur gekommen, um uns zu helfen, Liebes.« Sie sank gegen ihn, als hätte sie jede Willenskraft verloren.

Roxy trat wortlos vor und nahm der Frau das Kind ab. Es schien, als wäre es leicht wie eine Feder. »Wann haben Sie zum letzten Mal frische Milch getrunken? Sehen Sie sich nur an – wie können Sie ihr Baby stillen, wenn Sie sich selbst nicht anständig ernähren?«, fragte Roxy sanft, ohne zu tadeln. Die Frau schüttelte nur den Kopf. Roxy gab ihr den Säugling zurück, und der Mann winkte sie in die Hauptkabine.

Es war unerträglich heiß in der Kabine. Durch die Fenster kam kein Luftzug. Schweigend packten Roxy und Jem ihre Beutel und Säcke aus und legten die Sachen auf die Bank. Horries Gemüse, Tee, Mehl, Zucker, Marmelade, gepökeltes Fleisch, Milch, die in feuchten Säcken kühl gehalten wurde. »Sie haben Recht«, sagte der Mann, der mit großen Augen den wachsenden Lebensmittelberg betrachtete. »Wir hatten hier schon eine ganze Weile keine frische Milch mehr.«

Roxy reichte der Frau die selbst genähten Babykleider. Der Argwohn war aus ihren Augen gewichen, und ihr Gesicht strahlte vor Freude. Sie nahm ihrem Kind die Lumpen ab und zog ihm sein erstes ordentliches Hemdchen an. Der alte Mann saß in einer Ecke und weinte lautlos. Die Tränen liefen ihm über die faltigen Wangen.

»Wir machen uns jetzt lieber wieder auf den Weg«, entschied Jem schließlich und zog seine Taschenuhr aus der Tasche. »Wir wollen noch vor Einbruch der Dunkelheit nach Hause kommen.«

Roxy warf noch einen Blick zurück zu der Frau, die ihr sauber gekleidetes Kind im Arm wiegte. Dies war kein Platz für eine Familie, und kein Mensch konnte ahnen, wie lange diese Dürre noch anhalten würde. »Sie können nicht hier bleiben. Morgen schicke ich Ihnen die Kutsche. In der Nähe des Farmhauses steht ein Cottage leer, und ich habe Arbeit für Ihren Mann als Kaninchenfänger.«

Jem tippte mit dem Zeigefinger an seinen Hut, und Roxy verabschiedete sich mit einem Nicken, dann gingen sie über die Planke ans Ufer. Kintyre wieherte zur Begrüßung. Roxy konnte dem Familienvater keinen großartigen Job anbieten, aber alles war besser, als hier zu hausen, fand sie. Sie spürte eine Berührung an ihrem Arm und drehte sich um. Sie sah in das lächelnde Gesicht der Frau, die nach Roxys Hand fasste. »Sie sind so gut zu uns«, flüsterte sie. »Ich hätte nie gedacht, dass jemand so freundlich sein kann.«

Roxy nahm sie in die Arme und fühlte, wie dünn sie war. »Das ist keine Freundlichkeit«, antwortete sie. »Ich habe nur das Glück, nach wie vor ein wenig helfen zu können.«

KAPITEL 46

Roxy stellte den Fuß in den Steigbügel und schwang sich in den Sattel. Sie war froh, von dem gestrandeten Schiff und dem Elend wegzukommen. In ein paar Stunden war sie zu Hause.

Sie waren etwa eine Stunde unterwegs, als Jem zum Horizont deutete. »Ein Sandsturm im Süden, Roxy, er kommt hierher.«

Der Sturm kam schnell näher, und Roxy wusste, dass sie das Farmhaus auf keinen Fall rechtzeitig erreichen konnten. Der Wind kam auf und fegte trockenes Laub und Grasbüschel vor sich her. Der Himmel war rosa vom Staub und verdeckte die Sonne. Es wurde ziemlich dunkel. Jem bedeutete Roxy abzusteigen, und gemeinsam suchten sie Schutz unter ein paar Bäumen. Staub wirbelte durch die Luft und blieb an der Haut, in den Gesichtern und in den Augen kleben. Der Sturm riss Roxy den Hut vom Kopf und wehte ihn fort. Man konnte kaum die Hand vor Augen sehen.

Jem reichte Roxy ein Seil und bat sie, sich das eine Ende umzubinden, damit sie sich nicht verloren. Die Pferde waren nervös und stampften unruhig mit den Hufen. Roxy schloss die Augen, legte den Kopf an Kintyres Flanke und schützte ihr Gesicht so gegen das Schlimmste.

Der Sturm dauerte ewig an. Roxy verlor vollkommen ihren Sinn für Zeit; nach einer Weile spürte sie einen leichten Druck am Arm. Es war Jem. »Sieh mal!« Er deutete in den Sturm.

Ein trübes Licht schimmerte durch den Sturm – ein

weicher, gelblicher Schimmer. Roxy trat einen Schritt darauf zu. »Wer ist da?«, rief sie.

Keine Antwort.

»Frank? Porridge?« Sie wagte sich noch einen Schritt vor und hielt Kintyres Zügel fest in der Hand. Der Sand fegte um ihre Beine. Ein Stück Wellblech von einem Hüttendach flog an ihr vorbei.

»Hey! Wir sind hier drüben«, schrie sie, aber der Wind brachte die Worte zu ihr zurück. »Komm schon«, rief sie Jem zu.

Sie fühlte die Spannung am Seil, als Jem sie zurückzog. »Nein«, brüllte er gegen den tosenden Sturm an. »Geh nicht! Bleib bei den Bäumen – es ist zu gefährlich.«

Sie schwang sich auf Kintyres Rücken und trieb ihn langsam vorwärts. Jem blieb nichts anderes übrig, als ihr zu folgen. Der Wind heulte. Das Licht war unheimlich, gedämpft – ein bernsteinfarbenes Glühen.

Sie ließ Kintyre schneller und schneller gehen. Das Pferd stolperte auf dem unebenen Grund. Immer noch winkte das Licht, und sie schien ihm nicht näher zu kommen.

Die Nacht brach schwarz herein. Stunden vergingen. Das Licht lockte sie vorwärts. Sie erreichten Zäune und schließlich ein Gatter. Jem öffnete es und ließ die Pferde durch. Es war, als wanderten sie durch ein Labyrinth, obwohl es keine Mauern gab, die sie einengten. Um sie herum waren nur Gestrüpp und Öde. Sie hatten den Orientierungssinn vollkommen verloren.

Sie kamen wieder zu einem Zaun, und die Pferde blieben stehen. Roxy fühlte den Stacheldraht an Kintyres Flanke und stieg ab, um sich am Zaun entlangzutasten, dabei kratzte und schnitt sie sich die Hände auf.

Das Licht verblasste und entfernte sich. »Es hat keinen

Zweck«, rief sie Jem zu. »Wir sind wieder an einem Zaun, doch ich finde kein Gatter.«

»Himmel!«, explodierte Jem. »Wir könnten überall sein.«

Das Licht erschien wieder, zauderte einen Moment, dann bewegte es sich langsam weiter, bis es ganz in der Finsternis verschwand.

Minuten vergingen, und plötzlich hatte sich der Sturm gelegt. Der Himmel war mit einem Mal ganz klar, und Millionen Sterne funkelten über ihnen. Jem stieß Roxy mit dem Ellbogen in die Seite. Sie sah auf und entdeckte auf der Anhöhe das Licht in den Fenstern des Farmhauses – sie waren nicht einmal eine Meile davon entfernt.

Dinnie weigerte sich, mit ihnen über die seltsame Erfahrung zu sprechen. »Es ist nicht gut, über so was zu sprechen«, grummelte sie. »Das weckt die Geister auf und macht sie zornig.«

»Komisch, aber jetzt fällt mir wieder ein«, sinnierte Maggie, »dass vor Jahren, als die Jungs noch klein waren, auch etwas so Eigenartiges geschehen ist. Gerald und ich saßen eines Abends auf der Veranda, als wir auf den Weiden ein Licht sahen. Es bewegte sich vor und zurück. Dort, wo das Licht blinkte, gab es keine Straße, und Gerald meinte, es könnte eine Kutsche sein, die vom Weg abgekommen war und sich verirrt hatte. Er bat einen der schwarzen Viehtreiber, hinzugehen und die Leute, die sich da draußen aufhielten, zum Farmhaus zu bringen, doch der Junge lief fort und murmelte irgendwelche Beschwörungen vor sich hin.

Schließlich konnte Gerald einen anderen Mann dazu

überreden, auf die Weide zu reiten. Er kam nach einer Stunde zurück und murmelte verdattert: ›Ich will verdammt sein, wenn ich weiß, was das für ein Licht ist. Je weiter ich ritt, desto mehr entfernte es sich. Irgendwann hab ich aufgegeben.‹ Gerald und ich sahen einander an. Es war seltsam. Von der Veranda aus hatte es so ausgesehen, als wäre der Mann nach wenigen Minuten an dem Licht vorbeigekommen.«

»Keine Angst, Miss Roxy«, meinte Dinnie später. »Es waren die guten Geister, die auf Sie aufgepasst haben. Sie wollen Ihnen damit sagen, dass Sie Ihnen das Land gern anvertrauen.«

Die Geister hätten sie zum Haus geführt, versicherte Dinnie. Doch Roxy wusste, dass es kein Geist der Aborigines gewesen war. Als sie in ihr Zimmer ging, holte sie eine gerahmte Fotografie aus der Kommode und legte sie auf ihr Bett. Martin sah sie an – eine blonde Locke fiel ihm in die Stirn, und sein Mund lächelte träge.

Martin sah lebendig und gar nicht tot aus. Und er war Guy so ähnlich, aber das war kein Wunder, wenn man die Hintergründe kannte. Sie waren immerhin Brüder. Ihr Herz schmerzte. Zwei Männer, und sie liebte beide. Und jetzt waren sie fort. Ihr blieben nur die Erinnerungen, doch die Kinder hielten sie aufrecht.

Sie nahm die Fotografie in die Hand und drückte das kühle Glas an ihre Stirn. »Danke«, flüsterte sie. »Danke, dass du mich nach Hause geführt hast.«

Roxy blieb lange wach und schrieb im Arbeitszimmer den monatlichen Brief an ihre Eltern. Sie wurden allmählich älter, und ihr Vater war mittlerweile im Ruhestand.

Das Wasser im Fluss ist nur noch wenige Zentimeter hoch, schrieb sie. Und der Regenmangel verursacht die schlimmsten Probleme. Die Schafe finden kein Futter mehr und sterben. Jede Woche verenden hunderte. Ich kann nichts anderes für sie tun, als ihr Leiden durch einen Kopfschuss zu beenden. Ich fühle mich so machtlos …

Sie legte die Feder weg und betrachtete die Worte, die sie aufs Papier gekritzelt hatte. Und sie waren nichts mehr – nur Worte, nichts Konstruktives, nichts Maßgebliches. Roxy schaute auf die Uhr. Es war schon spät, aber sie konnte nicht schlafen. Die Nacht war heiß, und der Wind rauschte in den Bäumen.

Roxy ging zur Verandatür, öffnete sie und trat hinaus. Hier draußen war es kühler. Sie schlenderte zum Fluss. Der Mond schien, und die Bäume spiegelten sich in den Wasserpfützen. Zikaden zirpten.

Während sie am Ufer entlangwanderte, gingen ihr tausend Gedanken durch den Kopf. Das mysteriöse Licht und Dinnies Erklärung. Die Fotografie und das kühle Glas an ihrer Stirn. Irgendwie schien ihr all das etwas sagen zu wollen. Sie kam zu dem Felsen, auf dem Dinnie und sie vor all den Jahren gesessen hatten.

Dinnie hatte eigenartige Worte in der Sprache der Aborigines gesungen. Eine leise, mystische Melodie. Roxy lehnte sich an einen Baum, lauschte und wartete. Ihr fiel wieder ein, was Dinnie damals gesagt hatte.

Dies ist ein magischer Platz, voll von Geistern. Sie kommen aus den Schatten und treten in die Sonne. Auch jetzt sind sie hier. Singen, tanzen, erzählen Geschichten, schicken die Worte.

Dies ist mein besonderer Platz. Mein Traumort.

Die Geister tun Ihnen nichts. Sie sind jetzt alle weg. Ich habe sie mit dem Lied fortgeschickt.

Hat sie sie wirklich fortgeschickt?, überlegte Roxy. Im Moment schien es, als wären sie alle da – die Geister der längst Verstorbenen. Martin, Louisa, Davie. Selbst der unbekannte Gerald verbreitete noch seinen Hass und überschattete das Leben anderer.

Martin, Guy. Beide hatten sie geliebt, und trotzdem hatten sie sie verlassen. Sie hatte sich noch nie so allein gefühlt. Niemand zeigte ihr den Weg, sie musste alle Entscheidungen selbstständig fällen. Die Schafe verendeten. Die Kugeln, mit denen sie sie erschossen, waren vermutlich mehr wert als die Tiere. Kadaver verrotteten im Schmutz, und es war keine Lösung in Sicht. Das Ende eines Traums. Roxy hatte den Geruch des Todes satt.

Plötzlich hörte sie Stimmen, ein leises Murmeln. Sie wollte nicht stören und wich in den Schatten zurück. Als die Stimmen näher kamen, sah sie ganz deutlich das Paar. Die beiden gingen nebeneinander am Ufer entlang, berührten sich aber nicht. Es waren Frank und Narairee. Frank bückte sich, hob etwas auf und warf es über das Wasser. Narairee lachte, und Frank gluckste leise. Sie schlenderten langsam bis zur Flussbiegung und verschwanden außer Sicht.

Frank und Narairee! Doch im Grunde war das keine Überraschung. Roxy erschien ihr Zusammensein wie die natürlichste Sache der Welt.

Narairee hatte ihr Kind und den Mann verloren, aber das hatte ihre Lebenslust nicht gebrochen. Sie wusste, was sie wollte: im Haus der Weißen leben. Narairee war zwischen zwei Welten gefangen und wollte das in Anspruch nehmen, was ihr ihrer Ansicht nach zustand.

Roxy ging zurück zum Haus. Sie hatte einen Entschluss gefasst, über den sie schon eine ganze Weile nachgedacht hatte. Sie würde die restlichen Schafe zusammentreiben. Früher oder später musste der Regen kommen, und dann war das Land wieder fruchtbar und grün. Es hatten nur wenige Schafe überlebt, und Roxy würde noch einmal ganz von vorn anfangen. Bis dahin musste sie genügend Tiere retten, um ein neues Zuchtprogramm beginnen zu können. Solange noch Wirra-Schafe am Leben waren, würde sie nicht aufgeben.

Roxy war versucht, David mitzunehmen, weil sie wusste, dass sie ihn unsäglich vermissen würde. Aber er war noch so klein, und die Bedingungen waren schwierig. Deshalb gab sie ihn in Sarahs Obhut und drückte ihn ganz fest, bevor sie aufbrach.

Porridge und sie machten sich an einem heißen Novembermorgen auf den Weg und überließen Frank die Verantwortung für Wirra Downs. Jem hatte eine der Kutschen umgebaut, sodass sie einen geschlossenen Oberbau hatten. In dieser Kabine befanden sich Lebensmittel, Wasservorräte, Hufeisen für die Pferde, Seile, Glocken, Fußfesseln, Matratzen und Ersatzkleidung.

Maggie war von Anfang an gegen dieses Unternehmen gewesen. »Lass es, Roxy«, hatte sie gesagt. »Du gehörst hierher, zu deinem Sohn. Wenn die Dürre vorbei ist, können wir neu anfangen.«

Gab sich Maggie geschlagen?, fragte sich Roxy. Aber sie

wollte nicht aufgeben. Die wenigen Schafe waren alles, was ihr von ihrem Traum geblieben war.

Sie begegneten vielen Menschen. Alle Welt schien sich auf den Weg gemacht zu haben. Männer, einzeln oder in Gruppen. Ganze Familien mit Kind und Kegel in Planwagen. Viele trieben ihr kostbares Vieh vor sich her und waren auf der Suche nach ein paar Grashalmen oder einem Wasserloch, an dem sie die Tiere tränken konnten.

Die Treiberrouten gingen kreuz und quer übers Land, und das Gesetz schrieb vor, dass Schafe sechs Meilen am Tag getrieben werden konnten und sich die Herde nicht weiter ausbreiten durfte als eine halbe Meile. Bohrlöcher und Brunnen führten faules, nach Schwefel stinkendes Wasser. Die halb verhungerten und halb verdursteten Schafe störten sich nicht an dem fauligen Geruch. Die Wolle hing lose an ihnen herunter.

Die natürlichen Tränken bestimmten ihren Weg. Porridge schien vorauszuahnen, wo sie die Wasserlöcher finden konnten. »Beobachten Sie, wohin die Vögel bei Einbruch der Nacht fliegen. Sie führen einen zum Wasser«, erklärte er.

Die Hitze war unerträglich. Sie ritten hauptsächlich am frühen Morgen und am Spätnachmittag und rasteten während der größten Tageshitze. Nachts breitete Roxy wie Porridge eine Decke in der Nähe des Feuers auf der Erde aus. Sie betrachtete die blinkenden Sterne und den schwarzen Himmel. Aus einem Monat wurden zwei, und der Sommer wich nach und nach dem Herbst. Die Tage wurden kürzer und ein wenig kühler.

Als Roxy eines Morgens die Augen aufschlug, war der Himmel bewölkt, und die ersten Tropfen platschten auf die festgebackene Erde. Die Luft roch süß wie Honig. Nach einer Weile stieg der scharfe Geruch nach Gidgee auf. Der Regen wurde heftiger. Roxy stand mit ausgebreiteten Armen da und ließ die Tropfen über ihr Gesicht und die Arme rinnen, bis ihr Hemd durchweicht war.

Sie trieben die schmutzigen und durchnässten Schafe am Fluss entlang zur Farm und sahen zu, wie das braune Wasser stetig stieg. Der gestrandete Flussdampfer war nicht mehr da, und nur die Überreste des Unterschlupfs, in dem der alte Mann gehaust hatte, erinnerten noch an sie. Die Landschaft war ihnen vertraut, hieß sie willkommen. Endlich sahen sie die Schornsteine des Farmhauses vor dem grauen Himmel. Maggie erwartete sie in ihrem Rollstuhl auf der Veranda. Sarah lief ihnen mit David auf dem Arm entgegen. David! Roxy herzte ihn und drückte ihr Gesicht an seinen Kopf und seine Wangen.

In diesem Jahr wurde auf Wirra Downs wieder eine kleine Herde geschoren. Es waren viele Lämmer auf die Welt gekommen, und das Futter war nach dem ausgiebigen Regen gut. Die Kinder hatten Ferien und kamen nach Hause, um zu helfen. Eric und Ella, Annie und Jack – sie wurden immer größer.

David war fast zwei Jahre alt. Jedes Mal, wenn Roxy ihn ansah, erkannte sie Davie in ihm. Halbbrüder, die sich niemals gekannt hatten. David, der nach Davies Tod empfangen worden war.

Im folgenden Jahr setzte die australische Arbeitergewerkschaft zum ersten Mal Schurprämien aus. Prämiert wurden auch die besten Unterkünfte für die Scherer, die Anordnung der Pferche, die Verpflegung und der Zustand der Schafe.

Den Höhepunkt dieses Jahres stellte die Hochzeit von Frank und Narairee dar. Es war keine traditionelle Hochzeit, sondern eine Zeremonie nach den Bräuchen der Aborigines.

»Ist Ihnen das recht?«, wollte Roxy von Frank wissen. »Wenn Sie einen Pfarrer möchten, werde ich mich mit ihm in Verbindung setzen.«

»Nein.« Frank lächelte. »Narairee will es so, und ich bin zufrieden damit. Die Kirche der Weißen, die Bräuche der Schwarzen – das macht letzten Endes keinen Unterschied.«

»Wahrscheinlich haben Sie Recht.«

Frank schaute auf seine Hand, die von der harten Arbeit kräftig und schwielig geworden war. »Ich vermute, Sie finden es seltsam, dass ich Narairee heirate.«

Roxy zuckte mit den Schultern. »Wenn ich eines im Leben gelernt habe, Frank, dann das, dass wir alle unsere eigene Bestimmung haben. Wenn Narairee Ihre Bestimmung ist, dann ist alles gut, so wie es ist.«

Frank trat unbehaglich von einem Fuß auf den anderen und schien einen inneren Kampf auszufechten. »Wahrscheinlich werden Sie überrascht sein, das zu hören … Meine Mutter Polly war eine halbe Aborigine. Ich kann mich kaum noch an sie erinnern. Sie starb, als ich sehr klein war. Mein Vater Sid hat mich großgezogen. Er war ein guter Mann und hat mir beigebracht, gut von böse zu unterscheiden. Er hat mir nie das Gefühl gegeben, anders als die anderen zu sein, und ich habe niemals darüber nachgedacht, ob ich weiß oder schwarz bin. Ich war einfach Frank, sein Sohn.

Als Sid starb, wurde alles anders. Sie haben mich von der Farm gejagt. Ich bin übers Land gezogen, habe Arbeit gefunden und wurde wie ein Weißer behandelt. Ich wehrte mich nicht dagegen. Es war einfacher so. Niemand wusste von meiner Herkunft, doch ich hatte immer Angst, dass jemand dahinter kommen und mich bloßstellen könnte. Und ich fühlte mich stets gefangen – ich bin nicht weiß und nicht schwarz. Ich gehörte nirgendwohin. Sie sehen, Narairee und ich haben lange den gleichen Kampf geführt.«

»Das tut mir Leid, Frank. Davon wusste ich nichts.«

»Ich erzähle Ihnen das nicht, damit Sie Mitleid mit mir haben, sondern in der Hoffnung, dass Sie meine Entscheidung verstehen. Wir sind beide gefangen, Roxy – Sie und ich. Dinnie, Maggie, Gerald Dumas – sie sind alle direkt oder indirekt Teil unseres Lebens.«

Roxy gab ein kleines Fest für das Brautpaar. Die Aborigines vom Fluss versammelten sich im Schatten der Pfefferbäume, wo lange Tische aufgebaut waren. Dinnie thronte an der Stirnseite und blickte freudig über die Tische, die sich unter den vielen Schüsseln und Platten bogen. Frank legte strahlend den Arm um Narairee. Roxy erschien es, als ginge das Leben an ihr vorbei. An manchen Tagen hatte sie trotz der vielen Arbeit auf Wirra Downs das Gefühl, dass sie niemals so allein gewesen war wie jetzt.

TEIL VIII

Wind über dem Fluss

1911–1912

KAPITEL 47

Echuca
Mai 1911

Guy vertäute die *Curlew* am Kai und machte sich auf den Weg zum Pub. Es war später Nachmittag, und der Tag verblasste bereits in einem Schleier aus Rauch von den Herbstfeuern, die in unbekannten Wohnzimmern angezündet wurden. Guy ging durch die Stadt und betrachtete die kleinen Cottages an der Straße. Die Türen waren gegen den kühlen Wind verschlossen, der vom Fluss heraufwehte, und die Vorhänge an den Fenstern waren zugezogen.

Als er den Pub betrat, schlug ihm warme Luft entgegen. Es war laut. Männer tranken in aller Ruhe ihr Bier, bevor sie nach Hause zu ihren Familien gingen. Nach Hause, dachte Guy wehmütig – er hatte kein Zuhause, nur einen Dampfer, der jeden Abend an einem anderen Ort anlegte. In seinem Leben gab es keine Beständigkeit, und er gehörte nirgendwohin.

Er trank sein Bier und sah sich in der Bar um, in der Hoffnung, ein bekanntes Gesicht zu entdecken. Jemand kam auf ihn zu – der alte Bert, der Heizer. Bert hatte die *Curlew* vor der Dürre verlassen. »Ich sehe die Katastrophe kommen«, hatte er damals gesagt, »und ich habe keine Lust, in irgendeinem Wasserloch mitten im Nichts festzusitzen.«

»Hey, Guy«, sagte er nun und setzte sich neben ihn. »Es ist schon eine ganze Weile her …«

»Ja«, stimmte Guy ihm zu. »Lange nicht gesehen.«

»Och, ich hab auf der *Jandra* gearbeitet.«

»Auf der *Jandra*?«

»Ja. Eine Waterhouse-Maschine mit zehn Pferdestärken. Hübsches kleines Schiff, aber kein Vergleich zur *Curlew*.« Bert trank einen Schluck Bier. »Komisch, ich hab erst neulich an die *Curlew* gedacht. Wir waren oben in Bourke und draußen auf Wirra Downs, um Vorräte abzuladen.«

»Oh.«

»Du bist in letzter Zeit nicht so weit gekommen, was?«

»Nein.« Guy schüttelte den Kopf. »Seit Jahren nicht. Wie läufts auf der Farm?«

»Ganz gut, so weit ich sehen konnte. Es scheint, sie haben sich nach der Dürre aufgerappelt, und jetzt ist alles wieder gut in Schuss.«

»Hast du jemanden gesehen, den ich kenne?« Guy brachte es nicht über sich, Roxys Namen in den Mund zu nehmen. Er fürchtete, die Trauer würde ihn wieder übermannen, wenn er ihn aussprach.

»Ja. Den Verwalter – Frank heißt er, glaube ich. Er ist noch dort, genau wie mein junger Kumpel Jem. Aber so jung ist er jetzt auch nicht mehr. Komisch, immer wenn ich an ihn denke, sehe ich ihn als fünfzehnjährigen Jungen vor mir.« Bert wirkte nachdenklich. »Oh, und deine Schwägerin – Roxy, so heißt sie doch? –, sie war auch unten am Steg und hat Anweisungen gegeben.« Er grinste. »Eine gute Frau! Lässt sich nicht unterkriegen. Sie ist nach wie vor schön. Es war eine kleine Überraschung für mich, dass sie noch ein Kind bekommen hat.«

Guy erstarrte. »Sie hat ein Kind? Wie alt?«

Bert zuckte mit den Schultern. »So genau hab ich nicht hingeschaut. Ich kenne mich nicht gut aus mit Kindern. Es ist ein Junge, und er hat Mummy zu ihr gesagt, deshalb weiß ich, dass er ihr Sohn sein muss.«

Guy verließ den Pub, ohne sich zu verabschieden. Ihm war schwindelig. Also hatte Roxy wieder geheiratet? Eigentlich dürfte ihn das nicht überraschen. Sie war eine schöne Frau. Klug und intelligent. Bestimmt fanden jede Menge Männer sie begehrenswert. Trotzdem war er zutiefst enttäuscht.

Maggie hatte nichts von einer Hochzeit oder gar einem Kind geschrieben, aber in ihren Briefen, die sie ihm in den letzten zehn, fast elf Jahren geschickt hatte, war nie von Roxy die Rede gewesen. Guy schüttelte den Kopf. Er hatte längst das Recht verwirkt, an Roxys Leben teilzuhaben.

Morgen würde er stromabwärts nach Wentworth fahren. Seit er vor Jahren Lissa von Wirra Downs fortgebracht hatte, war er häufiger Gast in dem kleinen Cottage am Fluss. Franny hieß ihn immer herzlich willkommen, und er sah zu, wie sich seine Tochter von einem pummeligen Kleinkind zu einer hoch gewachsenen Zwölfjährigen entwickelte. Manchmal kam sie in den Schulferien mit auf die *Curlew,* und dann fühlte sich Guy in alte Zeiten zurückversetzt, als Louisa und der Junge an Bord gewesen waren.

Ja, dachte er. Er würde Lissa besuchen und vielleicht ein paar Tage bleiben. Er hatte seine Tochter schon seit ein paar Monaten nicht gesehen, und Franny stellte ihm ihr Gästezimmer zur Verfügung …

Roxy saß am Schreibtisch im Arbeitszimmer und beendete die Buchführung. Der Gewinn war in diesem Jahr gestiegen, und die Herden hatten sich einigermaßen erholt. Die Anzahl der Schafe war immer noch geringer als vor der Dürreperiode, doch Frank, Jem und sie hatten Wunder gewirkt, nachdem der Regen endlich gekommen war.

Die Zeit verging und riss sie alle mit. Wenn Roxy zurückblickte auf die ersten Tage auf Wirra Downs, dann konnte sie sich an Details, an kleine Dinge und ganze Gespräche erinnern, aber die letzten Jahre waren wie in Dunst gehüllt. Alles lief ganz automatisch ab. Manchmal kam sich Roxy vor, als hätte sie mit all dem nicht wirklich etwas zu tun und als funktionierte ihr Körper nur, während sie mit den Gedanken ganz weit weg war.

Es gab ganze Zeitspannen, von denen ihr nichts im Gedächtnis geblieben war, nur wenige Tage waren etwas Besonderes und unterschieden sich von dem Rest: die Geburten von Narairees und Franks zwei Kindern, Erics und Annies Rückkehr nach Wirra Downs. Davids neunter Geburtstag, an dem ihm Jem ein Pferd geschenkt hatte. Aber wo waren all die anderen Tage geblieben?, dachte Roxy und fragte sich, ob sie sich wirklich daran erinnern wollte. Oder hatte sie einen Grund zu vergessen?

Sie hatte im Laufe der Jahre ein paar Freundschaften mit Männern geschlossen: mit dem örtlichen Viehhändler und dem Nachfolger von Doktor Sides. Abendessen in Bourke und Theaterbesuche. Es waren nette, attraktive, aufmerksame Männer, doch sie verglich sie unbewusst mit Guy, und dabei schnitten sie nicht gut ab.

Hin und wieder erhielt Maggie einen Brief von Guy. Roxy erkannte die Handschrift auf den Umschlägen sofort, aber sie verspürte nicht den Wunsch, diese Briefe zu lesen. Guy gehörte der Vergangenheit an. Es hatte keinen Sinn, den Schmerz wieder zum Leben zu erwecken. Maggie war im Alter ein wenig sanftmütiger geworden.

Eric lebte jetzt seit vier Jahren zu Hause und half auf der Farm. Wie sein Vater hatte er großes Talent für diese Arbeit und liebte sie. Er war zu einem gut aussehenden jungen Mann herangewachsen. Wenn Roxy ihn betrachtete, bildete sich oft ein Kloß in ihrer Kehle. Seine Haltung, die unbewussten Gesten, die Art, wie er das Haar aus dem Gesicht warf, riefen ihr andere Zeiten und andere Orte ins Gedächtnis. Adelaide. Goolwa. Das alles lag Ewigkeiten zurück.

Ein Klopfen an der Tür riss sie aus ihren Gedanken. Es war Sonntag. Am Morgen hatte sie Maggie in die Schurhalle zu dem traditionellen Gottesdienst und später zu dem kleinen Laden geschoben, damit sie die wöchentlichen Lebensmittelrationen verteilen konnte.

Eric schaute herein. »Hast du ein paar Minuten Zeit für mich, Mum?«

»Natürlich, komm rein.« Er setzte sich neben sie, und sie fuhr ihm durch die Haare. »Also schön, junger Mann«, meinte sie, »raus damit.«

Er wurde verlegen. »Es ist wegen Annie.«

»Ja?«

»Na ja, ich werde im März einundzwanzig. Ich weiß, dass du wahrscheinlich der Meinung bist, dass wir beide noch zu jung sind, aber ich möchte sie heiraten.«

»Hast du sie schon gefragt?«

Er schüttelte den Kopf. »Nein, ich wollte erst mit dir sprechen, dann mit Jem. Doch ich weiß, dass Annie Ja sagen wird.«

Sie schaute in Erics tiefblaue Augen. Blau wie das

Meer. Plötzlich stand sie wieder am Pier in Glenelg, und Martin sah sie an. Der Wind, der salzige Gischt – es kam ihr alles so real vor. Ihr Hut wehte übers Wasser. *Ich liebe dich, Roxy.*

»Ich liebe sie, Mum«, bekannte Eric. »Wir gehören zusammen. Und sie liebt das Land wie ich.«

Das stimmte. Annie und Eric hatten fast ihre gesamte Kindheit zusammen verbracht. Annies Geburt war vor über zwanzig Jahren der Anfang der wunderbaren Freundschaft zwischen Roxy und Sarah gewesen. Sarah und Jem waren ihre liebsten Freunde. Diese Ehe war richtig und würde die beiden Familien noch enger aneinander binden.

Die Hochzeit sollte im März an Erics einundzwanzigstem Geburtstag stattfinden. Maggie erklärte, das Ereignis müsse groß gefeiert werden. Schließlich kam es nicht jeden Tag vor, dass ihr Enkel heiratete. Sie stürzte sich mit Begeisterung in die Vorbereitungen.

In der letzten Woche war ein Brief von Guy angekommen, nachdem Maggie monatelang nichts von ihm gehört hatte. Roxy, die die Post immer sortierte, hatte ihr wortlos den Umschlag gereicht. Maggie nahm den Brief wieder aus der Schublade und setzte die Brille auf. Im ersten Teil des Briefes schilderte Guy seine Erlebnisse der letzten Zeit. Mittlerweile fuhr er regelmäßig von Goolwa aus den Murray entlang. Lissa ging es gut, und sie wuchs schnell. Er hatte ein Foto mitgeschickt.

Und jetzt zu den interessanteren Neuigkeiten. Ich denke daran, das Schiff zu verkaufen und sesshaft zu werden.

Lissa braucht ein beständiges Zuhause. Franny ist eine wunderbare Frau, für Lissa ist sie wie eine Mutter, und Frannys Söhne betrachtet Lissa als Brüder. Wir könnten eine richtige Familie werden. Ich habe vor, sie zu fragen, ob sie meine Frau werden will.

Ein Schrei von draußen erregte Maggies Aufmerksamkeit. Sie legte den Brief auf den Schoß und rollte zum Fenster. David rannte über den Rasen. David: zehn Jahre alt und Davies Ebenbild. Sehr schade, dass sich die beiden nie gekannt hatten.

Ihre Gedanken kehrten zu Guy zurück. Er hatte seine Frau und seinen Erstgeborenen verloren. Und jetzt versäumte er Davids Kindheit – er wusste nicht einmal, dass er einen Sohn hatte. Vielleicht hatte Roxy vor Jahren einen Fehler begangen. Ein Mann hatte das Recht zu erfahren, dass er Vater ist. Und die Nachricht von Guys möglicher Hochzeit? Das ist alles nicht richtig, überlegte Maggie. *Wir könnten eine richtige Familie werden.* Das klang wie eine Vernunftlösung – ein Arrangement, das allen recht war. Von Liebe stand nichts in dem Brief.

Maggie nahm ihre Feder zur Hand und legte einen Briefbogen vor sich auf den Tisch. Sie hatte eine Idee. Inzwischen waren so viele Jahre vergangen. Dies war ihre Chance, die Irrtümer der Vergangenheit zu bereinigen. Aber sie konnte Guy nur einen Vorschlag unterbreiten und einen Grund liefern, nach Wirra Downs zu kommen. Der Rest lag bei ihm.

Mein lieber Guy, schrieb sie. *Es ist lange her …*

Es war eine Woche vor Weinachten, und Guy hatte gerade einen kleinen Christbaum für Frannys Wohnzimmer gekauft. Er wird wunderschön aussehen, wenn Lissa und die Jungs ihn geschmückt haben, dachte er, als er ihn sich auf die Schulter legte und zum Cottage ging.

Frannys Haus war ein friedlicher Ort mit einer schönen Aussicht auf den Fluss. Wie er Maggie geschrieben hatte, spielte er schon eine ganze Weile mit dem Gedanken, allmählich sesshaft zu werden. Die Nachricht, dass Roxy noch einen Sohn bekommen hatte, war ihm eine große Hilfe bei der letztendlichen Entscheidung, auch wenn ihm selbst nicht ganz klar war, warum. Er hatte sie all die Jahre nicht gesehen, und trotzdem hatte er sich immer irgendwie vorgestellt, sie würde auf Wirra Downs warten – auf ihn?

Er entschied, dass der Weihnachtsabend eine gute Gelegenheit war, Franny einen Heiratsantrag zu machen. Er hatte das Blitzen in ihren Augen gesehen, wenn sie mit ihm zusammen war, und wusste, dass sie Ja sagen würde. Wahrscheinlich, dachte er mit einem Grinsen, fragt sie sich, warum ich so lange gebraucht habe.

Er kam am Hafenkontor vorbei, und der Angestellte winkte ihm zu. »Ein Brief für Sie, Guy«, sagte er und drückte ihm das Kuvert in die Hand. »Und fröhliche Weihnachten für Sie.«

Maggies inzwischen zittrige Handschrift.

Guy lehnte sich an einen Baum und öffnete den Brief. Sie schrieb ausführlich von Annies und Erics bevorstehender Hochzeit. Guy lächelte, als er sich an Eric als Kind erinnerte. Und jetzt war der Junge ein Mann.

Ich würde dich so gern wiedersehen, wenn du die Zeit für einen Besuch erübrigen könntest.

Maggie nannte das Datum der Hochzeit. »Nein!«, brummte Guy und stopfte den Brief in die Tasche. Sein Herz klopfte heftig. Er konnte auf keinen Fall nach Wirra Downs. Er könnte es nicht ertragen, Roxy mit einem anderen Mann zu sehen. Der Schmerz war nach all der Zeit immer noch da.

»Nein, ich fahre nicht hin«, sagte er später zu Franny. »Ich habe dort nichts mehr zu suchen.«

»Aber es ist deine Familie, Guy. Deine Mutter wird älter. Vielleicht ist das die letzte Gelegenheit, sie zu sehen.«

»Wir sind ebenfalls eine Familie. Du, ich, Lissa und die Jungs. Wir sind auch wichtig.« Und er überraschte sich selbst, indem er Franny schon heute fragte, ob sie ihn heiraten wollte – sechs Tage früher als geplant.

Zwei Wochen vor der Hochzeit herrschte ein heilloses Durcheinander auf Wirra Downs. Die Einladungen waren verschickt und die meisten Zusagen bereits eingetroffen. Zelte wurden errichtet, Stühle bereitgestellt, Besteck und Geschirr gespült. Horrie hatte einen Monat zuvor einen Teil des Gartens frisch bepflanzt, um alles Nötige für die Blumenarrangements beisteuern zu können.

Maggies Freude wurde nur von dem Brief getrübt, den sie vor ein paar Wochen von Guy bekommen hatte. Er könne nicht kommen, schrieb er. Geschäftliche Verpflichtungen hielten ihn davon ab. Er glaubte, einen Käufer für sein Schiff gefunden zu haben, und seine eigene Hochzeit sei für Juni geplant. Franny schickte die besten Wünsche.

Maggie seufzte und ärgerte sich, nicht deutlicher geworden zu sein. Wenn er von David wüsste …

Sie kommt auf ihn zu, scheint in der Luft zu schweben, trägt ein weiches, durchsichtiges Gewand. Ein Licht schimmert hinter ihr, und er sieht die Umrisse ihrer Brüste und Beine. Sie streckt ihm die Hände entgegen und winkt. »Komm, komm«, ruft sie, und die Worte klingen wie Musik.

Guy fasst nach ihrer Hand. Ihre Finger berühren seine und versengen sie fast. Sie ist wie ein Magnet, der ihn magisch anzieht. Beine, Brüste, Arme; er spürt ihre Wärme und fühlt, wie ihr Körper mit seinem verschmilzt.

»Roxy!«, flüstert er und wagt kaum zu atmen. Aber plötzlich verändert sich ihr Gesicht. Erst die Augen, dann die Wangen, die Nase, das Kinn. Zuletzt der Mund. Mit einem Mal sieht er Geralds Mund vor sich – grausam und boshaft.

Verpiss dich, du beschissener kleiner Bastard!

Deine Mutter ist eine Schlampe, ein Flittchen!

Die Worte durchbohren ihn wie Messer und hinterlassen blutende Wunden.

Im nächsten Moment ist er im Fluss. Er fragte sich nicht, wie er dorthin gekommen ist. Er weiß nur, dass die Geschichte hier enden könnte. Er sehnt sich ein rasches Ende herbei. Er ist müde. Das Wissen um die Geschehnisse in der Vergangenheit lastet schwer auf ihm. Er ist nicht mehr einer von ihnen, aber er möchte es sein.

Es ist unausweichlich, dass die Hand auf ihn zukommt

und ihn unter Wasser drückt. Es ist Geralds Hand, das weiß er. Geralds grausame Finger zerren an seinem Haar und pressen sein Gesicht in den Schlamm. Aber diesmal wird es anders sein – diesmal wird er sich nicht wehren. Er wird zulassen, dass ihn die Hand auf den Grund des Flusses drückt, und dort wird er zwischen verfaulten Pflanzen, Gräten und Schuppen von toten Fischen im Morast liegen bleiben.

»Guy! Guy!«

Jemand ruft nach ihm. Hände legen sich auf seine Schultern und rütteln ihn. Lass mich sterben, denkt er und schiebt die Hände von sich. Roxy und Gerald verschmelzen zu einer grotesken Gestalt, und das scheußliche Gesicht starrt ihn an.

»Guy?«

Ein Licht brannte über ihm, und er musste blinzeln. Er schirmte seine Augen mit einer Hand ab. »Franny?« Wo war er?

»Du hast geschrien und einen Namen gerufen.«

Der Traum verblasste und verschwand. Einzelheiten verschwammen, und zurück blieb nur eine vage Angst. Frannys besorgtes Gesicht beugte sich über ihn. »Was? Was hab ich gesagt?«

»Roxy. Du hast immer wieder ›Roxy!‹ gerufen.«

Er starrte sie an und bemühte sich, die Worte in die richtige Perspektive zu rücken. Schließlich blinzelte er und wandte sich ab. »Es war nur ein Traum, Franny.«

»Es klang eher nach einem Albtraum.«

»Ja, wahrscheinlich war es einer.«

»Wer ist Roxy?«, hakte Franny sanft nach.

Wo sollte er anfangen? Bei der ersten Begegnung am Kai von Goolwa? Mit seinen ersten Erinnerungen, als er als kleines Kind nach Wirra Downs gekommen war? Mit Maggies Geschichte und der Schande, die sie all die Jahre verheimlicht hatte? All das hing irgendwie miteinander zusammen.

»Wenn ich dich heiraten soll, Guy, dann schuldest du mir die Wahrheit, finde ich.«

Er nickte. Es würde keine Lügen und Täuschungen geben.

»Eine junge Frau verliebte sich vor vielen Jahren in einen Viehtreiber«, begann Guy mit fast denselben Worten wie Maggie damals. »Ihre Liebe konnte nicht bis nach der Hochzeit warten. Zwei Wochen nachdem der Viehtreiber bei einem Unfall mit einem Gewehr getötet wurde, entdeckte die junge Frau, dass sie schwanger war …«

Franny hörte schweigend zu. Guy erzählte ihr alles: von seiner Liebe zu Roxy seit ihrer allerersten Begegnung, obwohl sie die Frau seines Bruders war. Von Martins Tod. Von Louisas Tod. Von den vier Monaten, in denen Roxy und er ein Liebespaar gewesen waren. Von Maggies Geständnis und seiner Abreise.

»Und du warst seither nicht mehr dort?«

»Nein.«

Franny schwieg lange. Das Licht der Lampe leuchtete um ihren Kopf wie ein Heiligenschein. »Geh zurück, Guy«, meinte sie schließlich.

War Franny verrückt? »Und was ist mit uns?«, fragte Guy fassungslos.

»Ich werde dich nicht heiraten, solange ich denken muss, dass ich zweite Wahl bin. Geh zurück und verschaff dir Klarheit. Du musst dich mit der Vergangenheit aussöhnen und deinen inneren Frieden finden. Und wenn du zurückkommst und mir sagen kannst, dass es mit Roxy vorbei ist, dann werde ich dich heiraten.«

»Und wenn ich nicht zurückkomme?« Er wusste selbst nicht, warum er diese Frage stellte. Roxy war verheiratet. Sie hatte ein Kind.

Franny zuckte mit den Schultern. »Dann wünsche ich dir viel Glück, Guy. Du hast es weiß Gott verdient.«

Er sah sie erstaunt an. »Du bist eine wunderbare Frau, Franny.«

»Unsinn. Ich bin auch nur ein Mensch. Aber nach allem, was du mir gerade erzählt hast, bin ich sicher, dass ich einen Mann, der in einen Traum verliebt ist, nicht heiraten kann.«

Ein Traum? War er all die Jahre tatsächlich einem Traum nachgejagt? Nichts Realem, Greifbarem, sondern einer Illusion? Hatte er seine Affäre mit Roxy zu sehr in den Himmel gehoben? Vielleicht hatte Franny Recht. Wenn er nach Wirra Downs ging und Roxy nach all den Jahren wieder von Angesicht zu Angesicht gegenüberstand, dann würde er die Dinge sicher anders sehen. Die schlechten Erfahrungen mit Gerald lagen ein halbes Leben zurück. Die Vergangenheit musste begraben werden – er musste die Dämonen ein für alle Mal loswerden.

Franny gegenüber war es nicht fair. Sie hatte sich als zweite Wahl bezeichnet. Und vermutlich hatte sie in gewisser Weise Recht. Wie konnte er Franny lieben, wenn er ständig an die Affäre denken musste, die er vor elf Jahren gehabt hatte?

KAPITEL 48

Roxy saß am Tisch und sah in die Runde. Eric und Annie – morgen würden sie Mann und Frau sein. Gott, ihr erschien es, als wäre es erst gestern gewesen, dass sie bei Annies Geburt geholfen hatte! Jem hielt Sarahs Hand. Sarah lächelte ihre Tochter an. Gehen ihr dieselben Gedanken durch den Kopf wie mir?, überlegte Roxy.

Ella, inzwischen neunzehn Jahre alt, war von Bourke nach Hause gekommen, wo sie als Arzthelferin arbeitete. David fielen schon fast die Augen zu; er müsste eigentlich längst im Bett liegen. Angel war seit einigen Jahren Witwe, und Sarahs Sohn Jack half ihr im Pub, seit er mit der Schule fertig war.

Narairee, Frank und ihre beiden Kinder. Dinnie, Porridge, Horrie. Maggie im Rollstuhl – sie sah erschöpft aus. Sie ermüdete in letzter Zeit schnell und wurde gebrechlich. Ihr Blick wirkte manchmal leer, als wäre sie ganz weit fort und bekäme gar nicht mit, was um sie herum geschah.

Als hätte sie Roxys Gedanken erahnt, beugte sich Maggie zu ihr. »Ob du mich wohl in mein Zimmer begleiten könntest, Roxy?«, bat sie.

»Natürlich.« Roxy verbarg ihre Überraschung. Seit Jahren war es Dinnies Aufgabe, Maggie jeden Abend in ihr Zimmer zu bringen.

Roxy half Maggie beim Ausziehen und streifte ihr das Nachthemd über; sie war schockiert, als sie sah, wie dünn ihre Arme und Beine geworden waren. Roxy schoss der Gedanke durch den Kopf, dass ihr Maggie vor vielen Jahren nicht unähnlich gewesen war. Eine Mutter und eine Frau in den besten Jahren. Sie hatte die Liebe und den Hass kennen gelernt, und ihre Träume waren zerstört. Werde ich auch so werden?, fragte sich Roxy – dürr und verbittert?

»Ich möchte mit dir reden«, erklärte Maggie, als sie sich in ihrem Bett gegen die Kissen lehnte.

Roxy nickte. Bei Maggie war es immer dasselbe: Sie hatte einen Grund für jede Handlung. Aber an diesem Abend wirkte sie besonders müde, und ihre Wangen waren faltiger als gewöhnlich.

»Mein Leben neigt sich allmählich dem Ende zu, Roxy. Ich möchte Frieden mit dir schließen, bevor es zu spät dafür ist.«

Roxy sank das Herz. Es war ihr zuwider, über den Tod zu sprechen. Und Wirra Downs ohne Maggie? Das erschien ihr unmöglich. »Unsinn! Du wirst uns noch viele Jahre erhalten bleiben. Wer soll Erics und Annies Kinder verwöhnen, wenn du nicht hier bist?«

Maggie nahm Roxys Hand. Ihre Finger waren knochig und kalt. »Nein, Roxy. Das Leben wird auch ohne mich weitergehen. Ich bin nicht so eitel, um mir etwas anderes einzubilden. Aber erst müssen gewisse Dinge ausgesprochen werden.«

»Welche Dinge?«

»Ich habe dir niemals gesagt, wie sehr ich zu schätzen weiß, was du auf Wirra Downs geleistet hast. Ich habe mich nie bei dir bedankt.«

»Wofür?«

»Ich glaube, du kennst mich mittlerweile gut genug. Ich bin nicht für Sentimentalitäten und habe stets erwartet, dass alle ihre Aufgaben erfüllen und sich so für die

Farm einsetzen wie ich. Ich weiß, dass es nie leicht für dich war, doch was du aus Wirra Downs gemacht hast, ist wirklich bemerkenswert. Die Farm ist gewachsen und hat sich enorm entwickelt – das hätten wir ohne dich niemals geschafft, Roxy.«

»Ich habe es für Martin getan. Ich wollte seinen Traum für Eric bewahren.«

Maggie schüttelte den Kopf. »Nein, Roxy. Du hast das alles getan, um dir und mir etwas zu beweisen. Ich habe beobachtet, wie du dich im Laufe der Jahre von einem naiven Stadtmädchen in eine schöne, tatkräftige Frau verwandelt hast. Ich habe dein Herzeleid gesehen und beobachtet, wie dich der Tod in die Verzweiflung gestürzt hat: Martin, Louisa, Davie. Der Abschied von Guy. Die Freude über David. Du hast deine Pflicht für Wirra Downs getan, Roxy, das kann niemand bestreiten. Aber die Farm braucht dich nicht mehr. Sie gehört jetzt Eric. Mit Annie an seiner Seite wird er das Land großartig verwalten.«

Maggie hatte Recht: Wirra Downs *war* nun Erics Land. Und welche Rolle konnte sie, Roxy, einnehmen? Genau wie Maggie nach Martins Heirat gezwungen gewesen war, ihre Position als Herrin von Wirra Downs aufzugeben, so würde sie selbst nun die Leitung der Farm in die jungen Hände legen. Eric und Annie wollten ihre Flitterwochen in der Stadt verbringen. Vor ihrer Rückkehr würde sie die Zimmer räumen, die einst Gerald und Maggie geteilt hatten. Die Hochzeit ihres Sohnes markierte einen gänzlich neuen Anfang. Eine neue Generation der Dumas' übernahm jetzt das Zepter. Aber in gewisser Weise war es auch ein Ende – für sie, für Maggie.

Maggie schloss die Augen. Offensichtlich hatte die Unterhaltung sie erschöpft. Roxy schlich zur Tür.

»Roxy?« Die Stimme war nach all den Jahren der Hitze, des Staubes und des Schmerzes schwach und brüchig.

»Ja, Maggie?«

»Wir haben alles verloren, Roxy – du und ich. Einmal habe ich zu dir gesagt, dass das Land ein lebendes Wesen ist. Aber ich habe mich geirrt. Es ist tot. Hab niemals Angst, von hier fortzugehen. Du hast die Liebe kennen gelernt und alles für uns geopfert. Wenn sich dir die Chance auf Glück bietet, dann zögere nicht, sie zu nutzen.«

Erics und Annies Hochzeitstag dämmerte strahlend und klar herauf. Die Sommerhitze war vorbei, und eine kühle Brise wehte vom Fluss herauf. Ella half Roxy in ihr Kleid und schloss die kleinen Knöpfe am Rücken. Es war ein rotes, tief ausgeschnittenes Kleid, das die Rundungen ihrer Brüste betonte, mit tief angesetzten Ärmeln, die die Schultern frei ließen.

»Meinst du, das Kleid ist zu frivol für ein altes Weib wie mich?«, fragte sie Ella.

»Unsinn, Mum. Du siehst großartig aus. Außerdem bist du nicht alt.«

»Vierzig«, gestand Roxy lächelnd. »Aber heute fühle ich mich wieder wie zwanzig.«

Ella lachte. Roxy musterte ihre Tochter verstohlen. Dunkles Haar, makellose Haut. Und sie wurde bei den örtlichen Tanzveranstaltungen sehr umschwärmt. »Ich nehme an, du bist die Nächste, bei der eine Hochzeit ansteht, und dann kommen die Babys.«

»Niemals! Nachdem ich erlebt habe, wie David auf die

Welt gekommen ist? Diese furchtbaren Schmerzen!« Das war ein Scherz, aber plötzlich wurde Ella ernst. »Eigentlich dachte ich daran, nach Sydney zu gehen. Dort gibt es einige Kliniken, in denen Krankenschwestern und Ärzte eine gute Ausbildung erhalten. Und danach würde ich gern nach Norden gehen und in einer der Missionen für die Aborigines arbeiten. Ich habe das Gefühl, dort könnte ich etwas Gutes bewirken.«

Es klopfte, und Eric kam mit einem kleinen Samtetui herein. Er trug einen taubengrauen Anzug und war schon fertig für die Zeremonie

»Oh, sieh dich nur an«, hauchte Roxy und blinzelte die Tränen weg. »Du bist richtig erwachsen geworden.«

»Ach, komm schon, Mum. Werd jetzt bloß nicht sentimental.« Er hielt ihr das Etui hin. »Los, öffne es. Ich dachte, dass du das heute vielleicht tragen möchtest.«

Roxy öffnete vorsichtig die kleine Schatulle. Auf einem Kissen aus Satin lag eine wunderschöne Perlenkette.

»Oh, ich ... das kann ich nicht annehmen«, protestierte sie und drückte Eric das Etui wieder in die Hand. »Die Kette ist viel zu kostbar.«

»Quatsch.« Er drückte ihr einen Kuss auf die Wange und legte ihr die Kette um den Hals. »Natürlich kannst du. Denk an all das, was du die vielen Jahre für uns getan hast. Und was hast du dir selbst gegönnt? Nichts! Es ist wirklich nur ein kleines Zeichen dafür, wie dankbar ich dir bin.«

David hüpfte ins Zimmer. »Mann, siehst du schön aus, Mum«, rief er begeistert aus, und alle lachten.

Roxy drehte sich zum Spiegel. Die Perlen schimmerten auf ihrer Haut. Ihre Kinder standen hinter ihr. Eric, Ella und David. Nur für diese drei hatte sie all die Jahre durchgehalten. Langsam wandte sie sich zu ihnen um und zog sie alle drei in ihre Arme.

»Ich liebe euch alle«, flüsterte sie.

Roxy und Ella gingen gemeinsam über den Rasen. Eric stand dort und unterhielt sich mit dem Pfarrer. Sarah schloss Roxy in die Arme und flüsterte: »Ist dies nicht der schönste Tag in unserem Leben?«

Dann kam Annie an Jems Arm auf sie zu; sie trug ein schneeweißes Kleid und strahlte über das ganze Gesicht. Eric ging ihr mit ausgebreiteten Armen entgegen, um der ganzen Welt seine Liebe zu zeigen.

»Willst du, Eric Martin Dumas, Annie Sarah Hallett zu deiner Frau nehmen, sie lieben und ehren und …«

Sarah wischte sich die Tränen aus den Augen. Jem räusperte sich.

»Können wir jetzt endlich ein Stück von der Torte haben, Mum?«, fragte David in lautem Flüsterton und zupfte Roxy am Arm.

Guy steuerte das Schiff an den kleinen Steg. Es war fast elf Jahre her, seit er fortgegangen war, und jetzt kam ihm alles fremd vor. Das Bootshaus und die Umkleidekabine waren in einem hellen Grün gestrichen, und die Bäume am Ufer waren gewachsen und verbargen das Farmhaus.

Er stand am Ufer und sah zu, wie die Wellen gegen den Steg und das Schiff klatschten. Die Sonnenstrahlen tanzten auf dem Wasser, das den Himmel tausendfach spiegelte. Er hörte Musik. Offenbar hatte er die Hochzeitszeremonie verpasst, und das Fest war bereits in vollem Gange.

Einige Pärchen promenierten am Flussufer. Sie warfen ihm neugierige Blicke zu, aber er kannte sie nicht. Sie waren jung, vermutlich Freunde von Roxys Kindern.

Plötzlich fühlte er sich wie ein Fremder.

»Danke, Mum«, sagte Eric und schloss Roxy in die Arme.

»Ja«, fügte Annie hinzu. »Danke für alles. Für die wunderschöne Hochzeit und für all die Mühe, die du dir gemacht hast. Der Tag war einfach vollkommen.«

»Ja, großartig«, bekräftigte Eric und lächelte seine Frau an.

Die Musik begann, und Roxy sah zu, wie das junge Paar tanzte. Eric hatte den Arm Besitz ergreifend um seine Braut gelegt und lächelte glücklich. Es war nicht zu übersehen, wie verliebt die beiden waren. Konnten sie das Glück finden, das ihnen allen hier auf Wirra Downs durch die Finger geronnen war?

Angel kam zu Roxy und ergriff ihre Hand. Die Jahre waren nicht spurlos an ihr vorbeigegangen, und ihr einst rotes Haar war silbergrau. »Ich möchte dir danken, Roxy«, erklärte sie. »Deine Kinder haben mir viel Freude bereitet. Ich habe das Gefühl, Teil eurer Familie zu sein.«

Angel – Roxys erste Freundin in Bourke. In ihrem Haus waren Eric und Ella auf die Welt gekommen. Sie hatte ihr immer mit Rat und Tat zur Seite gestanden, hatte sich aber nie eingemischt. Doch dies war ein glücklicher Tag, und Wehmut hatte heute keinen Platz. »Weißt du, wo David ist?«, fragte Roxy, statt auf Angels Worte einzugehen. »Ich habe ihn mindestens eine halbe Stunde nicht gesehen.«

Angel deutete zu den dicht stehenden Bäumen. »Ich glaube, ich habe gesehen, wie er in Richtung Fluss ging.«

»Ich sehe lieber mal nach ihm. Eric und Annie schneiden bald die Torte an, und David schielt schon sehnsüchtig darauf, seit sie gestern aus Bourke geliefert wurde. Außerdem wollen die Fotografen noch mehr Fotos schießen, und ich möchte eines von den drei Kindern haben.«

Guy kam vom Fluss herauf. Es war kühl unter dem grünen Blätterdach der Bäume, und vor ihm lagen Sonnenschein und Fröhlichkeit. Und mittendrin war Roxy.

Ein Junge lief auf ihn zu – er war vielleicht zehn, elf Jahre alt. Er war schlaksig und hatte blonde Haare. Für einen Moment stutzte Guy. Der Junge hätte Davie sein können. Aber er war es nicht. Davie war tot. Er selbst hatte den leblosen Körper seines Sohnes in seinen Armen gehalten. Guy wartete im Schatten der Bäume und beobachtete das Kind. Der Junge kauerte sich hin und versuchte, ein Insekt zu fangen.

Eine Bewegung weckte seine Aufmerksamkeit. Etwas Rotes blitzte auf. Eine Frau kam auf ihn und den Jungen zu. Schon von weitem erkannte Guy an der Art, wie sie sich bewegte und die Hüften schwang, dass es Roxy war. Seine Kehle wurde eng, weil sie ihm nach dieser langen Zeit noch so vertraut war. Er wich ein Stück zurück, um ungesehen zu bleiben.

Roxy ging mit federnden Schritten über den Rasen, bückte sich und legte den Arm um den Jungen. »David!

Da bist du ja, Liebling. Ich habe schon überall nach dir gesucht. Komm mit, sie schneiden gleich die Torte an.«

David! Der Name, die Ähnlichkeit mit Davie – Guy war wie vom Donner gerührt. Das war also Roxys Kind. Er starrte sie an, und sein Herz pochte wild. Tausend Gedanken wirbelten ihm durch den Kopf, bis ihn die Erkenntnis wie ein Blitzschlag traf.

Er trat in die Sonne. Roxys Kopf zuckte erschrocken in die Höhe. »Oh«, hauchte sie matt. »Guy?«

»Warum hast du mir nichts davon erzählt?«

Sie gab dem Jungen einen kleinen Schubs. »Lauf schon zum Haus, Liebling. Ich komme gleich nach.« Der Junge stürmte davon.

Es sah so aus, als wollte Roxy ihm folgen, deshalb ging Guy auf sie zu und legte die Hand auf ihren Arm. »Warum hast du mir damals nicht gesagt, dass du schwanger bist? Warum hast du mich nicht wissen lassen, dass ich einen Sohn habe?« Die Worte schienen ihm kaum über die Lippen kommen zu wollen.

»Hätte das irgendetwas geändert?«

»Ja.«

»In welcher Hinsicht?«

Das wusste er nicht. Etwas glitzerte in ihren Augen. Tränen? Guy hasste sich selbst. Er berührte ihren Hals. »Perlen«, flüsterte er, »wie hübsch. Ich nehme an, sie sind ein Geschenk von deinem Mann.«

»Mann?« Sie sah ihn verwirt an. »Ich habe nie wieder geheiratet, Guy. Wie, um alles in der Welt, kommst du auf diese Idee?«

Guy schaute auf ihre linke Hand. Sie trägt keinen Ring, stellte er erstaunt fest. »Ich wollte dir Perlen schenken. Und Diamanten und Gold.«

»All das hätte ich nicht gebraucht. Ich wäre mit dir zufrieden gewesen.« Sie drehte sich um und ging auf den Lärm, die Musik und die fremden Gesichter zu. Eine Frau in einem roten Kleid.

Maggie, dachte Guy benommen. Ich sollte Maggie suchen und sie begrüßen, dem glücklichen Paar gratulieren und Jem, Sarah, Dinnie, Narairee und Frank Hallo sagen …

Am nächsten Tag schliefen alle lange, sogar David. Das Fest hatte bis in die frühen Morgenstunden gedauert, obwohl Eric und Annie längst mit der Kutsche nach Bourke gefahren waren.

Nach dem Frühstück nahm Guy David mit an den Fluss. Sie hatten Angelschnüre und eine Dose mit Würmern dabei. Roxy sah ihnen nach – eine große Gestalt und eine kleinere, die hüpfte und sprang, um Schritt halten zu können. Ein Kloß ballte sich in ihrem Hals zusammen. Die beiden hatten sich gestern zum ersten Mal gesehen, dennoch hatten sie sofort auf mysteriöse, unerklärliche Weise ein Band zueinander geknüpft.

Roxy saß auf der Veranda und trank eine Tasse Tee – ihre erste an diesem Tag. Dinnie trieb sich in der Nähe herum und strahlte, als wäre sie Wächterin über ein großes Geheimnis. Nach ein paar Minuten hörte Roxy schwerfällige Schritte und sah auf. Porridge kam mit dem Hut in der Hand und einem verlegenen Grinsen im Gesicht auf sie zu.

»Miss Roxy …«, begann er.

Er wirkte so unsicher und nervös, dass sich Roxy ein

Lächeln verkneifen musste. »Ja, Porridge? Ist etwas passiert?«

»O nein, Miss Roxy. Das heißt … na ja, Dinnie und ich, wir dachten …«

»Er will sagen«, mischte sich Dinnie ein und bedachte Porridge mit einem breiten Lächeln, »dass wir uns überlegt haben – nach allem, was hier so vor sich geht –, auch zu heiraten.«

»Ja«, bekräftigte Porridge. »Ich will eine ehrbare Frau aus ihr machen.«

Sie räumten das Durcheinander vom Fest weg und stapelten die Stühle aufeinander. Roxy dachte bei der Arbeit an Guy, daran, wie sehr sie ihn vermisst hatte und wie schnell die Zeit verflossen war. Sie musste an einen von Horries merkwürdigen Sprüchen denken: Wasser, das unter der Brücke hindurchfließt, kommt nie zurück. Dieser Gedanke beunruhigte sie. War ihr Leben wie der braune Fluss, der zum Meer drängte und nie zurückkam? Lustlos schlenderte sie zum Gemüsegarten, um ein paar Tomaten fürs Mittagessen zu holen. Ihr war nicht nach Essen zumute, aber sie musste sich vor den anderen zusammennehmen.

Sie fand Horrie im schattigen Teil des Gartens, wo der Kohl wuchs. Er sah so alt und runzlig aus! Horrie war länger als sie selbst auf Wirra Downs und schon bei ihrer Ankunft ein alter Mann gewesen. Ich muss dafür sorgen, dass wir bald einen Ersatz für ihn finden, dachte sie. Er konnte in dem kleinen Cottage wohnen bleiben und auch weiterhin ein bisschen im Garten herumwerkeln. Aber die Arbeit war jetzt für ihn allein zu viel. War sie so sehr mit sich selbst beschäftigt gewesen, dass ihr gar nicht das Unkraut aufgefallen war, das in den wie immer ordentlichen Beetreihen wucherte. Früher war dort keines zu sehen gewesen. Hatte sie nie bemerkt, wie schwerfällig Horries Gang geworden war? Er bewegte sich langsam wie ein Soldat, dem ... was fehlte? Der Lebenswille? Ein Grund weiterzumachen? Ihr selbst fehlte auch beides, und vielleicht war sie wie der alte Chinese so der Gewohnheit verhaftet, dass sie automatisch funktionierte, ohne nachzudenken.

Sie seufzte leise und näherte sich Horrie. Er hob den Kopf, während er geschäftig die äußeren Blätter von den geernteten Kohlköpfen entfernte und sie ordentlich auf einen Haufen legte, den er später auf den Kompost bringen würde. »Hallo, Horrie. Ich wollte nur ein paar Tomaten holen.«

Er stand so unbeholfen auf, dass Roxy sich beherrschen musste, um ihm nicht zu helfen. Sie wusste, dass ihn das sehr verletzt hätte. »Ah, ja, Missy. Da drüben.«

Horrie führte sie zu den Tomatenstauden, an denen dicke, reife Früchte hingen. Er pflückte einige und reichte sie ihr ehrerbietig. Sie roch an einer.

Horrie wandte sich zum Gehen. »Einige Lasttiere tragen eine schreckliche Bürde«, murmelte er so leise, dass Roxy nicht sicher sein konnte, ob er mit ihr sprach oder nur laut dachte. Sie wartete gespannt auf weitere Erklärungen. Tief im Herzen wusste sie, dass er Recht hatte – sie *war* ein Lasttier mit einer schweren Bürde. Seit mehr als zwanzig Jahren, seit sie als junge Frau nach Wirra Downs gekommen war.

»Machen Sie sich nichts draus, Miss Roxy«, fuhr Horrie nach einer ganzen Weile fort. »Die Dinge bessern sich bald, jetzt da Mister Guy wieder daheim ist. Er war zu lange fort.«

Roxy schaute auf und sah, dass Horrie sie breit angrinste. Sie lächelte unwillkürlich zurück. »Vielleicht hast du Recht.«

»Ein Mann und eine Frau sollen sich ergänzen. Yin und Yang. Zwei Hälften, die ein Ganzes ergeben. Wenn ein Mann und eine Frau sich lieben, aber diese Liebe leugnen, fliegt sie weg. Der alte Horrie denkt, man muss sie schnell einfangen, bevor sie für immer fort ist.« Er machte eine für einen alten Mann erstaunlich flotte Handbewegung. »Puff. Weg. Zu spät.«

Roxy hörte Horries Glöckchen, die in den Weinreben hingen. Sie waren nicht mehr hell und glänzend, sondern matt und fleckig, und sie gaben einen seltsam blechernen Ton von sich. Sie hörte sie fast rufen: *Horr-rrie, Horr-rrie.*

Ein Schauer lief ihr über den Rücken. Wahrscheinlich würde sie feststellen, dass die Glocken rosteten, wenn sie sie genauer betrachten würde. Rost, der das Metall zersetzte, bis nichts mehr davon übrig war.

KAPITEL 49

Roxy hatte das Gefühl, nichts zu tun zu haben. Sie sattelte Kintyre und ritt auf die Weiden, die nach den letzten Regenfällen grün und saftig waren. Sie überließ es dem Pferd, wohin es sie bringen wollte – über schmale Gräben, auf sandige rote Hügel, durch die ausgetrockneten Salzpfannen, wo sie Maggie vor vielen Jahren vor der Schlange gerettet hatte. Verkümmerte Bäume, gelbe Cassias, die in voller Blüte standen, und dahinter die endlose Ebene, die sich bis zum Horizont erstreckte und blau vom wilden Indigo schimmerte, der sich im Wind wiegte.

Kakadus hatten sich in einem Eukalyptusbaum niedergelassen und plapperten lautstark – Major Mitchells, schneeweiß mit rosafarbenen Brüsten.

Plötzlich stiegen sie auf wie eine weiße Wolke und flogen kreischend nach Westen.

Roxy setzte sich auf einen Baumstamm und ließ Kintyre grasen. Es war ein seltsamer Tag. Sie hatten in den letzten Wochen alle so hart gearbeitet, um die Hochzeit vorzubereiten, und jetzt war das Fest vorbei. Eric und Annie waren in die Flitterwochen gefahren. Ella und Jack wollten am späten Nachmittag nach Bourke zurückkehren.

Und das Wiedersehen mit Guy? Seit gestern versuchte Roxy, nicht über die Auswirkungen seiner Rückkehr nachzudenken. Er wusste jetzt, dass er einen Sohn hatte, doch was hieß das für sie?

Es wurde schon fast dunkel, als Roxy zum Farmhaus zurückritt. Sie führte Kintyre in den Stall; Porridge erwartete sie bereits. Er nahm ihr das Pferd ab, versprach, es trocken zu reiben und zu füttern, und schickte sie weg.

Sie sah zum Farmhaus. Es würde eng und bedrückend werden mit all den Menschen, die sich um sie drängten und ihre Aufmerksamkeit forderten. Sie wollte noch ein paar Augenblicke ihren Frieden haben und wanderte durch den Garten. Die untergehende Sonne vergoldete den westlichen Horizont. Ein süßer Blumenduft lag in der Luft. Das Licht aus den großen Fenstern warf helle

Rechtecke auf den Rasen, und die leise Musik vom Grammofon drang bis hierher.

Ohne es bewusst wahrzunehmen, war sie bis zur Schurhalle gegangen. Sie öffnete die Tür und atmete den unverwechselbaren Geruch ein. Ihre Augen mussten sich erst an das Dämmerlicht gewöhnen, dann sah sie, wie das goldene Licht durch die Spalten des dreiteiligen Daches strömte. Staubkörnchen tanzten in den Strahlen. Die vom Wollfett schimmernden, blank gefegten Bodendielen knarrten unter ihrem Gewicht. Wenn sie die Augen schloss, konnte sie das Dröhnen der Maschinen, das Quietschen der Gatter und das Blöken der Schafe, die Rufe nach Teer und die Flüche der Scherer hören. Sie roch das Lanolin und den beißenden Schafdung.

Plötzlich fühlte sie einen leichten Druck an der Schulter, und als sie sich umdrehte, sah sie in Guys Gesicht. »Oh«, murmelte sie überrascht. »Du hast mich erschreckt.«

»Das wollte ich nicht.

»Nein.«

Sie verließen die Halle und gingen zum Fluss. Roxy schaute ins Wasser. Sie hatte im Laufe der Jahre alle Launen des Flusses kennen gelernt – kannte ihn als sprudelnden Strom und als Schlammwüste, in der nur ein paar spärliche Wasserlöcher daran erinnerten, dass dies die Lebensader der Landschaft war. Aber immer wieder fand der Fluss seine Ruhe und seinen Frieden wieder.

Sie standen nebeneinander und beobachteten das plätschernde Wasser, das zum Meer drängte. *Wasser, das unter der Brücke hindurchfließt, kommt nie zurück.* Lange sagte keiner von beiden etwas.

»Also«, begann Roxy schließlich, »ich nehme an, du

machst dich jetzt, da die Hochzeit vorbei ist, wieder auf den Weg.«

Guy zuckte mit den Schultern.

»Gestern war ein schöner Tag, findest du nicht auch?«, fuhr sie fort, ohne so recht zu registrieren, was sie von sich gab. Sie spürte nur noch, wie sein Arm den ihren streifte.

Guy setzte sich ins Gras, streckte die Hand aus und zog Roxy neben sich. »Ich habe dich vermisst«, bekannte er.

Sie wusste nicht, was sie ihm darauf antworten sollte. Mit einem Mal spürte sie wieder die Last all der Jahre, und ihre Gedanken rasten. Ein Satz kam ihr gänzlich unerwartet und ohne jeden Zusammenhang in den Sinn. *Ich liebe dich, Roxy, und das wird immer so bleiben.*

Sie musste es wissen. War das die Wahrheit, oder hatte er gelogen, um sich sanft von ihr zu verabschieden? »Hast du ernst gemeint, was du in dem Brief geschrieben hast?«, entfuhr es ihr unvermittelt.

Er sah sie verständnislos an. Seine Stirn durchzogen kreuz und quer Falten. »In dem Brief? Was habe ich da geschrieben?«

»Dass du mich liebst.«

Ein leiser, lang gezogener Seufzer kam über seine Lippen. »Ich habe niemals aufgehört, dich zu lieben, Roxy – ich liebe dich seit dem Tag, an dem ich dich am Kai in Goolwa zum ersten Mal gesehen habe. Ich weiß, dass meine Gefühle für dich nicht richtig waren, aber ich war machtlos dagegen. Ich hatte das Gefühl, als hätte sich ein Dämon in mir festgesetzt, der mich beherrscht.«

»Aber du warst unglaublich barsch.«

»Ich habe Martin beinahe gehasst, weil er dich haben durfte«, gestand er, ohne auf ihre Bemerkung einzugehen. »Am Abend nach eurer Hochzeit konnte ich den Gedanken nicht ertragen, dass ihr …«

Er verstummte, doch Roxy wusste, was er sagen wollte. »… dass er mit mir schläft?«

»Ja.«

»Und deshalb hast du Martin betrunken gemacht?« Es waren Erinnerungen aus einem ganz anderen Leben, trotzdem standen sie Roxy noch so lebhaft vor Augen, als wäre alles erst gestern geschehen.

»Ich habe Martin nicht zum Trinken gezwungen.«

»Aber du hast ihn auch nicht davon abgehalten.«

»Nein.«

Er dachte einen Moment nach. »Ich möchte dich nicht belügen, Roxy«, meinte er nach einer Weile. »Ich habe Louisa geliebt, ganz bestimmt, doch ich wusste immer, dass die Liebe, die ich für dich empfand, größer war. In den letzten Jahren lag ich oft nachts wach und überlegte, warum alles so kommen musste. Martins Tod, Louisas Tod. Nur, damit wir beide zusammenkommen können? Manchmal fühlte ich mich so *schuldig*.«

»Du hast das Recht, glücklich zu sein«, erwiderte sie leise. »Das ist keine Sünde. Das Leben muss weitergehen.« Sie hatten beide die gleichen Kämpfe ausgefochten. Hatten sie gewonnen oder verloren? Vielleicht würde Roxy das nie erfahren.

»Aber wenn Martin und Louisa noch am Leben gewesen wären … dann wäre nie etwas zwischen uns entstanden, das weißt du.«

»Ja.«

Der Himmel war dunkel geworden, und die Geräusche der Nacht wurden laut. Frösche, Zikaden. Das Rascheln des Laubes. Der ferne Schrei eines Brachvogels. Guy starrte aufs Wasser. Das Mondlicht spiegelte sich auf der glatten Oberfläche.

Roxy fühlte sich so taub, dass sie keinen Schmerz mehr spürte. Sie hatte Guy einmal ziehen lassen und würde es wieder tun. Aber bevor sie dazu fähig war, musste sie klare Verhältnisse schaffen. Sie holte tief Luft, um das auszusprechen, was gesagt werden musste.

»Nach Davids Geburt hat mir Maggie von deinem leiblichen Vater, von deiner Kindheit und von Gerald Dumas erzählt. Das hat mir vieles verständlicher gemacht. Ich weiß, warum du nicht hier leben kannst und was du durchgemacht hast. Vielleicht hättest du mit mir darüber sprechen sollen«, fügte sie leise hinzu. »Ich hätte dich verstanden.«

Gerald – er war nie der gewesen, für den ihn die Leute gehalten hatten. Aber sind wir nicht alle anders, als man uns sieht?, grübelte Roxy. Horace Ling, der alte Chinese. War er der größte Lehrer von allen?

»Vielleicht hätte ich vieles anders machen sollen. Aber jetzt ist es zu spät«, meinte Guy.

Roxy kniete sich hin. Der Mond schien auf das Gras, und Guys Gesicht leuchtete silbern. Sie legte die Hände an seine Wangen und schaute ihm in die Augen. In diesem Licht konnte sie ihre Farbe nicht sehen, doch sie wusste, dass sie blau waren. Blau wie das ferne Meer. »Es ist nie zu spät.«

»Roxy?« Seine Stimme war leise und eindringlich.

»Ja?«

Ihr stockte der Atem, als er ihre Hände in seine nahm und sie an seinen Mund drückte. Sie spürte seine warmen Lippen. »Die Farm kann ohne dich überleben. Du hast deinen Beitrag geleistet und das Land für Eric bestellt. Jetzt ist er dafür verantwortlich und wird die Farm in deinem Sinne weiterführen. Außerdem gibt es jede Menge Menschen, die ihm helfen. Sarah und Jem, Frank, Maggie. Und er hat Annie – meinst du nicht, dass zwei Mütter im Haus zu viel sind?«

»Willst du damit andeuten, dass sie mich nicht mehr brauchen?«

»Nein. Ich versuche, dir klar zu machen, dass ich dich mehr brauche.«

Eine Woge schlug über ihr zusammen. Was sagte er da? »Aber es würde mir vorkommen, als ließe ich die Menschen hier im Stich.«

»Und deshalb würdest du eher mich im Stich lassen? Wir haben so viele Jahre vergeudet, in denen wir unsere Liebe hätten teilen und weitere Kinder haben können.«

»O Guy«, murmelte sie mit erstickter Stimme. Seine Worte rissen die letzten Barrieren ein. Sie strich ihm über die raue, unrasierte Wange.

»Ich verkaufe das Schiff.«

Sie erstarrte. Guy wollte sich von der *Curlew* trennen? »Du willst verkaufen?«

»Die Zeichen sind nicht zu übersehen, Roxy. Bei all den neumodischen Maschinen und Automobilen gehören die Raddampfer bald der Vergangenheit an. Ich steige aus, solange ich noch kann. Auf mich wartet ein Käufer, wenn ich zurückfahre.«

»Wohin willst du gehen? Was hast du vor?«

Er lächelte. »Ich denke an ein kleines Cottage in der Nähe von Goolwa.«

»Du wirst es hassen.«

»Ganz im Gegenteil – ich kann es kaum erwarten. Ein Haus mit Garten. Es gibt sogar ein kleines Theater dort.

Man hat mir erzählt, dass das Haus zu einem anständigen Preis zu haben ist.«

Er sah Roxy lächelnd an, als wartete er auf etwas.

»Was soll das alles heißen?«, fragte sie langsam.

»Ich bitte dich, mit mir zu kommen. Zum Ende des Flusses. Es ist ein Kompromiss. Ich gebe das Schiff auf und du Wirra Downs. Ich möchte dich heiraten und ein neues Leben anfangen. Du, ich, Lissa und David. Eine richtige Familie.«

Roxys Fassade bröckelte, als rissen Dinnies mystische Geister sie ein. Und wenn Horrie sagte, dass der Wind die Liebe mitnahm, die man leugnete oder verschmähte, war es dann an ihr, das Gegenteil zu beweisen? Sie sah zu Guy auf, und er schloss sie in die Arme. Seine Wärme hüllte sie ein.

»Ja«, flüsterte sie.

Ja. Ja. Ja.

Das Wort hallte von allen Seiten wider, bis es im Plätschern und Seufzen des Wassers unterging.

Das abenteuerliche und geheimnisvolle Schicksal einer starken Frau auf dem Roten Kontinent

Elizabeth Haran
AM FLUSS
DES SCHICKSALS
Roman
624 Seiten
ISBN 3-404-15307-3

1883: Francesca kehrt Melbourne den Rücken, um nach Echuca am Murray River zu ziehen, wo ihr Vater Joe einen Raddampfer betreibt. Dieses Schiff ist ihr Zuhause gewesen, bis sie nach dem Tod ihrer Mutter auf das Internat nach Melbourne geschickt wurde. Doch sie erwartet eine böse Überraschung: Das Transportgeschäft läuft schlecht für ihren Vater; Silas Hepburn will ihn aus dem Geschäft drängen. Aber als er Joes Tochter kennen lernt, kommt ihm eine andere Idee. Zwischenzeitlich jedoch hat Francesca ihr Herz an den jungen Monty verloren. Doch zwei Menschen versuchen, ihre Verbindung zu Monty unter allen Umständen zu zerstören. Und ihr Vater verbirgt ein großes Geheimnis vor ihr ...

Bastei Lübbe Taschenbuch